LAODONG GONGZI SHEHUI BAOZHANG ZHENGCE FAGUI HUIBIAN

劳动工资社会保障政策法规汇编

2013–2015

中华全国总工会权益保障部／编

中国工人出版社

图书在版编目（CIP）数据

劳动工资社会保障政策法规汇编. 2013—2015 / 中华全国总工会权益保障部编.
—北京：中国工人出版社，2016.11
ISBN 978-7-5008-6577-3

Ⅰ.①劳… Ⅱ.①中… Ⅲ.①工资—劳动政策—法规—汇编—中国—2013—2015
②社会保障法—汇编—中国—2013—2015 Ⅳ.①D922.519②D922.182.39

中国版本图书馆CIP数据核字（2016）第285616号

ISBN978-7-5008-6577-3/D · 1125

劳动工资社会保障政策法规汇编(2013—2015)

出 版 人　芮宗金
责任编辑　王　璇
责任校对　孙迺伟
责任印制　栾征宇
出版发行　中国工人出版社
地　　址　北京市东城区鼓楼外大街45号　邮编：100120
网　　址　http://www.wp-china.com
电　　话　（010）62350006（总编室）　（010）62005039（出版物流部）
　　　　　（010）82075935（工会与劳动关系分社）
发行热线　（010）62004002　（010）82081553（传真）
经　　销　各地书店
印　　刷　三河市东方印刷有限公司
开　　本　787毫米×1092毫米　1/16
印　　张　44.25
字　　数　1050千字
版　　次　2016年12月第1版　2016年12月第1次印刷
定　　价　150.00元

前言
FOREWORD

为深入贯彻落实党的十八大和十八届三中、四中、五中、六中全会精神，帮助各级工会干部了解和掌握国家有关劳动工资和社会保障方面的政策法规，中华全国总工会权益保障部编辑了《劳动工资社会保障政策法规汇编（2013—2015）》。本书收录了2013—2015年期间国家有关构建和谐劳动关系、劳动就业、集体协商、工资分配、社会保险、帮扶工作、农民工工作七个方面的政策法规和规范性文件。希望通过本书的出版，能够为各级工会干部掌握和运用相关政策法规提供帮助。

编　者

2016年12月

■■■CONTENTS **目 录**

第一部分　构建和谐劳动关系

第二部分　劳动就业

第三部分　集体协商

第四部分　工资分配

第五部分　社会保险

一、养老保险

二、医保医改

三、失业保险

七、综合及其他

第六部分 帮扶工作

第七部分　农民工工作

第一部分

构建和谐劳动关系

中共中央 国务院关于构建和谐劳动关系的意见

（中发〔2015〕10号）

为全面贯彻党的十八大和十八届二中、三中、四中全会精神，构建和谐劳动关系，推动科学发展，促进社会和谐，现提出如下意见。

一、充分认识构建和谐劳动关系的重大意义

劳动关系是生产关系的重要组成部分，是最基本、最重要的社会关系之一。劳动关系是否和谐，事关广大职工和企业的切身利益，事关经济发展与社会和谐。党和国家历来高度重视构建和谐劳动关系，制定了一系列法律法规和政策措施并作出工作部署。各级党委和政府认真贯彻落实党中央和国务院的决策部署，取得了积极成效，总体保持了全国劳动关系和谐稳定。但是，我国正处于经济社会转型时期，劳动关系的主体及其利益诉求越来越多元化，劳动关系矛盾已进入凸显期和多发期，劳动争议案件居高不下，有的地方拖欠农民工工资等损害职工利益的现象仍较突出，集体停工和群体性事件时有发生，构建和谐劳动关系的任务艰巨繁重。

党的十八大明确提出构建和谐劳动关系。在新的历史条件下，努力构建中国特色和谐劳动关系，是加强和创新社会管理、保障和改善民生的重要内容，是建设社会主义和谐社会的重要基础，是经济持续健康发展的重要保证，是增强党的执政基础、巩固党的执政地位的必然要求。各级党委和政府要从夺取中国特色社会主义新胜利的全局和战略高度，深刻认识构建和谐劳动关系的重大意义，切实增强责任感和使命感，把构建和谐劳动关系作为一项紧迫任务，摆在更加突出的位置，采取有力措施抓实抓好。

二、构建和谐劳动关系的指导思想、工作原则和目标任务

（一）指导思想。全面贯彻党的十八大和十八届二中、三中、四中全会精神，以邓小平理论、“三个代表”重要思想、科学发展观为指导，深入贯彻习近平总书记系列重要讲话精神，贯彻落实党中央和国务院的决策部署，坚持促进企业发展、维护职工权益，坚持正确处理改革发展稳定关系，推动中国特色和谐劳动关系的建设和发展，最大限度增加劳动关系和谐因素，最大限度减少不和谐因素，促进经济持续健康发展和社会和谐稳定，凝聚广大职工为实现“两个一百年”奋斗目标、实现中华民族伟大复兴的中国梦贡献力量。

（二）工作原则。

——坚持以人为本。把解决广大职工最关心、最直接、最现实的利益问题，切实维护其根本权益，作为构建和谐劳动关系的根本出发点和落脚点。

——坚持依法构建。健全劳动保障法律法规，增强企业依法用工意识，提高职工

依法维权能力，加强劳动保障执法监督和劳动纠纷调处，依法处理劳动关系矛盾，把劳动关系的建立、运行、监督、调处的全过程纳入法治化轨道。

——坚持共建共享。统筹处理好促进企业发展和维护职工权益的关系，调动劳动关系主体双方的积极性、主动性，推动企业和职工协商共事、机制共建、效益共创、利益共享。

——坚持改革创新。从我国基本经济制度出发，统筹考虑公有制经济、非公有制经济和混合所有制经济的特点，不断探究和把握社会主义市场经济条件下劳动关系的规律性，积极稳妥推进具有中国特色的劳动关系工作理论、体制、制度、机制和方法创新。

（三）目标任务。加强调整劳动关系的法律、体制、制度、机制和能力建设，加快健全党委领导、政府负责、社会协同、企业和职工参与、法治保障的工作体制，加快形成源头治理、动态管理、应急处置相结合的工作机制，实现劳动用工更加规范，职工工资合理增长，劳动条件不断改善，职工安全健康得到切实保障，社会保险全面覆盖，人文关怀日益加强，有效预防和化解劳动关系矛盾，建立规范有序、公正合理、互利共赢、和谐稳定的劳动关系。

三、依法保障职工基本权益

（四）切实保障职工取得劳动报酬的权利。完善并落实工资支付规定，健全工资支付监控、工资保证金和欠薪应急周转金制度，探索建立欠薪保障金制度，落实清偿欠薪的施工总承包企业负责制，依法惩处拒不支付劳动报酬等违法犯罪行为，保障职工特别是农民工按时足额领到工资报酬。努力实现农民工与城镇就业人员同工同酬。

（五）切实保障职工休息休假的权利。完善并落实国家关于职工工作时间、全国年节及纪念日假期、带薪年休假等规定，规范企业实行特殊工时制度的审批管理，督促企业依法安排职工休息休假。企业因生产经营需要安排职工延长工作时间的，应与工会和职工协商，并依法足额支付加班加点工资。加强劳动定额定员标准化工作，推动劳动定额定员国家标准、行业标准的制定修订，指导企业制定实施科学合理的劳动定额定员标准，保障职工的休息权利。

（六）切实保障职工获得劳动安全卫生保护的权利。加强劳动安全卫生执法监督，督促企业健全并落实劳动安全卫生责任制，严格执行国家劳动安全卫生保护标准，加大安全生产投入，强化安全生产和职业卫生教育培训，提供符合国家规定的劳动安全卫生条件和劳动保护用品，对从事有职业危害作业的职工按照国家规定进行上岗前、在岗期间和离岗时的职业健康检查，加强女职工和未成年工特殊劳动保护，最大限度地减少生产安全事故和职业病危害。

（七）切实保障职工享受社会保险和接受职业技能培训的权利。认真贯彻实施社会保险法，继续完善社会保险关系转移接续办法，努力实现社会保险全面覆盖，落实广大职工特别是农民工和劳务派遣工的社会保险权益。督促企业依法为职工缴纳各项社会保险费，鼓励有条件的企业按照法律法规和有关规定为职工建立补充保险。引导职工自觉履行法定义务，积极参加社会保险。加强对职工的职业技能培训，鼓励职工参加学历教育和继续教育，提高职工文化知识水平和技能水平。

四、健全劳动关系协调机制

（八）全面实行劳动合同制度。贯彻落实好劳动合同法等法律法规，加强对企业实行劳动合同制度的监督、指导和服务，在用工季节性强、职工流动性大的行业推广简易劳动合同示范文本，依法规范劳动合同订立、履行、变更、解除、终止等行为，切实提高劳动合同签订率和履行质量。依法加强对劳务派遣的监管，规范非全日制、劳务承揽、劳务外包用工和企业裁员行为。指导企业建立健全劳动规章制度，提升劳动用工管理水平。全面推进劳动用工信息申报备案制度建设，加强对企业劳动用工的动态管理。

（九）推行集体协商和集体合同制度。以非公有制企业为重点对象，依法推进工资集体协商，不断扩大覆盖面、增强实效性，形成反映人力资源市场供求关系和企业经济效益的工资决定机制和正常增长机制。完善工资指导线制度，加快建立统一规范的企业薪酬调查和信息发布制度，为开展工资集体协商提供参考。推动企业与职工就工作条件、劳动定额、女职工特殊保护等开展集体协商，订立集体合同。加强集体协商代表能力建设，提高协商水平。加强对集体协商过程的指导，督促企业和职工认真履行集体合同。

（十）健全协调劳动关系三方机制。完善协调劳动关系三方机制组织体系，建立健全由人力资源社会保障部门会同工会和企业联合会、工商业联合会等企业代表组织组成的三方机制，根据实际需要推动工业园区、乡镇（街道）和产业系统建立三方机制。加强和创新三方机制组织建设，建立健全协调劳动关系三方委员会，由同级政府领导担任委员会主任。完善三方机制职能，健全工作制度，充分发挥政府、工会和企业代表组织共同研究解决有关劳动关系重大问题的重要作用。

五、加强企业民主管理制度建设

（十一）健全企业民主管理制度。完善以职工代表大会为基本形式的企业民主管理制度，丰富职工民主参与形式，畅通职工民主参与渠道，依法保障职工的知情权、参与权、表达权、监督权。推进企业普遍建立职工代表大会，认真落实职工代表大会职权，充分发挥职工代表大会在企业发展重大决策和涉及职工切身利益等重大事项上的重要作用。针对不同所有制企业，探索符合各自特点的职工代表大会形式、权限和职能。在中小企业集中的地方，可以建立区域性、行业性职工代表大会。

（十二）推进厂务公开制度化、规范化。进一步提高厂务公开建制率，加强国有企业改制重组过程中的厂务公开，积极稳妥推进非公有制企业厂务公开制度建设。完善公开程序，充实公开内容，创新公开形式，探索和推行经理接待日、劳资恳谈会、总经理信箱等多种形式的公开。

（十三）推行职工董事、职工监事制度。按照公司法规定，在公司制企业建立职工董事、职工监事制度。依法规范职工董事、职工监事履职规则。在董事会、监事会研究决定公司重大问题时，职工董事、职工监事应充分发表意见，反映职工合理诉求，维护职工和公司合法权益。

六、健全劳动关系矛盾调处机制

（十四）健全劳动保障监察制度。全面推进劳动保障监察网格化、网络化管理，实现监察执法向主动预防和统筹城乡转变。创新监察执法方式，规范执法行为，进一步畅通举报投诉渠道，扩大日常巡视检查和书面审查覆盖范围，强化对突出问题的专项整治。建立健全违法行为预警防控机制，完善多部门综合治理和监察执法与刑事司法联动机制，加大对非法用工尤其是大案要案的查处力度，严厉打击使用童工、强迫劳动、拒不支付劳动报酬等违法犯罪行为。加强劳动保障诚信评价制度建设，建立健全企业诚信档案。

（十五）健全劳动争议调解仲裁机制。坚持预防为主、基层为主、调解为主的工作方针，加强企业劳动争议调解委员会建设，推动各类企业普遍建立内部劳动争议协商调解机制。大力推动乡镇（街道）、村（社区）依法建立劳动争议调解组织，支持工会、商（协）会依法建立行业性、区域性劳动争议调解组织。完善劳动争议调解制度，大力加强专业性劳动争议调解工作，健全人民调解、行政调解、仲裁调解、司法调解联动工作体系，充分发挥协商、调解在处理劳动争议中的基础性作用。完善劳动人事争议仲裁办案制度，规范办案程序，加大仲裁办案督查力度，进一步提高仲裁效能和办案质量，促进案件仲裁终结。加强裁审衔接与工作协调，积极探索建立诉讼与仲裁程序有效衔接、裁审标准统一的新规则、新制度。畅通法律援助渠道，依法及时为符合条件的职工提供法律援助，切实维护当事人合法权益。依托协调劳动关系三方机制完善协调处理集体协商争议的办法，有效调处因签订集体合同发生的争议和集体停工事件。

（十六）完善劳动关系群体性事件预防和应急处置机制。加强对劳动关系形势的分析研判，建立劳动关系群体性纠纷的经常性排查和动态监测预警制度，及时发现和积极解决劳动关系领域的苗头性、倾向性问题，有效防范群体性事件。完善应急预案，明确分级响应、处置程序和处置措施。健全党委领导下的政府负责，有关部门和工会、企业代表组织共同参与的群体性事件应急联动处置机制，形成快速反应和处置工作合力，督促指导企业落实主体责任，及时妥善处置群体性事件。

七、营造构建和谐劳动关系的良好环境

（十七）加强对职工的教育引导。在广大职工中加强思想政治教育，引导职工树立正确的世界观、人生观、价值观，追求高尚的职业理想，培养良好的职业道德，增强对企业的责任感、认同感和归属感，爱岗敬业、遵守纪律、诚实守信，自觉履行劳动义务。加强有关法律法规政策宣传工作，在努力解决职工切身利益问题的同时，引导职工正确对待社会利益关系调整，合理确定提高工资收入等诉求预期，以理性合法形式表达利益诉求、解决利益矛盾、维护自身权益。

（十八）加强对职工的人文关怀。培育富有特色的企业精神和健康向上的企业文化，为职工构建共同的精神家园。注重职工的精神需求和心理健康，及时了解掌握职工思想动态，有针对性地做好思想引导和心理疏导工作，建立心理危机干预预警机制。加强企业文体娱乐设施建设，积极组织职工开展喜闻乐见、丰富多彩的文化体育活动，

丰富职工文化生活。拓宽职工的发展渠道，拓展职业发展空间。

（十九）教育引导企业经营者积极履行社会责任。加强广大企业经营者的思想政治教育，引导其践行社会主义核心价值观，牢固树立爱国、敬业、诚信、守法、奉献精神，切实承担报效国家、服务社会、造福职工的社会责任。教育引导企业经营者自觉关心爱护职工，努力改善职工的工作、学习和生活条件，帮助他们排忧解难，加大对困难职工的帮扶力度。建立符合我国国情的企业社会责任标准体系和评价体系，营造鼓励企业履行社会责任的环境。加强对企业经营者尤其是中小企业经营管理人员的劳动保障法律法规教育培训，提高他们的依法用工意识，引导他们自觉保障职工合法权益。

（二十）优化企业发展环境。加强和改进政府的管理服务，减少和规范涉企行政审批事项，提高审批事项的工作效率，激发市场主体创造活力。加大对中小企业政策扶持力度，特别是推进扶持小微企业发展的各项政策落实落地，进一步减轻企业负担。加强技术支持，引导企业主动转型升级，紧紧依靠科技进步、职工素质提升和管理创新，不断提升竞争力。通过促进企业发展，为构建和谐劳动关系创造物质条件。

（二十一）加强构建和谐劳动关系的法治保障。进一步完善劳动法、劳动合同法、劳动争议调解仲裁法、社会保险法、职业病防治法等法律的配套法规、规章和政策，加快完善基本劳动标准、集体协商和集体合同、企业工资、劳动保障监察、企业民主管理、协调劳动关系三方机制等方面的制度，逐步健全劳动保障法律法规体系。深入开展法律法规宣传教育，加强行政执法和法律监督，促进各项劳动保障法律法规贯彻实施。

八、加强组织领导和统筹协调

（二十二）进一步加强领导，形成合力。各级党委和政府要建立健全构建和谐劳动关系的领导协调机制，形成全社会协同参与的工作合力。各级党委要统揽全局，把握方向，及时研究和解决劳动关系中的重大问题，把党政力量、群团力量、企业力量、社会力量统一起来，发挥人大监督、政协民主监督作用。各级政府要把构建和谐劳动关系纳入当地经济社会发展规划和政府目标责任考核体系，切实担负起定政策、作部署、抓落实的责任。完善并落实最低工资制度，在经济发展基础上合理调整最低工资标准。各级人力资源社会保障等部门要充分履行职责，认真做好调查研究、决策咨询、统筹协调、指导服务、检查督促和监察执法等工作。各级工会要积极反映职工群众呼声，依法维护职工权益，团结和凝聚广大职工建功立业。各级工商业联合会、企业联合会等企业代表组织要积极反映企业利益诉求，依法维护企业权益，教育和引导广大企业经营者主动承担社会责任。

（二十三）加强劳动关系工作能力建设。重视加强各级政府劳动关系协调、劳动保障监察机构建设以及劳动人事争议仲裁委员会和仲裁院建设，配备必要的工作力量。统筹推进乡镇（街道）、村（社区）等基层劳动就业社会保障公共服务平台建设，完善基层劳动关系工作职能，充实基层劳动关系协调、劳动争议调解和劳动保障监察人员。加强劳动关系工作人员业务培训，提高队伍素质。各级政府要针对劳动关系工作机构和队伍建设方面存在的问题，从力量配置、经费投入上给予支持，保障构建和谐劳动关系工作顺利开展。

（二十四）加强企业党组织和基层工会、团组织、企业代表组织建设。加强各类企业党建工作，重点在非公有制企业扩大党的组织覆盖和工作覆盖。坚持企业党建带群团建设，依法推动各类企业普遍建立工会，进一步加强非公有制企业团建工作。指导和支持企业党群组织探索适合企业特点的工作途径和方法，不断增强企业党群组织活力，充分发挥在推动企业发展、凝聚职工群众、促进和谐稳定中的作用。深入推进区域性、行业性工会联合会和县（市、区）、乡镇（街道）、村（社区）、工业园区工会组织建设，健全产业工会组织体系。完善基层工会主席民主产生机制，探索基层工会干部社会化途径，健全保护基层工会干部合法权益制度。建立健全县级以上政府与同级总工会联席会议制度，支持工会参与协调劳动关系。加强基层企业代表组织建设，支持企业代表组织参与协调劳动关系，充分发挥企业代表组织对企业经营者的团结、服务、引导、教育作用。

（二十五）深入推进和谐劳动关系创建活动。把和谐劳动关系创建活动作为构建和谐劳动关系的重要载体，总结创建活动经验，建立健全创建工作目标责任制，扩大创建活动在广大企业特别是非公有制企业和中小企业的覆盖面，推动区域性创建活动由工业园区向企业比较集中的乡镇（街道）、村（社区）拓展，努力形成全方位、多层次的创建局面。丰富创建内容，规范创建标准，改进创建评价，完善激励措施，按照国家有关规定定期表彰创建活动先进单位，把对企业和企业经营者评先评优与和谐劳动关系创建结合起来，不断推进创建活动深入开展。积极开展构建和谐劳动关系综合试验区（市）建设，为构建中国特色和谐劳动关系创造经验。

（二十六）加大构建和谐劳动关系宣传力度。充分利用新闻媒体和网站，大力宣传构建和谐劳动关系的重大意义、宣传党和政府的方针政策和劳动保障法律法规、宣传构建和谐劳动关系取得的实际成效和工作经验、宣传企业关爱职工和职工奉献企业的先进典型，形成正确舆论导向和强大舆论声势，营造全社会共同关心、支持和参与构建和谐劳动关系的良好氛围。

中共中央
国　务　院
2015 年 3 月 21 日

第二部分

劳动就业

劳务派遣行政许可实施办法

（中华人民共和国人力资源和社会保障部令第19号）

《劳动派遣行政许可实施办法》已经人力资源社会保障部长第10次部务会议审议通过，现予公布，自2013年7月1日起实行。

部长　尹蔚民

2013年6月20日

劳务派遣行政许可实施办法

第一章　总　则

第一条　为了规范劳务派遣，根据《中华人民共和国劳动合同法》《中华人民共和国行政许可法》等法律，制定本办法。

第二条　劳务派遣行政许可的申请受理、审查批准以及相关的监督检查等，适用本办法。

第三条　人力资源社会保障部负责对全国的劳务派遣行政许可工作进行监督指导。

县级以上地方人力资源社会保障行政部门按照省、自治区、直辖市人力资源社会保障行政部门确定的许可管辖分工，负责实施本行政区域内劳务派遣行政许可工作以及相关的监督检查。

第四条　人力资源社会保障行政部门实施劳务派遣行政许可，应当遵循权责统一、公开公正、优质高效的原则。

第五条　人力资源社会保障行政部门应当在本行政机关办公场所、网站上公布劳务派遣行政许可的依据、程序、期限、条件和需要提交的全部材料目录以及监督电话，并在本行政机关网站和至少一种全地区性报纸上向社会公布获得许可的劳务派遣单位名单及其许可变更、延续、撤销、吊销、注销等情况。

第二章　劳务派遣行政许可

第六条　经营劳务派遣业务，应当向所在地有许可管辖权的人力资源社会保障行政部门（以下称许可机关）依法申请行政许可。

未经许可，任何单位和个人不得经营劳务派遣业务。

第七条　申请经营劳务派遣业务应当具备下列条件：

（一）注册资本不得少于人民币200万元；

（二）有与开展业务相适应的固定的经营场所和设施；

（三）有符合法律、行政法规规定的劳务派遣管理制度；

（四）法律、行政法规规定的其他条件。

第八条 申请经营劳务派遣业务的，申请人应当向许可机关提交下列材料：

（一）劳务派遣经营许可申请书；

（二）营业执照或者《企业名称预先核准通知书》；

（三）公司章程以及验资机构出具的验资报告或者财务审计报告；

（四）经营场所的使用证明以及与开展业务相适应的办公设施设备、信息管理系统等清单；

（五）法定代表人的身份证明；

（六）劳务派遣管理制度，包括劳动合同、劳动报酬、社会保险、工作时间、休息休假、劳动纪律等与劳动者切身利益相关的规章制度文本；拟与用工单位签订的劳务派遣协议样本。

第九条 许可机关收到申请材料后，应当根据下列情况分别作出处理：

（一）申请材料存在可以当场更正的错误的，应当允许申请人当场更正；

（二）申请材料不齐全或者不符合法定形式的，应当当场或者在5个工作日内一次告知申请人需要补正的全部内容，逾期不告知的，自收到申请材料之日起即为受理；

（三）申请材料齐全、符合法定形式，或者申请人按照要求提交了全部补正申请材料的，应当受理行政许可申请。

第十条 许可机关对申请人提出的申请决定受理的，应当出具《受理决定书》；决定不予受理的，应当出具《不予受理决定书》，说明不予受理的理由，并告知申请人享有依法申请行政复议或者提起行政诉讼的权利。

第十一条 许可机关决定受理申请的，应当对申请人提交的申请材料进行审查。根据法定条件和程序，需要对申请材料的实质内容进行核实的，许可机关应当指派2名以上工作人员进行核查。

第十二条 许可机关应当自受理之日起20个工作日内作出是否准予行政许可的决定。20个工作日内不能作出决定的，经本行政机关负责人批准，可以延长10个工作日，并应当将延长期限的理由告知申请人。

第十三条 申请人的申请符合法定条件的，许可机关应当依法作出准予行政许可的书面决定，并自作出决定之日起5个工作日内通知申请人领取《劳务派遣经营许可证》。

申请人的申请不符合法定条件的，许可机关应当依法作出不予行政许可的书面决定，说明不予行政许可的理由，并告知申请人享有依法申请行政复议或者提起行政诉讼的权利。

第十四条 《劳务派遣经营许可证》应当载明单位名称、住所、法定代表人、注册资本、许可经营事项、有效期限、编号、发证机关以及发证日期等事项。《劳务派遣经营许可证》分为正本、副本。正本、副本具有同等法律效力。

《劳务派遣经营许可证》有效期为3年。

《劳务派遣经营许可证》由人力资源社会保障部统一制定样式，由各省、自治区、直辖市人力资源社会保障行政部门负责印制、免费发放和管理。

第十五条 劳务派遣单位取得《劳务派遣经营许可证》后，应当妥善保管，不得涂改、倒卖、出租、出借或者以其他形式非法转让。

第十六条 劳务派遣单位名称、住所、法定代表人或者注册资本等改变的，应当向许可机关提出变更申请。符合法定条件的，许可机关应当自收到变更申请之日起10个工作日内依法办理变更手续，并换发新的《劳务派遣经营许可证》或者在原《劳务派遣经营许可证》上予以注明；不符合法定条件的，许可机关应当自收到变更申请之日起10个工作日内作出不予变更的书面决定，并说明理由。

第十七条 劳务派遣单位分立、合并后继续存续，其名称、住所、法定代表人或者注册资本等改变的，应当按照本办法第十六条规定执行。

劳务派遣单位分立、合并后设立新公司的，应当按照本办法重新申请劳务派遣行政许可。

第十八条 劳务派遣单位需要延续行政许可有效期的，应当在有效期届满60日前向许可机关提出延续行政许可的书面申请，并提交3年以来的基本经营情况；劳务派遣单位逾期提出延续行政许可的书面申请的，按照新申请经营劳务派遣行政许可办理。

第十九条 许可机关应当根据劳务派遣单位的延续申请，在该行政许可有效期届满前作出是否准予延续的决定；逾期未作决定的，视为准予延续。

准予延续行政许可的，应当换发新的《劳务派遣经营许可证》。

第二十条 劳务派遣单位有下列情形之一的，许可机关应当自收到延续申请之日起10个工作日内作出不予延续书面决定，并说明理由：

（一）逾期不提交劳务派遣经营情况报告或者提交虚假劳务派遣经营情况报告，经责令改正，拒不改正的；

（二）违反劳动保障法律法规，在一个行政许可期限内受到2次以上行政处罚的。

第二十一条 劳务派遣单位设立子公司经营劳务派遣业务的，应当由子公司向所在地许可机关申请行政许可；劳务派遣单位设立分公司经营劳务派遣业务的，应当书面报告许可机关，并由分公司向所在地人力资源社会保障行政部门备案。

第三章 监督检查

第二十二条 劳务派遣单位应当于每年3月31日前向许可机关提交上一年度劳务派遣经营情况报告，如实报告下列事项：

（一）经营情况以及上年度财务审计报告；

（二）被派遣劳动者人数以及订立劳动合同、参加工会的情况；

（三）向被派遣劳动者支付劳动报酬的情况；

（四）被派遣劳动者参加社会保险、缴纳社会保险费的情况；

（五）被派遣劳动者派往的用工单位、派遣数量、派遣期限、用工岗位的情况；

（六）与用工单位订立的劳务派遣协议情况以及用工单位履行法定义务的情况；

（七）设立子公司、分公司等情况。

劳务派遣单位设立的子公司或者分公司，应当向办理许可或者备案手续的人力资源社会保障行政部门提交上一年度劳务派遣经营情况报告。

第二十三条 许可机关应当对劳务派遣单位提交的年度经营情况报告进行核验，依法对劳务派遣单位进行监督，并将核验结果和监督情况载入企业信用记录。

第二十四条 有下列情形之一的，许可机关或者其上级行政机关，可以撤销劳务派遣行政许可：

（一）许可机关工作人员滥用职权、玩忽职守，给不符合条件的申请人发放《劳务派遣经营许可证》的；

（二）超越法定职权发放《劳务派遣经营许可证》的；

（三）违反法定程序发放《劳务派遣经营许可证》的；

（四）依法可以撤销行政许可的其他情形。

第二十五条 申请人隐瞒真实情况或者提交虚假材料申请行政许可的，许可机关不予受理、不予行政许可。

劳务派遣单位以欺骗、贿赂等不正当手段和隐瞒真实情况或者提交虚假材料取得行政许可的，许可机关应当予以撤销。被撤销行政许可的劳务派遣单位在 1 年内不得再次申请劳务派遣行政许可。

第二十六条 有下列情形之一的，许可机关应当依法办理劳务派遣行政许可注销手续：

（一）《劳务派遣经营许可证》有效期届满，劳务派遣单位未申请延续的，或者延续申请未被批准的；

（二）劳务派遣单位依法终止的；

（三）劳务派遣行政许可依法被撤销，或者《劳务派遣经营许可证》依法被吊销的；

（四）法律、法规规定的应当注销行政许可的其他情形。

第二十七条 劳务派遣单位向许可机关申请注销劳务派遣行政许可的，应当提交已经依法处理与被派遣劳动者的劳动关系及其社会保险权益等材料，许可机关应当在核实有关情况后办理注销手续。

第二十八条 当事人对许可机关作出的有关劳务派遣行政许可的行政决定不服的，可以依法申请行政复议或者提起行政诉讼。

第二十九条 任何组织和个人有权对实施劳务派遣行政许可中的违法违规行为进行举报，人力资源社会保障行政部门应当及时核实、处理。

第四章 法律责任

第三十条 人力资源社会保障行政部门有下列情形之一的，由其上级行政机关或者监察机关责令改正，对直接负责的主管人员和其他直接责任人员依法给予处分；构成犯罪的，依法追究刑事责任：

（一）向不符合法定条件的申请人发放《劳务派遣经营许可证》，或者超越法定职权发放《劳务派遣经营许可证》的；

（二）对符合法定条件的申请人不予行政许可或者不在法定期限内作出准予行政许

可决定的；

（三）在办理行政许可、实施监督检查工作中，玩忽职守、徇私舞弊，索取或者收受他人财物或者谋取其他利益的；

（四）不依法履行监督职责或者监督不力，造成严重后果的。

许可机关违法实施行政许可，给当事人的合法权益造成损害的，应当依照国家赔偿法的规定给予赔偿。

第三十一条　任何单位和个人违反《中华人民共和国劳动合同法》的规定，未经许可，擅自经营劳务派遣业务的，由人力资源社会保障行政部门责令停止违法行为，没收违法所得，并处违法所得1倍以上5倍以下的罚款；没有违法所得的，可以处5万元以下的罚款。

第三十二条　劳务派遣单位违反《中华人民共和国劳动合同法》有关劳务派遣规定的，由人力资源社会保障行政部门责令限期改正；逾期不改正的，以每人5000元以上1万元以下的标准处以罚款，并吊销其《劳务派遣经营许可证》。

第三十三条　劳务派遣单位有下列情形之一的，由人力资源社会保障行政部门处1万元以下的罚款；情节严重的，处1万元以上3万元以下的罚款：

（一）涂改、倒卖、出租、出借《劳务派遣经营许可证》，或者以其他形式非法转让《劳务派遣经营许可证》的；

（二）隐瞒真实情况或者提交虚假材料取得劳务派遣行政许可的；

（三）以欺骗、贿赂等不正当手段取得劳务派遣行政许可的。

第五章　附　则

第三十四条　劳务派遣单位在2012年12月28日至2013年6月30日之间订立的劳动合同和劳务派遣协议，2013年7月1日后应当按照《全国人大常委会关于修改〈中华人民共和国劳动合同法〉的决定》执行。

本办法施行前经营劳务派遣业务的单位，应当按照本办法取得劳务派遣行政许可后，方可经营新的劳务派遣业务；本办法施行后未取得劳务派遣行政许可的，不得经营新的劳务派遣业务。

第三十五条　本办法自2013年7月1日起施行。

关于批转人力资源社会保障部总参谋部总政治部军人随军家属就业安置办法的通知

（国发〔2013〕42号）

各省、自治区、直辖市人民政府，国务院各部委、各直属机构，各军区、各军兵种、各总部、军事科学院、国防大学、国防科学技术大学，武警部队：

国务院、中央军委同意人力资源社会保障部、总参谋部、总政治部《军人随军家属就业安置办法》，现转发给你们，请认真贯彻执行。

做好军人随军家属就业安置工作，事关广大官兵切身利益，事关军队战斗力建设，事关社会和谐发展，对深入贯彻落实党的十八大精神，实现党在新形势下的强军目标，全面建成小康社会具有重要意义。制定印发《军人随军家属就业安置办法》，是贯彻落实国家有关优待军人随军家属就业安置法律法规的客观要求，是增强部队凝聚力战斗力的实际举措，是服务部队、服务基层、服务官兵的具体体现。地方各级人民政府、各有关部门和军队各级，要站在维护国家安全、构建社会主义和谐社会的高度，充分认清做好新形势下军人随军家属就业安置工作的重要意义，切实加强组织领导，军地双方密切配合，加大安置工作力度，完善配套措施，积极主动地抓好工作落实，努力提高随军家属就业安置工作的质量和水平。要做好政策宣传和教育引导工作，在全社会营造关心支持国防和军队建设的良好氛围，支持和鼓励广大官兵及其家属立足本职，奋发进取，为实现中国梦强军梦作出新的贡献。

国务院
中央军委
2013年10月8日

军人随军家属就业安置办法

（人力资源社会保障部　总参谋部　总政治部）

第一条　为保障国家和社会对军人随军家属就业安置的优待，实现随军家属充分就业，促进军队战斗力建设与社会和谐发展，根据有关法律法规，制定本办法。

第二条　本办法所称随军家属，是指经军队师（旅）级以上单位政治机关批准，并办理了随军手续的现役军人配偶。

第三条　随军家属为国防和军队建设作出了奉献，其就业安置享受国家和社会的优待。国家机关、人民团体和企事业单位等，都有接收安置随军家属的义务。

第四条　随军家属就业安置工作应当贯彻国家就业安置政策，坚持社会就业为主、内部安置为辅，鼓励扶持自主择业创业，不断提高随军家属就业安置质量和水平。

第五条　地方各级人民政府负有做好随军家属就业安置工作的重要责任，应当根据国家有关政策法规，结合本地区实际，制定随军家属就业安置具体办法，指导、督促有关部门和单位落实随军家属就业安置工作。

第六条　军队各级应当积极配合地方人民政府及其有关部门做好随军家属就业安置工作，主动提供随军家属相关情况，教育引导随军家属树立正确的就业观，组织随军家属参加职业技能培训，并做好内部安置工作。

省军区（卫戍区、警备区，下同）系统是驻地部队随军家属就业安置工作的牵头组织单位，应当充分发挥桥梁纽带作用，协调地方人民政府制定具体安置办法，并协同抓好工作落实。

第七条　随军前是在编在岗公务员的随军家属，按照属地管理、专业对口、就地就近原则，在编制职数范围内由接收单位结合本单位和本人实际情况，按照有关规定进行安置。接收单位明确人员后，应当在6个月内办理接收手续。

第八条　随军前是事业单位在编人员的随军家属，按照属地管理、专业对口、就地就近原则，由驻地人民政府督导各事业单位在编制内拿出一定数量的岗位进行定向招聘。接收单位明确人员后，应当在6个月内办理接收手续。

随军家属符合事业单位招聘条件的，同等条件下优先聘用。

第九条　随军前在中央和地方实行垂直管理单位工作的随军家属，是公务员的参照本办法第七条、是事业单位在编人员的参照本办法第八条进行安置。各地垂直管理单位应当支持和落实当地政府安置随军家属的任务，具体办法由省军区系统会同驻地人民政府根据相关单位的编制情况、用人需求，商相关单位制定。

第十条　烈士遗属、因公牺牲军人遗属和战时荣立二等功以上奖励军人的随军家属需要安置就业的，当地人民政府应当优先安置。

第十一条　国家鼓励有用工需求的企业安置随军家属就业。国有、国有控股和国有资本占主导地位企业在新招录职工时，应当根据企业的实际用工需求和岗位任职资格要求，结合随军家属专业特长、经历学历等情况，按照适当比例择优聘用随军家属，具体比例由各省级人民政府确定。

第十二条　地方各级人民政府应当将就业困难的随军家属纳入政府就业扶持范围，通过提供就业服务、鼓励企业吸纳、公益性岗位援助等方式有针对性地帮助就业。

第十三条　地方各级人民政府及其有关部门应当积极鼓励和扶持随军家属自主择业、自主创业；对从事个体经营的随军家属，按照国家有关优惠政策给予支持。

第十四条　驻地偏远、缺乏社会就业依托的部队，应当充分挖掘内部安置潜力，通过开办营区服务网点等形式，最大限度安置随军家属，缓解社会就业压力。军队和地方人民政府有关部门应当给予必要的帮助和支持。

第十五条　地方各级人民政府及其有关部门应当鼓励随军家属根据其特长、就业意向和社会用工需求，积极参加职业培训。对参加职业培训的，按规定给予职业培训补贴；通过初次职业技能鉴定并取得职业资格证书的，按规定给予职业技能鉴定补贴。

随军家属经培训并参加职业技能鉴定合格的，发放相应的职业资格证书。

第十六条 军地各级应当加强对随军家属就业安置工作的组织领导，成立由地方人民政府、省军区系统和驻军组成的随军家属就业安置工作协调领导小组，负责随军家属就业安置工作。

第十七条 随军家属就业安置工作协调领导小组应在每年年初召开会议，部署年度安置工作；年中进行一次检查督导，查找整改问题；年底进行总结通报，促进工作落实。

人力资源社会保障部与解放军总政治部建立联合督导机制，对各省、自治区、直辖市落实随军家属就业安置工作情况进行检查指导。

第十八条 中国人民武装警察部队随军家属就业安置，按照本办法执行。

第十九条 本办法自 2013 年 10 月 8 日起施行，以往有关随军家属优待安置的规定与本办法不一致的，以本办法为准。

关于做好2013年全国普通高等学校毕业生就业工作的通知

（国办发〔2013〕35号）

各省、自治区、直辖市人民政府，国务院各部委、各直属机构：

普通高等学校毕业生（以下简称高校毕业生）是国家宝贵的人才资源。做好高校毕业生就业工作，关乎经济发展、民生改善和社会稳定。2013年，全国高校毕业生就业总量压力继续加大，结构性矛盾十分突出，就业任务更加繁重。党中央、国务院高度重视高校毕业生就业工作，要求采取切实有效的措施，进一步做好高校毕业生就业工作。经国务院同意，现就有关问题通知如下：

一、深入落实高校毕业生就业政策

近年来，国务院坚持劳动者自主就业、市场调节就业、政府促进就业和鼓励创业的方针，实施就业优先战略和更加积极的就业政策，围绕促进高校毕业生就业创业出台了一系列政策措施，各地区也结合实际制定了一些有本地特色的具体政策，对促进高校毕业生就业发挥了积极作用。但从目前情况看，有的政策尚未落实到位，政策效应尚未得到充分发挥。各地区、各有关部门要抓紧对高校毕业生就业政策落实情况组织一次集中检查，逐项督促落实。对尚未制定具体实施办法的，要抓紧研究制定，尽快实施，并跟踪了解落实情况；对其中门槛高、手续复杂的，要本着尽可能方便高校毕业生享受政策的原则，制定简便易行的操作流程，切实降低门槛、简化程序；对因保障措施不到位影响政策落实的，要加大投入，提高保障水平，确保政策顺利实施。同时，要适应新的形势和特点，积极创新，进一步细化和完善促进高校毕业生就业创业的政策措施。采取多种方式广泛宣传就业法律法规和政策，提高高校毕业生和用人单位的政策知晓度。

二、拓宽高校毕业生就业渠道

各地区、各有关部门要结合转方式、调结构的进程，积极为高校毕业生开发就业岗位，尤其要充分发挥战略性新兴产业、先进制造业、高新技术产业、智力密集型产业、现代服务业、现代农业发展对高校毕业生就业的拉动作用。在制定产业发展规划时，要同时制定人才培养、吸纳、引进计划。加大对小微企业的扶持力度，进一步落实社保补贴、培训补贴等扶持政策，鼓励其吸纳高校毕业生就业。大力宣传民营企业、非公有制经济组织对经济社会发展的重要意义和突出贡献，引导高校毕业生到民营企业、非公有制经济组织就业。引导国有企业积极履行社会责任，吸纳更多高校毕业生就业。结合推进城镇化、加强和创新社会管理进程，加大财政投入，探索通过政府购买服务的方式，开发城乡基层特别是城市社区和农村公共管理及社会服务工作岗位，引导高校毕业生到基层就业。统筹实施基层服务项目，规范岗位管理，健全保障机制，落实和完善生活补贴、社会保险、期满就业服务等政策，积极促进服务期满人员就业创业。开展农业技术推广服务特岗计划试点，选拔一批高校毕业生到乡镇担任特岗人员。加大面向基层考录公务员和招聘事业单位工作人员的力度。建立健全征集高校毕业生入伍服义务兵役的政策体系和长效机制。逐步扩大科研项目单位吸纳高校毕业生规模，鼓励优秀高校毕业生作为科研助理或辅助人员参与项目实施。

三、鼓励高校毕业生自主创业

各地区、各有关部门要积极完善创业政策，加强创业教育、创业培训和创业服务，大力扶持高校毕业生自主创业，尤其要鼓励高校毕业生创办国家和地方优先发展的科技型、资源综合利用型、智力密集型企业，支持通过网络创业带动就业。各高校要将创新创业教育融入专业教学和人才培养全过程，并将创业教育课程纳入学分管理，鼓励在校生积极参加创业教育和创业实践活动。鼓励高校与公共就业人才服务机构合作开展创业培训和实训，从 2013 年起，将创业培训补贴政策期限从目前的毕业年度调整为毕业学年（即从毕业前一年 7 月 1 日起的 12 个月）。各地区要对自主创业高校毕业生进一步放宽准入条件，降低注册门槛，创业地应按规定给予小额担保贷款及贴息、税费减免等政策扶持。加大政策倾斜力度，积极推进大学生创业孵化基地建设，为自主创业高校毕业生提供项目开发、开业指导、融资、跟踪扶持等“一条龙”创业服务。

四、加强高校毕业生就业服务

各地区、各高校要切实加强对高校毕业生的就业服务和职业指导。各高校要加快推进就业指导课程和学科建设，全面开展职业发展教育和就业指导，着力提高就业指导课程的针对性和实效性。加强专兼职结合的职业指导师资队伍建设，为高校毕业生提供个性化的咨询辅导。支持高校发挥自身优势，实行校企对接，有针对性地组织开展校园招聘活动。高校开展的校园招聘活动，可纳入公共就业服务大型专项活动项目给予适当支持。各地要充分发挥公共就业人才服务机构和高校毕业生就业指导服务机构的作用，广泛开展公共就业人才服务进校园活动，帮助高校毕业生及时了解就业形势、就业政策和企业用人需求。广泛收集适合高校毕业生的就业岗位信息，及时向高校和高校毕业生提供，并组织开展分区域、分行业、分层次的专场招聘活动。健全全国就业信息公共服务网络平台，实现与高校校园网互联互通，充分利用短信、微博、移动互联平台等多种渠道发布就业信息，切实降低求职成本。允许高校毕业生在求职地（直辖市除外）进行求职登记和失业登记，申领《就业失业登记证》，纳入本地免费公共就业服务和就业扶持政策范围。各级公共就业人才服务机构要从高校毕业生的实际需要和便利出发，统一服务标准，优化服务流程，提供高效、便捷的就业服务。

五、开展就业帮扶和就业援助

大力加强离校未就业高校毕业生就业服务。在全国范围内组织实施“离校未就业高校毕业生就业促进计划”，综合运用各项政策措施和服务手段，力争使每一名有就业意愿的离校未就业高校毕业生在年底前实现就业或参加到就业准备活动中。做好未就业高校毕业生离校前后实名信息衔接和服务接续。各地公共就业人才服务机构要及时了解未就业高校毕业生的情况，依托基层服务平台，一对一地开展服务。对有就业意愿的，及时提供用人信息；对有创业意愿的，组织其参加创业培训，提供创业服务，落实创业扶持政策；对暂时不能实现就业的，要通过扩大就业见习和职业培训规模，组织参加就业见习和职业培训；对就业困难高校毕业生，提供有针对性的就业援助。各地可根据当地经济发展和物价水平，适当提高高校毕业生就业见习基本生活补助标准；对高校毕业生参加职业技能培训和技能鉴定，应按规定给予补贴。

各地区、各高校要将特困家庭高校毕业生作为帮扶的重点，认真开展摸底排查，掌握特困家庭高校毕业生的求职情况，有针对性地开展帮扶。从 2013 年起，对享受城乡居民最低生活保障家庭的毕业年度内高校毕业生，可给予一次性求职补贴，补贴标准由省级财政、人力资源社会保障部门会同有关部门根据当地实际制定，所需资金按规定列入就业专项资金支出范围。

要进一步促进少数民族高校毕业生就业。各地区、各高校要高度重视少数民族高校毕业生的就业工作，给予必要的帮扶与指导，鼓励他们自主创业。承担对口支援西藏、青海、新疆任务的地区要组织本地用人单位积极面向受援地高校毕业生开展各类招聘活动，并将到本地求职的受援地高校毕业生纳入就业扶持政策范围。承担对口支援西藏、青海、新疆任务的中央企业要结合援助项目建设，积极吸纳当地高校毕业生就业。

六、大力促进就业公平

各地区、各有关部门要大力营造公平的就业环境。用人单位招用人员、职业中介机构从事职业中介活动，不得对求职者设置性别、民族等条件，招聘高校毕业生，不得以毕业院校、年龄、户籍等作为限制性要求。规范签约行为，任何高校不得将毕业证书发放与高校毕业生签约挂钩。加大人力资源市场监管力度，严厉打击招聘过程中的欺诈行为，及时纠正性别歧视和其他各类就业歧视现象。规范国有单位招聘行为，完善公务员招考和事业单位公开招聘制度，探索建立国有单位招聘信息统一公开发布制度，加强国有企业招聘活动监管，在国有企业全面推行分级分类的公开招聘制度，切实做到信息公开、过程公开、结果公开。加大劳动用工、缴纳社会保险费等方面的劳动保障监察力度，切实维护高校毕业生就业后的合法权益。

有关部门要按照《国务院关于进一步做好普通高等学校毕业生就业工作的通知》（国发〔2011〕16 号）的要求，研究深化高校毕业生就业制度改革的具体意见，简化高校毕业生就业程序，消除其在不同地区、不同类型单位之间流动就业的制度性障碍。要指导督促各地制定实施办法，切实落实允许包括专科生在内的高校毕业生在就（创）业地办理落户手续的政策（直辖市按有关规定执行）。

七、推动高等教育更好地适应经济社会发展需要

要深入推动教育体制改革，根据国家经济社会发展水平和产业升级的需要，合理确定普通教育与职业教育发展规模，改善人力资源供给结构。扩大高校办学自主权，

逐步建立高校教学质量外部考评机制，指导高校加强实践教学，着力培养学生的综合素质和实践能力，提高人才培养质量。加强职业教育和技能培训，完善相关政策和激励措施，创新技能人才培养模式，搭建技能人才职业发展通道。加强经济社会发展对高校毕业生需求的前瞻性研究，建立健全高校毕业生需求预测和发布制度，完善就业状况的反馈机制，引导高校合理调整专业设置。建立高校毕业生就业和重点产业人才供需对接机制，超前部署重点产业相关专业设置和培养计划，努力实现人才培养、社会需求和就业的良性互动。

八、加强高校毕业生就业工作组织领导

各地区、各有关部门要把高校毕业生就业工作摆在重要位置，落实责任、各方努力，加强引导、综合施策。将高校毕业生就业工作情况列入政府政绩考核内容，明确具体目标、工作措施和进度，把责任落实到地方、部门和高校，把工作做到前面，切实缓解高校毕业生的就业困难，切实保障应届高校毕业生就业水平不降低，并力争有所提高。要充分发挥就业工作联席会议制度的作用，建立健全高校毕业生就业工作领导和协调机制，分工协作，齐抓共管，形成合力。要将高校毕业生就业工作经费纳入同级财政预算，切实保障各项就业服务工作开展所需经费。要密切关注高校毕业生就业形势，加强分析研判，及时研究解决工作中出现的新情况、新问题，同时要研究解决高校毕业生就业难问题的长远措施。要加大高校毕业生就业工作宣传力度，重点宣传新时期就业方针和就业创业政策措施，以及高校毕业生到基层就业创业的先进典型，引导广大高校毕业生树立正确的就业观和择业观，将个人理想融入实现中华民族伟大复兴中国梦进程中，到城乡基层、到中小企业、到中西部地区、到祖国最需要的地方成长成才、建功立业。

各地区、各有关部门要按照本通知精神，抓紧制定实施办法，切实抓好贯彻落实。

国务院办公厅

2013 年 5 月 16 日

关于做好2013年全国高校毕业生就业工作的通知

（人社部函〔2013〕1号）

各省、自治区、直辖市及新疆生产建设兵团人力资源社会保障厅（局）、福建省公务员局：

做好高校毕业生就业工作，是就业工作的重中之重。2013年，全国高校毕业生就业总量压力继续加大，就业结构性矛盾依然突出，工作任务更加繁重。各地要深入学习贯彻党的十八大精神，创新思路和措施，着力拓宽就业渠道、落实就业政策、完善就业服务、强化宣传培训，千方百计做好2013年高校毕业生就业工作。现就有关事项通知如下：

一、拓宽就业领域，完善就业政策，促进高校毕业生多形式多渠道就业

（一）在转变经济发展方式中拓展高校毕业生就业新领域。各地要积极主动参与当地经济结构调整的进程，在推动战略性新兴产业健康发展、加快传统产业转移升级、推动服务业特别是现代服务业发展壮大中，开发更多适合高校毕业生的就业岗位；在建设国家技术创新体系、发展现代信息技术产业体系、推进信息网络技术广泛应用中，为高校毕业生创造更多就业机会。要加强当地经济社会发展对人才需求的前瞻性研究，逐步建立区域人才需求预测发布制度。探索建立就业状况对高等教育的反馈机制，促进人才培养更好地与社会需求和就业市场相匹配。

（二）鼓励高校毕业生到中小企业就业。全面落实中小企业吸纳高校毕业生就业的税收、金融、社保补贴等扶持政策，尽快出台对小型微型企业新招用高校毕业生给予培训补贴和社会保险补贴的操作办法，积极会同有关部门研究进一步减轻中小企业负担的政策，改善高校毕业生到中小企业就业的环境。各地公共就业和人才服务机构要为到中小企业就业的高校毕业生做好人事代理、档案保管、社会保险办理和接续、职称评定、权益保障等服务。

（三）鼓励高校毕业生到城乡基层就业。结合推动基本公共服务均等化的进程，在推动城乡发展一体化、加强基层社会管理和服务体系建设中，开发城乡基层社会管理和公共服务岗位，吸纳高校毕业生就业。按规定落实学费补偿和助学贷款代偿、提前转正定级等政策，引导高校毕业生到中西部地区和艰苦边远地区就业。会同有关部门继续统筹实施“选聘高校毕业生到村任职”、“三支一扶”、“大学生志愿服务西部计划”、“农村义务教育阶段学校教师特设岗位计划”等基层服务项目。

（四）鼓励高校毕业生自主创业。对有创业意愿的高校毕业生，要组织其参加创业培训和创业实训，提高创业能力。会同有关部门切实落实好小额担保贷款及贴息、税费减免、落户等创业扶持政策。完善创业指导服务措施，为高校毕业生提供政策咨询、项目开发、创业培训、融资服务、开业指导、跟踪扶持等“一条龙”创业服务。推动大学生创业园建设，为高校毕业生提供创业孵化服务，提高创业成功率。结合各地实际，组织开展大学生创业竞赛、创业导师校园行、创业大学生校园宣讲等活动，营造鼓励创业的良好氛围。

（五）完善和落实高校毕业生就业政策措施。认真检查促进高校毕业生就业创业政策的落实情况。对没有落实的，要会同有关部门研究制定操作办法；对门槛高、手续复杂、影响执行效果的，要进一步降低门槛，简化程序。承担对口援藏、援青、援疆任务的省市，要逐步将到本地求职的受援地高校毕业生纳入就业政策扶持范围。要加强对高校毕业生就业形势的分析预判，积极推动高校毕业生就业政策创新。

二、深入开展公共就业和人才服务进校园活动

（一）组织开展"公共就业和人才服务校园行"宣讲活动。2013 年拟开展"公共就业和人才服务校园行"系列宣讲活动，组织百名以上人社厅（局）长和千名以上企业人力资源经理进高校。人社厅（局）长重点宣讲就业形势、就业政策和本地就业服务安排，企业人力资源经理重点宣讲职场环境、职业生涯规划建议，帮助高校毕业生了解就业形势、就业政策和企业需求。各地要制定校园行宣讲活动实施方案，精心组织。各省（区、市）人社厅（局）长进校园宣讲不少于 3 人次，企业人力资源经理进校园宣讲不少于 30 人次。

（二）广泛组织公益性招聘活动。各级公共就业和人才服务机构要广泛收集适合高校毕业生就业的岗位信息，组织开展高校毕业生专场招聘活动。招聘活动应更好地适应高校毕业生的不同就业需求，多搞一些专业性、小型化、多场次的活动，增强活动的实效性。要提前向高校和高校毕业生发布相关招聘活动安排，引导高校毕业生有序参加。可结合实际，有针对性地组织本地企业到外地目标院校开展招聘活动，以满足本地经济社会发展对人才的需求。要扩大区域合作，推动区域间的就业信息共享，积极开展区域联合招聘活动。

（三）大力开展网络招聘服务。各地要发挥网络招聘服务及时、高效、便捷的优势，进一步完善岗位信息收集、发布、查询和更新功能，提高信息质量。要全面实现公共就业和人才服务网与本地高校校园网相互链接，切实降低高校毕业生求职成本。要创新服务方式，充分利用手机、互联网等新型信息平台发布就业政策、招聘活动安排和就业岗位信息，扩大就业信息服务覆盖面。认真做好高校毕业生就业服务网络招聘月活动。配合有关部门做好全国高校毕业生就业网络联盟联合招聘周、国家级经济技术开发区高校毕业生网络招聘会等活动。

（四）大力推进职业培训进校园。职业技能培训是提高高校毕业生就业竞争力的重要渠道。各地要深入各类高校特别是文科专业较多的高校，从大一新生开始，大力宣传职业技能培训信息和优惠政策，鼓励高校毕业生在校期间掌握一门技术，取得职业资格证书。大力推行与就业紧密联系的培训模式，强化技能训练的同时，加强日常办公应用软件操作等基本技能培训，满足初次上岗工作需求，缩短就业适应期。切实落实好职业培训补贴和技能鉴定补贴政策，发挥政策引导效应。

（五）加强对高校就业指导人员的培训。高校就业指导人员在帮助学生了解运用就业政策、树立正确就业观方面具有关键作用，应通过加强培训使其深入了解就业形势、

就业政策、职场规则，增强就业指导的针对性和有效性。2013 年拟组织开展“百场高校就业指导人员就业政策业务培训”，各省要组织不少于 3 场相关培训或研修活动，力争使省内每所高校至少一名就业指导人员参加培训。各地要加强与高校就业创业指导人员的联系，建立定期座谈制度，充分听取其对公共就业和人才服务的意见和建议。可结合实际，探索组织高校就业指导人员到企业进行短期锻炼，帮助其加深对真实就业环境的体验，提升就业指导能力。

（六）加大高校毕业生就业宣传工作力度。各地要结合进校园宣讲、组织开展招聘等工作，加强对国家和本地促进高校毕业生就业政策措施的宣传，通过印发政策宣传手册、张贴政策宣传海报、制播公益性广告等方式，进一步提高高校毕业生和社会对高校毕业生就业政策措施的知晓度。要以“岗位成长”为主题，深入挖掘和宣传高校毕业生到城乡基层、中小企业和非公有制企业、中西部地区和艰苦边远地区就业的先进典型，大力弘扬爱岗敬业、脚踏实地的良好作风，引导高校毕业生立足基层、立足一线、立足岗位成长成才。

三、全面做好离校未就业高校毕业生实名制就业服务

（一）完善离校未就业高校毕业生信息登记工作。各地要主动加强与教育部门及高校的联系，共同做好毕业生离校前后的信息衔接和服务接续。要加强与高校直接对接，获取未就业高校毕业生信息，不断扩大实名制登记对象范围，力争在 2013 年 9 月底前基本掌握本地未就业高校毕业生全部信息。要及时汇总上报未就业高校毕业生实名制就业数据信息，进一步提升数据信息质量。逐步开展数据分析应用工作，为制定就业政策提供决策支持。继续做好离校未就业高校毕业生就业统计和数据上报工作。

（二）积极为离校未就业高校毕业生提供就业服务。各地要依托公共就业和人才服务机构，对实名登记的每一名未就业高校毕业生开展至少 1 次电话访问或家庭访问，摸清就业需求，对有就业创业意愿的高校毕业生提供相应的就业创业服务。县级以上公共就业和人才服务机构要加强高校毕业生服务窗口功能建设，完善报到接收手续，切实做好政策咨询、职业指导、岗位信息、培训信息、职业介绍、档案保管、人事劳动保障代理等“一站式”服务。要按照统一部署，组织实施好高校毕业生就业服务月等专项活动。

（三）继续开展高校毕业生就业见习工作。各地要以帮助高校毕业生积累工作经验、提升就业能力为目的，继续组织有见习意愿的未就业高校毕业生参加就业见习。要以企业为主体，扩大见习单位数量，优化见习单位结构。2013 年拟组织开展第二批就业见习国家级示范单位的推荐和评选工作，各地要进一步加强见习单位管理，完善各项规章制度，建立健全见习单位考核评估和激励淘汰机制。要加强见习岗位收集、发布工作，多形式搭建见习对接平台。要结合本地实际，逐步提高就业见习基本生活补助标准，落实见习补贴政策，加大对见习单位的政策扶持。

（四）切实做好困难高校毕业生就业援助工作。各地要加强离校未就业困难高校毕业生摸底排查，对就业困难、家庭经济困难和零就业家庭高校毕业生主动提供就业援助。在组织开展“就业援助月”、“高校毕业生就业服务月”、“高校毕业生就业服务周”等专项活动中，要将困难高校毕业生作为重点对象，优先提供就业帮扶。各地可

结合实际，在基层社会管理和公共服务领域开发一批公益性岗位，对困难高校毕业生实行过渡性安置。民族地区要认真做好少数民族高校毕业生就业工作，加强教育培训，强化政策扶持。

（五）加强高校毕业生就业权益保障。各地要结合本地实际进一步完善高校毕业生落户办法。要制定高校毕业生从企业、社会团体到机关事业单位就业时基本养老保险缴费年限合并计算为工龄的具体实施办法，畅通高校毕业生在不同类型单位之间流动就业的渠道。加强人力资源市场监管，及时查处和纠正各类违法违规职业中介行为，严厉打击和取缔非法职业中介机构。加强劳动保障执法力度，督促企业规范用工，依法签订劳动合同，缴纳社会保险。

各地要继续将高校毕业生就业放在当前就业工作的首位，进一步加强组织领导，制定专门工作计划，明确任务分工和要求，落实资金保障。各地要分别于 2013 年 6 月底和 12 月底前向部里提交高校毕业生就业工作情况报告，同时对新出台的政策措施、工作中取得的重要进展、以及遇到的新情况新问题要及时向部里报告。

人力资源社会保障部

2013 年 1 月 6 日

关于印发就业专项资金管理纪律规定的通知

（人社部发〔2013〕14号）

各省、自治区、直辖市及新疆生产建设兵团人力资源社会保障厅（局）：

为进一步规范就业专项资金管理使用工作和从业人员行为，根据有关法律法规，特制定《就业专项资金管理纪律规定》，现印发给你们，请认真贯彻执行。

本规定适用于全国人力资源社会保障系统从事或参与就业专项资金管理使用工作的人员，包括就业、职业培训、技能鉴定、劳动关系、社会保险行政人员和经办人员，信息管理系统相关人员。

各地要把贯彻落实本规定作为改进工作作风、加强惩治和预防腐败体系建设、推动就业工作科学发展的重要举措，结合本地实际，针对就业专项资金管理特点及问题易发多发的重点环节，抓紧研究制定具体贯彻措施。要健全完善科学、民主、公开的资金分配制度，资金使用监督制度，资金拨付公示制度，资金支出结果报告制度，资金监管质询、问责和跟踪反馈制度，严格按制度办事。要加强监督检查，把纪律规定执行情况作为每年度就业专项资金管理专项检查的重要内容，及时纠正处理违规违纪行为，并将规定执行情况与检查结果一并上报。

附件：就业专项资金管理纪律规定

人力资源社会保障部
2013年2月18日

附件

就业专项资金管理纪律规定

一、不准超越权限、违反规定、违反程序决定、干预或插手就业专项资金分配。

二、不准截留或拖延下拨就业专项资金。

三、不准隐匿、转移、侵占、挪用、拆借就业专项资金。

四、不准将就业专项资金私存私放，或与其他资金混存、混支、混用。

五、不准将就业专项资金用于设立“小金库”或委托理财，或违规用于部门及单位人员经费、公用经费、差旅费、会议费以及房屋建筑物购建、租赁、交通工具购置等与落实就业政策无关的支出。

六、不准在审批中随意扩大或缩小就业政策补助范围、增减补贴项目、变更补贴标准、在手续和资料不全的情况下批准拨付就业专项资金。

七、不准弄虚作假、欺诈、骗取、套取或协助他人骗取、套取就业补贴资金。

八、不准违规在接受补贴的单位兼职、取酬、投资入股。

九、不准默许、纵容、授意配偶、子女及其配偶、其他特定关系人收受补贴申领对象的财物，在其管辖地区和业务范围内从事与就业政策补贴直接相关的职业培训、职业中介等经营活动，或在其中担任高级职务。

十、不准违反规定、违反程序、降低标准确定定点培训机构、中介机构、见习基地。

十一、不准向违反培训合同、分包转包培训任务的职业培训机构发放补贴资金。

十二、不准伪造、篡改、擅自销毁就业专项资金补贴对象的基本信息、享受补贴政策记录及申领补贴政策的基础材料等。

十三、不准在使用就业专项资金进行政府采购过程中采取围标串标、明招暗定、以次充好、回避招标或其他非法手段谋取私利。

十四、不准在资金分配、管理、审批等各环节谋取不正当利益，索取、收受或以借为名占用行政相对人的财物，接受可能影响公正执行公务的礼品、宴请及旅游、健身、娱乐等活动安排，接受礼金和各种有价证券、支付凭证。

十五、不准以资金分配、管理、审批为由从管理和服务对象以及其他与行使职权有关系的单位列支或提取工作经费、赞助费。

关于加快推进人力资源市场整合的意见

（人社部发〔2013〕18号）

各省、自治区、直辖市及新疆生产建设兵团人力资源社会保障厅（局），各副省级市人力资源社会保障局：

为健全统一规范灵活的人力资源市场，更好地服务就业优先战略和人才强国战略的实施，现就加快推进人力资源市场整合改革提出如下意见：

一、指导思想和主要目标

（一）指导思想。以邓小平理论、“三个代表”重要思想、科学发展观为指导，紧紧围绕民生为本、人才优先的工作主线，以更大程度更广范围发挥市场在人力资源配置中的基础性作用为导向，以整合资源、提高效率、深化改革、促进发展为重点，推进人力资源市场管办分离、政企分开、事企分开，进一步健全人力资源市场体系，促进人力资源合理流动和有效配置。

（二）主要目标。有效整合人才市场和劳动力市场资源，提高管理水平和服务效率，健全人力资源市场管理制度，提升公共就业和人才服务水平，促进人力资源服务产业健康发展，规范人力资源市场秩序，建立健全功能完善、机制健全、运行有序、服务规范的人力资源市场体系。

二、加强对人力资源市场的统筹管理

（一）统一人力资源市场管理制度。加快人力资源市场立法进程，抓紧制定人力资源市场条例，完善人力资源市场各项管理制度，推动各地修订出台人力资源市场管理地方法规，健全人力资源市场法规体系。完善人力资源流动配置相关政策，进一步消除人员流动障碍。

（二）统一人力资源市场监管。依法实施人力资源服务经营准入管理，规范准入条件，完善许可流程。加强《人力资源服务许可证》管理。强化后续监管、明确监管责任、制定监管措施，加强日常监管、专项整治和执法检查，规范人力资源服务行为。做好与相关法律法规的配套衔接工作，维护良好的人力资源市场秩序。健全人力资源市场监管综合协调机制，加强与工商行政管理等部门的协调，提高监管效能。开展人力资源服务机构诚信体系建设活动，推动建立和完善人力资源市场诚信体系。

（三）统一人力资源服务标准。落实《人力资源和社会保障标准化规划（2011—2015年）》，加快人力资源服务标准体系建设进程，建立标准的推行、宣传、评估工作体系，发挥服务标准对人力资源服务行为的规范引领作用。对于没有国家标准或行业标准而确需通过标准予以规范的，各地可结合实际制定地方标准。

三、完善公共就业和人才服务体系

（一）整合加强公共就业和人才服务机构。各地要按照统一领导、统一制度、统一管理、统一服务标准、统一信息系统的要求，统筹规划公共就业和人才服务体系建设。根据我部与中央编办联合下发的加强公共就业服务体系建设指导意见提出的原则，理顺公共就业和人才服务的管理职能，有条件的地方可设立公共就业和人才服务局；整合公共就业和人才服务资源，从服务对象的实际需要和便利出发，因地制宜地设立综合性或专业性的服务场所，合理布局服务网点；区、县一级一般应建立统一的公共就业和人才交流服务综合性服务机构；进一步加强街道（乡镇）和社区（行政村）劳动就业和社会保障公共服务平台建设，加强基层公共就业和人才服务工作，形成覆盖城乡、功能齐全、布局合理、方便可及的公共就业和人才服务网络。

（二）整合基本公共服务功能。各地要切实加强促进就业和人才流动配置领域的公共服务，全面梳理基本公共就业和人才服务项目，明确基本公共服务范围。具有共性的同类服务应实行统一的服务标准和服务规范。要科学规划设计各项服务内容和流程，做好相互关联业务之间的贯通衔接，互通共享经办信息记录和数据库。要从方便服务对象出发，简化经办手续，提高服务效率。

（三）加强公共就业和人才服务信息化建设。各地要充分利用金保二期建设项目，不断加强公共就业和人才服务信息网络建设，提升人力资源市场管理和公共服务的信息化水平。健全统一的信息分类标准和统计指标体系，推动公共就业和人才交流服务信息系统一体化，提高信息综合利用和分析水平，加快实现以信息和数据共享为基础的公共就业和人才服务工作全程信息化。

（四）加强公共就业和人才服务保障。各地要按照《中共中央国务院关于分类推进事业单位改革的指导意见》（中发〔2011〕5号）要求，明确公共就业和人才交流服务机构公益属性，积极争取编制、财政等部门支持，合理确定人员编制。要按照《人力资源社会保障部财政部关于进一步完善公共就业服务体系有关问题的通知》（人社部发〔2012〕103号）要求，按公共就业和人才服务经费保障机制，将所需经费纳入同级财政预算，保障开展公共就业和人才服务所需的基本支出与项目支出经费。对县级及县以下基层平台开展公共服务所需经费确有困难的，要协调上级财政部门给予适当补助。要创新公共服务供给模式，积极采取政府购买服务等方式，提高公共服务供给效率。

四、加快推进公共服务与经营性服务分离改革

（一）理顺政府与市场的关系。不断深化人力资源市场体制改革，进一步理顺政府与市场的关系，实现人力资源市场领域的管办分离、政企分开、事企分开、公共服务与经营性服务分离。转变政府职能，切实做好人力资源市场的政策调节、规划建设、市场监管与公共服务等工作，为市场发展创造良好环境。

（二）推进经营性业务分离改革。各地要在明确划定公共就业和人才交流服务机构基本公共服务项目的基础上，逐步把经营性业务转由服务企业实施，做到职能分开、机构分设、人员分离、分类管理。已经实现分离改革的经营性服务机构，要按照有关法律法规的要求，推行产权制度改革，完善法人治理结构，建立现代企业制度，真正

成为自主经营实体。对具有经营优势的，要注意保持服务品牌，鼓励其做大做强，发挥示范带动作用。

（三）完善改革配套政策。各地要按照有关法律法规和政策规定，切实加强对公共服务和经营性服务业务分离的管理和指导，在业务范围、人员安置、收入分配、资产配置、重大决策、干部配备等方面明确政策，稳慎推进改革进程，强化管理和监督，确保国有资产不流失。

五、加强组织领导

（一）统一思想认识。健全统一规范灵活的人力资源市场体系，意义重大，是一项复杂的系统工程，各地要从全局和战略的高度进一步提高认识，加强调查研究，准确把握市场的发展现状和存在的问题，科学规划，因地制宜、循序渐进地推进人力资源市场的整合改革，确保各项工作取得实效。

（二）统筹改革和发展。各地要着眼长远，统筹谋划人力资源市场建设工作，在发展中求统一，在统一中谋发展，坚持规范管理和促进发展并重，坚持公共服务与经营性服务并举，认真落实《服务业发展"十二五"规划》（国发〔2012〕62号），大力促进人力资源服务业发展，提升人力资源服务供给能力，加快建立专业化、信息化、产业化、国际化的人力资源服务体系。

（三）加强基础工作。加强从业人员队伍建设，建立实施全国统一的人力资源市场从业人员职业资格制度，加大培训力度，提高从业人员队伍专业化水平。完善人力资源市场统计指标体系，进一步推进人力资源市场统计工作。加强市场建设的理论研究，提升市场建设的科学化水平。推进人力资源服务行业协会组织建设，充分发挥协会服务、自律、协调的功能。

各省（区、市）要切实做好本意见贯彻落实工作，确保各项政策措施落到实处。市场整合改革工作的实施情况请及时报告我部。

人力资源社会保障部
2013年3月6日

关于印发《国家级专业技术人员继续教育基地管理办法》的通知

（人社厅发〔2013〕53号）

各省、自治区、直辖市及新疆生产建设兵团人力资源社会保障厅（局），国务院有关部委、直属机构人事部门，有关中央企业：

为加强国家级专业技术人员继续教育基地运行管理，保障专业技术人才知识更新工程实施，根据《国家中长期人才发展规划纲要（2010—2020年）》和《专业技术人才知识更新工程实施方案》，我部制定了《国家级专业技术人员继续教育基地管理办法》。现印发给你们，请结合实际认真贯彻落实。

人力资源社会保障部办公厅

2013年5月22日

国家级专业技术人员继续教育基地管理办法

第一章 总 则

第一条 根据《国家中长期人才发展规划纲要（2010—2020年）》，为保障专业技术人才知识更新工程实施，规范和加强国家级专业技术人员继续教育基地运行管理，推动继续教育公共服务体系建设，制定本办法。

第二条 国家级专业技术人员继续教育基地（以下简称“国家级继续教育基地”）是经人力资源社会保障部认定，以对专业技术人员进行补充、更新知识，拓展知识结构，提高综合素质和创新能力为基本内容开展教育培训的机构，是国家培养培训高层次、急需紧缺和骨干专业技术人才的服务平台。

第三条 国家级继续教育基地根据地域和领域发展需要，按照“优化布局、突出特色、资源共享、注重实效”的原则，实行分期分批建设和分级分类管理。

第二章 职 责

第四条 人力资源社会保障部是国家级继续教育基地的综合管理部门，负责国家级继续教育基地的设立、调整和撤销，制定有关政策、规章和规划，组织国家级继续教育基地交流，监督指导基地的运行管理。

第五条 有关地方、部门和中央企事业单位人事部门是所推荐国家级继续教育基地的管理单位，负责国家级继续教育基地的使用和管理，制定实施具有本地区、本部门和本行业特点的基地管理政策措施。

第六条 获准设立国家级继续教育基地的高等院校、科研院所和其它施教机构是基地的建设单位，负责建立健全基地管理机构，配备专门人员，制定本基地的运行管理办法，承担本基地运行管理的具体工作。

第七条 国家级继续教育基地是依托高等院校、科研院所和其他施教机构建设的培训实体，不改变原有隶属关系，在继续教育业务上接受管理单位的指导，实行人财物相对独立的管理机制。

第三章 基地设立

第八条 设立国家级继续教育基地的单位应具有丰富的培养培训专业技术人员经验，在本地区、本行业具有一定影响，并具备以下基本条件：

（一）具有满足培训需要、相对稳定、密切联系科研生产一线的高素质专（兼）职师资队伍。专（兼）职师资应当具有较高理论水平、实践经验，在本专业领域具有较高影响力和公认度。

（二）有健全的继续教育管理机构及从事继续教育管理的专（兼）职人员。有健全的教学组织管理、学员考核管理、教学科研管理、培训登记管理、培训经费管理、后勤保障管理以及规范的培训效果评估、跟踪反馈等基地管理制度。

（三）能为基地基本建设和日常工作提供配套经费保障。具备与所承担的中高级专业技术人才培训任务相适应的固定教室、教学设备、专业图书资料及相应的硬件设施；专业性强的领域或继续教育科目，还要有能供专业技术人员进行实训的场所或实训合作单位。

（四）具备现代化远程教育条件，具有满足大规模网络培训所需的教学设备和基础设施，建立网络化的培训和管理信息平台，实现网上培训和网络互动交流。

（五）围绕着经济社会发展重点领域和现代服务业领域，每年培训不少于2000名专业技术人才。

第九条 国家级继续教育基地分期分批进行申报及评定。

（一）国家级继续教育基地申报遵循自愿原则。

（二）国家级继续教育基地主要从在专业技术人员继续教育方面具有实践基础的高等院校、科研院所，地方、部门或行业教育培训机构，专业协会（学会）及大中型企业培训机构中遴选。优先从地区或部门、行业设立的区域性、行业性专业技术人员继续教育基地中遴选。

（三）具备条件的施教机构填写《国家级专业技术人员继续教育基地申报表》，由副省部级以上（含）地方人力资源社会保障部门或行业主管部门人事部门审核同意并签署推荐意见后，报人力资源社会保障部。

（四）人力资源社会保障部组织继续教育和相关领域专家组成专家评审委员会，对申报材料进行审核、论证、考察和评审，并对通过评审的施教机构予以认定。

第十条 经认定的国家级继续教育基地由人力资源社会保障部统一公布，并颁发国家级专业技术人员继续教育基地匾牌。

第四章 基地运行

第十一条 国家级继续教育基地要严格遵守继续教育法规和政策，紧密围绕经济社会发展需求，紧跟世界科技发展前沿开展专业技术人员继续教育及相关管理工作。

第十二条 根据地区、部门和行业发展需要，国家级继续教育基地主要承担相应区域、领域和行业国家级高层次、急需紧缺和骨干专业技术人才的培养培训工作，承担地方、部门和行业继续教育师资培训任务。

第十三条 国家级继续教育基地须聘请继续教育和相关行业领域的专家、学者组成评估小组，结合地区和行业发展要求，提出基地的培训规划、课程设置等，报管理单位同意后实施。

第十四条 国家级继续教育基地要为专业技术人员提供优质高效的继续教育服务，特别是突出新理论、新知识、新技术、新方法的培训，不断提高专业技术人员的职业道德水平，不断增强专业技术人员的学习能力、实践能力、创新能力和科研能力。

第十五条 国家级继续教育基地提供继续教育服务的主要形式包括：承办国家级专业技术人员继续教育重大专项工程项目；举办政府部门、行业协会、企事业单位委托的培训班、研修班或进修班；协助开展专业技术人员公需科目或专业科目的培训、考核和管理工作；开展继续教育理论研究，开发有针对性和实效性的培训项目与培训课程；举办继续教育交流服务活动等。

第十六条 国家级继续教育基地有承担政府部门委托的继续教育公共服务项目的义务，实施公益性继续教育时要向各个地区、各类经济组织和广大专业技术人员平等开放，并对革命老区、民族地区、边远地区和贫困地区给予倾斜。

第十七条 鼓励国家级继续教育基地充分利用自身资源优势，在保障政府人才培训任务的基础上，主动为社会上各类单位和专业技术人员提供业务培训、岗位进修、能力提升、职业资格继续教育等服务。

第十八条 国家级继续教育基地应加强师资队伍建设，不断创新培训内容，不断改进培训方式方法，加强培训过程管理和质量监控，不断提高培训水平，逐步提高培训的针对性和实效性。

第十九条 国家级继续教育基地应积极探索产学研相结合的人才培养培训机制，与重点领域权威研究机构和领头企事业单位建立长期合作关系，及时引入最新科研成果、先进技术经验和业务骨干，逐步形成专业品牌和培训特色。

第二十条 国家级继续教育基地要积极推广网络培训、远程教育、电化教育等新的教学方式方法，积极开发在线学习平台，建设具有专业特色的网络学习中心，不断提高在线培训和开展现代化远程教育的能力。

第二十一条 国家级继续教育基地可采用走出去和请进来的方式，积极参与国际继续教育交流，利用境外的优质资源，不断提高继续教育的质量和效益。

第五章 管理监督

第二十二条 国家级继续教育基地实行年度计划审核备案制度。国家级继续教育基地应根据培训需求制定年度任务计划，并于每年12月10日前，将年度计划执行情况总结和下一年度计划报推荐设立该基地的管理单位审核；审核同意后，于当年12月31日前将年度计划执行情况总结和下一年度计划一并报人力资源社会保障部备案。

第二十三条 国家级继续教育基地应按照管理单位审核同意的年度计划内容开展培训活动，培训结束后要认真做好培训情况的建档登记和效果评估工作。

第二十四条 未经国家级继续教育基地的管理单位同意，国家级继续教育基地及其建设单位不得以国家级继续教育基地的名义开展教育培训活动。

第二十五条 国家级继续教育基地实行检查考核制度。检查考核的主要内容包括：基地师资队伍建设情况、基地经费使用情况、设施配套情况、制度执行情况、继续教育任务完成情况、培训效果及后续跟踪情况等。

第二十六条 国家级继续教育基地的管理单位负责国家级继续教育基地的检查考核，并制定具体办法。

第二十七条 人力资源社会保障部会同基地的管理单位，在检查考核基础上对国家级继续教育基地进行定期检查评估和不定期抽查，并将有关结果向社会公布。检查评估或抽查结果作为调整、撤销国家级继续教育基地及下一阶段任务分配的重要依据。

对成绩突出、评估优秀的国家级继续教育基地，将及时宣传推广经验做法，在培训资源配置、任务分配等方面给予一定倾斜。对不按本办法开展继续教育工作、不能完成继续教育任务或达不到教学管理要求的国家级继续教育基地，责令限期整改。在规定时间内仍然达不到要求的，取消国家级继续教育基地资格。

第二十八条 对违反年度计划备案审核制度及有关规定，出现乱办班、乱收费、乱发证现象的国家级继续教育基地，依法追究其单位领导和当事人的责任。

第二十九条 对在申请过程中弄虚作假或被取消国家级继续教育基地资格的施教机构，不再受理其认定申请。

第六章 保障措施

第三十条 人力资源社会保障部为国家级继续教育基地建设提供政策和项目支持，支持国家级继续教育基地承办继续教育项目和活动。

第三十一条 人力资源社会保障部会同地方、部门、行业组织开发教材、课件、网站等优质培训资源，无偿或以优惠价格提供给国家级继续教育基地内部使用。

第三十二条 人力资源社会保障部支持各领域从事科研、生产、教学等方面工作的专家参与继续教育基地的人才培养培训工作。对表现突出、成效明显的专家，在其本人参加继续教育、评聘专业技术职务、享受政府特殊津贴和国家百千万人才工程国家级人选选拔、参与专家休假等方面给予倾斜。

第三十三条 中央财政按规定为国家级继续教育基地提供一定的专项经费资助。专项经费主要用于开展专家授课、师资培训、教材课件开发、数据库开发、课题研究等工作。基地建设单位按照国家有关规定，制定专项经费的使用办法和使用方案，基地的管理单位负责审核专项经费使用办法和使用方案，确保专款专用并取得最大效益。

第三十四条 国家级继续教育基地的建设单位和管理单位应为基地的基础建设和日常工作提供配套经费。

第三十五条 国家级继续教育基地的管理单位应在政策扶持、项目支持、师资队伍建设、资源整合、培训宣传等多方面为国家级继续教育基地提供支持，帮助国家级继续教育基地形成科学有效的专业技术人才培养培训体系。

第三十六条 专业技术人员在国家级继续教育基地参加培训的情况，可记入《专业技术人员继续教育证书》或学习档案，作为对专业技术人员考核评价、岗位聘用、职称评聘和执业注册的重要依据。

第三十七条 国家级继续教育基地为社会提供继续教育服务时，可按照有关规定适当收取培训费用，但不得擅自提高收费标准。收取的相关费用优先用于保障基地的建设和发展。

第三十八条 支持国家级继续教育基地加强与企业、高校和科研院所的合作，建立产、学、研相结合的继续教育协作体系，促进继续教育成果转化，并根据需要组织开展经验交流和成果推广等活动。

第七章 附 则

第三十九条 国家级继续教育基地机构名称、联系方式等重要信息发生变更，须及时报人力资源社会保障部备案并向社会公布。

第四十条 地方人力资源社会保障部门和行业主管部门可参照本办法，结合各自实际，制定相应的国家级继续教育基地管理政策措施。

第四十一条 军队系统的国家级继续教育基地管理参照本办法执行。

第四十二条 鼓励和支持地区、部门和行业结合实际，建设区域性、行业性专业技术人员继续教育基地，形成上下衔接、优势互补、资源共享的继续教育基地体系。

第四十三条 本办法由人力资源社会保障部负责解释。

第四十四条 本办法自发布之日起施行。

关于贯彻落实《国务院办公厅关于做好2013年全国普通高等学校毕业生就业工作的通知》的通知

（教学〔2013〕4号）

各省、自治区、直辖市教育厅（教委），新疆生产建设兵团教育局，部属各高等学校：

党中央、国务院高度重视高校毕业生就业工作。习近平总书记、李克强总理等中央领导同志对高校毕业生就业工作做出一系列重要指示。近日，国务院召开了全国普通高等学校毕业生就业工作电视电话会议，印发了《国务院办公厅关于做好2013年全国普通高等学校毕业生就业工作的通知》（国办发〔2013〕35号），对做好今年高校毕业生就业工作进行了全面部署。为深入学习和贯彻落实中央要求，现就有关事项通知如下：

一、进一步加强组织领导，把高校毕业生就业工作摆在更加突出重要位置

做好高校毕业生就业工作，关乎经济发展、民生改善和社会稳定。教育部门和高校要充分认识做好高校毕业生就业工作的重要性和紧迫性，把贯彻落实中央决策部署作为当前高校毕业生就业工作的首要任务，加强组织领导和统筹协调，切实落实“一把手工程”，主要领导亲自抓，负总责。各高校要细化分解目标任务，把责任落实到院系、职能部门和有关工作人员。教育部门要会同有关部门抓紧对高校毕业生就业政策和工作落实情况组织一次集中检查，逐项督促落实；加强分类指导，对就业率偏低的高校和专业，增强工作的针对性和有效性，切实保障本地本校毕业生就业水平不降低、有提高。

二、迅速制定配套政策和实施办法，帮助高校毕业生了解和用好政策

教育部门要主动协调配合人力资源社会保障、财政等有关部门，抓紧制定贯彻落实国办发〔2013〕35号文件的配套政策和实施办法，落实好低保家庭毕业生求职补贴、创业培训补贴、在创业地享受自主创业政策扶持、校园招聘活动经费支持、高校毕业生就业工作经费纳入同级财政预算等新政策及其他各项优惠政策。要充分利用报刊、广播、电视、网络等新闻媒体，开辟就业政策解读专栏，加大政策宣传力度。高校要在校园网及时转载国办发〔2013〕35号文件和政策解读稿，并通过就业网和各类新媒体大力宣传各项政策，特别是对涉及毕业生切身利益的内容进行重点宣传、重点解读，使每一位高校毕业生都理解政策、用足用好政策，充分发挥政策效力。

三、采取更加有力措施，大力拓宽就业渠道

省级教育部门要会同国资、工信、商务等部门联合举办招聘活动，积极开辟毕业生到战略性新兴产业、先进制造业、高新技术产业、智力密集型产业、现代服务业、现代农业等领域就业的新渠道。全面实施好中央和地方各类基层就业项目，做好“农村教师特岗计划”“西部计划”“三支一扶计划”“到村任职”等项目组织招募，开展农业技术推广服务特岗计划试点，扎实推进免费师范生到中小学任教工作，扩大毕业生到海外担任汉语教师志愿者规模。要积极配合兵役部门，建立健全征集高校毕业生入伍服义务兵役的政策体系和长效机制，鼓励更多高校毕业生应征入伍。高校要切实采取有效措施，逐步扩大科研项目吸纳高校毕业生规模，鼓励优秀高校毕业生作为科研助理或辅助人员参与项目实施。

四、以帮扶困难群体为重点，切实做好高校毕业生就业服务工作

教育部门和高校要主动联系用人单位，广泛收集需求信息，持续开展招聘活动，努力为毕业生提供更多的岗位信息。要进一步发挥“全国大学生就业信息服务一体化系统”的优势，促进就业信息互通共享。要加强校园招聘活动监管，坚决杜绝用人单位发布歧视性招聘信息，维护学生合法权益。规范签约行为，任何高校不得将毕业证书发放与高校毕业生签约挂钩。要把解决好家庭经济困难、就业困难毕业生就业作为当前工作的重点，特别是对享受城乡居民最低生活保障家庭的毕业年度内的高校毕业生，要落实好一次性求职补贴政策。要高度重视少数民族毕业生、残疾毕业生、女大学生、芦山地震灾区毕业生等群体的就业工作，通过发放求职补贴、专场招聘、重点推荐、“一对一”指导、兜底就业等方式，帮助尽早落实工作岗位。要加强职业指导师资队伍建设，提升就业指导服务水平。

五、加强思想教育，进一步引导高校毕业生转变就业观念

教育部门和高校要认真组织毕业生学习领会习近平总书记今年5月4日在同各界优秀青年代表座谈时的重要讲话和给北京大学考古文博学院2009级团支部回信精神，深化“我的中国梦”主题教育活动，与就业创业教育相结合，引导毕业生把个人成长融入国家需要，志存高远，脚踏实地，主动到城乡基层、到中小企业、到中西部地区、到祖国最需要的地方砥砺品质、增长才干、建功立业。进一步引导毕业生合理调整就业期望，树立“先就业、后择业”的观念，坚持从实际出发，积极主动地就业。高校要充分发挥典型示范引领作用，积极开展优秀毕业生回校作报告等教育活动。进一步做好毕业生离校前的思想教育和各项服务工作，确保毕业生安全文明离校。

六、深化教育改革，建立和完善促进高校毕业生就业长效机制

积极调整教育结构，大力发展现代职业教育，推动学历文凭和职业资格“双证书”制度，深化校企合作、工学结合、顶岗实习，培养生产、建设、服务、管理第一线的技术技能人才。推进行业特色高校、新设本科高校、部分地方高校转型发展，加大应用型、复合型、技术技能型人才培养力度。着力改革人才培养模式，推动高校学科专业设置与市场需求相匹配，健全专业预警、退出和动态调整机制，及时调减持续就业率低的专业招生计划。扩大专业学位研究生招生规模，创新研究生培养模式，服务社会需求，提高培养质量。强化实践教学环节，推动大学生参与形式多样的社会实践活动，增强就业创业和职业转换的能力。加强创新创业教育，培养学生“勇于创业、敢闯敢干”的精神，加大对高校毕业生自主创业支持力度，鼓励毕业生自主创业。

教　育　部
2013 年 5 月 18 日

关于加强高校毕业生就业信息服务工作的通知

（教学厅〔2013〕5号）

各省、自治区、直辖市教育厅（教委），有关省、自治区人力资源社会保障厅（局），福建省公务员局，部属各高等学校：

当前，正值2013年高校毕业生求职择业的关键时期。为深入贯彻落实党的十八大和全国“两会”精神，全力以赴完成今年高校毕业生就业工作目标任务，按照全国高校毕业生就业工作推进会有关部署，现就做好当前高校毕业生就业信息服务工作通知如下：

一、充分认识做好毕业生就业信息服务工作的重要性

信息服务是就业服务的重要内容，是促进毕业生顺利就业的前提和基础。各地、各高校要进一步增强做好毕业生就业工作的责任感和紧迫感，积极主动地采取有效措施，千方百计征集需求信息，不断加大毕业生就业信息服务力度，努力为高校毕业生就业提供充足的就业信息和良好的招聘服务。

二、大力收集岗位信息，持续开展招聘活动

各地、各高校要把大力收集岗位信息作为当前就业工作的重中之重。各地高校毕业生就业工作部门要积极争取各行各业的支持，努力开辟毕业生到战略性新兴产业、先进制造业、现代服务业等领域就业的新渠道。各高校要带着对学生深厚的感情，以对学生高度负责的态度，采取“走出去，请进来”等多种方式，调动各方面力量，为学生提供多种就业服务，持续为毕业生举办优质高效的招聘活动，确保招聘活动场次和岗位数量进一步增长。要高度重视校园招聘活动的安全工作，切实做好安全预案，坚决防止安全意外事故发生。

三、创新信息服务方式，提高服务质量

各地、各高校要充分发挥网络招聘服务及时、高效、便捷的优势，充分运用“全国大学生就业信息服务一体化系统”及就业网、微博、手机短信等新型传播手段及时发布招聘信息，进一步完善岗位信息收集、发布、查询和更新功能，开展远程视频面试、就业创业模拟实训、网上测评、在线政策咨询、求职帮扶、在线招聘预约等服务，切实降低高校毕业生求职成本。

四、采取针对性措施，着力做好就业帮扶工作

各地、各高校要认真开展摸底排查，把目前尚未就业的少数民族毕业生以及家庭经济困难、就业困难毕业生作为重点服务对象，有针对性地开展专场招聘活动，提供个性化的就业指导。要建立就业困难毕业生数据库，实行“一对一”实名动态援助，通过发放求职补贴、向用人单位重点推荐、优先培训、跟踪服务等方式，帮助他们尽快实现就业。

五、严禁就业歧视，保护毕业生合法权益

各地、各高校要进一步加强对高校毕业生就业双选活动的监管，加强对用人单位资质、招聘信息的核查，切实营造公平就业环境。凡教育行政部门和高校举办的招聘活动，要严格做到“三个严禁”：严禁发布含有限定985高校、211高校等字样的招聘信息，严禁发布违反国家规定的有关性别、户籍、学历等歧视性条款的需求信息，严禁发布虚假和欺诈等非法就业信息，坚决反对任何形式的就业歧视。要加强对毕业生的法制教育，提高毕业生的维权意识，积极创造条件，主动为毕业生提供求职、签约等方面的就业权益保障服务，切实维护毕业生的合法权益。

教育部办公厅

2013年4月16日

关于加强小额担保贷款财政贴息资金管理的通知

（财金〔2013〕84 号）

各省、自治区、直辖市、计划单列市财政厅（局）、人力资源社会保障厅（局），中国人民银行上海总部、各分行、营业管理部、省会（首府）城市中心支行、大连、青岛、宁波、厦门、深圳市中心支行，各有关金融机构：

为贯彻落实中央经济工作会议对创业带动就业工作提出的新要求，进一步做好下岗失业人员小额担保贷款（以下简称小额担保贷款）工作，加强财政贴息资金管理，提高财政资金使用效益，现就有关事项通知如下：

一、严格执行贴息贷款政策标准

（一）小额担保贷款的申请和财政贴息资金的审核拨付，要坚持自主自愿、诚实守信、依法合规的原则。各级财政部门要充分认识到小额担保贷款工作对于促进就业、改善民生的重要意义，切实履行职责，加强财政贴息资金审核，规范政策执行管理。

（二）财政贴息资金支持对象按照现行政策执行，具体包括符合规定条件的城镇登记失业人员、就业困难人员（一般指大龄、身有残疾、享受最低生活保障、连续失业一年以上，以及因失去土地等原因难以实现就业的人员）、复员转业退役军人、高校毕业生、刑释解教人员，以及符合规定条件的劳动密集型小企业。上述人员中，对符合规定条件的残疾人、高校毕业生、农村妇女申请小额担保贷款财政贴息资金，可以适度给予重点支持。

（三）财政贴息资金支持的小额担保贷款额度为，高校毕业生最高贷款额度 10 万元，妇女最高贷款额度 8 万元，其他符合条件的人员最高贷款额度 5 万元，劳动密集型小企业最高贷款额度 200 万元。对合伙经营和组织起来就业的，妇女最高人均贷款额度为 10 万元。

（四）财政贴息资金支持的个人小额担保贷款利率为，中国人民银行公布的同期限贷款基准利率的基础上上浮不超过 3 个百分点。财政贴息资金支持的小额担保贷款期限最长为 2 年，对展期和逾期的小额担保贷款，财政部门不予贴息。

二、认真做好贴息贷款发放审核工作

（五）地方各级财政部门要会同人力资源社会保障部门、中国人民银行分支机构，共同做好小额担保贷款政策的组织实施工作，建立和落实贷款回收责任制，切实防范和控制贷款风险。妇联组织、经办担保机构、经办金融机构，要按照各自职责，认真做好小额担保贷款工作，确保贷款“贷得出、用得好、收得回”。

（六）小额担保贷款经办担保机构要对贴息贷款申请人的还款能力和创业项目的可

行性进行充分评估。对不具备财务可行性的项目，以及借款人可自行获得商业银行贷款的，不予提供担保。

（七）小额担保贷款经办金融机构应对借款人的家庭贷款记录和项目风险情况进行审核，加强对贷款资金投向的监督管理。除助学贷款、扶贫贷款、首套住房贷款以外，小额担保贷款申请人及其家庭成员（以户为单位）应没有商业银行其他贷款记录。

三、加强贷款担保基金管理

（八）小额担保贷款担保基金由地方财政部门筹集，所需资金从一般预算中安排。其他专项资金或者财政专户资金不得作为担保基金的资金来源。

（九）小额担保贷款担保基金用于为符合政策规定条件的各类人员创业申请小额担保贷款提供全额担保，为符合政策规定条件的劳动密集型小企业申请小额担保贷款提供担保。

（十）小额担保贷款担保基金实行专户管理、封闭运行，专项用于开展小额担保贷款担保业务。担保基金运营与经办担保机构的其他业务必须分离管理，单独核算。

（十一）受托运营小额担保贷款担保基金的担保机构，要加强对担保基金的规范管理，小额担保贷款责任余额不得超过担保基金银行存款余额的5倍。

（十二）小额担保贷款责任余额达到担保基金银行存款余额的5倍时，地方各级财政部门应停止受理新发放小额担保贷款的贴息资金申请，并协调有关部门停止受理新的小额担保贷款申请。单个经办担保机构的担保基金放大倍数达到5倍时，该担保机构应立即停止开展小额担保贷款担保业务。

四、完善财政贴息支持政策

（十三）对管理尽职尽责、审核操作规范、担保基金管理合规的贴息贷款，各级财政部门要及时、足额地拨付财政贴息资金。

（十四）符合政策规定条件的个人微利项目小额担保贷款由财政部门给予全额贴息。其中，除东部九省市以外，中央财政承担贴息资金的75%，地方财政承担贴息资金的25%。

（十五）符合政策规定条件的劳动密集型小企业小额担保贷款，按照中国人民银行公布的同期限贷款基准利率的50%给予贴息，除东部九省市以外，中央财政和地方财政各承担一半。

（十六）现行政策支持对象以外的人群申请小额担保贷款政策支持，由地方财政部门自行决定贴息，具体标准和条件由各省（自治区、直辖市）自行确定。

（十七）对地方财政部门自行安排贴息的小额担保贷款，要与中央财政贴息支持的小额担保贷款分离管理，分账核算。

五、全力做好组织落实工作

（十八）地方各级财政部门要强化责任意识，加强沟通协调，完善工作机制，进一步加强政策执行的规范管理，实现小额担保贷款工作的平稳有序开展。

（十九）请各地财政部门联合当地人力资源社会保障部门、中国人民银行分支机构将本通知速转发至行政区域内妇联组织、经办担保机构、经办金融机构等有关单位，认真组织做好政策落实工作。

（二十）本通知印发前发布的有关小额担保贷款财政贴息的相关规定继续执行，与本通知规定不一致的，以本通知为准。

（二十一）本通知自2013年10月1日起至2016年10月1日止执行。政策到期后，结合政策执行情况和国家就业形势，进行修订完善，确保政策切实有效。

财 政 部
人力资源社会保障部
中国人民银行
2013年9月18日

关于认真做好2013年高校毕业生就业工作的意见

（工商个字〔2013〕89号）

各省、自治区、直辖市及计划单列市工商行政管理局、市场监督管理局：

为贯彻落实国务院全国高校毕业生就业工作电视电话会议和《国务院办公厅关于做好2013年全国普通高等学校毕业生就业工作的通知》（以下简称《通知》）精神，充分发挥工商行政管理职能作用，认真做好2013年高校毕业生就业工作，现提出如下意见，请认真落实。

一、认清形势，切实增强做好高校毕业生就业工作的责任感和紧迫感。就业是民生之本，高校毕业生就业，承载着数百万学生及其家庭对美好生活的期盼，关系民生福祉、经济发展和社会稳定。2013年，全国高校毕业生达699万人，加上2012年毕业未就业的21.2万人，合计达到720万人，就业形势更加严峻。党中央、国务院高度重视高校毕业生就业工作，习近平、李克强等中央领导同志多次作出重要指示，国务院召开会议进行了专门部署，要求采取切实有效措施，进一步做好高校毕业生就业工作。各级工商行政管理机关要认真学习贯彻中央领导重要指示和全国高校毕业生就业工作电视电话会议精神，充分认识做好高校毕业生就业工作的重要意义，进一步增强责任感和紧迫感，严格按照《通知》要求，立足工商行政管理职能，充分发挥工商行政管理机关密切联系市场主体的职能优势，创新服务措施，完善帮扶政策，拓宽就业渠道，优化创业环境，进一步做好高校毕业生就业工作。

二、扩大各类市场主体总量，为高校毕业生创造更多就业机会。要充分发挥工商登记注册职能作用，结合工商登记制度改革进程，进一步放宽市场主体准入条件，降低准入门槛，优化服务措施，扩大各类市场主体总量，创造更多就业岗位，为高校毕业生创造更多就业机会。重点要进一步支持、鼓励民间投资，促进个体私营经济和小微企业发展，充分发挥个体私营经济和小微企业在促进就业方面的重要作用。

三、完善工商注册登记“绿色通道”，为高校毕业生创业兴业提供便捷高效服务。要进一步完善工商注册登记“绿色通道”，为高校毕业生创业兴业提供开业指导、注册登记、跟踪服务等一条龙服务。支持高校毕生生创办各类市场主体，对高校毕业生申请从事《国民经济行业分类》没有列入的经营项目，可以灵活核定能体现其行业和经营特点的经营范围。大力促进小型微型企业集聚发展，积极参与、推进大学生创业孵化基地建设。

四、拓宽高校毕业生创业兴业出资方式，为高校毕业生创业兴业提供政策支持。鼓励高校毕业生依法以知识产权等非货币形式评估作价出资，支持以不需要办理权属登记的自有技术作为公司股东的首次出资。

五、放宽对高校毕业生创业兴业的住所（经营场所）限制，降低高校毕业生创业兴业难度。高校毕业生创业无法提交住所（经营场所）产权证明的，可以提交市场开办者、各类园区管委会、村（居）委会出具的同意在该场所从事经营活动的相关证明，办理工商注册登记。

六、减免高校毕业生创业兴业的相关费用，降低高校毕业生创业兴业成本。继续严格落实扶持高校毕业生创业的优惠政策，免收市场主体注册登记费，降低高校毕业生创业成本。毕业2年以内的普通高校毕业生从事个体经营的，自其在工商部门首次注册登记之日起3年内，免收登记类和证照类等有关行政事业性收费。

七、加强对高校毕业生创业兴业的行政指导，规范高校毕业生市场经营行为。对高校毕业生创办的市场主体在日常监管过程中发现问题的，坚持以教育、引导、规范为主，重在帮扶高校毕业生合法开展经营活动。高校毕业生创办的市场主体生产经营暂时出现困难的，在年检验照等方面要给予政策扶持。

八、严厉打击扰乱高校毕业生就业秩序的行为，为高校毕业生就业营造良好市场环境。要会同公安、教育部门严厉打击传销违法犯罪活动，严惩诱骗高校学生参与传销的组织者和骨干分子。积极参与清理整顿人力资源市场秩序专项行动，严厉查处和打击"黑中介"及各种侵害高校毕业生合法权益的行为。

九、充分发挥个私协会作用，拓宽高校毕业生就业服务平台。要指导各级个私协会鼓励引导个体私营企业稳定现有用工岗位，努力挖掘潜力，吸纳高校毕业生就业。动员引导一批个体私营企业作为高校毕业生就业见习基地，帮助高校毕业生提升就业能力。组织开展各种形式的宣传引导、创业辅导和招聘活动，帮助高校毕业生到个体私营经济领域创业就业。

十、加强部门协调配合，形成高校毕业生就业工作合力。要加强与财政、人社、教育等相关部门的协调配合，帮助高校毕业生及时解决就业中遇到的困难，合力推进高校毕业生就业工作，建立完善促进高校毕业生就业工作长效机制。

各省（自治区、直辖市）工商行政管理局要按照本意见精神，结合实际，抓紧制定具体实施办法，切实抓好贯彻落实。各地推动2013年高校毕业生就业工作的情况，请及时报总局个体私营经济监督管理司。

工商总局

2013年6月13日

关于促进残疾人按比例就业的意见

（残联发〔2013〕11号）

各省、自治区、直辖市及计划单列市党委组织部、编制办公室、财政厅（局）、人力资源社会保障厅（局）、国资委、公务员局、残联，新疆生产建设兵团党委组织部、编制办公室、财务局、人力资源社会保障局、国资委、公务员局、残联：

残疾人是就业困难群体。为保障残疾人劳动就业权益，上世纪90年代，我国参照国际通行做法，建立了用人单位按比例安排残疾人就业制度。这一制度的实施对于建立完善残疾人就业保护和就业促进制度体系，改善残疾人就业状况发挥了重要作用。按比例就业已成为我国残疾人就业的一种重要形式。但从实践看，目前残疾人按比例就业仍然存在着相关规定落实难、用人单位缺乏主动性和积极性等问题。为进一步促进残疾人按比例就业，现提出以下意见。

一、依法推进残疾人按比例就业

（一）《中华人民共和国残疾人保障法》规定“国家实行按比例安排残疾人就业制度”。《残疾人就业条例》进一步明确“用人单位应当按照一定比例安排残疾人就业，并为其提供适当的工种、岗位”。这些规定确立了我国按比例安排残疾人就业的法律制度，明确了按比例安排残疾人就业是用人单位的责任和义务，体现了对残疾人就业权利的尊重和保护。各地要根据国家法律规定，制定地方配套法规政策，进一步细化按比例就业的有关规定，增强可操作性和规范性，提高执行力和约束力。要依法行政，推动用人单位履行法律责任和义务。要加大执法检查力度，把残疾人按比例就业列为重点检查内容，发现问题，及时通报，妥善纠正和解决。

二、推动党政机关、事业单位及国有企业带头安排残疾人就业

（二）《中共中央国务院关于促进残疾人事业发展的意见》（中发〔2008〕7号）明确提出“党政机关、事业单位及国有企业要带头安置残疾人”。党政机关、事业单位及国有企业应当为全社会作出表率，率先垂范招录和安置残疾人。根据残疾人按比例就业制度相关规定，各级机关、事业单位应包含一定数量的岗位用于残疾人就业。

（三）各级党政机关在坚持具有正常履行职责的身体条件的前提下，对残疾人能够胜任的岗位，在同等条件下要鼓励优先录用残疾人。各地要切实维护残疾人平等报考公务员的权利，除特殊岗位外，不得额外设置限制残疾人报考的条件。招录机关专设残疾人招录岗位时，省级以上公务员主管部门要给予放宽开考比例等倾斜政策。各地在招录公务员时，要结合实际，采取适当措施，努力为残疾人考生创造良好的考试环境。

（四）各级残疾人工作委员会成员单位要率先招录残疾人，继而带动其他党政机

关。各级党政机关中的非公务员岗位（科研、技术、后勤等），要积极安排残疾人就业，并依法与残疾职工订立劳动合同，保障其合法权益。到2020年，所有省级党政机关、地市级残工委主要成员单位至少安排有1名残疾人。各级残联机关干部队伍中都要有一定数量的残疾人干部，其中省级残联机关干部队伍中残疾人干部的比例应达到15%以上。

（五）各级党政机关要督导所属各类事业单位做好按比例安排残疾人就业工作。各类事业单位要结合本单位岗位构成情况，确定适合残疾人就业的岗位，多渠道招聘残疾人。

（六）国有和国有控股企业应根据行业特点，确定适合残疾人就业的岗位，招录符合岗位要求的残疾人就业。企业对招录的残疾人应依据《中华人民共和国劳动合同法》订立劳动合同，实行同工同酬。

三、加大对用人单位的补贴、奖励和惩处力度

（七）认真贯彻《中华人民共和国就业促进法》及相关法律法规，落实就业专项资金管理的有关规定，对参加职业培训、职业技能鉴定并符合条件的残疾人给予职业培训、职业技能鉴定补贴，对吸纳残疾人就业并符合条件的用人单位，按规定给予社会保险补贴。

（八）加大残疾人就业保障金（以下简称残保金）对按比例和超比例安置残疾人就业单位的奖励力度，提高用人单位安排残疾人就业的积极性。

（九）用人单位安排残疾人就业达不到规定比例的，应严格按规定标准缴纳残保金。对拒不安排残疾人就业又不缴纳残保金的用人单位，可采取通报、申请法院强制执行等措施。各地应将用人单位是否履行按比例安排残疾人就业义务纳入各类先进单位评选标准，对于不履行义务的用人单位，不能参评先进单位，其主要负责同志不能参评先进个人。

四、加强对用人单位按比例安排残疾人的就业服务

（十）加强培训提高残疾人就业能力，是促进残疾人按比例就业的基础。各地要贯彻落实《关于加强残疾人职业培训促进就业工作的通知》（残联发〔2012〕15号）精神，下大力气抓好残疾人职业培训。准确了解用人单位用工情况，结合岗位需求，有针对性地组织残疾人开展订单培训、定向培训、定岗培训，不断提高残疾人职业技能，以适应用人单位需求。

（十一）各级公共就业服务机构和残疾人就业服务机构要发挥好用人单位与残疾人之间的桥梁和纽带作用，准确掌握辖区内就业年龄段残疾人的基本情况，加快完善残疾人就业需求登记制度；全面了解辖区用人单位的岗位需求，定期做好信息发布。主动走进残疾人家庭和用人单位，掌握第一手信息，重点做好向用人单位的推荐工作。协助用人单位定期或不定期开展残疾人招聘活动，促进用人单位按比例安排残疾人。

五、齐抓共管协力促进残疾人按比例就业

（十二）残疾人按比例就业是国家为保护和促进残疾人就业而采取的重要举措，是

法律赋予用人单位的责任和义务。各有关部门要高度重视这一工作，建立促进残疾人按比例就业的协调工作机制，共同做好制度完善、政策落实、监督管理等各项工作。加强对按比例就业法规政策、履行法律义务的用人单位的宣传，进一步扩大社会影响，营造良好的社会环境。

（十三）各级人力资源社会保障部门要依法加强残疾人劳动权益维护工作。各类职业院校和培训机构要积极参与和承担残疾人职业培训职责。公共就业服务机构和基层劳动就业社会保障服务平台要加强对残疾人的就业服务和就业援助。

（十四）各级公务员主管部门负责落实并指导各部门做好残疾人公务员招录工作。要建立党政机关残疾人公务员实名制统计制度，准确掌握残疾人公务员底数。

（十五）各级事业单位登记管理部门在事业单位登记管理、绩效评估和年度审核工作中，要积极引导事业单位按比例安排残疾人就业。

（十六）各级国资委要重视并督促国有及国有控股企业按比例安排残疾人就业工作，积极推进残疾人就业工作。

（十七）财政部将会同国务院有关部门重新修订《残疾人就业保障金管理暂行办法》（财综字〔1995〕5号），各省（区、市）要认真落实并相应修订完善本地区残保金具体实施办法，更好地发挥残保金对促进残疾人就业的作用。各地要大力加强残保金征收使用管理。落实征收机关的责任，完善征收措施、规范征收程序、加大征收力度，做到依法征收、应收尽收。建立责任追究制度，对擅自多征、减征、缓征残保金的，要严肃追究责任人的责任。进一步规范残保金使用管理，残保金要专项用于残疾人职业培训、奖励超比例安置残疾人单位、扶持残疾人就业相关支出，不得挪作他用。要将残保金收支纳入各级政府性基金预算管理，提高资金使用效益。

（十八）各级残联及所属残疾人就业服务机构要积极主动做好残疾人按比例就业工作。沟通协调有关部门，进一步健全规范按比例就业制度。着力抓好残疾人职业培训，提高残疾人就业能力，向用人单位主动介绍、推荐残疾人；落实对按比例和超比例安排残疾人就业单位的补贴和奖励；加强对用人单位按比例安排残疾人就业情况的年审和检查、监督，完善各项服务。

（十九）各省、自治区、直辖市、计划单列市和新疆生产建设兵团有关部门要根据本意见精神，协商制定具体实施意见，并于2013年12月31日前报送上级主管部门。

中共中央组织部
中央机构编制委员会办公室
财　政　部
人力资源和社会保障部
国务院国有资产监督管理委员会
国家公务员局
中国残疾人联合会
2013年8月19日

就业服务与就业管理规定

（2007 年 10 月 30 日劳动和社会保障部第 21 次部务会议通过，中华人民共和国劳动和社会保障部令第 28 号，根据 2014 年 12 月 1 日人力资源社会保障部第 52 次部务会议《人力资源社会保障部关于修改〈就业服务与就业管理规定〉的决定》修正）

第一章 总 则

第一条 为了加强就业服务和就业管理，培育和完善统一开放、竞争有序的人力资源市场，为劳动者就业和用人单位招用人员提供服务，根据就业促进法等法律、行政法规，制定本规定。

第二条 劳动者求职与就业，用人单位招用人员，劳动保障行政部门举办的公共就业服务机构和经劳动保障行政部门审批的职业中介机构从事就业服务活动，适用本规定。

本规定所称用人单位，是指在中华人民共和国境内的企业、个体经济组织、民办非企业单位等组织，以及招用与之建立劳动关系的劳动者的国家机关、事业单位、社会团体。

第三条 县级以上劳动保障行政部门依法开展本行政区域内的就业服务和就业管理工作。

第二章 求职与就业

第四条 劳动者依法享有平等就业的权利。劳动者就业，不因民族、种族、性别、宗教信仰等不同而受歧视。

第五条 农村劳动者进城就业享有与城镇劳动者平等的就业权利，不得对农村劳动者进城就业设置歧视性限制。

第六条 劳动者依法享有自主择业的权利。劳动者年满 16 周岁，有劳动能力且有就业愿望的，可凭本人身份证件，通过公共就业服务机构、职业中介机构介绍或直接联系用人单位等渠道求职。

第七条 劳动者求职时，应当如实向公共就业服务机构或职业中介机构、用人单位提供个人基本情况以及与应聘岗位直接相关的知识技能、工作经历、就业现状等情况，并出示相关证明。

第八条 劳动者应当树立正确的择业观念，提高就业能力和创业能力。

国家鼓励劳动者在就业前接受必要的职业教育或职业培训，鼓励城镇初高中毕业生在就业前参加劳动预备制培训。

国家鼓励劳动者自主创业、自谋职业。各级劳动保障行政部门应当会同有关部门，简化程序，提高效率，为劳动者自主创业、自谋职业提供便利和相应服务。

第三章　招用人员

第九条　用人单位依法享有自主用人的权利。用人单位招用人员，应当向劳动者提供平等的就业机会和公平的就业条件。

第十条　用人单位可以通过下列途径自主招用人员：

（一）委托公共就业服务机构或职业中介机构；

（二）参加职业招聘洽谈会；

（三）委托报纸、广播、电视、互联网站等大众传播媒介发布招聘信息；

（四）利用本企业场所、企业网站等自有途径发布招聘信息；

（五）其他合法途径。

第十一条　用人单位委托公共就业服务机构或职业中介机构招用人员，或者参加招聘洽谈会时，应当提供招用人员简章，并出示营业执照（副本）或者有关部门批准其设立的文件、经办人的身份证件和受用人单位委托的证明。

招用人员简章应当包括用人单位基本情况、招用人数、工作内容、招录条件、劳动报酬、福利待遇、社会保险等内容，以及法律、法规规定的其他内容。

第十二条　用人单位招用人员时，应当依法如实告知劳动者有关工作内容、工作条件、工作地点、职业危害、安全生产状况、劳动报酬以及劳动者要求了解的其他情况。

用人单位应当根据劳动者的要求，及时向其反馈是否录用的情况。

第十三条　用人单位应当对劳动者的个人资料予以保密。公开劳动者的个人资料信息和使用劳动者的技术、智力成果，须经劳动者本人书面同意。

第十四条　用人单位招用人员不得有下列行为：

（一）提供虚假招聘信息，发布虚假招聘广告；

（二）扣押被录用人员的居民身份证和其他证件；

（三）以担保或者其他名义向劳动者收取财物；

（四）招用未满16周岁的未成年人以及国家法律、行政法规规定不得招用的其他人员；

（五）招用无合法身份证件的人员；

（六）以招用人员为名牟取不正当利益或进行其他违法活动。

第十五条　用人单位不得以诋毁其他用人单位信誉、商业贿赂等不正当手段招聘人员。

第十六条　用人单位在招用人员时，除国家规定的不适合妇女从事的工种或者岗位外，不得以性别为由拒绝录用妇女或者提高对妇女的录用标准。

用人单位录用女职工，不得在劳动合同中规定限制女职工结婚、生育的内容。

第十七条 用人单位招用人员，应当依法对少数民族劳动者给予适当照顾。

第十八条 用人单位招用人员，不得歧视残疾人。

第十九条 用人单位招用人员，不得以是传染病病原携带者为由拒绝录用。但是，经医学鉴定传染病病原携带者在治愈前或者排除传染嫌疑前，不得从事法律、行政法规和国务院卫生行政部门规定禁止从事的易使传染病扩散的工作。

用人单位招用人员，除国家法律、行政法规和国务院卫生行政部门规定禁止乙肝病原携带者从事的工作外，不得强行将乙肝病毒血清学指标作为体检标准。

第二十条 用人单位发布的招用人员简章或招聘广告，不得包含歧视性内容。

第二十一条 用人单位招用从事涉及公共安全、人身健康、生命财产安全等特殊工种的劳动者，应当依法招用持相应工种职业资格证书的人员；招用未持相应工种职业资格证书人员的，须组织其在上岗前参加专门培训，使其取得职业资格证书后方可上岗。

第二十二条 用人单位招用台港澳人员后，应当按有关规定到当地劳动保障行政部门备案，并为其办理《台港澳人员就业证》。

第二十三条 用人单位招用外国人，应当在外国人入境前，按有关规定到当地劳动保障行政部门为其申请就业许可，经批准并获得《中华人民共和国外国人就业许可证书》后方可招用。

用人单位招用外国人的岗位必须是有特殊技能要求、国内暂无适当人选的岗位，并且不违反国家有关规定。

第四章 公共就业服务

第二十四条 县级以上劳动保障行政部门统筹管理本行政区域内的公共就业服务工作，根据政府制定的发展计划，建立健全覆盖城乡的公共就业服务体系。

公共就业服务机构根据政府确定的就业工作目标任务，制定就业服务计划，推动落实就业扶持政策，组织实施就业服务项目，为劳动者和用人单位提供就业服务，开展人力资源市场调查分析，并受劳动保障行政部门委托经办促进就业的相关事务。

第二十五条 公共就业服务机构应当免费为劳动者提供以下服务：

（一）就业政策法规咨询；

（二）职业供求信息、市场工资指导价位信息和职业培训信息发布；

（三）职业指导和职业介绍；

（四）对就业困难人员实施就业援助；

（五）办理就业登记、失业登记等事务；

（六）其他公共就业服务。

第二十六条 公共就业服务机构应当积极拓展服务功能，根据用人单位需求提供以下服务：

（一）招聘用人指导服务；

（二）代理招聘服务；

（三）跨地区人员招聘服务；

（四）企业人力资源管理咨询等专业性服务；

（五）劳动保障事务代理服务；

（六）为满足用人单位需求开发的其他就业服务项目。

公共就业服务机构从事劳动保障事务代理业务，须经县级以上劳动保障行政部门批准。

第二十七条 公共就业服务机构应当加强职业指导工作，配备专（兼）职职业指导工作人员，向劳动者和用人单位提供职业指导服务。

职业指导工作人员经过专业资格培训并考核合格，获得相应的国家职业资格证书方可上岗。

公共就业服务机构应当为职业指导工作提供相应的设施和条件，推动职业指导工作的开展，加强对职业指导工作的宣传。

第二十八条 职业指导工作包括以下内容：

（一）向劳动者和用人单位提供国家有关劳动保障的法律法规和政策、人力资源市场状况咨询；

（二）帮助劳动者了解职业状况，掌握求职方法，确定择业方向，增强择业能力；

（三）向劳动者提出培训建议，为其提供职业培训相关信息；

（四）开展对劳动者个人职业素质和特点的测试，并对其职业能力进行评价；

（五）对妇女、残疾人、少数民族人员及退出现役的军人等就业群体提供专门的职业指导服务；

（六）对大中专学校、职业院校、技工学校学生的职业指导工作提供咨询和服务；

（七）对准备从事个体劳动或开办私营企业的劳动者提供创业咨询服务；

（八）为用人单位提供选择招聘方法、确定用人条件和标准等方面的招聘用人指导；

（九）为职业培训机构确立培训方向和专业设置等提供咨询参考。

第二十九条 公共就业服务机构在劳动保障行政部门的指导下，组织实施劳动力资源调查和就业、失业状况统计工作。

第三十条 公共就业服务机构应当针对特定就业群体的不同需求，制定并组织实施专项计划。

公共就业服务机构应当根据服务对象的特点，在一定时期内为不同类型的劳动者、就业困难对象或用人单位集中组织活动，开展专项服务。

公共就业服务机构受劳动保障行政部门委托，可以组织开展促进就业的专项工作。

第三十一条 县级以上公共就业服务机构建立综合性服务场所，集中为劳动者和用人单位提供一站式就业服务，并承担劳动保障行政部门安排的其他工作。

街道、乡镇、社区公共就业服务机构建立基层服务窗口，开展以就业援助为重点的公共就业服务，实施劳动力资源调查统计，并承担上级劳动保障行政部门安排的其他就业服务工作。

公共就业服务机构使用全国统一标识。

第三十二条 公共就业服务机构应当不断提高服务的质量和效率。

公共就业服务机构应当加强内部管理，完善服务功能，统一服务流程，按照国家制定的服务规范和标准，为劳动者和用人单位提供优质高效的就业服务。

公共就业服务机构应当加强工作人员的政策、业务和服务技能培训，组织职业指导人员、职业信息分析人员、劳动保障协理员等专业人员参加相应职业资格培训。

公共就业服务机构应当公开服务制度，主动接受社会监督。

第三十三条 县级以上劳动保障行政部门和公共就业服务机构应当按照劳动保障信息化建设的统一规划、标准和规范，建立完善人力资源市场信息网络及相关设施。

公共就业服务机构应当逐步实行信息化管理与服务，在城市内实现就业服务、失业保险、就业培训信息共享和公共就业服务全程信息化管理，并逐步实现与劳动工资信息、社会保险信息的互联互通和信息共享。

第三十四条 公共就业服务机构应当建立健全人力资源市场信息服务体系，完善职业供求信息、市场工资指导价位信息、职业培训信息、人力资源市场分析信息的发布制度，为劳动者求职择业、用人单位招用人员以及培训机构开展培训提供支持。

第三十五条 县级以上劳动保障行政部门应当按照信息化建设统一要求，逐步实现全国人力资源市场信息联网。其中，城市应当按照劳动保障数据中心建设的要求，实现网络和数据资源的集中和共享；省、自治区应当建立人力资源市场信息网省级监测中心，对辖区内人力资源市场信息进行监测；劳动保障部设立人力资源市场信息网全国监测中心，对全国人力资源市场信息进行监测和分析。

第三十六条 县级以上劳动保障行政部门应当对公共就业服务机构加强管理，定期对其完成各项任务情况进行绩效考核。

第三十七条 公共就业服务经费纳入同级财政预算。各级劳动保障行政部门和公共就业服务机构应当根据财政预算编制的规定，依法编制公共就业服务年度预算，报经同级财政部门审批后执行。

公共就业服务机构可以按照就业专项资金管理相关规定，依法申请公共就业服务专项扶持经费。

公共就业服务机构接受社会各界提供的捐赠和资助，按照国家有关法律法规管理和使用。

公共就业服务机构为用人单位提供的服务，应当规范管理，严格控制服务收费。确需收费的，具体项目由省级劳动保障行政部门会同相关部门规定。

第三十八条 公共就业服务机构不得从事经营性活动。

公共就业服务机构举办的招聘会，不得向劳动者收取费用。

第三十九条 各级残疾人联合会所属的残疾人就业服务机构是公共就业服务机构的组成部分，负责为残疾劳动者提供相关就业服务，并经劳动保障行政部门委托，承担残疾劳动者的就业登记、失业登记工作。

第五章 就业援助

第四十条 公共就业服务机构应当制定专门的就业援助计划，对就业援助对象实施优先扶持和重点帮助。

本规定所称就业援助对象包括就业困难人员和零就业家庭。就业困难对象是指因身体状况、技能水平、家庭因素、失去土地等原因难以实现就业，以及连续失业一定时间仍未能实现就业的人员。零就业家庭是指法定劳动年龄内的家庭人员均处于失业状况的城市居民家庭。

对援助对象的认定办法，由省级劳动保障行政部门依据当地人民政府规定的就业援助对象范围制定。

第四十一条　就业困难人员和零就业家庭可以向所在地街道、社区公共就业服务机构申请就业援助。经街道、社区公共就业服务机构确认属实的，纳入就业援助范围。

第四十二条　公共就业服务机构应当建立就业困难人员帮扶制度，通过落实各项就业扶持政策、提供就业岗位信息、组织技能培训等有针对性的就业服务和公益性岗位援助，对就业困难人员实施优先扶持和重点帮助。

在公益性岗位上安置的就业困难人员，按照国家规定给予岗位补贴。

第四十三条　公共就业服务机构应当建立零就业家庭即时岗位援助制度，通过拓宽公益性岗位范围，开发各类就业岗位等措施，及时向零就业家庭中的失业人员提供适当的就业岗位，确保零就业家庭至少有一人实现就业。

第四十四条　街道、社区公共就业服务机构应当对辖区内就业援助对象进行登记，建立专门台账，实行就业援助对象动态管理和援助责任制度，提供及时、有效的就业援助。

第六章　职业中介服务

第四十五条　县级以上劳动保障行政部门应当加强对职业中介机构的管理，鼓励其提高服务质量，发挥其在促进就业中的作用。

本规定所称职业中介机构，是指由法人、其他组织和公民个人举办，为用人单位招用人员和劳动者求职提供中介服务以及其他相关服务的经营性组织。

政府部门不得举办或者与他人联合举办经营性的职业中介机构。

第四十六条　从事职业中介活动，应当遵循合法、诚实信用、公平、公开的原则。

禁止任何组织或者个人利用职业中介活动侵害劳动者和用人单位的合法权益。

第四十七条　职业中介实行行政许可制度。设立职业中介机构或其他机构开展职业中介活动，须经劳动保障行政部门批准，并获得职业中介许可证。

经批准获得职业中介许可证的职业中介机构，应当持许可证向工商行政管理部门办理登记。

未经依法许可和登记的机构，不得从事职业中介活动。

职业中介许可证由劳动和社会保障部统一印制并免费发放。

第四十八条　设立职业中介机构应当具备下列条件：

（一）有明确的机构章程和管理制度；

（二）有开展业务必备的固定场所、办公设施和一定数额的开办资金；

（三）有一定数量具备相应职业资格的专职工作人员；

（四）法律、法规规定的其他条件。

第四十九条　设立职业中介机构，应当向当地县级以上劳动保障行政部门提出申请，提交下列文件：

（一）设立申请书；

（二）机构章程和管理制度草案；

（三）场所使用权证明；

（四）注册资本（金）验资报告；

（五）拟任负责人的基本情况、身份证明；

（六）具备相应职业资格的专职工作人员的相关证明；

（七）法律、法规规定的其他文件。

第五十条 劳动保障行政部门接到设立职业中介机构的申请后，应当自受理申请之日起 20 日内审理完毕。对符合条件的，应当予以批准；不予批准的，应当说明理由。

劳动保障行政部门对经批准设立的职业中介机构实行年度审验。

职业中介机构的具体设立条件、审批和年度审验程序，由省级劳动保障行政部门统一规定。

第五十一条 职业中介机构变更名称、住所、法定代表人等或者终止的，应当按照设立许可程序办理变更或者注销登记手续。

设立分支机构的，应当在征得原审批机关的书面同意后，由拟设立分支机构所在地县级以上劳动保障行政部门审批。

第五十二条 职业中介机构可以从事下列业务：

（一）为劳动者介绍用人单位；

（二）为用人单位和居民家庭推荐劳动者；

（三）开展职业指导、人力资源管理咨询服务；

（四）收集和发布职业供求信息；

（五）根据国家有关规定从事互联网职业信息服务；

（六）组织职业招聘洽谈会；

（七）经劳动保障行政部门核准的其他服务项目。

第五十三条 职业中介机构应当在服务场所明示营业执照、职业中介许可证、服务项目、收费标准、监督机关名称和监督电话等，并接受劳动保障行政部门及其他有关部门的监督检查。

第五十四条 职业中介机构应当建立服务台账，记录服务对象、服务过程、服务结果和收费情况等，并接受劳动保障行政部门的监督检查。

第五十五条 职业中介机构提供职业中介服务不成功的，应当退还向劳动者收取的中介服务费。

第五十六条 职业中介机构租用场地举办大规模职业招聘洽谈会，应当制定相应的组织实施办法和安全保卫工作方案，并向批准其设立的机关报告。

职业中介机构应当对入场招聘用人单位的主体资格真实性和招用人员简章真实性进行核实。

第五十七条 职业中介机构为特定对象提供公益性就业服务的，可以按照规定给予补贴。可以给予补贴的公益性就业服务的范围、对象、服务效果和补贴办法，由省级劳动保障行政部门会同有关部门制定。

第五十八条　禁止职业中介机构有下列行为：

（一）提供虚假就业信息；

（二）发布的就业信息中包含歧视性内容；

（三）伪造、涂改、转让职业中介许可证；

（四）为无合法证照的用人单位提供职业中介服务；

（五）介绍未满16周岁的未成年人就业；

（六）为无合法身份证件的劳动者提供职业中介服务；

（七）介绍劳动者从事法律、法规禁止从事的职业；

（八）扣押劳动者的居民身份证和其他证件，或者向劳动者收取押金；

（九）以暴力、胁迫、欺诈等方式进行职业中介活动；

（十）超出核准的业务范围经营；

（十一）其他违反法律、法规规定的行为。

第五十九条　县级以上劳动保障行政部门应当依法对经审批设立的职业中介机构开展职业中介活动进行监督指导，定期组织对其服务信用和服务质量进行评估，并将评估结果向社会公布。

县级以上劳动保障行政部门应当指导职业中介机构开展工作人员培训，提高服务质量。

县级以上劳动保障行政部门对在诚信服务、优质服务和公益性服务等方面表现突出的职业中介机构和个人，报经同级人民政府批准后，给予表彰和奖励。

第六十条　设立外商投资职业中介机构以及职业中介机构从事境外就业中介服务的，按照有关规定执行。

第七章　就业与失业管理

第六十一条　劳动保障行政部门应当建立健全就业登记制度和失业登记制度，完善就业管理和失业管理。

公共就业服务机构负责就业登记与失业登记工作，建立专门台账，及时、准确地记录劳动者就业与失业变动情况，并做好相应统计工作。

就业登记和失业登记在各省、自治区、直辖市范围内实行统一的就业失业登记证（以下简称登记证），向劳动者免费发放，并注明可享受的相应扶持政策。

就业登记、失业登记的具体程序和登记证的样式，由省级劳动保障行政部门规定。

第六十二条　劳动者被用人单位招用的，由用人单位为劳动者办理就业登记。用人单位招用劳动者和与劳动者终止或者解除劳动关系，应当到当地公共就业服务机构备案，为劳动者办理就业登记手续。用人单位招用人员后，应当于录用之日起30日内办理登记手续；用人单位与职工终止或者解除劳动关系后，应当于15日内办理登记手续。

劳动者从事个体经营或灵活就业的，由本人在街道、乡镇公共就业服务机构办理就业登记。

就业登记的内容主要包括劳动者个人信息、就业类型、就业时间、就业单位以及订立、终止或者解除劳动合同情况等。就业登记的具体内容和所需材料由省级劳动保障行政部门规定。

公共就业服务机构应当对用人单位办理就业登记及相关手续设立专门服务窗口，简化程序，方便用人单位办理。

第六十三条 在法定劳动年龄内，有劳动能力，有就业要求，处于无业状态的城镇常住人员，可以到常住地的公共就业服务机构进行失业登记。

第六十四条 劳动者进行失业登记时，须持本人身份证件和证明原身份的有关证明；有单位就业经历的，还须持与原单位终止、解除劳动关系或者解聘的证明。

登记失业人员凭登记证享受公共就业服务和就业扶持政策；其中符合条件的，按规定申领失业保险金。

登记失业人员应当定期向公共就业服务机构报告就业失业状况，积极求职，参加公共就业服务机构安排的就业培训。

第六十五条 失业登记的范围包括下列失业人员：

（一）年满16周岁，从各类学校毕业、肄业的；

（二）从企业、机关、事业单位等各类用人单位失业的；

（三）个体工商户业主或私营企业业主停业、破产停止经营的；

（四）承包土地被征用，符合当地规定条件的；

（五）军人退出现役且未纳入国家统一安置的；

（六）刑满释放、假释、监外执行的；

（七）各地确定的其他失业人员。

第六十六条 登记失业人员出现下列情形之一的，由公共就业服务机构注销其失业登记：

（一）被用人单位录用的；

（二）从事个体经营或创办企业，并领取工商营业执照的；

（三）已从事有稳定收入的劳动，并且月收入不低于当地最低工资标准的；

（四）已享受基本养老保险待遇的；

（五）完全丧失劳动能力的；

（六）入学、服兵役、移居境外的；

（七）被判刑收监执行的；

（八）终止就业要求或拒绝接受公共就业服务的；

（九）连续6个月未与公共就业服务机构联系的；

（十）已进行就业登记的其他人员或各地规定的其他情形。

第八章　罚　则

第六十七条 用人单位违反本规定第十四条第（二）、（三）项规定的，按照劳动合同法第八十四条的规定予以处罚；用人单位违反第十四条第（四）项规定的，按照国家禁止使用童工和其他有关法律、法规的规定予以处罚。用人单位违反第十四条第（一）、（五）、（六）项规定的，由劳动保障行政部门责令改正，并可处以一千元以下的罚款；对当事人造成损害的，应当承担赔偿责任。

第六十八条 用人单位违反本规定第十九条第二款规定，在国家法律、行政法规和国务院卫生行政部门规定禁止乙肝病原携带者从事的工作岗位以外招用人员时，将乙肝病毒血清学指标作为体检标准的，由劳动保障行政部门责令改正，并可处以一千元以下的罚款；对当事人造成损害的，应当承担赔偿责任。

第六十九条 违反本规定第三十八条规定，公共就业服务机构从事经营性职业中介活动向劳动者收取费用的，由劳动保障行政部门责令限期改正，将违法收取的费用退还劳动者，并对直接负责的主管人员和其他直接责任人员依法给予处分。

第七十条 违反本规定第四十七条规定，未经许可和登记，擅自从事职业中介活动的，由劳动保障行政部门或者其他主管部门按照就业促进法第六十四条规定予以处罚。

第七十一条 职业中介机构违反本规定第五十三条规定，未明示职业中介许可证、监督电话的，由劳动保障行政部门责令改正，并可处以一千元以下的罚款；未明示收费标准的，提请价格主管部门依据国家有关规定处罚；未明示营业执照的，提请工商行政管理部门依据国家有关规定处罚。

第七十二条 职业中介机构违反本规定第五十四条规定，未建立服务台账，或虽建立服务台账但未记录服务对象、服务过程、服务结果和收费情况的，由劳动保障行政部门责令改正，并可处以一千元以下的罚款。

第七十三条 职业中介机构违反本规定第五十五条规定，在职业中介服务不成功后未向劳动者退还所收取的中介服务费的，由劳动保障行政部门责令改正，并可处以一千元以下的罚款。

第七十四条 职业中介机构违反本规定第五十八条第（一）、（三）、（四）、（八）项规定的，按照就业促进法第六十五条、第六十六条规定予以处罚。违反本规定第五十八条第（五）项规定的，按照国家禁止使用童工的规定予以处罚。违反本规定第五十八条其他各项规定的，由劳动保障行政部门责令改正，没有违法所得的，可处以一万元以下的罚款；有违法所得的，可处以不超过违法所得三倍的罚款，但最高不得超过三万元；情节严重的，提请工商部门依法吊销营业执照；对当事人造成损害的，应当承担赔偿责任。

第七十五条 用人单位违反本规定第六十二条规定，未及时为劳动者办理就业登记手续的，由劳动保障行政部门责令改正，并可处以一千元以下的罚款。

第九章　附　则

第七十六条 省、自治区、直辖市劳动保障行政部门可以根据本规定制定实施细则。

第七十七条 本规定自2008年1月1日起施行。劳动部1994年10月27日颁布的《职业指导办法》、劳动和社会保障部2000年12月8日颁布的《劳动力市场管理规定》同时废止。

关于加快发展现代职业教育的决定

（国发〔2014〕19号）

各省、自治区、直辖市人民政府，国务院各部委、各直属机构：

近年来，我国职业教育事业快速发展，体系建设稳步推进，培养培训了大批中高级技能型人才，为提高劳动者素质、推动经济社会发展和促进就业作出了重要贡献。同时也要看到，当前职业教育还不能完全适应经济社会发展的需要，结构不尽合理，质量有待提高，办学条件薄弱，体制机制不畅。加快发展现代职业教育，是党中央、国务院作出的重大战略部署，对于深入实施创新驱动发展战略，创造更大人才红利，加快转方式、调结构、促升级具有十分重要的意义。现就加快发展现代职业教育作出以下决定。

一、总体要求

（一）指导思想。以邓小平理论、“三个代表”重要思想、科学发展观为指导，坚持以立德树人为根本，以服务发展为宗旨，以促进就业为导向，适应技术进步和生产方式变革以及社会公共服务的需要，深化体制机制改革，统筹发挥好政府和市场的作用，加快现代职业教育体系建设，深化产教融合、校企合作，培养数以亿计的高素质劳动者和技术技能人才。

（二）基本原则。

——政府推动、市场引导。发挥好政府保基本、促公平作用，着力营造制度环境、制定发展规划、改善基本办学条件、加强规范管理和监督指导等。充分发挥市场机制作用，引导社会力量参与办学，扩大优质教育资源，激发学校发展活力，促进职业教育与社会需求紧密对接。

——加强统筹、分类指导。牢固确立职业教育在国家人才培养体系中的重要位置，统筹发展各级各类职业教育，坚持学校教育和职业培训并举。强化省级人民政府统筹和部门协调配合，加强行业部门对本部门、本行业职业教育的指导。推动公办与民办职业教育共同发展。

——服务需求、就业导向。服务经济社会发展和人的全面发展，推动专业设置与产业需求对接，课程内容与职业标准对接，教学过程与生产过程对接，毕业证书与职业资格证书对接，职业教育与终身学习对接。重点提高青年就业能力。

——产教融合、特色办学。同步规划职业教育与经济社会发展，协调推进人力资源开发与技术进步，推动教育教学改革与产业转型升级衔接配套。突出职业院校办学特色，强化校企协同育人。

——系统培养、多样成才。推进中等和高等职业教育紧密衔接，发挥中等职业教育在发展现代职业教育中的基础性作用，发挥高等职业教育在优化高等教育结构中的重要作用。加强职业教育与普通教育沟通，为学生多样化选择、多路径成才搭建“立交桥”。

（三）目标任务。到2020年，形成适应发展需求、产教深度融合、中职高职衔接、职业教育与普通教育相互沟通，体现终身教育理念，具有中国特色、世界水平的现代职业教育体系。

——结构规模更加合理。总体保持中等职业学校和普通高中招生规模大体相当，高等职业教育规模占高等教育的一半以上，总体教育结构更加合理。到2020年，中等职业教育在校生达到2350万人，专科层次职业教育在校生达到1480万人，接受本科层次职业教育的学生达到一定规模。从业人员继续教育达到3.5亿人次。

——院校布局和专业设置更加适应经济社会需求。调整完善职业院校区域布局，科学合理设置专业，健全专业随产业发展动态调整的机制，重点提升面向现代农业、先进制造业、现代服务业、战略性新兴产业和社会管理、生态文明建设等领域的人才培养能力。

——职业院校办学水平普遍提高。各类专业的人才培养水平大幅提升，办学条件明显改善，实训设备配置水平与技术进步要求更加适应，现代信息技术广泛应用。专兼结合的“双师型”教师队伍建设进展显著。建成一批世界一流的职业院校和骨干专业，形成具有国际竞争力的人才培养高地。

——发展环境更加优化。现代职业教育制度基本建立，政策法规更加健全，相关标准更加科学规范，监管机制更加完善。引导和鼓励社会力量参与的政策更加健全。全社会人才观念显著改善，支持和参与职业教育的氛围更加浓厚。

二、加快构建现代职业教育体系

（四）巩固提高中等职业教育发展水平。各地要统筹做好中等职业学校和普通高中招生工作，落实好职普招生大体相当的要求，加快普及高中阶段教育。鼓励优质学校通过兼并、托管、合作办学等形式，整合办学资源，优化中等职业教育布局结构。推进县级职教中心等中等职业学校与城市院校、科研机构对口合作，实施学历教育、技术推广、扶贫开发、劳动力转移培训和社会生活教育。在保障学生技术技能培养质量的基础上，加强文化基础教育，实现就业有能力、升学有基础。有条件的普通高中要适当增加职业技术教育内容。

（五）创新发展高等职业教育。专科高等职业院校要密切产学研合作，培养服务区域发展的技术技能人才，重点服务企业特别是中小微企业的技术研发和产品升级，加强社区教育和终身学习服务。探索发展本科层次职业教育。建立以职业需求为导向、以实践能力培养为重点、以产学结合为途径的专业学位研究生培养模式。研究建立符合职业教育特点的学位制度。原则上中等职业学校不升格为或并入高等职业院校，专科高等职业院校不升格为或并入本科高等学校，形成定位清晰、科学合理的职业教育层次结构。

（六）引导普通本科高等学校转型发展。采取试点推动、示范引领等方式，引导一批普通本科高等学校向应用技术类型高等学校转型，重点举办本科职业教育。独立学院转设为独立设置高等学校时，鼓励其定位为应用技术类型高等学校。建立高等学校分类体系，实行分类管理，加快建立分类设置、评价、指导、拨款制度。招生、投入等政策措施向应用技术类型高等学校倾斜。

（七）完善职业教育人才多样化成长渠道。健全“文化素质+职业技能”、单独招生、综合评价招生和技能拔尖人才免试等考试招生办法，为学生接受不同层次高等职业教育提供多种机会。在学前教育、护理、健康服务、社区服务等领域，健全对初中毕业生实行中高职贯通培养的考试招生办法。适度提高专科高等职业院校招收中等职业学校毕业生的比例、本科高等学校招收职业院校毕业生的比例。逐步扩大高等职业院校招收有实践经历人员的比例。建立学分积累与转换制度，推进学习成果互认衔接。

（八）积极发展多种形式的继续教育。建立有利于全体劳动者接受职业教育和培训的灵活学习制度，服务全民学习、终身学习，推进学习型社会建设。面向未升学初高中毕业生、残疾人、失业人员等群体广泛开展职业教育和培训。推进农民继续教育工程，加强涉农专业、课程和教材建设，创新农学结合模式。推动一批县（市、区）在农村职业教育和成人教育改革发展方面发挥示范作用。利用职业院校资源广泛开展职工教育培训。重视培养军地两用人才。退役士兵接受职业教育和培训，按照国家有关规定享受优待。

三、激发职业教育办学活力

（九）引导支持社会力量兴办职业教育。创新民办职业教育办学模式，积极支持各类办学主体通过独资、合资、合作等多种形式举办民办职业教育；探索发展股份制、混合所有制职业院校，允许以资本、知识、技术、管理等要素参与办学并享有相应权利。探索公办和社会力量举办的职业院校相互委托管理和购买服务的机制。引导社会力量参与教学过程，共同开发课程和教材等教育资源。社会力量举办的职业院校与公办职业院校具有同等法律地位，依法享受相关教育、财税、土地、金融等政策。健全政府补贴、购买服务、助学贷款、基金奖励、捐资激励等制度，鼓励社会力量参与职业教育办学、管理和评价。

（十）健全企业参与制度。研究制定促进校企合作办学有关法规和激励政策，深化产教融合，鼓励行业和企业举办或参与举办职业教育，发挥企业重要办学主体作用。规模以上企业要有机构或人员组织实施职工教育培训、对接职业院校，设立学生实习和教师实践岗位。企业因接受实习生所实际发生的与取得收入有关的、合理的支出，按现行税收法律规定在计算应纳税所得额时扣除。多种形式支持企业建设兼具生产与教学功能的公共实训基地。对举办职业院校的企业，其办学符合职业教育发展规划要求的，各地可通过政府购买服务等方式给予支持。对职业院校自办的、以服务学生实习实训为主要目的的企业或经营活动，按照国家有关规定享受税收等优惠。支持企业通过校企合作共同培养培训人才，不断提升企业价值。企业开展职业教育的情况纳入企业社会责任报告。

（十一）加强行业指导、评价和服务。加强行业指导能力建设，分类制定行业指导政策。通过授权委托、购买服务等方式，把适宜行业组织承担的职责交给行业组织，给予政策支持并强化服务监管。行业组织要履行好发布行业人才需求、推进校企合作、参与指导教育教学、开展质量评价等职责，建立行业人力资源需求预测和就业状况定期发布制度。

（十二）完善现代职业学校制度。扩大职业院校在专业设置和调整、人事管理、教师评聘、收入分配等方面的办学自主权。职业院校要依法制定体现职业教育特色的章程和制度，完善治理结构，提升治理能力。建立学校、行业、企业、社区等共同参与的学校理事会或董事会。制定校长任职资格标准，推进校长聘任制改革和公开选拔试点。坚持和完善中等职业学校校长负责制、公办高等职业院校党委领导下的校长负责制。建立企业经营管理和技术人员与学校领导、骨干教师相互兼职制度。完善体现职业院校办学和管理特点的绩效考核内部分配机制。

（十三）鼓励多元主体组建职业教育集团。研究制定院校、行业、企业、科研机构、社会组织等共同组建职业教育集团的支持政策，发挥职业教育集团在促进教育链和产业链有机融合中的重要作用。鼓励中央企业和行业龙头企业牵头组建职业教育集团。探索组建覆盖全产业链的职业教育集团。健全联席会、董事会、理事会等治理结构和决策机制。开展多元投资主体依法共建职业教育集团的改革试点。

（十四）强化职业教育的技术技能积累作用。制定多方参与的支持政策，推动政府、学校、行业、企业联动，促进技术技能的积累与创新。推动职业院校与行业企业共建技术工艺和产品开发中心、实验实训平台、技能大师工作室等，成为国家技术技能积累与创新的重要载体。职业院校教师和学生拥有知识产权的技术开发、产品设计等成果，可依法依规在企业作价入股。

四、提高人才培养质量

（十五）推进人才培养模式创新。坚持校企合作、工学结合，强化教学、学习、实训相融合的教育教学活动。推行项目教学、案例教学、工作过程导向教学等教学模式。加大实习实训在教学中的比重，创新顶岗实习形式，强化以育人为目标的实习实训考核评价。健全学生实习责任保险制度。积极推进学历证书和职业资格证书“双证书”制度。开展校企联合招生、联合培养的现代学徒制试点，完善支持政策，推进校企一体化育人。开展职业技能竞赛。

（十六）建立健全课程衔接体系。适应经济发展、产业升级和技术进步需要，建立专业教学标准和职业标准联动开发机制。推进专业设置、专业课程内容与职业标准相衔接，推进中等和高等职业教育培养目标、专业设置、教学过程等方面的衔接，形成对接紧密、特色鲜明、动态调整的职业教育课程体系。全面实施素质教育，科学合理设置课程，将职业道德、人文素养教育贯穿培养全过程。

（十七）建设“双师型”教师队伍。完善教师资格标准，实施教师专业标准。健全教师专业技术职务（职称）评聘办法，探索在职业学校设置正高级教师职务（职称）。加强校长培训，实行五年一周期的教师全员培训制度。落实教师企业实践制度。政府要支持学校按照有关规定自主聘请兼职教师。完善企业工程技术人员、高技能人才到职业院校担任专兼职教师的相关政策，兼职教师任教情况应作为其业绩考核评价的重要内容。加强职业技术师范院校建设。推进高水平学校和大中型企业共建“双师型”教师培养培训基地。地方政府要比照普通高中和高等学校，根据职业教育特点核定公办职业院校教职工编制。加强职业教育科研教研队伍建设，提高科研能力和教学研究水平。

（十八）提高信息化水平。构建利用信息化手段扩大优质教育资源覆盖面的有效机制，推进职业教育资源跨区域、跨行业共建共享，逐步实现所有专业的优质数字教育资源全覆盖。支持与专业课程配套的虚拟仿真实训系统开发与应用。推广教学过程与生产过程实时互动的远程教学。加快信息化管理平台建设，加强现代信息技术应用能力培训，将现代信息技术应用能力作为教师评聘考核的重要依据。

（十九）加强国际交流与合作。完善中外合作机制，支持职业院校引进国（境）外高水平专家和优质教育资源，鼓励中外职业院校教师互派、学生互换。实施中外职业院校合作办学项目，探索和规范职业院校到国（境）外办学。推动与中国企业和产品“走出去”相配套的职业教育发展模式，注重培养符合中国企业海外生产经营需求的本土化人才。积极参与制定职业教育国际标准，开发与国际先进标准对接的专业标准和课程体系。提升全国职业院校技能大赛国际影响。

五、提升发展保障水平

（二十）完善经费稳定投入机制。各级人民政府要建立与办学规模和培养要求相适应的财政投入制度，地方人民政府要依法制定并落实职业院校生均经费标准或公用经费标准，改善职业院校基本办学条件。地方教育附加费用于职业教育的比例不低于30%。加大地方人民政府经费统筹力度，发挥好企业职工教育培训经费以及就业经费、扶贫和移民安置资金等各类资金在职业培训中的作用，提高资金使用效益。县级以上人民政府要建立职业教育经费绩效评价制度、审计监督公告制度、预决算公开制度。

（二十一）健全社会力量投入的激励政策。鼓励社会力量捐资、出资兴办职业教育，拓宽办学筹资渠道。通过公益性社会团体或者县级以上人民政府及其部门向职业院校进行捐赠的，其捐赠按照现行税收法律规定在税前扣除。完善财政贴息贷款等政策，健全民办职业院校融资机制。企业要依法履行职工教育培训和足额提取教育培训经费的责任，一般企业按照职工工资总额的1.5%足额提取教育培训经费，从业人员技能要求高、实训耗材多、培训任务重、经济效益较好的企业可按2.5%提取，其中用于一线职工教育培训的比例不低于60%。除国务院财政、税务主管部门另有规定外，企业发生的职工教育经费支出，不超过工资薪金总额2.5%的部分，准予扣除；超过部分，准予在以后纳税年度结转扣除。对不按规定提取和使用教育培训经费并拒不改正的企业，由县级以上地方人民政府依法收取企业应当承担的职业教育经费，统筹用于本地区的职业教育。探索利用国（境）外资金发展职业教育的途径和机制。

（二十二）加强基础能力建设。分类制定中等职业学校、高等职业院校办学标准，到2020年实现基本达标。在整合现有项目的基础上实施现代职业教育质量提升计划，推动各地建立完善以促进改革和提高绩效为导向的高等职业院校生均拨款制度，引导高等职业院校深化办学机制和教育教学改革；重点支持中等职业学校改善基本办学条件，开发优质教学资源，提高教师素质；推动建立发达地区和欠发达地区中等职业教育合作办学工作机制。继续实施中等职业教育基础能力建设项目。支持一批本科高等学校转型发展为应用技术类型高等学校。地方人民政府、相关行业部门和大型企业要切实加强所办职业院校基础能力建设，支持一批职业院校争创国际先进水平。

（二十三）完善资助政策体系。进一步健全公平公正、多元投入、规范高效的职业教育国家资助政策。逐步建立职业院校助学金覆盖面和补助标准动态调整机制，加大对农林水地矿油核等专业学生的助学力度。有计划地支持集中连片特殊困难地区内限制开发和禁止开发区初中毕业生到省（区、市）内外经济较发达地区接受职业教育。完善面向农民、农村转移劳动力、在职职工、失业人员、残疾人、退役士兵等接受职业教育和培训的资助补贴政策，积极推行以直补个人为主的支付办法。有关部门和职业院校要切实加强资金管理，严查“双重学籍”、“虚假学籍”等问题，确保资助资金有效使用。

（二十四）加大对农村和贫困地区职业教育支持力度。服务国家粮食安全保障体系建设，积极发展现代农业职业教育，建立公益性农民培养培训制度，大力培养新型职业农民。在人口集中和产业发展需要的贫困地区建好一批中等职业学校。国家制定奖补政策，支持东部地区职业院校扩大面向中西部地区的招生规模，深化专业建设、课程开发、资源共享、学校管理等合作。加强民族地区职业教育，改善民族地区职业院校办学条件，继续办好内地西藏、新疆中职班，建设一批民族文化传承创新示范专业点。

（二十五）健全就业和用人的保障政策。认真执行就业准入制度，对从事涉及公共安全、人身健康、生命财产安全等特殊工种的劳动者，必须从取得相应学历证书或职业培训合格证书并获得相应职业资格证书的人员中录用。支持在符合条件的职业院校设立职业技能鉴定所（站），完善职业院校合格毕业生取得相应职业资格证书的办法。各级人民政府要创造平等就业环境，消除城乡、行业、身份、性别等一切影响平等就业的制度障碍和就业歧视；党政机关和企事业单位招用人员不得歧视职业院校毕业生。结合深化收入分配制度改革，促进企业提高技能人才收入水平。鼓励企业建立高技能人才技能职务津贴和特殊岗位津贴制度。

六、加强组织领导

（二十六）落实政府职责。完善分级管理、地方为主、政府统筹、社会参与的管理体制。国务院相关部门要有效运用总体规划、政策引导等手段以及税收金融、财政转移支付等杠杆，加强对职业教育发展的统筹协调和分类指导；地方政府要切实承担主要责任，结合本地实际推进职业教育改革发展，探索解决职业教育发展的难点问题。要加快政府职能转变，减少部门职责交叉和分散，减少对学校教育教学具体事务的干预。充分发挥职业教育工作部门联席会议制度的作用，形成工作合力。

（二十七）强化督导评估。教育督导部门要完善督导评估办法，加强对政府及有关部门履行发展职业教育职责的督导；要落实督导报告公布制度，将督导报告作为对被督导单位及其主要负责人考核奖惩的重要依据。完善职业教育质量评价制度，定期开展职业院校办学水平和专业教学情况评估，实施职业教育质量年度报告制度。注重发挥行业、用人单位作用，积极支持第三方机构开展评估。

（二十八）营造良好环境。推动加快修订职业教育法。按照国家有关规定，研究完善职业教育先进单位和先进个人表彰奖励制度。落实好职业教育科研和教学成果奖励制度，用优秀成果引领职业教育改革创新。研究设立职业教育活动周。大力宣传高素质劳动者和技术技能人才的先进事迹和重要贡献，引导全社会确立尊重劳动、尊重知识、尊重技术、尊重创新的观念，促进形成“崇尚一技之长、不唯学历凭能力”的社会氛围，提高职业教育社会影响力和吸引力。

国　务　院

2014 年 5 月 2 日

关于做好2014年全国普通高等学校毕业生就业创业工作的通知

（国办发〔2014〕22号）

各省、自治区、直辖市人民政府，国务院各部委、各直属机构：

为进一步做好2014年全国普通高等学校毕业生（以下简称高校毕业生）就业创业工作，经国务院同意，现就有关问题通知如下：

一、高度重视高校毕业生就业创业工作

高校毕业生是国家宝贵的人才资源。做好高校毕业生就业创业工作，对于保持就业形势稳定，促进经济社会健康发展具有重要意义。近年来，各地区、各有关部门认真贯彻落实党中央、国务院的决策部署，高校毕业生就业创业工作取得积极进展。2014年，全国高校毕业生数量继续增加，就业工作任务十分艰巨。对此，党中央、国务院高度重视。党的十八届三中全会、中央经济工作会议对做好当前和今后一段时期高校毕业生就业创业工作提出明确要求，国务院对做好今年高校毕业生就业创业工作作出新的部署。各地区、各部门要切实将思想和行动统一到党中央、国务院的决策部署上来，充分认识做好高校毕业生就业创业工作的重要性和紧迫性，聚焦重点难点，继续把高校毕业生就业创业摆在就业工作的首要位置和整个经济社会发展的重要位置。要多方位拓宽就业渠道，结合产业转型升级开发更多适合高校毕业生的就业岗位，尤其要加快发展就业吸纳能力强的服务业，着力发展研发设计、现代物流、融资租赁、检验检测等对高校毕业生需求比较集中的生产性服务业，同时加快发展各类生活性服务业，拓展新领域，发展新业态，不断提高服务业从业人员比重。要充分发挥市场配置人力资源的决定性作用，着力改革创新，完善政策措施，强化就业创业服务，改善就业创业环境，引导高校毕业生转变就业观念，力争实现高校毕业生就业和创业比例都有所提高，确保高校毕业生就业形势稳定。

二、鼓励高校毕业生到城乡基层就业

各地区要结合城镇化进程和公共服务均等化要求，充分挖掘教育、劳动就业、社会保障、医疗卫生、住房保障、社会工作、文化体育及残疾人服务、农技推广等基层公共管理和服务领域的就业潜力，吸纳高校毕业生就业。要结合推进农业科技创新、健全农业社会化服务体系等，引导更多高校毕业生投身现代农业。全面落实高校毕业生到中西部地区和艰苦边远地区县以下基层单位就业的学费补偿和助学贷款代偿政策，尚未制定学费补偿和助学贷款代偿办法的地区，要在年内出台。高校毕业生在中西部地区和艰苦边远地区县以下基层单位从事专业技术工作，申报相应职称时，可不参加

职称外语考试或放宽外语成绩要求。充分挖掘社会组织吸纳高校毕业生就业潜力，对到省会及省会以下城市的社会团体、基金会、民办非企业单位就业的高校毕业生，所在地的公共就业人才服务机构要协助办理落户手续，在专业技术职称评定方面享受与国有企事业单位同类人员同等待遇。继续统筹实施好大学生村官、“三支一扶”等各类基层服务项目，健全鼓励高校毕业生到基层工作的服务保障机制。各地要为高校毕业生参加实习、见习、志愿服务等活动创造条件，并将参加实习、见习、志愿服务等活动作为高校毕业生求职的实践经历。要加大工作力度，健全体制机制，鼓励支持更多高校毕业生参军入伍。

三、鼓励小型微型企业吸纳高校毕业生就业

各地区、各有关部门要认真落实《国务院关于进一步支持小型微型企业健康发展的意见》（国发〔2012〕14号），为小型微型企业发展创造良好环境，推动小型微型企业在转型升级过程中创造更多岗位吸纳高校毕业生就业。对小型微型企业新招用毕业年度高校毕业生，签订1年以上劳动合同并按时足额缴纳社会保险费的，给予1年的社会保险补贴，政策执行期限截至2015年年底。科技型小型微型企业招收毕业年度高校毕业生达到一定比例的，可申请最高不超过200万元的小额担保贷款，并享受财政贴息。对小型微型企业新招用高校毕业生按规定开展岗前培训的，各地要根据当地物价水平，适当提高培训费补贴标准。

四、实施大学生创业引领计划

2014年至2017年，在全国范围内实施大学生创业引领计划。通过提供创业服务，落实创业扶持政策，提升创业能力，帮助和扶持更多高校毕业生自主创业，逐步提高高校毕业生创业比例。各地要采取措施，确保符合条件的高校毕业生都能得到创业指导、创业培训、工商登记、融资服务、税收优惠、场地扶持等各项服务和政策优惠。各高校要广泛开展创新创业教育，将创业教育课程纳入学分管理，有关部门要研发适合高校毕业生特点的创业培训课程，根据需求开展创业培训，提升高校毕业生创业意识和创业能力。各地公共就业人才服务机构要为自主创业的高校毕业生做好人事代理、档案保管、社会保险办理和接续、职称评定、权益保障等服务。

各地区、各有关部门要进一步落实和完善工商登记、场地支持、税费减免等各项创业扶持政策。拓宽高校毕业生创办企业出资方式，简化工商注册登记手续。鼓励各地充分利用现有资源建设大学生创业园、创业孵化基地和小企业创业基地，为高校毕业生提供创业经营场所支持。对高校毕业生创办的小型微型企业，按规定落实好减半征收企业所得税、月销售额不超过2万元的暂免征收增值税和营业税等税收优惠政策。对从事个体经营的高校毕业生和毕业年度内的高校毕业生，按规定享受相关税收优惠政策。留学回国的高校毕业生自主创业，符合条件的，可享受现行高校毕业生创业扶持政策。

各银行业金融机构要积极探索和创新符合高校毕业生创业实际需求特点的金融产品和服务方式，本着风险可控和方便高校毕业生享受政策的原则，降低贷款门槛，优化贷款审批流程，提升贷款审批效率。要通过进一步完善抵押、质押、联保、保证和

信用贷款等多种方式，多途径为高校毕业生解决反担保难问题，切实落实银行贷款和财政贴息。在电子商务网络平台开办“网店”的高校毕业生，可享受小额担保贷款和贴息政策。充分发挥中小企业发展专项资金的积极作用，推动改善创业环境。鼓励企业、行业协会、群团组织、天使投资人等以多种方式向自主创业大学生提供资金支持，设立重点面向扶持高校毕业生创业的天使投资和创业投资基金。对支持创业早期企业的投资，符合条件的，可享受创业投资企业相关企业所得税优惠政策。

五、深入实施离校未就业高校毕业生就业促进计划

各地区要将离校未就业高校毕业生全部纳入公共就业人才服务范围，采取有效措施，力争使每一名有就业意愿的未就业高校毕业生在毕业半年内都能实现就业或参加到就业准备活动中。各有关部门、各高校要密切协作，做好未就业高校毕业生离校前后信息衔接和服务接续，切实保证服务不断线。教育部门要将有就业意愿的离校未就业高校毕业生的实名信息及时提供给人力资源社会保障部门。人力资源社会保障部门要建立离校未就业高校毕业生实名信息数据库，全面实行实名制就业服务。各级公共就业人才服务机构和基层就业服务平台要及时主动与实名登记的未就业高校毕业生联系，摸清就业需求，提供有针对性的就业服务。教育部门和高校要加强对离校未就业高校毕业生的跟踪服务，为有就业意愿的高校毕业生持续提供岗位信息和求职指导。

各地区要结合本地产业发展需要和高校毕业生就业见习意愿及需求，扩大就业见习规模，提升就业见习质量，确保凡有见习需求的高校毕业生都能得到见习机会。根据当地物价水平，适当提高见习人员见习期间基本生活补助标准。高校毕业生见习期间参加职业培训的，按现行政策享受职业培训补贴。

各地区要继续推动离校未就业高校毕业生技能就业专项行动，结合当地产业发展和高校毕业生需求，创新职业培训课程，提高职业培训的针对性和实效性。在高校毕业生集中的城市，要提升改造一批适应高校毕业生特点的职业技能公共实训基地。国家级重点技工院校和培训实力雄厚的职业培训机构，要选择一批适合高校毕业生的培训项目，及时向社会公布。

六、加强就业指导、就业服务和就业援助

各地区、各有关部门、各高校要根据高校毕业生特点和求职需求，创新服务方式，改进服务措施，提高服务质量，促进更多的高校毕业生通过市场实现就业。加强网络信息服务，建立健全全国公共就业信息服务平台，加快招聘信息全国联网，更多开展网络招聘，为用人单位招聘和高校毕业生求职提供高效便捷的就业信息服务。积极开展公共就业人才服务进校园活动，为高校毕业生送政策、送指导、送信息，特别是要让高校毕业生知晓获取就业政策和岗位信息的渠道。精心组织民营企业招聘周、高校毕业生就业服务月、就业服务周、部分大中城市联合招聘高校毕业生专场活动和每季度的全国高校毕业生网络招聘月等专项服务活动，搭建供需信息平台，积极促进对接。高校要加强就业指导课程和学科建设，积极聘请专家学者、企业人力资源经理、优秀校友担任就业导师。

各地区、各高校要将零就业家庭、优抚对象家庭、农村贫困户、城乡低保家庭以及残疾等就业困难的高校毕业生列为重点对象实施重点帮扶。享受城乡居民最低生活保障家庭的毕业年度内高校毕业生的求职补贴要在离校前全部发放到位，求职补贴标准较低的要适当调高标准。各地可结合本地实际将残疾高校毕业生纳入享受求职补贴对象范围。党政机关、事业单位、国有企业要带头招录残疾高校毕业生。离校未就业高校毕业生实现灵活就业的，在公共就业人才服务机构办理实名登记并按规定缴纳社会保险费的，给予一定数额的社会保险补贴，补贴数额原则上不超过其实际缴费的2/3，最长不超过2年，所需资金从就业专项资金中列支。

七、进一步创造公平的就业环境

各地区、各有关部门要积极采取措施，促进就业公平。用人单位招聘不得设置民族、种族、性别、宗教信仰等歧视性条件，不得将院校作为限制性条件。省会及以下城市用人单位招聘应届毕业生不得将户籍作为限制性条件。国有企业招聘应届高校毕业生，除涉密等特殊岗位外，要实行公开招聘，招聘应届高校毕业生信息要在政府网站公开发布，报名时间不少于7天；对拟聘人员应进行公示，明确监督渠道，公示期不少于7天。各地区、各有关部门要严厉打击非法中介和虚假招聘，依法纠正性别、民族等就业歧视现象。加大对企业用工行为的监督检查力度，对企业招用高校毕业生不签订劳动合同、不按时足额缴纳社会保险费、不按时支付工资等违法行为，及时予以查处，切实维护高校毕业生的合法权益。

各地区、各有关部门要消除高校毕业生在不同地区、不同类型单位之间流动就业的制度性障碍。省会及以下城市要放开对吸收高校毕业生落户的限制，简化有关手续，应届毕业生凭《普通高等学校毕业证书》、《全国普通高等学校毕业生就业报到证》、与用人单位签订的《就业协议书》或劳动（聘用）合同办理落户手续；非应届毕业生凭与用人单位签订的劳动（聘用）合同和《普通高等学校毕业证书》办理落户手续。高校毕业生到小型微型企业就业、自主创业的，其档案可由当地市、县一级的公共就业人才服务机构免费保管。办理高校毕业生档案转递手续，转正定级表、调整改派手续不再作为接收审核档案的必备材料。

八、推动创新高校人才培养机制

深化教育改革，积极调整教育结构，加快发展现代职业教育，深化校企合作、工学结合，培养生产、建设、服务、管理一线的应用型和技能型人才。高校要明确办学定位，突出办学特色，加强就业教育，提高人才培养质量。各高校自2014年起要发布高校毕业生就业质量年度报告，完善就业与招生计划、人才培养、经费拨款、院校设置的联动机制，充分听取行业主管部门、经济部门、就业部门以及有关行业组织的意见，促进人才培养更好地适应经济社会发展需要。有关部门要开展产业升级人才需求预测研究，健全岗位需求统计调查制度，适时向社会发布行业人才需求信息，引导高校优化学科专业结构，探索制定行业岗位标准，促进高校依据市场需求完善专业培养课程。

九、加大宣传工作力度

各地区、各有关部门、各高校要高度重视宣传工作。要大力宣传党和政府对高校毕业生就业创业工作的重视和采取的政策措施，大力宣传高校毕业生到基层和中小微企业就业创业的先进事迹和典型经验，以正确的舆论导向引导社会各方面全面客观地看待当前就业形势，共同关心高校毕业生就业创业工作。教育部门和高校要将就业创业政策宣传到每一名高校毕业生，引导高校毕业生转变就业观念，以积极向上的心态走向社会，先就业、再择业，在平凡的岗位上创造不平凡的业绩。人力资源社会保障部门要深入用人单位进行政策宣传，引导用人单位履行社会责任，挖掘就业岗位吸纳更多高校毕业生就业。要在充分利用报纸、广播、电视等传统媒体的基础上，积极探索使用微博、微信、手机客户端等新媒体，深入解读促进高校毕业生就业创业的各项优惠政策。同时，密切关注舆情动态，及时了解和回应社会关切，掌握舆论主导权。

十、加强对高校毕业生就业创业工作的组织领导

各地要将高校毕业生就业工作列入政府政绩考核内容，进一步健全政府促进就业责任制度，在制定经济社会发展规划、调整产业结构和产业布局时，把高校毕业生就业作为重要目标予以考虑。要切实加大就业专项资金的投入力度，确保各项促进高校毕业生就业创业政策落到实处。就业工作联席会议成员单位要切实履行职责，加强协作配合，共同做好高校毕业生就业创业工作。各地区、各有关部门要按照本通知精神，制定具体措施，切实抓好贯彻落实。

国务院办公厅

2014 年 5 月 9 日

关于实施大学生创业引领计划的通知

（人社部发〔2014〕38号）

各省、自治区、直辖市人力资源社会保障厅（局）、发展改革委、教育厅（教委）、科技厅（科委）、中小企业主管部门、财政厅（局）、工商行政管理局、团委，中国人民银行上海总部、各分行、营业管理部、省会（首府）城市中心支行，部属各高等学校，新疆生产建设兵团有关部门：

为了贯彻落实党中央、国务院关于全面深化改革战略部署和促进高校毕业生就业创业工作要求，引导和支持更多的大学生创业，人力资源社会保障部、国家发展改革委、教育部、科技部、工业和信息化部、财政部、人民银行、工商总局、共青团中央决定，2014—2017年实施新一轮“大学生创业引领计划”。现就有关问题通知如下：

一、指导思想和目标任务

（一）指导思想

深入贯彻落实党的十八届三中全会对促进高校毕业生就业创业工作的新要求，坚持政府政策支持与创业者努力相结合，合理运用政府公共资源，充分动员社会其他资源，激发大学生（含国内各类高校的在校生、毕业生、出国（境）留学回国人员）创新活力，为大学生创业提供有力支持，以创新引领创业，以创业带动就业。

（二）目标任务

通过各方共同努力，使大学生的创业意识和创业能力进一步增强，支持大学生创业的政策制度和服务体系更加完善，政府激励创业、社会支持创业、大学生勇于创业的机制基本形成，大学生创业的规模、比例继续得到扩大和提高，力争实现2014—2017年引领80万大学生创业的预期目标。

二、政策措施

（一）普及创业教育

各级教育部门要加强对高校创业教育工作的指导和管理，推动高校普及创业教育，实现创业教育科学化、制度化、规范化。各高校要将创业教育融入人才培养体系，贯穿人才培养全过程，面向全体学生广泛、系统开展；积极开发开设创新创业类课程，并纳入学分管理；不断丰富创业教育形式，开展灵活多样的创业实践活动；切实加强师资队伍建设，为普及创业教育提供有力支持。

（二）加强创业培训

各级人社部门要加强与教育部门和高校的衔接，以有创业愿望的大学生为重点，编制专项培训计划，优先安排培训资源，切实抓好组织实施，使每一个有创业愿望和培训需求的大学生都有机会获得创业培训。要鼓励支持有条件的高校、教育培训机构、创业服务企业、行业协会、群团组织等开发适合大学生的创业培训项目，经过评审认定后，纳入创业培训计划，提高创业培训的针对性和有效性。要切实加强创业培训师资队伍建设，创新培训方式，积极推行创业模块培训、创业案例教学和创业实务训练，抓好质量监督，不断提升大学生创业能力。要会同相关部门进一步完善和落实创业培训补贴政策，健全并加强培训补贴资金管理，对符合条件的参训大学生按规定给予培训补贴。

（三）提供工商登记和银行开户便利

各级工商部门要按照工商登记制度改革总体部署完善管理制度，落实注册资本认缴登记制，依照有关法律法规规定拓宽企业出资方式，放宽住所（经营场所）登记条件，推行电子营业执照和全程电子化登记管理。要进一步完善工商登记“绿色通道”，简化登记手续，优化业务流程，为创业大学生办理营业执照提供便利。要落实减免行政事业性收费政策，对符合条件的创业大学生，按规定减免登记类和证照类等有关行政事业性收费。人民银行各分支机构要积极会同有关部门指导银行业金融机构进一步改进金融服务，为创业大学生办理企业开户手续提供便利和优惠。

（四）提供多渠道资金支持

各地要认真落实小额担保贷款政策，在符合规定前提下，加大对创业大学生的支持力度，简化反担保手续，强化担保基金的独立担保功能，适当延长担保基金的担保责任期限，落实银行贷款和财政贴息，重点支持吸纳大学生较多的初创企业。要充分发挥中小企业发展专项资金的作用，更多支持大学生创业实体。要鼓励企业、行业协会、群团组织、天使投资人等以多种方式向创业大学生提供资金支持，设立重点支持创业大学生的天使投资和创业投资基金。对支持创业早期企业的投资，符合规定条件的，按规定给予所得税优惠或其他政策鼓励。有条件的地区要对现有各类高校毕业生就业创业基金进行整合，完善管理体制和运营机制，向大学生创业实体提供支持。

（五）提供创业经营场所支持

各地要充分利用大学科技园、科技企业孵化器、高新技术开发区、经济技术开发区、工业园、农业产业园、城市配套商业设施、闲置厂房等现有资源，建设大学生创业园、留学人员创业园和创业孵化基地，为创业大学生提供创业经营场所。对建设大学生创业园、留学人员创业园和创业孵化基地的地方和高校，有关部门要积极给予对口支持和业务指导。要将创业实训、创业孵化、创业辅导相结合，创新孵化方式，完善孵化功能，提高创业孵化成功率。要制定并完善创业经营场所租金补贴办法，对符合条件的创业大学生按规定给予经营场所租金补贴。

（六）加强创业公共服务

各级人社部门要会同协调有关方面针对创业大学生普遍遇到的问题开展创业公共服务，建立健全创业公共服务政府采购机制并加强绩效管理，构建覆盖院校、园区、社会的创业公共服务体系。要对各方面相关优惠政策进行归集梳理，以年轻人喜闻乐见的形式加强宣传解读并提供咨询，帮助符合条件的创业大学生获得相应的税费减免、资金补贴等政策扶持。要建立健全青年创业辅导制度，从拥有丰富行业经验和行业资源的企业家、职业经理人、天使投资人当中选拔一批青年创业导师，为创业大学生提供创业辅导。要采取多种方式搭建青年创业者交流平台，经常举办交流活动，为创业大学生及时了解政策和行业信息、学习积累行业经验、寻找合作伙伴和创业投资人创造条件。要积极引导大学生参加创业竞赛活动，有条件的地区可定期举办青年创业大赛，使之成为凝聚青年创业者、展示创业方案和创业项目的舞台，同时为创业投资机构、天使投资人等选择投资对象提供机会。要拓宽人事和劳动保障事务代理服务范围，将创业大学生作为重要服务对象，提供档案保管、人事代理、职称评定、社保代理等服务。要加强服务创新，积极探索将促进就业创业政策措施向网络创业就业领域延伸拓展的有效方式，为在电子商务网络平台上注册“网店”的创业大学生提供政策支持和服务。要充分发挥留学人员回国服务工作体系的作用，对留学回国创业人员开展针对性服务，帮助他们了解国内信息、熟悉创业环境、交流创业经验、获得政策扶持。

三、工作要求

（一）加强组织领导

各地各高校要充分认识促进大学生创业的重要意义，切实加强领导，加大人力、财力投入，为本计划实施提供有力保障。要结合实际制订贯彻落实方案，明确目标和进度指标、任务和政策措施、责任分工和完成期限，对本计划的实施做出具体安排。各有关部门和单位要牢固树立全局意识，认真履行职责，加强协调配合，确保本计划顺利实施。

（二）加强绩效考核

要把本计划落实与执行情况作为高校毕业生就业工作考核的重要内容，以既定目标、进度、任务是否完成，政策措施是否落实到位，创业大学生是否得到支持帮助为考核重点，定期对相关部门、单位进行绩效考核。考核结果要及时向党委、政府汇报，并通报有关方面，接受监督质询，不断推进工作取得实效。

（三）加强舆论宣传

对党和政府鼓励支持大学生创业的政策措施，本计划执行过程中取得的进展、成效、经验和工作创新，以及创业大学生自强不息、勇于创业的典型事迹，各地要通过大众传媒予以广泛宣传，以加强对社会舆论的正面引导，努力营造鼓励创新、崇尚创业、褒奖成功、宽容失败的社会氛围。

各地贯彻落实情况请及时告人力资源社会保障部、教育部。

人力资源社会保障部
国家发展改革委员会
教　育　部
科学技术部
工业和信息化部
财　政　部
中国人民银行
国家工商行政管理总局
共青团中央
2014 年 5 月 22 日

关于失业保险支持企业稳定岗位有关问题的通知

（人社部发〔2014〕76号）

各省、自治区、直辖市及新疆生产建设兵团人力资源社会保障厅（局）、财政厅（局）、发展改革委、工业和信息化主管部门：

为贯彻落实《国务院关于进一步优化企业兼并重组市场环境的意见》（国发〔2014〕14号）有关要求，在调整优化产业结构中更好地发挥失业保险预防失业、促进就业作用，激励企业承担稳定就业的社会责任，现就失业保险支持企业稳定岗位有关问题通知如下：

一、政策范围

对采取有效措施不裁员、少裁员，稳定就业岗位的企业，由失业保险基金给予稳定岗位补贴（以下简称“稳岗补贴”）。补贴政策主要适用以下企业：

（一）实施兼并重组企业。指在日常经营活动之外发生法律结构或经济结构重大改变的交易，并使企业经营管理控制权发生转移，包括实施兼并、收购、合并、分立、债务重组等经济行为的企业。

（二）化解产能严重过剩企业。指按《国务院关于化解产能严重过剩矛盾的指导意见》（国发〔2013〕41号）等相关规定，对钢铁、水泥、电解铝、平板玻璃、船舶等产能严重过剩行业淘汰过剩产能的企业。

（三）淘汰落后产能企业。指按《国务院关于进一步加强淘汰落后产能工作的通知》（国发〔2010〕7号）等规定，对电力、煤炭、钢铁、水泥、有色金属、焦炭、造纸、制革、印染等行业淘汰落后产能的企业。

（四）经国务院批准的其他行业、企业。

二、基本条件

（一）失业保险统筹地区实施稳岗补贴应同时具备以下条件：上年失业保险基金滚存结余具备一年以上支付能力；失业保险基金使用管理规范。

（二）企业申请稳岗补贴应同时具备以下条件：生产经营活动符合国家及所在区域产业结构调整政策和环保政策；依法参加失业保险并足额缴纳失业保险费；上年度未裁员或裁员率低于统筹地区城镇登记失业率；企业财务制度健全、管理运行规范。

三、资金使用

各地区对符合上述政策范围和基本条件的企业，在兼并重组、化解产能过剩以及淘汰落后产能期间，可按不超过该企业及其职工上年度实际缴纳失业保险费总额的50%给予稳岗补贴，所需资金从失业保险基金中列支。稳岗补贴主要用于职工生活补助、缴纳社会保险费、转岗培训、技能提升培训等相关支出。稳岗补贴的具体比例由省级人力资源社会保障和财政部门确定。稳岗补贴政策执行到2020年底。

四、审核认定

符合条件的企业可向人力资源社会保障部门申请稳岗补贴。人力资源社会保障部门会同行业主管部门对企业类型认定后，对申请稳岗补贴企业的基本条件进行审定，确定补贴企业名单和补贴数额，并公开相关信息，接受社会监督。财政部门根据人力资源社会保障部门审定的企业名单和补贴数额，及时拨付补贴资金。

五、组织实施

（一）加强组织领导。失业保险支持企业稳定岗位是产业结构调整优化过程中一项重要政策。各地区要高度重视，加强组织领导，人力资源社会保障、财政、发展改革、工业和信息化等部门要加强协调配合、各司其职，并督促企业在实施兼并重组、化解产能过剩、淘汰落后产能过程中采取切实有效措施稳定职工队伍，维护社会稳定。

（二）强化基金管理。各地区要充分考虑基金支付能力，按照“突出重点、总量控制、严格把握、动态监管”的原则，将稳岗补贴支出纳入失业保险基金预算管理，合理制定失业保险基金使用计划，加强监管，规范运作，切实保证基金有效使用和支付可持续。

（三）加强跟踪监测。各地区人力资源社会保障部门要将享受稳岗补贴的企业纳入失业动态监测范围，及时跟踪了解企业岗位变化动态，监测企业职工队伍稳定情况，评估稳岗补贴政策效果。财政部门要对辖区内失业动态监测工作给予必要经费支持。人力资源社会保障部、财政部适时组织开展政策绩效评估，根据实际调整完善政策。

各省级人力资源社会保障、财政、发展改革、工业和信息化等部门要尽快制定本地区失业保险稳岗补贴具体实施办法，报人力资源社会保障部、财政部备案。政策执行中遇到的重大问题要及时向人力资源社会保障部、财政部报告。

人力资源和社会保障部
财 政 部
国家发展和改革委员会
工业和信息化部
2014年11月6日

关于加快就业信息全国联网推进公共就业信息服务平台建设工作的通知

（人社部发〔2014〕77 号）

各省、自治区、直辖市及新疆生产建设兵团人力资源社会保障厅（局）：

按照《人力资源社会保障部关于加快推进就业信息公共服务网络建设的通知》（人社部发〔2011〕101 号）要求，在各地的共同努力下，全国招聘信息公共服务网建设工作进展顺利，已与全国 29 个省（区、市）的 127 个地市共 196 家公共就业和人才服务机构实现联网。为进一步落实《国务院关于促进信息消费扩大内需的若干意见》（国发〔2013〕32 号）提出的“建立公共就业信息服务平台，加快就业信息全国联网”要求，我部研究决定，将全国招聘信息公共服务网更名为中国公共招聘网（域名仍为 www. cjob. gov. cn），作为公共就业信息服务的国家级平台，负责与各级公共就业和人才服务机构联网，汇总共享各类就业信息并统一对外发布。现就有关事项通知如下：

一、总体目标

到 2017 年底，初步建成覆盖全国的公共就业信息服务平台，实现中国公共招聘网与全部省级地区和 70% 以上地市的公共就业和人才服务机构联网、各类就业信息统一发布、服务功能进一步完善、服务质量进一步提升的目标，更好地为企业招聘用人和劳动者求职就业提供服务。

二、主要任务

（一）加快就业信息全国联网

按照“覆盖全国、保证质量、分类指导、有序推进”的原则，根据中国公共招聘网目前联网覆盖情况，参照各地经济发展水平，我部制定了《就业信息全国联网进度规划》（以下简称进度规划，附件 1），明确各地 2015 至 2017 年实现联网的进度安排，由各地具体组织实施。

1. 确定年度联网计划。各地要根据进度规划，确定本地区各年度《就业信息全国联网实施计划》（简称联网实施计划，附件 2）。尚未完成省级机构联网的地区，应将省级机构列入第一批联网实施计划。已联网地区中，尚未完成全部省级和地市级公共就业和人才服务机构联网的，应加快推进联网进度。

2. 做好联网准备工作。各地应于每年上半年组织列入本年度联网实施计划的公共就业和人才服务机构，按照《就业信息全国联网技术规范》（附件 3）要求，提前做好相关准备工作，及时填报《全国联网机构登记表》（附件 4）。

3. 组织开展联网实施。我部将根据各地上报的联网实施计划，组织有关机构进行联网实施，并按实际联网上传数据情况进行联网实施验收。未通过验收的公共就业和人才服务机构，应在一个月内进行整改，并再次进行联网实施。

（二）加强就业信息质量管理

1. 实施信息分类上报。我部将制定公共就业信息服务目录，明确信息分类上报原则、发布要求、质量标准及技术标准（具体内容请在 http：//www. cjob. gov. cn/download/2014. html 下载）。各地要按照公共就业信息服务目录的相关要求，逐步将各级人力资源社会保障部门、公共就业和人才服务机构掌握的招聘岗位、招聘会等各类就业信息上报到中国公共招聘网，同时做好本地区公共就业信息的统一发布工作。

2. 确保信息基本质量。各地要加强就业信息质量管理，对上报信息的指标正确性、内容完整性、数据有效性进行全面核查，建立日常质量审核制度，确保上报信息的基本质量。我部将建立质量评估制度，对联网机构上报信息情况进行质量评估并按月通报。

3. 发挥省级平台作用。已建立省级公共就业信息服务平台的地区，要按照《就业信息全国联网技术规范》中的有关要求，切实加强省级平台建设，完善信息汇总、质量审核和统一对外发布工作，充分发挥省级平台的示范引领作用。

（三）完善就业信息服务功能

1. 扩展就业信息服务内容。各地要进一步扩展就业信息服务内容，在现有招聘类信息服务的基础上，逐步实现就业扶持政策、市场供求分析、职业培训和就业见习、工资指导价位等信息的统一发布和相关业务的网上经办服务。

2. 拓宽就业信息服务渠道。各地要综合运用各种信息技术，创新公共就业信息服务的手段和方法，构建基于服务大厅、互联网、基层服务窗口、移动终端、12333 电话的综合、多元、互通的公共就业信息服务体系。

3. 探索与社会机构的合作。鼓励各地开展与社会服务机构之间的合作，探索在就业信息服务、职业指导、职业素质测评、职业生涯规划等领域向社会提供专业化、多元化、个性化的服务。

三、工作要求

（一）加强组织领导，明确责任分工

各地要高度重视就业信息全国联网、推进公共就业信息服务平台建设工作，将其纳入本地区就业工作总体安排，组织各级公共就业和人才服务机构参加全国联网。各省（区、市）人力资源社会保障厅（局）要成立专门的领导小组或工作组，主管领导要亲自挂帅，明确分工，落实责任单位和责任人，确保各项工作顺利推进。

（二）加大投入力度，保障建设进度

各地要积极协调有关部门，保障本地区公共就业信息服务平台建设、运行、维护的资金投入。确有不足的，可按有关规定从就业专项资金中列支。同时，要进一步加强对相关资金使用的监督管理。

（三）加强分类指导，开展督促调度

各地要采取省级统筹、分步实施的方式，加强对本地区公共就业信息服务平台建设工作的指导和督促。我部将视情况对各地进行业务培训，并定期进行工作调度和情况通报。

（四）上报责任单位和联网实施计划

各地要按照本通知要求尽快确定本地区就业信息全国联网省级责任单位，抓紧制定联网实施计划，于2014年12月15日前将各年度联网实施计划和《就业信息全国联网省级责任单位联系表》（附件5）报我部就业促进司。

人力资源社会保障部就业促进司：

电子邮箱：zpw@ mohrss. gov. cn

附件：1. 就业信息全国联网进度规划

2. 就业信息全国联网实施计划

3. 就业信息全国联网技术规范

4. 全国联网机构登记表

5. 就业信息全国联网省级责任单位联系表

人力资源社会保障部

2014年11月6日

附件1

就业信息全国联网进度规划

地区	已联网			2015年内联网覆盖率	2016年内联网覆盖率	2017年内联网覆盖率
	省（区、市）级	市级	市级联网覆盖率			
北京	√	—	—	—	—	—
天津	√	—	—	—	—	—
河北	√	石家庄、唐山、秦皇岛、张家口	36%	50%	70%	90%
山西	√	太原、大同、运城	27%	50%	70%	90%
内蒙古	√	呼和浩特、包头、呼伦贝尔	33%	50%	70%	90%
辽宁	√	沈阳、大连、抚顺、盘锦	29%	50%	70%	90%
吉林	√	吉林	13%	50%	70%	90%
黑龙江		哈尔滨、齐齐哈尔、大庆、牡丹江	33%	50%	70%	90%
上海	√	—	—	—	—	—
江苏	√	南京、无锡、徐州、常州、苏州、南通、连云港、淮安、盐城、扬州、镇江、泰州、宿迁	100%	—	—	—
浙江	√	杭州、宁波、绍兴	27%	60%	80%	100%

续表

地区	已联网			2015年内联网覆盖率	2016年内联网覆盖率	2017年内联网覆盖率
	省（区、市）级	市级	市级联网覆盖率			
安徽	√	合肥、芜湖、蚌埠、淮南、马鞍山、淮北、铜陵、安庆、黄山、滁州、阜阳、宿州、六安、亳州、池州、宣城	100%	—	—	—
福建	√	福州、厦门、莆田、三明、泉州、漳州、南平、龙岩、宁德	100%	—	—	—
江西	√	南昌、景德镇、萍乡、九江、新余、鹰潭、赣州、吉安、宜春、抚州、上饶	100%	—	—	—
山东	√	济南、青岛、淄博、枣庄、东营、烟台、潍坊、济宁、泰安、威海、日照、莱芜、临沂、德州、聊城、滨州、菏泽	100%	—	—	—
河南	√	郑州、开封、洛阳	18%	50%	70%	90%
湖北	√	武汉、黄石、十堰、宜昌、襄阳、鄂州、荆门、孝感、荆州、黄冈、咸宁、随州、恩施州	100%	—	—	—
湖南		长沙	8%	50%	70%	90%
广东	√	广州、韶关、深圳、珠海、汕头、佛山、惠州、东莞、中山	43%	60%	80%	100%
广西	√	南宁、柳州、桂林、梧州、钦州、百色	43%	50%	70%	90%
海南	√	海口	33%	70%	—	—
重庆	√	—	—	—	—	—
四川	√	成都、泸州、绵阳	17%	50%	70%	90%
贵州	√			30%	50%	70%
云南	√	玉溪、临沧	25%	30%	50%	70%
西藏						
陕西	√	西安	9%	30%	50%	70%
甘肃				30%	50%	70%
青海	√			30%	50%	70%
宁夏	√			30%	50%	70%

续表

地区	已联网			2015 年内联网覆盖率	2016 年内联网覆盖率	2017 年内联网覆盖率
	省（区、市）级	市级	市级联网覆盖率			
新 疆	√			30%	50%	70%
新疆兵团						

说明：1. 我部根据中国公共招聘网目前联网覆盖情况，参照各地经济发展水平，制定本进度规划，分 2015 年、2016 年、2017 年三个批次组织实施。条件成熟的地区，可以加快进度，扩大联网覆盖率。

2. 西藏各地市、新疆兵团各师暂未列入进度规划。如本地区（单位）有条件实现联网，可以提出申请。

附件 2

就业信息全国联网实施计划

____省（区、市）

地区	公共就业和人才服务机构名单	联系人	联系方式	
			办公电话	手机
省（区、市）级				
××市				

说明：1. 本表由省级责任单位根据《就业信息全国联网进度规划》要求，结合本地区公共就业和人才服务机构情况统一填报。

2. 本地区地市级以上的公共就业服务机构和人才交流服务机构均应实施联网。如本表中填写的公共就业和人才服务机构为合并机构，请在机构名称后注明“合并”字样。

3. 省级责任单位负责组织开展本地区就业信息全国联网实施工作。

单位公章：　　　　　　填报日期：　年　月　日

附件 3

就业信息全国联网技术规范

根据《人力资源社会保障部关于加快推进就业信息公共服务网络建设的通知》（人社部发〔2011〕101 号，以下简称《通知》）及公共就业信息服务平台建设的有关要求，制定本技术规范。

一、联网地区系统基本技术要求

（一）网站登录要求

1. 基于南北联通和电信互联互通的服务器支持，能够与中国公共招聘网联通，且尽量避免设置 HTTP 出口代理。

2. 网络稳定（带宽 128K）条件下操作性界面单一操作的系统响应时间小于 2 秒，能够满足网站登录的并发要求。

（二）系统硬件配置要求

1. 省级系统：服务器 CPU 为 4 核以上，频率为 3G 以上，内存为 4G 以上，硬盘空间为 100G 以上。

2. 市级系统：服务器 CPU 为 4 核以上，频率为 3G 以上，内存为 4G 以上，硬盘空间为 100G 以上。

（三）数据库配置要求

中国公共招聘网部级数据交换平台采用 Oracle 数据库，支持 Oracle 和 mysql 两种数据库环境，若联网单位没有购买 Oracle 数据库，可采用交换平台内嵌的 mysql 数据库作为交换库。

（四）基础数据要求

1. 招聘岗位、招聘单位和招聘会信息所用数据指标及其代码符合《通知》所附的《全国招聘信息公共服务数据指标规范》要求，数据质量符合《通知》所附的数据质量要求。

2. 其余信息的内容和质量要符合《全国联网信息质量标准》（请在 http://www.cjob.gov.cn/download/2014.html 下载）的要求。

二、联网上报信息技术要求

1. 各级公共就业和人才服务机构与中国公共招聘网联网，需遵守《通知》所附的《全国公共招聘网数据上传技术规程》，优先采用“专网自动上传”或“互联网自动上传”方式。

2. 采用“专网自动上传”或“互联网自动上传”方式，可实现招聘岗位、招聘单位和招聘会信息的自动上传。

3. 采用“每日批量直报”方式，可通过手工录入或者批量导入数据的方式，实现包括招聘岗位、招聘单位和招聘会信息在内的各类信息的上传。

三、省级公共就业信息服务平台建设要求

省级公共就业信息服务平台建设要按照信息系统省级集中建设和就业信息全国联网的要求，与辖区内的公共就业人才服务系统进行对接，汇总省内各级公共就业和人才服务机构的就业信息，实现以招聘岗位信息为主的各类就业信息在省级平台的统一发布和动态更新，并逐步引导地市级及以下机构逐步利用省级平台开展工作。在此基础上，省级平台要与中国公共招聘网联网对接，实现省内所辖机构的信息在部端的汇总发布和动态更新。

省级公共就业信息服务平台建设要以实现省级集中和就业信息全国联网为目标，充分考虑各地就业信息服务的差异，统一组织，做好业务流程规范和服务规范；要加强省级平台的基础保障工作，高度重视信息安全，建立健全信息安全保障体系，做好灾备系统建设；要强化技术防范，严格安全管理，保障数据的安全和平台安全、稳定、高效地运行。

附件 4

全国联网机构登记表

一、机构联系方式和工作安排情况

<table>
<tr><td>省　份</td><td colspan="3"></td><td>所在地市</td><td></td></tr>
<tr><td>单位名称</td><td colspan="3"></td><td>主管单位</td><td></td></tr>
<tr><td>单位网址</td><td colspan="3"></td><td>电子邮箱</td><td></td></tr>
<tr><td>通讯地址</td><td colspan="5"></td></tr>
<tr><td>数据中心地址</td><td colspan="5"></td></tr>
<tr><td>业务负责人</td><td></td><td>办公电话</td><td></td><td>手机</td><td></td></tr>
<tr><td>业务联系人</td><td></td><td>办公电话</td><td></td><td>手机</td><td></td></tr>
<tr><td>技术负责人</td><td></td><td>所在单位</td><td colspan="3"></td></tr>
<tr><td>技术联系人</td><td></td><td>办公电话</td><td></td><td>手机</td><td></td></tr>
<tr><td rowspan="3">请选择信息上传的具体方式</td><td colspan="3">外网自动上传</td><td>☐</td><td rowspan="3"></td></tr>
<tr><td colspan="3">专网自动上传</td><td>☐</td></tr>
<tr><td colspan="3">批量直报</td><td>☐</td></tr>
<tr><td>拟参加全国联网的时间</td><td colspan="5">☐2015 年　☐2016 年　☐2017 年</td></tr>
<tr><td colspan="6">单位公章：　　　　　　　　　　　　　　　　填报日期：</td></tr>
</table>

二、相关信息系统建设情况

（一）信息系统建设情况

请根据本地系统建设情况填写下表，如果同时有专网系统和互联网系统，请全部填写；如果只有其中一种，请填写相应部分即可。

调查内容		填写		
业务专网业务系统	系统类型	□劳动就业服务系统 □人才交流服务系统 □一体化的公共就业和人才服务系统		
	是否是省级集中方式	□是 □否（省级用户填写）		
	系统开发商			
	系统上线日期			
	系统数据及版本	□Oracle □SQLServer □DB2 □其他：	版本	
	系统采用的技术	□JSP □ASP □PHP		
	是否基于劳动 99 三版平台本地化	□是 □否		
	现有有效招聘单位数据量（估算）			
	现有有效招聘岗位数据量（估算）			
	平均每天新增岗位数量（估算）	□200 条以下 □200—500 □500—1000 □1000—2000 □2000—5000 □5000 条以上		
	招聘岗位平均有效期（估算）	□5 天 □10 天 □20 天 □30 天以上		
互联网业务系统	网站类型	□公共职业介绍网站 □人才交流服务网站		
	是否是省级集中方式	□是 □否（省级用户填写）		
	系统开发商名称			
	系统上线具体日期			
	系统数据及版本	□Oracle □SQLServer □DB2 □其他：	版本	
	系统采用的技术	□JSP □ASP □PHP		
	互联网接入线路	□电信 □联通 □其他：____		
	线路带宽（M）			

续表

调查内容		填写
互联网业务系统	现有招聘单位数据量（估算）	
	现有招聘岗位数据量（估算）	
	平均每天新增岗位数量（估算）	□200 条以下 □200—500 □500—1000 □1000—2000 □2000—5000 □5000 条以上
	招聘岗位平均有效期（估算）	□5 天 □10 天 □20 天 □30 天以上

（二）基础环境准备

1. 用于岗位招聘信息数据采集的服务器情况。

	类别	型号	配置	操作系统	用途	状态	所属部门	地点
1								
2								
…								

填写说明：

类别：指小型机、PC 服务器、磁盘阵列等设备。

型号：指服务器品牌及型号，如：HP 380。

配置：指 CPU 主频、单双核、个数、内存大小、存储大小。

操作系统：指操作系统名称、版本、位数。如：64 位 AIX V5.3。

用途：指该设备用于哪项应用，如岗位招聘信息采集服务器等。

状态：指现有设备、待采购设备等分类。

地点：说明是放置在数据中心机房还是其他地方。

2. 业务专网网络状况。

调查内容	填写
是否与上级机构已经联通	□已联通 □未联通
与下级机构	□已联通 □未联通
本地专网与部端业务专网是否能够直接联通	□已直接联通 □未能直接联通
网络带宽	上行＿＿＿＿＿＿；下行＿＿＿＿＿＿

（三）基础软件准备情况

	类别	版本	用途	状态	是否安装到服务器上
1					
2					
…					

填写说明：

类别：指数据库、应用中间件等基础软件。

版本：指基础软件位数、名称、版本号、适用操作系统等。如 Weblogic V8. 1. 3 for Unix、64 位 Oracle V10. 1. 2 for windows server 2003。

用途：指该软件用于哪项应用，如采集程序数据库等。

状态：指现有软件、待采购软件等分类。

是否安装到服务器上：填写是否即可。

附件5

就业信息全国联网省级责任单位联系表

______省（区、市）

责任单位名称			
负责人信息			
姓　　名		职　　务	
联系电话		传真电话	
手　　机		电子邮箱	
联系人信息			
姓名		职务	
联系电话		传真电话	
手机		电子邮箱	

说明：如负责人、联系人发生变化，请及时重新填报或电话通知我部，确保工作沟通顺畅。

单位公章：　　　　　　　　　　　　　　　　　　填报日期：　年　月　日

关于国有企业招聘应届高校毕业生信息公开的意见

（人社部发〔2014〕79 号）

各省、自治区、直辖市及新疆生产建设兵团人力资源社会保障厅（局）：

党的十八届三中全会明确提出要规范招人用人制度。《国务院批转发展改革委等部门关于深化收入分配制度改革若干意见的通知》（国发〔2013〕6 号）、《国务院办公厅关于做好 2014 年全国普通高等学校毕业生就业创业工作的通知》（国办发〔2014〕22 号）等文件进一步强调，要在国有企业全面推行分级分类的公开招聘制度，切实做到信息公开、过程公开、结果公开，国有企业招聘应届高校毕业生，要实行公开招聘。国有企业认真落实党中央、国务院的决策部署，积极推进公开招聘工作，取得了较好进展。但是也要看到，仍有部分国有企业在招聘应届高校毕业生过程中存在招聘信息不公开等用人不公问题，影响到应届高校毕业生的平等就业权益。为切实贯彻落实党中央、国务院有关促进公平就业的要求，加快推进国有企业招聘应届高校毕业生信息公开工作规范化，现提出以下意见：

一、国有企业招聘应届高校毕业生要实行公开招聘

（一）国有企业（包括国家出资的国有独资企业、国有独资公司，以及国有资本控股公司，下同）招聘应届高校毕业生（即毕业学年的普通高等学校在校生，下同），除涉密等不适宜公开招聘的特殊岗位外，应当实行公开招聘。国有企业在招聘应届高校毕业生过程中，要坚持公开、平等、竞争、择优的原则，扩大选人用人范围，积极促进公平就业。

二、国有企业要建立健全公开招聘应届高校毕业生制度

（二）国有企业要制定本单位公开招聘应届高校毕业生制度。招聘制度中要明确招聘计划、招聘程序、信息发布、招聘纪律、监督渠道等内容。招聘计划不得缺少招聘岗位及条件、招聘人员数量、招聘时间安排、采用的招聘方式等内容。

（三）国有企业要按照国家有关法律法规和政策规定发布招聘信息，保证真实有效。不得设置民族、种族、性别、宗教信仰等歧视性条件，不得设置与岗位要求无关的条件，不得将院校作为限制性条件。工作地点位于省会及以下城市的国有企业招聘应届高校毕业生，不得将户籍作为限制性条件。

（四）国有企业公开招聘应届高校毕业生可以采取考试的方式，也可以采取考核的方式，择优聘用。在同一批次招聘中，不得降低或提高已公开发布的招聘条件。当次公开招聘发布的岗位未招满或需增加招聘数量的，要在招聘工作结束后另行组织公开招聘。

（五）国有企业公开招聘应届高校毕业生过程中，与应聘者有夫妻关系、直系血亲关系、三代以内旁系血亲或近姻亲关系的国有企业负责人不得参与招聘工作。国有企业具体负责组织招聘工作的人员，在招聘过程中涉及与应聘者有上述亲属关系或存在

其他可能影响招聘公正情形的，也应当回避。

三、国有企业招聘应届高校毕业生信息要向社会公开

（六）国有企业招聘应届高校毕业生要公开发布招聘信息。招聘信息不得缺少招聘数量和岗位条件，报名方法，考试或考核的方式和时间（时限），资格审查、笔试、面试结果的告知范围和方式，拟聘人员公示渠道，咨询方式，以及其他应当注明的事项。

（七）国有企业公开招聘应届高校毕业生信息要按照企业所属层级在相应的政府网站公开发布。国有企业在本单位网站或其他社会网站发布招聘信息的，须同时在政府网站设置链接。

（八）国有企业公开招聘应届高校毕业生信息的发布时间以在政府网站公开发布为准，报名起始时间不得早于招聘信息在政府网站公开发布的时间，报名时间不得少于7天。国有企业公开招聘应届高校毕业生信息除在政府网站公开发布外，还可以通过本单位网站或其他网站、广播电视、报刊杂志等多种方式发布，并与政府网站所发布招聘信息保持一致。

（九）国有企业要尽可能提供网络、现场等多渠道报名方式，降低应届高校毕业生应聘成本。参与应聘的应届高校毕业生要做到诚实守信，提交个人信息要真实客观，遵守国有企业的招聘纪律。

（十）国有企业要在本单位网站或其他公共媒体对招聘结果进行公示。公示信息不得缺少拟聘人员姓名、性别、毕业院校等内容，并同时公布本单位纪检部门监督电话与通信地址，公示期不得少于7天。公示期间，应聘者或其他人员认为公示人员存在问题的，可以实名向国有企业纪检部门反映，由国有企业纪检部门作出处理。

四、加大对国有企业招聘应届高校毕业生监督检查力度

（十一）国有企业招聘应届高校毕业生应当严格遵守相关规定，履行社会责任，接受人力资源社会保障部门及有关部门、人民团体、社会组织的监督。应聘者认为国有企业招聘过程中存在就业歧视行为的，可以向人民法院提起诉讼。

（十二）国有企业公开招聘应届高校毕业生应当公开发布招聘信息但没有公开发布，或招聘信息内容不符合有关规定的，应聘者或其他人员可以实名向相应的人力资源社会保障部门投诉，人力资源社会保障部门要及时核查有关情况并作出相应处理，问题严重的，可以约谈国有企业负责人，或在有关媒体上予以曝光。

（十三）国有企业存在未按公布的招聘流程实施招聘工作、招聘过程中违反回避规定等违规行为，或国有企业招聘工作人员在招聘工作过程中存在贪污、受贿等重大违法违纪行为的，应聘者或其他人员可以实名向国有企业纪检部门投诉，由国有企业纪检部门作出处理。对构成犯罪的，依法追究刑事责任。

各地要高度重视，加强沟通协调，完善工作机制，做好宣传引导，确保各项任务措施落实到位。

人力资源社会保障部
2014年11月14日

关于推进技工院校改革创新的若干意见

（人社部发〔2014〕96号）

各省、自治区、直辖市及新疆生产建设兵团人力资源社会保障厅（局）：

近年来，我国技工教育事业稳步发展，技工院校办学实力和办学水平逐步提高，培养了大批高素质技能人才，在促进就业和服务经济社会发展中发挥了重要作用。但同时也要看到，当前技工教育还不能完全适应经济社会发展的需要，办学条件薄弱，发展不均衡，培养能力和质量有待提高。为贯彻落实全国职业教育工作会议精神和《国务院关于加快发展现代职业教育的决定》（国发〔2014〕19号，以下简称《决定》）要求，加快培养高素质技能人才，促进实现更高质量就业，服务经济社会发展，现就推进技工院校改革创新提出如下意见：

一、贯彻《决定》精神，坚持技工教育发展方向

（一）充分认识技工教育改革创新的重要性。全国职业教育工作会议和《决定》对加快发展现代职业教育作出全面部署，提出了发展现代职业教育的指导思想、基本原则、目标任务和具体措施，为做好职业教育工作指明了方向，也为技工教育改革发展创造了良好机遇。各级人力资源社会保障部门和技工院校要按照党中央国务院决策部署，充分认识加快推进技工教育改革创新的重要意义，将发展技工教育作为构建现代职业教育体系和劳动者终身职业培训体系的重要内容，作为改善民生和促进就业的重要举措，作为加强人才队伍建设和建设人力资源强国的重要途径，进一步增强责任感和使命感，完善支持政策，采取有效措施，加大工作力度，推动技工院校创新发展。各级人力资源社会保障部门要指导技工院校根据《决定》精神，围绕转变经济发展方式、调整产业结构和人力资源市场需求变化，对学校发展进行战略谋划，制定学校五年发展规划，推动学校新一轮改革创新，实现高水平可持续发展，在技能人才队伍建设工作中发挥主力军作用。

（二）明确技工院校改革发展的目标任务。当前和今后一个时期，技工院校改革发展的目标任务是：围绕实施人才强国战略、就业优先战略和创新驱动发展战略，以提高质量、促进就业、服务发展为导向，以立德树人和培养职业精神为根本，以提高职业技能为核心，以适应市场需求为目标，坚持“高端引领、校企合作、多元办学、内涵发展”的办学理念，坚持学制教育与职业培训并举，深化办学体制机制改革，创新技能人才培养模式，全面提升技能人才培养能力。到2020年，基本形成专业结构适应产业发展、校企融合贯穿培养过程、课程教学体现工学结合、技能人才培养层次和规模与经济社会发展更加匹配的现代技工教育体系。

（三）进一步明确技工院校办学定位。技工院校是国民教育体系和人力资源开发的重要组成部分。技师学院主要承担通过学制教育培养高级工以上技能人才任务，属职

业教育高层次技能人才培养范畴。高级技工学校主要承担中级工、高级工培养任务，普通技工学校主要承担中级工培养任务，属中等职业教育。技工院校是构建劳动者终身职业培训体系的重要载体，是培养技能人才的重要平台，是承担技工教育、职业培训、技能鉴定、竞赛集训、公共实训、就业服务等工作的综合性技工教育培训基地。

二、突出高端引领，加大高技能人才培养力度

（四）推进优质技工院校建设。支持一批办学定位准确、专业特色鲜明、就业质量高、服务能力强、办学整体实力领先的优质技工院校，率先进行各项技工教育改革试点，完善机制体制，提升创新能力，提高对区域经济发展的贡献度。在地级以上城市要建设一批服务主导产业发展的技师学院和高级技工学校；在县市要继续发挥现有技工院校区域性技能人才培养作用。到 2020 年，在全国建设 100 所办学特色突出、高技能人才培养能力强、社会影响力大的国家级示范性技师学院，建设 200 所国家级重点技师学院和高级技工学校。鼓励技工院校教师参与企业技术革新，积极引进高新技术进课堂，提升技能人才培养的先进性。鼓励技工院校积极参加和承办各级各类职业技能竞赛活动，发挥中国技能大赛及世界技能大赛引领作用，促进技工院校师资培养、课程标准、教学要求与世界先进标准对接。注重借鉴国际职业教育先进标准和办学经验，加强国际交流与合作。

（五）加大高技能人才培养力度。支持技师学院、高级技工学校扩大高级工以上学制教育规模，技师学院、高级技工学校高级工以上在校生规模要分别保持在 60%、50% 以上。省级人力资源社会保障部门可选择部分一体化课程教学工作扎实、校企深度融合的技师学院，在专家评审论证基础上，通过工学交替、校企双师联合培养等方式，开展学制教育培养技师试点。鼓励技工院校与企业通过共建技能大师工作室、组织技师研修、联合开展科技攻关和技术革新项目等方式，面向企业职工开展技师、高级技师培训。支持技师学院、高级技工学校建立国家级（或省级）高技能人才培训基地。

三、深化校企合作，推动集团化办学

（六）完善校企合作制度。坚持技工院校校企合作基本办学制度。支持行业企业特别是大型企业参与举办或直接举办技工院校，将其纳入当地职业教育整体规划，切实保障企业办学与公办学校享有同等待遇。推广技工院校自办企业和实习工厂模式。健全校企合作法规政策，明确政府、企业和学校责任。完善校企联合育人机制，支持技工院校与企业在专业建设、课程改革、师资培养、技术研发、办学质量评价、招生就业等方面探索有效的校企合作模式，推进专业设置与产业需求对接、课程内容与职业标准对接、教学过程与工作过程对接，形成校企利益共同体，推动学校提升办学质量，实现校企合作可持续发展。实施以“招工即招生、入企即入校、企校双师共同培养”为主要内容的企业新型学徒制试点，鼓励技工院校与企业共同合作开展学徒培训，加快培养企业青年技能人才。组织开展“技能大师进校园”活动，发挥优秀高技能人才在技工院校人才培养中的作用。

（七）推进技工院校集团化发展。集团化办学是密切校企合作、整合技工教育资

源、提升办学实力的重要举措。支持行业企业、技工院校、社会组织按照“平等自愿、优势互补、资源共享、骨干带动”的原则，采取联合、兼并、股份制、纵向合作等多种方式，积极探索组建行业性、区域性技工教育集团。促进技工教育与产业发展紧密结合。在保持现有管理体制和学校性质的前提下，充分发挥骨干技工院校的引领辐射作用，通过推动技工教育集团化办学，对区域内教育培训资源进行统筹规划，整合薄弱学校，以强带弱，扩大优质资源，提升区域技能人才培养能力，增强技工院校整体实力。

四、坚持多元办学，激发技工院校办学活力

（八）推动办学功能多元化。各类技工院校要面向城乡各类劳动者，大力开展从初级工到高级技师等不同层次的职业技能培训，积极承担农民工职业技能提升计划、离校未就业高校毕业生技能就业专项行动、技师培训等政府补贴性培训和企业职工培训任务，为构建劳动者终身职业培训体系提供服务。学校招收企业职工等人员参加非全日制学习，可实行弹性学制教学。建立学分积累和转换制度，学生修满规定学分即可毕业，取得技工院校毕业证书。符合条件的学生，可按照规定享受职业培训和职业技能鉴定补贴。技工院校非全日制学生可按教学时数或学分数折合成全日制学生，计入学校在校生人数（具体办法另行制定）。支持高级技工学校和技师学院建设成集技工教育、公共实训、技师研修、竞赛集训、技能评价、就业服务等功能于一体的职业训练院，成为公共职业培训服务体系重要组成部分。技工院校每年开展职业培训规模应逐步高于学制教育在校生规模，实现职业培训规模逐年增长、质量稳步提升。

（九）推动办学主体多元化。发挥市场机制作用，鼓励社会各方面力量兴办技工教育。创新民办技工院校办学模式，支持各类办学主体通过独资、合资、合作等多种形式举办民办技工院校。探索发展股份制、混合所有制技工院校，允许以资本、知识、技术、管理等要素参与办学并享有相应权利。坚持依法治校，完善监管制度，规范民办技工院校办学行为，促进民办技工教育提高水平，办出特色。民办技工院校具有与公办技工院校同等法律地位。要优化民办技工教育发展环境，形成民办技工院校和公办技工院校公平竞争、共同发展的良好格局。

五、强化内涵发展，创新技能人才培养模式

（十）着力加强专业建设。技工院校要以市场需求为导向，适应现代农业、先进制造业、现代服务业、战略性新兴产业发展需要，按照技工院校专业目录自主设置专业，建立专业动态调整机制。鼓励并支持举办与养老服务、文化创意、家庭服务等国家大力发展的产业相适应的专业。根据岗位技能需求和新知识、新技术、新工艺的发展特点，完善课程标准，更新课程内容。各级人力资源社会保障部门要支持建设一批与当地主导产业发展相匹配的特色优势专业，实现差异化、特色化的专业建设布局。坚持能力本位教学理念，加强学生职业素养、专业技能和通用能力培养，积极开展职业指导、创业教育，提高学生综合职业能力和就业创业能力。

（十一）全面推进一体化课程教学改革。遵循技能人才培养规律，组织开发国家技能人才培养标准和一体化课程规范，构建国家技能人才培养标准体系框架。认真总结

一体化课程教学改革试点经验，在全国进一步推广一体化课程教学，不断创新技能人才培养模式，切实提高技能人才培养质量。开展一体化课程教学的院校，其一体化专业课程的毕业生学习成绩合格，视同职业技能鉴定合格，直接取得相应职业和等级的职业资格证书。技工院校要及时将一体化专业班级学生信息、教学计划安排、课程设置、过程化考核计划等材料报职业技能鉴定机构备案，职业技能鉴定机构要积极做好技术指导和技能鉴定服务，对实施一体化教学的专业进行课程认证和过程化考核。

（十二）健全教职工培训制度。从 2015 年起，实施三年一周期的全国技工院校校长轮训计划。各级人力资源社会保障部门要重视技工院校领导班子成员培训工作，制定并落实培训计划，加强班子成员能力建设。要将技工院校教师纳入专业技术人员继续教育范围，举办技工院校师资高级研修班。支持建设一批全国技工院校师资研修中心，承担全国技工院校师资研修交流等任务。依托全国技工院校一体化师资培训基地和一体化课程教学改革教学资源网，大规模开展一体化师资培训。落实教师企业实践制度。利用职业能力建设工作座谈会、技工院校校长轮训、教师全员培训等多种形式，广泛开展改革创新经验交流，推动技工教育创新发展。

六、加强基础能力建设，规范技工院校办学活动

（十三）扎实做好技工院校招生工作。各级人力资源社会保障部门要与教育部门加强协调配合，加大对技工院校招生工作的组织领导和统筹协调，将技师学院纳入高等职业院校招生平台，落实高级技工学校、技工学校与中等职业学校“统一招生政策、统一招生计划、统一招生代码、统一招生平台”的要求，稳定全日制招生规模，扩大非全日制招生规模。各级人力资源社会保障部门要充分发挥职能优势，每年集中举办技工院校招生宣传活动，全力支持技工院校到初中、高中开展招生宣传，充分利用街道社区、乡镇劳动保障平台和公共就业服务机构，建立技工院校招生信息员队伍。推动建立发达地区和欠发达地区技工院校合作办学工作机制。建立完善职业技能竞赛优秀选手注册升学制度，在国家级职业技能竞赛中获得优异成绩的学生可直接推荐进入技师学院学习深造。人力资源社会保障部官方网站开通全国技工院校专栏，建立全国技工院校招生和毕业生信息服务系统。

（十四）加强技工院校教材建设。教材是确保技工院校教育教学质量的重要基础。我部职业培训教材工作委员会要充分发挥对教材建设工作的统筹协调指导作用，切实加大教材内容、形式的研发和创新力度，重点开发一体化教材，不断完善和提高教材质量。我部每年组织编制和公布优质技工教育和职业培训教材目录，供技工院校选用。鼓励技工院校进行教学模式、教学内容改革探索，学校自编教改教材可用于本校教学补充，优质教材经部教材工作委员会论证，可推广使用。技工院校德育课等公共课教材由我部统筹规划并组织编写。各级人力资源社会保障部门要加强技工院校教材规范使用和管理，坚决杜绝使用盗版教材。

（十五）加强科研教研和督导评估工作。各级人力资源社会保障部门要加强技工教育科研教研机构和队伍建设，提高科研能力和教研水平。组建技工教育专家咨询委员会和课程专家队伍，推动技工教育课程研究中心建设。组织开展专业建设、课程开发、教学实施和技能人才评价等研究，定期组织开展技工教育优秀科研成果评选活动，按

照国家有关规定对优秀科研成果给予奖励。建立以就业为导向的技工院校办学质量评估制度，继续组织开展国家重点技工院校评估工作，支持第三方机构建立技工院校毕业生就业状况年度报告发布制度。落实各级技工院校学生资助工作专职管理人员配备和工作经费保障，做好技工院校学生学籍注册工作，落实好助学金、免学费等资助政策，加强资助工作规范管理和监督检查。

七、加大政策支持，提升技工院校办学实力

（十六）加大对技工院校资金政策支持。各级人力资源社会保障部门要协调有关部门落实“地方教育附加费用于职业教育的比例不低于30%”的要求，确保技工院校按在校生比例享受地方教育附加费政策。加大经费统筹力度，发挥好企业职工教育培训经费、就业经费、扶贫和移民安置资金等各类资金的作用，支持技工院校开展职业培训和企业职工的弹性学制学习。各级人力资源社会保障部门要积极协调财政、发展改革等部门，建立与办学规模和培养要求相适应的技工院校财政投入制度，高级技工学校、技工学校按照中等职业学校生均经费标准或公用经费标准落实办学经费。积极协调有关部门将技师学院列入高等学校序列，按照高职生均经费标准落实办学经费。有条件地区可设立技工院校专项资金，用于技工院校专业建设、课程改革、师资培训、教研课改、企业职工的弹性学制教育等工作。支持技工院校将购买学生实习实训责任保险纳入公用经费支出范围，推动建立学生实习责任和校方责任相统一的人身伤亡保障制度。配合相关部门，实施好现代职业教育质量提升计划。继续实施中等职业教育基础能力建设项目。鼓励各类社会组织、企业、公益性社会团体通过捐赠、设立奖助学金等方式，支持技工院校发展。

（十七）加强教师队伍建设。各级人力资源社会保障部门要积极协调机构编制等有关部门，比照普通高中和高等学校，根据技工教育特点核定公办技工院校教职工编制。落实技工院校在人事管理、教师评聘、绩效工资分配等方面的办学自主权。技工院校可按事业单位公开招聘有关规定，自主招聘专业课和生产实习指导教师。改革技工院校教师招聘方式，重点面向具有一线工作经验的企业工程技术人员、高技能人才招聘专职教师，重点考查应聘者职业技能、专业知识和实际授课水平。技工院校从企业招聘具有相应专业技术职务和职业资格人员，可按职称评聘有关规定，参加技工院校相应专业教师系列职称评聘。鼓励技工院校依据有关规定，聘请有实践经验的专业技术人员、高技能人才担任兼职教师。到2020年，有实践经验的专兼职教师占专业教师总数比例达到60%以上。完善技工院校教师职称制度，积极探索开展技工院校教师正高级职称改革试点工作。按照国家有关规定通报表扬技工院校优秀教师和优秀教育工作者。建立符合技工院校特点的教师绩效评价标准，绩效工资内部分配向一体化教师适当倾斜。

（十八）落实技工院校毕业生待遇政策。技师学院高级工班、预备技师（技师）班毕业生，参加企事业单位招聘、确定工资起点标准、职称评定、职位晋升等方面，按照全日制大专学历享受相应待遇政策，并按国家有关规定享受高校毕业生就业创业政策。技师学院取得高级工以上职业资格的工程技术类专业毕业生，可按有关规定参加专业技术人员职称评聘，构建技能人才成长“立交桥”。

八、加强组织领导，营造良好发展环境

（十九）加强组织领导。各级人力资源社会保障部门要高度重视技工院校改革发展工作，要主动向各级党委、政府汇报技工教育在推动区域经济发展、促进就业创业和加强人才队伍建设中发挥的重要作用，充分发挥综合管理技工院校的职能作用，加强监督管理和业务指导，狠抓技工院校党风廉政建设，推动技工院校持续、健康发展。要充分发挥人力资源社会保障部门职能优势，加大对技工院校的整体支持力度。要根据本意见要求，结合当地实际，制定实施方案，细化工作内容，落实任务目标，确保各项措施落到实处。

（二十）做好宣传工作。各级人力资源社会保障部门要在充分利用报纸、广播、电视等传统媒体的基础上，积极探索使用微博、微信、手机客户端等新媒体宣传方式，开展全方位、立体式的宣传工作。大力宣传“劳动光荣、技能宝贵、创造伟大”的观念。持续开展“技能中国”、“走基层、技校行”等主题宣传活动。组织优秀技能人才到技工院校宣讲并形成制度，扩大技工院校社会影响力。调动社会各方面力量共同推进技工院校改革创新发展，大力营造“崇尚一技之长，不唯学历凭能力”的良好社会氛围。

人力资源社会保障部
2014 年 12 月 23 日

关于进一步完善就业失业登记管理办法的通知

（人社部发〔2014〕97号）

各省、自治区、直辖市及新疆生产建设兵团人力资源社会保障厅（局）：

就业失业登记管理是掌握劳动者就业与失业状况的重要手段，是提供公共就业服务、落实就业扶持政策的基础工作。按照《国务院关于进一步推进户籍制度改革的意见》（国发〔2014〕25号）和《国务院关于进一步做好为农民工服务工作的意见》（国发〔2014〕40号）要求，为进一步完善就业失业登记管理办法，方便用人单位和劳动者办理就业失业登记，现就有关事项通知如下：

一、认真落实放宽失业登记条件的有关要求

各地要落实《人力资源社会保障部关于修改〈就业服务与就业管理规定〉的决定》（人力资源社会保障部令第23号）要求，允许法定劳动年龄内，有劳动能力，有就业要求，处于无业状态的城镇常住人员在常住地的公共就业和人才服务机构进行失业登记。对符合失业登记条件的人员，不得以人户分离、户籍不在本地或没有档案等为由不予受理。

各地要建立健全公共就业服务提供机制，保障城镇常住人员享有与本地户籍人员同等的劳动就业权利，并有针对性地为其免费提供就业政策法规咨询、职业指导、职业介绍等基本公共就业服务。对进行失业登记的城镇常住人员，要按规定落实职业培训补贴和职业技能鉴定补贴政策。在此基础上，各地要按照国务院推进户籍制度改革的部署，统筹考虑本地区综合承载能力和发展潜力，以连续居住年限和参加社会保险年限等为条件，保障其逐步享受与本地户籍人员同等的就业扶持政策。

二、做好就业失业登记证明更名发放工作

根据促进就业创业工作需要，将《就业失业登记证》更名为《就业创业证》。各地可新印制一批《就业创业证》先向有需求的毕业年度内高校毕业生发放。毕业年度内高校毕业生在校期间凭学生证向就业创业地（直辖市除外）公共就业和人才服务机构申领《就业创业证》，或委托所在高校就业指导中心向当地（直辖市除外）公共就业和人才服务机构代为其申领《就业创业证》；毕业年度内高校毕业生离校后直接向就业创业地（直辖市除外）公共就业和人才服务机构申领《就业创业证》。《就业创业证》的样式、栏目解释、填写办法、印制技术及发放管理等要求继续按照《关于印发就业失业登记证管理暂行办法的通知》（人社部发〔2010〕75号）执行（封面和内页第1页（暗码）的“就业失业登记证”字样变更为“就业创业证”）。

各地已发放的《就业失业登记证》继续有效，不再统一更换。有条件的地区，可以加快推进社会保障卡在就业领域的推广应用工作，以其加载的就业失业登记信息电

子记录，逐步替代纸质的就业失业登记证明。

三、拓宽就业登记信息采集渠道

各地要结合本地实际，进一步改进和优化业务流程，建立就业登记与社会保险登记、劳动用工备案之间的业务协同和信息共享机制，做好相关信息的比对核验，不断创新和拓宽就业登记信息采集渠道。要巩固窗口单位改进作风专项行动成果，在“一站式”服务的基础上逐步向“一柜式”服务转变，实行“前台综合受理、后台分类处理”的工作模式。对用人单位为劳动者实名办理社会保险登记或劳动用工备案的，以及劳动者以个体工商户或灵活就业人员身份办理社会保险登记的，相关信息经确认后录入公共就业服务管理信息系统。

四、加强就业失业登记信息动态管理

各地要进一步加强街道（乡镇）、社区（行政村）基层劳动就业和社会保障工作平台建设，及时掌握辖区内劳动者的就业失业状态，运用信息化手段，做好对劳动者就业失业登记信息的动态管理。要按照《关于建立全国就业信息监测制度的通知》（人社部发〔2010〕86号）要求，建立健全就业失业登记信息采集录入质量管理制度，做好省（区、市）内就业失业登记信息的比对整理。我部将进一步完善全国就业信息监测系统的功能，开展就业失业登记信息跨地区核验工作，逐步实现同一劳动者相关信息的唯一性。要以实名制就业监测数据为基础，做好与就业失业统计报表数据的比对分析工作（为保持统计口径的一致性和可比性，对农村进城务工人员和其他非本地户籍人员进行失业登记的，在统计上继续按照现行制度执行），及时查找相同指标数据不一致的原因，并有针对性地予以解决，为加强人力资源管理、支持宏观决策奠定扎实基础。

各地要根据本地实际情况，按照“操作程序便捷高效、登记信息完整准确、数据标准统一规范”的要求，制定完善全省（区、市）范围内统一的就业失业登记操作办法。要以方便群众为原则，简化登记程序，取消重复和不必要的表格、单据等填写内容和证明材料，为用人单位和劳动者办理就业失业登记提供便利。工作中出现的新情况、新问题，要及时向我部报告。

人力资源社会保障部

2014年12月23日

关于加快发展人力资源服务业的意见

（人社部发〔2014〕104 号）

各省、自治区、直辖市及新疆生产建设兵团人力资源社会保障厅（局）、发展改革委、财政（财务）厅（局），副省级市人力资源社会保障局、发展改革委、财政局：

为贯彻落实《国家中长期人才发展规划纲要（2010—2020 年）》（中发〔2010〕6 号）和《国务院关于加快发展生产性服务业促进产业结构调整升级的指导意见》（国发〔2014〕26 号）等文件的部署和要求，促进人力资源服务业持续健康发展，现提出如下意见。

一、重要意义

人力资源服务业是为劳动者就业和职业发展，为用人单位管理和开发人力资源提供相关服务的专门行业，主要包括人力资源招聘、职业指导、人力资源和社会保障事务代理、人力资源培训、人才测评、劳务派遣、高级人才寻访、人力资源外包、人力资源管理咨询、人力资源信息软件服务等多种业务形态。伴随着人力资源配置市场化改革进程，我国人力资源服务业从无到有，取得长足发展，多元化、多层次的人力资源服务体系初步形成。但总体看，规模偏小、实力不强、专业化程度不高、支撑保障能力不足，还难以有效满足产业结构调整升级的需要，以及经济社会发展对人力资源服务的需求，亟待加快发展。

人力资源服务业具有高技术含量、高人力资本、高成长性和辐射带动作用强等特点，关系各类劳动者就业创业和职业发展，关系企事业单位的人力资源管理和创新能力提升，是国家确定的生产性服务业重点领域。加快发展人力资源服务业，是优先开发与优化配置人力资源，建设人力资源强国的内在要求，是实现更加充分和更高质量就业的重要举措，对于推动经济发展方式向主要依靠科技进步、劳动者素质提高、管理创新转变具有重要意义。

二、总体要求

（一）指导思想

全面落实党的十八大和十八届三中、四中全会精神，以邓小平理论、“三个代表”重要思想、科学发展观为指导，深入贯彻习近平总书记系列重要讲话精神，按照党中央、国务院关于实施人才强国战略、就业优先战略和大力发展服务业的决策部署，紧紧围绕转变经济发展方式、实现产业结构优化升级对人力资源开发配置的需要，以产业引导、政策扶持和环境营造为重点，不断完善人力资源服务体系，提升人力资源开发配置水平，激发市场主体活力，为经济社会可持续发展提供强有力的人力资源支撑保障。

（二）基本原则

市场主导，需求引领。发挥市场在人力资源配置中的决定性作用和更好发挥政府作用，面向多样化、多层次人力资源服务需求，鼓励各类人力资源服务机构提供专业化、规范化、标准化优质高效的人力资源服务。

鼓励创新，提升服务。强化科技支撑，鼓励发展新兴服务业态，开发服务产品，拓展服务内容，创新服务方式，提升人力资源服务供给水平。

深化改革，增强活力。加快人力资源市场体制改革，处理好政府与市场的关系，增强行业发展的内生动力。

依法管理，规范发展。加大政策支持力度，加强宣传引导，坚持促进发展与规范管理两手抓，在鼓励发展的同时，保障市场规范运行。

（三）发展目标

到2020年，建立健全专业化、信息化、产业化、国际化的人力资源服务体系，实现公共服务充分保障，市场经营性服务逐步壮大，高端服务业务快速发展，服务社会就业创业与人力资源开发配置能力明显提升。

——规模逐步壮大。人力资源服务业结构更加合理，服务主体进一步多元化，各类业态发展协同性进一步增强，从业人员达到50万人，产业规模超过2万亿元。

——服务能力明显提升。人力资源服务市场化水平和国际竞争力大幅提升，服务产品日益丰富，服务质量显著提升，规模化、品牌化和网络化水平不断提高。

——发展环境不断优化。统一规范灵活的人力资源市场进一步健全，体制机制充满活力，政策法规体系、诚信服务体系、服务标准体系基本建立，监管机制规范高效。

三、重点任务

（一）发展各类人力资源服务机构

坚持政府引导、市场运作、科学规划、合理布局，构建多层次、多元化的人力资源服务机构集群，增加人力资源服务供给。支持通过兼并、收购、重组、联盟、融资等方式，重点培育一批有核心产品、成长性好、竞争力强的人力资源服务企业集团，发挥大型人力资源服务机构的综合性服务功能。鼓励发展有市场、有特色、有潜力的中小型专业人力资源服务机构，积极发展小型微型人力资源服务企业。到2020年，重点培育形成20家左右在全国具有示范引领作用的龙头企业和行业领军企业。

（二）增强人力资源服务创新能力

实施人力资源服务能力提升计划，推进人力资源服务领域的管理创新、服务创新和产品创新。鼓励人力资源服务企业设立研发机构，加强人力资源服务理论、商业模式、关键技术等方面的研发和应用，丰富服务渠道和服务模式。加强人力资源服务业信息化建设，鼓励运用云计算和大数据等技术，推动人力资源服务业务应用和移动互联网的进一步结合。培育服务需求，鼓励用人单位通过人力资源服务企业引进高端急需紧缺人才和购买专业化的人力资源服务。引导人力资源服务企业打破“大而全”、“小而全”的格局，细化专业分工，向价值链高端延伸，重点鼓励人力资源外包、高级人才寻访、人才测评、人力资源管理咨询等新兴业态快速发展。

（三）培育人力资源服务品牌

鼓励企业注册和使用自主人力资源服务商标，开展自主品牌建设，形成一批知名企业和著名品牌。支持人力资源服务企业参选本地区服务业重点企业名录。建立人力资源服务机构分类和评估指标体系，组织开展人力资源服务水平等级认证工作。举办人力资源服务供需对接、服务产品推介等活动，搭建人力资源服务品牌推广平台。

（四）推进人力资源服务业集聚发展

加强人力资源服务产业园的统筹规划和政策引导，依托重大项目和龙头企业，培育创新发展、符合市场需求的人力资源服务产业园，形成人力资源公共服务枢纽型基地和产业创新发展平台。加强园区建设，完善和落实产业园扶持政策，加大招商力度，充分发挥园区培育、孵化、展示、交易功能，促进人力资源服务业集聚发展和产业链延伸。加强园区管理，制定完善园区管理办法。重点在全国范围内建设一批有规模有影响，布局合理、功能完善的人力资源服务产业园。

（五）加强人力资源服务业人才队伍建设

加大人力资源服务业高层次人才的培养引进力度，将其纳入相关人才计划和人才引进项目，享受相关优惠政策。实施人力资源服务业领军人才培养计划，加强人力资源服务机构经营管理人员研修培训，依托著名高校、跨国公司，建立人力资源服务培训基地和实训基地，多层次、多渠道培养和引进人力资源服务业急需的高层次人才。开展人力资源服务业专业技术人员继续教育，纳入专业技术人才知识更新工程。完善人力资源服务业从业人员和相关服务领域的职业水平评价制度，加大职业培训力度，提高从业人员专业化、职业化水平，打造一支素质优良、结构合理的人力资源服务业人才队伍。

（六）加强人力资源服务业管理

依法实施人力资源服务行政许可，加强事中事后监管，将设立人力资源服务机构许可由工商登记前置审批改为后置审批，优化流程，提高效率。探索建立企业年度报告公示和经营异常名录等制度。深入推进人力资源服务机构诚信体系建设，健全诚信管理制度。加快人力资源服务标准化建设，建立健全包括基础术语、机构评价、服务规范、人员资质、服务技术在内的人力资源服务标准体系。鼓励各地和行业协会开展人力资源服务新兴业态标准的研究工作。建立人力资源市场信息共享和综合执法制度，充分利用信息跟踪、市场巡查、受理投诉举报等监管手段，加大监管力度。

（七）推进公共服务与经营性服务分离改革

深化人力资源市场体制改革，实现人力资源市场领域的管办分离、政企分开、事企分开、公共服务与经营性服务分离。推进政府所属公共就业和人才服务机构设立的人力资源服务企业脱钩，鼓励以委托经营、公司性改造、吸引社会资本等多种方式，推行产权制度改革，完善法人治理结构，真正成为自主经营实体，加快社会化、市场化改制步伐。对具有经营优势的，要注意保持服务品牌，鼓励其做大做强，发挥示范带动作用。

（八）夯实人力资源服务业发展基础

完善行业统计调查制度，逐步建立科学、统一、全面的人力资源服务业统计制度，建立覆盖各级的人力资源服务机构数据库，加强数据的分析与应用。定期发布人力资源服务业行业发展报告，引导行业发展。培育发展人力资源服务行业协会组织，充分发挥行业协会在行业代表、行业自律、行业协调等方面的功能。加强人力资源服务业的理论研究和宣传，扩大人力资源服务业的知名度、美誉度和社会影响力。

四、政策措施

（一）加大财政支持力度

研究通过中央财政服务业发展专项资金、国家服务业发展引导资金对人力资源服务业发展重点领域、薄弱环节和生产性服务业创新团队给予支持。有条件的地方也应通过现有资金渠道，加大对人力资源服务业发展的支持力度，并探索采取政府股权投入、建立产业基金等市场化方式，切实提高资金使用效率。

（二）落实税收优惠政策

加快推进营业税改征增值税改革，消除人力资源服务中间环节的重复征税问题。人力资源服务企业的总、分机构不在同一县（市），但在同一省（区、市）范围内的，经省财政、税务部门批准，可由总机构汇总申报缴纳增值税。符合离岸服务外包业务免税条件的人力资源服务企业，提供离岸服务外包业务免征增值税。在国务院批准的21个中国服务外包示范城市内的人力资源服务企业，符合现行税收政策规定的技术先进型服务企业条件的，经认定后，可按规定享受税收优惠政策。

（三）拓宽投融资渠道

鼓励符合条件的人力资源服务企业进入资本市场融资，支持符合条件的人力资源服务企业上市或发行集合信托以及公司债、企业债、集合债、中小企业私募债等公司信用类债券融资。进一步放宽人力资源服务业的市场准入，鼓励各类社会资本以独资、合资、收购、参股、联营等多种形式，进入人力资源服务领域，提高人力资源服务领域的社会资本参与程度。

（四）完善政府购买人力资源公共服务政策

各地要从实际出发，逐步将适合社会力量承担的人力资源服务交给社会力量。要稳步推进政府向社会力量购买人力资源服务，研究将人力资源服务纳入政府购买服务的指导目录，明确政府购买人力资源服务种类、性质和内容，并在总结经验的基础上及时进行动态调整。通过竞争择优的方式选择承接政府购买人力资源服务的社会力量，确保具备条件的社会力量平等参与竞争。要建立健全政府向社会力量购买人力资源服务各项制度，切实提高财政资金使用效率，加强监督检查和科学评估。

（五）扩大对外开放与交流

加强国际交流合作，稳步推进人力资源市场对外开放，积极构建公平稳定、透明高效、监管有力、与国际接轨的人力资源服务业外商投资管理体制。深入推进与香港、澳门、台湾地区的人力资源服务合作。鼓励有条件的本土人力资源服务机构“走出去”，与国际知名人力资源服务机构开展合作，在境外设立分支机构，大力开拓国际市场，积极参与国际人才竞争与合作。

（六）健全法律法规体系

加快制定人力资源市场条例及配套规章，完善体现权利公平、机会公平、规则公平的人力资源市场法律法规体系。依法全面履行政府职能，着力打破人力资源市场中存在的地区封锁、市场分割等各种壁垒，纠正设置行政壁垒、分割市场、妨碍公平竞争的做法。鼓励各地按照建立统一规范灵活的人力资源市场要求，制定完善相关法规。建设专业化、职业化的高素质人力资源市场执法队伍，提升市场执法和监管水平。加大人力资源市场法律法规宣传力度，营造良好舆论氛围。

促进人力资源服务业发展是一项综合性工作，涉及面广，各地要加强人力资源服务业发展的组织领导，建立健全促进人力资源服务业发展的工作机制，协同配合，形成合力。要探索建立由政府分管领导牵头的工作协调机制，进一步加强人力资源服务业的统筹规划，及时研究解决人力资源服务业发展中的重大问题。要研究制定本地区推进人力资源服务业发展配套政策，将人力资源服务业发展纳入本地区服务业和人才工作综合考核评价体系，确保促进人力资源服务业发展的各项举措落到实处。

人力资源社会保障部
国家发展改革委
财　政　部
2014 年 12 月 25 日

关于使用中央财政专项帮扶资金开展职业培训相关问题的通知

（工保字〔2014〕14 号）

各省、自治区、直辖市总工会保障工作部：

今年以来，财政部着力推动政府购买服务改革，确定将中央财政专项帮扶资金适用范围中“职业培训”作为政府采购服务实施项目。经研究，现将使用中央财政专项帮扶资金开展职业培训相关问题通知如下：

一、使用中央财政专项帮扶资金开展职业培训，应符合财政部印发的《困难职工帮扶中心专项资金管理办法》（财建〔2006〕468 号）文件中第二条规定，主要用于对工会已建档困难职工家庭成员（含困难职工家庭高校毕业生）、困难农民工等技能培训和技能鉴定补贴。

二、全总保障工作部授权各省、自治区、直辖市的市（地）级工会开展招投标工作。各市（地）级工会每年初在制订中央财政帮扶资金年度预算时，编列职业培训分项预算，由各省、自治区、直辖市总工会统一报全总保障工作部，全总保障工作部汇总后报全总财务部备案。

三、市（地）级工会职业培训年度预算（标的额）在 50 万元以上的，必须按照相关规定委托政府采购部门进行公开招标。参加招标的职业培训机构，应已取得政府教育行政部门或人力资源社会保障部门颁发的职业教育或职业培训资质，且有能力按工会要求完成培训工作。

四、根据财政部相关规定精神，结合工会工作实际，市（地）级工会职业培训年度预算（标的额）在 50 万元以下的，可以采取如下几种方式开展相关工作：一是委托同级政府采购部门进行公开招标；二是自行开展招投标，择优选择培训机构；三是委托人力资源社会保障部门通过招投标方式确定的培训机构。

五、若同级政府采购部门不能承担市（地）级工会的委托招标，工会要成立公开招标领导小组，严格按照政府采购的有关规定和程序进行公开招标；公开招标领导小组应由工会财务、保障、纪委、经审等部门人员组成，做到公开、公平、公正。

六、县（区、市）级工会的职业培训年度预算，统一纳入市（地）级工会的职业培训年度预算。

七、中标培训机构应报省级工会审批。审批后，由市（地）级工会与中标培训机构签订委托培训协议并报省级工会备案。每年 11 月 15 日前，由省级工会对相关市（地）总工会的培训工作进行验收，并将相关市（地）工会与中标培训机构签订的协议、《使用中央财政专项帮扶资金开展职业培训情况汇总表》（附件 3）上报全总保障工作部。全总保障工作部审核通过后报全总财务部，按照相关规定将帮扶资金汇入培训机构银行账号。

八、通过政府集中采购方式开展工会职业培训工作政策性、业务性都比较强。各级工会保障部门要积极实践，认真总结经验，做好办班计划、学员花名册、学员档案、会计账目等基础台账的整理归档工作，培训工作完成后，及时将相关信息录入全国工会帮扶工作管理系统。对于在执行中发现的问题，要及时向全总保障工作部反馈。

九、此通知自下发之日起执行。之前各级工会用中央财政帮扶资金开展职业培训发生的费用，仍按原办法执行。

附件：1. 困难职工和农民工学员培训档案

2. 困难职工和农民工职业培训专项资金培训情况实名制汇总表

3. 使用中央财政专项帮扶资金开展职业培训情况汇总表

中华全国总工会保障工作部

2014 年 10 月 13 日

附件 1

困难职工和农民工学员培训档案

<table>
<tr><td>职工姓名</td><td></td><td colspan="2">档案编号</td><td colspan="2"></td></tr>
<tr><td>身份证号</td><td></td><td colspan="2">联系电话</td><td colspan="2"></td></tr>
<tr><td>家庭住址</td><td colspan="5"></td></tr>
<tr><td>培训学校</td><td></td><td colspan="2">培训班名称</td><td colspan="2"></td></tr>
<tr><td>培训专业（工种）</td><td>培训成本</td><td colspan="4"></td></tr>
<tr><td>培训时间</td><td colspan="5">年　月　日至　年　月　日</td></tr>
<tr><td rowspan="2">培训课程</td><td rowspan="2">培训教材</td><td colspan="2">学　时</td><td colspan="2" rowspan="2">考试成绩</td></tr>
<tr><td>理论课</td><td>实践课</td></tr>
<tr><td></td><td></td><td></td><td></td><td colspan="2"></td></tr>
<tr><td></td><td></td><td></td><td></td><td colspan="2"></td></tr>
<tr><td rowspan="3">鉴定发证情况</td><td colspan="5">培训证书编号</td></tr>
<tr><td colspan="2">鉴定职业（工种）</td><td colspan="3">鉴定等级</td></tr>
<tr><td colspan="5">职业资格证书编号</td></tr>
<tr><td rowspan="4">学员推荐就业情况</td><td colspan="2">推荐就业单位</td><td colspan="3">是否订立劳动合同</td></tr>
<tr><td colspan="5">工资水平</td></tr>
<tr><td colspan="5">五险一金缴纳情况</td></tr>
<tr><td colspan="5">单位联系电话</td></tr>
</table>

注：上述培训情况由培训机构填写，核对无误后签字盖章。（此表供参考）

培训机构名称（单位盖章）

负责人签字：　　　　年　月　日

附件2

困难职工和农民工职业培训专项资金培训情况实名制汇总表

填报单位：　　　　　　　　填报人：　　　　　　　　联系电话：　　　　　　年　　月　　日

序号	姓名	性别	年龄	身份证号	工作单位（家庭住址）	培训职业（工种）	培训课时	职业资格证书编号	联系电话	帮扶金额	签字
1											
2											
3											
4											
5											
6											

注：此表由地市级工会填写，上报省级工会。（此表供参考使用）

附件3

使用中央财政专项帮扶资金开展职业培训情况汇总表

填报单位：　　　　　　　　填报人：　　　　　　　　联系电话：　　　　　　年　　月　　日

序号	培训机构名称	机构地址	取得资金方式	中标项目	中标金额	培训人数	取证人数	就业人数	培训机构银行账号信息
1									
2									
3									

注：

1. 此表由各省级工会汇总后，于每年11月15日前与《培训协议书》一并上报全总保障工作部。联系人：王作，联系电话：010－68591804。

2. 取得资金方式请按如下要求填写：

①委托同级政府采购部门公开招投标的，填写A；②市（地）工会自行开展招投标的，填写B；③委托当地人力资源社会保障部门通过招投标方式确定的培训机构进行培训的，填写C。

关于继续实施支持和促进重点群体创业就业有关税收政策的通知

（财税〔2014〕39号）

各省、自治区、直辖市、计划单列市财政厅（局）、国家税务局、地方税务局、人力资源社会保障厅（局），新疆生产建设兵团财务局、人力资源社会保障局：

1998年以来，国家对下岗失业人员再就业给予了一系列税收扶持政策，特别是自2011年1月1日起实施了新的支持和促进就业的税收优惠政策，进一步扩大了享受税收优惠政策的人员范围，对于支持重点群体创业就业，促进社会和谐稳定，推动经济发展发挥了重要作用。该政策于2013年12月31日执行到期。根据当前宏观经济形势和就业面临的新情况、新问题，为扩大就业，鼓励以创业带动就业，经国务院批准，现将继续实施支持和促进重点群体创业就业税收政策有关问题通知如下：

一、对持《就业失业登记证》（注明“自主创业税收政策”或附着《高校毕业生自主创业证》）人员从事个体经营的，在3年内按每户每年8000元为限额依次扣减其当年实际应缴纳的营业税、城市维护建设税、教育费附加、地方教育附加和个人所得税。限额标准最高可上浮20%，各省、自治区、直辖市人民政府可根据本地区实际情况在此幅度内确定具体限额标准，并报财政部和国家税务总局备案。

纳税人年度应缴纳税款小于上述扣减限额的，以其实际缴纳的税款为限；大于上述扣减限额的，应以上述扣减限额为限。

本条所称持《就业失业登记证》（注明“自主创业税收政策”或附着《高校毕业生自主创业证》）人员是指：1. 在人力资源社会保障部门公共就业服务机构登记失业半年以上的人员；2. 零就业家庭、享受城市居民最低生活保障家庭劳动年龄内的登记失业人员；3. 毕业年度内高校毕业生。高校毕业生是指实施高等学历教育的普通高等学校、成人高等学校毕业的学生；毕业年度是指毕业所在自然年，即1月1日至12月31日。

二、对商贸企业、服务型企业、劳动就业服务企业中的加工型企业和街道社区具有加工性质的小型企业实体，在新增加的岗位中，当年新招用在人力资源社会保障部门公共就业服务机构登记失业一年以上且持《就业失业登记证》（注明“企业吸纳税收政策”）人员，与其签订1年以上期限劳动合同并依法缴纳社会保险费的，在3年内按实际招用人数予以定额依次扣减营业税、城市维护建设税、教育费附加、地方教育附加和企业所得税优惠。定额标准为每人每年4000元，最高可上浮30%，各省、自治区、直辖市人民政府可根据本地区实际情况在此幅度内确定具体定额标准，并报财政部和国家税务总局备案。

按上述标准计算的税收扣减额应在企业当年实际应缴纳的营业税、城市维护建设税、教育费附加、地方教育附加和企业所得税税额中扣减，当年扣减不足的，不得结转下年使用。

本条所称服务型企业是指从事现行营业税“服务业”税目规定经营活动的企业以及按照《民办非企业单位登记管理暂行条例》（国务院令第 251 号）登记成立的民办非企业单位。

三、享受本通知第一条、第二条优惠政策的人员按以下规定申领《就业失业登记证》、《高校毕业生自主创业证》等凭证：

（一）按照《就业服务与就业管理规定》（中华人民共和国劳动和社会保障部令第 28 号）第六十三条的规定，在法定劳动年龄内，有劳动能力，有就业要求，处于无业状态的城镇常住人员，在公共就业服务机构进行失业登记，申领《就业失业登记证》。其中，农村进城务工人员和其他非本地户籍人员在常住地稳定就业满 6 个月的，失业后可以在常住地登记。

（二）零就业家庭凭社区出具的证明，城镇低保家庭凭低保证明，在公共就业服务机构登记失业，申领《就业失业登记证》。

（三）毕业年度内高校毕业生在校期间凭学校出具的相关证明，经学校所在地省级教育行政部门核实认定，取得《高校毕业生自主创业证》（仅在毕业年度适用），并向创业地公共就业服务机构申请取得《就业失业登记证》；高校毕业生离校后直接向创业地公共就业服务机构申领《就业失业登记证》。

（四）上述人员申领相关凭证后，由就业和创业地人力资源社会保障部门对人员范围、就业失业状态、已享受政策情况进行核实，在《就业失业登记证》上注明“自主创业税收政策”或“企业吸纳税收政策”字样，同时符合自主创业和企业吸纳税收政策条件的，可同时加注；主管税务机关在《就业失业登记证》上加盖戳记，注明减免税所属时间。

四、本通知的执行期限为 2014 年 1 月 1 日至 2016 年 12 月 31 日。本通知规定的税收优惠政策按照备案减免税管理，纳税人应向主管税务机关备案。税收优惠政策在 2016 年 12 月 31 日未享受满 3 年的，可继续享受至 3 年期满为止。《财政部国家税务总局关于支持和促进就业有关税收政策的通知》（财税〔2010〕84 号）所规定的税收优惠政策在 2013 年 12 月 31 日未享受满 3 年的，可继续享受至 3 年期满为止。

五、本通知所述人员不得重复享受税收优惠政策，以前年度已享受各项就业税收优惠政策的人员不得再享受本通知规定的税收优惠政策。如果企业的就业人员既适用本通知规定的税收优惠政策，又适用其他扶持就业的税收优惠政策，企业可选择适用最优惠的政策，但不能重复享受。

六、上述税收政策的具体实施办法由国家税务总局会同财政部、人力资源社会保障部、教育部、民政部另行制定。

各地财政、税务、人力资源社会保障部门要加强领导、周密部署，把大力支持和促进重点群体创业就业工作作为一项重要任务，主动做好政策宣传和解释工作，加强部门间的协调配合，确保政策落实到位。同时，要密切关注税收政策的执行情况，对发现的问题及时逐级向财政部、国家税务总局、人力资源社会保障部反映。

财　政　部

国家税务总局

人力资源社会保障部

2014 年 4 月 29 日

关于支持和促进重点群体创业就业有关税收政策具体实施问题的公告

（国家税务总局公告2014年第34号）

为贯彻落实《财政部国家税务总局人力资源社会保障部关于继续实施支持和促进重点群体创业就业有关税收政策的通知》（财税〔2014〕39号）精神，现将创业就业有关税收政策的具体实施意见公告如下：

一、个体经营税收政策

（一）申请

1. 在人力资源社会保障部门公共就业服务机构登记失业半年以上的人员、零就业家庭或享受城市居民最低生活保障家庭劳动年龄内的登记失业人员，可持《就业失业登记证》、个体工商户登记执照和税务登记证向创业地县以上（含县级，下同）人力资源社会保障部门提出申请。县以上人力资源社会保障部门应当按照财税〔2014〕39号文件的规定，核实创业人员是否享受过税收扶持政策。核实后，对符合条件人员在《就业失业登记证》上注明"自主创业税收政策"。

2. 毕业年度高校毕业生在校期间创业的，可注册登录教育部大学生创业服务网（网址：http：//cy. ncss. org. cn），提交《高校毕业生自主创业证》申请表，由所在高校进行网上信息审核确认，学校所在地省级教育行政部门依据学生学籍学历电子注册数据库，对高校毕业生身份、学籍学历、是否是应届高校毕业生等信息进行核实后，向高校毕业生发放《高校毕业生自主创业证》，并在数据库中将其标注为"已领取《高校毕业生自主创业证》"。高校毕业生持《高校毕业生自主创业证》向创业地人力资源社会保障部门提出申请，由创业地人力资源社会保障部门相应核发《就业失业登记证》。

3. 毕业年度高校毕业生离校后创业的，可凭毕业证，直接向创业地县以上人力资源社会保障部门提出申请。县以上人力资源社会保障部门在对人员范围、就业失业状态、已享受政策情况核实后，对符合条件人员相应核发《就业失业登记证》，并注明"自主创业税收政策"。

（二）税款减免顺序及额度

符合条件人员从事个体经营的，按照财税〔2014〕39号文件第一条的规定，在年度减免税限额内，依次扣减营业税、城市维护建设税、教育费附加、地方教育附加和个人所得税。纳税人的实际经营期不足一年的，应当以实际月份换算其减免税限额。换算公式为：减免税限额 = 年度减免税限额 ÷ 12 × 实际经营月数。

纳税人实际应缴纳的营业税、城市维护建设税、教育费附加、地方教育附加和个人所得税小于减免税限额的，以实际应缴纳的营业税、城市维护建设税、教育费附加、地方教育附加和个人所得税税额为限；实际应缴纳的营业税、城市维护建设税、教育费附加、地方教育附加和个人所得税大于减免税限额的，以减免税限额为限。

（三）税收减免备案

纳税人在享受税收优惠政策后的当月，持《就业失业登记证》（注明“自主创业税收政策”或附着《高校毕业生自主创业证》）和税务机关要求的相关材料向其主管税务机关备案。

二、企业、民办非企业单位吸纳税收政策

（一）申请

符合条件的企业、民办非企业单位持下列材料向县以上人力资源社会保障部门递交申请：

1. 新招用人员持有的《就业失业登记证》。

2. 企业、民办非企业单位与新招用持《就业失业登记证》人员签订的劳动合同（副本），企业、民办非企业单位为职工缴纳的社会保险费记录。

3.《持〈就业失业登记证〉人员本年度实际工作时间表》（见附件）。

4. 人力资源社会保障部门要求的其他材料。

其中，劳动就业服务企业要提交《劳动就业服务企业证书》，民办非企业单位提交《民办非企业单位登记证书》。

县以上人力资源社会保障部门接到企业、民办非企业单位报送的材料后，应当按照财税〔2014〕39 号文件的规定，重点核实以下情况：

1. 新招用人员是否属于享受税收优惠政策人员范围，以前是否已享受过税收优惠政策；

2. 企业、民办非企业单位是否与新招用人员签订了 1 年以上期限劳动合同，为新招用人员缴纳社会保险费的记录；

3. 企业、民办非企业单位的经营范围是否符合税收政策规定。

核实后，对符合条件的人员，在《就业失业登记证》上注明“企业吸纳税收政策”，对符合条件的企业、民办非企业单位核发《企业实体吸纳失业人员认定证明》。

（二）税款减免顺序及额度

1. 纳税人按本单位吸纳人数和签订的劳动合同时间核定本单位减免税总额，在减免税总额内每月依次扣减营业税、城市维护建设税、教育费附加和地方教育附加。纳税人实际应缴纳的营业税、城市维护建设税、教育费附加和地方教育附加小于核定减免税总额的，以实际应缴纳的营业税、城市维护建设税、教育费附加、地方教育附加为限；实际应缴纳的营业税、城市维护建设税、教育费附加和地方教育附加大于核定减免税总额的，以核定减免税总额为限。

纳税年度终了，如果纳税人实际减免的营业税、城市维护建设税、教育费附加和地方教育附加小于核定的减免税总额，纳税人在企业所得税汇算清缴时，以差额部分扣减企业所得税。当年扣减不足的，不再结转以后年度扣减。

减免税总额 = ∑每名失业人员本年度在本企业工作月份 ÷ 12 × 定额

企业、民办非企业单位自吸纳失业人员的次月起享受税收优惠政策。

2. 第二年及以后年度当年新招用人员、原招用人员及其工作时间按上述程序和办法执行。每名失业人员享受税收优惠政策的期限最长不超过3年。

（三）税收减免备案

1. 经县以上人力资源社会保障部门核实后，纳税人依法享受税收优惠政策。纳税人持县以上人力资源社会保障部门核发的《企业实体吸纳失业人员认定证明》《持〈就业失业登记证〉人员本年度实际工作时间表》和税务机关要求的其他材料，在享受税收优惠政策后的当月向主管税务机关备案。

2. 企业、民办非企业单位纳税年度终了前招用失业人员发生变化的，应当在人员变化次月按照前项规定重新备案。

三、管理

（一）严格各项凭证的审核发放。任何单位或个人不得伪造、涂改、转让、出租相关凭证，违者将依法予以惩处；对采取上述手段已经获取减免税的企业、民办非企业单位和个人，主管税务机关要追缴其已减免的税款，并依法予以处罚；对出借、转让《就业失业登记证》的人员，主管人力资源社会保障部门要收回其《就业失业登记证》并记录在案。

（二）《就业失业登记证》采用实名制，限持证者本人使用。创业人员从事个体经营的，《就业失业登记证》由本人保管；被用人单位录用的，享受税收优惠政策期间，证件由用人单位保管。《就业失业登记证》由人力资源社会保障部统一样式，各省、自治区、直辖市人力资源社会保障部门负责印制，统一编号备案，作为审核劳动者就业失业状况和享受政策情况的有效凭证。

（三）《企业实体吸纳失业人员认定证明》由人力资源社会保障部统一式样，各省、自治区、直辖市人力资源社会保障部门统一印制，统一编号备案。

（四）《高校毕业生自主创业证》采用实名制，限持证者本人使用。《高校毕业生自主创业证》由教育部统一样式，各省、自治区、直辖市教育行政部门负责印制，其中注明申领人姓名、身份证号、毕业院校等信息，并粘贴申领人本人照片。

（五）县以上税务、财政、人力资源社会保障、教育、民政部门要建立劳动者就业信息交换和协查制度。人力资源社会保障部建立全国统一的就业信息平台，供各级人力资源社会保障、税务、财政、民政部门查询《就业失业登记证》信息。地方各级人力资源社会保障部门要及时将《就业失业登记证》信息（包括发放信息和内容更新信息）按规定上报人力资源社会保障部。教育部门要按季将《高校毕业生自主创业证》发放情况以电子、纸质文件等形式通报同级人力资源社会保障部门和税务机关。

（六）主管税务机关应当在纳税人备案时，在《就业失业登记证》中加盖戳记，注明减免税所属时间。各级税务机关对《就业失业登记证》有疑问的，可提请同级人力资源社会保障部门予以协查，同级人力资源社会保障部门应根据具体情况规定合理的工作时限，并在时限内将协查结果通报提请协查的税务机关。

四、本公告自2014年1月1日起施行。《国家税务总局财政部人力资源社会保障部教育部关于支持和促进就业有关税收政策具体实施问题的公告》（国家税务总局公告

2010 年第 25 号）同时废止。

特此公告。

附件：持《就业失业登记证》人员本年度实际工作时间表

国家税务总局
财　政　部
人力资源社会保障部
教　育　部
民　政　部
2014 年 5 月 30 日

附件

持《就业失业登记证》人员本年度实际工作时间表

企业名称（盖章）：　　年度

序号	录用人员姓名	《就业失业登记证》编号	在本企业工作时间（单位：月）

关于印发国务院关于进一步做好为农民工服务工作的意见宣传提纲的通知

（国农工办发〔2014〕3号）

各省、自治区、直辖市及新疆生产建设兵团农民工工作议事协调机构，国务院农民工工作领导小组各成员单位：

2014年9月30日，《国务院关于进一步做好为农民工服务工作的意见》（国发〔2014〕40号，以下简称《意见》）公布。这是继《国务院关于解决农民工问题的若干意见》（国发〔2006〕5号）印发实施以来，国务院印发的第二个全面系统地指导做好农民工工作的综合性文件。《意见》的印发实施，对于维护农民工权益、有序推进农民工市民化、促进从根本上解决农民工问题，具有十分重要的意义。为做好《意见》的宣传和贯彻落实工作，我们组织起草了《〈国务院关于进一步做好为农民工服务工作的意见〉宣传提纲》，现印发给你们，请结合实际，广泛开展对《意见》的宣传。

国务院农民工工作领导小组办公室

2014年10月14日

《国务院关于进一步做好为农民工服务工作的意见》宣传提纲

2014年9月12日，《国务院关于进一步做好为农民工服务工作的意见》（国发〔2014〕40号，以下简称《意见》）印发实施。这是继《国务院关于解决农民工问题的若干意见》（国发〔2006〕5号）印发实施以来，国务院印发的第二个全面系统地指导做好农民工工作的综合性文件，是进一步做好为农民工服务工作的指南。

一、《意见》出台的背景和重要意义

农村富余劳动力逐步转变为二三产业工人、转变为城镇市民，是世界各国工业化、城镇化、农业现代化发展进程中的客观规律。改革开放以来，随着我国工业化、城镇化的快速发展，大量农村富余劳动力转移到二三产业和城镇就业成为农民工，并逐步成为我国产业工人的主体，是推动国家现代化建设的重要力量，为经济社会发展作出了巨大贡献。党中央、国务院高度重视农民工工作，国发〔2006〕5号文件实施以来，建立了农民工工作协调机制，出台了一系列政策措施，农民工工作取得显著成效。农民工就业规模持续扩大，2013 年农民工总量达 2.69 亿人，其中外出就业农民工 1.66 亿人；职业技能不断提高，工资收入大幅增加，参加社会保险人数较快增长，劳动保障权益维护明显加强，享受基本公共服务范围逐步扩大，关心关爱农民工的社会氛围正在形成。但目前农民工就业稳定性不强，劳动保障权益受侵害的现象还时有发生，享受基本公共服务的项目范围和人数比例仍然较小，大量长期在城镇就业的农民工还未落户，与广大农民工尤其是新生代农民工期望融入城镇、共享经济社会发展成果、实现自身全面发展的诉求不相适应。

面对新的形势，迫切需要进一步做好农民工工作，将农民工培养成为稳定就业的新型产业工人、发展成为在城镇常住并平等享受公共服务的新市民。这是推进以人为核心的城镇化、全面提高城镇化质量的首要任务，是提高劳动者素质和扩大内需、加快转变经济发展方式的迫切需要，是统筹解决“三农”问题、推动城乡发展一体化的重要内容，是加强和创新社会治理、促进社会和谐稳定的重要举措。

党的十八大和十八届三中全会、中央城镇化工作会议提出了“有序推进农业转移人口市民化”的发展方向，强调新型城镇化的核心是“人的城镇化”，要把有序推进农业转移人口市民化作为新型城镇化的首要任务。《国家新型城镇化规划（2014—2020 年）》用专篇对有序推进农业转移人口市民化作出了部署。为了贯彻落实党中央、国务院决策部署，国务院农民工工作领导小组组织起草了《意见》，报请国务院常务会议审议后印发。《意见》的印发实施，对于维护农民工权益、有序推进农民工市民化、促进从根本上解决农民工问题，具有十分重要的意义。各地区、各部门要从巩固党的执政基础和全面建成小康社会、推进社会主义现代化、实现中华民族伟大复兴中国梦的战略高度，充分认识进一步做好农民工工作的重要性，切实把农民工工作摆在更加突出的位置，采取有力措施抓好《意见》的落实。

二、《意见》提出的进一步做好农民工工作的总体目标、基本思路和基本原则

（一）总体目标

到 2020 年，转移农业劳动力总量继续增加，每年开展农民工职业技能培训 2000 万人次，农民工综合素质显著提高、劳动条件明显改善、工资基本无拖欠并稳定增长、参加社会保险全覆盖，引导约 1 亿人在中西部地区就近城镇化，努力实现 1 亿左右农业转移人口和其他常住人口在城镇落户，未落户的也能享受城镇基本公共服务，农民工群体逐步融入城镇，为实现农民工市民化目标打下坚实基础。

（二）基本思路

按照工业化、信息化、新型城镇化、农业现代化同步发展的要求，积极探索中国特色农业劳动力转移道路，通过着力做好四方面工作（“四个着力”），有序推进、逐步实现有条件有意愿的农民工市民化。“四个着力”包括：一是着力稳定和扩大农民工就业创业，这是农民工市民化的基础。二是着力维护农民工的劳动保障权益，这是农民工市民化的基本。三是着力推动农民工逐步实现平等享受城镇基本公共服务和在城镇落户，这是农民工市民化的关键。四是着力促进农民工社会融合，使农民工本人融入企业、子女融入学校、家庭融入社区、群体融入城镇，这是农民工市民化的支撑。

（三）基本原则

一是坚持以人为本、公平对待。推进以人为核心的城镇化，公平保障农民工作为用人单位职工、作为城镇常住人口的权益，帮助农民工解决最关心最直接最现实的利益问题，实现改革发展成果共享。二是坚持统筹兼顾、优化布局。按照区域发展总体战略和国家新型城镇化规划，逐步完善生产力布局和城镇化布局，引导农民工在东中西不同区域、大中小不同城市和小城镇以及城乡之间合理分布。最终期望形成这样一种局面：大部分农业人口有序转移成为二三产业工人和城镇市民，小部分农业人口在农村从事适度规模经营的现代农业、通过新农村建设过上与城镇市民同等水平的生活；转移成为市民的人口根据各地综合承载能力，均衡地分布在东中西不同区域、大中小不同城市和小城镇。三是坚持城乡一体、改革创新。适应推动城乡发展一体化的需要，着力改革城乡二元体制机制，逐步建立完善有利于农民工市民化的基本公共服务、户籍、住房、土地管理、成本分担等制度。四是坚持分类推进、逐步实施。按照自愿、分类、有序的要求，因地制宜、存量优先，尽力而为、量力而行，重点促进长期在城镇居住、有相对稳定工作的农民工有序融入城镇，循序渐进地推进农民工市民化。

三、《意见》提出的政策措施

《意见》围绕有序推进农民工市民化，在总结国发〔2006〕5号文件实施以来各地创造的新鲜经验和行之有效的政策措施基础上，针对当前的突出问题和发展趋势，从四个方面提出了今后一个时期的政策措施。主要有：

（一）着力稳定和扩大农民工就业创业

1. 努力提高农民工职业技能水平。这既是促进农民工稳定就业、提高农民工收入水平、推动农民工市民化的重要基础，也是适应经济结构调整、加快转变经济发展方式的需要。为此，一是要充分发挥人力资源社会保障部门的职业培训主管职能和主体作用，加大农民工职业培训工作力度，实施农民工职业技能提升计划。对农村转移就业劳动者开展就业技能培训，对在岗农民工开展岗位技能提升培训，对具备中级以上职业技能的农民工开展高技能人才培训，将农民工纳入终身职业培训体系。二是要充分发挥扶贫、科技、教育、住房城乡建设等部门在农民工职业培训中的重要作用，制定农民工职业技能培训综合计划，相关部门按分工组织实施，加强农民工职业培训工作的统筹管理。三是要改进农民工职业培训工作。加大培训资金投入，合理确定培训补贴标准，落实职业技能鉴定补贴政策。改进培训补贴方式，重点开展订单式培训、定向培训、企业定岗培训，面向市场确定培训职业（工种），形成培训机构平等竞争、农民工自主参加培训、政府购买服务的机制。

2. 加快发展农村新成长劳动力职业教育。为了从源头上提高农民工职业技能水平，要努力实现未升入普通高中、普通高等院校的农村应届初高中毕业生都能接受职业教育或参加劳动预备制培训。为此，一是要全面落实中等职业教育农村学生免学费政策和家庭经济困难学生资助政策。二是鼓励各地根据需要改扩建符合标准的主要面向农村招生的职业院校、技工院校，支持没有职业院校或技工院校的边远地区各市（地、州、盟）因地制宜建立主要面向农村招生的职业院校或技工院校。三是加强职业教育教师队伍建设，创新办学模式，提高教育质量。四是积极推进学历证书、职业资格证书双证书制度。

3. 完善和落实促进农民工就业创业的政策。针对目前制约农民工就业创业的问题，《意见》提出：一是要进一步清理针对农民工就业的户籍限制等歧视性规定，保障城乡劳动者平等就业权利。二是要完善农民工就业服务。实现就业信息全国联网，方便农民工异地求职；完善城乡均等的公共就业服务体系，有针对性地为农民工提供政策咨询、职业指导、职业介绍等公共就业服务；加强农民工输出输入地劳务对接，输出地可在本地农民工相对集中的输入地设立服务工作站点，输入地应给予支持；组织开展农民工就业服务“春风行动”。三是要开发适合农民工的就业岗位。大力发展服务业特别是家庭服务业和中小微企业；积极支持农产品产地初加工、休闲农业发展；引导有市场、有效益的劳动密集型产业优先向中西部转移，吸纳从东部返乡和就近转移的农民工就业。针对一些地方农民工流动摊贩与城市管理之间存在的矛盾，要建设减免收费的农贸市场和餐饮摊位，满足市民生活需求和促进农民工就业。四是要促进农民工创业。将农民工纳入创业政策扶持范围，运用财政支持、创业投资引导和创业培训、政策性金融服务、小额担保贷款和贴息、生产经营场地和创业孵化基地等扶持政策，促进农民工创业。五是要做好老少边穷地区、牧区、库区、渔区农牧渔民转移就业工作和农民工境外就业服务工作。

（二）着力维护农民工的劳动保障权益

1. 规范使用农民工的劳动用工管理。依法建立用人单位与劳动者之间规范的劳动关系，是维护劳动者权益的首要环节。一些用人单位与农民工的劳动关系不规范，直接影响到农民工的工资支付、社会保险参保缴费、工伤赔偿等劳动保障权益。为此，一是要指导和督促用人单位与农民工依法普遍签订并履行劳动合同，在务工流动性大、季节性强、时间短的农民工中推广简易劳动合同示范文本，对小微企业经营者开展劳动合同法培训。二是要依法规范劳务派遣用工行为。三是要清理建设领域违法发包分包行为。四是要完善适应家政服务特点的劳动用工政策和劳动标准。五是要整合劳动用工备案及就业失业登记、社会保险登记，实现对企业使用农民工的动态管理服务。

2. 保障农民工工资报酬权益。按时足额获得工资报酬并实现工资水平的合理增长，是大多数农民工最关心的权益。为了解决目前仍然存在的拖欠农民工工资的顽疾，并且让农民工能够合理分享发展成果，一是要推行“一卡两金三制”，即推广实名制工资支付银行卡，在建设领域和其他容易发生欠薪的行业推行工资保证金制度，在有条件的市县探索建立健全欠薪应急周转金制度，完善并落实工程总承包企业对所承包工程的农民工工资支付全面负责制度、劳动保障监察执法与刑事司法联动治理恶意欠薪制度、解决欠薪问题地方政府负总责制度。二是要落实农民工与城镇职工同工同酬原则。三是要在经济发展基础上合理调整最低工资标准，推动农民工参与工资集体协商，促进农民工工资水平合理增长。

3. 扩大农民工参加城镇社会保险覆盖面。将农民工依法纳入社会保险覆盖范围，既能应对当前发生工伤、疾病等风险，更能解除年老后的后顾之忧。为了推动用人单位依法为农民工参保缴费，一是要实施“全民参保登记计划”，推进农民工等群体依法全面持续参加社会保险。二是要完善制度。研究完善灵活就业农民工参加基本养老保险政策，灵活就业农民工可以参加当地城镇居民基本医疗保险；完善社会保险关系转移接续政策；推动农民工与城镇职工平等参加失业保险、生育保险并平等享受待遇。三是要依法保障农民工社会保险权益。依法将与用人单位建立稳定劳动关系的农民工纳入城镇职工基本养老保险和基本医疗保险；努力实现用人单位的农民工全部参加工伤保险；着力解决未参保用人单位的农民工工伤保险待遇保障问题；对劳务派遣单位或用工单位侵害被派遣农民工社会保险权益的，依法追究连带责任。

4. 维护农民工的安全生产和职业健康权益。党中央、国务院领导多次强调，发展决不能以牺牲人的生命为代价，这是一条不可逾越的红线；并指出所有企业必须做到安全培训到位。但是，当前农民工伤亡事故和职业病仍然多发，不少农民工安全意识淡薄，既是事故的受害者，也是造成事故的责任者。据统计，工矿商贸企业发生的伤亡事故，80%以上发生在农民工比较集中的中小企业，伤亡人员大多是农民工；每年报告的职业病新发病人员，也有超过半数是农民工。在生产作业场所，保护好农民工生命安全和职业健康，已成为当前维护农民工权益的重点工作之一。为此，一是要加强安全生产培训和职业健康教育。强化高危行业和中小企业一线操作农民工安全生产和职业健康教育培训，将安全生产和职业健康相关知识纳入职业技能教育培训内容。严格执行特殊工种持证上岗制度、安全生产培训与企业安全生产许可证审核相结合制度。二是要对职业病早发现、早诊断、早治疗。督促企业对接触职业病危害的农民工开展职业健康检查、建立监护档案。建立重点职业病监测哨点，完善职业病诊断、鉴定、治疗的法规、标准和机构。三是要加大工伤职业病预防工作力度。重点整治矿山、工程建设等领域农民工工伤多发问题。四是要实施农民工职业病防治和帮扶行动。深入开展粉尘与高毒物品危害治理，保障符合条件的无法追溯用人单位及用人单位无法承担相应责任的农民工职业病患者享受相应的生活和医疗待遇。

5. 畅通农民工维权渠道。维护农民工劳动保障权益需要有效的维权渠道提供保障。为此，一是要加强劳动保障监察执法。全面推进劳动保障监察网格化、网络化管理，加强用人单位用工守法诚信管理，完善劳动保障违法行为排查预警、快速处置机制，健全举报投诉制度，依法查处用人单位侵害农民工权益的违法行为。二是要加强劳动争议调解仲裁。按照“鼓励和解、强化调解、依法仲裁、衔接诉讼”的要求，及时公正处理涉及农民工的劳动争议。畅通农民工劳动争议仲裁“绿色通道”，简化受理立案程序，提高仲裁效率。建立健全涉及农民工的集体劳动争议调处机制。三是要加强法律援助和法律服务。简化法律援助申请受理审查程序，完善异地协作机制，方便农民工异地申请获得法律援助。畅通法律服务热线，加大普法力度，不断提高农民工及用人单位的法治意识和法律素质，引导农民工合法理性维权。四是要加强维权能力建设。大力加强劳动保障监察机构、劳动人事争议仲裁院和基层劳动争议调解组织建设，完善服务设施；健全基层法律援助和法律服务工作网络。

（三）着力推动农民工逐步实现平等享受城镇基本公共服务和在城镇落户

1. 从两方面同步推进农民工逐步平等享有市民权利。农民工市民化的本质含义是农民工能够平等享有以城镇基本公共服务为主要内容的市民权利。为此，一方面要进一步推进户籍制度改革，实施差别化落户政策，促进有条件有意愿、在城镇有稳定就业和住所（含租赁）的农民工及其随迁家属在城镇有序落户并依法平等享受城镇公共服务；另一方面要深化基本公共服务供给制度改革，积极推进城镇基本公共服务由主要对本地户籍人口提供向对常住人口提供转变，努力实现城镇基本公共服务覆盖在城镇未落户但常住的农民工及其随迁家属，使其逐步平等享受市民权利。《国务院关于进一步推进户籍制度改革的意见》（国发〔2014〕25号）对有序推进农民工在城镇落户已经作出了规定，因此《意见》仅提出衔接性的原则要求，同时着重对推动未落户的农民工逐步平等享受城镇基本公共服务提出了要求。

2. 完善农民工享受基本公共服务的相关制度和方式。一是各地区、各有关部门要逐步按照常住人口配置基本公共服务资源，明确农民工及其随迁家属可以享受的基本公共服务项目，并不断提高综合承载能力、扩大项目范围。二是实行居住证制度。农民工及其随迁家属在输入地城镇未落户的，依法申领居住证，持居住证享受规定的基本公共服务。三是推行“一站式”综合服务。在农民工输入相对集中的城市，主要依托社区综合服务设施、劳动就业社会保障服务平台等现有资源，建立农民工综合服务平台，整合各部门公共服务资源，为农民工提供便捷、高效、优质的“一站式”综合服务。

3. 保障农民工随迁子女平等接受教育的权利。随迁子女接受教育问题是农民工的重要关切，解决好这个问题，不仅有益于农民工及其子女，而且有益于常住地城镇提高人口素质、维护社会安全和稳定，有益于国家经济社会发展和全面进步。为了保障农民工随迁子女平等接受教育的权利，一是要保障平等接受义务教育权利。公办义务教育学校要普遍对农民工随迁子女开放，与城镇户籍学生混合编班，统一管理。二是要积极创造条件着力满足农民工随迁子女接受普惠性学前教育的需求。三是要进一步完善和落实好符合条件的农民工随迁子女接受义务教育后在输入地参加中考、高考的政策。四是要做好保障工作。输入地政府要将符合规定条件的农民工随迁子女教育纳入教育发展规划，合理规划学校布局，科学核定公办学校教师编制，加大公办学校教育经费投入；对在公益性民办学校、普惠性民办幼儿园接受义务教育、学前教育的，采取政府购买服务等方式落实支持经费，指导和帮助学校、幼儿园提高教育质量。五是要针对农民工随迁子女因居住条件差、父母文化程度不高等原因而存在的学习和成长中的难题，开展关爱流动儿童活动。

4. 加强农民工医疗卫生和计划生育服务工作。一是要落实农民工获得基本公共卫生服务方面的权利，加强农民工疾病预防控制。继续实施国家免疫规划，保障农民工适龄随迁子女平等享受预防接种服务。加强农民工聚居地的疾病监测、疫情处置和突发公共卫生事件应对，强化农民工健康教育、妇幼健康和精神卫生工作。加强农民工艾滋病、结核病、血吸虫病等重大疾病防治工作，落实“四免一关怀”等相关政策。二是为了缓解农民工“看病难、看病贵”问题，要完善社区卫生计生服务网络，将农民工纳入服务范围。鼓励有条件的地方将符合条件的农民工及其随迁家属纳入当地医疗救助范围。三是要做好农民工计划生育工作。巩固完善流动人口计划生育服务管理全国“一盘棋”工作机制，加强考核评估，落实输入地和输出地责任。开展流动人口卫生计生动态监测和“关怀关爱”活动。

5. 逐步改善农民工居住条件。住有所居是农民工进城就业的基本生活要求，更是转变为市民的基础条件。解决数以亿计农民工的居住问题，需要与城镇户籍人口住房问题统筹考虑，将市场的决定性作用与政府作用相结合，区别各类农民工的不同情况，综合采取多种途径。为此，一是要改变在住房发展规划中只考虑城镇户籍人口的做法，统筹规划城镇常住人口规模和建设用地面积，将解决农民工住房问题纳入住房发展规划。二是要支持多数农民工主要依靠市场解决住房问题。支持增加中小户型普通商品住房供给，规范房屋租赁市场，积极支持符合条件的农民工购买或租赁商品住房，并按规定享受购房契税和印花税等优惠政策。逐步将在城镇稳定就业的农民工纳入住房公积金制度实施范围。三是要完善住房保障制度，将符合条件的农民工纳入住房保障实施范围。加强城中村、棚户区环境整治和综合管理服务，使居住其中的农民工住宿条件得到改善。农民工集中的开发区、产业园区可以按照集约用地的原则，集中建设宿舍型或单元型小户型公共租赁住房，面向用人单位或农民工出租。四是要改善未租购住房的农民工居住条件。允许农民工数量较多的企业在符合规划和规定标准的用地规模范围内，利用企业办公及生活服务设施用地建设农民工集体宿舍，督促和指导建设施工企业改善农民工住宿条件。

6. 保障农民工土地承包经营权、宅基地使用权和集体经济收益分配权。土地承包经营权和宅基地使用权是法律赋予农民工家庭的用益物权，集体经济收益分配权是农民工作为集体经济组织成员应当享受的合法财产权利。《意见》根据党中央、国务院有关决策精神，综合提出了要求。一是要做好农村土地承包经营权和宅基地使用权确权登记颁证工作，切实保护农民工土地权益。二是要建立健全土地承包经营权流转市场，加强流转管理和服务。完善土地承包经营纠纷的调解仲裁体系和调处机制。三是要深化农村集体产权制度改革，探索农村集体经济多种有效实现形式，保障农民工的集体经济组织成员权利。四是要完善相关法律和政策，妥善处理好农民工及其随迁家属进城落户后的土地承包经营权、宅基地使用权、集体经济收益分配权问题。现阶段，不得以退出土地承包经营权、宅基地使用权、集体经济收益分配权作为农民进城落户的条件。

（四）着力促进农民工社会融合

1. 保障农民工依法享有民主政治权利。一是要重视从农民工中发展党员，加强农民工中的党组织建设，健全城乡一体、输入地党组织为主、输出地党组织配合的农民工党员教育管理服务工作制度。二是要积极推荐优秀农民工作为各级党代会、人大、政协的代表、委员，在评选劳动模范、先进工作者和报考公务员等方面与城镇职工同等对待。三是要创造新办法、开辟新渠道，支持农民工在职工代表大会和社区居民委员会、村民委员会等组织中依法行使民主选举、民主决策、民主管理、民主监督的权利。

2. 丰富农民工精神文化生活。一是要发挥政府作用。把农民工纳入城市公共文化服务体系，继续推动图书馆、文化馆、博物馆等公共文化服务设施向农民工同等免费开放。推进“两看一上”（看报纸、看电视、有条件的能上网）活动，引导农民工积极参与全民阅读活动。举办示范性农民工文化活动。二是要发挥社区的作用。在农民工集中居住地规划建设简易实用的文化体育设施。利用社区文化活动室、公园、城市广场等场地，经常性地开展群众文体活动，促进农民工与市民之间交往、交流。三是要发挥社会和企业的作用。鼓励企业开展面向农民工的公益性文化活动，鼓励文化单位、文艺工作者和其他社会力量为农民工提供免费或优惠的文化产品和服务。

3. 加强对农民工的人文关怀。进城就业农民工面临着生产方式和生活方式的双重转变，如果不能尽快建立新的行为规范和生活习惯，将会影响农民工融入企业、融入城镇，对农民工本人的心理健康也会造成冲击。为此，一是要关心农民工工作、生活和思想状况，加强思想政治工作和科普宣传教育，引导农民工树立社会主义核心价值观。开展“人文关怀进企业、进一线”活动。二是要借鉴发达国家和地区的有效做法，通过依托各类学校开设农民工夜校等方式，开展新市民培训，培养诚实劳动、爱岗敬业的作风和文明、健康的生活方式。三是要对有需要的农民工开展心理疏导。

4. 建立健全农村留守儿童、留守妇女和留守老人关爱服务体系。在伴随工业化、城镇化、农业现代化而出现的农业人口大转移潮流中，既涌现出千百万“弄潮儿”，也有部分群体承受着发展的代价，尤其是因青壮年农民工进城就业但将孩子、妻子、父母留守在农村从而出现的“三留守”群体。很多留守儿童面临着学业失教、生活失助、情感失落、心理失衡、安全失保等问题，一些留守妇女、留守老人在生产、生活、情感、安全等方面也面临着困难。能否做好“三留守”群体关爱服务工作，考验着社会的良心、关系着国家的未来。为此，一是要实施“共享蓝天”关爱农村留守儿童行动。完善工作机制、整合资源、增加投入，依托中小学、村民委员会普遍建立关爱服务阵地，做到有场所、有图书、有文体器材、有志愿者服务。继续实施学前教育行动计划，加快发展农村学前教育，着力解决留守儿童入园需求。全面改善贫困地区薄弱学校基本办学条件，加快农村寄宿制学校建设，优先满足留守儿童寄宿需求，落实农村义务教育阶段家庭经济困难寄宿生生活补助政策。实施农村义务教育学生营养改善计划，开展心理关怀等活动，促进学校、家庭、社区有效衔接。二是要关爱留守妇女。加强农村“妇女之家”建设，培育和扶持妇女互助合作组织，帮助留守妇女解决生产、生活困难。三是要关爱留守老人。全面实施城乡居民基本养老保险制度，建立健全农村老年社会福利和社会救助制度，发展适合农村特点的养老服务体系，努力保障留守老人生活。四是要加强社会治安管理，保障留守儿童、留守妇女和留守老人的安全，发挥农村社区综合服务设施关爱留守人员功能。

四、进一步加强对农民工工作的领导

农民工市民化是个历史过程，解决农民工面临的突出问题，涉及多方面，需要全社会形成合力才能有序推进、有效解决。为此，《意见》对加强领导、提供保障、动员各方面力量等提出了要求。

(一) 完善农民工工作协调机制

一是各级人民政府要把农民工工作列入经济社会发展总体规划和政府目标考核内容，建立健全考核评估机制，落实相关责任。二是国务院已成立农民工工作领导小组，办公室设在人力资源社会保障部。领导小组每年要针对重点工作和突出问题进行督察，及时向国务院报告农民工工作情况。县级以上地方人民政府也要成立农民工工作领导小组，加强统筹协调和工作指导。

(二) 加大农民工公共服务等经费投入

在推进农民工逐步平等享有市民权利的过程中，一个主要制约因素是“钱从哪里来”。《意见》提出，一是要深化公共财政制度改革，建立政府、企业、个人共同参与的农民工市民化成本分担机制和财政转移支付同农民工市民化挂钩机制。这是进一步明确各主体的成本分担责任。二是中央和地方财政部门要按照推进基本公共服务均等化的要求，统筹考虑农民工培训就业、社会保障、公共卫生、随迁子女教育、住房保障、公共文化等基本公共服务的资金需求，加大投入力度，为农民工平等享受基本公共服务提供经费保障。三是各级财政部门要将农民工工作经费纳入公共财政预算支出范围。

（三）创新和加强工青妇组织对农民工的服务

工青妇组织在农民工工作中一直发挥着重要作用。下一步，一是要扩大对农民工的覆盖面。积极创新工会组织形式和农民工入会方式，将农民工组织到工会中来。以输入地团组织为主、输出地团组织配合，逐步建立农民工团员服务和管理工作制度，积极从新生代农民工中发展团员。二是要加强服务。各级工会、共青团、妇联组织要切实履行维护农民工权益的职责，通过开展志愿者活动等方式关心关爱农民工及其子女，努力为农民工提供服务。

（四）发挥社会组织服务农民工的积极作用

在为农民工服务工作中，一些社会组织发挥了积极作用。下一步，一是要按照培育发展和管理监督并重的原则，对为农民工服务的社会组织正确引导、给予支持，充分发挥他们为农民工提供服务、反映诉求、协同社会管理、促进社会融合的积极作用。二是要改进对服务农民工的社会组织的管理，完善扶持政策，通过开展业务培训、组织经验交流、政府购买服务等方式，引导和支持其依法开展服务活动。

（五）夯实做好农民工工作的基础性工作

统计调查、理论研究是做好农民工工作的重要基础。2008 年以来，国家统计局以农民工输出地为基础建立了农民工监测调查制度，有关农民工工作的理论研究也广泛开展。下一步，一是要加大投入，建立输入地与输出地相结合、综合统计与部门统计相结合、标准统一、信息共享的农民工统计调查监测体系，做好农民工市民化进程动态监测工作。二是要继续深入开展农民工工作的理论和政策研究，为党和政府相关决策提供依据。

（六）进一步营造关心关爱农民工的社会氛围

一是要坚持正确导向，组织引导新闻媒体运用多种方式，加强政策阐释解读，积极宣传农民工工作的好经验、好做法和农民工中的先进典型，对相关热点问题开展及时有效的舆论引导。二是要对优秀农民工和农民工工作先进集体及个人按规定进行表彰奖励，努力使尊重农民工、公平对待农民工、让农民工共享经济社会发展成果成为全社会的自觉行动。

在党中央、国务院的高度重视和坚强领导下，在全社会的共同努力下，随着我国工业化、信息化、新型城镇化、农业现代化的不断推进，农民工问题将逐步从根本上得到解决。

关于深化国有企业改革的指导意见

（中发〔2015〕22 号）

国有企业属于全民所有，是推进国家现代化、保障人民共同利益的重要力量，是我们党和国家事业发展的重要物质基础和政治基础。改革开放以来，国有企业改革发展不断取得重大进展，总体上已经同市场经济相融合，运行质量和效益明显提升，在国际国内市场竞争中涌现出一批具有核心竞争力的骨干企业，为推动经济社会发展、保障和改善民生、开拓国际市场、增强我国综合实力作出了重大贡献，国有企业经营管理者队伍总体上是好的，广大职工付出了不懈努力，成就是突出的。但也要看到，国有企业仍然存在一些亟待解决的突出矛盾和问题，一些企业市场主体地位尚未真正确立，现代企业制度还不健全，国有资产监管体制有待完善，国有资本运行效率需进一步提高；一些企业管理混乱，内部人控制、利益输送、国有资产流失等问题突出，企业办社会职能和历史遗留问题还未完全解决；一些企业党组织管党治党责任不落实、作用被弱化。面向未来，国有企业面临日益激烈的国际竞争和转型升级的巨大挑战。在推动我国经济保持中高速增长和迈向中高端水平、完善和发展中国特色社会主义制度、实现中华民族伟大复兴中国梦的进程中，国有企业肩负着重大历史使命和责任。要认真贯彻落实党中央、国务院战略决策，按照“四个全面”战略布局的要求，以经济建设为中心，坚持问题导向，继续推进国有企业改革，切实破除体制机制障碍，坚定不移做强做优做大国有企业。为此，提出以下意见。

一、总体要求

（一）指导思想

高举中国特色社会主义伟大旗帜，认真贯彻落实党的十八大和十八届三中、四中全会精神，深入学习贯彻习近平总书记系列重要讲话精神，坚持和完善基本经济制度，坚持社会主义市场经济改革方向，适应市场化、现代化、国际化新形势，以解放和发展社会生产力为标准，以提高国有资本效率、增强国有企业活力为中心，完善产权清晰、权责明确、政企分开、管理科学的现代企业制度，完善国有资产监管体制，防止国有资产流失，全面推进依法治企，加强和改进党对国有企业的领导，做强做优做大国有企业，不断增强国有经济活力、控制力、影响力、抗风险能力，主动适应和引领经济发展新常态，为促进经济社会持续健康发展、实现中华民族伟大复兴中国梦作出积极贡献。

（二）基本原则

——坚持和完善基本经济制度。这是深化国有企业改革必须把握的根本要求。必须毫不动摇巩固和发展公有制经济，毫不动摇鼓励、支持、引导非公有制经济发展。坚持公有制主体地位，发挥国有经济主导作用，积极促进国有资本、集体资本、非公有资本等交叉持股、相互融合，推动各种所有制资本取长补短、相互促进、共同发展。

——坚持社会主义市场经济改革方向。这是深化国有企业改革必须遵循的基本规律。国有企业改革要遵循市场经济规律和企业发展规律，坚持政企分开、政资分开、所有权与经营权分离，坚持权利、义务、责任相统一，坚持激励机制和约束机制相结合，促使国有企业真正成为依法自主经营、自负盈亏、自担风险、自我约束、自我发展的独立市场主体。社会主义市场经济条件下的国有企业，要成为自觉履行社会责任的表率。

——坚持增强活力和强化监管相结合。这是深化国有企业改革必须把握的重要关系。增强活力是搞好国有企业的本质要求，加强监管是搞好国有企业的重要保障，要切实做到两者的有机统一。继续推进简政放权，依法落实企业法人财产权和经营自主权，进一步激发企业活力、创造力和市场竞争力。进一步完善国有企业监管制度，切实防止国有资产流失，确保国有资产保值增值。

——坚持党对国有企业的领导。这是深化国有企业改革必须坚守的政治方向、政治原则。要贯彻全面从严治党方针，充分发挥企业党组织政治核心作用，加强企业领导班子建设，创新基层党建工作，深入开展党风廉政建设，坚持全心全意依靠工人阶级，维护职工合法权益，为国有企业改革发展提供坚强有力的政治保证、组织保证和人才支撑。

——坚持积极稳妥统筹推进。这是深化国有企业改革必须采用的科学方法。要正确处理推进改革和坚持法治的关系，正确处理改革发展稳定关系，正确处理搞好顶层设计和尊重基层首创精神的关系，突出问题导向，坚持分类推进，把握好改革的次序、节奏、力度，确保改革扎实推进、务求实效。

（三）主要目标

到2020年，在国有企业改革重要领域和关键环节取得决定性成果，形成更加符合我国基本经济制度和社会主义市场经济发展要求的国有资产管理体制、现代企业制度、市场化经营机制，国有资本布局结构更趋合理，造就一大批德才兼备、善于经营、充满活力的优秀企业家，培育一大批具有创新能力和国际竞争力的国有骨干企业，国有经济活力、控制力、影响力、抗风险能力明显增强。

——国有企业公司制改革基本完成，发展混合所有制经济取得积极进展，法人治理结构更加健全，优胜劣汰、经营自主灵活、内部管理人员能上能下、员工能进能出、收入能增能减的市场化机制更加完善。

——国有资产监管制度更加成熟，相关法律法规更加健全，监管手段和方式不断优化，监管的科学性、针对性、有效性进一步提高，经营性国有资产实现集中统一监管，国有资产保值增值责任全面落实。

——国有资本配置效率显著提高，国有经济布局结构不断优化、主导作用有效发挥，国有企业在提升自主创新能力、保护资源环境、加快转型升级、履行社会责任中的引领和表率作用充分发挥。

——企业党的建设全面加强，反腐倡廉制度体系、工作体系更加完善，国有企业党组织在公司治理中的法定地位更加巩固，政治核心作用充分发挥。

二、分类推进国有企业改革

（四）划分国有企业不同类别。根据国有资本的战略定位和发展目标，结合不同国有企业在经济社会发展中的作用、现状和发展需要，将国有企业分为商业类和公益类。

通过界定功能、划分类别，实行分类改革、分类发展、分类监管、分类定责、分类考核，提高改革的针对性、监管的有效性、考核评价的科学性，推动国有企业同市场经济深入融合，促进国有企业经济效益和社会效益有机统一。按照谁出资谁分类的原则，由履行出资人职责的机构负责制定所出资企业的功能界定和分类方案，报本级政府批准。各地区可结合实际，划分并动态调整本地区国有企业功能类别。

（五）推进商业类国有企业改革。商业类国有企业按照市场化要求实行商业化运作，以增强国有经济活力、放大国有资本功能、实现国有资产保值增值为主要目标，依法独立自主开展生产经营活动，实现优胜劣汰、有序进退。

主业处于充分竞争行业和领域的商业类国有企业，原则上都要实行公司制股份制改革，积极引入其他国有资本或各类非国有资本实现股权多元化，国有资本可以绝对控股、相对控股，也可以参股，并着力推进整体上市。对这些国有企业，重点考核经营业绩指标、国有资产保值增值和市场竞争能力。

主业处于关系国家安全、国民经济命脉的重要行业和关键领域、主要承担重大专项任务的商业类国有企业，要保持国有资本控股地位，支持非国有资本参股。对自然垄断行业，实行以政企分开、政资分开、特许经营、政府监管为主要内容的改革，根据不同行业特点实行网运分开、放开竞争性业务，促进公共资源配置市场化；对需要实行国有全资的企业，也要积极引入其他国有资本实行股权多元化；对特殊业务和竞争性业务实行业务板块有效分离，独立运作、独立核算。对这些国有企业，在考核经营业绩指标和国有资产保值增值情况的同时，加强对服务国家战略、保障国家安全和国民经济运行、发展前瞻性战略性产业以及完成特殊任务的考核。

（六）推进公益类国有企业改革。公益类国有企业以保障民生、服务社会、提供公共产品和服务为主要目标，引入市场机制，提高公共服务效率和能力。这类企业可以采取国有独资形式，具备条件的也可以推行投资主体多元化，还可以通过购买服务、特许经营、委托代理等方式，鼓励非国有企业参与经营。对公益类国有企业，重点考核成本控制、产品服务质量、营运效率和保障能力，根据企业不同特点有区别地考核经营业绩指标和国有资产保值增值情况，考核中要引入社会评价。

三、完善现代企业制度

（七）推进公司制股份制改革。加大集团层面公司制改革力度，积极引入各类投资者实现股权多元化，大力推动国有企业改制上市，创造条件实现集团公司整体上市。根据不同企业的功能定位，逐步调整国有股权比例，形成股权结构多元、股东行为规范、内部约束有效、运行高效灵活的经营机制。允许将部分国有资本转化为优先股，在少数特定领域探索建立国家特殊管理股制度。

（八）健全公司法人治理结构。重点是推进董事会建设，建立健全权责对等、运转协调、有效制衡的决策执行监督机制，规范董事长、总经理行权行为，充分发挥董事会的决策作用、监事会的监督作用、经理层的经营管理作用、党组织的政治核心作用，切实解决一些企业董事会形同虚设、“一把手”说了算的问题，实现规范的公司治理。要切实落实和维护董事会依法行使重大决策、选人用人、薪酬分配等权利，保障经理层经营自主权，法无授权任何政府部门和机构不得干预。加强董事会内部的制衡约束，国有独资、全资公司的董事会和监事会均应有职工代表，董事会外部董事应占多数，落实一人一票表决制度，董事对董事会决议承担责任。改进董事会和董事评价办法，强化对董事的考核评价和管理，对重大决策失误负有直接责任的要及时调整或解聘，并依法追究责任。进一步加强外部董事队伍建设，拓宽来源渠道。

（九）建立国有企业领导人员分类分层管理制度。坚持党管干部原则与董事会依法产生、董事会依法选择经营管理者、经营管理者依法行使用人权相结合，不断创新有效实现形式。上级党组织和国有资产监管机构按照管理权限加强对国有企业领导人员的管理，广开推荐渠道，依规考察提名，严格履行选用程序。根据不同企业类别和层级，实行选任制、委任制、聘任制等不同选人用人方式。推行职业经理人制度，实行内部培养和外部引进相结合，畅通现有经营管理者与职业经理人身份转换通道，董事会按市场化方式选聘和管理职业经理人，合理增加市场化选聘比例，加快建立退出机制。推行企业经理层成员任期制和契约化管理，明确责任、权利、义务，严格任期管理和目标考核。

（十）实行与社会主义市场经济相适应的企业薪酬分配制度。企业内部的薪酬分配权是企业的法定权利，由企业依法依规自主决定，完善既有激励又有约束、既讲效率又讲公平、既符合企业一般规律又体现国有企业特点的分配机制。建立健全与劳动力市场基本适应、与企业经济效益和劳动生产率挂钩的工资决定和正常增长机制。推进全员绩效考核，以业绩为导向，科学评价不同岗位员工的贡献，合理拉开收入分配差距，切实做到收入能增能减和奖惩分明，充分调动广大职工积极性。对国有企业领导人员实行与选任方式相匹配、与企业功能性质相适应、与经营业绩相挂钩的差异化薪酬分配办法。对党中央、国务院和地方党委、政府及其部门任命的国有企业领导人员，合理确定基本年薪、绩效年薪和任期激励收入。对市场化选聘的职业经理人实行市场化薪酬分配机制，可以采取多种方式探索完善中长期激励机制。健全与激励机制相对称的经济责任审计、信息披露、延期支付、追索扣回等约束机制。严格规范履职待遇、业务支出，严禁将公款用于个人支出。

（十一）深化企业内部用人制度改革。建立健全企业各类管理人员公开招聘、竞争上岗等制度，对特殊管理人员可以通过委托人才中介机构推荐等方式，拓宽选人用人视野和渠道。建立分级分类的企业员工市场化公开招聘制度，切实做到信息公开、过程公开、结果公开。构建和谐劳动关系，依法规范企业各类用工管理，建立健全以合同管理为核心、以岗位管理为基础的市场化用工制度，真正形成企业各类管理人员能上能下、员工能进能出的合理流动机制。

四、完善国有资产管理体制

（十二）以管资本为主推进国有资产监管机构职能转变。国有资产监管机构要准确把握依法履行出资人职责的定位，科学界定国有资产出资人监管的边界，建立监管权力清单和责任清单，实现以管企业为主向以管资本为主的转变。该管的要科学管理、决不缺位，重点管好国有资本布局、规范资本运作、提高资本回报、维护资本安全；不该管的要依法放权、决不越位，将依法应由企业自主经营决策的事项归位于企业，将延伸到子企业的管理事项原则上归位于一级企业，将配合承担的公共管理职能归位于相关政府部门和单位。大力推进依法监管，着力创新监管方式和手段，改变行政化管理方式，改进考核体系和办法，提高监管的科学性、有效性。

（十三）以管资本为主改革国有资本授权经营体制。改组组建国有资本投资、运营公司，探索有效的运营模式，通过开展投资融资、产业培育、资本整合，推动产业集聚和转型升级，优化国有资本布局结构；通过股权运作、价值管理、有序进退，促进国有资本合理流动，实现保值增值。科学界定国有资本所有权和经营权的边界，国有资产监管机构依法对国有资本投资、运营公司和其他直接监管的企业履行出资人职责，并授权国有资本投资、运营公司对授权范围内的国有资本履行出资人职责。国有资本投资、运营公司作为国有资本市场化运作的专业平台，依法自主开展国有资本运作，对所出资企业行使股东职责，按照责权对应原则切实承担起国有资产保值增值责任。开展政府直接授权国有资本投资、运营公司履行出资人职责的试点。

（十四）以管资本为主推动国有资本合理流动优化配置。坚持以市场为导向、以企业为主体，有进有退、有所为有所不为，优化国有资本布局结构，增强国有经济整体功能和效率。紧紧围绕服务国家战略，落实国家产业政策和重点产业布局调整总体要求，优化国有资本重点投资方向和领域，推动国有资本向关系国家安全、国民经济命脉和国计民生的重要行业和关键领域、重点基础设施集中，向前瞻性战略性产业集中，向具有核心竞争力的优势企业集中。发挥国有资本投资、运营公司的作用，清理退出一批、重组整合一批、创新发展一批国有企业。建立健全优胜劣汰市场化退出机制，充分发挥失业救济和再就业培训等的作用，解决好职工安置问题，切实保障退出企业依法实现关闭或破产，加快处置低效无效资产，淘汰落后产能。支持企业依法合规通过证券交易、产权交易等资本市场，以市场公允价格处置企业资产，实现国有资本形态转换，变现的国有资本用于更需要的领域和行业。推动国有企业加快管理创新、商业模式创新，合理限定法人层级，有效压缩管理层级。发挥国有企业在实施创新驱动发展战略和制造强国战略中的骨干和表率作用，强化企业在技术创新中的主体地位，重视培养科研人才和高技能人才。支持国有企业开展国际化经营，鼓励国有企业之间以及与其他所有制企业以资本为纽带，强强联合、优势互补，加快培育一批具有世界一流水平的跨国公司。

（十五）以管资本为主推进经营性国有资产集中统一监管。稳步将党政机关、事业单位所属企业的国有资本纳入经营性国有资产集中统一监管体系，具备条件的进入国有资本投资、运营公司。加强国有资产基础管理，按照统一制度规范、统一工作体系的原则，抓紧制定企业国有资产基础管理条例。建立覆盖全部国有企业、分级管理的国有资本经营预算管理制度，提高国有资本收益上缴公共财政比例，2020 年提高到 30%，更多用于保障和改善民生。划转部分国有资本充实社会保障基金。

五、发展混合所有制经济

（十六）推进国有企业混合所有制改革。以促进国有企业转换经营机制，放大国有资本功能，提高国有资本配置和运行效率，实现各种所有制资本取长补短、相互促进、共同发展为目标，稳妥推动国有企业发展混合所有制经济。对通过实行股份制、上市等途径已经实行混合所有制的国有企业，要着力在完善现代企业制度、提高资本运行效率上下功夫；对于适宜继续推进混合所有制改革的国有企业，要充分发挥市场机制作用，坚持因地施策、因业施策、因企施策，宜独则独、宜控则控、宜参则参，不搞拉郎配，不搞全覆盖，不设时间表，成熟一个推进一个。改革要依法依规、严格程序、公开公正，切实保护混合所有制企业各类出资人的产权权益，杜绝国有资产流失。

（十七）引入非国有资本参与国有企业改革。鼓励非国有资本投资主体通过出资入股、收购股权、认购可转债、股权置换等多种方式，参与国有企业改制重组或国有控股上市公司增资扩股以及企业经营管理。实行同股同权，切实维护各类股东合法权益。在石油、天然气、电力、铁路、电信、资源开发、公用事业等领域，向非国有资本推出符合产业政策、有利于转型升级的项目。依照外商投资产业指导目录和相关安全审查规定，完善外资安全审查工作机制。开展多类型政府和社会资本合作试点，逐步推广政府和社会资本合作模式。

（十八）鼓励国有资本以多种方式入股非国有企业。充分发挥国有资本投资、运营公司的资本运作平台作用，通过市场化方式，以公共服务、高新技术、生态环保、战略性产业为重点领域，对发展潜力大、成长性强的非国有企业进行股权投资。鼓励国有企业通过投资入股、联合投资、重组等多种方式，与非国有企业进行股权融合、战略合作、资源整合。

（十九）探索实行混合所有制企业员工持股。坚持试点先行，在取得经验基础上稳妥有序推进，通过实行员工持股建立激励约束长效机制。优先支持人才资本和技术要素贡献占比较高的转制科研院所、高新技术企业、科技服务型企业开展员工持股试点，支持对企业经营业绩和持续发展有直接或较大影响的科研人员、经营管理人员和业务骨干等持股。员工持股主要采取增资扩股、出资新设等方式。完善相关政策，健全审核程序，规范操作流程，严格资产评估，建立健全股权流转和退出机制，确保员工持股公开透明，严禁暗箱操作，防止利益输送。

六、强化监督防止国有资产流失

（二十）强化企业内部监督。完善企业内部监督体系，明确监事会、审计、纪检监察、巡视以及法律、财务等部门的监督职责，完善监督制度，增强制度执行力。强化对权力集中、资金密集、资源富集、资产聚集的部门和岗位的监督，实行分事行权、分岗设权、分级授权，定期轮岗，强化内部流程控制，防止权力滥用。建立审计部门向董事会负责的工作机制。落实企业内部监事会对董事、经理和其他高级管理人员的监督。进一步发挥企业总法律顾问在经营管理中的法律审核把关作用，推进企业依法经营、合规管理。集团公司要依法依规、尽职尽责加强对子企业的管理和监督。大力推进厂务公开，健全以职工代表大会为基本形式的企业民主管理制度，加强企业职工民主监督。

（二十一）建立健全高效协同的外部监督机制。强化出资人监督，加快国有企业行为规范法律法规制度建设，加强对企业关键业务、改革重点领域、国有资本运营重要环节以及境外国有资产的监督，规范操作流程，强化专业检查，开展总会计师由履行出资人职责机构委派的试点。加强和改进外派监事会制度，明确职责定位，强化与有关专业监督机构的协作，加强当期和事中监督，强化监督成果运用，建立健全核查、移交和整改机制。健全国有资本审计监督体系和制度，实行企业国有资产审计监督全覆盖，建立对企业国有资本的经常性审计制度。加强纪检监察监督和巡视工作，强化对企业领导人员廉洁从业、行使权力等的监督，加大大案要案查处力度，狠抓对存在问题的整改落实。整合出资人监管、外派监事会监督和审计、纪检监察、巡视等监督力量，建立监督工作会商机制，加强统筹，创新方式，共享资源，减少重复检查，提高监督效能。建立健全监督意见反馈整改机制，形成监督工作的闭环。

（二十二）实施信息公开加强社会监督。完善国有资产和国有企业信息公开制度，设立统一的信息公开网络平台，依法依规、及时准确披露国有资本整体运营和监管、国有企业公司治理以及管理架构、经营情况、财务状况、关联交易、企业负责人薪酬等信息，建设阳光国企。认真处理人民群众关于国有资产流失等问题的来信、来访和检举，及时回应社会关切。充分发挥媒体舆论监督作用，有效保障社会公众对企业国有资产运营的知情权和监督权。

（二十三）严格责任追究。建立健全国有企业重大决策失误和失职、渎职责任追究倒查机制，建立和完善重大决策评估、决策事项履职记录、决策过错认定标准等配套制度，严厉查处侵吞、贪污、输送、挥霍国有资产和逃废金融债务的行为。建立健全企业国有资产的监督问责机制，对企业重大违法违纪问题敷衍不追、隐匿不报、查处不力的，严格追究有关人员失职渎职责任，视不同情形给予纪律处分或行政处分，构成犯罪的，由司法机关依法追究刑事责任。

七、加强和改进党对国有企业的领导

（二十四）充分发挥国有企业党组织政治核心作用。把加强党的领导和完善公司治理统一起来，将党建工作总体要求纳入国有企业章程，明确国有企业党组织在公司法人治理结构中的法定地位，创新国有企业党组织发挥政治核心作用的途径和方式。在国有企业改革中坚持党的建设同步谋划、党的组织及工作机构同步设置、党组织负责人及党务工作人员同步配备、党的工作同步开展，保证党组织工作机构健全、党务工作者队伍稳定、党组织和党员作用得到有效发挥。坚持和完善双向进入、交叉任职的领导体制，符合条件的党组织领导班子成员可以通过法定程序进入董事会、监事会、经理层，董事会、监事会、经理层成员中符合条件的党员可以依照有关规定和程序进入党组织领导班子；经理层成员与党组织领导班子成员适度交叉任职；董事长、总经理原则上分设，党组织书记、董事长一般由一人担任。

国有企业党组织要切实承担好、落实好从严管党治党责任。坚持从严治党、思想建党、制度治党，增强管党治党意识，建立健全党建工作责任制，聚精会神抓好党建工作，做到守土有责、守土负责、守土尽责。党组织书记要切实履行党建工作第一责任人职责，党组织班子其他成员要切实履行“一岗双责”，结合业务分工抓好党建工作。中央企业党组织书记同时担任企业其他主要领导职务的，应当设立1名专职抓企业党建工作的副书记。加强国有企业基层党组织建设和党员队伍建设，强化国有企业基层党建工作的基础保障，充分发挥基层党组织战斗堡垒作用、共产党员先锋模范作用。加强企业党组织对群众工作的领导，发挥好工会、共青团等群团组织的作用，深入细致做好职工群众的思想政治工作。把建立党的组织、开展党的工作，作为国有企业推进混合所有制改革的必要前提，根据不同类型混合所有制企业特点，科学确定党组织的设置方式、职责定位、管理模式。

（二十五）进一步加强国有企业领导班子建设和人才队伍建设。根据企业改革发展需要，明确选人用人标准和程序，创新选人用人方式。强化党组织在企业领导人员选拔任用、培养教育、管理监督中的责任，支持董事会依法选择经营管理者、经营管理者依法行使用人权，坚决防止和整治选人用人中的不正之风。加强对国有企业领导人员尤其是主要领导人员的日常监督管理和综合考核评价，及时调整不胜任、不称职的领导人员，切实解决企业领导人员能上不能下的问题。以强化忠诚意识、拓展世界眼光、提高战略思维、增强创新精神、锻造优秀品行为重点，加强企业家队伍建设，充分发挥企业家作用。大力实施人才强企战略，加快建立健全国有企业集聚人才的体制机制。

（二十六）切实落实国有企业反腐倡廉“两个责任”。国有企业党组织要切实履行好主体责任，纪检机构要履行好监督责任。加强党性教育、法治教育、警示教育，引导国有企业领导人员坚定理想信念，自觉践行“三严三实”要求，正确履职行权。建立切实可行的责任追究制度，与企业考核等挂钩，实行“一案双查”。推动国有企业纪律检查工作双重领导体制具体化、程序化、制度化，强化上级纪委对下级纪委的领导。加强和改进国有企业巡视工作，强化对权力运行的监督和制约。坚持运用法治思维和法治方式反腐败，完善反腐倡廉制度体系，严格落实反“四风”规定，努力构筑企业领导人员不敢腐、不能腐、不想腐的有效机制。

八、为国有企业改革创造良好环境条件

（二十七）完善相关法律法规和配套政策。加强国有企业相关法律法规立改废释工作，确保重大改革于法有据。切实转变政府职能，减少审批、优化制度、简化手续、提高效率。完善公共服务体系，推进政府购买服务，加快建立稳定可靠、补偿合理、公开透明的企业公共服务支出补偿机制。完善和落实国有企业重组整合涉及的资产评估增值、土地变更登记和国有资产无偿划转等方面税收优惠政策。完善国有企业退出的相关政策，依法妥善处理劳动关系调整、社会保险关系接续等问题。

（二十八）加快剥离企业办社会职能和解决历史遗留问题。完善相关政策，建立政府和国有企业合理分担成本的机制，多渠道筹措资金，采取分离移交、重组改制、关闭撤销等方式，剥离国有企业职工家属区“三供一业”和所办医院、学校、社区等公共服务机构，继续推进厂办大集体改革，对国有企业退休人员实施社会化管理，妥善解决国有企业历史遗留问题，为国有企业公平参与市场竞争创造条件。

（二十九）形成鼓励改革创新的氛围。坚持解放思想、实事求是，鼓励探索、实践、创新。全面准确评价国有企业，大力宣传中央关于全面深化国有企业改革的方针政策，宣传改革的典型案例和经验，营造有利于国有企业改革的良好舆论环境。

（三十）加强对国有企业改革的组织领导。各级党委和政府要统一思想，以高度的政治责任感和历史使命感，切实履行对深化国有企业改革的领导责任。要根据本指导意见，结合实际制定实施意见，加强统筹协调、明确责任分工、细化目标任务、强化督促落实，确保深化国有企业改革顺利推进，取得实效。金融、文化等国有企业的改革，中央另有规定的依其规定执行。

中共中央
国　务　院
2015 年 8 月 24 日

关于进一步做好新形势下就业创业工作的意见

（国发〔2015〕23 号）

各省、自治区、直辖市人民政府，国务院各部委、各直属机构：

就业事关经济发展和民生改善大局。党中央、国务院高度重视，坚持把稳定和扩大就业作为宏观调控的重要目标，大力实施就业优先战略，积极深化行政审批制度和商事制度改革，推动大众创业、万众创新，创业带动就业倍增效应进一步释放，就业局势总体稳定。但也要看到，随着我国经济发展进入新常态，就业总量压力依然存在，结构性矛盾更加凸显。大众创业、万众创新是富民之道、强国之举，有利于产业、企业、分配等多方面结构优化。面对就业压力加大形势，必须着力培育大众创业、万众创新的新引擎，实施更加积极的就业政策，把创业和就业结合起来，以创业创新带动就业，催生经济社会发展新动力，为促进民生改善、经济结构调整和社会和谐稳定提供新动能。现就进一步做好就业创业工作提出以下意见：

一、深入实施就业优先战略

（一）坚持扩大就业发展战略。把稳定和扩大就业作为经济运行合理区间的下限，将城镇新增就业、调查失业率作为宏观调控重要指标，纳入国民经济和社会发展规划及年度计划。合理确定经济增长速度和发展模式，科学把握宏观调控的方向和力度，以稳增长促就业，以鼓励创业就业带动经济增长。加强财税、金融、产业、贸易等经济政策与就业政策的配套衔接，建立宏观经济政策对就业影响评价机制。建立公共投资和重大项目建设带动就业评估机制，同等条件下对创造就业岗位多、岗位质量好的项目优先安排。

（二）发展吸纳就业能力强的产业。创新服务业发展模式和业态，支持发展商业特许经营、连锁经营，大力发展金融租赁、节能环保、电子商务、现代物流等生产性服务业和旅游休闲、健康养老、家庭服务、社会工作、文化体育等生活性服务业，打造新的经济增长点，提高服务业就业比重。加快创新驱动发展，推进产业转型升级，培育战略性新兴产业和先进制造业，提高劳动密集型产业附加值；结合实施区域发展总体战略，引导具有成本优势的资源加工型、劳动密集型产业和具有市场需求的资本密集型、技术密集型产业向中西部地区转移，挖掘第二产业就业潜力。推进农业现代化，加快转变农业发展方式，培养新型职业农民，鼓励有文化、有技术、有市场经济观念的各类城乡劳动者根据市场需求到农村就业创业。

（三）发挥小微企业就业主渠道作用。引导银行业金融机构针对小微企业经营特点和融资需求特征，创新产品和服务。发展政府支持的融资性担保机构和再担保机构，完善风险分担机制，为小微企业提供融资支持。落实支持小微企业发展的税收政策，加强市场监管执法和知识产权保护，对小微企业亟需获得授权的核心专利申请优先审查。发挥新型载体聚集发展的优势，引入竞争机制，开展小微企业创业创新基地城市示范，中央财政给予综合奖励。创新政府采购支持方式，消除中小企业享受相关优惠政策面临的条件认定、企业资质等不合理限制门槛。指导企业改善用工管理，对小微企业新招用劳动者，符合相关条件的，按规定给予就业创业支持，不断提高小微企业带动就业能力。

（四）积极预防和有效调控失业风险。落实调整失业保险费率政策，减轻企业和个人负担，稳定就业岗位。将失业保险基金支持企业稳岗政策实施范围由兼并重组企业、化解产能过剩企业、淘汰落后产能企业等三类企业扩大到所有符合条件的企业。生产经营困难企业可通过与职工进行集体协商，采取在岗培训、轮班工作、弹性工时、协商薪酬等办法不裁员或少裁员。对确实要裁员的，应制定人员安置方案，实施专项就业帮扶行动，妥善处理劳动关系和社会保险接续，促进失业人员尽快再就业。淘汰落后产能奖励资金、依据兼并重组政策规定支付给企业的土地补偿费要优先用于职工安置。完善失业监测预警机制，建立应对失业风险的就业应急预案。

二、积极推进创业带动就业

（五）营造宽松便捷的准入环境。深化商事制度改革，进一步落实注册资本登记制度改革，坚决推行工商营业执照、组织机构代码证、税务登记证“三证合一”，年内出台推进“三证合一”登记制度改革意见和统一社会信用代码方案，实现“一照一码”。继续优化登记方式，放松经营范围登记管制，支持各地结合实际放宽新注册企业场所登记条件限制，推动“一址多照”、集群注册等住所登记改革，分行业、分业态释放住所资源。运用大数据加强对市场主体的服务和监管。依托企业信用信息公示系统，实现政策集中公示、扶持申请导航、享受扶持信息公示。建立小微企业目录，对小微企业发展状况开展抽样统计。推动修订与商事制度改革不衔接、不配套的法律、法规和政策性文件。全面完成清理非行政许可审批事项，再取消下放一批制约经济发展、束缚企业活力等含金量高的行政许可事项，全面清理中央设定、地方实施的行政审批事项，大幅减少投资项目前置审批。对保留的审批事项，规范审批行为，明确标准，缩短流程，限时办结，推广“一个窗口”受理、网上并联审批等方式。

（六）培育创业创新公共平台。抓住新技术革命和产业变革的重要机遇，适应创业创新主体大众化趋势，大力发展技术转移转化、科技金融、认证认可、检验检测等科技服务业，总结推广创客空间、创业咖啡、创新工场等新型孵化模式，加快发展市场化、专业化、集成化、网络化的众创空间，实现创新与创业、线上与线下、孵化与投资相结合，为创业者提供低成本、便利化、全要素、开放式的综合服务平台和发展空间。落实科技企业孵化器、大学科技园的税收优惠政策，对符合条件的众创空间等新型孵化机构适用科技企业孵化器税收优惠政策。有条件的地方可对众创空间的房租、宽带网络、公共软件等给予适当补贴，或通过盘活商业用房、闲置厂房等资源提供成本较低的场所。可在符合土地利用总体规划和城乡规划前提下，或利用原有经批准的各类园区，建设创业基地，为创业者提供服务，打造一批创业示范基地。鼓励企业由传统的管控型组织转型为新型创业平台，让员工成为平台上的创业者，形成市场主导、风投参与、企业孵化的创业生态系统。

（七）拓宽创业投融资渠道。运用财税政策，支持风险投资、创业投资、天使投资等发展。运用市场机制，引导社会资金和金融资本支持创业活动，壮大创业投资规模。按照政府引导、市场化运作、专业化管理的原则，加快设立国家中小企业发展基金和国家新兴产业创业投资引导基金，带动社会资本共同加大对中小企业创业创新的投入，促进初创期科技型中小企业成长，支持新兴产业领域早中期、初创期企业发展。鼓励地方设立创业投资引导等基金。发挥多层次资本市场作用，加快创业板等资本市场改革，强化全国中小企业股份转让系统融资、交易等功能，规范发展服务小微企业的区域性股权市场。开展股权众筹融资试点，推动多渠道股权融资，积极探索和规范发展互联网金融，发展新型金融机构和融资服务机构，促进大众创业。

（八）支持创业担保贷款发展。将小额担保贷款调整为创业担保贷款，针对有创业要求、具备一定创业条件但缺乏创业资金的就业重点群体和困难人员，提高其金融服务可获得性，明确支持对象、标准和条件，贷款最高额度由针对不同群体的 5 万元、8 万元、10 万元不等统一调整为 10 万元。鼓励金融机构参照贷款基础利率，结合风险分担情况，合理确定贷款利率水平，对个人发放的创业担保贷款，在贷款基础利率基础上上浮 3 个百分点以内的，由财政给予贴息。简化程序，细化措施，健全贷款发放考核办法和财政贴息资金规范管理约束机制，提高代偿效率，完善担保基金呆坏账核销办法。

（九）加大减税降费力度。实施更加积极的促进就业创业税收优惠政策，将企业吸纳就业税收优惠的人员范围由失业一年以上人员调整为失业半年以上人员。高校毕业生、登记失业人员等重点群体创办个体工商户、个人独资企业的，可依法享受税收减免政策。抓紧推广中关村国家自主创新示范区税收试点政策，将职工教育经费税前扣除试点政策、企业转增股本分期缴纳个人所得税试点政策、股权奖励分期缴纳个人所得税试点政策推广至全国范围。全面清理涉企行政事业性收费、政府性基金、具有强制垄断性的经营服务性收费、行业协会商会涉企收费，落实涉企收费清单管理制度和创业负担举报反馈机制。

（十）调动科研人员创业积极性。探索高校、科研院所等事业单位专业技术人员在职创业、离岗创业有关政策。对于离岗创业的，经原单位同意，可在 3 年内保留人事关系，与原单位其他在岗人员同等享有参加职称评聘、岗位等级晋升和社会保险等方面的权利。原单位应当根据专业技术人员创业的实际情况，与其签订或变更聘用合同，明确权利义务。加快推进中央级事业单位科技成果使用、处置和收益管理改革试点政策推广。鼓励利用财政性资金设立的科研机构、普通高校、职业院校，通过合作实施、转让、许可和投资等方式，向高校毕业生创设的小微企业优先转移科技成果。完善科技人员创业股权激励政策，放宽股权奖励、股权出售的企业设立年限和盈利水平限制。

（十一）鼓励农村劳动力创业。支持农民工返乡创业，发展农民合作社、家庭农场等新型农业经营主体，落实定向减税和普遍性降费政策。依托现有各类园区等存量资源，整合创建一批农民工返乡创业园，强化财政扶持和金融服务。将农民创业与发展县域经济结合起来，大力发展农产品加工、休闲农业、乡村旅游、农村服务业等劳动密集型产业项目，促进农村一二三产业融合。依托基层就业和社会保障服务设施等公共平台，提供创业指导和服务。鼓励各类企业和社会机构利用现有资源，搭建一批农业创业创新示范基地和见习基地，培训一批农民创业创新辅导员。支持农民网上创业，大力发展“互联网+”和电子商务，积极组织创新创业农民与企业、小康村、市场和园区对接，推进农村青年创业富民行动。

（十二）营造大众创业良好氛围。支持举办创业训练营、创业创新大赛、创新成果和创业项目展示推介等活动，搭建创业者交流平台，培育创业文化，营造鼓励创业、宽容失败的良好社会氛围，让大众创业、万众创新蔚然成风。对劳动者创办社会组织、从事网络创业符合条件的，给予相应创业扶持政策。推进创业型城市创建，对政策落实好、创业环境优、工作成效显著的，按规定予以表彰。

三、统筹推进高校毕业生等重点群体就业

（十三）鼓励高校毕业生多渠道就业。把高校毕业生就业摆在就业工作首位。完善工资待遇进一步向基层倾斜的办法，健全高校毕业生到基层工作的服务保障机制，鼓励毕业生到乡镇特别是困难乡镇机关事业单位工作。对高校毕业生到中西部地区、艰苦边远地区和老工业基地县以下基层单位就业、履行一定服务期限的，按规定给予学费补偿和国家助学贷款代偿。结合政府购买服务工作的推进，在基层特别是街道（乡镇）、社区（村）购买一批公共管理和社会服务岗位，优先用于吸纳高校毕业生就业。对小微企业新招用毕业年度高校毕业生，签订1年以上劳动合同并缴纳社会保险费的，给予1年社会保险补贴。落实完善见习补贴政策，对见习期满留用率达到50%以上的见习单位，适当提高见习补贴标准。将求职补贴调整为求职创业补贴，对象范围扩展到已获得国家助学贷款的毕业年度高校毕业生。深入实施大学生创业引领计划、离校未就业高校毕业生就业促进计划，整合发展高校毕业生就业创业基金，完善管理体制和市场化运行机制，实现基金滚动使用，为高校毕业生就业创业提供支持。积极支持和鼓励高校毕业生投身现代农业建设。对高校毕业生申报从事灵活就业的，按规定纳入各项社会保险，各级公共就业人才服务机构要提供人事、劳动保障代理服务。技师学院高级工班、预备技师班和特殊教育院校职业教育类毕业生可参照高校毕业生享受相关就业补贴政策。

（十四）加强对困难人员的就业援助。合理确定就业困难人员范围，规范认定程序，加强实名制动态管理和分类帮扶。坚持市场导向，鼓励其到企业就业、自主创业或灵活就业。对用人单位招用就业困难人员，签订劳动合同并缴纳社会保险费的，在一定期限内给予社会保险补贴。对就业困难人员灵活就业并缴纳社会保险费的，给予一定比例的社会保险补贴。对通过市场渠道确实难以实现就业的，可通过公益性岗位予以托底安置，并给予社会保险补贴及适当岗位补贴。社会保险补贴和岗位补贴期限最长不超过3年，对初次核定享受补贴政策时距退休年龄不足5年的人员，可延长至退休。规范公益性岗位开发和管理，科学设定公益性岗位总量，适度控制岗位规模，制定岗位申报评估办法，严格按照法律规定安排就业困难人员，不得用于安排非就业困难人员。加强对就业困难人员在岗情况的管理和工作考核，建立定期核查机制，完善就业困难人员享受扶持政策期满退出办法，做好退出后的政策衔接和就业服务。依法大力推进残疾人按比例就业，加大对用人单位安置残疾人的补贴和奖励力度，建立用人单位按比例安排残疾人就业公示制度。加快完善残疾人集中就业单位扶持政策，

推进残疾人辅助性就业和灵活就业。加大对困难人员就业援助力度，确保零就业家庭、最低生活保障家庭等困难家庭至少有一人就业。对就业困难人员较集中的地区，上级政府要强化帮扶责任，加大产业、项目、资金、人才等支持力度。

（十五）推进农村劳动力转移就业。结合新型城镇化建设和户籍制度改革，建立健全城乡劳动者平等就业制度，进一步清理针对农民工就业的歧视性规定。完善职业培训、就业服务、劳动维权“三位一体”的工作机制，加强农民工输出输入地劳务对接，特别是对劳动力资源较为丰富的老少边穷地区，充分发挥各类公共就业服务机构和人力资源服务机构作用，积极开展有组织的劳务输出，加强对转移就业农民工的跟踪服务，有针对性地帮助其解决实际困难，推进农村富余劳动力有序外出就业和就地就近转移就业。做好被征地农民就业工作，在制定征地补偿安置方案时，要明确促进被征地农民就业的具体措施。

（十六）促进退役军人就业。扶持自主择业军转干部、自主就业退役士兵就业创业，落实各项优惠政策，组织实施教育培训，加强就业指导和服务，搭建就业创业服务平台。对符合政府安排工作条件的退役士官、义务兵，要确保岗位落实，细化完善公务员招录和事业单位招聘时同等条件优先录用（聘用），以及国有、国有控股和国有资本占主导地位企业按比例预留岗位择优招录的措施。退役士兵报考公务员、应聘事业单位职位的，在军队服现役经历视为基层工作经历，服现役年限计算为工作年限。调整完善促进军转干部及随军家属就业税收政策。

四、加强就业创业服务和职业培训

（十七）强化公共就业创业服务。健全覆盖城乡的公共就业创业服务体系，提高服务均等化、标准化和专业化水平。完善公共就业服务体系的创业服务功能，充分发挥公共就业服务、中小企业服务、高校毕业生就业指导等机构的作用，为创业者提供项目开发、开业指导、融资服务、跟踪扶持等服务，创新服务内容和方式。健全公共就业创业服务经费保障机制，切实将县级以上公共就业创业服务机构和县级以下（不含县级）基层公共就业创业服务平台经费纳入同级财政预算。将职业介绍补贴和扶持公共就业服务补助合并调整为就业创业服务补贴，支持各地按照精准发力、绩效管理的原则，加强公共就业创业服务能力建设，向社会力量购买基本就业创业服务成果。创新就业创业服务供给模式，形成多元参与、公平竞争格局，提高服务质量和效率。

（十八）加快公共就业服务信息化。按照统一建设、省级集中、业务协同、资源共享的原则，逐步建成以省级为基础、全国一体化的就业信息化格局。建立省级集中的就业信息资源库，加强信息系统应用，实现就业管理和就业服务工作全程信息化。推进公共就业信息服务平台建设，实现各类就业信息统一发布，健全全国就业信息监测平台。推进就业信息共享开放，支持社会服务机构利用政府数据开展专业化就业服务，推动政府、社会协同提升公共就业服务水平。

（十九）加强人力资源市场建设。加快建立统一规范灵活的人力资源市场，消除城乡、行业、身份、性别、残疾等影响平等就业的制度障碍和就业歧视，形成有利于公平就业的制度环境。健全统一的市场监管体系，推进人力资源市场诚信体系建设和标准化建设。加强对企业招聘行为、职业中介活动的规范，及时纠正招聘过程中的歧视、限制及欺诈等行为。建立国有企事业单位公开招聘制度，推动实现招聘信息公开、过程公开和结果公开。加快发展人力资源服务业，规范发展人事代理、人才推荐、人员培训、劳务派遣等人力资源服务，提升服务供给能力和水平。完善党政机关、企事业单位、社会各方面人才顺畅流动的制度体系。

（二十）加强职业培训和创业培训。顺应产业结构迈向中高端水平、缓解就业结构性矛盾的需求，优化高校学科专业结构，加快发展现代职业教育，大规模开展职业培训，加大创业培训力度。利用各类创业培训资源，开发针对不同创业群体、创业活动不同阶段特点的创业培训项目，把创新创业课程纳入国民教育体系。重点实施农民工职业技能提升和失业人员转业转岗培训，增强其就业创业和职业转换能力。尊重劳动者培训意愿，引导劳动者自主选择培训项目、培训方式和培训机构。发挥企业主体作用，支持企业以新招用青年劳动者和新转岗人员为重点开展新型学徒制培训。强化基础能力建设，创新培训模式，建立高水平、专兼职的创业培训师资队伍，提升培训质量，落实职业培训补贴政策，合理确定补贴标准。推进职业资格管理改革，完善有利于劳动者成长成才的培养、评价和激励机制，畅通技能人才职业上升通道，推动形成劳动、技能等要素按贡献参与分配的机制，使技能劳动者获得与其能力业绩相适应的工资待遇。

（二十一）建立健全失业保险、社会救助与就业的联动机制。进一步完善失业保险制度，充分发挥失业保险保生活、防失业、促就业的作用，鼓励领取失业保险金人员尽快实现就业或自主创业。对实现就业或自主创业的最低生活保障对象，在核算家庭收入时，可以扣减必要的就业成本。

（二十二）完善失业登记办法。在法定劳动年龄内、有劳动能力和就业要求、处于无业状态的城镇常住人员，可以到常住地的公共就业服务机构进行失业登记。各地公共就业服务机构要为登记失业的各类人员提供均等化的政策咨询、职业指导、职业介绍等公共就业服务和普惠性就业政策，并逐步使外来劳动者与当地户籍人口享有同等的就业扶持政策。将《就业失业登记证》调整为《就业创业证》，免费发放，作为劳动者享受公共就业服务及就业扶持政策的凭证。有条件的地方可积极推动社会保障卡在就业领域的应用。

五、强化组织领导

（二十三）健全协调机制。县级以上人民政府要加强对就业创业工作的领导，把促进就业创业摆上重要议程，健全政府负责人牵头的就业创业工作协调机制，加强就业形势分析研判，落实完善就业创业政策，协调解决重点难点问题，确保各项就业目标完成和就业局势稳定。有关部门要增强全局意识，密切配合，尽职履责。进一步发挥各人民团体以及其他社会组织的作用，充分调动社会各方促进就业创业积极性。

（二十四）落实目标责任制。将就业创业工作纳入政绩考核，细化目标任务、政策落实、就业创业服务、资金投入、群众满意度等指标，提高权重，并层层分解，督促落实。对在就业创业工作中取得显著成绩的单位和个人，按国家有关规定予以表彰奖励。有关地区不履行促进就业职责，造成恶劣社会影响的，对当地人民政府有关负责人及具体责任人实行问责。

（二十五）保障资金投入。各级人民政府要根据就业状况和就业工作目标，在财政预算中合理安排就业相关资金。按照系统规范、精简效能的原则，明确政府间促进就业政策的功能定位，严格支出责任划分。进一步规范就业专项资金管理，强化资金预算执行和监督，开展资金使用绩效评价，着力提高就业专项资金使用效益。

（二十六）建立健全就业创业统计监测体系。健全就业统计指标，完善统计口径和统计调查方法，逐步将性别等指标纳入统计监测范围，探索建立创业工作统计指标。进一步加强和完善全国劳动力调查制度建设，扩大调查范围，增加调查内容。强化统计调查的质量控制。加大就业统计调查人员、经费和软硬件等保障力度，推进就业统计调查信息化建设。依托行业组织，建立健全行业人力资源需求预测和就业状况定期发布制度。

（二十七）注重舆论引导。坚持正确导向，加强政策解读，及时回应社会关切，大力宣传促进就业创业工作的经验做法，宣传劳动者自主就业、自主创业和用人单位促进就业的典型事迹，引导全社会共同关心和支持就业创业工作，引导高校毕业生等各类劳动者转变观念，树立正确的就业观，大力营造劳动光荣、技能宝贵、创造伟大的时代风尚。

各地区、各部门要认真落实本意见提出的各项任务，结合本地区、本部门实际，创造性地开展工作，制定具体方案和配套政策，同时要切实转变职能，简化办事流程，提高服务效率，确保各项就业创业政策措施落实到位，以稳就业惠民生促进经济社会平稳健康发展。

国　务　院

2015 年 4 月 27 日

关于大力发展电子商务加快培育经济新动力的意见

（国发〔2015〕24 号）

各省、自治区、直辖市人民政府，国务院各部委、各直属机构：

近年来我国电子商务发展迅猛，不仅创造了新的消费需求，引发了新的投资热潮，开辟了就业增收新渠道，为大众创业、万众创新提供了新空间，而且电子商务正加速与制造业融合，推动服务业转型升级，催生新兴业态，成为提供公共产品、公共服务的新力量，成为经济发展新的原动力。与此同时，电子商务发展面临管理方式不适应、诚信体系不健全、市场秩序不规范等问题，亟需采取措施予以解决。当前，我国已进入全面建成小康社会的决定性阶段，为减少束缚电子商务发展的机制体制障碍，进一步发挥电子商务在培育经济新动力，打造“双引擎”、实现“双目标”等方面的重要作用，现提出以下意见：

一、指导思想、基本原则和主要目标

（一）指导思想。全面贯彻党的十八大和十八届二中、三中、四中全会精神，按照党中央、国务院决策部署，坚持依靠改革推动科学发展，主动适应和引领经济发展新常态，着力解决电子商务发展中的深层次矛盾和重大问题，大力推进政策创新、管理创新和服务创新，加快建立开放、规范、诚信、安全的电子商务发展环境，进一步激发电子商务创新动力、创造潜力、创业活力，加速推动经济结构战略性调整，实现经济提质增效升级。

（二）基本原则。一是积极推动。主动作为、支持发展。积极协调解决电子商务发展中的各种矛盾与问题。在政府资源开放、网络安全保障、投融资支持、基础设施和诚信体系建设等方面加大服务力度。推进电子商务企业税费合理化，减轻企业负担。进一步释放电子商务发展潜力，提升电子商务创新发展水平。二是逐步规范。简政放权、放管结合。法无禁止的市场主体即可为，法未授权的政府部门不能为，最大限度减少对电子商务市场的行政干预。在放宽市场准入的同时，要在发展中逐步规范市场秩序，营造公平竞争的创业发展环境，进一步激发社会创业活力，拓宽电子商务创新发展领域。三是加强引导。把握趋势、因势利导。加强对电子商务发展中前瞻性、苗头性、倾向性问题的研究，及时在商业模式创新、关键技术研发、国际市场开拓等方面加大对企业的支持引导力度，引领电子商务向打造“双引擎”、实现“双目标”发展，进一步增强企业的创新动力，加速电子商务创新发展步伐。

（三）主要目标。到 2020 年，统一开放、竞争有序、诚信守法、安全可靠的电子商务大市场基本建成。电子商务与其他产业深度融合，成为促进创业、稳定就业、改善民生服务的重要平台，对工业化、信息化、城镇化、农业现代化同步发展起到关键性作用。

二、营造宽松发展环境

（四）降低准入门槛。全面清理电子商务领域现有前置审批事项，无法律法规依据的一律取消，严禁违法设定行政许可、增加行政许可条件和程序。（国务院审改办，有关部门按职责分工分别负责）进一步简化注册资本登记，深入推进电子商务领域由“先证后照”改为“先照后证”改革。（工商总局、中央编办）落实《注册资本登记制度改革方案》，放宽电子商务市场主体住所（经营场所）登记条件，完善相关管理措施。（省级人民政府）推进对快递企业设立非法人快递末端网点实施备案制管理。（邮政局）简化境内电子商务企业海外上市审批流程，鼓励电子商务领域的跨境人民币直接投资。（发展改革委、商务部、外汇局、证监会、人民银行）放开外商投资电子商务业务的外方持股比例限制。（工业和信息化部、发展改革委、商务部）探索建立能源、铁路、公共事业等行业电子商务服务的市场化机制。（有关部门按职责分工分别负责）

（五）合理降税减负。从事电子商务活动的企业，经认定为高新技术企业的，依法享受高新技术企业相关优惠政策，小微企业依法享受税收优惠政策。（科技部、财政部、税务总局）加快推进“营改增”，逐步将旅游电子商务、生活服务类电子商务等相关行业纳入“营改增”范围。（财政部、税务总局）

（六）加大金融服务支持。建立健全适应电子商务发展的多元化、多渠道投融资机制。（有关部门按职责分工分别负责）研究鼓励符合条件的互联网企业在境内上市等相关政策。（证监会）支持商业银行、担保存货管理机构及电子商务企业开展无形资产、动产质押等多种形式的融资服务。鼓励商业银行、商业保理机构、电子商务企业开展供应链金融、商业保理服务，进一步拓展电子商务企业融资渠道。（人民银行、商务部）引导和推动创业投资基金，加大对电子商务初创企业的支持。（发展改革委）

（七）维护公平竞争。规范电子商务市场竞争行为，促进建立开放、公平、健康的电子商务市场竞争秩序。研究制定电子商务产品质量监督管理办法，探索建立风险监测、网上抽查、源头追溯、属地查处的电子商务产品质量监督机制，完善部门间、区域间监管信息共享和职能衔接机制。依法打击网络虚假宣传、生产销售假冒伪劣产品、违反国家出口管制法规政策跨境销售两用品和技术、不正当竞争等违法行为，组织开展电子商务产品质量提升行动，促进合法、诚信经营。（工商总局、质检总局、公安部、商务部按职责分工分别负责）重点查处达成垄断协议和滥用市场支配地位的问题，通过经营者集中反垄断审查，防止排除、限制市场竞争的行为。（发展改革委、工商总局、商务部）加强电子商务领域知识产权保护，研究进一步加大网络商业方法领域发明专利保护力度。（工业和信息化部、商务部、海关总署、工商总局、新闻出版广电总局、知识产权局等部门按职责分工分别负责）进一步加大政府利用电子商务平台进行采购的力度。（财政部）各级政府部门不得通过行政命令指定为电子商务提供公共服务的供应商，不得滥用行政权力排除、限制电子商务的竞争。（有关部门按职责分工分别负责）

三、促进就业创业

（八）鼓励电子商务领域就业创业。把发展电子商务促进就业纳入各地就业发展规划和电子商务发展整体规划。建立电子商务就业和社会保障指标统计制度。经工商登记注册的网络商户从业人员，同等享受各项就业创业扶持政策。未进行工商登记注册的网络商户从业人员，可认定为灵活就业人员，享受灵活就业人员扶持政策，其中在网络平台实名注册、稳定经营且信誉良好的网络商户创业者，可按规定享受小额担保贷款及贴息政策。支持中小微企业应用电子商务、拓展业务领域，鼓励有条件的地区建设电子商务创业园区，指导各类创业孵化基地为电子商务创业人员提供场地支持和创业孵化服务。加强电子商务企业用工服务，完善电子商务人才供求信息对接机制。（人力资源社会保障部、工业和信息化部、商务部、统计局，地方各级人民政府）

（九）加强人才培养培训。支持学校、企业及社会组织合作办学，探索实训式电子商务人才培养与培训机制。推进国家电子商务专业技术人才知识更新工程，指导各类培训机构增加电子商务技能培训项目，支持电子商务企业开展岗前培训、技能提升培训和高技能人才培训，加快培养电子商务领域的高素质专门人才和技术技能人才。参加职业培训和职业技能鉴定的人员，以及组织职工培训的电子商务企业，可按规定享受职业培训补贴和职业技能鉴定补贴政策。鼓励有条件的职业院校、社会培训机构和电子商务企业开展网络创业培训。（人力资源社会保障部、商务部、教育部、财政部）

（十）保障从业人员劳动权益。规范电子商务企业特别是网络商户劳动用工，经工商登记注册取得营业执照的，应与招用的劳动者依法签订劳动合同；未进行工商登记注册的，也可参照劳动合同法相关规定与劳动者签订民事协议，明确双方的权利、责任和义务。按规定将网络从业人员纳入各项社会保险，对未进行工商登记注册的网络商户，其从业人员可按灵活就业人员参保缴费办法参加社会保险。符合条件的就业困难人员和高校毕业生，可享受灵活就业人员社会保险补贴政策。长期雇用5人及以上的网络商户，可在工商注册地进行社会保险登记，参加企业职工的各项社会保险。满足统筹地区社会保险优惠政策条件的网络商户，可享受社会保险优惠政策。（人力资源社会保障部）

四、推动转型升级

（十一）创新服务民生方式。积极拓展信息消费新渠道，创新移动电子商务应用，支持面向城乡居民社区提供日常消费、家政服务、远程缴费、健康医疗等商业和综合服务的电子商务平台发展。加快推动传统媒体与新兴媒体深度融合，提升文化企业网络服务能力，支持文化产品电子商务平台发展，规范网络文化市场。支持教育、会展、咨询、广告、餐饮、娱乐等服务企业深化电子商务应用。（有关部门按职责分工分别负责）鼓励支持旅游景点、酒店等开展线上营销，规范发展在线旅游预订市场，推动旅游在线服务模式创新。（旅游局、工商总局）加快建立全国12315互联网平台，完善网上交易在线投诉及售后维权机制，研究制定7天无理由退货实施细则，促进网络购物消费健康快速发展。（工商总局）

（十二）推动传统商贸流通企业发展电子商务。鼓励有条件的大型零售企业开办网上商城，积极利用移动互联网、地理位置服务、大数据等信息技术提升流通效率和服务质量。支持中小零售企业与电子商务平台优势互补，加强服务资源整合，促进线上交易与线下交易融合互动。（商务部）推动各类专业市场建设网上市场，通过线上线下融合，加速向网络化市场转型，研究完善能源、化工、钢铁、林业等行业电子商务平台规范发展的相关措施。（有关部门按职责分工分别负责）制定完善互联网食品药品经营监督管理办法，规范食品、保健食品、药品、化妆品、医疗器械网络经营行为，加强互联网食品药品市场监测监管体系建设，推动医药电子商务发展。（食品药品监管总局、卫生计生委、商务部）

（十三）积极发展农村电子商务。加强互联网与农业农村融合发展，引入产业链、价值链、供应链等现代管理理念和方式，研究制定促进农村电子商务发展的意见，出台支持政策措施。（商务部、农业部）加强鲜活农产品标准体系、动植物检疫体系、安全追溯体系、质量保障与安全监管体系建设，大力发展农产品冷链基础设施。（质检总局、发展改革委、商务部、农业部、食品药品监管总局）开展电子商务进农村综合示范，推动信息进村入户，利用"万村千乡"市场网络改善农村地区电子商务服务环境。（商务部、农业部）建设地理标志产品技术标准体系和产品质量保证体系，支持利用电子商务平台宣传和销售地理标志产品，鼓励电子商务平台服务"一村一品"，促进品牌农产品走出去。鼓励农业生产资料企业发展电子商务。（农业部、质检总局、工商总局）支持林业电子商务发展，逐步建立林产品交易诚信体系、林产品和林权交易服务体系。（林业局）

（十四）创新工业生产组织方式。支持生产制造企业深化物联网、云计算、大数据、三维（3D）设计及打印等信息技术在生产制造各环节的应用，建立与客户电子商务系统对接的网络制造管理系统，提高加工订单的响应速度及柔性制造能力；面向网络消费者个性化需求，建立网络化经营管理模式，发展"以销定产"及"个性化定制"生产方式。（工业和信息化部、科技部、商务部）鼓励电子商务企业大力开展品牌经营，优化配置研发、设计、生产、物流等优势资源，满足网络消费者需求。（商务部、工商总局、质检总局）鼓励创意服务，探索建立生产性创新服务平台，面向初创企业及创意群体提供设计、测试、生产、融资、运营等创新创业服务。（工业和信息化部、科技部）

（十五）推广金融服务新工具。建设完善移动金融安全可信公共服务平台，制定相关应用服务的政策措施，推动金融机构、电信运营商、银行卡清算机构、支付机构、电子商务企业等加强合作，实现移动金融在电子商务领域的规模化应用；推广应用具有硬件数字证书、采用国家密码行政主管部门规定算法的移动智能终端，保障移动电子商务交易的安全性和真实性；制定在线支付标准规范和制度，提升电子商务在线支付的安全性，满足电子商务交易及公共服务领域金融服务需求；鼓励商业银行与电子商务企业开展多元化金融服务合作，提升电子商务服务质量和效率。（人民银行、密码局、国家标准委）

（十六）规范网络化金融服务新产品。鼓励证券、保险、公募基金等企业和机构依法进行网络化创新，完善互联网保险产品审核和信息披露制度，探索建立适应互联网证券、保险、公募基金产品销售等互联网金融活动的新型监管方式。（人民银行、证监会、保监会）规范保险业电子商务平台建设，研究制定电子商务涉及的信用保证保险的相关扶持政策，鼓励发展小微企业信贷信用保险、个人消费履约保证保险等新业务，扩大信用保险保单融资范围。完善在线旅游服务企业投保办法。（保监会、银监会、旅游局按职责分工分别负责）

五、完善物流基础设施

（十七）支持物流配送终端及智慧物流平台建设。推动跨地区跨行业的智慧物流信息平台建设，鼓励在法律规定范围内发展共同配送等物流配送组织新模式。（交通运输部、商务部、邮政局、发展改革委）支持物流（快递）配送站、智能快件箱等物流设施建设，鼓励社区物业、村级信息服务站（点）、便利店等提供快件派送服务。支持快递服务网络向农村地区延伸。（地方各级人民政府，商务部、邮政局、农业部按职责分工分别负责）推进电子商务与物流快递协同发展。（财政部、商务部、邮政局）鼓励学校、快递企业、第三方主体因地制宜加强合作，通过设置智能快件箱或快件收发室、委托校园邮政局所代为投递、建立共同配送站点等方式，促进快递进校园。（地方各级人民政府，邮政局、商务部、教育部）根据执法需求，研究推动被监管人员生活物资电子商务和智能配送。（司法部）有条件的城市应将配套建设物流（快递）配送站、智能终端设施纳入城市社区发展规划，鼓励电子商务企业和物流（快递）企业对网络购物商品包装物进行回收和循环利用。（有关部门按职责分工分别负责）

（十八）规范物流配送车辆管理。各地区要按照有关规定，推动城市配送车辆的标准化、专业化发展；制定并实施城市配送用汽车、电动三轮车等车辆管理办法，强化城市配送运力需求管理，保障配送车辆的便利通行；鼓励采用清洁能源车辆开展物流（快递）配送业务，支持充电、加气等设施建设；合理规划物流（快递）配送车辆通行路线和货物装卸搬运地点。对物流（快递）配送车辆采取通行证管理的城市，应明确管理部门、公开准入条件、引入社会监督。（地方各级人民政府）

（十九）合理布局物流仓储设施。完善仓储建设标准体系，鼓励现代化仓储设施建设，加强偏远地区仓储设施建设。（住房城乡建设部、公安部、发展改革委、商务部、林业局）各地区要在城乡规划中合理规划布局物流仓储用地，在土地利用总体规划和年度供地计划中合理安排仓储建设用地，引导社会资本进行仓储设施投资建设或再利用，严禁擅自改变物流仓储用地性质。（地方各级人民政府）鼓励物流（快递）企业发展“仓配一体化”服务。（商务部、邮政局）

六、提升对外开放水平

（二十）加强电子商务国际合作。积极发起或参与多双边或区域关于电子商务规则的谈判和交流合作，研究建立我国与国际认可组织的互认机制，依托我国认证认可制度和体系，完善电子商务企业和商品的合格评定机制，提升国际组织和机构对我国电子商务企业和商品认证结果的认可程度，力争国际电子商务规制制定的主动权和跨境电子商务发展的话语权。（商务部、质检总局）

（二十一）提升跨境电子商务通关效率。积极推进跨境电子商务通关、检验检疫、结汇、缴进口税等关键环节“单一窗口”综合服务体系建设，简化与完善跨境电子商务货物返修与退运通关流程，提高通关效率。（海关总署、财政部、税务总局、质检总局、外汇局）探索建立跨境电子商务货物负面清单、风险监测制度，完善跨境电子商务货物通关与检验检疫监管模式，建立跨境电子商务及相关物流企业诚信分类管理制度，防止疫病疫情传入、外来有害生物入侵和物种资源流失。（海关总署、质检总局按职责分工分别负责）大力支持中国（杭州）跨境电子商务综合试验区先行先试，尽快形成可复制、可推广的经验，加快在全国范围推广。（商务部、发展改革委）

（二十二）推动电子商务走出去。抓紧研究制定促进跨境电子商务发展的指导意见。（商务部、发展改革委、海关总署、工业和信息化部、财政部、人民银行、税务总局、工商总局、质检总局、外汇局）鼓励国家政策性银行在业务范围内加大对电子商务企业境外投资并购的贷款支持，研究制定针对电子商务企业境外上市的规范管理政策。（人民银行、证监会、商务部、发展改革委、工业和信息化部）简化电子商务企业境外直接投资外汇登记手续，拓宽其境外直接投资外汇登记及变更登记业务办理渠道。（外汇局）支持电子商务企业建立海外营销渠道，创立自有品牌。各驻外机构应加大对电子商务企业走出去的服务力度。进一步开放面向港澳台地区的电子商务市场，推动设立海峡两岸电子商务经济合作实验区。鼓励发展面向"一带一路"沿线国家的电子商务合作，扩大跨境电子商务综合试点，建立政府、企业、专家等各个层面的对话机制，发起和主导电子商务多边合作。（有关部门按职责分工分别负责）

七、构筑安全保障防线

（二十三）保障电子商务网络安全。电子商务企业要按照国家信息安全等级保护管理规范和技术标准相关要求，采用安全可控的信息设备和网络安全产品，建设完善网络安全防护体系、数据资源安全管理体系和网络安全应急处置体系，鼓励电子商务企业获得信息安全管理体系认证，提高自身信息安全管理水平。鼓励电子商务企业加强与网络安全专业服务机构、相关管理部门的合作，共享网络安全威胁预警信息，消除网络安全隐患，共同防范网络攻击破坏、窃取公民个人信息等违法犯罪活动。（公安部、国家认监委、工业和信息化部、密码局）

（二十四）确保电子商务交易安全。研究制定电子商务交易安全管理制度，明确电子商务交易各方的安全责任和义务。（工商总局、工业和信息化部、公安部）建立电子认证信任体系，促进电子认证机构数字证书交叉互认和数字证书应用的互联互通，推广数字证书在电子商务交易领域的应用。建立电子合同等电子交易凭证的规范管理机制，确保网络交易各方的合法权益。加强电子商务交易各方信息保护，保障电子商务消费者个人信息安全。（工业和信息化部、工商总局、密码局等有关部门按职责分工分别负责）

（二十五）预防和打击电子商务领域违法犯罪。电子商务企业要切实履行违禁品信息巡查清理、交易记录及日志留存、违法犯罪线索报告等责任和义务，加强对销售管制商品网络商户的资格审查和对异常交易、非法交易的监控，防范电子商务在线支付给违法犯罪活动提供洗钱等便利，并为打击网络违法犯罪提供技术支持。加强电子商务企业与相关管理部门的协作配合，建立跨机构合作机制，加大对制售假冒伪劣商品、网络盗窃、网络诈骗、网上非法交易等违法犯罪活动的打击力度。（公安部、工商总局、人民银行、银监会、工业和信息化部、商务部等有关部门按职责分工分别负责）

八、健全支撑体系

（二十六）健全法规标准体系。加快推进电子商务法立法进程，研究制定或适时修订相关法规，明确电子票据、电子合同、电子检验检疫报告和证书、各类电子交易凭证等的法律效力，作为处理相关业务的合法凭证。（有关部门按职责分工分别负责）制定适合电子商务特点的投诉管理制度，制定基于统一产品编码的电子商务交易产品质量信息发布规范，建立电子商务纠纷解决和产品质量担保责任机制。（工商总局、质检总局等部门按职责分工分别负责）逐步推行电子发票和电子会计档案，完善相关技术标准和规章制度。（税务总局、财政部、档案局、国家标准委）建立完善电子商务统计制度，扩大电子商务统计的覆盖面，增强统计的及时性、真实性。（统计局、商务部）统一线上线下的商品编码标识，完善电子商务标准规范体系，研究电子商务基础性关键标准，积极主导和参与制定电子商务国际标准。（国家标准委、商务部）

（二十七）加强信用体系建设。建立健全电子商务信用信息管理制度，推动电子商务企业信用信息公开。推进人口、法人、商标和产品质量等信息资源向电子商务企业和信用服务机构开放，逐步降低查询及利用成本。（工商总局、商务部、公安部、质检总局等部门按职责分工分别负责）促进电子商务信用信息与社会其他领域相关信息的交换共享，推动电子商务信用评价，建立健全电子商务领域失信行为联合惩戒机制。（发展改革委、人民银行、工商总局、质检总局、商务部）推动电子商务领域应用网络身份证，完善网店实名制，鼓励发展社会化的电子商务网站可信认证服务。（公安部、工商总局、质检总局）发展电子商务可信交易保障公共服务，完善电子商务信用服务保障制度，推动信用调查、信用评估、信用担保等第三方信用服务和产品在电子商务中的推广应用。（工商总局、质检总局）

（二十八）强化科技与教育支撑。开展电子商务基础理论、发展规律研究。加强电子商务领域云计算、大数据、物联网、智能交易等核心关键技术研究开发。实施网络定制服务、网络平台服务、网络交易服务、网络贸易服务、网络交易保障服务技术研发与应用示范工程。强化产学研结合的企业技术中心、工程技术中心、重点实验室建设。鼓励企业组建产学研协同创新联盟。探索建立电子商务学科体系，引导高等院校加强电子商务学科建设和人才培养，为电子商务发展提供更多的高层次复合型专门人才。（科技部、教育部、发展改革委、商务部）建立预防网络诈骗、保障交易安全、保护个人信息等相关知识的宣传与服务机制。（公安部、工商总局、质检总局）

（二十九）协调推动区域电子商务发展。各地区要把电子商务列入经济与社会发展规划，按照国家有关区域发展规划和对外经贸合作战略，立足城市产业发展特点和优势，引导各类电子商务业态和功能聚集，推动电子商务产业统筹协调、错位发展。推动国家电子商务示范城市、示范基地建设。（有关地方人民政府）依托国家电子商务示范城市，加快开展电子商务法规政策创新和试点示范工作，为国家制定电子商务相关法规和政策提供实践依据。加强对中西部和东北地区电子商务示范城市的支持与指导。（发展改革委、财政部、商务部、人民银行、海关总署、税务总局、工商总局、质检总局等部门按照职责分工分别负责）

各地区、各部门要认真落实本意见提出的各项任务，于2015年底前研究出台具体政策。发展改革委、中央网信办、商务部、工业和信息化部、财政部、人力资源社会保障部、人民银行、海关总署、税务总局、工商总局、质检总局等部门要完善电子商务跨部门协调工作机制，研究重大问题，加强指导和服务。有关社会机构要充分发挥自身监督作用，推动行业自律和服务创新。相关部门、社团组织及企业要解放思想，转变观念，密切协作，开拓创新，共同推动建立规范有序、社会共治、辐射全球的电子商务大市场，促进经济平稳健康发展。

国 务 院

2015年5月4日

关于大力推进大众创业万众创新若干政策措施的意见

（国发〔2015〕32号）

各省、自治区、直辖市人民政府，国务院各部委、各直属机构：

推进大众创业、万众创新，是发展的动力之源，也是富民之道、公平之计、强国之策，对于推动经济结构调整、打造发展新引擎、增强发展新动力、走创新驱动发展道路具有重要意义，是稳增长、扩就业、激发亿万群众智慧和创造力，促进社会纵向流动、公平正义的重大举措。根据2015年《政府工作报告》部署，为改革完善相关体制机制，构建普惠性政策扶持体系，推动资金链引导创业创新链、创业创新链支持产业链、产业链带动就业链，现提出以下意见。

一、充分认识推进大众创业、万众创新的重要意义

——推进大众创业、万众创新，是培育和催生经济社会发展新动力的必然选择。随着我国资源环境约束日益强化，要素的规模驱动力逐步减弱，传统的高投入、高消耗、粗放式发展方式难以为继，经济发展进入新常态，需要从要素驱动、投资驱动转向创新驱动。推进大众创业、万众创新，就是要通过结构性改革、体制机制创新，消除不利于创业创新发展的各种制度束缚和桎梏，支持各类市场主体不断开办新企业、开发新产品、开拓新市场，培育新兴产业，形成小企业“铺天盖地”、大企业“顶天立地”的发展格局，实现创新驱动发展，打造新引擎、形成新动力。

——推进大众创业、万众创新，是扩大就业、实现富民之道的根本举措。我国有13亿多人口、9亿多劳动力，每年高校毕业生、农村转移劳动力、城镇困难人员、退役军人数量较大，人力资源转化为人力资本的潜力巨大，但就业总量压力较大，结构性矛盾凸显。推进大众创业、万众创新，就是要通过转变政府职能、建设服务型政府，营造公平竞争的创业环境，使有梦想、有意愿、有能力的科技人员、高校毕业生、农民工、退役军人、失业人员等各类市场创业主体“如鱼得水”，通过创业增加收入，让更多的人富起来，促进收入分配结构调整，实现创新支持创业、创业带动就业的良性互动发展。

——推进大众创业、万众创新，是激发全社会创新潜能和创业活力的有效途径。目前，我国创业创新理念还没有深入人心，创业教育培训体系还不健全，善于创造、勇于创业的能力不足，鼓励创新、宽容失败的良好环境尚未形成。推进大众创业、万众创新，就是要通过加强全社会以创新为核心的创业教育，弘扬“敢为人先、追求创新、百折不挠”的创业精神，厚植创新文化，不断增强创业创新意识，使创业创新成为全社会共同的价值追求和行为习惯。

二、总体思路

按照“四个全面”战略布局，坚持改革推动，加快实施创新驱动发展战略，充分

发挥市场在资源配置中的决定性作用和更好发挥政府作用，加大简政放权力度，放宽政策、放开市场、放活主体，形成有利于创业创新的良好氛围，让千千万万创业者活跃起来，汇聚成经济社会发展的巨大动能。不断完善体制机制、健全普惠性政策措施，加强统筹协调，构建有利于大众创业、万众创新蓬勃发展的政策环境、制度环境和公共服务体系，以创业带动就业、创新促进发展。

——坚持深化改革，营造创业环境。通过结构性改革和创新，进一步简政放权、放管结合、优化服务，增强创业创新制度供给，完善相关法律法规、扶持政策和激励措施，营造均等普惠环境，推动社会纵向流动。

——坚持需求导向，释放创业活力。尊重创业创新规律，坚持以人为本，切实解决创业者面临的资金需求、市场信息、政策扶持、技术支撑、公共服务等瓶颈问题，最大限度释放各类市场主体创业创新活力，开辟就业新空间，拓展发展新天地，解放和发展生产力。

——坚持政策协同，实现落地生根。加强创业、创新、就业等各类政策统筹，部门与地方政策联动，确保创业扶持政策可操作、能落地。鼓励有条件的地区先行先试，探索形成可复制、可推广的创业创新经验。

——坚持开放共享，推动模式创新。加强创业创新公共服务资源开放共享，整合利用全球创业创新资源，实现人才等创业创新要素跨地区、跨行业自由流动。依托"互联网+"、大数据等，推动各行业创新商业模式，建立和完善线上与线下、境内与境外、政府与市场开放合作等创业创新机制。

三、创新体制机制，实现创业便利化

（一）完善公平竞争市场环境。进一步转变政府职能，增加公共产品和服务供给，为创业者提供更多机会。逐步清理并废除妨碍创业发展的制度和规定，打破地方保护主义。加快出台公平竞争审查制度，建立统一透明、有序规范的市场环境。依法反垄断和反不正当竞争，消除不利于创业创新发展的垄断协议和滥用市场支配地位以及其他不正当竞争行为。清理规范涉企收费项目，完善收费目录管理制度，制定事中事后监管办法。建立和规范企业信用信息发布制度，制定严重违法企业名单管理办法，把创业主体信用与市场准入、享受优惠政策挂钩，完善以信用管理为基础的创业创新监管模式。

（二）深化商事制度改革。加快实施工商营业执照、组织机构代码证、税务登记证"三证合一"、"一照一码"，落实"先照后证"改革，推进全程电子化登记和电子营业执照应用。支持各地结合实际放宽新注册企业场所登记条件限制，推动"一址多照"、集群注册等住所登记改革，为创业创新提供便利的工商登记服务。建立市场准入等负面清单，破除不合理的行业准入限制。开展企业简易注销试点，建立便捷的市场退出机制。依托企业信用信息公示系统建立小微企业名录，增强创业企业信息透明度。

（三）加强创业知识产权保护。研究商业模式等新形态创新成果的知识产权保护办法。积极推进知识产权交易，加快建立全国知识产权运营公共服务平台。完善知识产权快速维权与维权援助机制，缩短确权审查、侵权处理周期。集中查处一批侵犯知识产权的大案要案，加大对反复侵权、恶意侵权等行为的处罚力度，探索实施惩罚性赔偿制度。完善权利人维权机制，合理划分权利人举证责任，完善行政调解等非诉讼纠纷解决途径。

（四）健全创业人才培养与流动机制。把创业精神培育和创业素质教育纳入国民教育体系，实现全社会创业教育和培训制度化、体系化。加快完善创业课程设置，加强创业实训体系建设。加强创业创新知识普及教育，使大众创业、万众创新深入人心。加强创业导师队伍建设，提高创业服务水平。加快推进社会保障制度改革，破除人才自由流动制度障碍，实现党政机关、企事业单位、社会各方面人才顺畅流动。加快建立创业创新绩效评价机制，让一批富有创业精神、勇于承担风险的人才脱颖而出。

四、优化财税政策，强化创业扶持

（五）加大财政资金支持和统筹力度。各级财政要根据创业创新需要，统筹安排各类支持小微企业和创业创新的资金，加大对创业创新支持力度，强化资金预算执行和监管，加强资金使用绩效评价。支持有条件的地方政府设立创业基金，扶持创业创新发展。在确保公平竞争前提下，鼓励对众创空间等孵化机构的办公用房、用水、用能、网络等软硬件设施给予适当优惠，减轻创业者负担。

（六）完善普惠性税收措施。落实扶持小微企业发展的各项税收优惠政策。落实科技企业孵化器、大学科技园、研发费用加计扣除、固定资产加速折旧等税收优惠政策。对符合条件的众创空间等新型孵化机构适用科技企业孵化器税收优惠政策。按照税制改革方向和要求，对包括天使投资在内的投向种子期、初创期等创新活动的投资，统筹研究相关税收支持政策。修订完善高新技术企业认定办法，完善创业投资企业享受70%应纳税所得额税收抵免政策。抓紧推广中关村国家自主创新示范区税收试点政策，将企业转增股本分期缴纳个人所得税试点政策、股权奖励分期缴纳个人所得税试点政策推广至全国范围。落实促进高校毕业生、残疾人、退役军人、登记失业人员等创业就业税收政策。

（七）发挥政府采购支持作用。完善促进中小企业发展的政府采购政策，加强对采购单位的政策指导和监督检查，督促采购单位改进采购计划编制和项目预留管理，增强政策对小微企业发展的支持效果。加大创新产品和服务的采购力度，把政府采购与支持创业发展紧密结合起来。

五、搞活金融市场，实现便捷融资

（八）优化资本市场。支持符合条件的创业企业上市或发行票据融资，并鼓励创业企业通过债券市场筹集资金。积极研究尚未盈利的互联网和高新技术企业到创业板发行上市制度，推动在上海证券交易所建立战略新兴产业板。加快推进全国中小企业股份转让系统向创业板转板试点。研究解决特殊股权结构类创业企业在境内上市的制度性障碍，完善资本市场规则。规范发展服务于中小微企业的区域性股权市场，推动建立工商登记部门与区域性股权市场的股权登记对接机制，支持股权质押融资。支持符合条件的发行主体发行小微企业增信集合债等企业债券创新品种。

（九）创新银行支持方式。鼓励银行提高针对创业创新企业的金融服务专业化水平，不断创新组织架构、管理方式和金融产品。推动银行与其他金融机构加强合作，对创业创新活动给予有针对性的股权和债权融资支持。鼓励银行业金融机构向创业企业提供结算、融资、理财、咨询等一站式系统化的金融服务。

（十）丰富创业融资新模式。支持互联网金融发展，引导和鼓励众筹融资平台规范发展，开展公开、小额股权众筹融资试点，加强风险控制和规范管理。丰富完善创业担保贷款政策。支持保险资金参与创业创新，发展相互保险等新业务。完善知识产权估值、质押和流转体系，依法合规推动知识产权质押融资、专利许可费收益权证券化、专利保险等服务常态化、规模化发展，支持知识产权金融发展。

六、扩大创业投资，支持创业起步成长

（十一）建立和完善创业投资引导机制。不断扩大社会资本参与新兴产业创投计划参股基金规模，做大直接融资平台，引导创业投资更多向创业企业起步成长的前端延伸。不断完善新兴产业创业投资政策体系、制度体系、融资体系、监管和预警体系，加快建立考核评价体系。加快设立国家新兴产业创业投资引导基金和国家中小企业发展基金，逐步建立支持创业创新和新兴产业发展的市场化长效运行机制。发展联合投资等新模式，探索建立风险补偿机制。鼓励各地方政府建立和完善创业投资引导基金。加强创业投资立法，完善促进天使投资的政策法规。促进国家新兴产业创业投资引导基金、科技型中小企业创业投资引导基金、国家科技成果转化引导基金、国家中小企业发展基金等协同联动。推进创业投资行业协会建设，加强行业自律。

（十二）拓宽创业投资资金供给渠道。加快实施新兴产业“双创”三年行动计划，建立一批新兴产业“双创”示范基地，引导社会资金支持大众创业。推动商业银行在依法合规、风险隔离的前提下，与创业投资机构建立市场化长期性合作。进一步降低商业保险资金进入创业投资的门槛。推动发展投贷联动、投保联动、投债联动等新模式，不断加大对创业创新企业的融资支持。

（十三）发展国有资本创业投资。研究制定鼓励国有资本参与创业投资的系统性政策措施，完善国有创业投资机构激励约束机制、监督管理机制。引导和鼓励中央企业和其他国有企业参与新兴产业创业投资基金、设立国有资本创业投资基金等，充分发挥国有资本在创业创新中的作用。研究完善国有创业投资机构国有股转持豁免政策。

（十四）推动创业投资“引进来”与“走出去”。抓紧修订外商投资创业投资企业相关管理规定，按照内外资一致的管理原则，放宽外商投资准入，完善外资创业投资机构管理制度，简化管理流程，鼓励外资开展创业投资业务。放宽对外资创业投资基金投资限制，鼓励中外合资创业投资机构发展。引导和鼓励创业投资机构加大对境外高端研发项目的投资，积极分享境外高端技术成果。按投资领域、用途、募集资金规模，完善创业投资境外投资管理。

七、发展创业服务，构建创业生态

（十五）加快发展创业孵化服务。大力发展创新工场、车库咖啡等新型孵化器，做大做强众创空间，完善创业孵化服务。引导和鼓励各类创业孵化器与天使投资、创业投资相结合，完善投融资模式。引导和推动创业孵化与高校、科研院所等技术成果转移相结合，完善技术支撑服务。引导和鼓励国内资本与境外合作设立新型创业孵化平

台，引进境外先进创业孵化模式，提升孵化能力。

（十六）大力发展第三方专业服务。加快发展企业管理、财务咨询、市场营销、人力资源、法律顾问、知识产权、检验检测、现代物流等第三方专业化服务，不断丰富和完善创业服务。

（十七）发展“互联网+”创业服务。加快发展“互联网+”创业网络体系，建设一批小微企业创业创新基地，促进创业与创新、创业与就业、线上与线下相结合，降低全社会创业门槛和成本。加强政府数据开放共享，推动大型互联网企业和基础电信企业向创业者开放计算、存储和数据资源。积极推广众包、用户参与设计、云设计等新型研发组织模式和创业创新模式。

（十八）研究探索创业券、创新券等公共服务新模式。有条件的地方继续探索通过创业券、创新券等方式对创业者和创新企业提供社会培训、管理咨询、检验检测、软件开发、研发设计等服务，建立和规范相关管理制度和运行机制，逐步形成可复制、可推广的经验。

八、建设创业创新平台，增强支撑作用

（十九）打造创业创新公共平台。加强创业创新信息资源整合，建立创业政策集中发布平台，完善专业化、网络化服务体系，增强创业创新信息透明度。鼓励开展各类公益讲坛、创业论坛、创业培训等活动，丰富创业平台形式和内容。支持各类创业创新大赛，定期办好中国创新创业大赛、中国农业科技创新创业大赛和创新挑战大赛等赛事。加强和完善中小企业公共服务平台网络建设。充分发挥企业的创新主体作用，鼓励和支持有条件的大型企业发展创业平台、投资并购小微企业等，支持企业内外部创业者创业，增强企业创业创新活力。为创业失败者再创业建立必要的指导和援助机制，不断增强创业信心和创业能力。加快建立创业企业、天使投资、创业投资统计指标体系，规范统计口径和调查方法，加强监测和分析。

（二十）用好创业创新技术平台。建立科技基础设施、大型科研仪器和专利信息资源向全社会开放的长效机制。完善国家重点实验室等国家级科研平台（基地）向社会开放机制，为大众创业、万众创新提供有力支撑。鼓励企业建立一批专业化、市场化的技术转移平台。鼓励依托三维（3D）打印、网络制造等先进技术和发展模式，开展面向创业者的社会化服务。引导和支持有条件的领军企业创建特色服务平台，面向企业内部和外部创业者提供资金、技术和服务支撑。加快建立军民两用技术项目实施、信息交互和标准化协调机制，促进军民创新资源融合。

（二十一）发展创业创新区域平台。支持开展全面创新改革试验的省（区、市）、国家综合配套改革试验区等，依托改革试验平台在创业创新体制机制改革方面积极探索，发挥示范和带动作用，为创业创新制度体系建设提供可复制、可推广的经验。依托自由贸易试验区、国家自主创新示范区、战略性新兴产业集聚区等创业创新资源密集区域，打造若干具有全球影响力的创业创新中心。引导和鼓励创业创新型城市完善环境，推动区域集聚发展。推动实施小微企业创业基地城市示范。鼓励有条件的地方出台各具特色的支持政策，积极盘活闲置的商业用房、工业厂房、企业库房、物流设施和家庭住所、租赁房等资源，为创业者提供低成本办公场所和居住条件。

九、激发创造活力，发展创新型创业

（二十二）支持科研人员创业。加快落实高校、科研院所等专业技术人员离岗创业政策，对经同意离岗的可在3年内保留人事关系，建立健全科研人员双向流动机制。进一步完善创新型中小企业上市股权激励和员工持股计划制度规则。鼓励符合条件的企业按照有关规定，通过股权、期权、分红等激励方式，调动科研人员创业积极性。支持鼓励学会、协会、研究会等科技社团为科技人员和创业企业提供咨询服务。

（二十三）支持大学生创业。深入实施大学生创业引领计划，整合发展高校毕业生就业创业基金。引导和鼓励高校统筹资源，抓紧落实大学生创业指导服务机构、人员、场地、经费等。引导和鼓励成功创业者、知名企业家、天使和创业投资人、专家学者等担任兼职创业导师，提供包括创业方案、创业渠道等创业辅导。建立健全弹性学制管理办法，支持大学生保留学籍休学创业。

（二十四）支持境外人才来华创业。发挥留学回国人才特别是领军人才、高端人才的创业引领带动作用。继续推进人力资源市场对外开放，建立和完善境外高端创业创新人才引进机制。进一步放宽外籍高端人才来华创业办理签证、永久居留证等条件，简化开办企业审批流程，探索由事前审批调整为事后备案。引导和鼓励地方对回国创业高端人才和境外高端人才来华创办高科技企业给予一次性创业启动资金，在配偶就业、子女入学、医疗、住房、社会保障等方面完善相关措施。加强海外科技人才离岸创业基地建设，把更多的国外创业创新资源引入国内。

十、拓展城乡创业渠道，实现创业带动就业

（二十五）支持电子商务向基层延伸。引导和鼓励集办公服务、投融资支持、创业辅导、渠道开拓于一体的市场化网商创业平台发展。鼓励龙头企业结合乡村特点建立电子商务交易服务平台、商品集散平台和物流中心，推动农村依托互联网创业。鼓励电子商务第三方交易平台渠道下沉，带动城乡基层创业人员依托其平台和经营网络开展创业。完善有利于中小网商发展的相关措施，在风险可控、商业可持续的前提下支持发展面向中小网商的融资贷款业务。

（二十六）支持返乡创业集聚发展。结合城乡区域特点，建立有市场竞争力的协作创业模式，形成各具特色的返乡人员创业联盟。引导返乡创业人员融入特色专业市场，打造具有区域特点的创业集群和优势产业集群。深入实施农村青年创业富民行动，支持返乡创业人员因地制宜围绕休闲农业、农产品深加工、乡村旅游、农村服务业等开展创业，完善家庭农场等新型农业经营主体发展环境。

（二十七）完善基层创业支撑服务。加强城乡基层创业人员社保、住房、教育、医疗等公共服务体系建设，完善跨区域创业转移接续制度。健全职业技能培训体系，加强远程公益创业培训，提升基层创业人员创业能力。引导和鼓励中小金融机构开展面向基层创业创新的金融产品创新，发挥社区地理和软环境优势，支持社区创业者创业。引导和鼓励行业龙头企业、大型物流企业发挥优势，拓展乡村信息资源、物流仓储等技术和服务网络，为基层创业提供支撑。

十一、加强统筹协调，完善协同机制

（二十八）加强组织领导。建立由发展改革委牵头的推进大众创业万众创新部际联席会议制度，加强顶层设计和统筹协调。各地区、各部门要立足改革创新，坚持需求导向，从根本上解决创业创新中面临的各种体制机制问题，共同推进大众创业、万众创新蓬勃发展。重大事项要及时向国务院报告。

（二十九）加强政策协调联动。建立部门之间、部门与地方之间政策协调联动机制，形成强大合力。各地区、各部门要系统梳理已发布的有关支持创业创新发展的各项政策措施，抓紧推进“立、改、废”工作，将对初创企业的扶持方式从选拔式、分配式向普惠式、引领式转变。建立健全创业创新政策协调审查制度，增强政策普惠性、连贯性和协同性。

（三十）加强政策落实情况督查。加快建立推进大众创业、万众创新有关普惠性政策措施落实情况督查督导机制，建立和完善政策执行评估体系和通报制度，全力打通决策部署的“最先一公里”和政策落实的“最后一公里”，确保各项政策措施落地生根。

各地区、各部门要进一步统一思想认识，高度重视、认真落实本意见的各项要求，结合本地区、本部门实际明确任务分工、落实工作责任，主动作为、敢于担当，积极研究解决新问题，及时总结推广经验做法，加大宣传力度，加强舆论引导，推动本意见确定的各项政策措施落实到位，不断拓展大众创业、万众创新的空间，汇聚经济社会发展新动能，促进我国经济保持中高速增长、迈向中高端水平。

国　务　院

2015 年 6 月 11 日

关于加快构建大众创业万众创新支撑平台的指导意见

（国发〔2015〕53号）

各省、自治区、直辖市人民政府，国务院各部委、各直属机构：

当前，全球分享经济快速增长，基于互联网等方式的创业创新蓬勃兴起，众创、众包、众扶、众筹（以下统称四众）等大众创业万众创新支撑平台快速发展，新模式、新业态不断涌现，线上线下加快融合，对生产方式、生活方式、治理方式产生广泛而深刻的影响，动力强劲，潜力巨大。同时，在四众发展过程中也面临行业准入、信用环境、监管机制等方面的问题。为落实党中央、国务院关于大力推进大众创业万众创新和推动实施“互联网+”行动的有关部署，现就加快构建大众创业万众创新支撑平台、推进四众持续健康发展提出以下意见。

一、把握发展机遇，汇聚经济社会发展新动能

四众有效拓展了创业创新与市场资源、社会需求的对接通道，搭建了多方参与的高效协同机制，丰富了创业创新组织形态，优化了劳动、信息、知识、技术、管理、资本等资源的配置方式，为社会大众广泛平等参与创业创新、共同分享改革红利和发展成果提供了更多元的途径和更广阔的空间。

众创，汇众智搞创新，通过创业创新服务平台聚集全社会各类创新资源，大幅降低创业创新成本，使每一个具有科学思维和创新能力的人都可参与创新，形成大众创造、释放众智的新局面。

众包，汇众力增就业，借助互联网等手段，将传统由特定企业和机构完成的任务向自愿参与的所有企业和个人进行分工，最大限度利用大众力量，以更高的效率、更低的成本满足生产及生活服务需求，促进生产方式变革，开拓集智创新、便捷创业、灵活就业的新途径。

众扶，汇众能助创业，通过政府和公益机构支持、企业帮扶援助、个人互助互扶等多种方式，共助小微企业和创业者成长，构建创业创新发展的良好生态。

众筹，汇众资促发展，通过互联网平台向社会募集资金，更灵活高效满足产品开发、企业成长和个人创业的融资需求，有效增加传统金融体系服务小微企业和创业者的新功能，拓展创业创新投融资新渠道。

当前我国正处于发展动力转换的关键时期，加快发展四众具有极为重要的现实意义和战略意义，有利于激发蕴藏在人民群众之中的无穷智慧和创造力，将我国的人力资源优势迅速转化为人力资本优势，促进科技创新，拓展就业空间，汇聚发展新动能；有利于加快网络经济和实体经济融合，充分利用国内国际创新资源，提高生产效率，助推“中国制造

2025”，加快转型升级，壮大分享经济，培育新的经济增长点；有利于促进政府加快完善与新经济形态相适应的体制机制，创新管理方式，提升服务能力，释放改革红利；有利于实现机会公平、权利公平、人人参与又人人受益的包容性增长，探索一条中国特色的众人创富、劳动致富之路。

二、创新发展理念，着力打造创业创新新格局

全面贯彻党的十八大和十八届二中、三中、四中全会精神，按照党中央、国务院决策部署，加快实施创新驱动发展战略，不断深化改革，顺应“互联网＋”时代大融合、大变革趋势，充分发挥我国互联网应用创新的综合优势，充分激发广大人民群众和市场主体的创业创新活力，推动线上与线下相结合、传统与新兴相结合、引导与规范相结合，按照“坚持市场主导、包容创业创新、公平有序发展、优化治理方式、深化开放合作”的基本原则，营造四众发展的良好环境，推动各类要素资源集聚、开放、共享，提高资源配置效率，加快四众广泛应用，在更大范围、更高层次、更深程度上推进大众创业、万众创新，打造新引擎，壮大新经济。

——坚持市场主导。充分发挥市场在资源配置中的决定性作用，强化企业和劳动者的主体地位，尊重市场选择，积极发展有利于提高资源利用效率、激发大众智慧、满足人民群众需求、创造经济增长新动力的新模式、新业态。

——包容创业创新。以更包容的态度、更积极的政策营造四众发展的宽松环境，激发人民群众的创业创新热情，鼓励各类主体充分利用互联网带来的新机遇，积极探索四众的新平台、新形式、新应用，开拓创业创新发展新空间。

——公平有序发展。坚持公平进入、公平竞争、公平监管，破除限制新模式新业态发展的不合理约束和制度瓶颈，营造传统与新兴、线上与线下主体之间公平发展的良好环境，维护各类主体合法权益，引导各方规范有序发展。

——优化治理方式。转变政府职能，进一步简政放权，强化事中事后监管，优化提升公共服务，加强协同，创新手段，发挥四众平台企业内部治理和第三方治理作用，健全政府、行业、企业、社会共同参与的治理机制，推动四众持续健康发展。

——深化开放合作。“引进来”与“走出去”相结合，充分利用四众平台，优化配置国际创新资源，借鉴国际管理经验，积极融入全球创新网络。鼓励采用四众模式搭建对外开放新平台，面向国际市场拓展服务领域，深化创业创新国际合作。

三、全面推进众创，释放创业创新能量

（一）大力发展专业空间众创。鼓励各类科技园、孵化器、创业基地、农民工返乡创业园等加快与互联网融合创新，打造线上线下相结合的大众创业万众创新载体。鼓励各类线上虚拟众创空间发展，为创业创新者提供跨行业、跨学科、跨地域的线上交流和资源链接服务。鼓励创客空间、创业咖啡、创新工场等新型众创空间发展，推动基于“互联网＋”的创业创新活动加速发展。

（二）鼓励推进网络平台众创。鼓励大型互联网企业、行业领军企业通过网络平台

向各类创业创新主体开放技术、开发、营销、推广等资源，鼓励各类电子商务平台为小微企业和创业者提供支撑，降低创业门槛，加强创业创新资源共享与合作，促进创新成果及时转化，构建开放式创业创新体系。

（三）培育壮大企业内部众创。通过企业内部资源平台化，积极培育内部创客文化，激发员工创造力；鼓励大中型企业通过投资员工创业开拓新的业务领域、开发创新产品，提升市场适应能力和创新能力；鼓励企业建立健全股权激励机制，突破成长中的管理瓶颈，形成持续的创新动力。

四、积极推广众包，激发创业创新活力

（四）广泛应用研发创意众包。鼓励企业与研发机构等通过网络平台将部分设计、研发任务分发和交付，促进成本降低和提质增效，推动产品技术的跨学科融合创新。鼓励企业通过网络社区等形式广泛征集用户创意，促进产品规划与市场需求无缝对接，实现万众创新与企业发展相互促动。鼓励中国服务外包示范城市、技术先进型服务企业和服务外包重点联系企业积极应用众包模式。

（五）大力实施制造运维众包。支持有能力的大中型制造企业通过互联网众包平台聚集跨区域标准化产能，满足大规模标准化产品订单的制造需求。结合深化国有企业改革，鼓励采用众包模式促进生产方式变革。鼓励中小制造企业通过众包模式构筑产品服务运维体系，提升用户体验，降低运维成本。

（六）加快推广知识内容众包。支持百科、视频等开放式平台积极通过众包实现知识内容的创造、更新和汇集，引导有能力、有条件的个人和企业积极参与，形成大众智慧集聚共享新模式。

（七）鼓励发展生活服务众包。推动交通出行、无车承运物流、快件投递、旅游、医疗、教育等领域生活服务众包，利用互联网技术高效对接供需信息，优化传统生活服务行业的组织运营模式。推动整合利用分散闲置社会资源的分享经济新型服务模式，打造人民群众广泛参与、互助互利的服务生态圈。发展以社区生活服务业为核心的电子商务服务平台，拓展服务性网络消费领域。

五、立体实施众扶，集聚创业创新合力

（八）积极推动社会公共众扶。加快公共科技资源和信息资源开放共享，提高各类公益事业机构、创新平台和基地的服务能力，推动高校和科研院所向小微企业和创业者开放科研设施，降低大众创业、万众创新的成本。鼓励行业协会、产业联盟等行业组织和第三方服务机构加强对小微企业和创业者的支持。

（九）鼓励倡导企业分享众扶。鼓励大中型企业通过生产协作、开放平台、共享资源、开放标准等方式，带动上下游小微企业和创业者发展。鼓励有条件的企业依法合规发起或参与设立公益性创业基金，开展创业培训和指导，履行企业社会责任。鼓励技术领先企业向标准化组织、产业联盟等贡献基础性专利或技术资源，推动产业链协同创新。

（十）大力支持公众互助众扶。支持开源社区、开发者社群、资源共享平台、捐赠平台、创业沙龙等各类互助平台发展。鼓励成功企业家以天使投资、慈善、指导帮扶

等方式支持创业者创业。鼓励通过网络平台、线下社区、公益组织等途径扶助大众创业就业，促进互助互扶，营造深入人心、氛围浓厚的众扶文化。

六、稳健发展众筹，拓展创业创新融资

（十一）积极开展实物众筹。鼓励消费电子、智能家居、健康设备、特色农产品等创新产品开展实物众筹，支持艺术、出版、影视等创意项目在加强内容管理的同时，依法开展实物众筹。积极发挥实物众筹的资金筹集、创意展示、价值发现、市场接受度检验等功能，帮助将创新创意付诸实践，提供快速、便捷、普惠化服务。

（十二）稳步推进股权众筹。充分发挥股权众筹作为传统股权融资方式有益补充的作用，增强金融服务小微企业和创业创新者的能力。稳步推进股权众筹融资试点，鼓励小微企业和创业者通过股权众筹融资方式募集早期股本。对投资者实行分类管理，切实保护投资者合法权益，防范金融风险。

（十三）规范发展网络借贷。鼓励互联网企业依法合规设立网络借贷平台，为投融资双方提供借贷信息交互、撮合、资信评估等服务。积极运用互联网技术优势构建风险控制体系，缓解信息不对称，防范风险。

七、推进放管结合，营造宽松发展空间

（十四）完善市场准入制度。积极探索交通出行、无车承运物流、快递、金融、医疗、教育等领域的准入制度创新，通过分类管理、试点示范等方式，依法为众包、众筹等新模式新业态的发展营造政策环境。针对众包资产轻、平台化、受众广、跨地域等特点，放宽市场准入条件，降低行业准入门槛。（交通运输部、邮政局、人民银行、证监会、银监会、卫生计生委、教育部等负责）

（十五）建立健全监管制度。适应新业态发展要求，建立健全行业标准规范和规章制度，明确四众平台企业在质量管理、信息内容管理、知识产权、申报纳税、社会保障、网络安全等方面的责任、权利和义务。（质检总局、新闻出版广电总局、知识产权局、税务总局、人力资源社会保障部、网信办、工业和信息化部等负责）因业施策，加快研究制定重点领域促进四众发展的相关意见。（交通运输部、邮政局、人民银行、证监会、银监会、卫生计生委、教育部等负责）

（十六）创新行业监管方式。建立以信用为核心的新型市场监管机制，加强跨部门、跨地区协同监管。建立健全事中事后监管体系，充分发挥全国统一的信用信息共享交换平台、企业信用信息公示系统等的作用，利用大数据、随机抽查、信用评价等手段加强监督检查和对违法违规行为的处置。（发展改革委、工业和信息化部、工商总局、相关行业主管部门负责）

（十七）优化提升公共服务。加快商事制度改革，支持各地结合实际放宽新注册企业场所登记条件限制，推动“一址多照”、集群注册等住所登记改革，为创业创新提供便利的工商登记服务。简化和完善注销流程，开展个体工商户、未开业企业、无债权债务企业简易注销登记试点。推进全程电子化登记和电子营业执照应用，简化行政审批程序，为企业发展提供便利。加强行业监管、企业登记等相关部门与四

众平台企业的信息互联共享，推进公共数据资源开放，加快推行电子签名、电子认证，推动电子签名国际互认，为四众发展提供支撑。进一步清理和取消职业资格许可认定，研究建立国家职业资格目录清单管理制度，加强对新设职业资格的管理。（工商总局、发展改革委、科技部、工业和信息化部、人力资源社会保障部、相关行业主管部门负责）

（十八）促进开放合作发展。有序引导外资参与四众发展，培育一批国际化四众平台企业。鼓励四众平台企业利用全球创新资源，面向国际市场拓展服务。加强国际合作，鼓励小微企业和创业者承接国际业务。（商务部、发展改革委牵头负责）

八、完善市场环境，夯实健康发展基础

（十九）加快信用体系建设。引导四众平台企业建立实名认证制度和信用评价机制，健全相关主体信用记录，鼓励发展第三方信用评价服务。建立四众平台企业的信用评价机制，公开评价结果，保障用户的知情权。建立完善信用标准化体系，制定四众发展信用环境相关的关键信用标准，规范信用信息采集、处理、评价、应用、交换、共享和服务。依法合理利用网络交易行为等在互联网上积累的信用数据，对现有征信体系和评测体系进行补充和完善。推进全国统一的信用信息共享交换平台、企业信用信息公示系统等与四众平台企业信用体系互联互通，实现资源共享。（发展改革委、人民银行、工商总局、质检总局牵头负责）

（二十）深化信用信息应用。鼓励发展信用咨询、信用评估、信用担保和信用保险等信用服务业。建立健全守信激励机制和失信联合惩戒机制，加大对守信行为的表彰和宣传力度，在市场监管和公共服务过程中，对诚实守信者实行优先办理、简化程序等“绿色通道”支持激励政策，对违法失信者依法予以限制或禁入。（发展改革委、人民银行牵头负责）

（二十一）完善知识产权环境。加大网络知识产权执法力度，促进在线创意、研发成果申请知识产权保护，研究制定四众领域的知识产权保护政策。运用技术手段加强在线创意、研发成果的知识产权执法，切实维护创业创新者权益。加强知识产权相关法律法规、典型案例的宣传和培训，增强中小微企业知识产权意识和管理能力。（知识产权局牵头负责）

九、强化内部治理，塑造自律发展机制

（二十二）提升平台治理能力。鼓励四众平台企业结合自身商业模式，积极利用信息化手段加强内部制度建设和管理规范，提高风险防控能力、信息内容管理能力和网络安全水平。引导四众平台企业履行管理责任，建立用户权益保障机制。（网信办、工业和信息化部、工商总局等负责）

（二十三）加强行业自律规范。强化行业自律，规范四众从业机构市场行为，保护行业合法权益。推动行业组织制定各类产品和服务标准，促进企业之间的业务交流和信息共享。完善行业纠纷协调和解决机制，鼓励第三方以及用户参与平台治理。构建在线争议解决、现场接待受理、监管部门受理投诉、第三方调解以及仲裁、诉讼等多元化纠纷解决机制。（相关行业主管部门、行政执法部门负责）

（二十四）保障网络信息安全。四众平台企业应当切实提升技术安全水平，及时发现和有效应对各类网络安全事件，确保网络平台安全稳定运行。妥善保管各类用户资料和交易信息，不得买卖、泄露用户信息，保障信息安全。强化守法、诚信、自律意识，营造诚信规范发展的良好氛围。（网信办、工业和信息化部牵头负责）

十、优化政策扶持，构建持续发展环境

（二十五）落实财政支持政策。创新财政科技专项资金支持方式，支持符合条件的企业通过众创、众包等方式开展相关科技活动。充分发挥国家新兴产业创业投资引导基金、国家中小企业发展基金等政策性基金作用，引导社会资源支持四众加快发展。降低对实体营业场所、固定资产投入等硬性指标要求，将对线下实体众创空间的财政扶持政策惠及网络众创空间。加大中小企业专项资金对小微企业创业基地建设的支持力度。大力推进小微企业公共服务平台和创业基地建设，加大政府购买服务力度，为采用四众模式的小微企业免费提供管理指导、技能培训、市场开拓、标准咨询、检验检测认证等服务。（财政部、发展改革委、工业和信息化部、科技部、商务部、质检总局等负责）

（二十六）实行适用税收政策。加快推广使用电子发票，支持四众平台企业和采用众包模式的中小微企业及个体经营者按规定开具电子发票，并允许将电子发票作为报销凭证。对于业务规模较小、处于初创期的从业机构符合现行小微企业税收优惠政策条件的，可按规定享受税收优惠政策。（财政部、税务总局牵头负责）

（二十七）创新金融服务模式。引导天使投资、创业投资基金等支持四众平台企业发展，支持符合条件的企业在创业板、新三板等上市挂牌。鼓励金融机构在风险可控和商业可持续的前提下，基于四众特点开展金融产品和服务创新，积极发展知识产权质押融资。大力发展政府支持的融资担保机构，加强政府引导和银担合作，综合运用资本投入、代偿补偿等方式，加大财政支持力度，引导和促进融资担保机构和银行业金融机构为符合条件的四众平台企业提供快捷、低成本的融资服务。（人民银行、证监会、银监会、保监会、发展改革委、工业和信息化部、财政部、科技部、商务部、人力资源社会保障部、知识产权局、质检总局等负责）

（二十八）深化科技体制改革。全面落实下放科技成果使用、处置和收益权，鼓励科研人员双向流动等改革部署，激励更多科研人员投身创业创新。加大科研基础设施、大型科研仪器向社会开放的力度，为更多小微企业和创业者提供支撑。（科技部牵头负责）

（二十九）繁荣创业创新文化。设立“全国大众创业万众创新活动周”，加强政策宣传，展示创业成果，促进投资对接和互动交流，为创业创新提供展示平台。继续办好中国创新创业大赛、中国农业科技创新创业大赛等赛事活动。引导各类媒体加大对四众的宣传力度，普及四众知识，发掘典型案例，推广成功经验，培育尊重知识、崇尚创造、追求卓越的创新文化。（发展改革委、科技部、工业和信息化部、中央宣传部、中国科协等负责）

（三十）鼓励地方探索先行。充分尊重和发挥基层首创精神，因地制宜，突出特

色。支持各地探索适应新模式新业态发展特点的管理模式，及时总结形成可复制、可推广的经验。支持全面创新改革试验区、自由贸易试验区、国家自主创新示范区、战略性新兴产业集聚区、国家级经济技术开发区、跨境电子商务综合试验区等加大改革力度，强化对创业创新公共服务平台的扶持，充分发挥四众发展的示范带动作用。（发展改革委、科技部、商务部、相关地方省级人民政府等负责）

各地区、各部门应加大对众创、众包、众扶、众筹等创业创新活动的引导和支持力度，加强统筹协调，探索制度创新，完善政府服务，科学组织实施，鼓励先行先试，不断开创大众创业、万众创新的新局面。

国 务 院

2015 年 9 月 23 日

关于国有企业发展混合所有制经济的意见

（国发〔2015〕54 号）

各省、自治区、直辖市人民政府，国务院各部委、各直属机构：

发展混合所有制经济，是深化国有企业改革的重要举措。为贯彻党的十八大和十八届三中、四中全会精神，按照“四个全面”战略布局要求，落实党中央、国务院决策部署，推进国有企业混合所有制改革，促进各种所有制经济共同发展，现提出以下意见。

一、总体要求

（一）改革出发点和落脚点。国有资本、集体资本、非公有资本等交叉持股、相互融合的混合所有制经济，是基本经济制度的重要实现形式。多年来，一批国有企业通过改制发展成为混合所有制企业，但治理机制和监管体制还需要进一步完善；还有许多国有企业为转换经营机制、提高运行效率，正在积极探索混合所有制改革。当前，应对日益激烈的国际竞争和挑战，推动我国经济保持中高速增长、迈向中高端水平，需要通过深化国有企业混合所有制改革，推动完善现代企业制度，健全企业法人治理结构；提高国有资本配置和运行效率，优化国有经济布局，增强国有经济活力、控制力、影响力和抗风险能力，主动适应和引领经济发展新常态；促进国有企业转换经营机制，放大国有资本功能，实现国有资产保值增值，实现各种所有制资本取长补短、相互促进、共同发展，夯实社会主义基本经济制度的微观基础。在国有企业混合所有制改革中，要坚决防止因监管不到位、改革不彻底导致国有资产流失。

（二）基本原则。

——政府引导，市场运作。尊重市场经济规律和企业发展规律，以企业为主体，充分发挥市场机制作用，把引资本与转机制结合起来，把产权多元化与完善企业法人治理结构结合起来，探索国有企业混合所有制改革的有效途径。

——完善制度，保护产权。以保护产权、维护契约、统一市场、平等交换、公平竞争、有效监管为基本导向，切实保护混合所有制企业各类出资人的产权权益，调动各类资本参与发展混合所有制经济的积极性。

——严格程序，规范操作。坚持依法依规，进一步健全国有资产交易规则，科学评估国有资产价值，完善市场定价机制，切实做到规则公开、过程公开、结果公开。强化交易主体和交易过程监管，防止暗箱操作、低价贱卖、利益输送、化公为私、逃废债务，杜绝国有资产流失。

——宜改则改，稳妥推进。对通过实行股份制、上市等途径已经实行混合所有制的国有企业，要着力在完善现代企业制度、提高资本运行效率上下功夫；对适宜继续推进混合所有制改革的国有企业，要充分发挥市场机制作用，坚持因地施策、因业施策、因企施策，宜独则独、宜控则控、宜参则参，不搞拉郎配，不搞全覆盖，不设时间表，一企一策，成熟一个推进一个，确保改革规范有序进行。尊重基层创新实践，形成一批可复制、可推广的成功做法。

二、分类推进国有企业混合所有制改革

（三）稳妥推进主业处于充分竞争行业和领域的商业类国有企业混合所有制改革。按照市场化、国际化要求，以增强国有经济活力、放大国有资本功能、实现国有资产保值增值为主要目标，以提高经济效益和创新商业模式为导向，充分运用整体上市等方式，积极引入其他国有资本或各类非国有资本实现股权多元化。坚持以资本为纽带完善混合所有制企业治理结构和管理方式，国有资本出资人和各类非国有资本出资人以股东身份履行权利和职责，使混合所有制企业成为真正的市场主体。

（四）有效探索主业处于重要行业和关键领域的商业类国有企业混合所有制改革。对主业处于关系国家安全、国民经济命脉的重要行业和关键领域、主要承担重大专项任务的商业类国有企业，要保持国有资本控股地位，支持非国有资本参股。对自然垄断行业，实行以政企分开、政资分开、特许经营、政府监管为主要内容的改革，根据不同行业特点实行网运分开、放开竞争性业务，促进公共资源配置市场化，同时加强分类依法监管，规范营利模式。

——重要通信基础设施、枢纽型交通基础设施、重要江河流域控制性水利水电航电枢纽、跨流域调水工程等领域，实行国有独资或控股，允许符合条件的非国有企业依法通过特许经营、政府购买服务等方式参与建设和运营。

——重要水资源、森林资源、战略性矿产资源等开发利用，实行国有独资或绝对控股，在强化环境、质量、安全监管的基础上，允许非国有资本进入，依法依规有序参与开发经营。

——江河主干渠道、石油天然气主干管网、电网等，根据不同行业领域特点实行网运分开、主辅分离，除对自然垄断环节的管网实行国有独资或绝对控股外，放开竞争性业务，允许非国有资本平等进入。

——核电、重要公共技术平台、气象测绘水文等基础数据采集利用等领域，实行国有独资或绝对控股，支持非国有企业投资参股以及参与特许经营和政府采购。粮食、石油、天然气等战略物资国家储备领域保持国有独资或控股。

——国防军工等特殊产业，从事战略武器装备科研生产、关系国家战略安全和涉及国家核心机密的核心军工能力领域，实行国有独资或绝对控股。其他军工领域，分类逐步放宽市场准入，建立竞争性采购体制机制，支持非国有企业参与武器装备科研生产、维修服务和竞争性采购。

——对其他服务国家战略目标、重要前瞻性战略性产业、生态环境保护、共用技术平台等重要行业和关键领域，加大国有资本投资力度，发挥国有资本引导和带动作用。

（五）引导公益类国有企业规范开展混合所有制改革。在水电气热、公共交通、公共设施等提供公共产品和服务的行业和领域，根据不同业务特点，加强分类指导，推进具备条件的企业实现投资主体多元化。通过购买服务、特许经营、委托代理等方式，

鼓励非国有企业参与经营。政府要加强对价格水平、成本控制、服务质量、安全标准、信息披露、营运效率、保障能力等方面的监管，根据企业不同特点有区别地考核其经营业绩指标和国有资产保值增值情况，考核中要引入社会评价。

三、分层推进国有企业混合所有制改革

（六）引导在子公司层面有序推进混合所有制改革。对国有企业集团公司二级及以下企业，以研发创新、生产服务等实体企业为重点，引入非国有资本，加快技术创新、管理创新、商业模式创新，合理限定法人层级，有效压缩管理层级。明确股东的法律地位和股东在资本收益、企业重大决策、选择管理者等方面的权利，股东依法按出资比例和公司章程规定行权履职。

（七）探索在集团公司层面推进混合所有制改革。在国家有明确规定的特定领域，坚持国有资本控股，形成合理的治理结构和市场化经营机制；在其他领域，鼓励通过整体上市、并购重组、发行可转债等方式，逐步调整国有股权比例，积极引入各类投资者，形成股权结构多元、股东行为规范、内部约束有效、运行高效灵活的经营机制。

（八）鼓励地方从实际出发推进混合所有制改革。各地区要认真贯彻落实中央要求，区分不同情况，制定完善改革方案和相关配套措施，指导国有企业稳妥开展混合所有制改革，确保改革依法合规、有序推进。

四、鼓励各类资本参与国有企业混合所有制改革

（九）鼓励非公有资本参与国有企业混合所有制改革。非公有资本投资主体可通过出资入股、收购股权、认购可转债、股权置换等多种方式，参与国有企业改制重组或国有控股上市公司增资扩股以及企业经营管理。非公有资本投资主体可以货币出资，或以实物、股权、土地使用权等法律法规允许的方式出资。企业国有产权或国有股权转让时，除国家另有规定外，一般不在意向受让人资质条件中对民间投资主体单独设置附加条件。

（十）支持集体资本参与国有企业混合所有制改革。明晰集体资产产权，发展股权多元化、经营产业化、管理规范化的经济实体。允许经确权认定的集体资本、资产和其他生产要素作价入股，参与国有企业混合所有制改革。研究制定股份合作经济（企业）管理办法。

（十一）有序吸收外资参与国有企业混合所有制改革。引入外资参与国有企业改制重组、合资合作，鼓励通过海外并购、投融资合作、离岸金融等方式，充分利用国际市场、技术、人才等资源和要素，发展混合所有制经济，深度参与国际竞争和全球产业分工，提高资源全球化配置能力。按照扩大开放与加强监管同步的要求，依照外商投资产业指导目录和相关安全审查规定，完善外资安全审查工作机制，切实加强风险防范。

（十二）推广政府和社会资本合作（PPP）模式。优化政府投资方式，通过投资补助、基金注资、担保补贴、贷款贴息等，优先支持引入社会资本的项目。以项目运营绩效评价结果为依据，适时对价格和补贴进行调整。组合引入保险资金、社保基金等长期投资者参与国家重点工程投资。鼓励社会资本投资或参股基础设施、公用事业、

公共服务等领域项目，使投资者在平等竞争中获取合理收益。加强信息公开和项目储备，建立综合信息服务平台。

（十三）鼓励国有资本以多种方式入股非国有企业。在公共服务、高新技术、生态环境保护和战略性产业等重点领域，以市场选择为前提，以资本为纽带，充分发挥国有资本投资、运营公司的资本运作平台作用，对发展潜力大、成长性强的非国有企业进行股权投资。鼓励国有企业通过投资入股、联合投资、并购重组等多种方式，与非国有企业进行股权融合、战略合作、资源整合，发展混合所有制经济。支持国有资本与非国有资本共同设立股权投资基金，参与企业改制重组。

（十四）探索完善优先股和国家特殊管理股方式。国有资本参股非国有企业或国有企业引入非国有资本时，允许将部分国有资本转化为优先股。在少数特定领域探索建立国家特殊管理股制度，依照相关法律法规和公司章程规定，行使特定事项否决权，保证国有资本在特定领域的控制力。

（十五）探索实行混合所有制企业员工持股。坚持激励和约束相结合的原则，通过试点稳妥推进员工持股。员工持股主要采取增资扩股、出资新设等方式，优先支持人才资本和技术要素贡献占比较高的转制科研院所、高新技术企业和科技服务型企业开展试点，支持对企业经营业绩和持续发展有直接或较大影响的科研人员、经营管理人员和业务骨干等持股。完善相关政策，健全审核程序，规范操作流程，严格资产评估，建立健全股权流转和退出机制，确保员工持股公开透明，严禁暗箱操作，防止利益输送。混合所有制企业实行员工持股，要按照混合所有制企业实行员工持股试点的有关工作要求组织实施。

五、建立健全混合所有制企业治理机制

（十六）进一步确立和落实企业市场主体地位。政府不得干预企业自主经营，股东不得干预企业日常运营，确保企业治理规范、激励约束机制到位。落实董事会对经理层成员等高级经营管理人员选聘、业绩考核和薪酬管理等职权，维护企业真正的市场主体地位。

（十七）健全混合所有制企业法人治理结构。混合所有制企业要建立健全现代企业制度，明晰产权，同股同权，依法保护各类股东权益。规范企业股东（大）会、董事会、经理层、监事会和党组织的权责关系，按章程行权，对资本监管，靠市场选人，依规则运行，形成定位清晰、权责对等、运转协调、制衡有效的法人治理结构。

（十八）推行混合所有制企业职业经理人制度。按照现代企业制度要求，建立市场导向的选人用人和激励约束机制，通过市场化方式选聘职业经理人依法负责企业经营管理，畅通现有经营管理者与职业经理人的身份转换通道。职业经理人实行任期制和契约化管理，按照市场化原则决定薪酬，可以采取多种方式探索中长期激励机制。严格职业经理人任期管理和绩效考核，加快建立退出机制。

六、建立依法合规的操作规则

（十九）严格规范操作流程和审批程序。在组建和注册混合所有制企业时，要依据相关法律法规，规范国有资产授权经营和产权交易等行为，健全清产核资、评估定价、

转让交易、登记确权等国有产权流转程序。国有企业产权和股权转让、增资扩股、上市公司增发等，应在产权、股权、证券市场公开披露信息，公开择优确定投资人，达成交易意向后应及时公示交易对象、交易价格、关联交易等信息，防止利益输送。国有企业实施混合所有制改革前，应依据本意见制定方案，报同级国有资产监管机构批准；重要国有企业改制后国有资本不再控股的，报同级人民政府批准。国有资产监管机构要按照本意见要求，明确国有企业混合所有制改革的操作流程。方案审批时，应加强对社会资本质量、合作方诚信与操守、债权债务关系等内容的审核。要充分保障企业职工对国有企业混合所有制改革的知情权和参与权，涉及职工切身利益的要做好评估工作，职工安置方案要经过职工代表大会或者职工大会审议通过。

（二十）健全国有资产定价机制。按照公开公平公正原则，完善国有资产交易方式，严格规范国有资产登记、转让、清算、退出等程序和交易行为。通过产权、股权、证券市场发现和合理确定资产价格，发挥专业化中介机构作用，借助多种市场化定价手段，完善资产定价机制，实施信息公开，加强社会监督，防止出现内部人控制、利益输送造成国有资产流失。

（二十一）切实加强监管。政府有关部门要加强对国有企业混合所有制改革的监管，完善国有产权交易规则和监管制度。国有资产监管机构对改革中出现的违法转让和侵吞国有资产、化公为私、利益输送、暗箱操作、逃废债务等行为，要依法严肃处理。审计部门要依法履行审计监督职能，加强对改制企业原国有企业法定代表人的离任审计。充分发挥第三方机构在清产核资、财务审计、资产定价、股权托管等方面的作用。加强企业职工内部监督。进一步做好信息公开，自觉接受社会监督。

七、营造国有企业混合所有制改革的良好环境

（二十二）加强产权保护。健全严格的产权占有、使用、收益、处分等完整保护制度，依法保护混合所有制企业各类出资人的产权和知识产权权益。在立法、司法和行政执法过程中，坚持对各种所有制经济产权和合法利益给予同等法律保护。

（二十三）健全多层次资本市场。加快建立规则统一、交易规范的场外市场，促进非上市股份公司股权交易，完善股权、债权、物权、知识产权及信托、融资租赁、产业投资基金等产品交易机制。建立规范的区域性股权市场，为企业提供融资服务，促进资产证券化和资本流动，健全股权登记、托管、做市商等第三方服务体系。以具备条件的区域性股权、产权市场为载体，探索建立统一结算制度，完善股权公开转让和报价机制。制定场外市场交易规则和规范监管制度，明确监管主体，实行属地化、专业化监管。

（二十四）完善支持国有企业混合所有制改革的政策。进一步简政放权，最大限度取消涉及企业依法自主经营的行政许可审批事项。凡是市场主体基于自愿的投资经营和民事行为，只要不属于法律法规禁止进入的领域，且不危害国家安全、社会公共利益和第三方合法权益，不得限制进入。完善工商登记、财税管理、土地管理、金融服务等政策。依法妥善解决混合所有制改革涉及的国有企业职工劳动关系调整、社会保险关系接续等问题，确保企业职工队伍稳定。加快剥离国有企业办社会职能，妥善解决历史遗留问题。完善统计制度，加强监测分析。

（二十五）加快建立健全法律法规制度。健全混合所有制经济相关法律法规和规章，加大法律法规立、改、废、释工作力度，确保改革于法有据。根据改革需要抓紧对合同法、物权法、公司法、企业国有资产法、企业破产法中有关法律制度进行研究，依照法定程序及时提请修改。推动加快制定有关产权保护、市场准入和退出、交易规则、公平竞争等方面法律法规。

八、组织实施

（二十六）建立工作协调机制。国有企业混合所有制改革涉及面广、政策性强、社会关注度高。各地区、各有关部门和单位要高度重视，精心组织，严守规范，明确责任。各级政府及相关职能部门要加强对国有企业混合所有制改革的组织领导，做好把关定向、配套落实、审核批准、纠偏提醒等工作。各级国有资产监管机构要及时跟踪改革进展，加强改革协调，评估改革成效，推广改革经验，重大问题及时向同级人民政府报告。各级工商联要充分发挥广泛联系非公有制企业的组织优势，参与做好沟通政企、凝聚共识、决策咨询、政策评估、典型宣传等方面工作。

（二十七）加强混合所有制企业党建工作。坚持党的建设与企业改革同步谋划、同步开展，根据企业组织形式变化，同步设置或调整党的组织，理顺党组织隶属关系，同步选配好党组织负责人，健全党的工作机构，配强党务工作者队伍，保障党组织工作经费，有效开展党的工作，发挥好党组织政治核心作用和党员先锋模范作用。

（二十八）开展不同领域混合所有制改革试点示范。结合电力、石油、天然气、铁路、民航、电信、军工等领域改革，开展放开竞争性业务、推进混合所有制改革试点示范。在基础设施和公共服务领域选择有代表性的政府投融资项目，开展多种形式的政府和社会资本合作试点，加快形成可复制、可推广的模式和经验。

（二十九）营造良好的舆论氛围。以坚持“两个毫不动摇”（毫不动摇巩固和发展公有制经济，毫不动摇鼓励、支持、引导非公有制经济发展）为导向，加强国有企业混合所有制改革舆论宣传，做好政策解读，阐释目标方向和重要意义，宣传成功经验，正确引导舆论，回应社会关切，使广大人民群众了解和支持改革。

各级政府要加强对国有企业混合所有制改革的领导，根据本意见，结合实际推动改革。

金融、文化等国有企业的改革，中央另有规定的依其规定执行。

国　务　院

2015年9月23日

关于改革和完善国有资产管理体制的若干意见

（国发〔2015〕63号）

各省、自治区、直辖市人民政府，国务院各部委、各直属机构：

改革开放以来，我国国有资产管理体制改革稳步推进，国有资产出资人代表制度基本建立，保值增值责任初步得到落实，国有资产规模、利润水平、竞争能力得到较大提升。但必须看到，现行国有资产管理体制中政企不分、政资不分问题依然存在，国有资产监管还存在越位、缺位、错位现象；国有资产监督机制不健全，国有资产流失、违纪违法问题在一些领域和企业比较突出；国有经济布局结构有待进一步优化，国有资本配置效率不高等问题亟待解决。按照《中共中央关于全面深化改革若干重大问题的决定》和国务院有关部署，现就改革和完善国有资产管理体制提出以下意见。

一、总体要求

（一）指导思想。深入贯彻落实党的十八大和十八届二中、三中、四中全会精神，按照党中央、国务院决策部署，坚持和完善社会主义基本经济制度，坚持社会主义市场经济改革方向，尊重市场经济规律和企业发展规律，正确处理好政府与市场的关系，以管资本为主加强国有资产监管，改革国有资本授权经营体制，真正确立国有企业的市场主体地位，推进国有资产监管机构职能转变，适应市场化、现代化、国际化新形势和经济发展新常态，不断增强国有经济活力、控制力、影响力和抗风险能力。

（二）基本原则。

坚持权责明晰。实现政企分开、政资分开、所有权与经营权分离，依法理顺政府与国有企业的出资关系。切实转变政府职能，依法确立国有企业的市场主体地位，建立健全现代企业制度。坚持政府公共管理职能与国有资产出资人职能分开，确保国有企业依法自主经营，激发企业活力、创新力和内生动力。

坚持突出重点。按照市场经济规则和现代企业制度要求，以管资本为主，以资本为纽带，以产权为基础，重点管好国有资本布局、规范资本运作、提高资本回报、维护资本安全。注重通过公司法人治理结构依法行使国有股东权利。

坚持放管结合。按照权责明确、监管高效、规范透明的要求，推进国有资产监管机构职能和监管方式转变。该放的依法放开，切实增强企业活力，提高国有资本运营效率；该管的科学管好，严格防止国有资产流失，确保国有资产保值增值。

坚持稳妥有序。处理好改革、发展、稳定的关系，突出改革和完善国有资产管理体制的系统性、协调性，以重点领域为突破口，先行试点，分步实施，统筹谋划，协同推进相关配套改革。

二、推进国有资产监管机构职能转变

（三）准确把握国有资产监管机构的职责定位。国有资产监管机构作为政府直属特设机构，根据授权代表本级人民政府对监管企业依法履行出资人职责，科学界定国有资产出资人监管的边界，专司国有资产监管，不行使政府公共管理职能，不干预企业自主经营权。以管资本为主，重点管好国有资本布局、规范资本运作、提高资本回报、维护资本安全，更好服务于国家战略目标，实现保值增值。发挥国有资产监管机构专业化监管优势，逐步推进国有资产出资人监管全覆盖。

（四）进一步明确国有资产监管重点。加强战略规划引领，改进对监管企业主业界定和投资并购的管理方式，遵循市场机制，规范调整存量，科学配置增量，加快优化国有资本布局结构。加强对国有资本运营质量及监管企业财务状况的监测，强化国有产权流转环节监管，加大国有产权进场交易力度。按照国有企业的功能界定和类别实行分类监管。改进考核体系和办法，综合考核资本运营质量、效率和收益，以经济增加值为主，并将转型升级、创新驱动、合规经营、履行社会责任等纳入考核指标体系。着力完善激励约束机制，将国有企业领导人员考核结果与职务任免、薪酬待遇有机结合，严格规范国有企业领导人员薪酬分配。建立健全与劳动力市场基本适应，与企业经济效益、劳动生产率挂钩的工资决定和正常增长机制。推动监管企业不断优化公司法人治理结构，把加强党的领导和完善公司治理统一起来，建立国有企业领导人员分类分层管理制度。强化国有资产监督，加强和改进外派监事会制度，建立健全国有企业违法违规经营责任追究体系、国有企业重大决策失误和失职渎职责任追究倒查机制。

（五）推进国有资产监管机构职能转变。围绕增强监管企业活力和提高效率，聚焦监管内容，该管的要科学管理、决不缺位，不该管的要依法放权、决不越位。将国有资产监管机构行使的投资计划、部分产权管理和重大事项决策等出资人权利，授权国有资本投资、运营公司和其他直接监管的企业行使；将依法应由企业自主经营决策的事项归位于企业；加强对企业集团的整体监管，将延伸到子企业的管理事项原则上归位于一级企业，由一级企业依法依规决策；将国有资产监管机构配合承担的公共管理职能，归位于相关政府部门和单位。

（六）改进国有资产监管方式和手段。大力推进依法监管，着力创新监管方式和手段。按照事前规范制度、事中加强监控、事后强化问责的思路，更多运用法治化、市场化的监管方式，切实减少出资人审批核准事项，改变行政化管理方式。通过"一企一策"制定公司章程、规范董事会运作、严格选派和管理股东代表和董事监事，将国有出资人意志有效体现在公司治理结构中。针对企业不同功能定位，在战略规划制定、资本运作模式、人员选用机制、经营业绩考核等方面，实施更加精准有效的分类监管。调整国有资产监管机构内部组织设置和职能配置，建立监管权力清单和责任清单，优化监管流程，提高监管效率。建立出资人监管信息化工作平台，推进监管工作协同，实现信息共享和动态监管。完善国有资产和国有企业信息公开制度，设立统一的信息公开网络平台，在不涉及国家秘密和企业商业秘密的前提下，依法依规及时准确地披露国有资本整体运营情况、企业国有资产保值增值及经营业绩考核总体情况、国有资产监管制度和监督检查情况，以及国有企业公司治理和管理架构、财务状况、关联交易、企业负责人薪酬等信息，建设阳光国企。

三、改革国有资本授权经营体制

（七）改组组建国有资本投资、运营公司。主要通过划拨现有商业类国有企业的国有股权，以及国有资本经营预算注资组建，以提升国有资本运营效率、提高国有资本回报为主要目标，通过股权运作、价值管理、有序进退等方式，促进国有资本合理流动，实现保值增值；或选择具备一定条件的国有独资企业集团改组设立，以服务国家战略、提升产业竞争力为主要目标，在关系国家安全、国民经济命脉的重要行业和关键领域，通过开展投资融资、产业培育和资本整合等，推动产业集聚和转型升级，优化国有资本布局结构。

（八）明确国有资产监管机构与国有资本投资、运营公司关系。政府授权国有资产监管机构依法对国有资本投资、运营公司履行出资人职责。国有资产监管机构按照“一企一策”原则，明确对国有资本投资、运营公司授权的内容、范围和方式，依法落实国有资本投资、运营公司董事会职权。国有资本投资、运营公司对授权范围内的国有资本履行出资人职责，作为国有资本市场化运作的专业平台，依法自主开展国有资本运作，对所出资企业行使股东职责，维护股东合法权益，按照责权对应原则切实承担起国有资产保值增值责任。

（九）界定国有资本投资、运营公司与所出资企业关系。国有资本投资、运营公司依据公司法等相关法律法规，对所出资企业依法行使股东权利，以出资额为限承担有限责任。以财务性持股为主，建立财务管控模式，重点关注国有资本流动和增值状况；或以对战略性核心业务控股为主，建立以战略目标和财务效益为主的管控模式，重点关注所出资企业执行公司战略和资本回报状况。

（十）开展政府直接授权国有资本投资、运营公司履行出资人职责的试点工作。中央层面开展由国务院直接授权国有资本投资、运营公司试点等工作。地方政府可以根据实际情况，选择开展直接授权国有资本投资、运营公司试点工作。

四、提高国有资本配置和运营效率

（十一）建立国有资本布局和结构调整机制。政府有关部门制定完善经济社会发展规划、产业政策和国有资本收益管理规则。国有资产监管机构根据政府宏观政策和有关管理要求，建立健全国有资本进退机制，制定国有资本投资负面清单，推动国有资本更多投向关系国家安全、国民经济命脉和国计民生的重要行业和关键领域。

（十二）推进国有资本优化重组。坚持以市场为导向、以企业为主体，有进有退、有所为有所不为，优化国有资本布局结构，提高国有资本流动性，增强国有经济整体功能和提升效率。按照国有资本布局结构调整要求，加快推动国有资本向重要行业、关键领域、重点基础设施集中，向前瞻性战略性产业集中，向产业链关键环节和价值链高端领域集中，向具有核心竞争力的优势企业集中。清理退出一批、重组整合一批、创新发展一批国有企业，建立健全优胜劣汰市场化退出机制，加快淘汰落后产能和化解过剩产能，处置低效无效资产。推动国有企业加快技术创新、管理创新和商业模式创新。推进国有资本控股经营的自然垄断行业改革，根据不同行业特点放开竞争性业务，实现国有资本和社会资本更好融合。

（十三）建立健全国有资本收益管理制度。财政部门会同国有资产监管机构等部门建立覆盖全部国有企业、分级管理的国有资本经营预算管理制度，根据国家宏观调控和国有资本布局结构调整要求，提出国有资本收益上交比例建议，报国务院批准后执行。在改组组建国有资本投资、运营公司以及实施国有企业重组过程中，国家根据需要将部分国有股权划转社会保障基金管理机构持有，分红和转让收益用于弥补养老等社会保障资金缺口。

五、协同推进相关配套改革

（十四）完善有关法律法规。健全国有资产监管法律法规体系，做好相关法律法规的立改废释工作。按照立法程序，抓紧推动开展企业国有资产法修订工作，出台相关配套法规，为完善国有资产管理体制夯实法律基础。根据国有企业公司制改革进展情况，推动适时废止全民所有制工业企业法。研究起草企业国有资产基础管理条例，统一管理规则。

（十五）推进政府职能转变。进一步减少行政审批事项，大幅度削减政府通过国有企业行政性配置资源事项，区分政府公共管理职能与国有资产出资人管理职能，为国有资产管理体制改革完善提供环境条件。推进自然垄断行业改革，实行网运分开、特许经营。加快推进价格机制改革，严格规范政府定价行为，完善市场发现、形成价格的机制。推进行政性垄断行业成本公开、经营透明，发挥社会监督作用。

（十六）落实相关配套政策。落实和完善国有企业重组整合涉及的资产评估增值、土地变更登记和国有资产无偿划转等方面税收优惠政策，切实明确国有企业改制重组过程中涉及的债权债务承接主体和责任，完善国有企业退出的相关政策，依法妥善处理劳动关系调整和社会保险关系接续等相关问题。

（十七）妥善解决历史遗留问题。加快剥离企业办社会职能，针对“三供一业”（供水、供电、供热和物业管理）、离退休人员社会化管理、厂办大集体改革等问题，制定统筹规范、分类施策的措施，建立政府和国有企业合理分担成本的机制。国有资本经营预算支出优先用于解决国有企业历史遗留问题。

（十八）稳步推进经营性国有资产集中统一监管。按照依法依规、分类推进、规范程序、市场运作的原则，以管资本为主，稳步将党政机关、事业单位所属企业的国有资本纳入经营性国有资产集中统一监管体系，具备条件的进入国有资本投资、运营公司。

金融、文化等国有企业的改革，中央另有规定的依其规定执行。

各地区要结合本地实际，制定具体改革实施方案，确保国有资产管理体制改革顺利进行，全面完成各项改革任务。

国 务 院

2015 年 10 月 25 日

关于深化高等学校创新创业教育改革的实施意见

（国办发〔2015〕36 号）

各省、自治区、直辖市人民政府，国务院各部委、各直属机构：

深化高等学校创新创业教育改革，是国家实施创新驱动发展战略、促进经济提质增效升级的迫切需要，是推进高等教育综合改革、促进高校毕业生更高质量创业就业的重要举措。党的十八大对创新创业人才培养作出重要部署，国务院对加强创新创业教育提出明确要求。近年来，高校创新创业教育不断加强，取得了积极进展，对提高高等教育质量、促进学生全面发展、推动毕业生创业就业、服务国家现代化建设发挥了重要作用。但也存在一些不容忽视的突出问题，主要是一些地方和高校重视不够，创新创业教育理念滞后，与专业教育结合不紧，与实践脱节；教师开展创新创业教育的意识和能力欠缺，教学方式方法单一，针对性实效性不强；实践平台短缺，指导帮扶不到位，创新创业教育体系亟待健全。为了进一步推动大众创业、万众创新，经国务院同意，现就深化高校创新创业教育改革提出如下实施意见。

一、总体要求

（一）指导思想

全面贯彻党的教育方针，落实立德树人根本任务，坚持创新引领创业、创业带动就业，主动适应经济发展新常态，以推进素质教育为主题，以提高人才培养质量为核心，以创新人才培养机制为重点，以完善条件和政策保障为支撑，促进高等教育与科技、经济、社会紧密结合，加快培养规模宏大、富有创新精神、勇于投身实践的创新创业人才队伍，不断提高高等教育对稳增长促改革调结构惠民生的贡献度，为建设创新型国家、实现“两个一百年”奋斗目标和中华民族伟大复兴的中国梦提供强大的人才智力支撑。

（二）基本原则

坚持育人为本，提高培养质量。把深化高校创新创业教育改革作为推进高等教育综合改革的突破口，树立先进的创新创业教育理念，面向全体、分类施教、结合专业、强化实践，促进学生全面发展，提升人力资本素质，努力造就大众创业、万众创新的生力军。

坚持问题导向，补齐培养短板。把解决高校创新创业教育存在的突出问题作为深化高校创新创业教育改革的着力点，融入人才培养体系，丰富课程、创新教法、强化师资、改进帮扶，推进教学、科研、实践紧密结合，突破人才培养薄弱环节，增强学生的创新精神、创业意识和创新创业能力。

坚持协同推进，汇聚培养合力。把完善高校创新创业教育体制机制作为深化高校创新创业教育改革的支撑点，集聚创新创业教育要素与资源，统一领导、齐抓共管、开放合作、全员参与，形成全社会关心支持创新创业教育和学生创新创业的良好生态环境。

（三）总体目标

2015年起全面深化高校创新创业教育改革。2017年取得重要进展，形成科学先进、广泛认同、具有中国特色的创新创业教育理念，形成一批可复制可推广的制度成果，普及创新创业教育，实现新一轮大学生创业引领计划预期目标。到2020年建立健全课堂教学、自主学习、结合实践、指导帮扶、文化引领融为一体的高校创新创业教育体系，人才培养质量显著提升，学生的创新精神、创业意识和创新创业能力明显增强，投身创业实践的学生显著增加。

二、主要任务和措施

（一）完善人才培养质量标准

制订实施本科专业类教学质量国家标准，修订实施高职高专专业教学标准和博士、硕士学位基本要求，明确本科、高职高专、研究生创新创业教育目标要求，使创新精神、创业意识和创新创业能力成为评价人才培养质量的重要指标。相关部门、科研院所、行业企业要制修订专业人才评价标准，细化创新创业素质能力要求。不同层次、类型、区域高校要结合办学定位、服务面向和创新创业教育目标要求，制订专业教学质量标准，修订人才培养方案。

（二）创新人才培养机制

实施高校毕业生就业和重点产业人才供需年度报告制度，完善学科专业预警、退出管理办法，探索建立需求导向的学科专业结构和创业就业导向的人才培养类型结构调整新机制，促进人才培养与经济社会发展、创业就业需求紧密对接。深入实施系列“卓越计划”、科教结合协同育人行动计划等，多形式举办创新创业教育实验班，探索建立校校、校企、校地、校所以及国际合作的协同育人新机制，积极吸引社会资源和国外优质教育资源投入创新创业人才培养。高校要打通一级学科或专业类下相近学科专业的基础课程，开设跨学科专业的交叉课程，探索建立跨院系、跨学科、跨专业交叉培养创新创业人才的新机制，促进人才培养由学科专业单一型向多学科融合型转变。

（三）健全创新创业教育课程体系

各高校要根据人才培养定位和创新创业教育目标要求，促进专业教育与创新创业教育有机融合，调整专业课程设置，挖掘和充实各类专业课程的创新创业教育资源，在传授专业知识过程中加强创新创业教育。面向全体学生开发开设研究方法、学科前沿、创业基础、就业创业指导等方面的必修课和选修课，纳入学分管理，建设依次递进、有机衔接、科学合理的创新创业教育专门课程群。各地区、各高校要加快创新创业教育优质课程信息化建设，推出一批资源共享的慕课、视频公开课等在线开放课程。建立在线开放课程学习认证和学分认定制度。组织学科带头人、行业企业优秀人才，联合编写具有科学性、先进性、适用性的创新创业教育重点教材。

（四）改革教学方法和考核方式

各高校要广泛开展启发式、讨论式、参与式教学，扩大小班化教学覆盖面，推动教师把国际前沿学术发展、最新研究成果和实践经验融入课堂教学，注重培养学生的批判性和创造性思维，激发创新创业灵感。运用大数据技术，掌握不同学生学习需求和规律，为学生自主学习提供更加丰富多样的教育资源。改革考试考核内容和方式，注重考查学生运用知识分析、解决问题的能力，探索非标准答案考试，破除“高分低能”积弊。

（五）强化创新创业实践

各高校要加强专业实验室、虚拟仿真实验室、创业实验室和训练中心建设，促进实验教学平台共享。各地区、各高校科技创新资源原则上向全体在校学生开放，开放情况纳入各类研究基地、重点实验室、科技园评估标准。鼓励各地区、各高校充分利用各种资源建设大学科技园、大学生创业园、创业孵化基地和小微企业创业基地，作为创业教育实践平台，建好一批大学生校外实践教育基地、创业示范基地、科技创业实习基地和职业院校实训基地。完善国家、地方、高校三级创新创业实训教学体系，深入实施大学生创新创业训练计划，扩大覆盖面，促进项目落地转化。举办全国大学生创新创业大赛，办好全国职业院校技能大赛，支持举办各类科技创新、创意设计、创业计划等专题竞赛。支持高校学生成立创新创业协会、创业俱乐部等社团，举办创新创业讲座论坛，开展创新创业实践。

（六）改革教学和学籍管理制度

各高校要设置合理的创新创业学分，建立创新创业学分积累与转换制度，探索将学生开展创新实验、发表论文、获得专利和自主创业等情况折算为学分，将学生参与课题研究、项目实验等活动认定为课堂学习。为有意愿有潜质的学生制定创新创业能力培养计划，建立创新创业档案和成绩单，客观记录并量化评价学生开展创新创业活动情况。优先支持参与创新创业的学生转入相关专业学习。实施弹性学制，放宽学生修业年限，允许调整学业进程、保留学籍休学创新创业。设立创新创业奖学金，并在现有相关评优评先项目中拿出一定比例用于表彰优秀创新创业的学生。

（七）加强教师创新创业教育教学能力建设

各地区、各高校要明确全体教师创新创业教育责任，完善专业技术职务评聘和绩效考核标准，加强创新创业教育的考核评价。配齐配强创新创业教育与创业就业指导专职教师队伍，并建立定期考核、淘汰制度。聘请知名科学家、创业成功者、企业家、风险投资人等各行各业优秀人才，担任专业课、创新创业课授课或指导教师，并制定兼职教师管理规范，形成全国万名优秀创新创业导师人才库。将提高高校教师创新创业教育的意识和能力作为岗前培训、课程轮训、骨干研修的重要内容，建立相关专业教师、创新创业教育专职教师到行业企业挂职锻炼制度。加快完善高校科技成果处置和收益分配机制，支持教师以对外转让、合作转化、作价入股、自主创业等形式将科技成果产业化，并鼓励带领学生创新创业。

（八）改进学生创业指导服务

各地区、各高校要建立健全学生创业指导服务专门机构，做到“机构、人员、场地、经费”四到位，对自主创业学生实行持续帮扶、全程指导、一站式服务。健全持续化信息服务制度，完善全国大学生创业服务网功能，建立地方、高校两级信息服务平台，为学生实时提供国家政策、市场动向等信息，并做好创业项目对接、知识产权交易等服务。各地区、各有关部门要积极落实高校学生创业培训政策，研发适合学生特点的创业培训课程，建设网络培训平台。鼓励高校自主编制专项培训计划，或与有条件的教育培训机构、行业协会、群团组织、企业联合开发创业培训项目。各地区和具备条件的行业协会要针对区域需求、行业发展，发布创业项目指南，引导高校学生识别创业机会、捕捉创业商机。

（九）完善创新创业资金支持和政策保障体系

各地区、各有关部门要整合发展财政和社会资金，支持高校学生创新创业活动。各高校要优化经费支出结构，多渠道统筹安排资金，支持创新创业教育教学，资助学生创新创业项目。部委属高校应按规定使用中央高校基本科研业务费，积极支持品学兼优且具有较强科研潜质的在校学生开展创新科研工作。中国教育发展基金会设立大学生创新创业教育奖励基金，用于奖励对创新创业教育作出贡献的单位。鼓励社会组织、公益团体、企事业单位和个人设立大学生创业风险基金，以多种形式向自主创业大学生提供资金支持，提高扶持资金使用效益。深入实施新一轮大学生创业引领计划，落实各项扶持政策和服务措施，重点支持大学生到新兴产业创业。有关部门要加快制定有利于互联网创业的扶持政策。

三、加强组织领导

（一）健全体制机制

各地区、各高校要把深化高校创新创业教育改革作为“培养什么人，怎样培养人”的重要任务摆在突出位置，加强指导管理与监督评价，统筹推进本地本校创新创业教育工作。各地区要成立创新创业教育专家指导委员会，开展高校创新创业教育的研究、咨询、指导和服务。各高校要落实创新创业教育主体责任，把创新创业教育纳入改革发展重要议事日程，成立由校长任组长、分管校领导任副组长、有关部门负责人参加的创新创业教育工作领导小组，建立教务部门牵头，学生工作、团委等部门齐抓共管的创新创业教育工作机制。

（二）细化实施方案

各地区、各高校要结合实际制定深化本地本校创新创业教育改革的实施方案，明确责任分工。教育部属高校需将实施方案报教育部备案，其他高校需报学校所在地省级教育部门和主管部门备案，备案后向社会公布。

（三）强化督导落实

教育部门要把创新创业教育质量作为衡量办学水平、考核领导班子的重要指标，纳入高校教育教学评估指标体系和学科评估指标体系，引入第三方评估。把创新创业教育相关情况列入本科、高职高专、研究生教学质量年度报告和毕业生就业质量年度报告重点内容，接受社会监督。

（四）加强宣传引导

各地区、各有关部门以及各高校要大力宣传加强高校创新创业教育的必要性、紧迫性、重要性，使创新创业成为管理者办学、教师教学、学生求学的理性认知与行动自觉。及时总结推广各地各高校的好经验好做法，选树学生创新创业成功典型，丰富宣传形式，培育创客文化，努力营造敢为人先、敢冒风险、宽容失败的氛围环境。

国务院办公厅

2015 年 5 月 4 日

关于印发进一步做好新形势下就业创业工作重点任务分工方案的通知

（国办函〔2015〕47号）

各省、自治区、直辖市人民政府，国务院有关部门：

《进一步做好新形势下就业创业工作重点任务分工方案》（以下简称《分工方案》）已经国务院同意，现印发给你们，请认真落实。

有关部门要认真贯彻实施《国务院关于进一步做好新形势下就业创业工作的意见》（国发〔2015〕23号），按照《分工方案》的要求，进一步分解细化涉及本部门的工作，抓紧制定具体措施，逐项推进落实。同一项工作涉及多个部门的，牵头部门要加强协调，有关部门要密切协作。

各省、自治区、直辖市人民政府要加强组织领导，落实责任，加快推进各项工作，确保政策落地生效。

人力资源社会保障部要做好跟踪分析、统筹协调、督促检查等工作，重大问题及时向国务院报告。

国务院办公厅

2015年6月18日

进一步做好新形势下就业创业工作重点任务分工方案

序号	工作任务	负责单位	时间进度
1	把稳定和扩大就业作为经济运行合理区间的下限，将城镇新增就业、调查失业率作为宏观调控重要指标，纳入国民经济和社会发展规划及年度计划	发展改革委、人力资源社会保障部、统计局（列第一位者为牵头单位，下同）	持续实施
2	加强财税、金融、产业、贸易等经济政策与就业政策的配套衔接，建立宏观经济政策对就业影响评价机制	发展改革委、工业和信息化部、财政部、人力资源社会保障部、商务部、人民银行、税务总局	持续实施
3	建立公共投资和重大项目建设带动就业评估机制	发展改革委、人力资源社会保障部	持续实施

续表

序号	工作任务	负责单位	时间进度
4	开展小微企业创业创新基地城市示范，中央财政给予综合奖励；创新政府采购支持方式，消除中小企业享受相关优惠政策面临的条件认定、企业资质等不合理限制门槛	财政部、工业和信息化部	持续实施
5	将失业保险基金支持企业稳岗政策实施范围由兼并重组企业、化解产能过剩企业、淘汰落后产能企业等三类企业扩大到所有符合条件的企业	省级人民政府	2015年7月底前出台具体措施
6	淘汰落后产能奖励资金、依据兼并重组政策规定支付给企业的土地补偿费要优先用于职工安置	工业和信息化部、国土资源部，省级人民政府	持续实施
7	完善失业监测预警机制，建立应对失业风险的就业应急预案	人力资源社会保障部、发展改革委、财政部、统计局	持续实施
8	年内出台推进“三证合一”登记制度改革意见和统一社会信用代码方案，实现“一照一码”	工商总局、发展改革委、税务总局、质检总局、中央编办、法制办	2015年12月底前出台具体措施
9	放松经营范围登记管制，支持各地结合实际放宽新注册企业场所登记条件限制，推动“一址多照”、集群注册等住所登记改革	工商总局，省级人民政府	2015年12月底前出台具体措施
10	全面完成清理非行政许可审批事项，再取消下放一批制约经济发展、束缚企业活力等含金量高的行政许可事项	国务院审改办	持续实施
11	加快发展市场化、专业化、集成化、网络化的众创空间；对符合条件的众创空间等新型孵化机构适用科技企业孵化器税收优惠政策；有条件的地方可对众创空间的房租、宽带网络、公共软件等给予适当补贴，或通过盘活商业用房、闲置厂房等资源提供成本较低的场所	科技部、教育部、工业和信息化部、财政部、人力资源社会保障部、税务总局、共青团中央，省级人民政府	持续实施
12	运用财税政策，支持风险投资、创业投资、天使投资等发展	财政部、税务总局、发展改革委	持续实施
13	加快设立国家中小企业发展基金和国家新兴产业创业投资引导基金；鼓励地方设立创业投资引导等基金	财政部、发展改革委、工业和信息化部、人力资源社会保障部、农业部	2015年12月底前出台具体措施

续表

序号	工作任务	负责单位	时间进度
14	加快创业板等资本市场改革，强化全国中小企业股份转让系统融资、交易等功能，规范发展服务小微企业的区域性股权市场；开展股权众筹融资试点，积极探索和规范发展互联网金融，发展新型金融机构和融资服务机构	人民银行、证监会、银监会、保监会	持续实施
15	将小额担保贷款调整为创业担保贷款，明确支持对象、标准和条件，贷款最高额度统一调整为10万元；健全贷款发放考核办法和财政贴息资金规范管理约束机制，完善担保基金呆坏账核销办法	人民银行、财政部、人力资源社会保障部	2015年9月底前出台具体措施
16	实施更加积极的促进就业创业税收优惠政策，将企业吸纳就业税收优惠的人员范围由失业一年以上人员调整为失业半年以上人员	财政部、税务总局、人力资源社会保障部	2015年7月底前出台具体措施
17	抓紧推广中关村国家自主创新示范区税收试点政策	财政部、税务总局	2015年12月底前出台具体措施
18	全面清理涉企行政事业性收费、政府性基金、具有强制垄断性的经营服务性收费、行业协会商会涉企收费，落实涉企收费清单管理制度和创业负担举报反馈机制	财政部、发展改革委、工业和信息化部	持续实施
19	探索高校、科研院所等事业单位专业技术人员在职创业、离岗创业有关政策	人力资源社会保障部、教育部、科技部	持续实施
20	加快推进中央级事业单位科技成果使用、处置和收益管理改革试点政策推广	财政部、科技部、知识产权局	持续实施
21	完善科技人员创业股权激励政策，放宽股权奖励、股权出售的企业设立年限和盈利水平限制	财政部、科技部	2015年12月底前出台具体措施
22	支持农民工返乡创业，发展新型农业经营主体，落实定向减税和普遍性降费政策；依托存量资源整合创建一批农民工返乡创业园；依托基层就业和社会保障服务设施等公共平台，提供创业指导和服务；支持农民网上创业	人力资源社会保障部、农业部、发展改革委、财政部、住房城乡建设部、商务部、人民银行、税务总局、共青团中央、全国妇联，省级人民政府	2015年6月底前出台具体措施
23	支持举办创业训练营、创业创新大赛、创新成果和创业项目展示推介等活动，搭建创业者交流平台，培育创业文化	人力资源社会保障部、科技部、教育部、工业和信息化部、财政部、全国总工会、共青团中央，省级人民政府	持续实施

续表

序号	工作任务	负责单位	时间进度
24	对劳动者创办社会组织、从事网络创业符合条件的，给予相应创业扶持政策	省级人民政府	持续实施
25	推进创业型城市创建，对政策落实好、创业环境优、工作成效显著的，按规定予以表彰	人力资源社会保障部	持续实施
26	落实完善见习补贴政策，对见习期满留用率达到50%以上的见习单位，适当提高见习补贴标准	省级人民政府	2015年7月底前出台具体措施
27	将求职补贴调整为求职创业补贴，对象范围扩展到已获得国家助学贷款的毕业年度高校毕业生	省级人民政府	2015年7月底前出台具体措施
28	技师学院高级工班、预备技师班和特殊教育院校职业教育类毕业生可参照高校毕业生享受相关就业补贴政策	人力资源社会保障部、中国残联、财政部	2015年7月底前出台具体措施
29	规范公益性岗位开发和管理	人力资源社会保障部、财政部	持续实施
30	加快完善残疾人集中就业单位扶持政策	财政部、税务总局、民政部、人力资源社会保障部、中国残联	2015年12月底前出台具体措施
31	完善职业培训、就业服务、劳动维权“三位一体”的工作机制，加强农民工输出输入地劳务对接，加强对转移就业农民工的跟踪服务	人力资源社会保障部、农业部、全国总工会、全国妇联	持续实施
32	扶持自主择业军转干部、自主就业退役士兵就业创业；调整完善促进军转干部及随军家属就业税收政策	人力资源社会保障部、民政部、财政部、税务总局	持续实施
33	健全覆盖城乡的公共就业创业服务体系，提高服务均等化、标准化和专业化水平；完善公共就业服务体系的创业服务功能；将职业介绍补贴和扶持公共就业服务补助合并调整为就业创业服务补贴	人力资源社会保障部、财政部、发展改革委	2015年9月底前出台具体措施
34	逐步建成以省级为基础、全国一体化的就业信息化格局；实现就业管理和就业服务工作全程信息化	人力资源社会保障部	持续实施
35	加快建立统一规范灵活的人力资源市场，消除城乡、行业、身份、性别、残疾等影响平等就业的制度障碍和就业歧视；推进人力资源市场诚信体系建设和标准化建设；加强对企业招聘行为、职业中介活动的规范	人力资源社会保障部、工商总局、全国妇联	持续实施

续表

序号	工作任务	负责单位	时间进度
36	优化高校学科专业结构，加快发展现代职业教育，大规模开展职业培训，加大创业培训力度；把创新创业课程纳入国民教育体系；重点实施农民工职业技能提升和失业人员转业转岗培训；支持企业开展新型学徒制培训	人力资源社会保障部、教育部、发展改革委、财政部、全国总工会	持续实施
37	对实现就业或自主创业的最低生活保障对象，在核算家庭收入时，可以扣减必要的就业成本	民政部、财政部	持续实施
38	将就业创业工作纳入政绩考核，细化目标任务、政策落实、就业创业服务、资金投入、群众满意度等指标，提高权重，并层层分解，督促落实	中央组织部、人力资源社会保障部，省级人民政府	持续实施
39	各级人民政府要在财政预算中合理安排就业相关资金；进一步规范就业专项资金管理	财政部、人力资源社会保障部，省级人民政府	持续实施
40	建立健全就业创业统计监测体系	人力资源社会保障部、发展改革委、统计局、工商总局、教育部、全国妇联持续实施	持续实施

关于加强和改进企业国有资产监督防止国有资产流失的意见

（国办发〔2015〕79号）

各省、自治区、直辖市人民政府，国务院各部委、各直属机构：

我国企业国有资产是全体人民的共同财富，保障国有资产安全、防止国有资产流失，是全面建成小康社会、实现全体人民共同富裕的必然要求。改革开放以来，我国国有经济不断发展壮大，国有企业市场活力普遍增强、效率显著提高，企业国有资产监管工作取得积极进展和明显成效。但与此同时，一些国有企业逐渐暴露出管理不规范、内部人控制严重、企业领导人员权力缺乏制约、腐败案件多有发生等问题，企业国有资产监督工作中多头监督、重复监督和监督不到位的现象也日益突出。为贯彻落实中央关于深化国有企业改革的有关部署，切实加强和改进企业国有资产监督、防止国有资产流失，经国务院同意，现提出以下意见。

一、总体要求

（一）指导思想。认真贯彻落实党的十八大和十八届二中、三中、四中、五中全会精神，按照党中央、国务院有关决策部署，以国有资产保值增值、防止流失为目标，坚持问题导向，立足体制机制制度创新，加强和改进党对国有企业的领导，切实强化国有企业内部监督、出资人监督和审计、纪检监察、巡视监督以及社会监督，严格责任追究，加快形成全面覆盖、分工明确、协同配合、制约有力的国有资产监督体系，充分体现监督的严肃性、权威性、时效性，促进国有企业持续健康发展。

（二）基本原则。

坚持全面覆盖，突出重点。实现企业国有资产监督全覆盖，加强对国有企业权力集中、资金密集、资源富集、资产聚集等重点部门、重点岗位和重点决策环节的监督，切实维护国有资产安全。

坚持权责分明，协同联合。清晰界定各类监督主体的监督职责，有效整合监督资源，增强监督工作合力，形成内外衔接、上下贯通的国有资产监督格局。

坚持放管结合，提高效率。正确处理好依法加强监督和增强企业活力的关系，改进监督方式，创新监督方法，尊重和维护企业经营自主权，增强监督的针对性和有效性。

坚持完善制度，严肃问责。建立健全企业国有资产监督法律法规体系，依法依规开展监督工作，完善责任追究制度，对违法违规造成国有资产损失以及监督工作中失职渎职的责任主体，严格追究责任。

二、着力强化企业内部监督

（三）完善企业内部监督机制。企业集团应当建立涵盖各治理主体及审计、纪检监察、巡视、法律、财务等部门的监督工作体系，强化对子企业的纵向监督和各业务板块的专业监督。健全涉及财务、采购、营销、投资等方面的内部监督制度和内控机制，进一步发挥总会计师、总法律顾问作用，加强对企业重大决策和重要经营活动的财务、法律审核把关。加强企业内部监督工作的联动配合，提升信息化水平，强化流程管控的刚性约束，确保内部监督及时、有效。

（四）强化董事会规范运作和对经理层的监督。深入推进外部董事占多数的董事会建设，加强董事会内部的制衡约束，依法规范董事会决策程序和董事长履职行为，落实董事对董事会决议承担的法定责任。切实加强董事会对经理层落实董事会决议情况的监督。设置由外部董事组成的审计委员会，建立审计部门向董事会负责的工作机制，董事会依法审议批准企业年度审计计划和重要审计报告，增强董事会运用内部审计规范运营、管控风险的能力。

（五）加强企业内设监事会建设。建立监事会主席由上级母公司依法提名、委派制度，提高专职监事比例，增强监事会的独立性和权威性。加大监事会对董事、高级管理人员履职行为的监督力度，进一步落实监事会检查公司财务、纠正董事及高级管理人员损害公司利益行为等职权，保障监事会依法行权履职，强化监事会及监事的监督责任。

（六）重视企业职工民主监督。健全以职工代表大会为基本形式的企业民主管理制度，规范职工董事、职工监事的产生程序，切实发挥其在参与公司决策和治理中的作用。大力推进厂务公开，建立公开事项清单制度，保障职工知情权、参与权和监督权。

（七）发挥企业党组织保证监督作用。把加强党的领导和完善公司治理统一起来，落实党组织在企业党风廉政建设和反腐败工作中的主体责任和纪检机构的监督责任，健全党组织参与重大决策机制，强化党组织对企业领导人员履职行为的监督，确保企业决策部署及其执行过程符合党和国家方针政策、法律法规。

三、切实加强企业外部监督

（八）完善国有资产监管机构监督。国有资产监管机构要坚持出资人管理和监督的有机统一，进一步加强出资人监督。健全国有企业规划投资、改制重组、产权管理、财务评价、业绩考核、选人用人、薪酬分配等规范国有资本运作、防止流失的制度。加大对国有资产监管制度执行情况的监督力度，定期开展对各业务领域制度执行情况的检查，针对不同时期的重点任务和突出问题不定期开展专项抽查。国有资产监管机构设立稽查办公室，负责分类处置和督办监督工作中发现的需要企业整改的问题，组织开展国有资产重大损失调查，提出有关责任追究的意见建议。开展国有资产监管机构向所出资企业依法委派总会计师试点工作，强化出资人对企业重大财务事项的监督。加强企业境外国有资产监督，重视在法人治理结构中运用出资人监督手段，强化对企业境外投资、运营和产权状况的监督，严格规范境外大额资金使用、集中采购和佣金管理，确保企业境外国有资产安全可控、有效运营。

（九）加强和改进外派监事会监督。对国有资产监管机构所出资企业依法实行外派监事会制度。外派监事会由政府派出，作为出资人监督的专门力量，围绕企业财务、重大决策、运营过程中涉及国有资产流失的事项和关键环节、董事会和经理层依法依规履职情况等重点，着力强化对企业的当期和事中监督。进一步完善履职报告制度，外派监事会要逐户向政府报告年度监督检查情况，对重大事项、重要情况、重大风险和违法违纪违规行为“一事一报告”。按照规定的程序和内容，对监事会监督检查情况实行“一企一公开”，也可以按照类别和事项公开。切实保障监事会主席依法行权履职，落实外派监事会的纠正建议权、罢免或者调整建议权，监事会主席根据授权督促企业整改落实有关问题或者约谈企业领导人员。建立外派监事会可追溯、可量化、可考核、可问责的履职记录制度，切实强化责任意识，健全责任倒查机制。

（十）健全国有企业审计监督体系。完善国有企业审计制度，进一步厘清政府部门公共审计、出资人审计和企业内部审计之间的职责分工，实现企业国有资产审计监督全覆盖。加大对国有企业领导人员履行经济责任情况的审计力度，坚持离任必审，完善任中审计，探索任期轮审，实现任期内至少审计一次。探索建立国有企业经常性审计制度，对国有企业重大财务异常、重大资产损失及风险隐患、国有企业境外资产等开展专项审计，对重大决策部署和投资项目、重要专项资金等开展跟踪审计。完善国有企业购买审计服务办法，扩大购买服务范围，推动审计监督职业化。

（十一）进一步增强纪检监察和巡视的监督作用。督促国有企业落实“两个责任”，实行“一案双查”，强化责任追究。加强对国有企业执行党的纪律情况的监督检查，重点审查国有企业执行党的政治纪律、政治规矩、组织纪律、廉洁纪律情况，严肃查处违反党中央八项规定精神的行为和“四风”问题。查办腐败案件以上级纪委领导为主，线索处置和案件查办在向同级党委报告的同时，必须向上级纪委报告。严肃查办发生在国有企业改制重组、产权交易、投资并购、物资采购、招标投标以及国际化经营等重点领域和关键环节的腐败案件。贯彻中央巡视工作方针，聚焦党风廉政建设和反腐败斗争，围绕“四个着力”，加强和改进国有企业巡视工作，发现问题，形成震慑，倒逼改革，促进发展。

（十二）建立高效顺畅的外部监督协同机制。整合出资人监管、外派监事会监督和审计、纪检监察、巡视等监督力量，建立监督工作会商机制，加强统筹，减少重复检查，提高监督效能。创新监督工作机制和方式方法，运用信息化手段查核问题，实现监督信息共享。完善重大违法违纪违规问题线索向纪检监察机关、司法机关移送机制，健全监督主体依法提请有关机关配合调查案件的制度措施。

四、实施信息公开加强社会监督

（十三）推动国有资产和国有企业重大信息公开。建立健全企业国有资产监管重大信息公开制度，依法依规设立信息公开平台，对国有资本整体运营情况、企业国有资产保值增值及经营业绩考核总体情况、国有资产监管制度和监督检查情况等依法依规、及时准确披露。国有企业要严格执行《企业信息公示暂行条例》，在依法保护国家秘密和企业商业秘密的前提下，主动公开公司治理以及管理架构、经营情况、财务状况、关联交易、企业负责人薪酬等信息。

（十四）切实加强社会监督。重视各类媒体的监督，及时回应社会舆论对企业国有资产运营的重大关切。畅通社会公众的监督渠道，认真处理人民群众有关来信、来访和举报，切实保障单位和个人对造成国有资产损失行为进行检举和控告的权利。推动社会中介机构规范执业，发挥其第三方独立监督作用。

五、强化国有资产损失和监督工作责任追究

（十五）加大对国有企业违规经营责任追究力度。明确企业作为维护国有资产安全、防止流失的责任主体，健全并严格执行国有企业违规经营责任追究制度。综合运用组织处理、经济处罚、禁入限制、纪律处分和追究刑事责任等手段，依法查办违规经营导致国有资产重大损失的案件，严厉惩处侵吞、贪污、输送、挥霍国有资产和逃废金融债务的行为。对国有企业违法违纪违规问题突出、造成重大国有资产损失的，严肃追究企业党组织的主体责任和企业纪检机构的监督责任。建立完善国有企业违规经营责任追究典型问题通报制度，加强对企业领导人员的警示教育。

（十六）严格监督工作责任追究。落实企业外部监督主体维护国有资产安全、防止流失的监督责任。健全国有资产监管机构、外派监事会、审计机关和纪检监察、巡视部门在监督工作中的问责机制，对企业重大违法违纪违规问题应当发现而未发现或敷衍不追、隐匿不报、查处不力的，严格追究有关人员失职渎职责任，视不同情形分别给予纪律处分或行政处分，构成犯罪的，依法追究刑事责任。完善监督工作中的自我监督机制，健全内控措施，严肃查处监督工作人员在问题线索清理、处置和案件查办过程中违反政治纪律、组织纪律、廉洁纪律、工作纪律的行为。

六、加强监督制度和能力建设

（十七）完善企业国有资产监督法律制度。做好国有资产监督法律法规的立改废释工作，按照法定程序修订完善企业国有资产法等法律法规中有关企业国有资产监督的规定，制定出台防止企业国有资产流失条例，将加强企业国有资产监督的职责、程序和有关要求法定化、规范化。

（十八）加强监督队伍建设。选派政治坚定、业务扎实、作风过硬、清正廉洁的优秀人才，进一步充实监督力量。优化监督队伍知识结构，重视提升监督队伍的综合素质和专业素养。加强对监督队伍的日常管理和考核评价，健全与监督工作成效挂钩的激励约束机制，强化监督队伍履职保障。

本意见适用于全国企业国有资产监督工作。金融、文化等企业国有资产监督工作，中央另有规定的依其规定执行。

国务院办公厅

2015 年 10 月 31 日

关于贯彻落实《国务院关于进一步做好新形势下就业创业工作的意见》的通知

（人社部发〔2015〕42 号）

各省、自治区、直辖市及新疆生产建设兵团人力资源社会保障厅（局）：

2015 年 4 月 27 日，国务院印发《关于进一步做好新形势下就业创业工作的意见》(国发〔2015〕23 号，以下简称《意见》)，对做好新时期就业创业工作作出了全面部署，提出了明确要求，充分体现了党中央、国务院对就业创业工作的高度重视。为切实做好《意见》的贯彻落实工作，现就有关问题通知如下：

一、充分认识《意见》出台的重要意义

国务院新出台的这个《意见》，是新形势下指导就业创业工作的纲领性文件。针对经济新常态下就业面临的新形势、新变化，《意见》提出把创业和就业结合起来，以创业创新带动就业，以就业创业带动经济发展，明确了一系列促进就业创业的政策措施，是对积极就业政策体系的完善和发展，也是对加快培育大众创业、万众创新新引擎，催生经济发展新动力的重大政策创新。把《意见》确定的各项政策贯彻好，把就业创业各项任务落实好，对于促进民生改善、经济结构调整和社会和谐稳定具有十分重要的意义。各地人力资源社会保障部门要统一思想认识，认真学习和准确把握《意见》精神，从党和国家工作大局出发，从更好保障和改善民生、促进经济社会和谐发展的站位出发，切实做好《意见》的贯彻落实工作。要以推动大众创业、高校毕业生就业和失业人员再就业为重点，切实抓好政策落实、公共就业创业服务、职业培训和就业统计监测等关键环节的工作，进一步充实完善促进就业创业工作政策措施，不断提升工作科学化和规范化水平，努力保持就业局势长期稳定。

二、抓紧出台具体实施意见

各地人力资源社会保障部门要在地方党委、政府的领导下，认真履行就业创业工作牵头部门职责，主动协调有关部门，结合当地实际抓紧研究制定本地区实施意见，确保至迟在 7 月底前省、市两级政府全部出台，力争早出台、早落实。同时要抓紧完善各项政策的具体操作办法，特别是对《意见》中提出的关于鼓励劳动者自主创业、促进高校毕业生多渠道就业、帮扶困难人员就业、强化就业创业服务、扩大失业保险稳定岗位补贴政策运用范围等方面的新政策，要结合实际，细化操作流程，努力提高政策针对性和实效性，确保所有政策尽快付诸实施。要优化就业创业政策经办服务，以促进劳动者更便捷享受政策扶持为出发点，切实简化申请手续和相关证明材料，严格执行 7 个工作日内完成申请材料审核工作的有关要求，进一步压缩政策办理时限。

各地还要妥善处理好政策衔接与工作衔接，确保过渡时期政策落实不断档，扶持对象不受影响。

三、以贯彻落实《意见》促进全年重点工作的开展

各地人力资源社会保障部门要将贯彻落实《意见》精神作为全年就业创业工作的主线，按照既定要求，精准发力，确保完成各项目标任务。一要突出抓好高校毕业生就业工作。运用税收、金融、资金补贴等各类政策，鼓励引导毕业生到城乡基层、中西部地区、艰苦边远地区和中小微企业就业，支持灵活就业和网络创业，扩大求职创业补贴发放范围并拓展功能，加强对困难毕业生就业创业的帮扶，深入实施离校未就业高校毕业生就业促进计划和大学生创业引领计划，精心开展系列专项服务活动。二要突出抓好创业工作。积极搭建公共就业创业服务平台，支持各类创业园区和新型孵化模式发展，推动创业担保贷款、减税降费、专业技术人员离岗创业等政策尽快落地，深入推进创业型城市建设，并支持各有关部门深入开展创业促进工作。三要突出抓好就业服务和职业培训工作。运用就业创业服务补贴政策，进一步加强就业服务能力建设，提高服务均等化、标准化、专业化水平，加快就业信息互联互通。加快推进人力资源市场整合，完善公共就业和人才服务体系，鼓励发展人力资源服务业，加强市场监管。开展农民工职业技能提升培训和失业人员转业转岗培训，推行企业新型学徒制，调动劳动者参加培训的积极性。四要突出解决好经济下行压力下的就业问题。密切关注就业形势变化，全面落实降低失业保险费率及失业保险稳岗补贴政策，加强对失业风险的防范和有效调控，妥善做好结构调整、化解产能过剩过程中的失业人员再就业工作。

四、深入开展政策宣传

各地人力资源社会保障部门要广泛开展政策宣传解读活动，充分利用各种传统媒体和新兴传播平台，采用专家解读、集中培训、咨询交流等多种方式，提高就业创业政策知晓度，让劳动者真正了解政策，主动监督政策，更好通过政策扶持实现就业创业。要注重宣传促进就业创业的经验做法，宣传劳动者自主就业、自主创业和用人单位促进就业的典型事迹，引导全社会共同关心和支持就业创业工作。下半年，部里将举办就业创业政策培训班，重点对省及省会城市、计划单列市就业创业工作相关业务骨干进行培训。各地也要结合实际，组织好对本地区行政机关、公共就业人才服务机构、职业培训机构和基层公共就业服务平台工作人员的业务培训，促进全系统特别是基层工作人员准确理解、全面掌握、正确执行各项政策。

五、切实加强就业创业工作组织领导

各地人力资源社会保障部门要会同有关单位，抓紧向党委、政府汇报《意见》的主要精神和具体要求，争取领导的重视和支持，推动政府把促进就业创业摆在经济社会发展的优先位置。要巩固和加强就业工作联席会议制度，健全就业创业工作协调机制，强化部门间沟通协作，充分调动各人民团体及其他社会组织的积极性，形成统一领导、部门联动、齐抓共管、分工协作的工作格局。要坚持把促进就业创业作为人社

部门的重要政治责任和第一位的任务，切实加强组织领导，形成一把手亲自抓、分管领导具体抓，一级抓一级、层层抓落实的良好工作机制。对各地贯彻落实《意见》精神和就业创业工作进展情况，部里将加强工作调度，适时组织开展专项督查。各地也要进一步加强对市、县工作的督促指导，积极报请政府建立健全就业创业工作督促检查机制，确保《意见》贯彻落实到位。

人力资源社会保障部

2015 年 5 月 4 日

关于做好技师学院、特殊教育院校部分毕业生同等享受高校毕业生就业政策工作的通知

（人社部发〔2015〕73 号）

各省、自治区、直辖市及新疆生产建设兵团人力资源社会保障厅（局）、残疾人联合会：

根据《国务院关于进一步做好新形势下就业创业工作的意见》（国发〔2015〕23 号）的规定，自 2015 年起，技师学院高级工班、预备技师班和特殊教育院校职业教育类毕业生可参照高校毕业生享受相关就业补贴政策。为做好政策落实工作，经商财政部同意，现就有关事项通知如下：

一、各地要将高校毕业生享受的就业见习补贴和求职创业补贴政策扩大到符合条件的技师学院高级工班、预备技师班和特殊教育院校职业教育类毕业生。

二、现行促进包括符合条件高校毕业生在内的劳动者就业创业各类政策措施，技师学院高级工班、预备技师班和特殊教育院校职业教育类毕业生，均可按规定参照享受。具体包括：鼓励自谋职业和自主创业的税费减免、创业担保贷款及贴息等政策；鼓励企业吸纳就业、支持高校毕业生灵活就业的社会保险补贴等政策；提高劳动者职业技能和就业创业能力的职业培训补贴、职业技能鉴定补贴等政策。

三、各地要充分运用报纸、电视、广播等传统媒体以及移动互联新技术、新媒体，积极宣传解读政策内容，公开政策申请办法、受理程序、办理时限等情况。技师学院和特殊教育院校要通过灵活多样的方式，将政策宣传到每一名毕业生，帮助他们了解熟悉政策。

四、各地人力资源社会保障部门要主动协调有关部门，细化实施办法，简化操作流程，严格对象审核，做好政策落实的经办服务等工作。财政部门要按照要求及时拨付资金，为落实政策提供保障。残联组织要做好特殊教育院校职业教育类毕业生享受政策的相关服务工作，为毕业生享受政策提供便利。

五、各地要加强对政策落实情况的监督检查，及时研究和解决政策落实中发现的问题，确保符合条件的毕业生和用人单位都能享受政策。要进一步加强补贴资金的使用管理，建立和完善工作台账，有效甄别享受政策人员的真实性，防止出现造假行为。对存在虚报、冒领各种补贴资金等行为的单位和个人，一经发现按有关规定严肃处理。

人力资源社会保障部
中国残疾人联合会
2015 年 7 月 31 日

关于开展企业新型学徒制试点工作的通知

（人社厅发〔2015〕127号）

各有关省、自治区、直辖市人力资源社会保障厅（局）、财政厅（局）：

加强企业技能人才队伍建设，是增强企业核心竞争力、推动产业转型升级的必然要求，是稳定就业、化解就业结构性矛盾的重要措施，也是深入实施人才强国战略和创新驱动发展战略的重要内容。为贯彻落实《国务院关于进一步做好新形势下就业创业工作的意见》（国发〔2015〕23号）、《国务院办公厅转发人力资源社会保障部财政部国资委关于加强企业技能人才队伍建设意见的通知》（国办发〔2012〕34号）等文件精神，进一步推进企业职工培训工作，创新技能人才培养模式，人力资源社会保障部、财政部拟在部分省（区、市）开展企业新型学徒制试点工作。现将有关事项通知如下：

一、在北京市、天津市、内蒙古自治区、辽宁省、上海市、江苏省、山东省、河南省、广东省、重庆市、四川省、甘肃省等省（区、市）开展企业新型学徒制试点工作，每个省（区、市）选择3—5家大中型企业作为试点单位，每家企业选拔100人左右参加学徒制培训。基本条件为：企业重视技能人才队伍建设；建立较完善的企业职工培训制度；建立待遇与技能挂钩的激励机制；技能劳动者占企业职工比例达60%以上。

二、各试点省（区、市）人力资源社会保障部门、财政部门要参照《企业新型学徒制试点工作方案》，结合本地区实际情况，制定试点工作办法，落实好企业新型学徒制补贴政策，建立与试点企业的联系制度，积极推动技工院校（培训机构）与企业对接，有序推进试点工作。

三、各试点省（区、市）人力资源社会保障部门、财政部门要加强协调配合，共同研究解决试点工作中出现的难点问题，并根据实际情况，及时合理调整试点工作内容。试点工作办法与《企业新型学徒制试点工作方案》差异较大的，要报人力资源社会保障部、财政部备案批准。试点工作结束后，要及时向人力资源社会保障部、财政部报送试点工作总结和政策建议。

联系人：人力资源社会保障部职业能力建设司　项声闻

电话及传真：010－84207469

联系人：财政部社会保障司　侯丹

电　话：010－68551213

附件：企业新型学徒制试点工作方案

人力资源社会保障部办公厅

财政部办公厅

2015年7月24日

附件

企业新型学徒制试点工作方案

为贯彻落实党的十八届三中全会精神，改革创新企业职工培训制度，加快企业技能人才培养，根据《国务院关于进一步做好新形势下就业创业工作的意见》（国发〔2015〕23号）、《国务院办公厅转发人力资源社会保障部财政部国资委关于加强企业技能人才队伍建设意见的通知》（国办发〔2012〕34号）要求，决定在部分地区开展企业新型学徒制试点工作，并制定如下工作方案：

一、指导思想和目标任务

（一）指导思想。贯彻落实党的十八大和十八届三中全会精神，以服务就业和经济社会发展为宗旨，适应现代企业发展和产业转型升级要求，创新企业技能人才培养模式，改革传统的学徒培养方式，探索开展企业新型学徒制试点，健全完善企业技能人才工作新机制，为提高劳动者职业能力和职业素养，促进企业发展和经济发展方式转变提供支撑。

（二）目标任务。在企业推行以“招工即招生、入企即入校、企校双师联合培养”为主要内容的企业新型学徒制，进一步发挥企业的培训主体作用，通过企校合作等方式，组织有培训需求的企业技能岗位新招用人员和新转岗人员参加新型学徒培训，探索企业职工培训新模式，完善政策措施和培训服务体系，加快企业后备技能人才的培养。

二、企业新型学徒制的主要内容

（一）培养对象和培养模式。企业新型学徒制以与企业签订6个月以上劳动合同的技能岗位新招用人员和新转岗人员为培养对象。企业可结合生产实际自主确定培养对象，按照政府引导、企业为主、院校参与的原则，采取“企校双制、工学一体”的培养模式，即由企业与技工院校、职业培训机构、企业培训中心等教育培训机构（以下简称“培训机构”）采取企校双师带徒、工学交替培养、脱产或半脱产培训等模式共同培养新型学徒。

（二）培养主体职责。学徒培养的主要职责由企业承担。企业应与学徒签订培养协议，明确培养目标、培训内容与期限、考核办法等内容。企业委托培训机构承担学徒的具体培训任务，应签订合作协议，明确培训的方式、内容、期限、费用、双方责任等具体内容，保证学徒在企业工作的同时，能够到培训机构参加系统的专业知识学习和技能训练。承担企业学徒培养任务的院校，与企业签订合作协议后，对企业学徒进行非全日制学制教育学籍注册，加强在校学习管理。

（三）培养目标和主要方式。学徒的培养由企业结合岗位需求确定，培养目标以中、高级技术工人为主，培养期限为1—2年。培养内容主要包括专业知识、操作技能、安全生产规范、职业素养等。要以企业为主导确定具体培养任务，由企业和培训机构分别承担。在企业培养主要是通过企业导师带徒方式，在培训机构培养主要是采取工学一体化教学方式。学徒培训期满，经鉴定考核合格，可按规定取得相应职业资格证书或培训合格证书。

三、建立和完善相关政策体系

（一）建立企校双师联合培养制度。企业选拔优秀高技能人才担任学徒的企业导师。企业导师要指导学徒进行岗位技能操作训练，帮助学徒逐步掌握并不断提升技能水平和职业素养，使之能够达到职业技能标准和岗位要求，具备从事相应技能岗位工作的基本能力。培训机构为学徒指派指导教师，负责承担学徒的学校教学任务。指导教师应具备相应的专业知识和操作技能。

（二）推行技工院校弹性学制和学分制。技工院校应积极承担学徒的教学培训任务，要结合企业生产管理和学徒工作生活的实际情况，采取弹性学制，实行学分制管理。鼓励和支持学徒利用业余时间分阶段完成学业。要建立和完善适合弹性学制和学分制的教学质量评价体系和考核制度，学徒累计学分达到规定要求的，可获得技工院校毕业证书。

（三）健全企业新型学徒制培训投入机制。学徒在学习培训期间，按照劳动合同约定，由企业根据学徒实际工作贡献支付不低于当地最低工资标准的学徒基本工资。企业按照合作协议约定，向培训机构支付学徒培训费用，从企业职工教育经费中列支；符合有关政策规定的，由政府提供职业培训和职业技能鉴定补贴。承担带徒任务的企业导师享受导师带徒津贴，津贴标准由企业确定，津贴由企业承担。企业对学徒开展在岗培训、业务研修等企业内部发生费用，符合有关政策规定的，可从企业职工教育经费中列支。

（四）完善企业新型学徒制补贴政策。人力资源社会保障部门会同财政部门对开展学徒制培训的企业按规定给予职业培训补贴，补贴资金从就业专项资金列支。

补贴数额一般可按企业支付给培训机构培训费用（以培训费发票为准）的60%确定，每人每年的补贴标准原则上应控制在4000—6000元的合理区间，补贴期限不超过2年。培训后未能取得中级以上职业资格证书的，按补贴标准的50%给予补贴；培训合格并通过职业技能鉴定取得中级以上职业资格证书（未颁布国家职业技能标准的职业应取得培训合格证书）的，按补贴标准的100%给予补贴。

企业新型学徒制职业培训补贴实行先支后补、按年度事后结算的办法，企业在开展学徒培训前将有关备案材料报当地人力资源社会保障部门备案，年度培训任务完成后由企业向当地人力资源社会保障部门申请职业培训补贴，经人力资源社会保障部门审核后，财政部门按规定将补贴资金支付到企业在银行开立的基本账户。

备案材料包括：学徒培养计划、企业与学徒签订的培养协议、企业与培训机构签订的合作协议、学徒花名册及身份证复印件、劳动合同复印件等材料。企业申请职业培训补贴材料包括：除前述备案材料外，还应附职业资格证书或培训合格证书、培训机构出具的行政事业性收费票据（或税务发票）、企业在银行开立的基本账户等凭证材料。

四、实施步骤

试点为期两年，实施工作分三个阶段进行：第一阶段（2015年7—8月）：启动阶段。印发试点工作通知，确定试点省份及试点企业，启动试点工作。第二阶段（2015年9月—2017年5月）：实施阶段。各省指导试点企业制定试点工作实施细则，完善相关政策制度，有序开展试点工作。第三阶段（2017年6—7月）：总结阶段。对各省试点工作进行总结，修改完善企业新型学徒制政策。

五、认真做好组织实施工作

各地区、各有关部门要进一步提高认识，增强责任感和紧迫感，把推行企业新型学徒制作为加强技能人才队伍建设和职业培训的重要工作内容，认真组织实施。要建立人力资源社会保障、财政部门牵头，相关部门和人民团体密切配合、协同推进的工作机制。人力资源社会保障部门要会同财政部门落实企业新型学徒制补贴政策，制定企业新型学徒制试点补贴办法。人力资源社会保障部门要建立与试点企业的联系制度，加强工作指导，统筹推进试点工作。

关于进一步推进创业培训工作的指导意见

（人社厅发〔2015〕197号）

各省、自治区、直辖市及新疆生产建设兵团人力资源社会保障厅（局）：

近年来，我国创业培训工作取得显著成效，政策措施逐步健全，培训方式不断创新，培训规模持续扩大，已有数百万劳动者在参加创业培训后实现自主创业，为促进就业和经济社会发展发挥了重要作用。但同时也应看到，创业培训工作尚不能完全满足经济新常态下推进大众创业、万众创新的需要，培训制度需要进一步健全，培训模式需要进一步创新，培训质量需要进一步提升，工作力度需要进一步加大。为贯彻落实《中共中央国务院关于深化体制机制改革加快实施创新驱动发展战略的若干意见》（中发〔2015〕8号）、《国务院关于进一步做好新形势下就业创业工作的意见》（国发〔2015〕23号）、《国务院关于大力推进大众创业万众创新若干政策措施的意见》（国发〔2015〕32号）等文件精神，大力提升劳动者创业能力，全面推动大众创业、万众创新，现就进一步推进创业培训工作提出如下意见：

一、充分认识加强创业培训工作的重要意义

创业培训是培育劳动者创新精神、提高劳动者创业能力、实现个人发展和创造自身价值的重要途径，是激发劳动者创造力、推动大众创业万众创新、实现创业带动就业的重要手段。各级人社部门要充分认识新形势下加强创业培训工作的重要意义，增强责任感和使命感，将创业培训工作作为促进就业和服务经济社会发展的重要措施，进一步完善和落实政策，健全制度和机制，大力推进创业培训工作。

二、指导思想和工作目标

（一）指导思想：以服务就业和经济发展为导向，以推行终身职业技能培训制度和提升劳动者创业能力为宗旨，充分调动社会各方积极性，发挥市场主体作用，强化创业培训公共服务，创新创业培训模式，扩大创业培训规模，提高创业培训针对性和有效性，建立政府激励引导、社会广泛参与、劳动者自主选择的创业培训工作新机制，为推进大众创业、万众创新提供支撑。

（二）工作目标：面向有创业意愿和创业培训需求的劳动者大规模开展创业培训，大幅度提高创业培训质量，使有创业意愿和创业培训需求的劳动者都有机会获得创业培训服务，增强创业带动就业的效应，逐步建立起培训主体多元化、培训模式多样化、培训内容多层次，能够有效覆盖创业活动不同阶段的创业培训体系。

三、政策措施

（一）明确创业培训对象和内容。将具有明确创业意愿和创业培训需求、勇于投身

创业实践的城乡各类劳动者作为创业培训对象，将企业家精神和素质培养、创办企业和经营管理能力训练作为创业培训的主要内容，以高校毕业生、科技人员、留学回国人员、返乡农民工、退役军人、失业人员和转岗职工等群体为重点，以组织实施专项行动计划为抓手，推动创业培训广泛开展。

（二）建立健全创业培训制度。把创业培训制度纳入终身职业技能培训制度范畴。建立培训对象甄选制度，完善创业意愿识别和能力短板诊断机制。完善政府购买培训成果制度，对列入财政补贴范围的创业培训项目按购买服务的规定执行。建立健全培训主体报告制度，强化财政补贴培训项目实施主体的报告义务。健全创业培训师资管理制度，完善师资备案、评价、奖惩机制。建立健全培训绩效考评制度，对创业培训工作成效实施第三方评估。

（三）加强创业培训课程开发。以创业活动不同阶段、不同业态的知识技能需求为导向，编制创业培训大纲和技术标准，针对不同群体、不同项目的特点，开发创业培训课程和培训方式，构建多层次、模块化的创业培训课程体系。推进网络创业培训课程开发工作。以“创办和改善你的企业”（SIYB）、“创业模拟实训”等课程为基础，从已被广泛应用、学员普遍认可的创业培训课程中精选出一批精品课程，供各地优先选用。鼓励有条件的地区以政府与社会资本合作（PPP）模式组织开发新领域、新业态的创业培训课程并实施创业培训。

（四）加强创业培训师资队伍建设。探索建立创业培训师资的职业化发展通道，建立创业指导师队伍。各地要建立创业培训师资库，完善师资登记、考核、进出机制，强化对师资能力水平考核和学员满意度评价，对师资队伍进行动态管理。制定长期师资培养计划，定期组织开展提高培训、研讨交流、观摩教学等活动，提升师资业务素质和能力水平。鼓励将社会专业人士吸纳到创业培训专家队伍中，提升创业培训专业化水平。

（五）规范创业培训机构发展。各地要对创业培训机构进行统筹规划，加强创业培训机构规范化管理，指导创业培训机构严格按照标准和要求开展创业培训，对有需求的学员提供后期辅导服务。建立健全政府购买服务机制，按照公开规范、保障质量、提升效益的原则，鼓励和引导各类优质教育培训资源投入创业培训。按照“条件公开、合理布局、平等竞争、动态管理”的原则，制定承担政府补贴培训任务的创业培训机构的基本条件和认定程序，对符合条件的创业培训机构向社会公示并登记备案。

（六）创新创业培训模式。利用各类创业培训资源，开发针对不同创业群体、不同阶段创业活动的创业培训项目。积极采取互动式教学培训方式，辅以创业实训、考察观摩、创业指导等培训方式，大力开展能力培训、知识传授、政策咨询等服务。积极探索创业培训与技能培训、创业培训与区域产业相结合的培训模式。充分利用互联网、信息化实训平台等载体，试点推广“慕课”等“互联网+”创业培训新模式，大规模开展开放式在线培训。加强远程公益创业培训，提升基层创业人员创业能力。研究探索通过“创业券”、“创新券”等方式对创业者提供创业培训服务。实施大学生创业引领计划和技能就业行动，鼓励高等院校、职业院校、技工院校学生在校期间开展“试创业”实践活动和电子商务培训活动，并将其纳入创业培训政策支持范围。组织开展农民工等人员返乡创业三年行动计划，大力推进返乡农民工等人员创业培训工作。

（七）强化创业服务。推进创业指导、创业培训和创业服务的有效衔接、统筹发展。完善公共创业服务功能，健全开业指导、创业孵化、项目推介、咨询指导、创业融资、人事代理相结合的创业服务体系。以创业培训师资队伍为基础，吸纳具有企业管理专业背景和创业实践经验的企业家、专家教授以及熟悉经济发展和创业政策的相关部门人员，共同推进创业服务工作。加快创业培训信息化管理平台建设，开展培训档案管理、培训流程监督、培训效果评估、师资库管理、培训资金管理等工作，并与创业培训技术服务平台链接，实现数据、信息、资源联通共享。

四、加强组织领导

（一）健全工作机制。各地人社部门要深入贯彻国务院要求，推动建立在政府统一领导下，人社部门统筹协调，相关部门各司其职、密切配合，工、青、妇等人民团体广泛参与的创业培训工作机制。各地人社部门要认真履行工作职责，根据本地实际科学规划，制定专项行动计划并抓好组织实施，加强工作组织指导，加大政策支持力度，扎实有效地推进创业培训工作。

（二）加大资金投入。劳动者参加创业培训并取得培训合格证书，实现创业或就业的，按规定享受政府创业培训补贴。各地人社部门要根据培训需求和经济发展水平，会同有关部门科学合理确定培训补贴标准，创业培训补贴从就业专项资金中列支。要加大资金投入，大力推动创业培训开展。有条件的地区要安排工作经费，对师资培训、管理人员培训、管理平台开发等基础工作给予支持。严格资金管理，提高资金使用效益，确保资金使用安全。

（三）加强绩效评估。要结合就业信息化整体工作进展，将创业培训后创业情况与就业数据相对照，将创业培训计划执行情况、创业成功率、新办企业吸纳就业情况等作为评价创业培训工作的重要指标，大力开展创业培训工作绩效评估工作。对工作开展较好的创业培训机构，要在政策和经费上给予倾斜。

（四）注重舆论宣传。各级人社部门和培训机构要充分利用报刊、广播、电视、网络等媒体做好创业培训工作的宣传。通过举办创业训练营、创业创新大赛、创业项目展示推介等活动，宣传创业培训，树立创业典型，建立激励机制，从而营造全社会共同关心、支持、参与创业的良好氛围。

人力资源社会保障部

2015年12月23日

关于转发《中共吉林省委办公厅 吉林省人民政府办公厅转发省人社厅等部门〈关于促进高技能人才成长的若干意见〉的通知》的通知

（人社厅函〔2015〕244 号）

各省、自治区、直辖市及新疆生产建设兵团人力资源社会保障厅（局）：

近日，中共吉林省委办公厅、吉林省人民政府办公厅下发了《中共吉林省委办公厅 吉林省人民政府办公厅转发省人社厅等部门〈关于促进高技能人才成长的若干意见〉的通知》（吉办发〔2015〕23 号），提出高技能人才队伍建设的总体要求和目标任务，加大高技能人才培养力度，健全选拔制度，创新使用模式，完善激励机制，营造有利于高技能人才成长的良好环境。

现将该文件转发给你们。请各地结合本地区工作实际学习借鉴，积极出台促进技能人才成长的政策措施，进一步加强高技能人才队伍建设，为经济社会发展提供有力的人才支撑。

人力资源社会保障部办公厅

2015 年 7 月 21 日

中共吉林省委办公厅 吉林省人民政府办公厅转发省人社厅等部门《关于促进高技能人才成长的若干意见》的通知

各市、州党委和人民政府，长白山开发区，扩权强县试点市党委和人民政府，省委各部、委，省政府各厅、委和各直属机构，各人民团体：

省人社厅、省委组织部、省编办、省发改委、省教育厅、省财政厅、省国资委、省公务员局《关于促进高技能人才成长的若干意见》已经省委、省政府领导同志同意，现转发给你们，请结合实际认真贯彻落实。

中共吉林省委办公厅

吉林省人民政府办公厅

2015 年 7 月 7 日

关于促进高技能人才成长的若干意见

为贯彻落实《中共吉林省委、吉林省人民政府关于加快发展吉林特色现代职业教育的实施意见》（吉发〔2014〕22号）、《人力资源社会保障部关于推进技工院校改革创新的若干意见》（人社部发〔2014〕96号），进一步拓宽技能人才发展通道，营造技能人才成长的良好环境，鼓励技能人才成长成才，服务吉林振兴发展，现就促进高技能人才成长提出如下意见：

一、总体要求和目标任务

（一）总体要求。深入贯彻全国职业教育工作会议、全国高技能人才座谈会和全省职业教育工作会议精神，紧紧围绕新一轮东北老工业基地振兴发展、产业转型升级需求，实施更加积极的技能人才政策，从培养、选拔、使用、激励等环节入手，加大工作改革创新力度，努力培养造就一支规模宏大、结构合理、技艺精湛、素质优良，留得住、用得上的高技能人才队伍。

（二）目标任务。到2020年，全省高技能人才达到58万人，占技能劳动者的比例达到30%左右。高技能人才数量同经济和社会发展目标基本相适应，高技能人才结构和素质同产业、行业发展需求基本相适应。高技能人才工作体系进一步健全和完善，资金投入进一步加大，评选表彰制度进一步健全，高技能人才的经济和社会地位显著提高。

二、加大高技能人才培养力度

（三）完善高技能人才培养体系。制定全省中职学校（含技工学校）调整规划，全面启动评估检查工作，通过撤并、兼并、划转、托管等方式，加快推进布局调整。大力推进职业技能公共实训基地建设，支持重点技工院校和企业建立高技能人才培训基地和技能大师（首席技师）工作室，搭建高技能人才培养平台。落实技工学校与中职学校“统一招生政策、统一招生计划、统一招生代码、统一招生平台”的要求。逐步形成以企业为主体，职业院校为基础，学校教育与企业培养紧密联系，政府推动和社会支持相结合的高技能人才培养体系。

（四）创新高技能人才培养模式。实施以“招工即招生、入企即入校、企校双师共同培养”为主要内容的企业现代学徒制试点。进一步扩大中高等职业院校2+3、3+2、3+4等衔接培养试点规模，将技工院校纳入试点范围。支持行业企业、职业院校、社会组织按照“平等自愿、优势互补、资源共享、骨干带动”的原则，采取联合、兼并、股份制、纵向合作等多种方式，积极探索组建行业性、区域性职业教育集团。探索建立复合型高技能人才培养机制，适时启动高技能人才参评职业院校讲师系列职称和职业院校实用人才参评工程系列职称的“双试点”改革。

（五）加大对高技能人才培养的投入。将政府主办的各类职业学校（含技工学校）的经费纳入各级财政预算。大力开展技师培训项目，到2017年底，补贴职业（工种）逐步达到100个左右。按照地方教育附加用于职业教育的比例不低于30%的要求，加大对技工院校支持力度。各地公办技工学校（技师学院）生均公用经费标准原则上不低于 3000 元（含免学费补助）。要安排专项经费对高技能人才宣传、表彰等基础工作给予支持。

三、健全高技能人才选拔制度

（六）落实职业院校招聘教师自主权。职业院校可按事业单位公开招聘有关规定，放宽学历、年龄等限制，采取专场、专项招聘等方式，自主招聘专业课和生产实习指导教师，可破格选用具有技师以上职业资格或获得省级以上技术能手（首席技师）称号、取得省级职业技能大赛一等奖以上（或国家级前 15 名、省级前 5 名）的高技能人才。

（七）健全高技能人才评价体系。在技能岗位工作并掌握高超技能、作出重大贡献的骨干人才，可突破工作年限和职业资格等级要求，允许其破格或越级参加技师、高级技师考评。人社部门要加强对职业技能竞赛工作的统筹，鼓励各类职业院校学生、企业职工积极参加各级各类技能大赛，对优胜选手按规定可破格晋升为高级工、技师或高级技师职业资格。

四、创新高技能人才使用模式

（八）拓宽高技能人才发展空间。我省高技能人才可以从企业技术技能岗位向专业技术或管理岗位流动，也可以按有关规定向机关或事业单位流动。具有省内常住户口的我省技师学院高级工班、预备技师（技师）班毕业生，可以报考乡镇机关相关职位公务员。技师学院高级工班、预备技师（技师）班毕业生，参加事业单位招聘、确定工资起点标准、职称评定、职位晋升等方面，按照全日制大专学历享受相应待遇政策，并按国家有关规定享受高校毕业生就业创业扶持政策。技师学院取得高级工以上职业资格的工程技术类专业毕业生，可按有关规定参加专业技术人员职称评聘。

（九）加强职业院校师资队伍建设。加快推进全省职业院校职称主系列专业技术资格（职务）评聘结合改革和正高级讲师评审试点工作。鼓励职业院校聘请有企业实践经验的在职人员或退休人员担任兼职教师，数量不超过教职工编制总数的 20%，所需费用高职院校在新增生均拨款中统筹解决，中职学校由财政另行核拨。

五、完善高技能人才激励机制

（十）完善高技能人才评选表彰制度。加大对评选“吉林技能大奖”和“吉林省技术能手”的奖励，“吉林技能大奖”奖金由 3000 元提高到 5000 元、“吉林省技术能手”奖金由 2000 元提高到 3000 元，所需资金仍按原渠道解决。积极向国家推荐“中华技能大奖”、“全国技术能手”和享受国务院特殊津贴高技能人才候选个人等。

（十一）建立培养、使用与待遇相联系的制度。建立企业高技能人才岗位津贴制度。鼓励企业对高级工、技师、高级技师在工资、津贴、休假、体检、培训、研修等方面，参照本单位助理工程师、工程师、高级工程师同等待遇落实。

六、加强组织领导

（十二）强化领导责任。各地、各部门要将贯彻落实本意见作为实施人才强省战略的重要内容进行部署和推动。在人才工作领导小组的领导下，组织部门宏观指导，人力资源社会保障部门统筹协调，有关部门各司其职、密切配合，共同推进高技能人才各项工作的组织实施和贯彻落实。

（十三）做好宣传工作。各地、各部门要在充分利用报纸、广播、电视等传统媒体的基础上，积极探索使用微博、微信、手机客户端等新媒体宣传方式，开展全方位、立体式的宣传工作。积极宣传党和政府关于促进高技能人才成长的政策，宣传“劳动光荣、技能宝贵、创造伟大”的观念，大力营造“崇尚一技之长，不唯学历凭能力”的良好社会氛围。

关于印发《关于鼓励和规范国有企业投资项目引入非国有资本的指导意见》的通知

（发改经体〔2015〕2423 号）

各省、自治区、直辖市人民政府，国务院各部委、各直属机构：

经国务院同意，现将《关于鼓励和规范国有企业投资项目引入非国有资本的指导意见》印发给你们，请结合实际认真贯彻执行。

发展改革委
财 政 部
人力资源社会保障部
国 资 委
2015 年 10 月 26 日

关于鼓励和规范国有企业投资项目引入非国有资本的指导意见

国有企业投资项目引入非国有资本是深化国有企业改革的一项重要任务，是发展混合所有制经济的重要路径。为贯彻落实党的十八大和十八届三中、四中全会精神，鼓励和规范国有企业投资项目引入非国有资本，根据有关法律法规规定，经国务院同意，现提出以下意见。

一、总体要求

（一）总体要求。国有企业投资项目引入非国有资本，要有利于改善国有企业投资项目的产权结构，提高项目的管理水平和资金使用效率；要有利于国有资本放大功能、保值增值、提高竞争力；要有利于各种所有制资本取长补短、相互促进、共同发展。非国有资本参股或控股国有企业投资项目，应当遵循实施市场准入负面清单和外商投资负面清单制度的要求。

（二）主要原则。推进国有企业投资项目引入非国有资本，要坚持以下原则：

政府引导、市场运作。把引资本与转机制有机结合起来，尊重市场规律，转变政府职能，发挥市场在资源配置中的决定性作用。

权益对等、共同发展。保证国有资本和非国有资本权利平等、机会平等、规则平等，各类所有者权益同等受到法律保护，真正实现共担风险、共享改革发展成果。

依法依规、公开透明。严格遵守有关法律法规，履行相关程序，确保程序公开、规则公开和结果公开，加强社会监督，切实防止暗箱操作和国有资产流失。

完善体制、优化环境。加快完善相关制度和配套政策，解决突出矛盾，确保引资工作规范有序进行，做到制度完备、科学规范、运行有效。

二、拓宽合作领域

（三）分类推进国有企业投资项目引入非国有资本工作。允许非国有资本参与除法律法规明确禁止和限制准入以外的国有企业投资项目。对主业处于充分竞争行业和领域的商业类国有企业投资项目，支持非国有资本参股或控股。对主业处于关系国家安全、国民经济命脉的重要行业和关键领域、主要承担重大专项任务的商业类国有企业投资项目，属于自然垄断领域的实行国有独资或控股；属于特殊业务和竞争性业务的实行业务板块有效分离，其中竞争性环节逐步加大对非国有资本开放力度。对公益类国有企业的投资项目，支持非国有资本参股或控股。

对可以引入非国有资本的领域，在推进国有企业主业项目引入非国有资本参股的同时，鼓励非主业项目引入非国有资本参股或控股，推动国有企业各业务板块按照自身特点和规律寻求发展路径，最大限度释放国有企业发展活力，充分挖掘国有企业内在增长潜力。

（四）鼓励外资企业参股国有企业项目。在符合外商投资产业指导目录、外商投资项目核准和备案管理办法等规定的前提下，鼓励外资企业参股国有企业投资项目。积极探索准入前国民待遇加负面清单的管理模式，完善外商投资安全审查工作机制，有效防范风险。鼓励企业结合“走出去”和国际产能合作，积极引入外资企业参股，吸引外资进入国有企业在境外的投资项目。

（五）在部分领域率先培育推出一批示范项目。优先在石油、天然气、水电、核电、跨区输电通道、配电、区域主干电网、分布式电源并网和电动汽车充换电设施、水利设施、基础电信、宽带接入网络建设运营、民用空间设施建设、铁路项目、港口内河航运设施、枢纽机场、干线机场、城镇供水供热、污水垃圾处理、公共交通等领域，率先推出一批符合产业政策、有利于转型升级的示范项目，鼓励依法依规引入非国有资本投资。

三、完善引资方式

（六）拓宽并完善非国有资本投资渠道。鼓励非国有资本投资主体以货币出资参与国有企业投资项目。允许非国有资本创新渠道和方式，以实物、土地使用权等出资方式参与国有企业投资项目，出资的非货币资产应依法评估作价，办理产权转移手续；产权、版权、技术等与投资项目有关联的无形资产，经有资质的中介机构认定和评估，通过公平公开议价，可以作为出资参与国有企业投资项目。非国有资本投资主体之间或者非国有资本与国有资本投资主体之间，可以共同发起设立股权投资基金，联合参与国有企业投资项目。

（七）支持国有企业和非国有资本在政府投资领域加强合作。由国有企业承担的政府投资项目，开展多类型试点，逐步推广政府与社会资本合作（PPP）机制，通过投资补助、基金注资、担保补贴、贷款贴息等，支持引入非国有资本。组合引入保险资金、社保基金等长期投资者参与国有企业承担的国家重点工程投资项目。政府有关部门要建立综合信息服务平台，加强信息公开。

四、规范决策程序

（八）确保引资方式公开公平公正。以股权转让方式引入非国有资本的，除处于国民经济重要行业和关键领域、对受让方有特殊要求的以外，国有产权转让一律进入产权市场公开挂牌，实行竞价交易。以合资新设企业方式引入非国有资本的，要切实加强实物资产出资的评估管理，依据国家有关技术标准，在采取多种方法评估资产价值的基础上，合理确定企业整体价值，避免国有资产流失，平等保护非国有资本股东利益。以增资扩股方式引入非国有资本的，应参照产权转让管理方式，通过产权市场公开透明地选择投资人并决定对价；对少数引入特殊战略投资者的，要加强尽职调查、资产评估、民主决策等工作，建立项目决策责任背书制。国有资本并购或入股其他企业的，应符合企业发展战略规划，做好尽职调查和资产评估管理，明确投资决策程序和责任；并购完成后要及时优化完善企业治理结构，确保股东权益和并购战略目标的实现。

（九）规范参与企业遴选办法。国有企业按照有关投资管理办法履行投资决策程序，涉及固定资产投资项目管理的，企业应按相关规定履行核准或备案程序。引入非国有资本时，应当对拟引入投资主体的资质、商业信誉、经营情况、财务状况、管理能力、资产规模、社会评价、投资锁定期等进行核实或委托第三方进行评估。引入的非国有资本投资主体应当是具备独立民事能力的法人和其他经济组织，并具有支持项目持续发展的意愿和实力。对于以实物、土地使用权、产权、版权、技术等出资参与国有企业投资项目的非国有资本，要依法对投资主体的资产进行评估作价，评估认定结果要向社会公开，接受社会监督。引入非国有资本时，应当通过产权市场、股票市场以及互联网等渠道广泛发布信息，不得在参与主体资质条件中单独对非国有资本主体设置附加条件。

（十）强化项目管理。国有企业应建立和完善引入非国有资本项目的投资管理制度。引入非国有资本的投资项目，应符合企业发展战略规划和年度计划安排；应根据相关法律法规和公司章程规定，由股东会、董事会作出决策，并签字存档；应与参与方通过项目企业章程或合同，对可能涉及的经营管理、同业竞争、关联交易、风险管控等问题作出明确约定，明确各方的责权利。建立健全国有企业重大决策失职、渎职责任追究和倒查机制，国有企业投资项目引入非国有资本违反国家相关法律法规、未履行或未正确履行职责，造成企业资产损失的，按照有关规定严肃追究有关机构和相关人员的责任。

（十一）切实加强监管。对新设项目企业属于国有企业的，按照其功能定位实施分类、分级监管，进一步提高监管的科学性、针对性、有效性，依法加强对交易主体和交易过程合法合规性的监管。完善企业内部监督体系，明确监事会、审计、纪检监察、巡视以及法律、财务等部门的监督职责，形成有效制衡的决策执行监督机制。发挥企业职工代表大会或职工大会的作用，依法保障企业职工的知情权和参与权。建立健全高效协同的外部监督机制，加强外部审计，严格落实承债主体，防止逃废金融债务等各类债务。完善第三方评估和社会舆论监督机制，防止内部人控制。依法严肃处理改革中出现的侵吞国有资产、利益输送、暗箱操作、化公为私等行为，禁止可能危及国家安全的投资进入国有企业投资项目。

五、健全体制机制

（十二）完善项目公司治理结构。国有企业投资项目引入非国有资本需新建公司作为运营平台的，应建立市场化运营机制和公司治理结构，董事会依法对项目公司的发展目标、重大经营活动、高级经营管理人员聘任、薪酬管理等拥有决策权，并对经营者业绩进行考核评价。推行职业经理人制度。监事会对公司财务和董事、经营者行为进行监督，进一步加强当期和事中监督，切实增强监事会监督的针对性和有效性。要加强党的建设，明确党组织在公司治理中的法定地位，发挥党组织的政治核心、政治引领作用和共产党员的先锋模范作用。

（十三）推行市场化运行机制。引入非国有资本投资项目的企业应当明晰产权关系，优化运行机制，切实保障股东和职工的合法权益。依法建立完善以合同管理为核心、以岗位管理为基础的市场化用工制度，完善激励与约束、效率与公平相统一，既符合企业一般规律又体现国有企业特点的分配机制，促进企业持续健康发展。

（十四）依法保障投资方合法权益。国有企业投资项目引入非国有资本时，应在合同中明确约定各类投资主体的退出机制。公益类国有企业和主业处于关系国家安全、国民经济命脉的重要行业和关键领域、主要承担重大专项任务的商业类国有企业投资项目引入非国有资本的，应在项目企业章程或合同中明确非国有股东持股主体发生变化时，国有股东拥有优先受让权。

（十五）积极探索优先股、特殊管理股等股权模式。为鼓励国有企业投资项目引入非国有资本，允许将部分国有资本转为优先股，不参与项目企业具体决策，但在利润分红和剩余财产分配方面具有优先权，确保国有资本保值增值。探索在新闻出版传媒等少数特定领域建立特殊管理股制度，依照相关法规和公司章程规定，行使特定事项否决权，保障国有资本在特定领域的控制力。

六、优化发展环境

（十六）加快剥离国有企业办社会职能和解决历史遗留问题。国有企业投资项目引入非国有资本涉及剥离企业办社会职能和解决历史遗留问题的，应当在有关引资公告中予以说明。依照合同约定，项目收益可优先用于剥离企业办社会职能和解决历史遗留问题。

（十七）完善支持政策。国有企业投资项目引入非国有资本涉及的土地资产，应按照“产权清晰、估价准确、处置规范”的原则经营管理。改制为国有资本控股公司的，其使用的原划拨生产经营性土地可采用国家作价出资入股的方式处置。财政、税务等部门应从维护税收政策的公平性和统一性出发，落实有关项目涉及的资产评估增值、债务重组收益、企业合并分立、转让实物资产、债权债务等方面税收支持政策。

（十八）形成工作合力。有关部门要进一步完善国有企业投资项目引入非国有资本的机制建设，坚持过程公开透明、严格把关，确保责任明确、程序规范，确保顺利推进。各有关部门要按照职责分工，及时出台相关政策措施，加强协调配合，形成工作合力。要进一步加强组织协调，建立完善工作机制，落实主体责任，制定工作方案并做好组织实施。要加强宣传报道和舆论引导，广泛凝聚共识，创造良好的社会环境。国有企业投资项目引入非国有资本终结后，要建立后评估机制，总结经验，不断完善相关工作。

本意见所称国有企业投资项目是指国有企业及其各级子企业的固定资产投资项目和股权投资项目，非国有资本是指除国有资本以外的集体资本、民营资本和境外资本等。金融、文化类国有企业另有规定的，依照其规定。

关于支持和促进重点群体创业就业税收政策有关问题的补充通知

（财税〔2015〕18号）

各省、自治区、直辖市、计划单列市财政厅（局）、国家税务局、地方税务局、人力资源社会保障厅（局）、教育厅（教委），新疆生产建设兵团财务局、人力资源社会保障局、教育局：

为进一步简化享受税收优惠政策程序，经国务院批准，现对《财政部　国家税务总局　人力资源社会保障部关于继续实施支持和促进重点群体创业就业有关税收政策的通知》（财税〔2014〕39号）补充通知如下：

一、将《就业失业登记证》更名为《就业创业证》，已发放的《就业失业登记证》继续有效，不再统一更换。《就业创业证》的发放、使用、管理等事项按人力资源社会保障部的有关规定执行。各地可印制一批《就业创业证》先向有需求的毕业年度内高校毕业生发放。

二、取消《高校毕业生自主创业证》，毕业年度内高校毕业生从事个体经营的，持《就业创业证》（注明“毕业年度内自主创业税收政策”）享受税收优惠政策。

三、毕业年度内高校毕业生在校期间凭学生证向公共就业服务机构按规定申领《就业创业证》，或委托所在高校就业指导中心向公共就业服务机构按规定代为其申领《就业创业证》；毕业年度内高校毕业生离校后直接向公共就业服务机构按规定申领《就业创业证》。

本通知自发布之日起施行，各地财政、税务、人力资源社会保障、教育部门要认真做好新旧政策的衔接工作，主动做好政策宣传和解释工作，加强部门间的协调配合，确保政策落实到位。

财　政　部
税务总局
人力资源社会保障部
教　育　部
2015年1月27日

关于国有企业功能界定与分类的指导意见

（国资发研究〔2015〕170 号）

国有企业功能界定与分类是新形势下深化国有企业改革的重要内容，是因企施策推进改革的基本前提，对推动完善国有企业法人治理结构、优化国有资本布局、加强国有资产监管具有重要作用。为贯彻落实党的十八大和十八届二中、三中、四中、五中全会精神以及国务院决策部署，根据《中共中央国务院关于深化国有企业改革的指导意见》（中发〔2015〕22 号）有关要求，准确界定不同国有企业功能，有针对性地推进国有企业改革，经国务院同意，现提出以下意见。

一、划分类别

立足国有资本的战略定位和发展目标，结合不同国有企业在经济社会发展中的作用、现状和需要，根据主营业务和核心业务范围，将国有企业界定为商业类和公益类。

商业类国有企业以增强国有经济活力、放大国有资本功能、实现国有资产保值增值为主要目标，按照市场化要求实行商业化运作，依法独立自主开展生产经营活动，实现优胜劣汰、有序进退。其中，主业处于关系国家安全、国民经济命脉的重要行业和关键领域、主要承担重大专项任务的商业类国有企业，要以保障国家安全和国民经济运行为目标，重点发展前瞻性战略性产业，实现经济效益、社会效益与安全效益的有机统一。

公益类国有企业以保障民生、服务社会、提供公共产品和服务为主要目标，必要的产品或服务价格可以由政府调控；要积极引入市场机制，不断提高公共服务效率和能力。

商业类国有企业和公益类国有企业作为独立的市场主体，经营机制必须适应市场经济要求；作为社会主义市场经济条件下的国有企业，必须自觉服务国家战略，主动履行社会责任。

二、分类施策

（一）分类推进改革

商业类国有企业要按照市场决定资源配置的要求，加大公司制股份制改革力度，加快完善现代企业制度，成为充满生机活力的市场主体。其中，主业处于充分竞争行业和领域的商业类国有企业，原则上都要实行公司制股份制改革，积极引入其他资本实现股权多元化，国有资本可以绝对控股、相对控股或参股，加大改制上市力度，着力推进整体上市。主业处于关系国家安全、国民经济命脉的重要行业和关键领域、主要承担重大专项任务的商业类国有企业，要保持国有资本控股地位，支持非国有资本参股。处于自然垄断行业的商业类国有企业，要以“政企分开、政资分开、特许经营、政府监管”为原则积极推进改革，根据不同行业特点实行网运分开、放开竞争性业务，促进公共资源配置市场化。对需要实行国有全资的企业，要积极引入其他国有资本实行股权多元化。

公益类国有企业可以采取国有独资形式，具备条件的也可以推行投资主体多元化，还可以通过购买服务、特许经营、委托代理等方式，鼓励非国有企业参与经营。

（二）分类促进发展

商业类国有企业要优化资源配置，加大重组整合力度和研发投入，加快科技和管理创新步伐，持续推动转型升级，培育一批具有创新能力和国际竞争力的国有骨干企业。其中，对主业处于充分竞争行业和领域的商业类国有企业，要支持和鼓励发展有竞争优势的产业，优化国有资本投向，推动国有产权流转，及时处置低效、无效及不良资产，提高市场竞争能力。对主业处于关系国家安全、国民经济命脉的重要行业和关键领域、主要承担重大专项任务的商业类国有企业，要合理确定主业范围，根据不同行业特点，加大国有资本投入，在服务国家宏观调控、保障国家安全和国民经济运行、完成特殊任务等方面发挥更大作用。

公益类国有企业要根据承担的任务和社会发展要求，加大国有资本投入，提高公共服务的质量和效率。严格限定主业范围，加强主业管理，重点在提供公共产品和服务方面作出更大贡献。

（三）分类实施监管

对商业类国有企业要坚持以管资本为主加强国有资产监管，重点管好国有资本布局、提高国有资本回报、规范国有资本运作、维护国有资本安全。建立健全监督体制机制，依法依规实施信息公开，严格责任追究，在改革发展中防止国有资产流失。其中，对主业处于充分竞争行业和领域的商业类国有企业，重点加强对集团公司层面的监管，落实和维护董事会依法行使重大决策、选人用人、薪酬分配等权利，保障经理层经营自主权，积极推行职业经理人制度。对主业处于关系国家安全、国民经济命脉的重要行业和关键领域、主要承担重大专项任务的商业类国有企业，重点加强对国有资本布局的监管，引导企业突出主业，更好地服务国家重大战略和宏观调控政策。

对公益类国有企业，要把提供公共产品、公共服务的质量和效率作为重要监管内容，加大信息公开力度，接受社会监督。

（四）分类定责考核

对商业类国有企业，要根据企业功能定位、发展目标和责任使命，兼顾行业特点和企业经营性质，明确不同企业的经济效益和社会效益指标要求，制定差异化考核标准，建立年度考核和任期考核相结合、结果考核与过程评价相统一、考核结果与奖惩措施相挂钩的考核制度。其中，对主业处于充分竞争行业和领域的商业类国有企业，重点考核经营业绩指标、国有资产保值增值和市场竞争能力。对主业处于关系国家安全、国民经济命脉的重要行业和关键领域、主要承担重大专项任务的商业类国有企业，要合理确定经营业绩和国有资产保值增值指标的考核权重，加强对服务国家战略、保障国家安全和国民经济运行、发展前瞻性战略性产业以及完成特殊任务情况的考核。

对公益类国有企业，重点考核成本控制、产品质量、服务水平、营运效率和保障能力，根据企业不同特点有区别地考核经营业绩和国有资产保值增值情况，考核中要引入社会评价。

有关方面在研究制定国有企业业绩考核、领导人员管理、工资收入分配制度改革等具体方案时，要根据国有企业功能界定与分类，提出有针对性、差异化的政策措施。

三、组织实施

按照谁出资谁分类的原则，履行出资人职责机构负责制定所出资企业的功能界定与分类方案，报本级人民政府批准；履行出资人职责机构直接监管的企业，根据需要对所出资企业进行功能界定和分类。根据经济社会发展和国家战略需要，结合企业不同发展阶段承担的任务和发挥的作用，在保持相对稳定的基础上，适时对国有企业功能定位和类别进行动态调整。

各地要结合实际合理界定本地国有企业功能类别，实施分类改革、发展和监管。

金融、文化等国有企业的分类改革，中央另有规定的依其规定执行。

国　资　委
财　政　部
发展改革委
2015 年 12 月 7 日

第三部分

集体协商

关于推进实施集体合同制度攻坚计划的通知

（人社部发〔2014〕30 号）

各省、自治区、直辖市及新疆生产建设兵团人力资源社会保障厅（局）、总工会、企业联合会/企业家协会、工商联：

近年来，各地按照国家协调劳动关系三方会议的部署，大力推进集体合同制度实施“彩虹计划”，推动集体协商和集体合同覆盖范围不断扩大，集体合同制度建设取得了明显成效，为促进劳动关系和谐稳定发挥了重要作用。但实践中这项工作开展不平衡，还存在有的集体协商实效性不强、部分集体合同质量不高等问题，集体协商作用尚未得到充分发挥。为贯彻落实党的十八大和十八届三中全会精神，进一步推进集体协商和集体合同工作，构建和谐劳动关系，国家协调劳动关系三方会议研究决定，从 2014 年至 2016 年，在全国范围内推进实施集体合同制度攻坚计划（以下简称攻坚计划）。现就有关事项通知如下。

一、明确目标任务

攻坚计划的总目标是，不断扩大集体协商和集体合同覆盖范围，确保 2015 年末集体合同签订率达到 80%，2016 年继续巩固和提高；着力提升集体协商质量、增强集体合同实效，逐步形成规范有效的集体协商机制，畅通职工利益诉求表达渠道，促进企业发展、维护职工权益，更好地发挥集体协商和集体合同制度对调整劳动关系的基础性作用。

二、完善工作措施

（一）加强集体协商工作分类指导。继续以非公有制企业为重点对象，积极推进工资集体协商；同时，引导女职工较多和职业危害较大的企业开展专项协商，签订女职工特殊保护或劳动安全卫生保护专项集体合同。实施分类指导，做到因企制宜、分企施策，努力增强集体协商针对性和实效性。对生产经营正常的企业，推动其与职工重点就工资增长幅度、津贴补贴、奖金分配办法、福利和劳动条件等进行协商，推动建立健全企业工资决定和正常增长机制，努力实现劳动报酬增长与劳动生产率提高同步；对生产经营困难的企业，推动其与职工重点围绕工资按时支付以及稳岗增效措施等内容进行协商，促进双方共克时艰、共谋发展；对实行工资总额管理的国有企业，重点就企业内部分配制度、分配形式和分配差距进行协商，发挥好职工的民主参与作用。

（二）加大行业集体协商推进力度。在积极推进企业集体协商的基础上，把行业集体协商作为深入推进集体合同制度建设的重点形式和主攻方向。在县级以下区域内大力推进建筑业、采矿业、餐饮服务业、服装制造业等劳动密集型行业开展集体协商，重点就行业最低工资标准、主要工种计件单价、劳动定额及工资调整幅度等职工普遍关心的事项签订行业集体合同。从推动本地经济社会发展出发，将行业集体协商逐步向知识密集型产业、新兴产业拓展。具备条件的地区，可以继续稳妥探索在县级以上区域内开展行业集体协商工作。

（三）积极开展集体协商要约行动。每年适时集中部署开展协商要约行动，大力支持工会提出要约，引导企业或企业代表组织主动提出要约。基层工会要主动提出要约，对提出要约尚有困难的，上级工会要给予帮助和指导，必要时可依法代替基层工会行使要约权。在尚未建立工会的企业，上级工会要指导职工依法推举协商代表，并向企业提出协商要约。开展行业集体协商的，由行业工会组织向相应的行业性企业组织或直接向行业所属企业提出协商要约。可针对重点行业以及国有企业、世界500强在华企业中未建制企业开展专项要约。一方提出集体协商要约的，另一方应当在法律规定时间内及时给予回应。一方不按时回应的，另一方可以提请当地人力资源社会保障部门责令其限期改正。

（四）严格规范集体协商程序。将依法规范协商程序作为增强集体协商和集体合同实效的有力举措抓细抓实。规范协商代表产生程序，企业集体协商要重点规范职工代表产生程序，行业集体协商要重点规范企业方代表产生程序，民主推选要公开透明，授权委托要依法合规。规范集体协商程序，指导协商双方代表认真做好协商前收集资料、征求意见、拟定议题等准备工作，并召开集体协商会议进行充分讨论。准备过程中要广泛征求协商双方，尤其是职工方的意愿和诉求，将双方最关心的突出问题纳入协商议题；要督促企业经营者向职工方及时提供企业劳动生产率、经济效益、财务状况等与协商有关的真实资料和信息，确保协商有效开展。规范审议备案公布程序，集体合同草案应依法提交职代会或者全体职工大会审议通过，企业或企业组织应将签订的集体合同在规定时间内报送人力资源社会保障部门审查备案，生效的集体合同应及时向全体职工公布。

（五）强化对集体协商的指导、服务和管理。组织力量深入企业、深入基层，对集体协商提供全程指导，制定推广企业和行业集体合同示范文本、要约示范文本及指导手册，为集体协商双方提供参考。积极创造条件加强集体协商专家指导机构和指导员队伍建设，不断扩大由专业人员担任的专兼职指导员队伍，充分发挥集体协商指导员在参与协商、宣传指导、业务培训、技术支持等方面的积极作用。适时合理调整最低工资标准，及时发布工资指导线、市场工资指导价位、行业人工成本等指导信息，为开展集体协商提供参考依据。探索完善集体协商争议调处机制，及时协调处理协商过程中发生的争议，确保集体协商规范有序开展。加强对履行集体合同情况的监督检查和争议处理工作，督促企业通过职工代表大会、厂务公开、开展集体协商指导员调查走访等形式，向全体职工公开集体合同履行情况，接受职工监督。对企业违反集体合同、侵犯职工权益的行为，要督促企业限时整改。对因履行集体合同发生的争议，引导双方依法通过协商、申请仲裁和提起诉讼解决。建立健全集体合同管理台账制度，改进和加强集体合同统计基础工作，统一规范统计口径。

（六）着力推进集体协商主体建设。进一步加强基层工会组织建设，大力推进非公有制企业建立工会，在中小企业比较集中的乡镇（街道）和工业园区，加快行业工会组织建设，加强和创新基层工会干部队伍职业化建设。加大对基层工会干部和职工方协商代表合法权益的保护，通过健全制度机制、明确救济渠道和措施等解除其后顾之忧，对侵犯其合法权益的行为坚决依法予以纠正和查处。进一步加强县级以下行业协会、商会等企业组织建设，大力培育企业方行业集体协商主体。加强对职工代表、企业负责人、工会和企业组织相关工作人员的培训，建立常态化培训机制，将集体协商法律法规、策略技巧等理论培训与案例分析、模拟协商、现场观摩等实务操作学习相结合，不断提高协商代表的政策水平和协商能力。

（七）增强宣传工作的针对性和实效性。拓宽宣传渠道，创新宣传形式，在继续充分利用广播、电视、报刊等各类新闻媒体的同时，注重借助微博、微信、手机短信等新兴媒介，广泛深入宣传实施集体协商和集体合同制度的重要性和必要性，宣传开展集体协商签订集体合同的先进典型，为推进实施攻坚计划营造良好社会氛围。主动深入企业和工业园区、街道（社区），通过现场咨询、以案说法、举办专题讲座等方式释疑解惑，重点宣传社会主义市场经济条件下集体协商和集体合同制度的性质，宣传开展集体协商对促进企业发展、维护职工权益、构建和谐劳动关系的重要作用，最大限度地凝聚社会共识，增强企业和工会组织参与集体协商的自觉性、主动性。

三、狠抓工作落实

各级协调劳动关系三方要把实施攻坚计划摆上重要议事日程，争取当地党委、政府的重视和支持，切实加强领导，落实责任，进一步形成党委领导、政府主导、三方协同、工会力推、企业和职工积极参与的工作格局，采取有力有效措施狠抓计划落实。各地人力资源社会保障部门要会同工会、企业联合会和工商联，全面摸清本地区企业数量、职工人数和已开展集体协商签订集体合同情况，从当地实际出发，制定切实可行的工作规划和实施方案，明确年度目标任务、具体措施和时间进度。要争取将工作任务完成情况列入当地政府目标责任考核内容，加强督促检查和考核，形成层层抓落实的目标责任制。

各级协调劳动关系三方要各司其职，密切配合，进一步形成工作合力。人力资源社会保障部门要发挥好主导作用，加强宏观调控和指导，重点做好规划协调、完善政策、信息引导、集体合同审查和协商争议调处等工作。工会组织要重点做好宣传发动职工、指导协商要约、培训职工协商代表、监督集体合同履行和加强基层工会组织建设等工作；企业联合会、工商联要重点做好引导企业经营管理者树立协商理念、督促企业切实履行社会责任、指导企业提出要约和应约、督促履行集体合同和加强基层企业组织建设等工作。各级协调劳动关系三方办公室要具体承担组织实施工作，建立健全沟通协调机制，组织三方共同开展调查研究，共同推广典型经验，共同加强监督检查，及时研究解决推进工作中的问题，合力推进攻坚计划顺利实施。

人力资源社会保障部
全国总工会
中国企业联合会
全国工商联
2014 年 4 月 14 日

关于提升集体协商质量增强集体合同实效的意见

（总工发〔2014〕6号）

近3年多来，全国各级工会认真贯彻落实《中华全国总工会2011—2013年深入推进工资集体协商工作规划》，积极争取党政重视支持，普遍加大工作力度，创造性地开展工作，推动集体协商制度建设和实施取得明显进展。截至2013年底，已建工会组织的企业80%以上建立了工资集体协商制度，有效提升了劳动关系双方协商谈判的意识，一定程度上提高了职工工资收入，为推动建立企业职工工资协商共决和正常增长机制，促进劳动关系和谐稳定发挥了积极作用。但是，由于多方面因素制约，集体协商工作中仍存在一些亟待解决的突出问题，如有的集体协商职工参与程度不够、协商过程流于形式，有的集体合同内容不够详实具体、实际作用不明显。为有效解决这些问题，切实提升集体协商质量、增强集体合同实效，提出如下意见。

一、充分认识提升集体协商质量、增强集体合同实效的重要意义

提升集体协商质量、增强集体合同实效，是加强集体协商制度建设的内在要求，也是切实维护职工权益的迫切需要，有利于促进全面深化改革，推动形成合理有序的收入分配格局；有利于引导广大职工更加积极主动通过集体协商的方式，理性合法表达利益诉求，化解劳动关系矛盾，建立企业和职工利益共享机制；有利于解决职工群众最关心最直接最现实的利益问题，切实让广大职工从集体协商中普遍受益，增强工会对职工的吸引力和凝聚力。各级工会一定要从党和国家工作大局以及工会工作全局的高度，充分认识提升集体协商质量、增强集体合同实效的重要意义，将其作为促进社会主义市场经济体制完善、更好履行基本职责、赢得职工群众信赖的基础性工作，进一步增强责任感、使命感和紧迫感。

二、提升集体协商质量、增强集体合同实效的指导思想、目标任务和工作原则

（一）指导思想

认真贯彻落实党的十八大、十八届三中全会和习近平总书记系列重要讲话精神，按照中央关于推行和完善集体协商制度的一系列重要部署，以及中国工会十六大提出的明确要求，着眼充分发挥集体协商制度在市场经济体制中对调整劳动关系的基础性作用，以职工广泛深入参与为基础，以促进职工方协商代表敢谈善谈为着力点，以有效解决职工关心的突出问题为核心，以实现劳动关系双方互利共赢为目标，逐步提高广大职工对集体合同的满意度，形成企业与职工利益共享机制。

（二）目标任务

提升集体协商质量、增强集体合同实效的要求是，努力推动实现集体协商制度健全完善、工作机制系统科学、协商准备全面充分、协商内容详实具体、协商程序依法

合规、协商过程真谈实谈、协商结果公平合理、协议履行及时有效。总体目标任务是，从 2014 年起，用 5 年时间，在集体协商建制率动态保持在 80% 的基础上，集体合同所覆盖职工对集体协商的知晓率达到 90%，职工对开展集体协商和签订集体合同工作的综合满意度稳步提高。

（三）工作原则

循序渐进。把提升集体协商质量、增强集体合同实效作为一项基础性、长期性工作稳步推进；遵循集体协商工作规律，把打基础、利长远的制度机制建设和解决当前突出问题有机结合起来；协商内容循序渐进，从解决职工普遍关注、容易解决的问题做起，逐步拓展和深化。

依法合规。企业、行业、区域工会敢于依法主动代表职工开展集体协商，协商过程严格遵循法律法规规定的工作原则、方法、步骤，做到协商主体、程序、内容符合法律法规规定；上级工会指导帮助企业、行业、区域工会开展集体协商应当严格依法依规。

职工参与。把动员广大职工全过程参与作为提升集体协商质量、增强集体合同实效的动力，通过落实职工参加集体协商的知情权、参与权、共决权和监督权，使协商议题充分反映职工诉求、协商进程及时向职工公开、协议内容由职代会依法审议、合同履行接受职工监督。

基层为主。切实把集体协商工作重心放在基层，注重健全完善制度机制保障，充分发挥企业、行业、区域工会的主观能动性，不断增强其开展集体协商的能力水平，在代表职工开展集体协商、维护职工劳动经济权益时更加积极主动、理性科学。

三、健全完善提升集体协商质量、增强集体合同实效的工作举措

（一）着力增强集体协商内容的针对性

集体协商要立足于解决职工最关心的突出问题，确保协商内容量化细化，具有可操作性，并逐步由权益保障向利益共享拓展，努力通过集体协商满足职工的合理利益诉求。要分类确定协商重点，区域协商要实现区域内最低工资标准、基本劳动条件等底线标准与区域发展水平相适应；行业协商要以合理确定劳动定额、工时工价标准为重点，具体到不同工种、不同岗位，分类协商确定标准；企业协商要针对不同类别、不同岗位职工的不同诉求、分别确定协商内容和协议条款，特别是要明确一线职工、农民工、劳务派遣工的各项权益标准。要针对女职工特殊保护、劳动安全卫生条件等事项开展专项协商，签订更具针对性的专项集体合同。要持续做好基础工作，企业工会要加强与企业行政方的日常沟通联系，注意收集掌握企业劳动生产率、经济效益、财务状况、职工工资水平等信息，为提出更具针对性的协商内容奠定基础。

（二）充分发挥行业集体协商的优势作用

把行业集体协商作为解决中小企业单独提升集体协商质量难的重点形式和有效途径，积极促进基础扎实、条件成熟的行业普遍建立集体协商制度；行业集体协商要始终聚焦行业内职工普遍关心的突出问题，提倡行业内企业在履行行业集体合同的基础上，结合企业实际开展二次协商；各级产业工会要将行业集体协商作为重中之重的工作来抓，加强与相关雇主组织的沟通，深入研究行业宏观经济形势、国家产业政策导

向、企业生产经营态势、职工生产生活状况等，充分发挥产业工会在推进行业集体协商工作中参与研究制定政策、发布信息，开展指导的作用。

（三）进一步加强职工方协商代表的选配和保护

健全完善保障职工民主选举职工方协商代表的工作制度机制，确保选出来的职工方协商代表敢于为职工说话；优化职工方协商代表结构，增强职工方协商代表的广泛性、专业性、互补性，充分发挥职工方协商代表的团队优势。上级工会要选择一些重点企业、行业和区域，全过程指导、监督其依法民主选举职工方协商代表；要通过健全制度机制、提供支持帮助等方式解除基层工会干部和职工方协商代表的后顾之忧；对打击、报复职工方协商代表的行为，要旗帜鲜明、积极主动进行及时制止和纠正；将工会干部权益保障金适用范围拓展至职工方协商代表，发挥其托底保障作用；对未尽到保护职工方协商代表责任的，上级工会要及时责令其改正，直至追究相关人员责任。

（四）切实激发集体协商中职工的参与热情

把职工积极参与贯穿集体协商始终。在开展集体协商前，企业、行业、区域工会要通过座谈、问卷调查等多种形式了解职工诉求，并注意加强企业、行业、区域内不同职工群体不同权益需求的磋商、协调、平衡，力争准确聚焦职工集中反映的问题；在集体协商过程中，职工方协商代表要及时向职工通报协商进程，征求职工对协商内容、协商底线、协商策略等进行适当调整的意见建议；集体合同草案要由职工（代表）大会依法审议通过，并开展职工满意度测评，了解职工对协商结果的认可程度；集体合同履行情况要及时向职工（代表）大会报告，或通过职工方协商代表巡视等方式，加强职工对集体合同履行的监督。

（五）注重增强集体协商的专业指导力量

通过完善制度机制确保专职集体协商指导员作为外聘协商代表，积极参与企业、行业、区域集体协商具体工作，每个专职集体协商指导员每 1 个年度内，至少直接参与 4 次企业、行业或区域集体协商的全过程，特别是在集体协商的准备、协商资料的收集分析、职工方协商代表的培训、职工群体内部意见协调、协商难题的解决、合同文本的把关等方面进行指导帮助。积极吸纳一批劳动关系领域的专家学者参与集体协商工作，通过建立健全集体协商专家顾问组等指导机构，定期组织专家学者深入研究集体协商面临的问题，及时提出解决问题的具体措施，开展对企业、行业、区域工会“点对点”、“点对面”的业务指导；通过专家巡讲送教上门，推动工会干部和职工方协商代表不断提升把握政策、分析数据以及运用协商策略技巧的能力水平。

（六）突出强化上级工会的指导服务

各级地方总工会要切实加强对企业、行业、区域工会的指导服务，注重加强对企业实施集体协商质量效果自我提升计划的引导和激励。城市、县（区）总工会应在每年企业、行业或区域集中开展集体协商前，会同协调劳动关系相关部门，经过深入研究磋商，至少发布 1 次本区域内工资指导线、劳动力市场供求、人工成本占比、职工平均工资水平、消费价格指数变化、企业整体经营状况、市场经营环境等与集体协商相关资讯情况的分析报告；针对劳动关系矛盾隐患多但企业、行业或区域工会组织开展协商有困难的实际，进一步完善上级工会代行或参与下级工会开展集体协商的工作机制；分级分类培育和宣传一批协商程序规范、协商内容具体、协商效果明显、职工比较满意的集体协商典型，发挥典型的示范带动作用；推动建立健全集体协商的相关法律法规，使集体协商制度规则更具约束力和可操作性；建立上下联动的工作机制，形成企业、行业、区域工会主动作为、上级工会指导服务到位的良性互动局面。

四、切实加强对提升集体协商质量、增强集体合同实效的工作保障

（一）加强组织领导

各级工会要将提升集体协商质量、增强集体合同实效摆上全会工作更加突出的位置，在人、财、物等方面加大支持力度；各级工会主要领导要负总责、亲自抓，定期集中研究、协调解决工作中面临的难点问题；各级地方总工会和各级地方产业工会在开展行业集体协商过程中要衔接联动，相互支持、形成合力；积极稳妥推进工会组织形式的改革创新，在同行业企业集中度高的区域逐步建立行业工会组织并提供经费保障。

（二）完善制度机制

探索实施集体协商质量评估试点工作，以职工对集体协商改善自身权益状况的满意度为核心内容，提倡各地工会结合实际制定指标量化、更具操作性的集体协商质量评估办法，在评估中可尝试引入第三方调查机构参与；建立考核激励制度，列支专项经费对定期评估中成绩突出的集体和个人予以表彰激励。

（三）提供力量支撑

各级工会领导机关要加大重视支持力度，逐步扩大专职从事集体协商工作人员的规模；要按照《中华全国总工会关于加强专职集体协商指导员队伍建设的意见》（总工发〔2012〕45 号）的要求，尽快建立完善专职集体协商指导员队伍，通过逐步完善队伍管理、业务培训、业绩考核等制度，着力培养一批工会自己的集体协商谈判专家。

中华全国总工会

2014 年 3 月 19 日

关于印发《中华全国总工会深化集体协商工作规划（2014—2018年）》的通知

（总工发〔2014〕11号）

各省、自治区、直辖市总工会，各全国产业工会，中共中央直属机关工会联合会、中央国家机关工会联合会，全总各部门、各直属单位：

现将《中华全国总工会深化集体协商工作规划（2014—2018年）》印发给你们，请结合实际，认真组织实施。

中华全国总工会
2014年4月18日

中华全国总工会深化集体协商工作规划（2014—2018年）

为进一步推动集体协商工作深化发展，切实维护职工合法权益，促进劳动关系和谐稳定，现制定如下规划。

一、指导思想

全面贯彻党的十八大、十八届三中全会和习近平总书记系列重要讲话精神，落实中国工会十六大关于“继续普遍开展工资集体协商，扩大覆盖面，提高协商质量”的工作部署，着眼充分发挥集体协商制度对调整劳动关系的基础性作用，以提升集体协商质量、增强集体合同实效为主线，进一步坚定信心、凝聚共识、攻坚克难，巩固实施《中华全国总工会2011—2013年深入推进工资集体协商工作规划》（总工发〔2011〕4号）取得的建制成果，有效解决一些企业职工参与协商程度不够、协商过程流于形式，一些集体合同内容不够详实具体、实际作用不够明显等问题，推动形成制度支撑有力、机制运转高效、职工参与广泛、实施效果明显的集体协商工作推进局面，使越来越多的职工对集体协商的效果感受得到、能够认可、趋于满意，实现促进企业发展与维护职工权益相统一，推进广大职工实现体面劳动、舒心工作、全面发展。

二、工作目标

——进一步巩固集体协商建制率。已建工会组织企业集体协商建制率保持在80%以上，其中百人以上已建工会组织企业建制率保持在90%以上。

——不断提升集体协商质量。已建立集体协商制度的企业，协商内容针对性强、程序规范、沟通充分、履约到位、效果明显。建制企业职工对集体协商的参与率达到70%以上，知晓率达到90%以上，对开展集体协商和签订集体合同工作的综合满意度稳步提高。

——逐步扩大集体协商指导员队伍规模。全国专兼职集体协商指导员队伍规模达到15万人以上，其中专职集体协商指导员队伍规模达到1万人以上，努力培养一批工会集体协商谈判专家。

——加强集体协商业务培训。全国各级工会每年培训从事集体协商工作的工会干部和集体协商指导员24万人次，其中全国总工会每年重点培训师资600人次，每个省级总工会每年培训不少于300人次，每个地市级总工会每年培训不少于200人次，每个县级总工会每年培训不少于60人次，通过扩大培训规模、提升培训层次，不断提高从事集体协商工作的工会干部和集体协商指导员的能力水平。

——分级分类培育一批集体协商典型。全国每年培育20个不同层次、不同类型、在国内外有一定影响的行业集体协商典型；培育60个企业、10个区域协商效果突出、影响广泛的集体协商典型。5年共形成100个行业、300个企业、50个区域集体协商典型，充分发挥集体协商典型的示范引领作用。

三、工作原则

——坚持提升质量、增强实效。把提升集体协商质量、增强集体合同实效贯穿于深化集体协商工作全过程，努力实现数量与质量、规模与效果相统一。

——坚持重心下移、上下联动。切实把集体协商工作重心放在基层，注重通过健全完善制度机制调动基层工会的积极性、主动性，形成基层工会主动作为、上级工会指导服务到位的良性互动局面。

——坚持依靠职工、惠及职工。把动员广大职工全过程参与作为深化集体协商工作的动力，落实职工参与权利，扩大职工参与范围，使集体协商内容真正反映职工意愿和需求，促进职工充分共享经济社会发展成果。

——坚持凝聚共识、营造氛围。加强正面宣传引导、形成正确舆论导向，通过宣传引导推动形成以集体协商方式化解劳动关系矛盾的普遍共识。

四、工作措施

(一）大力开展集体协商要约行动

1. 普遍开展集体协商集中要约行动。省级总工会要加强对集中要约行动的部署、指导。地市级和县级总工会要制定集中要约行动的工作方案，通过举行启动仪式、召开动员会等形式，每年定期组织开展集中要约行动。有条件的地区，可以由省级总工会或者推动省级协调劳动关系三方统一组织实施集中要约行动。

2. 不断丰富要约形式。各级地方总工会要坚持集中要约与动态要约相结合，在积极组织本地区开展集体协商集中要约行动的同时，创造条件鼓励基层工会依据企业（行业、区域）实际，适时以更加灵活多样的形式向企业或企业代表组织提出更具针对性的协商要约。可针对重点行业、重点区域以及国有企业、世界500强在华企业中未建制企业开展专项要约。

3. 建立完善要约相关制度。上级工会要指导和帮助基层工会依法主动行使要约权，督促企业或企业代表组织按时应约并提供与开展集体协商相关的企业经营信息。基层工会提出协商要约有困难的，可由其上一级工会代表基层工会向企业或企业代表组织提出协商要约。对企业或企业代表组织不按时回应或拒绝进行集体协商的，上级工会要依法提出整改意见书或约谈其负责人，督促其开展集体协商；对逾期不整改的，上级工会应提请劳动行政部门责令其限期改正。

（二）突出抓好行业集体协商

1. 健全行业集体协商主体。把开展行业集体协商作为深化集体协商工作的重点和主攻方向。在中小企业比较集中的乡镇（街道）和工业园区，加快行业工会组织建设，积极稳妥探索建立更切合行业实际、符合协商要求的行业工会组织。在行业工会组织缺位时，可以通过"上代下"等方式确定行业集体协商主体。有条件的地方，可以根据开展行业集体协商的需要，积极推动建立健全与行业工会组织相对应的企业代表组织。

2. 细化和拓展行业集体协商内容。把行业最低工资标准、加班工资基数、工资调整幅度、劳动定额标准、工资支付办法等行业内职工普遍关心的问题作为行业集体协商的核心内容，根据不同工种、不同岗位，分类协商确定工资分配制度、岗位工资基数、岗位工资系数等标准。根据行业内企业实际情况，将协商内容逐步向劳动安全卫生条件、女职工特殊权益保护、职业技能培训、职工参与企业二次分配等方面延伸。提倡行业内规模以上企业在行业集体协商的基础上，按照定额标准不高于、工价标准不低于行业集体合同约定的原则，开展内容更具针对性的二次协商。

3. 拓展行业集体协商领域。在推进建筑、采矿、餐饮服务等劳动密集型企业相对集中的行业开展集体协商的基础上，把行业集体协商领域逐步向新兴产业、知识密集型产业及实行企业化管理的事业单位延伸，实现县级以下区域内基础扎实、条件成熟的行业普遍建立集体协商制度。有条件的地方也可以从实际出发，继续积极探索在县（区）及以上开展行业集体协商工作。

4. 参与制定行业劳动定额标准。各级地方总工会、产业工会要联合政府相关部门、企业代表组织，通过调查研究、科学测算、试点验证等方式，积极探索制定公平合理、能够在行业内普遍适用的劳动定额标准并及时进行调整；逐步推动建立统一、规范、权威的行业劳动定额标准测算、发布和管理制度。

5. 发挥产业工会作用。各级产业工会要切实发挥熟悉行业劳动关系特点、联系行业职工紧密的优势，加强对产业、行业宏观经济政策的研究分析，深入开展对本产业、行业集体协商工作的调查研究，会同行业协会适时就行业劳动工资福利等提出指导意见和政策措施。各级地方总工会要在政策咨询、资源配置、人员培训等方面切实加大对产业工会的支持力度，为产业工会发挥作用创造有利条件。

（三）提高企业集体协商质量

1. 选好配强职工方协商代表。要健全完善企业职工民主选举职工方协商代表的工作制度机制，确保选出来的职工方协商代表敢于为职工说话；优化职工方协商代表结构，增强职工方协商代表的广泛性、专业性、互补性，充分发挥职工方协商代表的团队优势。上级工会要通过健全制度机制、提供支持帮助等方式解除企业工会干部和职工方协商代表的后顾之忧。

2. 增强集体协商内容的针对性。企业集体协商要立足于解决职工最关心的突出问题，确保协商内容量化细化，具有可操作性。要针对不同类别、不同岗位职工的不同诉求、分别确定协商内容和协议条款，特别是要明确一线职工、农民工、劳务派遣工的各项权益标准。

3. 保障职工充分参与集体协商。企业工会要把动员广大职工全过程参与贯穿集体协商始终。在开展集体协商前，要充分了解职工诉求，力争协商议题准确聚焦职工集中反映的问题；在集体协商过程中，要及时向职工通报协商进程，征求职工意见建议；签订集体合同草案后，要由职工（代表）大会依法审议通过，并及时将集体合同履行情况向职工（代表）大会报告。

4. 借助专业力量开展集体协商。企业工会要把委托专业人员参与集体协商的制度规定用足用好，邀请相关专家及专职集体协商指导员参与其中，在协商资料收集分析、职工方协商代表培训、职工群体内部意见协调、协商难题解决、合同文本草拟等方面进行具体的指导帮助。

（四）加强集体合同履约监督

1. 实施动态管理。省级总工会要支持和指导地市级、县级总工会建立健全集体合同数据库，实行实名制、动态化管理，及时掌握集体合同签订、履行情况并进行跟踪核实。

2. 创新监督形式。各级地方总工会要指导基层工会完善工作机制，创新方式方法，调动职工参与监督集体合同履行的积极性。要通过成立集体合同履约监督小组、开展职工代表巡视检查、集体协商指导员调查走访、向职代会报告集体合同履约情况等形式，确保广大职工能够参与对集体合同履行情况的监督检查。

3. 借助各方力量。各级地方总工会要积极争取将集体合同履行情况纳入人大执法检查、政协视察的重要内容；推动政府劳动行政部门把集体合同履行情况纳入劳动监察内容和企业守法诚信档案，列为各类评先评优活动的前置条件；对无法定事由拒不履行集体合同的企业，要依法提请劳动行政部门处理，还可探索通过向社会公开等方式，督促其切实履行集体合同。

（五）强化集体协商人才队伍建设

1. 扩大集体协商指导员队伍规模。加强专兼职集体协商指导员队伍建设，突出抓好专职集体协商指导员队伍建设，严格落实《中华全国总工会关于加强专职集体协商指导员队伍建设的意见》（总工发〔2012〕45 号）要求，按照省级总工会 2—3 人，地市级总工会不少于 3 人，县级总工会 2—3 人的标准，分级配齐符合聘任条件的专职集体协商指导员。有条件的地方，可结合本地实际逐步扩大聘用规模。

2. 加强集体协商指导员队伍管理使用。省级总工会要制定完善集体协商指导员队伍管理办法，加强对集体协商指导员的管理调配使用。及时安排部署工作、交流通报情况、研究解决问题、组织集中述职；科学合理确定集体协商指导员工作目标任务，使集体协商指导员权责对应，职责落实到位；建立科学的考核标准和办法，根据定期考核情况决定续聘、解聘或调整工作，对工作业绩特别突出的集体协商指导员给予适当的精神鼓励或物质奖励。

3. 加大集体协商指导员队伍建设保障力度。县级以上地方工会要列支专项经费，保障专职集体协商指导员队伍建设，确保经费投入根据本地区经济社会发展情况，随队伍规模、工作水平的提高而同步提高。有条件的地方，可积极稳妥探索为集体协商指导员开展工作给予更为有力支持和保障的方式方法。

4. 建立健全专家指导机构。各级地方总工会根据工作需要，逐步建立健全集体协商专家顾问组（团）、指导组（团）等专家指导机构，吸纳相关专家学者定期参与集体协商政策咨询、业务指导、巡讲培训、调查研究等工作。有条件的地方，可以积极争取财政专项资金，向工会外部的相关专家和专业机构购买有关集体协商工作的专业服务。

（六）加大集体协商业务培训力度

1. 分级开展培训。各级总工会按照分级负责培训的要求组织开展培训工作。对负责集体协商工作的工会干部、职工方首席协商代表每年应安排培训一次。对新任职、新聘用的集体协商指导员，尽快就近培训，在上岗半年内必须进行培训。企业工会每年应组织对职工方协商代表的集中培训。要通过组织编写理论类、典型案例分析类等丰富多样的培训教材，针对不同群体的不同特点合理确定培训内容，不断增强培训的针对性和实效性。

2. 拓展培训对象。各级总工会要在加强对各级工会干部、集体协商指导员和职工方协商代表培训的基础上，积极推动各级党校、行政学院将集体协商相关内容纳入培训课程，促使更多党政领导了解重视集体协商工作；充分利用协调劳动关系三方机制平台开展联合培训，加强对政府部门、企业代表组织相关工作人员以及企业负责人的培训工作。

3. 创新培训方式。充分发挥中国劳动关系学院、省级工会干部院校培训的主渠道作用，并将社会高等院校作为培训的辅助力量；坚持组织调训与自主选学相结合，探索开展巡讲、网络课堂等培训方式；坚持理论讲授与实战演练相结合，广泛开展现场观摩、案例分析、模拟谈判等培训教学活动。

4. 强化培训管理。形成职责明确、制度健全、考评结合、有序有效的培训管理机制。实施考核认证，凡参加各级培训并经考试合格的，由各级培训机构颁发证书。建立工会干部和集体协商指导员培训档案，加强对考核记录和相关信息资料的归档管理。上级工会要将完成培训任务、提高培训质量等情况纳入对下一级工会考核内容。

（七）抓好集体协商典型培育

1. 分级培育典型。各级总工会、产业（行业）工会应当深入基层直接指导或参与典型协商过程，分级抓好典型培育。全国总工会每年选树 3 个行业、3 个企业、1 个区域集体协商示范点，并进行实地调研、指导。各全国产业工会每年应当培育总结 2 个以上行业集体协商典型。省、市、县三级总工会每年至少要各培育选树 2 个行业、2 个企业、1 个区域集体协商示范点。各级地方总工会相关工作部门要加强与同级产业工会沟通协作，联合抓好行业集体协商典型的培育。

2. 深入总结典型。各级总工会要对优秀典型的协商过程、协商内容、关键环节、职工评价等情况留好记录、建好档案；加强对集体协商典型案例的长期跟踪研究和深入细致分析，总结带有普遍性、规律性的经验做法。全国总工会每年编辑 1 本集体协商案例分析图书资料发放至地方总工会。各省级总工会要根据实际，做好典型案例分析工作，5 年内至少编辑 2 本集体协商案例分析图书资料，发放至下级工会。

3. 努力推广典型。各级工会要充分利用新闻媒体、国内外论坛、研讨会、座谈会等平台，积极主动推介开展集体协商的先进典型，切实发挥集体协商典型对推进集体协商工作的示范带动作用；各级地方总工会每年至少组织 1 次现场观摩或典型案例分析研讨活动，进一步加强对本地区集体协商典型的分析研究、集中推广。

（八）建立集体协商工作综合评价体系

1. 开展集体协商工作评价。加强集体协商工作评价体系研究，鼓励各地积极主动开展集体协商工作评价试点，科学设置评价指标，开展实证分析研究，逐步建立科学合理、简便易行的集体协商评价体系，客观准确评价开展集体协商工作的效果。

2. 实施职工满意度测评。基层工会要通过无记名测评、问卷调查和个别访谈等方式，将集体协商工作程序、协商内容、集体合同履行情况、职工方协商代表履职情况等作为测评重点，组织职工进行满意度测评，及时跟踪评估协商过程和实施效果。上级总工会要及时收集掌握基层工会开展职工满意度测评情况，并加以深入研究分析。有条件的地方，可以尝试引入第三方调查机构参与测评，进一步增强职工满意度测评的客观性。

3. 健全激励约束机制。上级总工会要将集体协商工作评价结果作为对下一级总工会和产业工会年度工作目标考核的重要依据。全国总工会每年对各省级总工会推进集体协商工作情况进行通报，各省级总工会也应结合本地实际，建立工会推进集体协商工作情况定期通报制度。各级总工会要把开展集体协商作为企业评选五一劳动奖状、模范职工之家和授予企业经营者劳动模范等荣誉称号的必备条件，实行“一票否决”；积极争取把企业开展集体协商作为推荐企业经营者担任党代表、人大代表、政协委员等政治身份的重要参考条件。

（九）营造推进集体协商工作的良好氛围

1. 健全宣传制度。各级总工会要根据本地实际和特点，制定集体协商宣传计划，建立宣传引导工作的目标管理、激励约束、协调联动、快速回应等机制。特别是要针对社会普遍关注的集体协商热点问题，把握宣传时机和宣传节点，及时主动在媒体上进行解读和回应。

2. 突出宣传重点。坚持广泛深入宣传开展集体协商对于化解矛盾、促进发展、实现双赢的重要意义。各级工会媒体要把行业、企业集体协商典型作为重点内容，全面报道协商过程、具体做法和创新举措，深入挖掘分析，形成系列报道；要针对带有普遍性的社会疑虑或担心，开展有针对性的宣传引导，集中宣传工会组织开展集体协商的政策主张、具体措施和实际成效。

3. 创新宣传形式。广泛联系各种媒体资源，拓宽宣传渠道，注重借助微博、微信、手机短信等新兴网络媒体和现代传播方式，创新符合媒体传播规律、职工喜闻乐见、社会易于接受的宣传方式，扩大宣传覆盖面、增强宣传的实效性，最大限度凝聚社会共识。

五、工作保障

（一）争取党政重视支持

各级地方总工会要借助党委（常委）会议、政府与工会联系（席）会议制度等平台，定期向党委汇报、向政府通报集体协商工作推进情况以及需要党政协调解决的困难和问题。积极推动将集体协商工作作为当地党委政府制定经济社会发展规划的必备内容，实施科学发展综合考核的必备指标，深化收入分配制度改革的必备措施，在经济社会发展和全面深化改革的总体布局中进行筹划部署，加大推进力度，加强督促检查，促进形成和完善“党政主导、三方共促、工会力推、各方配合、企业和职工良性互动”的工作格局。

（二）摆上工作重要位置

各级工会要从党和国家工作大局和工会工作全局的战略高度，充分认识深化集体协商工作的重要意义，进一步增强推进集体协商工作的责任感、使命感和紧迫感，把推进集体协商工作摆上全会工作的重要位置，做到责任到位、措施到位、人员到位、投入到位。地方工会和各全国产业工会要根据本规划，制定符合本地区、本产业实际的工作规划，统筹协调解决开展集体协商工作遇到的困难和问题，切实抓好规划落实。要对集体协商工作从人力、物力、财力等方面给予更多的支持和倾斜，进一步整合工会内部力量、优化资源配置、加强合作联动，共同推进集体协商工作深化发展。上下级工会之间应当就推进集体协商工作加强沟通交流，上级工会应当在业务指导、信息发布、经验总结等方面为下级工会提供更多支持服务。

（三）用好三方机制平台

推动各级协调劳动关系三方将集体协商工作作为重要工作内容，建立健全三方合力推进集体协商工作的长效机制，明确各方职责，制定工作计划，形成工作合力。通过联合发文、联合调研、联合培训推进和指导工作，定期研究解决推进集体协商工作带有普遍性、倾向性的问题。各地工会应当结合本地实际，借助三方机制力量，加强对当地劳动关系发展态势的分析研判，对人工成本占比、职工平均工资水平、企业整体经营状况等与集体协商相关的资讯情况进行分析并定期发布分析报告，为开展集体协商提供数据信息支撑；积极参与和推动政府及时调整最低工资标准、发布工资指导线、劳动力市场工资指导价位等；推动各级劳动行政部门将集体协商列入劳动保障监察范围并对拒绝开展集体协商的企业责令改正；推动各级各类企业代表组织加强对企业开展集体协商的正面引导。

（四）推动优化法制环境

各级工会要根据已有法律法规政策，结合工作实际，细化落实措施办法，在坚持依法合规推进集体协商的同时，促进集体协商立法更加完善，形成系统完备、有效管用的法律法规政策体系，为开展集体协商提供更加有力支撑。各级工会要根据集体协商工作实际需要，共同努力推动国家层面加快《集体协商法》立法进程，进一步提升集体协商立法层次，增强集体协商规则的可操作性和刚性约束力；各省、自治区、直辖市总工会和较大的城市总工会要主动支持、配合地方人大、政府制定或修订集体协商相关地方法规和行政规章。

（五）加大改革创新力度

要着眼工会集体协商工作更加适应国家治理体系和社会治理体制改革创新的形势，适应市场在资源配置中起决定性作用的新要求，根据集体协商工作形势发展变化的需要，进一步改革创新工会组织体制、工作机制和活动方式。进一步理顺产业工会组织体制，建立和完善产业工会与相应政府部门、行业主管部门或行业协会的沟通协调机制，充分发挥产业工会在推进行业集体协商方面的独特作用。针对推进工作中面临的突出问题，鼓励支持基层积极开展探索创新，及时将基层探索创造的成功经验做法，从理论和实践结合的层面进行梳理分析、总结提炼，尽快上升为具有普遍约束力的顶层设计。

第四部分

工资分配

关于审理拒不支付劳动报酬刑事案件适用法律若干问题的解释

（法释〔2013〕3号）

为依法惩治拒不支付劳动报酬犯罪，维护劳动者的合法权益，根据《中华人民共和国刑法》有关规定，现就办理此类刑事案件适用法律的若干问题解释如下：

第一条　劳动者依照《中华人民共和国劳动法》和《中华人民共和国劳动合同法》等法律的规定应得的劳动报酬，包括工资、奖金、津贴、补贴、延长工作时间的工资报酬及特殊情况下支付的工资等，应当认定为刑法第二百七十六条之一第一款规定的“劳动者的劳动报酬”。

第二条　以逃避支付劳动者的劳动报酬为目的，具有下列情形之一的，应当认定为刑法第二百七十六条之一第一款规定的“以转移财产、逃匿等方法逃避支付劳动者的劳动报酬”：

（一）隐匿财产、恶意清偿、虚构债务、虚假破产、虚假倒闭或者以其他方法转移、处分财产的；

（二）逃跑、藏匿的；

（三）隐匿、销毁或者篡改账目、职工名册、工资支付记录、考勤记录等与劳动报酬相关的材料的；

（四）以其他方法逃避支付劳动报酬的。

第三条　具有下列情形之一的，应当认定为刑法第二百七十六条之一第一款规定的“数额较大”：

（一）拒不支付一名劳动者三个月以上的劳动报酬且数额在五千元至二万元以上的；

（二）拒不支付十名以上劳动者的劳动报酬且数额累计在三万元至十万元以上的。

各省、自治区、直辖市高级人民法院可以根据本地区经济社会发展状况，在前款规定的数额幅度内，研究确定本地区执行的具体数额标准，报最高人民法院备案。

第四条　经人力资源社会保障部门或者政府其他有关部门依法以限期整改指令书、行政处理决定书等文书责令支付劳动者的劳动报酬后，在指定的期限内仍不支付的，应当认定为刑法第二百七十六条之一第一款规定的“经政府有关部门责令支付仍不支付”，但有证据证明行为人有正当理由未知悉责令支付或者未及时支付劳动报酬的除外。

行为人逃匿，无法将责令支付文书送交其本人、同住成年家属或者所在单位负责收件的人的，如果有关部门已通过在行为人的住所地、生产经营场所等地张贴责令支付文书等方式责令支付，并采用拍照、录像等方式记录的，应当视为“经政府有关部门责令支付”。

第五条 拒不支付劳动者的劳动报酬，符合本解释第三条的规定，并具有下列情形之一的，应当认定为刑法第二百七十六条之一第一款规定的“造成严重后果”：

（一）造成劳动者或者其被赡养人、被扶养人、被抚养人的基本生活受到严重影响、重大疾病无法及时医治或者失学的；

（二）对要求支付劳动报酬的劳动者使用暴力或者进行暴力威胁的；

（三）造成其他严重后果的。

第六条 拒不支付劳动者的劳动报酬，尚未造成严重后果，在刑事立案前支付劳动者的劳动报酬，并依法承担相应赔偿责任的，可以认定为情节显著轻微危害不大，不认为是犯罪；在提起公诉前支付劳动者的劳动报酬，并依法承担相应赔偿责任的，可以减轻或者免除刑事处罚；在一审宣判前支付劳动者的劳动报酬，并依法承担相应赔偿责任的，可以从轻处罚。

对于免除刑事处罚的，可以根据案件的不同情况，予以训诫、责令具结悔过或者赔礼道歉。

拒不支付劳动者的劳动报酬，造成严重后果，但在宣判前支付劳动者的劳动报酬，并依法承担相应赔偿责任的，可以酌情从宽处罚。

第七条 不具备用工主体资格的单位或者个人，违法用工且拒不支付劳动者的劳动报酬，数额较大，经政府有关部门责令支付仍不支付的，应当依照刑法第二百七十六条之一的规定，以拒不支付劳动报酬罪追究刑事责任。

第八条 用人单位的实际控制人实施拒不支付劳动报酬行为，构成犯罪的，应当依照刑法第二百七十六条之一的规定追究刑事责任。

第九条 单位拒不支付劳动报酬，构成犯罪的，依照本解释规定的相应个人犯罪的定罪量刑标准，对直接负责的主管人员和其他直接责任人员定罪处罚，并对单位判处罚金。

最高人民法院
2013 年 2 月 14 日

国务院批转发展改革委等部门关于深化收入分配制度改革若干意见的通知

（国发〔2013〕6号）

各省、自治区、直辖市人民政府，国务院各部委、各直属机构：

国务院同意发展改革委、财政部、人力资源社会保障部《关于深化收入分配制度改革的若干意见》，现转发给你们，请认真贯彻执行。

收入分配制度是经济社会发展中一项带有根本性、基础性的制度安排，是社会主义市场经济体制的重要基石。改革开放以来，我国收入分配制度改革不断推进，与基本国情、发展阶段相适应的收入分配制度基本建立。同时，收入分配领域仍存在一些亟待解决的突出问题，城乡区域发展差距和居民收入分配差距依然较大，收入分配秩序不规范，隐性收入、非法收入问题比较突出，部分群众生活比较困难。当前，我国已经进入全面建成小康社会的决定性阶段，按照党的十八大提出的千方百计增加居民收入的战略部署，要继续深化收入分配制度改革，优化收入分配结构，调动各方面积极性，促进经济发展方式转变，维护社会公平正义与和谐稳定，实现发展成果由人民共享，为全面建成小康社会奠定扎实基础。

我国仍处于并将长期处于社会主义初级阶段，当前收入分配领域出现的问题是发展中的矛盾、前进中的问题，必须通过促进发展、深化改革来逐步加以解决。解决这些问题，也是城乡居民在收入普遍增加、生活不断改善过程中的新要求新期待。同时也应该看到，深化收入分配制度改革，是一项十分艰巨复杂的系统工程，不可能一蹴而就，必须从我国基本国情和发展阶段出发，立足当前、着眼长远，克难攻坚、有序推进。

深化收入分配制度改革，要坚持共同发展、共享成果。倡导勤劳致富、支持创业创新、保护合法经营，在不断创造社会财富、增强综合国力的同时，普遍提高人民富裕程度。坚持注重效率、维护公平。初次分配和再分配都要兼顾效率和公平，初次分配要注重效率，创造机会公平的竞争环境，维护劳动收入的主体地位；再分配要更加注重公平，提高公共资源配置效率，缩小收入差距。坚持市场调节、政府调控。充分发挥市场机制在要素配置和价格形成中的基础性作用，更好地发挥政府对收入分配的调控作用，规范收入分配秩序，增加低收入者收入，调节过高收入。坚持积极而为、量力而行。妥善处理好改革发展稳定的关系，着力解决人民群众反映突出的矛盾和问题，突出增量改革，带动存量调整。

各地区、各部门要深入学习和全面贯彻落实党的十八大精神，充分认识深化收入分配制度改革的重大意义，将其列入重要议事日程，建立统筹协调机制，把落实收入分配政策、增加城乡居民收入、缩小收入分配差距、规范收入分配秩序作为重要任务。

各有关部门要围绕重点任务，明确工作责任，抓紧研究出台配套方案和实施细则，及时跟踪评估政策实施效果。各地区要结合本地实际，制定具体措施，确保改革各项任务落到实处。要坚持正确的舆论导向，引导社会预期，回应群众关切，凝聚各方共识，形成改革合力，为深化收入分配制度改革营造良好的社会环境。

国　务　院

2013年2月3日

关于深化收入分配制度改革的若干意见

发展改革委　财政部　人力资源社会保障部

为贯彻落实党的十八大提出的“实现发展成果由人民共享，必须深化收入分配制度改革”要求，深入推进“十二五”规划实施，完善收入分配结构和制度，增加城乡居民收入，缩小收入分配差距，规范收入分配秩序，现提出以下意见：

一、充分认识深化收入分配制度改革的重要性和艰巨性

改革开放以来，我国收入分配制度改革逐步推进，破除了传统计划经济体制下平均主义的分配方式，在坚持按劳分配为主体的基础上，允许和鼓励资本、技术、管理等要素按贡献参与分配，不断加大收入分配调节力度。经过三十多年的探索与实践，按劳分配为主体、多种分配方式并存的分配制度基本确立，以税收、社会保障、转移支付为主要手段的再分配调节框架初步形成，有力地推动了社会主义市场经济体制的建立，极大地促进了国民经济快速发展，城乡居民人均实际收入平均每十年翻一番，家庭财产稳定增加，人民生活水平显著提高。实践证明，我国收入分配制度是与基本国情、发展阶段总体相适应的。

特别是党的十六大以来，按照科学发展观和构建社会主义和谐社会的要求，充分发挥再分配调节功能，加大对保障和改善民生的投入，彻底取消农业税，大幅增加涉农补贴，全面实施免费义务教育，加快建立社会保障体系，深入推进医药卫生体制改革，大力加强保障性住房建设，城乡最低生活保障标准和扶贫标准大幅提升，企业退休人员基本养老金水平持续提高，近年来农村居民收入增速快于城镇居民，城乡收入差距缩小态势开始显现，居民收入占国民收入比重有所提高，收入分配制度改革取得新的进展。

同时，也要看到收入分配领域仍存在一些亟待解决的突出问题，主要是城乡区域发展差距和居民收入分配差距依然较大，收入分配秩序不规范，隐性收入、非法收入问题比较突出，部分群众生活比较困难，宏观收入分配格局有待优化。这些问题的产生，既与我国基本国情、发展阶段密切相关，具有一定的客观必然性和阶段性特征，也与收入分配及相关领域的体制改革不到位、政策不落实等直接相关。

当前，我国已经进入全面建成小康社会的决定性阶段。深化收入分配制度改革，优化收入分配结构，构建扩大消费需求的长效机制，是加快转变经济发展方式的迫切需要；深化收入分配制度改革，切实解决一些领域分配不公问题，防止收入分配差距

过大，规范收入分配秩序，是维护社会公平正义与和谐稳定的根本举措；深化收入分配制度改革，处理好劳动与资本、城市与农村、政府与市场等重大关系，推动相关领域改革向纵深发展，是完善社会主义市场经济体制的重要内容；深化收入分配制度改革，使发展成果更多更公平惠及全体人民，为逐步实现共同富裕奠定物质基础和制度基础，是体现社会主义本质的必然要求。

我国仍处于并将长期处于社会主义初级阶段，是世界上人口最多的发展中国家，区域之间发展条件差异大，城乡二元结构短期内难以根本改变，工业化、信息化、城镇化和农业现代化还在深入发展。要充分认识到，当前收入分配领域出现的问题是发展中的矛盾、前进中的问题，必须通过促进发展、深化改革来逐步加以解决。解决这些问题，也是城乡居民在收入普遍增加、生活不断改善过程中的新要求新期待。同时也应该看到，深化收入分配制度改革，是一项十分艰巨复杂的系统工程，涉及方方面面利益调整，不可能一蹴而就，必须从我国基本国情和发展阶段出发，立足当前、着眼长远，克难攻坚、有序推进。

二、准确把握深化收入分配制度改革的总体要求和主要目标

1. 总体要求。

全面贯彻落实党的十八大精神，以邓小平理论、“三个代表”重要思想、科学发展观为指导，立足基本国情，坚持以经济建设为中心，在发展中调整收入分配结构，着力创造公开公平公正的体制环境，坚持按劳分配为主体、多种分配方式并存，坚持初次分配和再分配调节并重，继续完善劳动、资本、技术、管理等要素按贡献参与分配的初次分配机制，加快健全以税收、社会保障、转移支付为主要手段的再分配调节机制，以增加城乡居民收入、缩小收入分配差距、规范收入分配秩序为重点，努力实现居民收入增长和经济发展同步，劳动报酬增长和劳动生产率提高同步，逐步形成合理有序的收入分配格局，促进经济持续健康发展和社会和谐稳定。

2. 主要目标。

——城乡居民收入实现倍增。到2020年实现城乡居民人均实际收入比2010年翻一番，力争中低收入者收入增长更快一些，人民生活水平全面提高。

——收入分配差距逐步缩小。城乡、区域和居民之间收入差距较大的问题得到有效缓解，扶贫对象大幅减少，中等收入群体持续扩大，“橄榄型”分配结构逐步形成。

——收入分配秩序明显改善。合法收入得到有力保护，过高收入得到合理调节，隐性收入得到有效规范，非法收入予以坚决取缔。

——收入分配格局趋于合理。居民收入在国民收入分配中的比重、劳动报酬在初次分配中的比重逐步提高，社会保障和就业等民生支出占财政支出比重明显提升。

三、继续完善初次分配机制

完善劳动、资本、技术、管理等要素按贡献参与分配的初次分配机制。实施就业优先战略和更加积极的就业政策，扩大就业创业规模，创造平等就业环境，提升劳动者获取收入能力，实现更高质量的就业。深化工资制度改革，完善企业、机关、事业单位工资决定和增长机制。推动各种所有制经济依法平等使用生产要素、公平参与市

场竞争、同等受到法律保护，形成主要由市场决定生产要素价格的机制。

3. 促进就业机会公平。大力支持服务业、劳动密集型企业、小型微型企业和创新型科技企业发展，创造更多就业岗位。完善税费减免和公益性岗位、岗位培训、社会保险、技能鉴定补贴等政策，促进以高校毕业生为重点的青年、农村转移劳动力、城镇困难人员、退役军人就业。完善和落实小额担保贷款、财政贴息等鼓励自主创业政策。借鉴推广公务员招考的办法，完善和落实事业单位公开招聘制度，在国有企业全面推行分级分类的公开招聘制度，切实做到信息公开、过程公开、结果公开。

4. 提高劳动者职业技能。健全面向全体劳动者的职业培训制度，足额提取并合理使用企业职工教育培训经费，保障职工带薪最短培训时间。新增财政教育投入向职业教育倾斜，逐步实行中等职业教育免费制度。建立健全向农民工免费提供职业教育和技能培训制度。完善社会化职业技能培训、考核、鉴定、认证体系，规范职业技能鉴定收费标准。提高技能人才经济待遇和社会地位。

5. 促进中低收入职工工资合理增长。建立反映劳动力市场供求关系和企业经济效益的工资决定及正常增长机制。完善工资指导线制度，建立统一规范的企业薪酬调查和信息发布制度。根据经济发展、物价变动等因素，适时调整最低工资标准，到2015年绝大多数地区最低工资标准达到当地城镇从业人员平均工资的40%以上。研究发布部分行业最低工资标准。以非公有制企业为重点，积极稳妥推行工资集体协商和行业性、区域性工资集体协商，到2015年，集体合同签订率达到80%，逐步解决一些行业企业职工工资过低的问题。落实新修订的劳动合同法，研究出台劳务派遣规定等配套规章，严格规范劳务派遣用工行为，依法保障被派遣劳动者的同工同酬权利。

6. 加强国有企业高管薪酬管理。对部分过高收入行业的国有及国有控股企业，严格实行企业工资总额和工资水平双重调控政策，逐步缩小行业工资收入差距。建立与企业领导人分类管理相适应、选任方式相匹配的企业高管人员差异化薪酬分配制度，综合考虑当期业绩和持续发展，建立健全根据经营管理绩效、风险和责任确定薪酬的制度，对行政任命的国有企业高管人员薪酬水平实行限高，推广薪酬延期支付和追索扣回制度。缩小国有企业内部分配差距，高管人员薪酬增幅应低于企业职工平均工资增幅。对非国有金融企业和上市公司高管薪酬，通过完善公司治理结构，增强董事会、薪酬委员会和股东大会在抑制畸高薪酬方面的作用。

7. 完善机关事业单位工资制度。建立公务员和企业相当人员工资水平调查比较制度，完善科学合理的职务与职级并行制度，适当提高基层公务员工资水平；调整优化工资结构，降低津贴补贴所占比例，提高基本工资占比；提高艰苦边远地区津贴标准，抓紧研究地区附加津贴实施方案。结合分类推进事业单位改革，建立健全符合事业单位特点、体现岗位绩效和分级分类管理的工资分配制度。

8. 健全技术要素参与分配机制。建立健全以实际贡献为评价标准的科技创新人才薪酬制度，鼓励企事业单位对紧缺急需的高层次、高技能人才实行协议工资、项目工资等。加强知识产权保护，完善有利于科技成果转移转化的分配政策，探索建立科技成果入股、岗位分红权激励等多种分配办法，保障技术成果在分配中的应得份额。完善高层次、高技能人才特殊津贴制度。允许和鼓励品牌、创意等参与收入分配。

9. 多渠道增加居民财产性收入。加快发展多层次资本市场，落实上市公司分红制度，强化监管措施，保护投资者特别是中小投资者合法权益。推进利率市场化改革，适度扩大存贷款利率浮动范围，保护存款人权益。严格规范银行收费行为。丰富债券基金、货币基金等基金产品。支持有条件的企业实施员工持股计划。拓宽居民租金、股息、红利等增收渠道。

10. 建立健全国有资本收益分享机制。全面建立覆盖全部国有企业、分级管理的国有资本经营预算和收益分享制度，合理分配和使用国有资本收益，扩大国有资本收益上交范围。适当提高中央企业国有资本收益上交比例，“十二五”期间在现有比例上再提高 5 个百分点左右，新增部分的一定比例用于社会保障等民生支出。

11. 完善公共资源占用及其收益分配机制。建立健全资源有偿使用制度和生态环境补偿机制。完善公开公平公正的国有土地、海域、森林、矿产、水等公共资源出让机制，加强对自然垄断行业的监管，防止通过不正当手段无偿或低价占有和使用公共资源。建立健全公共资源出让收益全民共享机制，出让收益主要用于公共服务支出。

四、加快健全再分配调节机制

加快健全以税收、社会保障、转移支付为主要手段的再分配调节机制。健全公共财政体系，完善转移支付制度，调整财政支出结构，大力推进基本公共服务均等化。加大税收调节力度，改革个人所得税，完善财产税，推进结构性减税，减轻中低收入者和小型微型企业税费负担，形成有利于结构优化、社会公平的税收制度。全面建成覆盖城乡居民的社会保障体系，按照全覆盖、保基本、多层次、可持续方针，以增强公平性、适应流动性、保证可持续性为重点，不断完善社会保险、社会救助和社会福利制度，稳步提高保障水平，实行全国统一的社会保障卡制度。

12. 集中更多财力用于保障和改善民生。加大对教育、就业、社会保障、医疗卫生、保障性住房、扶贫开发等方面的支出，进一步加大对中西部地区特别是革命老区、民族地区、边疆地区和贫困地区的财力支持。严格控制行政事业单位机构编制，“十二五”期间中央和地方机构编制总量只减不增，减少领导职数，降低行政成本。坚决反对铺张浪费，严格控制“三公”经费预算，全面公开“三公”经费使用情况。“十二五”时期社会保障和就业支出占财政支出比重提高 2 个百分点左右。

13. 加大促进教育公平力度。合理配置教育资源，重点向农村、边远、贫困、民族地区倾斜。全面落实九年义务教育免费政策，严格规范教育收费行为。进一步完善普通高中、普通本科高校、中等职业学校和高等职业院校家庭经济困难学生国家资助政策，逐步提高补助标准。为家庭经济困难儿童、孤儿和残疾儿童接受学前教育提供补助。切实解决农民工随迁子女平等接受义务教育和参加当地中考、高考问题。

14. 加强个人所得税调节。加快建立综合与分类相结合的个人所得税制度。完善高收入者个人所得税的征收、管理和处罚措施，将各项收入全部纳入征收范围，建立健全个人收入双向申报制度和全国统一的纳税人识别号制度，依法做到应收尽收。取消对外籍个人从外商投资企业取得的股息、红利所得免征个人所得税等税收优惠。

15. 改革完善房地产税等。完善房产保有、交易等环节税收制度，逐步扩大个人住房房产税改革试点范围，细化住房交易差别化税收政策，加强存量房交易税收征管。扩大资源税征收范围，提高资源税税负水平。合理调整部分消费税的税目和税率，将部分高档娱乐消费和高档奢侈消费品纳入征收范围。研究在适当时期开征遗产税问题。

16. 完善基本养老保险制度。全面落实城镇职工基本养老保险省级统筹，“十二五”期末实现基础养老金全国统筹。分类推进事业单位养老保险制度改革，研究推进公务员养老保险制度改革。提高农民工养老保险参保率。健全城镇居民和新型农村社会养老保险制度。建立兼顾各类人员的养老保障待遇确定机制和正常调整机制。发展企业年金和职业年金，发挥商业保险补充性作用。扩大社会保障基金筹资渠道，建立社会保险基金投资运营制度。

17. 加快健全全民医保体系。提高城镇居民基本医疗保险和新型农村合作医疗筹资和待遇水平，整合城乡居民基本医疗保险制度。稳步推进职工医保、城镇居民医保和新农合门诊统筹。“十二五”期末基本医疗保险政策范围内医保基金支付水平达到75%以上，明显缩小与实际住院费用报销支付比例的差距。建立城乡居民大病保险制度，完善城乡医疗救助制度。全面实现统筹区域和省内异地就医即时结算。逐步增加人均基本公共卫生服务经费，提高基本公共卫生服务水平。

18. 加大保障性住房供给。建立市场配置和政府保障相结合的住房制度，加强保障性住房建设和管理，满足困难家庭基本需求。“十二五”期末全国城镇保障性住房覆盖面达到20%左右，按质量标准完成农村困难家庭危房改造1000万户以上，实现全国游牧民定居目标。

19. 加强对困难群体救助和帮扶。健全城乡低收入群体基本生活保障标准与物价上涨挂钩的联动机制，逐步提高城乡居民最低生活保障水平。提高优抚对象抚恤补助标准。建立健全经济困难的高龄、独居、失能等老年人补贴制度。完善孤儿基本生活保障制度，推进孤儿集中供养，建立其他困境儿童生活救助制度。建立困难残疾人生活补贴和重度残疾人护理补贴制度。

20. 大力发展社会慈善事业。积极培育慈善组织，简化公益慈善组织的审批程序，鼓励有条件的企业、个人和社会组织举办医院、学校、养老服务等公益事业。落实并完善慈善捐赠税收优惠政策，对企业公益性捐赠支出超过年度利润总额12%的部分，允许结转以后年度扣除。加强慈善组织监督管理。

五、建立健全促进农民收入较快增长的长效机制

坚持工业反哺农业、城市支持农村和多予少取放活方针，加快完善城乡发展一体化体制机制，加大强农惠农富农政策力度，促进工业化、信息化、城镇化和农业现代化同步发展，促进公共资源在城乡之间均衡配置、生产要素在城乡之间平等交换和自由流动，促进城乡规划、基础设施、公共服务一体化，建立健全农业转移人口市民化机制，统筹推进户籍制度改革和基本公共服务均等化。

21. 增加农民家庭经营收入。健全农产品价格保护制度，稳步提高重点粮食品种最低收购价，完善大宗农产品临时收储政策。着力推进农业产业化，大力发展农民专业合作和股份合作，培养新型经营主体，支持适度规模经营，加大对农村社会化服务体系的投入，促进产销对接和农超对接，使农民合理分享农产品加工、流通增值收益。因地制宜培育发展特色高效农业和乡村旅游，使农民在农业功能拓展中获得更多收益。

22. 健全农业补贴制度。建立健全农业补贴稳定增长机制，完善良种补贴、农资综

合补贴和粮食直补政策，增加农机购置补贴规模，完善农资综合补贴动态调整机制，新增农业补贴向粮农和种粮大户倾斜。完善林业、牧业和渔业扶持政策。逐步扩大农业保险保费补贴范围，适当提高保费补贴比例，进一步细化和稳步扩大农村金融奖补政策。

23. 合理分享土地增值收益。搞好农村土地确权、登记、颁证工作，依法保障农民的土地财产权。按照依法自愿有偿原则，允许农民以多种形式流转土地承包经营权，确保农民分享流转收益。完善农村宅基地制度，保障农户宅基地用益物权。改革征地制度，依法保障农民合法权益，提高农民在土地增值收益中的分配比例。

24. 加大扶贫开发投入。大幅增加财政专项扶贫资金，新增部分主要用于支持集中连片特殊困难地区扶贫攻坚，加大以工代赈力度，努力实现贫困地区农民人均收入增长幅度高于全国平均水平。“十二五”时期，对240万生存条件恶劣地区的农村贫困人口实施异地扶贫搬迁；按照人均2300元（2010年不变价）的扶贫标准，到2015年扶贫对象减少8000万人左右。

25. 有序推进农业转移人口市民化。制定公开透明的各类城市农业转移人口落户政策，探索建立政府、企业、个人共同参与的市民化成本分担机制，把有稳定劳动关系、在城镇居住一定年限并按规定参加社会保险的农业转移人口逐步转为城镇居民，重点推进解决举家迁徙及新生代农民工落户问题。实施全国统一的居住证制度，努力实现城镇基本公共服务常住人口全覆盖。

六、推动形成公开透明、公正合理的收入分配秩序

大力整顿和规范收入分配秩序，加强制度建设，健全法律法规，加强执法监管，加大反腐力度，加强信息公开，实行社会监督，加强基础工作，提升技术保障，保护合法收入，规范隐性收入，取缔非法收入。

26. 加快收入分配相关领域立法。研究出台社会救助、慈善事业、扶贫开发、企业工资支付保障、集体协商、国有资本经营预算、财政转移支付管理等方面法律法规，及时修订完善土地管理、矿产资源管理、税收征管、房产税等方面法律法规。建立健全财产登记制度，完善财产法律保护制度，保障公民合法财产权益。

27. 维护劳动者合法权益。健全工资支付保障机制，将拖欠工资问题突出的领域和容易发生拖欠的行业纳入重点监控范围，完善与企业信用等级挂钩的差别化工资保证金缴纳办法。落实清偿欠薪的工程总承包企业负责制、行政司法联动打击恶意欠薪制度、保障工资支付属地政府负责制度。完善劳动争议处理机制，加大劳动保障监察执法力度。

28. 清理规范工资外收入。严格规范党政机关各种津贴补贴和奖金发放行为，抓紧出台规范改革性补贴的实施意见。加强事业单位创收管理，规范科研课题和研发项目经费管理使用，严格公务招待费审批和核算等制度规定。严格控制国有及国有控股企业高管人员职务消费，规范车辆配备和使用、业务招待、考察培训等职务消费项目和标准，职务消费接受职工民主监督，相关账目要公开透明。

29. 加强领导干部收入管理。全面落实《关于领导干部报告个人有关事项的规定》，严格执行各级领导干部如实报告收入、房产、投资、配偶子女从业等情况的规

定，对隐报瞒报、弄虚作假等行为，通过抽查、核查，及时纠正，严肃处理。继续规范领导干部离职、辞职或退（离）休后的个人从业行为，严格按照有关程序、条件和要求办理兼职任职审批事项。

30. 严格规范非税收入。按照正税清费的原则，继续推进费改税，进一步清理整顿各种行政事业性收费和政府性基金，坚决取消不合法、不合理的收费和基金项目，收费项目适当降低收费标准。建立健全政府非税收入收缴管理制度。

31. 打击和取缔非法收入。围绕国企改制、土地出让、矿产开发、工程建设等重点领域，强化监督管理，堵住获取非法收入的漏洞。严厉打击走私贩私、偷税逃税、内幕交易、操纵股市、制假售假、骗贷骗汇等经济犯罪活动。严厉查处权钱交易、行贿受贿行为。深入治理商业贿赂。加强反洗钱工作和资本外逃监控。

32. 健全现代支付和收入监测体系。大力推进薪酬支付工资化、货币化、电子化，加快现代支付结算体系建设，落实金融账户实名制，推广持卡消费，规范现金管理。完善机关和国有企事业单位发票管理和财务报销制度，全面推行公务卡支付结算制度。整合公安、民政、社保、住房、银行、税务、工商等相关部门信息资源，建立健全社会信用体系和收入信息监测系统，完善个人所得税信息管理系统。建立城乡住户收支调查一体化制度。

七、加强深化收入分配制度改革的组织领导

33. 统一认识，加强领导。各地区、各部门要深入学习和全面贯彻落实党的十八大精神，充分认识深化收入分配制度改革的重大意义，将其列入重要议事日程，建立统筹协调机制，把落实收入分配政策、增加城乡居民收入、缩小收入分配差距、规范收入分配秩序作为重要任务，纳入日常考核。各有关部门要深入调查研究，加强工作指导，强化监督检查，认真总结经验，及时解决改革中出现的突出矛盾和问题。

34. 突出重点，强化实施。收入分配制度改革要与国有企业、行政体制、财税金融体制等相关重点领域改革有机结合、协同推进。各有关部门要围绕重点任务，明确工作责任，抓紧研究出台配套方案和实施细则，及时跟踪评估政策实施效果。各地区要结合本地实际，制定具体措施，确保改革各项任务落到实处。鼓励部分地区、部分领域先行先试，积极探索。

35. 深入宣传，注重引导。坚持正确的舆论导向，引导全社会从基本国情和发展阶段出发，正确认识当前存在的收入分配问题，深入宣传坚持科学发展是解决收入分配问题的根本途径，实现社会公平正义是我们坚定不移的目标。切实做好各项改革政策的解读工作，加深对收入分配制度改革艰巨性、复杂性的认识，引导社会预期，回应群众关切，凝聚各方共识，形成改革合力，为深化收入分配制度改革营造良好的社会环境。

关于加强涉嫌拒不支付劳动报酬犯罪案件查处衔接工作的通知

（人社部发〔2014〕100 号）

各省、自治区、直辖市高级人民法院、人民检察院、人力资源社会保障厅（局）、公安厅（局），新疆维吾尔自治区高级人民法院生产建设兵团分院，新疆生产建设兵团人民检察院、人力资源社会保障局、公安局：

为贯彻执行《中华人民共和国刑法》和《最高人民法院关于审理拒不支付劳动报酬刑事案件适用法律若干问题的解释》（法释〔2013〕3 号）关于拒不支付劳动报酬罪的相关规定，进一步完善人力资源社会保障行政执法和刑事司法衔接制度，加大对拒不支付劳动报酬犯罪行为的打击力度，切实维护劳动者合法权益，根据《行政执法机关移送涉嫌犯罪案件的规定》（国务院 2001 年第 310 号令）及有关规定，现就进一步做好涉嫌拒不支付劳动报酬犯罪案件查处衔接工作通知如下：

一、切实加强涉嫌拒不支付劳动报酬违法犯罪案件查处工作

（一）由于行为人逃匿导致工资账册等证据材料无法调取或用人单位在规定的时间内未提供有关工资支付等相关证据材料的，人力资源社会保障部门应及时对劳动者进行调查询问并制作询问笔录，同时应积极收集可证明劳动用工、欠薪数额等事实的相关证据，依据劳动者提供的工资数额及其他有关证据认定事实。调查询问过程一般要录音录像。

（二）行为人拖欠劳动者劳动报酬后，人力资源社会保障部门通过书面、电话、短信等能够确认其收悉的方式，通知其在指定的时间内到指定的地点配合解决问题，但其在指定的时间内未到指定的地点配合解决问题或明确表示拒不支付劳动报酬的，视为刑法第二百七十六条之一第一款规定的“以逃匿方法逃避支付劳动者的劳动报酬”。但是，行为人有证据证明因自然灾害、突发重大疾病等非人力所能抗拒的原因造成其无法在指定的时间内到指定的地点配合解决问题的除外。

（三）企业将工程或业务分包、转包给不具备用工主体资格的单位或个人，该单位或个人违法招用劳动者不支付劳动报酬的，人力资源社会保障部门应向具备用工主体资格的企业下达限期整改指令书或行政处罚决定书，责令该企业限期支付劳动者劳动报酬。对于该企业有充足证据证明已向不具备用工主体资格的单位或个人支付了劳动者全部的劳动报酬，该单位或个人仍未向劳动者支付的，应向不具备用工主体资格的单位或个人下达限期整改指令书或行政处理决定书，并要求企业监督该单位或个人向劳动者发放到位。

（四）经人力资源社会保障部门调查核实，行为人拖欠劳动者劳动报酬事实清楚、

证据确凿、数额较大的，应及时下达责令支付文书。对于行为人逃匿，无法将责令支付文书送交其同住成年家属或所在单位负责收件人的，人力资源社会保障部门可以在行为人住所地、办公地、生产经营场所、建筑施工项目所在地等地张贴责令支付文书，并采用拍照、录像等方式予以记录，相关影像资料应当纳入案卷。

二、切实规范涉嫌拒不支付劳动报酬犯罪案件移送工作

（一）人力资源社会保障部门向公安机关移送涉嫌拒不支付劳动报酬犯罪案件应按照《行政执法机关移送涉嫌犯罪案件的规定》的要求，履行相关手续，并制作《涉嫌犯罪案件移送书》，在规定的期限内将案件移送公安机关。移送的案件卷宗中应当附有以下材料：

1. 涉嫌犯罪案件移送书；
2. 涉嫌拒不支付劳动报酬犯罪案件调查报告；
3. 涉嫌犯罪案件移送审批表；
4. 限期整改指令书或行政处理决定书等执法文书及送达证明材料；
5. 劳动者本人或劳动者委托代理人调查询问笔录；
6. 拖欠劳动者劳动报酬的单位或个人的基本信息；
7. 涉案的书证、物证等有关涉嫌拒不支付劳动报酬的证据材料。

人力资源社会保障部门向公安机关移送涉嫌犯罪案件应当移送与案件相关的全部材料，同时应将案件移送书及有关材料目录抄送同级人民检察院。在移送涉嫌犯罪案件时已经作出行政处罚决定的，应当将行政处罚决定书一并抄送公安机关、人民检察院。

（二）公安机关收到人力资源社会保障部门移送的涉嫌犯罪案件，应当在涉嫌犯罪案件移送书回执上签字，对移送材料不全的，可通报人力资源社会保障部门按上述规定补充移送。受理后认为不属于本机关管辖的，应当及时转送有管辖权的机关，并书面告知移送案件的人力资源社会保障部门。对受理的案件，公安机关应当及时审查，依法作出立案或者不予立案的决定，并书面通知人力资源社会保障部门，同时抄送人民检察院。公安机关立案后决定撤销案件的，应当书面通知人力资源社会保障部门，同时抄送人民检察院。公安机关作出不立案决定或者撤销案件的，应当同时将案卷材料退回人力资源社会保障部门，并书面说明理由。

（三）人力资源社会保障部门对于公安机关不接受移送的涉嫌犯罪案件或者已受理的案件未依法及时作出立案或不立案决定的，可以建议人民检察院依法进行立案监督。对公安机关受理后作出不予立案决定的，可在接到不予立案通知书后 3 日内向作出决定的公安机关提请复议，也可以建议人民检察院依法进行立案监督。

（四）人民检察院发现人力资源社会保障部门对应当移送公安机关的涉嫌拒不支付劳动报酬犯罪案件不移送或者逾期不移送的，应当督促移送。人力资源社会保障部门接到人民检察院提出移送涉嫌犯罪案件的书面意见后，应当及时移送案件。人民检察院发现相关部门拒不移送案件和拒不立案行为中存在职务犯罪线索的，应当认真审查，依法处理。

三、切实完善劳动保障监察行政执法与刑事司法衔接机制

（一）人力资源社会保障部门在依法查处涉嫌拒不支付劳动报酬犯罪案件过程中，对案情复杂、性质难以认定的案件可就犯罪标准、证据固定等问题向公安机关或人民检察院咨询；对跨区域犯罪、涉及人员众多、社会影响较大的案件，人力资源社会保障部门通报公安机关的，公安机关应依法及时处置。

（二）对于涉嫌拒不支付劳动报酬犯罪案件，公安机关、人民检察院、人民法院在侦查、审查起诉和审判期间提请人力资源社会保障部门协助的，人力资源社会保障部门应当予以配合。

（三）在办理拒不支付劳动报酬犯罪案件过程中，各级人民法院、人民检察院、人力资源社会保障部门、公安机关要加强联动配合，建立拒不支付劳动报酬犯罪案件移送的联席会议制度，定期互相通报案件办理情况，及时了解案件信息，研究解决查处拒不支付劳动报酬犯罪案件衔接工作中存在的问题，进一步完善监察行政执法与刑事司法衔接工作机制，切实发挥刑法打击拒不支付劳动报酬犯罪行为的有效作用。

最高人民法院
最高人民检察院
人力资源社会保障部
公　安　部
2014 年 12 月 23 日

关于2015年9月3日放假期间安排劳动者工作工资计发问题的通知

（人社部发〔2015〕74号）

各省、自治区、直辖市及新疆生产建设兵团人力资源社会保障厅（局）：

《国务院关于中国人民抗日战争暨世界反法西斯战争胜利70周年纪念日调休放假的通知》（国发明电〔2015〕1号）明确，2015年9月3日全国放假一天。现就9月3日放假期间安排劳动者工作的工资计发问题通知如下：

用人单位因工作需要，在9月3日放假期间安排劳动者工作的，应支付工资报酬并安排补休；对不能安排补休的，应按照不低于劳动者本人日或小时工资标准的200%支付工资报酬。

人力资源社会保障部

2015年8月18日

关于为抗日战争及以前参加革命工作的退休老工人发放一次性慰问金的通知

（人社部发〔2015〕81号）

各省、自治区、直辖市人力资源社会保障厅（局）、财政厅（局），新疆生产建设兵团人力资源社会保障局、财务局，党中央各部门，国务院各部委、各直属机构，全国人大常委会办公厅、全国政协办公厅，最高人民法院，最高人民检察院，各民主党派中央，各人民团体人事、财务部门：

经国务院同意，决定为抗日战争及以前参加革命工作的老工人发放一次性慰问金。现就有关事项通知如下。

一、发放范围限于《劳动人事部关于建国前参加工作的老工人退休待遇的通知》（劳人险〔1983〕3号）中规定的1945年9月2日（含）前参加革命工作、现仍健在的老工人。

二、发放标准为每人5000元。

三、所需经费按现行渠道解决。

四、在纪念中国人民抗日战争暨世界反法西斯战争胜利70周年之际，为抗日战争及以前参加革命工作的老工人发放一次性慰问金，充分体现了党中央、国务院对这些老同志的关怀。各地区、各部门要高度重视，认真做好组织实施工作。

本通知自印发之日起执行，由人力资源社会保障部负责解释。

人力资源社会保障部
财　政　部
2015年9月1日

第五部分

社 会 保 险

一、养老保险

关于职工基本养老保险关系转移接续有关问题的函

(人社厅函〔2013〕250 号)

北京市人力资源和社会保障局:

你局《关于职工基本养老保险关系转移接续有关问题的请示》(京人社养文〔2012〕71 号)收悉。经研究,按照现行政策规定,就有关问题函复如下:

一、关于跨省流动就业参保人员延长缴费问题

参保人员达到法定退休年龄时累计缴费不足 15 年的,基本养老保险关系在户籍地的,继续缴费地为户籍地;基本养老保险关系不在户籍地的,继续缴费地为缴费年限满 10 年所在地;每个参保地的缴费年限均不满 10 年的,继续缴费地为户籍地。若在企业继续就业参保的,按照国家规定缴纳基本养老保险费;未在企业继续就业参保的,可以申请在继续缴费地参照当地灵活就业人员缴费标准延长缴费,具体延长缴费办法由各地制定。

二、关于人事档案及视同缴费年限核查认定问题

对于跨地区流动就业人员达到法定退休年龄后人事档案所在地与养老保险待遇领取地不一致的,应按照属地化管理原则,将其人事档案调转至养老保险待遇领取地,由待遇领取地人力资源社会保障部门负责对其人事档案及视同缴费年限进行核查认定。具备条件的地区,还可将退休人员的人事档案调入待遇领取地社会保险经办机构代管。

养老保险待遇领取地不具备人事档案调转条件的,由人事档案所在地县级及县级以上人力资源社会保障行政部门负责对其人事档案及视同缴费年限进行核查认定,由待遇领取地人力资源社会保障部门负责对其养老金进行核定和发放。人事档案及视同缴费年限核查认定工作按以下程序办理:

(一)参保人员符合在当地领取养老保险待遇、且需对人事档案及视同缴费年限核查认定时,由用人单位或者参保人员本人向待遇领取地人力资源社会保障部门提出核查认定的申请,并由参保人员本人填写《参保人员人事档案及视同缴费年限核查认定申请表》(以下简称《申请表》,见附件 1)。

(二)养老保险待遇领取地人力资源社会保障部门致函参保人员人事档案所在地人

力资源社会保障部门（见附件2），并附《申请表》。

（三）人事档案所在地人力资源社会保障行政部门负责调阅参保人员人事档案，对其人事档案及视同缴费年限进行核查认定，填写认定意见，并于三十日之内将《申请表》及主要认定材料复印件反馈待遇领取地人力资源社会保障部门。

（四）待遇领取地人力资源社会保障部门对参保人员养老金进行核定后，将核定养老金情况反馈人事档案所在地人力资源社会保障部门，并存入参保人员人事档案中。

三、关于核定缴费基数问题

参保人员跨省流动就业，在转移接续基本养老保险关系时，转出地应按年度向转入地提供缴费信息。对于已经转移接续养老保险关系、无法按年度获取缴费基数等信息的，接收地应根据本地实际情况和规定对该期间的缴费做出相应处理和核定待遇。

附件：1. 参保人员人事档案及视同缴费年限核查认定申请表

2. 关于核查认定参保人员人事档案及视同缴费年限的函

人力资源社会保障部办公厅

2013年5月31日

附件1

参保人员人事档案及视同缴费年限核查认定申请表

参保单位：

姓名		出生日期		性　别	
户籍所在地				联系电话	
居民身份证号码				手机号码	
实际居住地				居住地邮编	
档案所在单位				联系人	
个人工作经历					
其他需要说明的情况					

续表

本人对所填写内容的真实有效性负责，同意由人事档案所在地人力资源社会保障行政部门对人事档案及视同缴费年限进行核查认定。 申请人：　　年　月　日
待遇领取地社会保险经办机构意见： 经核实，申请人　　在本地　　年　　月开始参保，截至　　年　　月共有实际缴费　　年　　月。 联系人及电话： （单位盖章） 年　月　日
人事档案所在地人力资源社会保障部门认定意见： 经认定，申请人　　出生日期为　　年　　月，参加工作时间为　　年　　月，基本养老保险有效视同缴费年限共　　年　　月，在本地未按月享受养老保险待遇。 需要说明的情况： 联系人及电话： （单位盖章） 年　月　日
待遇领取地人力资源社会保障部门认定意见： 经认定，申请人　　出生日期为　　年　　月，参加工作时间为　　年　　月，实际缴费年限　　年　　月，视同缴费年限　　年　　月。需要说明的情况： 联系人及电话： （单位盖章） 年　月　日

附件2

关于核查认定参保人员人事档案及视同缴费年限的函

____________________人力资源和社会保障局：

近日，我局收到________同志（身份证号：______________）提交的《参保人员人事档案及视同缴费年限核查认定申请表》（以下简称《申请表》），根据《人力资源社会保障部办公厅关于职工基本养老保险关系转移接续有关问题的复函》（人社厅函〔2013〕号），请你单位按照有关规定对其进行核查认定，并将《申请表》和主要认定材料复印件于收到本函之日起三十日内反馈我局。

附件：《申请表》

联系人：　　　　　　　联系电话：

（单位盖章）

年　月　日

关于企业年金职业年金个人所得税有关问题的通知

（财税〔2013〕103号）

各省、自治区、直辖市、计划单列市财政厅（局）、人力资源社会保障厅（局）、地方税务局，新疆生产建设兵团财务局、人力资源社会保障局：

为促进我国多层次养老保险体系的发展，根据个人所得税法相关规定，现就企业年金和职业年金个人所得税有关问题通知如下：

一、企业年金和职业年金缴费的个人所得税处理

1. 企业和事业单位（以下统称“单位”）根据国家有关政策规定的办法和标准，为在本单位任职或者受雇的全体职工缴付的企业年金或职业年金（以下统称“年金”）单位缴费部分，在计入个人账户时，个人暂不缴纳个人所得税。

2. 个人根据国家有关政策规定缴付的年金个人缴费部分，在不超过本人缴费工资计税基数的4%标准内的部分，暂从个人当期的应纳税所得额中扣除。

3. 超过本通知第一条第1项和第2项规定的标准缴付的年金单位缴费和个人缴费部分，应并入个人当期的工资、薪金所得，依法计征个人所得税。税款由建立年金的单位代扣代缴，并向主管税务机关申报解缴。

4. 企业年金个人缴费工资计税基数为本人上一年度月平均工资。月平均工资按国家统计局规定列入工资总额统计的项目计算。月平均工资超过职工工作地所在设区城市上一年度职工月平均工资300%以上的部分，不计入个人缴费工资计税基数。

职业年金个人缴费工资计税基数为职工岗位工资和薪级工资之和。职工岗位工资和薪级工资之和超过职工工作地所在设区城市上一年度职工月平均工资300%以上的部分，不计入个人缴费工资计税基数。

二、年金基金投资运营收益的个人所得税处理

年金基金投资运营收益分配计入个人账户时，个人暂不缴纳个人所得税。

三、领取年金的个人所得税处理

1. 个人达到国家规定的退休年龄，在本通知实施之后按月领取的年金，全额按照“工资、薪金所得”项目适用的税率，计征个人所得税；在本通知实施之后按年或按季领取的年金，平均分摊计入各月，每月领取额全额按照“工资、薪金所得”项目适用的税率，计征个人所得税。

2. 对单位和个人在本通知实施之前开始缴付年金缴费，个人在本通知实施之后领取年金的，允许其从领取的年金中减除在本通知实施之前缴付的年金单位缴费和个人缴费且已经缴纳个人所得税的部分，就其余额按照本通知第三条第1项的规定征税。在个人分期领取年金的情况下，可按本通知实施之前缴付的年金缴费金额占全部缴费金额的百分比减计当期的应纳税所得额，减计后的余额，按照本通知第三条第1项的规定，计算缴纳个人所得税。

3. 对个人因出境定居而一次性领取的年金个人账户资金，或个人死亡后，其指定的受益人或法定继承人一次性领取的年金个人账户余额，允许领取人将一次性领取的年金个人账户资金或余额按 12 个月分摊到各月，就其每月分摊额，按照本通知第三条第 1 项和第 2 项的规定计算缴纳个人所得税。对个人除上述特殊原因外一次性领取年金个人账户资金或余额的，则不允许采取分摊的方法，而是就其一次性领取的总额，单独作为一个月的工资薪金所得，按照本通知第三条第 1 项和第 2 项的规定，计算缴纳个人所得税。

4. 个人领取年金时，其应纳税款由受托人代表委托人委托托管人代扣代缴。年金账户管理人应及时向托管人提供个人年金缴费及对应的个人所得税纳税明细。托管人根据受托人指令及账户管理人提供的资料，按照规定计算扣缴个人当期领取年金待遇的应纳税款，并向托管人所在地主管税务机关申报解缴。

5. 建立年金计划的单位、年金托管人，应按照个人所得税法和税收征收管理法的有关规定，实行全员全额扣缴明细申报。受托人有责任协调相关管理人依法向税务机关办理扣缴申报、提供相关资料。

四、建立年金计划的单位应于建立年金计划的次月 15 日内，向其所在地主管税务机关报送年金方案、人力资源社会保障部门出具的方案备案函、计划确认函以及主管税务机关要求报送的其他相关资料。年金方案、受托人、托管人发生变化的，应于发生变化的次月 15 日内重新向其主管税务机关报送上述资料。

五、财政、税务、人力资源社会保障等相关部门以及年金机构之间要加强协调，通力合作，共同做好政策实施各项工作。

六、本通知所称企业年金，是指根据《企业年金试行办法》（原劳动和社会保障部令第 20 号）的规定，企业及其职工在依法参加基本养老保险的基础上，自愿建立的补充养老保险制度。所称职业年金是指根据《事业单位职业年金试行办法》（国办发〔2011〕37 号）的规定，事业单位及其工作人员在依法参加基本养老保险的基础上，建立的补充养老保险制度。

七、本通知自 2014 年 1 月 1 日起执行。《国家税务总局关于企业年金个人所得税征收管理有关问题的通知》（国税函〔2009〕694 号）、《国家税务总局关于企业年金个人所得税有关问题补充规定的公告》（国家税务总局公告 2011 年第 9 号）同时废止。

财　政　部
人力资源社会保障部
国家税务总局
2013 年 12 月 6 日

关于建立统一的城乡居民基本养老保险制度的意见

（国发〔2014〕8号）

各省、自治区、直辖市人民政府，国务院各部委、各直属机构：

按照党的十八大精神和十八届三中全会关于整合城乡居民基本养老保险制度的要求，依据《中华人民共和国社会保险法》有关规定，在总结新型农村社会养老保险（以下简称新农保）和城镇居民社会养老保险（以下简称城居保）试点经验的基础上，国务院决定，将新农保和城居保两项制度合并实施，在全国范围内建立统一的城乡居民基本养老保险（以下简称城乡居民养老保险）制度。现提出以下意见：

一、指导思想

高举中国特色社会主义伟大旗帜，以邓小平理论、“三个代表”重要思想、科学发展观为指导，贯彻落实党中央和国务院的各项决策部署，按照全覆盖、保基本、有弹性、可持续的方针，以增强公平性、适应流动性、保证可持续性为重点，全面推进和不断完善覆盖全体城乡居民的基本养老保险制度，充分发挥社会保险对保障人民基本生活、调节社会收入分配、促进城乡经济社会协调发展的重要作用。

二、任务目标

坚持和完善社会统筹与个人账户相结合的制度模式，巩固和拓宽个人缴费、集体补助、政府补贴相结合的资金筹集渠道，完善基础养老金和个人账户养老金相结合的待遇支付政策，强化长缴多得、多缴多得等制度的激励机制，建立基础养老金正常调整机制，健全服务网络，提高管理水平，为参保居民提供方便快捷的服务。“十二五”末，在全国基本实现新农保和城居保制度合并实施，并与职工基本养老保险制度相衔接。2020年前，全面建成公平、统一、规范的城乡居民养老保险制度，与社会救助、社会福利等其他社会保障政策相配套，充分发挥家庭养老等传统保障方式的积极作用，更好保障参保城乡居民的老年基本生活。

三、参保范围

年满16周岁（不含在校学生），非国家机关和事业单位工作人员及不属于职工基本养老保险制度覆盖范围的城乡居民，可以在户籍地参加城乡居民养老保险。

四、基金筹集

城乡居民养老保险基金由个人缴费、集体补助、政府补贴构成。

（一）个人缴费

参加城乡居民养老保险的人员应当按规定缴纳养老保险费。缴费标准目前设为每年100元、200元、300元、400元、500元、600元、700元、800元、900元、1000元、1500元、2000元12个档次，省（区、市）人民政府可以根据实际情况增设缴费档次，最高缴费档次标准原则上不超过当地灵活就业人员参加职工基本养老保险的年缴费额，并报人力资源社会保障部备案。人力资源社会保障部会同财政部依据城乡居民收入增长等情况适时调整缴费档次标准。参保人自主选择档次缴费，多缴多得。

（二）集体补助

有条件的村集体经济组织应当对参保人缴费给予补助，补助标准由村民委员会召开村民会议民主确定，鼓励有条件的社区将集体补助纳入社区公益事业资金筹集范围。鼓励其他社会经济组织、公益慈善组织、个人为参保人缴费提供资助。补助、资助金额不超过当地设定的最高缴费档次标准。

（三）政府补贴

政府对符合领取城乡居民养老保险待遇条件的参保人全额支付基础养老金，其中，中央财政对中西部地区按中央确定的基础养老金标准给予全额补助，对东部地区给予50%的补助。

地方人民政府应当对参保人缴费给予补贴，对选择最低档次标准缴费的，补贴标准不低于每人每年30元；对选择较高档次标准缴费的，适当增加补贴金额；对选择500元及以上档次标准缴费的，补贴标准不低于每人每年60元，具体标准和办法由省（区、市）人民政府确定。对重度残疾人等缴费困难群体，地方人民政府为其代缴部分或全部最低标准的养老保险费。

五、建立个人账户

国家为每个参保人员建立终身记录的养老保险个人账户，个人缴费、地方人民政府对参保人的缴费补贴、集体补助及其他社会经济组织、公益慈善组织、个人对参保人的缴费资助，全部记入个人账户。个人账户储存额按国家规定计息。

六、养老保险待遇及调整

城乡居民养老保险待遇由基础养老金和个人账户养老金构成，支付终身。

（一）基础养老金

中央确定基础养老金最低标准，建立基础养老金最低标准正常调整机制，根据经济发展和物价变动等情况，适时调整全国基础养老金最低标准。地方人民政府可以根据实际情况适当提高基础养老金标准；对长期缴费的，可适当加发基础养老金，提高和加发部分的资金由地方人民政府支出，具体办法由省（区、市）人民政府规定，并报人力资源社会保障部备案。

（二）个人账户养老金

个人账户养老金的月计发标准，目前为个人账户全部储存额除以139（与现行职工基本养老保险个人账户养老金计发系数相同）。参保人死亡，个人账户资金余额可以依法继承。

七、养老保险待遇领取条件

参加城乡居民养老保险的个人，年满60周岁、累计缴费满15年，且未领取国家规定的基本养老保障待遇的，可以按月领取城乡居民养老保险待遇。

新农保或城居保制度实施时已年满60周岁，在本意见印发之日前未领取国家规定的基本养老保障待遇的，不用缴费，自本意见实施之月起，可以按月领取城乡居民养老保险基础养老金；距规定领取年龄不足15年的，应逐年缴费，也允许补缴，累计缴费不超过15年；距规定领取年龄超过15年的，应按年缴费，累计缴费不少于15年。

城乡居民养老保险待遇领取人员死亡的，从次月起停止支付其养老金。有条件的地方人民政府可以结合本地实际探索建立丧葬补助金制度。社会保险经办机构应每年对城乡居民养老保险待遇领取人员进行核对；村（居）民委员会要协助社会保险经办机构开展工作，在行政村（社区）范围内对参保人待遇领取资格进行公示，并与职工基本养老保险待遇等领取记录进行比对，确保不重、不漏、不错。

八、转移接续与制度衔接

参加城乡居民养老保险的人员，在缴费期间户籍迁移、需要跨地区转移城乡居民养老保险关系的，可在迁入地申请转移养老保险关系，一次性转移个人账户全部储存额，并按迁入地规定继续参保缴费，缴费年限累计计算；已经按规定领取城乡居民养老保险待遇的，无论户籍是否迁移，其养老保险关系不转移。

城乡居民养老保险制度与职工基本养老保险、优抚安置、城乡居民最低生活保障、农村五保供养等社会保障制度以及农村部分计划生育家庭奖励扶助制度的衔接，按有关规定执行。

九、基金管理和运营

将新农保基金和城居保基金合并为城乡居民养老保险基金，完善城乡居民养老保险基金财务会计制度和各项业务管理规章制度。城乡居民养老保险基金纳入社会保障基金财政专户，实行收支两条线管理，单独记账、独立核算，任何地区、部门、单位和个人均不得挤占挪用、虚报冒领。各地要在整合城乡居民养老保险制度的基础上，逐步推进城乡居民养老保险基金省级管理。

城乡居民养老保险基金按照国家统一规定投资运营，实现保值增值。

十、基金监督

各级人力资源社会保障部门要会同有关部门认真履行监管职责，建立健全内控制度和基金稽核监督制度，对基金的筹集、上解、划拨、发放、存储、管理等进行监控和检查，并按规定披露信息，接受社会监督。财政部门、审计部门按各自职责，对基金的收支、管理和投资运营情况实施监督。对虚报冒领、挤占挪用、贪污浪费等违纪违法行为，有关部门按国家有关法律法规严肃处理。要积极探索有村（居）民代表参加的社会监督的有效方式，做到基金公开透明，制度在阳光下运行。

十一、经办管理服务与信息化建设

省（区、市）人民政府要切实加强城乡居民养老保险经办能力建设，结合本地实际，科学整合现有公共服务资源和社会保险经办管理资源，充实加强基层经办力量，做到精确管理、便捷服务。要注重运用现代管理方式和政府购买服务方式，降低行政成本，提高工作效率。要加强城乡居民养老保险工作人员专业培训，不断提高公共服务水平。社会保险经办机构要认真记录参保人缴费和领取待遇情况，建立参保档案，按规定妥善保存。地方人民政府要为经办机构提供必要的工作场地、设施设备、经费保障。城乡居民养老保险工作经费纳入同级财政预算，不得从城乡居民养老保险基金中开支。基层财政确有困难的地区，省市级财政可给予适当补助。

各地要在现有新农保和城居保业务管理系统基础上，整合形成省级集中的城乡居民养老保险信息管理系统，纳入“金保工程”建设，并与其他公民信息管理系统实现信息资源共享；要将信息网络向基层延伸，实现省、市、县、乡镇（街道）、社区实时联网，有条件的地区可延伸到行政村；要大力推行全国统一的社会保障卡，方便参保人持卡缴费、领取待遇和查询本人参保信息。

十二、加强组织领导和政策宣传

地方各级人民政府要充分认识建立城乡居民养老保险制度的重要性，将其列入当地经济社会发展规划和年度目标管理考核体系，切实加强组织领导；要优化财政支出结构，加大财政投入，为城乡居民养老保险制度建设提供必要的财力保障。各级人力资源社会保障部门要切实履行主管部门职责，会同有关部门做好城乡居民养老保险工作的统筹规划和政策制定、统一管理、综合协调、监督检查等工作。

各地区和有关部门要认真做好城乡居民养老保险政策宣传工作，全面准确地宣传解读政策，正确把握舆论导向，注重运用通俗易懂的语言和群众易于接受的方式，深入基层开展宣传活动，引导城乡居民踊跃参保、持续缴费、增加积累，保障参保人的合法权益。

各省（区、市）人民政府要根据本意见，结合本地区实际情况，制定具体实施办法，并报人力资源社会保障部备案。

本意见自印发之日起实施，已有规定与本意见不一致的，按本意见执行。

国 务 院

2014 年 2 月 21 日

关于印发《城乡养老保险制度衔接暂行办法》的通知

（人社部发〔2014〕17 号）

各省、自治区、直辖市人民政府，新疆生产建设兵团：

经国务院同意，现将《城乡养老保险制度衔接暂行办法》印发给你们，请认真贯彻执行。

实现城乡养老保险制度衔接，是贯彻落实党的十八届三中全会精神和社会保险法规定，进一步完善养老保险制度的重要内容。做好城乡养老保险制度衔接工作，有利于促进劳动力的合理流动，保障广大城乡参保人员的权益，对于健全和完善城乡统筹的社会保障体系具有重要意义。各地区要高度重视，加强组织领导，明确职责分工，密切协同配合，研究制定具体实施办法，深入开展政策宣传解释和培训，全力做好经办服务，抓好信息系统建设，确保城乡养老保险制度衔接工作平稳实施。

人力资源社会保障部
财　政　部
2014 年 2 月 24 日

城乡养老保险制度衔接暂行办法

第一条　为了解决城乡养老保险制度衔接问题，维护参保人员的养老保险权益，依据《中华人民共和国社会保险法》和《实施〈中华人民共和国社会保险法〉若干规定》（人力资源和社会保障部令第 13 号）的规定，制定本办法。

第二条　本办法适用于参加城镇职工基本养老保险（以下简称城镇职工养老保险）、城乡居民基本养老保险（以下简称城乡居民养老保险）两种制度需要办理衔接手续的人员。已经按照国家规定领取养老保险待遇的人员，不再办理城乡养老保险制度衔接手续。

第三条　参加城镇职工养老保险和城乡居民养老保险人员，达到城镇职工养老保险法定退休年龄后，城镇职工养老保险缴费年限满 15 年（含延长缴费至 15 年）的，可以申请从城乡居民养老保险转入城镇职工养老保险，按照城镇职工养老保险办法计发相应待遇；城镇职工养老保险缴费年限不足 15 年的，可以申请从城镇职工养老保险转入城乡居民养老保险，待达到城乡居民养老保险规定的领取条件时，按照城乡居民养老保险办法计发相应待遇。

第四条　参保人员需办理城镇职工养老保险和城乡居民养老保险制度衔接手续的，先按城镇职工养老保险有关规定确定待遇领取地，并将城镇职工养老保险的养老保险关系归集至待遇领取地，再办理制度衔接手续。

参保人员申请办理制度衔接手续时，从城乡居民养老保险转入城镇职工养老保险的，在城镇职工养老保险待遇领取地提出申请办理；从城镇职工养老保险转入城乡居民养老保险的，在转入城乡居民养老保险待遇领取地提出申请办理。

第五条　参保人员从城乡居民养老保险转入城镇职工养老保险的，城乡居民养老保险个人账户全部储存额并入城镇职工养老保险个人账户，城乡居民养老保险缴费年限不合并计算或折算为城镇职工养老保险缴费年限。

第六条　参保人员从城镇职工养老保险转入城乡居民养老保险的，城镇职工养老保险个人账户全部储存额并入城乡居民养老保险个人账户，参加城镇职工养老保险的缴费年限合并计算为城乡居民养老保险的缴费年限。

第七条　参保人员若在同一年度内同时参加城镇职工养老保险和城乡居民养老保险的，其重复缴费时段（按月计算，下同）只计算城镇职工养老保险缴费年限，并将城乡居民养老保险重复缴费时段相应个人缴费和集体补助退还本人。

第八条　参保人员不得同时领取城镇职工养老保险和城乡居民养老保险待遇。对于同时领取城镇职工养老保险和城乡居民养老保险待遇的，终止并解除城乡居民养老保险关系，除政府补贴外的个人账户余额退还本人，已领取的城乡居民养老保险基础养老金应予以退还；本人不予退还的，由社会保险经办机构负责从城乡居民养老保险个人账户余额或者城镇职工养老保险基本养老金中抵扣。

第九条　参保人员办理城乡养老保险制度衔接手续时，按下列程序办理：

（一）由参保人员本人向待遇领取地社会保险经办机构提出养老保险制度衔接的书面申请。

（二）待遇领取地社会保险经办机构受理并审核参保人员书面申请，对符合本办法规定条件的，在15个工作日内，向参保人员原城镇职工养老保险、城乡居民养老保险关系所在地社会保险经办机构发出联系函，并提供相关信息；对不符合本办法规定条件的，向申请人作出说明。

（三）参保人员原城镇职工养老保险、城乡居民养老保险关系所在地社会保险经办机构在接到联系函的15个工作日内，完成制度衔接的参保缴费信息传递和基金划转手续。

（四）待遇领取地社会保险经办机构收到参保人员原城镇职工养老保险、城乡居民养老保险关系所在地社会保险经办机构转移的资金后，应在15个工作日内办结有关手续，并将情况及时通知申请人。

第十条　健全完善全国县级以上社会保险经办机构联系方式信息库，并向社会公布，方便参保人员办理城乡养老保险制度衔接手续。建立全国统一的基本养老保险参保缴费信息查询服务系统，进一步完善全国社会保险关系转移系统，加快普及全国通用的社会保障卡，为参保人员查询参保缴费信息、办理城乡养老保险制度衔接提供便捷有效的技术服务。

第十一条　本办法从2014年7月1日起施行。各地已出台政策与本办法不符的，以本办法规定为准。

关于贯彻实施《城乡养老保险制度衔接暂行办法》有关问题的通知

（人社厅发〔2014〕25号）

各省、自治区、直辖市、新疆生产建设兵团人力资源社会保障厅（局）：

近日，人力资源社会保障部、财政部印发了《关于印发〈城乡养老保险制度衔接暂行办法〉的通知》（人社部发〔2014〕17号）（以下简称《暂行办法》）。为做好《暂行办法》的贯彻落实工作，现就有关问题通知如下：

一、充分认识《暂行办法》的重要性。近年来，随着我国城乡养老保险制度全面实施，覆盖范围不断扩大，加上城乡劳动力流动就业加速，城乡养老保险制度的衔接问题迫切需要解决。对此，党中央、国务院高度重视。《暂行办法》的出台实施，顺应民意，利于民生，是一项重大的惠民政策。全面贯彻落实《暂行办法》，有利于健全和完善统筹城乡的社会保障体系，有利于促进劳动力的合理流动，有利于更好地保障城乡参保人员特别是广大农民工的养老保险权益。各级人力资源社会保障部门要认真学习和准确把握《暂行办法》的政策要点，从党和国家工作大局出发，从更好地保障和改善民生、促进社会公平正义出发，充分认识做好城乡养老保险制度衔接工作的重要意义，统一思想，提高认识，切实做好《暂行办法》的贯彻落实工作。

二、深入开展宣传培训工作。《暂行办法》政策性和操作性都很强，及时开展政策宣传和业务培训工作十分重要。各地要配合宣传部门，集中一段时间开展专项宣传活动。要突出重点，采取更灵活的方式，深入到企业基层、乡镇社区和广大劳动者中间，帮助参保人员特别是农民工全面准确了解政策、释疑解惑。要加强与媒体沟通联络，正确引导舆论，营造良好的社会氛围。要制订相关工作预案，积极妥善地应对可能出现的热点舆情，确保社会稳定。部里将举办《暂行办法》培训班，对省级以上人力资源社会保障部门及社会保险经办机构的业务骨干进行培训。各地也要结合实际，进行相应的培训，使各级管理和经办人员准确理解、全面掌握政策和经办业务流程，确保《暂行办法》落实到位。

三、全力做好经办服务工作。为保障《暂行办法》实施到位，部里制定了城乡养老保险制度衔接经办规程。各地要严格按照经办规程的要求，精心设计，周密安排，分工负责，制定具体工作方案。要根据统一规范、及时准确的原则，按照简化操作、方便群众的要求，及时调整完善本地区的经办管理程序，做好相关流程的对接。要切实加强社保经办机构之间的沟通配合，增强服务意识，简化办理手续，缩短办理时间，努力提高服务水平。

四、认真抓好信息系统建设和统计工作。部里将进一步完善社会保险关系转移信息系统，增加城乡养老保险制度衔接有关功能，统一有关电子化流程和接口规范。各地要按照要求，做好本地业务管理系统调整工作，与部社会保险关系转移信息系统实现无缝衔接，构建全国统一的经办服务信息化工作网络，提高城乡养老保险制度衔接电子化应用水平。要切实组织好所属地区的数据统计、核实、汇总和上报工作，确保数据真实、及时和准确。

五、切实加强组织领导。做好城乡养老保险制度衔接工作，直接关系到广大参保人员特别是农民工的切身利益，事关改革发展稳定大局。各级人力资源社会保障部门要高度重视，加强领导，精心组织，认真实施。各地要严格按照《暂行办法》的要求，研究制定贯彻落实工作的实施方案，对组织领导、任务分工、配套措施等作出具体部署，并请于5月底前将实施方案报人力资源社会保障部备案。要及时研究解决《暂行办法》实施工作中出现的新情况、新问题，重要情况和重大问题请及时报告人力资源社会保障部。

附件：1. 城乡养老保险制度衔接暂行办法宣传提纲
　　　2. 城乡养老保险制度衔接经办规程（试行）

人力资源社会保障部办公厅
2014 年 2 月 24 日

附件 1

城乡养老保险制度衔接暂行办法宣传提纲

一、充分认识贯彻实施《暂行办法》的重要意义

党中央、国务院十分重视社会保障体系建设。党的十八大报告提出，要统筹推进城乡社会保障体系建设，以增强公平性、适应流动性、保证可持续性为重点，全面建成覆盖城乡居民的社会保障体系。党的十八届三中全会提出，建立更加公平可持续的社会保障制度，完善社会保险关系转移接续政策。《中华人民共和国社会保险法》规定，要做好城镇职工基本养老保险与新型农村社会养老保险制度、城镇居民社会养老保险制度的衔接。为此，人力资源社会保障部、财政部在深入调查研究，反复论证，广泛听取意见的基础上，拟定了《城乡养老保险制度衔接暂行办法》，业经国务院同意印发，于 2014 年 7 月 1 日起实施。《暂行办法》的出台实施，充分体现了党中央、国务院对人民群众切身利益问题的高度重视，是一件利民生的好事、顺民意的实事。

（一）有利于健全和完善统筹城乡的社会保障体系

2009 年国务院办公厅颁布的城镇企业职工基本养老保险关系转移接续暂行办法，解决了参保人员在城镇职工养老保险制度内跨地区流动转移接续的问题。随着城镇化的发展和城乡养老保险制度基本实现全覆盖，越来越多的劳动者特别是农民工在城乡间流动就业，城镇职工养老保险和城乡居民养老保险制度之间的衔接问题迫切需要解决。《暂行办法》填补了制度间衔接政策的空白，解决了参保人员特别是农民工在城镇职工养老保险和城乡居民养老保险之间的制度衔接问题，对于提高劳动者参保缴费的

积极性，扩大养老保险覆盖范围具有积极的推动作用。《暂行办法》是贯彻落实十八大报告提出“适应流动性”的具体措施，是建立更加公平可持续的社会保障制度的重要内容，对全面建成覆盖城乡居民的社会保障体系，促进社会公平与和谐意义重大。

（二）有利于推动城镇化的健康发展

城乡二元结构是制约我国城乡发展一体化的主要障碍。党的十八大和十八届三中全会提出了完善城镇化健康发展的任务。农业转移人口是推进城镇化的重要群体，随着经济社会的发展，会有越来越多的农村劳动力向城镇转移就业。《暂行办法》规定，只要在城镇职工养老保险制度缴费满15年，就可以将城乡居民养老保险转入城镇职工养老保险，享受城镇职工养老保险待遇。缴费不满15年的，允许延长缴费至满15年后再办理制度衔接手续，享受相应的待遇。这样处理，在政策导向上鼓励参保人员特别是农民工长缴费多缴费，从而享受较高的待遇；在制度安排上体现了对农民工的生活保障，有利于促进人口和劳动力流动，有利于推动我国城镇化的健康发展。

（三）有利于保障参保人员特别是农民工的养老保险权益

随着工业化、城镇化发展，各类人员在城乡间的流动规模将不断扩大。当前，我国农民工已超过了2.6亿人，他们在长达几十年的劳动阶段，可能会在同时段或不同时段参加两种养老保险制度。解决好城乡养老保险制度之间的衔接问题，就可以保障他们参保缴费权益完整性。《暂行办法》规定，对于个人缴费形成的个人账户资金（包括政府补助个人部分），在进行城乡养老保险制度衔接时个人账户储存额全部转移，并累计计算权益，确保参保者个人利益的完整。对于少数因各种原因终止城镇职工养老保险缴费且不满15年的，从城镇职工养老保险转入城乡居民养老保险时，参加城镇职工养老保险缴费年限合并计算为城乡居民养老保险的缴费年限，从而保障了参保人员的养老保险权益。

二、全面领会《暂行办法》的基本原则和重点问题

《暂行办法》充分考虑城镇职工养老保险和城乡居民养老保险两大制度的不同特点和差异性，遵循了4个基本原则：一是保持制度大格局不变。我国养老保险制度基本上形成了职工养老保险和城乡居民养老保险两大制度平台。由于我国仍处于并将长期处于社会主义初级阶段，职工养老保险制度与城乡居民养老保险制度在筹资渠道、缴费水平、支付结构、待遇计发办法上有很大不同，因而待遇水平也相应有所差别，实行职工与城乡居民既有衔接、又有区别的基本养老保险制度符合现阶段我国国情，城乡养老保险制度衔接政策应在保持这一基本制度格局基础上，加强制度之间的衔接。二是顺应发展大趋势。十八届三中全会提出，推进以人为核心的城镇化。2013年中央经济工作会议强调，积极稳妥推进城镇化，着力提高城镇化质量。随着城镇化的发展，将会有越来越多的农民转变为市民并在城镇就业参保，农村人口从乡村转入城市是社会结构发展变化的大趋势，城乡养老保险制度衔接政策要顺应这一发展大趋势。三是照顾大多数。社会群体的利益需求是多方面的，衔接政策应要考虑多数人的利益需求。《暂行办法》应从维护大多数参保人员的权益出发，鼓励参保人员通过参保缴费甚至延长缴费的形式享受到较高的养老保险待遇。四是构建政策大框架。我国养老保险制度还处于不断完善的过程中，城乡养老保险制度间相互衔接要考虑未来的发展。城乡养老保险制度衔接政策应具有一定的弹性，首先搭建起一个大的政策框架，并为今后进一步完善养老保险制度留有空间。

按照上述原则，《暂行办法》重点解决了以下几方面的问题。

（一）实现两种制度衔接

目前，随着我国城乡养老保险制度的全面建立，在解决了跨地区流动就业养老保险关系转移接续之后，尽快解决城乡养老保险制度之间的衔接问题成为重点。《暂行办法》通过明确规定全国统一的衔接方式、衔接条件、资金转移、待遇领取等政策和统一衔接经办规程，实现劳动者特别是农民工在城乡养老保险制度间的顺畅衔接。

（二）保障个人权益

无论是从城乡居民养老保险转入城镇职工养老保险，还是从城镇职工养老保险转入城乡居民养老保险，都将个人账户储存额（含政府、集体补助部分）全部转移，并累计计算个人账户养老金。从城镇职工养老保险转入城乡居民养老保险的，将城镇职工养老保险缴费年限计算为城乡居民养老保险缴费年限。对缴费年限不足 15 年的，也允许延长缴费后再衔接，最大限度地保障参保人员的养老保险权益。

（三）妥善处理重复参保与重复领取待遇

在实际工作中，由于城乡养老保险制度对参保缴费的时间规定不同等原因，城乡流动就业人员在同一年度某个时段重复参保缴费的现象目前仍然存在。《暂行办法》从维护参保人员权益出发，对重复参保及重复领取待遇问题作出了明确规定，总体要求是优先保留待遇水平较高的城镇职工养老保险关系和待遇，对于个人因重复缴费而产生的城乡居民养老保险个人账户金额退还本人。

（四）提高管理服务水平

城乡养老保险制度衔接，既涉及城乡之间，也涉及不同地区之间，有的跨度大、时间长，为方便参保人员办理，避免参保人员往返不同地区办理手续，《暂行办法》强调优化服务，规定由参保人员提出制度衔接的申请，主要手续由相关社保经办机构办理，减少参保人员的往返奔波。

三、准确把握《暂行办法》的主要政策

（一）适用范围

《暂行办法》适用于在城镇职工养老保险与城乡居民养老保险这两种制度之间办理衔接手续的人员；在某一种制度中跨地区转移的参保人员，应按照各制度自身的规定转移接续养老保险关系；已经按照国家规定按月领取养老保险待遇的人员，不再办理城乡养老保险制度衔接手续。

（二）衔接时点

参加城镇职工养老保险和城乡居民养老保险人员在达到城镇职工养老保险规定的法定退休年龄后，可以申请办理城乡养老保险衔接手续；参保人员达到城镇职工养老保险法定退休年龄前，不办理城乡养老保险制度衔接手续；参保人员达到城镇职工养老保险法定退休年龄后，不符合按月享受城镇职工养老保险待遇条件，又不愿申请办理城乡养老保险制度衔接手续的，也可以按照城镇职工养老保险规定延长缴费后再申请办理城乡养老保险制度衔接手续。

（三）衔接条件

考虑到城乡养老保险制度都规定缴费年限满 15 年为按月享受基本养老金的条件，

为引导参保人员长期参保、持续缴费，并享受城镇职工养老保险待遇，《暂行办法》规定参加城镇职工养老保险缴费年限满 15 年（含延长缴费至 15 年）的，可以申请从城乡居民养老保险转入城镇职工养老保险；城镇职工养老保险缴费年限不足 15 年的，可以申请从城镇职工养老保险转入城乡居民养老保险。

（四）待遇领取地确定

考虑到城乡养老保险制度参保人员可能在多地流动就业和参保，参保地与待遇领取地可能不是同一个统筹地区，甚至可能有在多个地区存在养老保险关系的情形，《暂行办法》规定，参保人员在办理城乡养老保险制度衔接之前，要先按城镇职工养老保险关系转移接续的有关规定确定待遇领取地，并将养老保险关系归集至待遇领取地，再按照有关规定办理制度衔接手续。

（五）资金转移

参保人员从城乡居民养老保险转入城镇职工养老保险，或者从城镇职工养老保险转入城乡居民养老保险，都将个人账户储存额全部转移，合并累计计算。

《暂行办法》对城镇职工养老保险向城乡居民养老保险转移的，没有规定转移城镇职工养老保险统筹基金。主要考虑：一是统筹基金是国家对城镇职工养老保险制度的专门安排，既是为了解决已退休人员的养老保障，也是为了均衡单位的养老负担，体现的是社会保险的互济功能，与个人账户功能和权益归属不同，不属于个人所有。二是现行城镇职工养老保险跨地区转移接续办法规定划转 12% 的统筹基金，主要是为了适当平衡转出与转入地区的基金支出负担，不影响参保人员个人养老保险权益，因而在参保人员转入城乡居民养老保险制度时，不转这部分资金，不影响其应有的养老金水平。三是按照现行政策规定，参加城镇职工养老保险人员缴费年限不足 15 年申请终止基本养老保险关系的，仅将其个人账户储存额一次性支付给本人，如果城镇职工养老保险向城乡居民养老保险转移统筹基金并计入其个人账户，会造成两类制度在政策上的不平衡。四是社会保险法规定，城镇职工养老保险缴费不足 15 年的，可以延长缴费至满 15 年，从趋势上看，应引导、激励农民工等群体从城乡居民养老保险转入城镇职工养老保险，并享受相应的待遇。

（六）缴费年限计算

《暂行办法》规定，参保人员从城镇职工养老保险转入城乡居民养老保险，其参加城镇职工养老保险的缴费年限，可合并累加计算为城乡居民养老保险的缴费年限。参保人员从城乡居民养老保险转入城镇职工养老保险，其参加城乡居民养老保险的缴费年限不折算为城镇职工养老保险缴费年限。主要考虑：城镇职工养老保险与城乡居民养老保险制度间的缴费标准差异很大，如果采取一年折算一年的方法，会导致低缴费换取高额待遇的不合理情况；如果采取按缴费额度折算的办法，会出现城乡居民养老保险缴费一年仅能折算为城镇职工养老保险十分之一甚至几十分之一年，而按照对等原则，城镇职工养老保险转入城乡居民养老保险将会出现缴费一年折算为十年甚至几十年的情况，这也是不恰当的。

（七）重复参保处理

参保人员办理城镇职工养老保险与城乡居民养老保险制度衔接手续时，若在同一年度内出现重复参加城镇职工养老保险与城乡居民养老保险的，按月退还城乡居民养老保险重复时段缴费，将重复时段相应个人缴费和集体补助金额退还本人。

（八）重复领取待遇处理

根据养老保险关系唯一性的原则，参保人员应只有一个基本养老保险待遇。对于参保人员重复领取待遇的，优先保留待遇水平较高的城镇职工养老保险关系，终止并解除城乡居民养老保险关系，对于重复领取的城乡居民基础养老金要予以退还或抵扣。

（九）经办流程

为避免参保人员因办理制度衔接手续而在城乡之间、两地之间往返奔波，《暂行办法》规定了统一的经办流程。参保人员只需向待遇领取地社会保险经办机构提出养老保险制度衔接的书面申请，其他的审核、确认、转移衔接等程序，主要由社保经办机构之间沟通协调办理，并确定了办理时限。相关参保人员应积极提供必要的证明和信息，以使相关手续办理更加及时、顺畅。

（十）信息查询

建立全国县级以上社保经办机构联系方式信息库，向社会公布相关信息，方便参保人员咨询和办理城乡养老保险制度衔接手续，并便利各地社保经办机构协调办理相应手续。进一步完善部级社会保险关系转移系统，支持电子化转移业务模式，提升为民服务水平。建立全国统一的基本养老保险参保缴费信息查询服务系统，发行全国通用的社会保障卡，为参保人员查询本人参保缴费信息提供更方便快捷的服务。

附件 2

城乡养老保险制度衔接经办规程（试行）

第一条　为统一和规范城乡养老保险制度衔接业务经办程序，根据《城乡养老保险制度衔接暂行办法》，制定本规程。

第二条　本规程适用于参加城镇职工基本养老保险（以下简称城镇职工养老保险）、城乡居民基本养老保险（以下简称城乡居民养老保险）两种制度的人员办理跨制度衔接养老保险关系。

第三条　县级以上社会保险经办机构（以下简称社保机构）负责城乡养老保险制度衔接业务经办。

第四条　参保人员达到城镇职工养老保险法定退休年龄，如有分别参加城镇职工养老保险、城乡居民养老保险情形，在申请领取养老保险待遇前，向待遇领取地社保机构申请办理城乡养老保险制度衔接手续。

（一）城镇职工养老保险缴费年限满 15 年（含延长缴费至 15 年）的，应向城镇职工养老保险待遇领取地社保机构申请办理从城乡居民养老保险转入城镇职工养老保险。

（二）城镇职工养老保险缴费年限不足 15 年或按规定延长缴费仍不足 15 年的，应向城乡居民养老保险待遇领取地社保机构申请办理从城镇职工养老保险转入城乡居民养老保险。

第五条　办理参保人员城镇职工养老保险和城乡居民养老保险制度衔接手续的，社保机构应首先按照《国务院办公厅关于转发人力资源社会保障部财政部城镇企业职工基本养老保险关系跨省转移接续暂行办法的通知》（国办发〔2009〕66号）等有关规定，确定城镇职工养老保险待遇领取地，由城镇职工养老保险待遇领取地（即城镇职工养老保险关系归集地）负责归集参保人员城镇职工养老保险关系，告知参保人员办理相关手续，并为其开具包含各参保地缴费年限的《城镇职工基本养老保险参保缴费凭证》（附件1，简称《参保缴费凭证》）。

第六条 参保人员办理城乡居民养老保险转入城镇职工养老保险，按以下程序办理相关手续：

（一）参保人员向城镇职工养老保险待遇领取地社保机构提出转入申请，填写《城乡养老保险制度衔接申请表》（附件2，以下简称《申请表》），出示社会保障卡或居民身份证并提交复印件。

参保人员户籍地与城镇职工养老保险待遇领取地为不同统筹地区的，可就近向户籍地负责城乡居民养老保险的社保机构提出申请，填写《申请表》，出示社会保障卡或居民身份证，并提交复印件。户籍地负责城乡居民养老保险的社保机构应及时将相关材料传送给其城镇职工养老保险待遇领取地社保机构。

（二）城镇职工养老保险待遇领取地社保机构受理并审核《申请表》及相关资料，对符合制度衔接办法规定条件的，应在15个工作日内，向参保人员城乡居民养老保险关系所在地社保机构发出《城乡养老保险制度衔接联系函》（附件3，以下简称《联系函》）。不符合制度衔接办法规定条件的，应向参保人员作出说明。

（三）城乡居民养老保险关系所在地社保机构在收到《联系函》之日起的15个工作日内办结以下手续：

1. 核对参保人员有关信息并生成《城乡居民基本养老保险信息表》（附件4），传送给城镇职工养老保险待遇领取地社保机构；

2. 办理基金划转手续；

3. 终止参保人员在本地的城乡居民养老保险关系。

（四）城镇职工养老保险待遇领取地社保机构在收到《城乡居民基本养老保险信息表》和转移基金后的15个工作日内办结以下手续：

1. 核对《城乡居民基本养老保险信息表》及转移基金额；

2. 录入参保人员城乡居民养老保险相关信息；

3. 确定重复缴费时段及金额，按规定将城乡居民养老保险重复缴费时段相应个人缴费和集体补助（含社会资助，下同）予以清退；

4. 合并记录参保人员个人账户；

5. 将办结情况告知参保人员。

第七条 参保人员办理城镇职工养老保险转入城乡居民养老保险，按以下程序办理相关手续：

（一）参保人员向城乡居民养老保险待遇领取地社保机构提出申请，填写《申请表》，出示社会保障卡或居民身份证并提交复印件，提供城镇职工养老保险关系归集地开具的《参保缴费凭证》。

（二）城乡居民养老保险待遇领取地社保机构受理并审核《申请表》及相关资料，对符合制度衔接办法规定条件的，应在15个工作日内，向城镇职工养老保险关系归集地社保机构发出《联系函》。对不符合制度衔接办法规定条件的，应向参保人员作出说明。

（三）城镇职工养老保险关系归集地社保机构收到《联系函》之日起的15个工作日内，办结以下手续：

1. 生成《城镇职工基本养老保险信息表》（附件5），传送给城乡居民养老保险待遇领取地社保机构；

2. 办理基金划转手续；

3. 终止参保人员在本地的城镇职工养老保险关系。

（四）城乡居民养老保险关系所在地社保机构在收到《城镇职工基本养老保险信息表》和转移基金后的15个工作日内办结以下手续：

1. 核对《城镇职工基本养老保险信息表》及转移基金额；

2. 录入参保人员城镇职工养老保险相关信息；

3. 确定重复缴费时段及金额，按规定予以清退；

4. 合并记录参保人员个人账户；

5. 将办结情况告知参保人员。

第八条 参保人员存在同一年度内同时参加城镇职工养老保险和城乡居民养老保险情况的，由转入地社保机构清退城乡居民养老保险重复缴费时段相应的个人缴费和集体补助，按以下程序办理：

（一）进行信息比对，确定重复缴费时段。重复时段为城乡居民养老保险各年度与城镇职工养老保险重复缴费的月数。

（二）确定重复缴费清退金额，生成并打印《城乡养老保险重复缴费清退表》（附件6）。重复缴费清退金额计算方法：

年度重复缴费清退金额 =（年度个人缴费本金 + 年度集体补助本金）/12 × 重复缴费月数；

清退总额 = 各年度重复缴费清退金额之和。

（三）将重复缴费清退金额退还参保人员，并将有关情况通知本人。

第九条 参保人员同时领取城镇职工养老保险和城乡居民养老保险待遇的，由城乡居民养老保险待遇领取地社保机构负责终止其城乡居民养老保险关系，核定重复领取的城乡居民养老保险基础养老金金额，通知参保人员退还。参保人员退还后，将其城乡居民养老保险个人账户余额（扣除政府补贴，下同）退还本人。

参保人员不退还重复领取的城乡居民养老保险基础养老金的，城乡居民养老保险待遇领取地社保机构从其城乡居民养老保险个人账户余额中抵扣，抵扣后的个人账户余额退还本人。

参保人员个人账户余额不足抵扣的，城乡居民养老保险待遇领取地社保机构向其领取城镇职工养老保险待遇的社保机构发送《重复领取养老保险待遇协助抵扣通知单》（附件7），通知其协助抵扣。

参保人员城镇职工养老保险待遇领取地社保机构完成抵扣后，应将协助抵扣款项全额划转至城乡居民养老保险待遇地社保机构指定银行账户，同时传送《重复领取养老保险待遇协助抵扣回执》（见附件7）。

第十条 负责城镇职工养老保险、城乡居民养老保险的社保机构办理参保人员城乡养老保险制度衔接手续后，应将参保人员有关信息予以保留和备份。

第十一条 人力资源和社会保障部建立健全完善全国县级以上社保机构联系方式信息库，并向社会公布相关信息。同时，进一步完善全国社会保险关系转移信息系统，各地社保机构应积极应用该系统开展城乡养老保险制度衔接业务。建立全国统一的基本养老保险参保缴费查询服务系统，加快普及全国通用的社会保障卡，为参保人员查询参保缴费信息、办理制度衔接提供便捷、高效的服务。

第十二条 本规程从 2014 年 7 月 1 日起施行。

第十三条 本规程由人力资源社会保障部负责解释。

附件：1. 城镇职工基本养老保险参保缴费凭证（略）
2. 城乡养老保险制度衔接申请表（略）
3. 城乡养老保险制度衔接联系函（略）
4. 城乡居民基本养老保险信息表（略）
5. 城镇职工基本养老保险信息表（略）
6. 城乡养老保险重复缴费清退表（略）
7. 重复领取养老保险待遇协助抵扣通知单（略）

关于实施"全民参保登记计划"的通知

（人社部发〔2014〕40号）

各省、自治区、直辖市及新疆生产建设兵团人力资源社会保障厅（局）：

按照中央全面深化改革的总体部署，为加快推进社会保险全覆盖，实现建立更加公平可持续的社会保障制度的目标，我部决定于2014年至2017年在全国范围内逐步实施"全民参保登记计划"。现将有关问题通知如下：

一、实施"全民参保登记计划"的重要意义

"全民参保登记计划"，是依据社会保险法等法律法规规定，以社会保险全覆盖为目标，通过信息比对、入户调查、数据集中管理和动态更新等措施，对各类群体参加社会保险情况进行记录、核查和规范管理，从而推进职工和城乡居民全面、持续参保的专项行动。

近年来，社会保险覆盖面不断扩大。2013年底，基本养老、城镇基本医疗、失业、工伤、生育保险参保人数分别达到8.2亿、5.7亿、1.64亿、1.99亿和1.64亿人，社会保障卡持卡人数达到5.4亿。但目前仍有近2亿人尚未参加基本养老保险，中断缴费的现象仍较多，基本医疗保险未参保与重复参保现象并存，社会保险关系转移接续还不顺畅等问题，亟需在完善社会保障体系的进程中抓紧解决。

实施"全民参保登记计划"是贯彻落实党的十八大和十八届三中全会精神的重大举措，有利于加快实现社会保险全覆盖目标，推动加快建立健全全民共享、公平可及的社会保障体系；有利于适应城镇化进程和社会流动性特征，更好维护各类参保人员跨地区、跨制度转移接续社保关系的合法权益，促进人力资源合理流动；有利于加强基本公共服务，创新社会管理，避免和减少重复参保、重复补贴、重复领取待遇，提高公共资源使用效率，促进社会保险制度可持续发展。

二、实施"全民参保登记计划"的目标任务

实施"全民参保登记计划"的总体目标是，基本养老保险覆盖全体职工和适龄城乡居民，参保率达90%以上，基本医疗保险覆盖全民，失业保险、工伤保险、生育保险基本覆盖所有法定群体，实现各类人员参加社会保险制度的权利公平、机会公平、规则公平。具体目标任务是：

（一）持续扩大覆盖面

基本养老保险每年新增参保2000万人，到2017年底达到9亿人以上；基本医疗保险重点解决重复参保和漏保并存的矛盾，使人人享有基本医疗保障；失业保险、工伤保险、生育保险参保人数，2017年底分别达到1.8亿人、2.3亿人和2亿人。

（二）全面开展参保登记工作

对法律法规和政策规定范围内的所有用人单位和个人进行参加城乡五项基本社会保险的登记，核查比对相关基本信息，建立全面、完整、准确的社会保险业务基础数据库，形成每个人唯一的社保标识，并实现全国联网和实时更新。

（三）落实和完善社保衔接转续政策

在养老保险、医疗保险搭建职工和城乡居民两个基本制度平台的框架下，加强制度内和制度之间、地区之间、城乡之间的统筹协调和政策衔接，推进社保城乡统筹，维护流动人员的合法权益，并引导有条件的参保人员转向可获得更好权益保障的制度。

（四）大力提升管理服务水平

将以单位为重点的社会保险经办理念、管理体制和服务方式转向以覆盖全民为目标的轨道，加强政策宣传和社会沟通，维护广大人民群众的社会保障知情权、参与权、享有权和监督权；理顺管理体制，整合服务资源，优化经办流程，提升信息化手段，实现对参保人的全员管理、动态管理、精确管理；推进标准化建设和数据信息跨业务、跨地区、跨部门共享。

三、实施“全民参保登记计划”的主要措施

（一）全面开展参保登记

1. 以目前覆盖人数最多的基本养老保险、基本医疗保险为基础，整合城乡各项社会保险参保信息，进行筛查比对，清理重复信息，剔除无效信息，纠正错误信息。对既有信息完整、准确的参保单位和参保人员，直接确认参保登记，无需重新申报、重复采集信息。

2. 对信息缺失、错误的单位和人员，以基层社保经办机构和街道、乡镇、社区劳动就业社保平台为主，通过逐个单位排查、重点入户调查以及向社会组织购买服务等方式，对其进行基本信息采集和补录，完成后确认参保登记；对依照自愿原则参保的项目，对相关人员是否参保进行标注。

3. 通过以上措施建立以全国统一的社会保障号码为每个参保人唯一的参保标识和全面覆盖的社会保险基础数据库；参保单位和个人基本信息变化，应按规定程序实时更新；推进数据管理省级集中，加快全国联网，完善全国统一的数据标准和核查比对规程，实现跨地区参保信息确认。

（二）强力推进参保扩面

1. 科学制定年度扩面计划，加强计划执行的督促检查、考核评估，强化计划约束。

2. 坚持依法行政，全面清理本地参保政策，废止各种以免除参保来吸引投资的不规范政策，加强稽核监督，努力做到应保尽保。

3. 突出重点，在城镇继续以中小微企业、灵活就业人员为重点扩大参保覆盖面；在农村以在城乡之间流动就业和居住农民为重点，鼓励持续参保；积极引导在城镇稳定就业的农民工参加职工社会保险制度。

4. 实施工伤保险扩面专项行动，继续强力推进建筑施工、矿山等高风险企业参保，同时积极向家庭服务企业、网络服务企业、农村地区企业扩大覆盖。

5. 探索对网络就业、创业群体实施适合其特点的社会保险参保方式。

（三）优化经办管理服务

1. 创新体制机制，大力推进城乡五险合一经办管理，暂不具备全面整合业务条件的地区，先实行统一参保登记和统一征缴社保费，简化程序，方便单位和个人参保。

2. 推进规范化管理，加快制订社会保险管理的国家标准、行业标准和地区标准，实施全国统一的社会保险经办规程，确保各项政策及时落实，参保群众公平享受社会保险权益。

3. 认真准确记录所有参保单位和人员的参保缴费和权益享受信息，确保业务档案的安全完整，完善对账、查询机制，对群众记录一生、服务一生、保障一生。

4. 大力推行网上经办、自助服务、手机查询和提示等新型服务平台建设，引导和帮助用人单位和个人依规主动更新自身信息。

（四）完善相关制度和政策

按照统一部署推进机关事业单位养老保险制度改革，将其工作人员纳入养老保险制度覆盖范围；加快合并实施新农保、城居保制度，并强化多缴多得、长缴多得的激励机制；继续推进城乡居民基本医疗保险制度整合；落实职工养老保险制度跨地区转移接续政策和城乡居民基本养老保险的衔接政策，健全异地就医医保结算政策；完善工伤保险行业差别费率和企业浮动费率机制；规范生育保险政策，把覆盖范围扩大到所有用人单位及其职工。

四、实施“全民参保登记计划”的进度安排

“全民参保登记计划”2014年启动，2017年基本完成，实施期为4年。2014年在部分地区进行试点；2015年完善方案和措施，将试点扩大到50%左右的地区；2016年至2017年在全国全面实施，完成确定的目标任务；2017年下半年进行总结评估。

五、全力做好“全民参保登记计划”的组织实施工作

（一）加强组织领导

各地人社部门要加强组织领导，按照本通知要求，结合本地实际，精心制订本地区“全民参保登记计划”的具体实施方案，完善相关政策措施，优化管理服务流程。要统筹安排工作力量，加强社保机构与就业、劳动关系、劳动监察、农民工工作、信息化综合管理等机构的协同配合，狠抓落实，确保“全民参保登记计划”顺利实施并取得预期成效。

（二）加强基础建设

各级人社部门要大力加强社保经办服务平台建设，整合资源，加强培训，加大投入，落实工作经费，为落实“全民参保登记计划”提供必要的人力、物力、财力保障。要抓住实施基层服务平台建设项目、全民社会保障信息化工程（金保工程二期）、信息惠民工程等重大举措的有利契机，不断提升社保信息化水平，确保信息采集和更新的全面、准确，信息传递和交换的及时、顺畅，信息系统运行的安全、可靠。

（三）加强部门协调

各级人社部门要加强与发改、公安、民政、财政、卫生计生等部门的沟通协调，增进共识，形成合力，积极参与并推动部门间信息资源共享，促进政府公共服务和社

会管理能力全面提升。要加强与立法部门沟通，及时修订完善有关社会保险登记管理的地方法规规章，使“全民参保登记计划”得到更有力的法规、政策支持。

（四）加强宣传引导

各级人社部门要有针对性地制定宣传计划，通过组织召开相关会议、开展专题宣传、组织专家解读、印发宣传手册、深入基层宣讲以及开展社会监督等方式，凝聚社会共识，提升全民参保意识，营造良好氛围。

人力资源社会保障部

2014 年 5 月 27 日

关于进一步做好企业年金方案备案工作的意见

（人社厅发〔2014〕60号）

各省、自治区、直辖市及新疆生产建设兵团人力资源社会保障厅（局）：

为贯彻落实党的十八届三中全会决定关于加快发展企业年金、构建多层次社会保障体系的要求，推动用人单位按照国家有关规定建立企业年金，解决目前企业年金方案备案工作中存在的格式不统一、重点内容审核要求不一致、缴费证明出具不规范等问题，不断提高企业年金方案备案工作效率和管理水平，现就进一步做好企业年金方案备案工作提出以下意见：

一、统一企业年金方案范本

针对用人单位建立企业年金计划、下属单位加入集团公司企业年金计划等两种情形，分别实施统一的企业年金方案范本（附件1）和企业年金方案实施细则范本（附件2）。各地要指导用人单位按照统一的范本制定企业年金方案（实施细则）。范本的主要内容包括：参加人员、资金筹集与分配、账户管理、权益归属、基金管理、待遇计发和支付方式、方案的调整和终止、组织管理和监督。

用人单位企业年金方案（实施细则）重要条款发生变更的，要修订企业年金方案（实施细则）并重新备案。重要条款变更主要是指用人单位名称、职工参加条件、缴费及分配、权益归属、待遇领取方式等内容发生变化。

二、规范企业年金方案备案材料

各地要指导用人单位按照企业年金备案所需材料（附件3）的要求准备相应的备案材料，并按照规定的期限进行备案。企业年金备案所需材料，是根据用人单位建立企业年金计划、下属单位加入集团公司企业年金计划、企业年金方案（实施细则）重要条款变更、终止企业年金计划等四种情形，分别提出的具体内容要求。

三、明确企业年金方案备案地

各地要按照以下要求确定用人单位企业年金方案的备案地：中央所属大型企业在人力资源社会保障部备案，其他跨省（自治区、直辖市）用人单位在总部所在地省级人力资源社会保障部门备案，省（自治区、直辖市）内跨地区用人单位在总部所在地地市级以上人力资源社会保障部门备案。

用人单位为集团公司的，其下属单位加入集团公司企业年金计划、企业年金方案（实施细则）重要条款变更等，由集团公司在原备案地人力资源社会保障部门备案。

四、把握企业年金方案审核要点

（一）参加人数。参加企业年金职工人数以及占本单位职工总数的比例，比例偏低的应由用人单位作出说明；集团公司下属单位可分批参加集团公司企业年金计划。

（二）用人单位和个人缴费。用人单位和个人的缴费基数及缴费比例；暂停缴费、恢复缴费和补缴的规定；用人单位建立企业年金的时间，不应早于参加企业职工基本养老保险的时间。

（三）用人单位缴费的分配。用人单位缴费划入职工个人账户的分配办法，用人单位可适当向关键岗位和优秀人才等倾斜，但差距不宜过大；企业账户余额的分配方式，应经过集体协商。

（四）待遇的归属和领取。用人单位缴费划入职工个人账户的部分完全归属职工个人的归属期；企业年金的领取条件和方式。

（五）方案调整和终止。企业年金方案（实施细则）调整或终止的规定；对终止的程序、企业账户未归属权益分配、个人账户转移和保留等事宜的规定。

五、规范出具基本养老保险缴费证明

各级社会保险经办机构应在接到用人单位申请出具缴费证明之日起10个工作日内，按照规范的样式（附件5）出具基本养老保险缴费证明；要及时公开经办人姓名、联系方式、受理时间等信息，方便用人单位办理基本养老保险缴费证明。

跨地区用人单位建立企业年金的，其下属单位基本养老保险缴费证明由参保缴费地的社会保险经办机构分别出具。

六、加大企业年金方案备案工作指导力度

各地要高度重视，切实把规范企业年金方案备案工作作为促进企业年金健康发展的重要内容来抓，增强工作的主动性和针对性，加强沟通协调；要通过各类媒体或网络平台等解读企业年金政策，普及建立企业年金的方法和程序，使广大用人单位及其职工了解相关政策和办理流程，引导符合条件的用人单位逐步建立企业年金；要改进工作作风，组织业务培训，不断提高各级管理和经办人员的业务水平；要充分运用网络等形式开展企业年金方案备案工作，鼓励创新工作方式；要结合本地区实际，强化逐级指导，明确要求，落实责任，共同做好企业年金方案备案工作。

七、建立健全企业年金方案备案工作廉政风险防控机制

各地要按照《社会保险工作人员纪律规定》（人社部发〔2012〕99号）要求，建立企业年金方案备案工作风险防控机制，针对企业年金方案备案过程中的风险点，制定有效措施，明确相关责任，杜绝腐败行为。同时，加强廉政教育，做好廉政风险防控工作，树立社会保险工作人员良好形象。

各地要及时掌握本地区企业年金方案备案工作情况，遇到新情况、新问题，要加强研究分析，及时沟通汇报，并于每年1月31日前将上年度工作情况报送人力资源社会保障部养老保险司。

附件：1.（××单位）企业年金方案（范本）

2.（××单位）企业年金方案实施细则（范本）

3. 企业年金方案备案所需材料
4. （××单位）企业年金方案基本情况简表（样式）
5. 基本养老保险参保缴费证明（样式）

人力资源社会保障部办公厅
2014 年 5 月 16 日

附件 1

（××单位）企业年金方案

（范本）

（××单位并盖章）

企业首席代表　　　　　　　　　　　　职工首席代表
签章：　　　　　　　　　　　　　　　签章：
日期：　　　　　　　　　　　　　　　日期：

目 录

释 义

企业年金：指已参加企业职工基本养老保险的单位及其职工，为更好保障职工退休后的生活而建立的补充养老保险制度。

委托人：指建立企业年金计划的单位及其职工。

受益人：参加企业年金计划的职工及其他享有企业年金计划受益权的自然人。

受托人：指受托管理本单位企业年金基金的符合国家规定的法人受托机构或企业年金理事会。

账户管理人：指接受受托人委托管理企业年金基金账户的专业机构。

托管人：指接受受托人委托保管企业年金基金财产的商业银行。

投资管理人：指接受受托人委托投资管理企业年金基金财产的专业机构。

个人账户：指以职工个人名义开立的账户，用于记录分配给职工个人的单位缴费、职工个人缴费及其投资收益。

企业账户：指以单位名义开立的账户，用于记录暂时未分配至职工个人账户的单位缴费及其投资收益。

第一章 总则

第一条 为保障和提高职工退休后的待遇水平，调动职工的劳动积极性，建立人才长效激励机制，增强单位的凝聚力，促进单位健康持续发展，根据《中华人民共和国劳动法》（中华人民共和国主席令第28号）、《集体合同规定》（劳动和社会保障部令第22号）、《企业年金试行办法》（劳动和社会保障部令第20号）、《企业年金基金管理办法》（人力资源和社会保障部令第11号）、____________等法律、法规及政策，××单位决定建立企业年金计划（以下简称本计划），并结合实际情况，制定企业年金方案（以下简称本方案）。

第二条 建立企业年金遵循的原则：

（一）有利于单位发展。通过建立企业年金增强单位的凝聚力和吸引力，激励职工长期稳定地工作，促进单位与职工共同发展。

（二）公平与效率相结合。企业年金应覆盖大多数职工，对不同类别的职工可以在单位缴费分配上区别对待，但差距不宜过大，在体现公平、普惠的同时兼顾效率。

（三）自愿平等协商。单位及其职工通过集体协商确定建立企业年金并制定企业年金方案，职工自愿选择是否参加。

（四）保障安全、适度收益。企业年金基金的管理严格按照国家有关规定执行，按照规定的投资范围进行投资运作，在保障安全的前提下获取适度收益。

（五）适时调整原则。企业年金发展水平应与单位的经营状况相适应，在符合国家相关规定的前提下，根据单位经营状况的变化适时调整企业年金方案。

第三条 单位建立企业年金的基本条件①

（一）依法参加企业职工基本养老保险并履行缴费义务；

（二）单位与工会或者职工代表通过集体协商确定建立企业年金；

（三）其他条件：____________________________。

第四条 实施范围②

本方案适用于××单位所属____________________单位（以下统称本单位）。

第二章 参加人员

第五条 职工参加本方案的条件③。

（一）依法参加企业职工基本养老保险并履行缴费义务；

（二）其他条件：____________________________。

第六条 职工参加本方案的程序

符合上述参加条件的职工填写《职工参加企业年金申请表》（附件①），经本单位审核通过后参加本方案。在本方案实施后加入本单位的新职工，可在满足上述参加条件的（□本月、□次月）起参加本方案。

第七条 职工退出本方案的条件

（一）职工与本单位终止或解除劳动合同；

（二）职工达到本方案规定的企业年金待遇领取条件；

（三）其他：____________________。

第八条 职工退出本方案的程序

职工达到上述退出条件后自动退出本方案，单位停止其企业年金缴费，按照本方案第十八条处理其个人账户或按照本方案第二十九条支付企业年金待遇。

第九条 职工的权利和义务

---

① 集团公司可根据自身情况增加下属单位建立企业年金需要满足的其他条件。

② 集团公司企业年金方案可适用于所有或部分下属单位，非集团型企业可删除本条。

③ 参加企业年金职工人数原则上应占本单位职工总数的大多数，集团公司下属单位可分批参加集团企业年金计划。参加计划职工比例偏低的应书面说明原因。

（一）职工的权利

1. 职工对个人账户信息拥有知情权；

2. 在满足本方案规定的权益归属条件后，职工对个人账户中已经归属的权益拥有所有权；

3. 在满足本方案规定的领取条件后，职工享有领取企业年金待遇的权利；

4. 由于个人原因，职工可以申请暂停缴费；暂停缴费后，职工可根据个人情况申请恢复缴费。

（二）职工的义务

1. 授权本单位根据本方案规定从职工工资中代扣代缴个人缴费；

2. 授权本单位和本计划管理机构按国家有关规定代扣代缴个人所得税；

3. 授权××单位[①]选择受托人并签订受托管理合同；

4. 授权本单位代表职工对企业年金计划进行管理监督；

5. 当个人基本信息发生变动时，须在七个工作日之内向本单位提供变动情况。

第三章　资金筹集与分配

第十条　企业年金所需费用由单位和职工共同承担。单位缴费的列支渠道按照国家有关规定执行；职工个人缴费由单位从职工工资中代扣代缴。

第十一条　单位缴费及分配[②]

单位缴费按方式______缴纳：

方式1：单位缴费为职工个人缴费基数的____%，职工个人（□月、□季度、□年度）缴费基数为____________________。单位缴费总额为单位为参加计划职工缴费的合计金额；

方式2：单位年缴费总额为上年度工资总额的____%，按照职工个人缴费基数全额、等比例分配至职工个人账户，职工个人（□月、□季度、□年度）缴费基数为____________________；

方式3：单位年缴费总额为上年度工资总额的____%，按照职工个人缴费基数的____%分配至职工个人账户，职工个人（□月、□季度、□年度）缴费基数为____________________，剩余部分记入企业账户，用于对本计划建立时临近退休职工的补偿性缴费。补偿范围为：__________，补偿缴费分配办法为：__________，补偿缴费划入职工个人账户的方式为：__________。补偿结束后，单位应根据实际情况调整单位缴费分配办法，履行本方案第三十三条规定程序后实施；

方式4：单位年缴费总额为上年度工资总额的____%，按照职工个人缴费基数的____%分配至职工个人账户，职工个人（□月、□季度、□年度）缴费基数为____________，剩余部分记入企业账户；

---

① 代表职工与受托人签订受托管理合同的单位。

② 内容包括但不限于单位缴费总额、当期划入职工个人账户的比例、企业账户留存比例。如果设置补偿机制，还需明确补偿缴费留存比例、补偿缴费分配办法、补偿缴费划入职工个人账户的方式。

方式5①：单位年缴费总额不超过上年度工资总额的____%。下属单位可根据实际情况，在实施细则中明确具体缴费比例及分配办法；

方式6：(其他方式)________________________________。

第十二条　企业账户余额的分配办法可通过集体协商另行制定，并经民主程序审议通过后实施，但不得用于抵缴未来年度单位缴费。

第十三条　个人缴费②

个人缴费按方式____缴纳：

方式1：职工个人缴费为职工个人缴费基数的____%；

方式2：职工个人缴费为单位为其缴费的____%；

方式3：(其他方式)____________。

第十四条　单位按(□月、□季度、□年度)将全部缴费款项按时、足额汇至托管人开立的企业年金基金受托财产托管专户。

第十五条　企业年金缴费的暂停、恢复和补缴

(一)单位出现亏损、停业等特殊情况无法履行缴费义务时，可暂停缴费，职工同时暂停缴费；单位情况好转后恢复缴费，职工同时恢复缴费。因单位原因暂停缴费的，恢复缴费后单位可以视经济情况予以补缴，职工个人(□补缴、□不补缴)暂停缴费期间个人缴费。补缴年限不得超过实际暂停缴费年限。

(二)职工个人可以申请暂停或恢复缴费。申请暂停缴费的条件是________，恢复缴费的条件是______________，同时填写《职工暂停(恢复)缴费企业年金申请表》(附件②)，并经本单位确认后执行。个人暂停缴费期间，单位缴费也相应暂停，个人账户继续在本计划中管理；个人恢复缴费时单位缴费也同时恢复；不弥补暂停缴费期间的单位和个人缴费。

第四章　账户管理

第十六条　本计划实行完全积累制度，采用个人账户方式进行管理，为参加职工开立个人账户，同时建立企业账户用于记录暂未分配至个人账户的单位缴费及其投资收益。

第十七条　个人账户下设单位缴费子账户和个人缴费子账户，分别记录单位缴费分配给职工个人的部分及其投资收益、职工个人缴费及其投资收益。

第十八条　个人账户的转移和保留

职工与本单位终止、解除劳动合同的，其个人账户转移或保留。

(一)职工与本单位终止、解除劳动合同，新就业单位已建立企业年金或职业年金的，其个人账户应当转入新就业单位的企业年金计划或职业年金计划管理；

(二)职工与本单位终止、解除劳动合同，未就业、新就业单位没有建立企业年金或职业年金的，其个人账户按方式______处理：

---

① 集团公司企业年金方案中，单位缴费比例可以为范围，单位缴费分配办法也可仅作原则性要求，由各下属单位在实施细则中明确具体比例和单位缴费分配办法，但每年缴费不得超过上年度职工工资总额的十二分之一。

② 集团公司企业年金方案中，个人缴费比例可以为范围，由各下属单位在实施细则中明确具体比例。

方式1：转入本计划法人受托机构发起的集合计划设置的保留账户统一管理。保留账户的账户管理费从职工个人账户中扣除；

方式2：作为保留账户在本计划中继续管理。保留账户的账户管理费（□由本单位负担、□从职工个人账户中扣除）；

方式3：（理事会受托管理的企业年金计划）转入由本单位与职工协商选定的法人受托机构发起的集合计划设置的保留账户统一管理。保留账户的账户管理费从职工个人账户中扣除；

方式4：（其他方式）________。

（三）在集团公司①内部调动新单位未实行企业年金制度的，其个人账户作为保留账户由原单位继续管理。保留账户的账户管理费（□由原单位负担、□从职工个人账户中扣除）。

第十九条 满足下列条件之一时，个人账户注销：

（一）职工领取完其个人账户资金；

（二）职工身故，其个人账户余额由指定受益人或法定继承人全部领取完毕；

（三）个人账户转移至新单位的企业年金计划或职业年金计划。

第五章 权益归属

第二十条 职工个人缴费部分及其投资运营收益全部归属职工个人。

第二十一条 单位缴费部分权益归属规则②

单位缴费划入个人账户部分形成的权益，按以下规则归属于职工个人，未归属于职工个人的部分，划入企业账户。

权益归属核算时点	N	归属比例
职工与本单位终止、解除劳动合同	N＜____年	××%
	____年≤N＜____年	××%
	…	…
	N≥____年	××%
退休或在职身故	——	××%
（其他特殊情况）③	——	××%

备注：
1. N是指在____（本单位的工作年限、参加本方案的年限）④。
2.（其他需要说明的事项）________。

① 集团公司和将内部调动视同外部调动的集团公司删除本款。

② 集团公司可对归属条件、归属比例、最长归属期等权益归属规则中的要素进行原则性规定，具体归属规则由下属单位在实施细则中确定。

③ 用人单位可列明其他特殊情况的归属比例，例如由于用人单位原因解除劳动合同或劳动合同不续签造成职工离职时，归属比例为100%；集团公司内部调动时，归属比例为100%。

④ 用人单位可以自行确定个人账户中单位缴费累计权益的归属条件，例如在本单位的工作年限、参加本方案的年限或其他条件。

第二十二条　补偿缴费归属规则[1]

补偿缴费按照方式______归属。

方式1：职工退休前归属比例为0%，退休后100%归属；

方式2：与单位正常缴费归属规则一致；

方式3：(其他方式)________________________________。

第六章　基金管理

第二十三条　企业年金基金由单位缴费、职工个人缴费和投资收益组成。

第二十四条　本计划采取(□理事会受托、□法人受托）管理模式。本方案所归集的企业年金基金由××单位[2]委托受托人进行受托管理并签署企业年金基金受托管理合同。由企业年金基金受托人委托具备企业年金管理资格的托管人、账户管理人、投资管理人提供统一的相关服务。

第二十五条　企业年金基金的投资收益，根据企业年金基金单位净值，按周或者日足额分别记入个人账户和企业账户。

第二十六条　企业年金基金管理运营的所需费用，按照国家有关法律法规及企业年金基金管理合同中的相关条款确定。其中正常账户的账户管理费由本单位缴纳，保留账户管理费按本细则第十八条规定执行，退休职工个人账户的账户管理费由(□个人、□单位）负担，其他费用由本单位和个人共同承担，从企业年金基金中扣除。

第二十七条　企业年金基金实行专户管理，与委托人、受托人、账户管理人、投资管理人和托管人的自有资产或其他资产分开管理，分别记账，不得挪作他用。

第七章　待遇计发和支付方式

第二十八条　本方案参加职工符合下列条件之一时，可以享受本方案规定的企业年金待遇：

（一）达到国家规定的退休年龄；

（二）未达到国家规定退休年龄时，经劳动能力鉴定委员会鉴定，因病（残）完全丧失劳动能力办理病退；

（三）退休前身故；

（四）出国（境）定居。

第二十九条　企业年金的支付方式

职工达到本方案第二十八条规定的企业年金待遇领取条件后，可根据个人账户余额、个人所得税税负等情况选择一次性或分期领取企业年金待遇。

第三十条　受益人的指定和修改

职工参加本方案时，应在申请表中以书面形式指定受益人作为本人身故后企业年金个人账户已归属权益的继承人。本方案参加人可以提出书面申请修改指定受益人。

---

① 未设置补偿缴费的用人单位，删除本条。

② 代表职工与受托人签订受托管理合同的单位。

第八章　方案的调整和终止

第三十一条　本单位有权根据国家政策法规和实际情况的变化，经集体协商对本方案进行调整。

第三十二条　出现下列情况之一，可对本方案进行调整：

（一）国家相关政策法规发生重大变化；

（二）单位的经营状况出现重大变化；

（三）其他：________________________。

第三十三条　调整本方案的程序

（一）本单位企业年金经办部门提出企业年金方案调整方案；

（二）调整方案经集体协商讨论通过；

（三）报送人力资源和社会保障部门备案①；

（四）通知方案参加职工及受托人。

第三十四条　出现下列情况之一时，本方案可以终止：

（一）本单位发生依法解散、被依法撤销或者被依法宣告破产等情况；

（二）国家有关政策法规发生重大变化，导致本方案无法继续实施；

（三）其他：________________________。

第三十五条　终止本方案的程序

（一）制定终止企业年金计划方案。方案内容应包括终止原因、企业账户和个人账户处理办法等。

（二）经集体协商讨论通过。

（三）报送人力资源和社会保障部门备案。

（四）由受托人组织清算组对企业年金基金财产进行清算，对所有个人账户权益进行全部归属，并按照集体协商讨论通过的处理办法进行企业账户未归属权益分配。

（五）对所有个人账户进行保留或者转移。如果方案参加职工未能提出转移书面申请，作保留处理。保留后的账户管理费从个人账户中扣除。

（六）通知本方案参加职工及受托人。

第九章　组织管理和监督

第三十六条　本单位的企业年金基金管理接受人力资源社会保障部门等国家相关部门的监督检查。本单位依照国家相关法律、法规对受托人进行监督。

第三十七条　在接受国家相关部门监督的基础上，由本单位的纪检、工会和审计部门对本企业年金计划的运作管理进行内部监督。

第十章　附则

第三十八条　本方案自××年×月×日起开始实施。

---

①　中央所属大型企业在人力资源社会保障部备案，其他跨省用人单位在总部所在地省级人力资源社会保障部门备案，省内跨地区用人单位在总部所在地地市级以上人力资源社会保障部门备案。

第三十九条 因订立或者履行企业年金方案发生争议的，根据《集体合同规定》处理。

第四十条 因履行企业年金基金管理合同发生争议的，可以通过调解和民事诉讼处理。

第四十一条 本方案涉及的相关财税问题，按照国家相关规定执行。

第四十二条 本单位拥有对本方案的最终解释权。

附件①：

职工参加企业年金申请表

<table>
<tr><td>申请人姓名</td><td colspan="2"></td></tr>
<tr><td>申请人身份证号码</td><td colspan="2"></td></tr>
<tr><td>受益人姓名</td><td colspan="2"></td></tr>
<tr><td>受益人身份证号码</td><td colspan="2"></td></tr>
<tr><td colspan="3">参加企业年金的申请
本人已参加基本养老保险并履行缴费义务；
本人已认真阅读并同意接受《××单位企业年金方案》；
本人经慎重考虑，自愿申请（□加入、□不加入）××单位企业年金计划，并愿意承担由此带来的一切投资风险；
本人承诺遵守××单位企业年金方案的有关规定，并授权××单位：
1. 从本人工资中代扣代缴职工个人缴费；
2. 按照国家有关税收政策代扣代缴个人所得税。
申请人：
年 月 日</td></tr>
<tr><td>单位意见</td><td colspan="2">经审核，该职工符合参加企业年金的条件，同意其参加企业年金计划。
签字（盖章）：
年 月 日</td></tr>
</table>

附件②：

职工暂停（恢复）企业年金缴费申请表

<table>
<tr><td>申请人姓名</td><td></td></tr>
<tr><td>身份证号码</td><td></td></tr>
<tr><td colspan="2">暂停企业年金缴费的申请
本人经慎重考虑，自愿申请暂停企业年金缴费，并愿意承担由此带来的损失。暂停缴费期间为：
□ ____年____月____日至____年____月____日；
□ 至本人申请恢复缴费为止；
□ 至退出本企业年金计划为止。
申请人：
年 月 日</td></tr>
</table>

续表

<table>
<tr><td colspan="2">恢复企业年金缴费的申请
本人申请自____年____月____日起恢复企业年金缴费。
申请人：
年　月　日</td></tr>
<tr><td rowspan="2">单位意见</td><td>经审核，同意该职工暂停企业年金缴费。
签字（盖章）：
年　月　日</td></tr>
<tr><td>经审核，同意该职工恢复企业年金缴费。
签字（盖章）：
年　月　日</td></tr>
</table>

附件 2

（××单位）企业年金方案实施细则

（范本）

（××单位并盖章）

企业首席代表　　　　　　　　　　　　职工首席代表

签章：　　　　　　　　　　　　　　　签章：

日期：　　　　　　　　　　　　　　　日期：

目　录

释　义

企业年金：指已参加企业职工基本养老保险的单位及其职工，为更好保障职工退休后的生活而建立的补充养老保险制度。

委托人：指建立企业年金的单位及其职工。

受益人：参加企业年金计划的职工及其他享有企业年金计划受益权的自然人。

受托人：指受托管理本单位企业年金基金的符合国家规定的法人受托机构或企业年金理事会。

账户管理人：指接受受托人委托管理企业年金基金账户的专业机构。

托管人：指接受受托人委托保管企业年金基金财产的商业银行。

投资管理人：指接受受托人委托投资管理企业年金基金财产的专业机构。

个人账户：指以职工个人名义开立的账户，用于记录分配给职工个人的单位缴费、职工个人缴费及其投资收益。

企业账户：指以单位名义开立的账户，用于记录暂时未分配至职工个人账户的单位缴费及其投资收益。

第一章　总则

第一条　为保障和提高职工退休后的待遇水平，调动职工的劳动积极性，建立人才长效激励机制，增强单位的凝聚力，促进单位健康持续发展，根据《中华人民共和国劳动法》（中华人民共和国主席令第 28 号）、《集体合同规定》（劳动和社会保障部令第 22 号）、《企业年金试行办法》（劳动和社会保障部令第 20 号）、《企业年金基金管理办法》（人力资源和社会保障部令第 11 号）、__________等法律、法规及政策，

××单位（以下简称本单位）决定参加××单位[①]企业年金计划（以下简称本计划），在《××单位企业年金方案》框架下，结合实际情况，制定本单位企业年金方案实施细则（以下简称本细则）。

第二条 建立企业年金遵循的原则：

（一）有利于单位发展。通过建立企业年金增强单位的凝聚力和吸引力，激励职工长期稳定地工作，促进单位与职工共同发展。

（二）公平与效率相结合。企业年金应覆盖大多数职工，对不同类别的职工可以在单位缴费分配上区别对待，但差距不宜过大，在体现公平、普惠的同时兼顾效率。

（三）自愿平等协商。单位及其职工通过集体协商确定建立企业年金并制定企业年金方案，职工自愿选择是否参加。

（四）保障安全、适度收益。企业年金基金的管理严格按照国家有关规定执行，按照规定的投资范围进行投资运作，在保障安全的前提下获取适度收益。

（五）适时调整原则。企业年金发展水平应与单位的经营状况相适应，在符合国家相关规定的前提下，根据单位经营状况的变化适时调整企业年金方案。

第三条 单位建立企业年金的基本条件

（一）依法参加企业职工基本养老保险并履行缴费义务；

（二）单位与工会或者职工代表通过集体协商确定建立企业年金；

其他条件：______________________________。

第四条 实施范围[②]

本细则适用于××单位下属______单位（以下统称本单位）。

第二章 参加人员

第五条 符合以下条件的职工，可参加本细则[③]。

（一）按规定参加基本养老保险并履行缴费义务；

（二）其他条件：______________________________。

第六条 职工参加本细则的程序

符合上述参加条件的职工填写《职工参加企业年金申请表》（附件①），经本单位审核通过后参加本细则。在本细则实施后加入本单位的新职工，可在满足上述参加条件的（□本月、□次月）起参加本细则。

第七条 职工退出本细则的条件

（一）职工与本单位终止或解除劳动合同；

（二）职工达到本细则规定的企业年金待遇领取条件；

（三）其他：______________________________。

第八条 职工退出本细则的程序

职工达到上述退出条件后自动退出本细则，单位停止其企业年金缴费，按照本细

---

① 指代表职工与受托人签订受托管理合同的单位。

② 集团公司所属集团公司的企业年金方案实施细则可适用于所有或部分下属单位，非集团公司可删除本条。

③ 参加企业年金职工人数原则上应占本单位职工总数的大多数，集团公司下属单位可分批参加集团企业年金计划。参加计划职工比例偏低的应书面说明原因。

则第十八条处理其个人账户或按照本细则第二十九条支付企业年金待遇。

第九条　职工的权利和义务

（一）职工的权利

1. 职工对个人账户信息拥有知情权；

2. 在满足本细则规定的权益归属条件后，职工对个人账户中已经归属的权益拥有所有权；

3. 在满足本细则规定的领取条件后，职工享有领取企业年金待遇的权利；

4. 由于个人原因，职工可以申请暂停缴费；暂停缴费后，职工可根据个人情况申请恢复缴费。

（二）职工的义务

1. 授权本单位根据本细则规定从职工工资中代扣代缴个人缴费；

2. 授权本单位和本计划管理机构按国家有关规定代扣代缴个人所得税；

3. 授权××单位[①]选择受托人并签订受托管理合同；

4. 授权本单位代表职工对企业年金基金进行管理监督；

5. 当个人基本信息发生变动时，须在七个工作日之内向本单位提供变动情况。

第三章　资金筹集与分配

第十条　企业年金缴费由单位和职工共同承担。单位缴费的列支渠道按照国家有关规定执行；职工个人缴费由单位从职工工资中代扣代缴。

第十一条　单位缴费及分配[②]

单位缴费按方式＿＿＿＿缴纳：

方式 1：单位缴费为职工个人缴费基数的＿＿%，职工个人（□月、□季度、□年度）缴费基数为＿＿＿＿＿＿＿＿＿＿＿＿。单位缴费总额为单位为参加计划职工缴费的合计金额。

方式 2：单位缴费总额每年为上年度工资总额的＿＿%，按照职工个人缴费基数全额分配至职工个人账户，职工个人（□月、□季度、□年度）缴费基数为＿＿＿＿＿＿＿＿＿。

方式 3：单位缴费总额每年为上年度工资总额的＿＿%，按照职工个人缴费基数的＿＿%分配至职工个人账户，职工个人（□月、□季度、□年度）缴费基数为＿＿＿＿＿＿＿＿＿＿＿＿，剩余部分记入企业账户，用于对计划建立时临近退休职工的补偿性缴费。补偿范围为：＿＿＿＿＿＿，补偿缴费分配办法为：＿＿＿＿＿，补偿缴费划入职工个人账户的方式为：＿＿＿＿＿＿＿＿＿＿。补偿结束后，单位应根据实际情况调整单位缴费分配办法，履行本细则第三十三条规定程序后实施。

方式 4：单位缴费总额每年为上年度工资总额的＿＿%，按照职工个人缴费基数的＿＿%分配至职工个人账户，职工个人（□月、□季度、□年度）缴费基数为＿＿＿＿

① 指代表职工与受托人签订受托管理合同的单位。

② 内容包括但不限于单位缴费总额、当期划入职工个人账户的比例、企业账户留存比例。如果设置补偿机制，还需明确补偿缴费留存比例、补偿缴费分配办法、补偿缴费划入职工个人账户的方式。其中单位缴费比例必须为确定的数值，不得以范围代替。

________，剩余部分记入企业账户。

方式5：(其他方式)________________________________。

第十二条 企业账户余额的分配办法可通过集体协商另行制定，并经民主程序审议通过后实施，但不得用于抵缴未来年度单位缴费。

第十三条 个人缴费

个人缴费按方式缴纳：

方式1：职工个人缴费为职工个人缴费基数的____%；

方式2：职工个人缴费为单位为其缴费的____%；

方式3：(其他方式) ______________________。

第十四条 单位按(□月、□季度、□年度) 将全部缴费款项按时、足额汇至托管人开立的企业年金基金受托财产托管专户。

第十五条 企业年金缴费的暂停、恢复和补缴

(一) 单位出现亏损、停业等特殊情况无法履行缴费义务时，可暂停缴费，职工同时暂停缴费；单位情况好转后恢复缴费，职工同时恢复缴费。因单位原因暂停缴费的，恢复缴费后单位可以视经济情况予以补缴，职工个人(□补缴、□不补缴) 暂停缴费期间个人缴费。补缴年限不得超过实际暂停缴费年限。

(二) 职工个人可以申请暂停或恢复缴费。申请暂停缴费的条件是____________，恢复缴费的条件是____________，同时填写《职工暂停（恢复）缴费企业年金申请表》(附件②)，并经本单位确认后执行。个人暂停缴费期间，单位缴费也相应暂停，个人账户继续在本计划中管理；个人恢复缴费时单位缴费也同时恢复；不弥补暂停缴费期间的单位和个人缴费。

第四章 账户管理

第十六条 本企业年金基金实行完全积累制度，采用个人账户方式进行管理，为参加职工开立个人账户，同时建立企业账户用于记录暂未分配至个人账户的单位缴费及其投资收益。

第十七条 个人账户下设单位缴费子账户和个人缴费子账户，分别记录单位缴费分配给职工个人的部分及其投资收益、职工个人缴费及其投资收益。

第十八条 个人账户的转移和保留

职工与本单位终止、解除劳动合同的，其个人账户转移或保留。

(一) 职工与本单位终止、解除劳动合同，新就业单位已建立企业年金或职业年金的，其个人账户应当转入新就业单位的企业年金计划或职业年金计划管理；

(二) 职工与本单位终止、解除劳动合同，未就业、新就业单位没有建立企业年金或职业年金的，其个人账户按方式______处理：

方式1：转入本计划法人受托机构发起的集合计划设置的保留账户统一管理。保留账户的账户管理费从职工个人账户中扣除。

方式2：作为保留账户在本计划中继续管理。保留账户的账户管理费(□由本单位负担、□从职工个人账户中扣除)。

方式3：(理事会受托管理的企业年金计划) 转入由本单位与职工协商选定的法人

受托机构发起的集合计划设置的保留账户统一管理。保留账户的账户管理费从职工个人账户中扣除。

方式4：（其他方式）__________。

（三）在集团公司[①]内部调动新单位未实行企业年金制度的，其个人账户作为保留账户由原单位继续管理。保留账户的账户管理费（□由原单位负担、□从职工个人账户中扣除）。

第十九条　满足下列条件之一时，个人账户注销：

（一）职工领取完其个人账户资金；

（二）职工身故，其个人账户余额由指定受益人或法定继承人全部领取完毕；

（三）个人账户转移至新单位的企业年金计划或职业年金计划。

第五章　权益归属

第二十条　职工个人缴费部分及其投资运营收益全部归属职工个人。

第二十一条　单位缴费部分权益归属规则[②]

单位缴费划入个人账户部分形成的权益，按以下规则归属于职工个人，未归属于职工个人的部分，划入企业账户。

权益归属核算时点	N	归属比例
职工与本单位终止、解除劳动合同	N<____年	××%
	____年≤N<____年	××%
	…	…
	N≥____年	××%
退休或在职身故	——	××%
（其他特殊情况）[③]	——	××%

备注：

1. N是指在____（本单位的工作年限、参加本方案的年限）[④]。

2.（其他需要说明的事项）__________。

第二十二条　补偿缴费归属规则[⑤]

补偿缴费按照方式____归属。

方式1：职工退休前归属比例为0%，退休后100%归属；

方式2：与单位正常缴费归属规则一致；

① 非集团公司和将内部调动视同外部调动的集团公司删除本款。

② 应按照集团公司企业年金方案要求确定具体归属规则。

③ 用人单位可列明其他特殊情况的归属比例，例如由于用人单位原因解除劳动合同或劳动合同不续签造成职工离职时，归属比例为100%；集团公司内部调动时，归属比例为100%。

④ 用人单位可以自行确定个人账户中单位缴费累计权益的归属条件，例如在本单位的工作年限、参加本方案的年限或其他条件。

⑤ 未设置补偿缴费的用人单位，删除本条。

方式3：(其他方式)＿＿＿＿＿＿＿＿＿＿＿＿＿＿＿＿＿＿＿＿＿＿＿＿＿＿＿＿＿＿。

第六章　基金管理

第二十三条　企业年金基金由单位缴费、职工个人缴费和投资收益组成。

第二十四条　本企业年金基金采取(□理事会受托、□法人受托）管理模式。本细则所归集的企业年金基金由××单位[①]委托受托人进行受托管理并签署企业年金基金受托管理合同。由企业年金基金受托人委托具备企业年金管理资格的托管人、账户管理人、投资管理人提供统一的相关服务。

第二十五条　企业年金基金的投资收益，根据企业年金基金单位净值，按周或者日足额分别记入个人账户和企业账户。

第二十六条　企业年金基金管理运营所需费用，按照国家有关法律法规及企业年金基金管理合同中的相关条款确定，其中正常账户的账户管理费由本单位缴纳，保留账户管理费按本细则第十八条规定执行，退休职工个人账户的账户管理费由(□个人、□单位）负担，其他费用由本单位和个人共同承担，从企业年金基金中扣除。

第二十七条　企业年金基金实行专户管理，与委托人、受托人、账户管理人、投资管理人和托管人的自有资产或其他资产分开管理，分别记账，不得挪作他用。

第七章　待遇计发和支付方式

第二十八条　本细则参加职工符合下列条件之一时，可以享受本细则的企业年金待遇：

（一）达到国家规定的退休年龄；

（二）未达到国家规定退休年龄时，经劳动能力鉴定委员会鉴定，因病（残）完全丧失劳动能力办理病退；

（三）退休前身故；

（四）出国（境）定居。

第二十九条　企业年金的支付方式

职工达到本细则第二十八条规定企业年金待遇领取条件后，可根据个人账户余额、个人所得税税负等情况选择一次性或分期领取企业年金待遇。

第三十条　受益人的指定和修改

职工参加本细则时，应在申请表中以书面形式指定受益人作为本人死亡后企业年金个人账户已归属权益的继承人。本细则参加人可以随时提出撤回或修改指定受益人的书面申请。

第八章　细则的调整和终止

第三十一条　本单位有权根据国家政策法规和实际情况的变化，经集体协商对本细则进行调整。

第三十二条　出现下列情况之一，可对本细则进行调整：

---

① 代表职工与受托人签订受托管理合同的单位。

（一）国家相关政策法规发生重大变化；

（二）单位的经营状况出现重大变化；

（三）其他：________________________________。

第三十三条　调整本细则的程序

（一）本单位企业年金经办部门提出对本细则的调整方案并报××集团公司核准；

（二）调整方案经集体协商讨论通过；

（三）由××集团公司向人力资源和社会保障部门备案；

（四）通知细则参加职工及受托人；

（五）每次调整后，调整前的细则所规定的单位和细则参加职工应履行的义务如果还未履行完毕，单位和细则参加职工应履行完毕该义务后再适用调整后的新细则。

第三十四条　出现下列情况之一时，本细则终止：

（一）本单位发生依法解散、被依法撤销或者被依法宣告破产等情况；

（二）国家有关政策法规发生重大变化，导致本方案无法继续实施；

（三）其他：________________________________。

第三十五条　终止本细则的程序

（一）本单位向××集团公司提出终止本细则申请，并对企业账户中未归属权益提出处理办法，报××集团公司核准。

（二）经集体协商讨论通过。

（三）由××集团公司报人力资源和社会保障部门备案。

（四）由受托人组织清算组对企业年金基金财产进行清算，对所有个人账户权益进行全部归属，并按照集体协商讨论通过的处理办法进行企业账户未归属权益分配。

（五）对所有个人账户进行保留或者转移。如果细则参加职工未能提出转移书面申请，作保留处理，账户管理费从个人账户中扣除。

（六）通知本细则参加职工及受托人。

第九章　组织管理和监督

第三十六条　本单位的企业年金基金管理接受人力资源社会保障部门等国家相关部门的监督检查。本单位依照国家相关法律、法规对受托人进行监督。

第三十七条　在接受国家相关部门监督的基础上，由本单位的纪检、工会和审计部门对本企业年金基金的运作管理进行内部监督。

第十章　附则

第三十八条　本细则自××年×月×日起开始实施。

第三十九条　因订立或者履行企业年金方案实施细则发生争议的，根据《集体合同规定》处理。

第四十条　因履行企业年金基金管理合同发生争议的，可以通过调解和民事诉讼处理。

第四十一条　本细则涉及的相关财税问题，按照国家相关规定执行。

第四十二条　本单位拥有对本细则的最终解释权。

附件①：

职工参加企业年金申请表

<table>
<tr><td colspan="2">申请人姓名</td><td></td></tr>
<tr><td colspan="2">申请人身份证号码</td><td></td></tr>
<tr><td colspan="2">受益人姓名</td><td></td></tr>
<tr><td colspan="2">受益人身份证号码</td><td></td></tr>
<tr><td colspan="3">参加企业年金的申请
本人已参加基本养老保险并履行缴费义务；
本人已认真阅读并同意接受《××单位企业年金方案实施细则》；
本人经慎重考虑，自愿申请（□加入、□不加入）××集团公司企业年金计划，并愿意承担由此带来的一切投资风险；
本人承诺遵守××单位企业年金方案实施细则的有关规定，并授权××单位：
1. 从本人工资中代扣代缴职工个人缴费；
2. 按照国家有关税收政策代扣代缴个人所得税。
申请人：
年　月　日</td></tr>
<tr><td>单位意见</td><td colspan="2">经审核，该职工符合参加企业年金的条件，同意其参加企业年金计划。
签字（盖章）：
年　月　日</td></tr>
</table>

附件②：

职工暂停（恢复）企业年金缴费申请表

<table>
<tr><td>申请人姓名</td><td></td></tr>
<tr><td>身份证号码</td><td></td></tr>
<tr><td colspan="2">暂停企业年金缴费的申请
本人经慎重考虑，自愿申请暂停企业年金缴费，并愿意承担由此带来的损失。暂停缴费期间为：
□　____年____月____日至____年____月____日；
□　至本人申请恢复缴费为止；
□　至退出本企业年金计划为止。
申请人：
年　月　日</td></tr>
<tr><td colspan="2">恢复企业年金缴费的申请
本人申请自____年____月____日起恢复企业年金缴费。
申请人：
年　月　日</td></tr>
</table>

续表

<table>
<tr><td rowspan="2">单位
意见</td><td>经审核，同意该职工暂停企业年金缴费。
签字（盖章）：
年 月 日</td></tr>
<tr><td>经审核，同意该职工恢复企业年金缴费。
签字（盖章）：
年 月 日</td></tr>
</table>

附件 3

企业年金方案备案所需材料

情 形	所需材料
用人单位建立企业年金计划	备案函、企业年金方案（实施细则）、基本情况简表（附件 4）、重点情况说明、职工（代表）大会决议、职工基本养老保险缴费证明
下属单位加入集团公司企业年金计划	备案函、企业年金方案实施细则、基本情况简表、重点情况说明、职工（代表）大会决议、职工基本养老保险缴费证明
企业年金方案（实施细则）重要条款变更	备案函、调整后的企业年金方案（实施细则）、调整对照说明、职工（代表）大会决议
终止企业年金计划	备案函、终止企业年金计划方案、职工（代表）大会决议
备 注	1. 方案正本、副本各 1 份，电子版 1 份； 2. 重点情况说明包括单位基本情况、重要条款说明、方案与范本不一致情况的说明。

附件 4

（××单位）企业年金方案基本情况简表（样式）

单位联系人：　　　　　　　　　　　　　办公电话：　　　　　　　　　手机：

受托人联系人：　　　　　　　　　　　　办公电话：　　　　　　　　　手机：

集团单位名称（盖章）、性质、从事行业	集团所有下属单位个数	集团总人数	在职、离退休人数	参加计划人数，覆盖率	集团方案批复时间	方案复函函号	已领待遇人数

序号	已报备下属单位名称	有无方案调整事项（列出）	是否报备	复函时间	复函函号

序号	本次报备下属单位名称	所属地	集体协商形式	参加人数、覆盖率	决议时间	拟实施方案日期

序号	未建立年金下属单位名称	未建立原因

附件 5

基本养老保险参保缴费证明（样式）

编号：

经核实，<u>（××单位）</u>于××年××月××日在我单位进行社会保险登记，该单位参保缴费情况如下：

单位：人，万元（小数点后保留两位）

项　目	应参保职工	实际参保职工	实际缴费人数	缴费工资总额		费率（%）		应缴费额		实际缴费额		历年欠费额
				单位	个人	单位	个人	单位	个人	单位	个人	
	1	2	3	4	5	6	7	8	9	10	11	12
上年度												
本年 1 至　月												

注：1. 应参保职工、实际参保和缴费人数为该企业上年末及证明开具日上月末的人数；

2. 缴费工资总额、应缴费额和实际缴费额为该单位上年度及本年度初至证明开具上月末止的累计数额；

3. 历年欠费额为该企业自参加基本养老保险之日起至证明开具上月末止的累计欠费额。

经办人签章：　　　　　　　联系电话：

（社保经办机构公章）

社保经办单位负责人签章：　　　　　　　年　　月　　日

关于机关事业单位工作人员养老保险制度改革的决定

（国发〔2015〕2号）

各省、自治区、直辖市人民政府，国务院各部委、各直属机构：

按照党的十八大和十八届三中、四中全会精神，根据《中华人民共和国社会保险法》等相关规定，为统筹城乡社会保障体系建设，建立更加公平、可持续的养老保险制度，国务院决定改革机关事业单位工作人员养老保险制度。

一、改革的目标和基本原则。以邓小平理论、“三个代表”重要思想、科学发展观为指导，深入贯彻党的十八大、十八届三中、四中全会精神和党中央、国务院决策部署，坚持全覆盖、保基本、多层次、可持续方针，以增强公平性、适应流动性、保证可持续性为重点，改革现行机关事业单位工作人员退休保障制度，逐步建立独立于机关事业单位之外、资金来源多渠道、保障方式多层次、管理服务社会化的养老保险体系。改革应遵循以下基本原则：

（一）公平与效率相结合。既体现国民收入再分配更加注重公平的要求，又体现工作人员之间贡献大小差别，建立待遇与缴费挂钩机制，多缴多得、长缴多得，提高单位和职工参保缴费的积极性。

（二）权利与义务相对应。机关事业单位工作人员要按照国家规定切实履行缴费义务，享受相应的养老保险待遇，形成责任共担、统筹互济的养老保险筹资和分配机制。

（三）保障水平与经济发展水平相适应。立足社会主义初级阶段基本国情，合理确定基本养老保险筹资和待遇水平，切实保障退休人员基本生活，促进基本养老保险制度可持续发展。

（四）改革前与改革后待遇水平相衔接。立足增量改革，实现平稳过渡。对改革前已退休人员，保持现有待遇并参加今后的待遇调整；对改革后参加工作的人员，通过建立新机制，实现待遇的合理衔接；对改革前参加工作、改革后退休的人员，通过实行过渡性措施，保持待遇水平不降低。

（五）解决突出矛盾与保证可持续发展相促进。统筹规划、合理安排、量力而行，准确把握改革的节奏和力度，先行解决目前城镇职工基本养老保险制度不统一的突出矛盾，再结合养老保险顶层设计，坚持精算平衡，逐步完善相关制度和政策。

二、改革的范围。本决定适用于按照公务员法管理的单位、参照公务员法管理的机关（单位）、事业单位及其编制内的工作人员。

三、实行社会统筹与个人账户相结合的基本养老保险制度。基本养老保险费由单位和个人共同负担。单位缴纳基本养老保险费（以下简称单位缴费）的比例为本单位工资总额的20%，个人缴纳基本养老保险费（以下简称个人缴费）的比例为本人缴费工资的 8%，由单位代扣。按本人缴费工资 8% 的数额建立基本养老保险个人账户，全部由个人缴费形成。个人工资超过当地上年度在岗职工平均工资 300% 以上的部分，不计入个人缴费工资基数；低于当地上年度在岗职工平均工资 60% 的，按当地在岗职工平均工资的 60% 计算个人缴费工资基数。

个人账户储存额只用于工作人员养老，不得提前支取，每年按照国家统一公布的记账利率计算利息，免征利息税。参保人员死亡的，个人账户余额可以依法继承。

四、改革基本养老金计发办法。本决定实施后参加工作、个人缴费年限累计满 15 年的人员，退休后按月发给基本养老金。基本养老金由基础养老金和个人账户养老金组成。退休时的基础养老金月标准以当地上年度在岗职工月平均工资和本人指数化月平均缴费工资的平均值为基数，缴费每满 1 年发给 1%。个人账户养老金月标准为个人账户储存额除以计发月数，计发月数根据本人退休时城镇人口平均预期寿命、本人退休年龄、利息等因素确定（详见附件）。

本决定实施前参加工作、实施后退休且缴费年限（含视同缴费年限，下同）累计满 15 年的人员，按照合理衔接、平稳过渡的原则，在发给基础养老金和个人账户养老金的基础上，再依据视同缴费年限长短发给过渡性养老金。具体办法由人力资源社会保障部会同有关部门制定并指导实施。

本决定实施后达到退休年龄但个人缴费年限累计不满 15 年的人员，其基本养老保险关系处理和基本养老金计发比照《实施〈中华人民共和国社会保险法〉若干规定》（人力资源社会保障部令第 13 号）执行。

本决定实施前已经退休的人员，继续按照国家规定的原待遇标准发放基本养老金，同时执行基本养老金调整办法。

机关事业单位离休人员仍按照国家统一规定发给离休费，并调整相关待遇。

五、建立基本养老金正常调整机制。根据职工工资增长和物价变动等情况，统筹安排机关事业单位和企业退休人员的基本养老金调整，逐步建立兼顾各类人员的养老保险待遇正常调整机制，分享经济社会发展成果，保障退休人员基本生活。

六、加强基金管理和监督。建立健全基本养老保险基金省级统筹；暂不具备条件的，可先实行省级基金调剂制度，明确各级人民政府征收、管理和支付的责任。机关事业单位基本养老保险基金单独建账，与企业职工基本养老保险基金分别管理使用。基金实行严格的预算管理，纳入社会保障基金财政专户，实行收支两条线管理，专款专用。依法加强基金监管，确保基金安全。

七、做好养老保险关系转移接续工作。参保人员在同一统筹范围内的机关事业单位之间流动，只转移养老保险关系，不转移基金。参保人员跨统筹范围流动或在机关事业单位与企业之间流动，在转移养老保险关系的同时，基本养老保险个人账户储存额随同转移，并以本人改革后各年度实际缴费工资为基数，按 12% 的总和转移基金，参保缴费不足 1 年的，按实际缴费月数计算转移基金。转移后基本养老保险缴费年限（含视同缴费年限）、个人账户储存额累计计算。

八、建立职业年金制度。机关事业单位在参加基本养老保险的基础上，应当为其工作人员建立职业年金。单位按本单位工资总额的 8% 缴费，个人按本人缴费工资的 4% 缴费。工作人员退休后，按月领取职业年金待遇。职业年金的具体办法由人力资源社会保障部、财政部制定。

九、建立健全确保养老金发放的筹资机制。机关事业单位及其工作人员应按规定及时足额缴纳养老保险费。各级社会保险征缴机构应切实加强基金征缴，做到应收尽收。各级政府应积极调整和优化财政支出结构，加大社会保障资金投入，确保基本养老金按时足额发放，同时为建立职业年金制度提供相应的经费保障，确保机关事业单位养老保险制度改革平稳推进。

十、逐步实行社会化管理服务。提高机关事业单位社会保险社会化管理服务水平，普遍发放全国统一的社会保障卡，实行基本养老金社会化发放。加强街道、社区人力资源社会保障工作平台建设，加快老年服务设施和服务网络建设，为退休人员提供方便快捷的服务。

十一、提高社会保险经办管理水平。各地要根据机关事业单位工作人员养老保险制度改革的实际需要，加强社会保险经办机构能力建设，适当充实工作人员，提供必要的经费和服务设施。人力资源社会保障部负责在京中央国家机关及所属事业单位基本养老保险的管理工作，同时集中受托管理其职业年金基金。中央国家机关所属京外单位的基本养老保险实行属地化管理。社会保险经办机构应做好机关事业单位养老保险参保登记、缴费申报、关系转移、待遇核定和支付等工作。要按照国家统一制定的业务经办流程和信息管理系统建设要求，建立健全管理制度，由省级统一集中管理数据资源，实现规范化、信息化和专业化管理，不断提高工作效率和服务质量。

十二、加强组织领导。改革机关事业单位工作人员养老保险制度，直接关系广大机关事业单位工作人员的切身利益，是一项涉及面广、政策性强的工作。各地区、各部门要充分认识改革工作的重大意义，切实加强领导，精心组织实施，向机关事业单位工作人员和社会各界准确解读改革的目标和政策，正确引导舆论，确保此项改革顺利进行。各地区、各部门要按照本决定制定具体的实施意见和办法，报人力资源社会保障部、财政部备案后实施。人力资源社会保障部要会同有关部门制定贯彻本决定的实施意见，加强对改革工作的协调和指导，及时研究解决改革中遇到的问题，确保本决定的贯彻实施。

本决定自 2014 年 10 月 1 日起实施，已有规定与本决定不一致的，按照本决定执行。

附件：个人账户养老金计发月数表

国　务　院

2015 年 1 月 3 日

附件

个人账户养老金计发月数表

退休年龄	计发月数	退休年龄	计发月数
40	233	56	164
41	230	57	158
42	226	58	152
43	223	59	145
44	220	60	139
45	216	61	132
46	212	62	125
47	207	63	117
48	204	64	109
49	199	65	101
50	195	66	93
51	190	67	84
52	185	68	75
53	180	69	65
54	175	70	56
55	170		

关于机关事业单位工作人员养老保险信息系统建设的指导意见

（人社部发〔2015〕52号）

各省、自治区、直辖市及新疆生产建设兵团人力资源社会保障厅（局）：

为提升机关事业单位工作人员养老保险管理服务水平，根据《国务院关于机关事业单位工作人员养老保险制度改革的决定》（国发〔2015〕2号）关于信息管理系统建设的工作要求，现就加快推进机关事业单位工作人员养老保险信息系统建设提出以下意见。

一、充分认识开展信息系统建设的重要意义

建设机关事业单位工作人员养老保险信息系统，是加快推进统筹城乡社会保障体系建设的重要手段；是提高机关事业单位工作人员养老保险工作效率、经办能力和服务能力的有效途径；是实现机关事业单位工作人员养老保险业务规范化和信息化的重要举措。各地人力资源社会保障部门要提高认识、统一思想，把推进机关事业单位工作人员养老保险信息系统建设作为保障机关事业单位工作人员养老保险制度改革顺利实施的一项重要基础工作，优先安排，抓紧抓好。

二、明确系统建设的总体要求

（一）指导思想。认真贯彻党的十八大和十八届三中、四中全会精神，按照党中央、国务院决策部署，全面落实机关事业单位工作人员养老保险制度各项改革任务，坚持数据集中、服务下延，建设科学规范、互联互通、标准统一、安全高效的机关事业单位工作人员养老保险信息系统，不断提升管理服务效能，推动机关事业单位工作人员养老保险事业全面协调可持续发展。

（二）建设目标。机关事业单位工作人员养老保险信息系统建设要按照人力资源社会保障信息化建设的总体规划，依托现有信息化建设基础，全面满足机关事业单位工作人员养老保险制度实施在业务经办、公共服务、基金监管、宏观决策等方面的要求，逐步实现面向机关事业单位工作人员的各项人力资源社会保障事务的整合联动，建立机关事业单位工作人员养老保险信息与其他政府部门信息的共享机制。2015年实现对机关事业单位工作人员养老保险核心业务经办及公共服务的信息化应用，2016年，全面落实基金监管、宏观决策等方面的信息化建设任务。

（三）基本原则。机关事业单位工作人员养老保险系统建设应遵循以下基本原则：

1. 统一规划，整体设计。机关事业单位工作人员养老保险信息系统建设是人力资源社会保障信息化建设的组成部分，要纳入全国统一规划，统筹推进。充分利用现有

信息化建设成果，结合机关事业单位工作人员养老保险制度实施的工作需要，及与其他各项社会保险、人事管理等业务联动的发展要求，统一进行信息系统设计。

2. 统一软件，本地实施。各地应在全国统一的机关事业单位工作人员养老保险信息系统基础上开展建设实施工作，保证系统设计框架、基本功能和标准体系与全国统一软件的一致，按照“最少必需”的原则，以省为单位开展本地化工作，确保应用软件的统一和业务流程的规范。

3. 统一标准，共享协同。按照人力资源社会保障信息系统技术标准体系，建设规范统一的机关事业单位工作人员养老保险信息系统，确保与人力资源社会保障领域相关信息系统之间的信息共享和业务协同。严格执行《社会保险管理信息系统指标集与代码》（LD/T92—2013）行业标准，确保机关事业养老保险数据的上传、汇总及跨地域交换共享。

4. 统筹兼顾，分步推进。分阶段推进机关事业单位工作人员养老保险信息系统建设。起步阶段，以满足基本养老保险业务经办为重点，同步实现职业年金经办功能，并按照业务财务一体化建设要求，实现业务数据与基金财务数据的衔接。面向机关事业单位工作人员发放和应用社会保障卡，建立健全信息化公共服务体系，满足机关事业单位工作人员的便捷服务需求。有条件的地区，结合部里统一安排，统筹做好社保关系转移、基金监管、联网监测、宏观决策等系统的扩建工作。

三、积极落实系统建设各项工作任务

（一）建设省集中信息系统。各地要充分利用金保工程现有基础，在省级数据中心集中部署机关事业单位工作人员养老保险信息系统，通过业务专网支持所辖地区的业务经办。个别信息系统建设一体化程度较高、暂时难以集中的地区，可在遵循全国统一信息标准的基础上，基于现有地市级社会保险业务系统，扩展机关事业单位养老保险业务功能，并结合信息系统省级集中推进进程，尽快实现省级集中。任何省份不得另行分散建设机关事业单位工作人员养老保险信息系统。

（二）统筹推进业务融合。各地在建设机关事业单位工作人员养老保险信息系统时，要统筹考虑与其他业务领域的信息共享和业务协同，对内实现与社会保障卡持卡人员基础信息库、人事人才系统的衔接，实现人员基础信息和参保前置条件的校核。对于城镇职工基本医疗保险业务系统尚未实现省级集中的地区，要同步考虑与地市医疗保险业务系统的关联，先期实现人员基本信息、参保信息、缴费信息的共享比对，逐步实现包括待遇结算在内的各项业务经办环节的业务协同。对外要与编办、财政、公安、民政、银行、税务等部门系统对接，实现信息共享。

（三）积极发行和应用社会保障卡。各地要做好面向机关事业单位工作人员社会保障卡发行应用工作，严格执行全国统一的标准规范和管理要求，实现人手一卡。已结合城镇职工基本医疗保险工作向机关事业单位工作人员发行了社会保障卡的地区，要按照《人力资源社会保障部关于加快推进社会保障卡应用的意见》（人社部发〔2015〕52 号）文件要求，进一步扩大应用范围，结合养老保险业务需要实现身份凭证和领取待遇应用。尚未发卡的地区，要尽快开展相关发行和应用工作，在办理参保业务时同步完成制卡信息采集，并及时发放，使社会保障卡成为机关事业单位工作人员享有人力资源和社会保障权益的重要载体，使其成为社会保险待遇社会化发放和个人权益查询的基本手段。

（四）提升公共服务能力。各地要充分利用互联网、移动终端、自助一体机等渠道和信息化手段，建设一体化的公共服务系统，实现信息入口、安全认证体系、标准规范、后台数据库、对外服务口径的统一，为机关事业单位和个人提供便捷、高效、安全的服务。进一步完善12333咨询服务功能，逐步将机关事业单位工作人员养老保险业务纳入咨询服务范围，使其成为政策咨询、信息查询、预约办理以及投诉举报的重要渠道。

（五）完善基础设施建设。机关事业单位工作人员养老保险信息系统建设内容涵盖业务专网和互联网，各地要坚持扩大网络覆盖范围与实现信息安全防护两手抓，推进应用人力资源社会保障电子认证体系，切实采取访问控制、病毒木马等恶意程序防范、入侵检测等基础安全防护措施，严格做好业务专网与互联网的安全隔离，做好省级集中系统的应用级容灾和数据备份。科学合理地测算系统软硬件、网络等技术指标，配置更新相关设备，提高系统支撑能力，保证系统的平稳运行。

四、保障措施和工作要求

（一）加强组织领导。省级人力资源社会保障部门要切实做好全省信息系统建设工作，在推进省级集中系统建设的同时，督促和指导各地市抓好网络延伸、终端配置等配套工作，为系统实施创造条件。各级人力资源社会保障部门信息化综合管理机构、社会保险经办机构要密切配合，共同做好机关事业单位工作人员养老保险信息系统建设工作。

（二）抓好贯彻落实。各省要按照部里的总体部署，结合本地工作实际情况，确定系统建设方案，明确具体建设内容、模式、任务和计划，并切实抓好落实，确保机关事业单位工作人员养老保险系统建设符合业务发展需要。要力争在经办工作启动前完成信息系统的部署实施，支持经办工作的有效开展。

（三）提供有效保障。各地要积极争取机关事业单位工作人员养老保险信息系统建设资金，并将系统运行和维护费用纳入年度预算，形成以财政投入为主的经费保障机制。建立与省级集中要求相匹配的信息化队伍，加强对信息技术人员和业务人员的培训，确保机关事业单位工作人员养老保险信息系统在业务工作中的应用效果。

附件：机关事业单位工作人员养老保险信息系统建设参考技术方案

人力资源社会保障部

2015年6月4日

附件

机关事业单位工作人员养老保险信息系统建设参考技术方案

根据《机关事业单位工作人员养老保险信息系统建设的指导意见》，按照人力资源社会保障信息化总体规划，以推进机关事业单位工作人员养老保险制度改革实施为首要任务，以支持机关事业单位工作人员养老保险经办管理工作为重点，提出机关事业单位工作人员养老保险信息系统建设参考技术方案。

一、总体建设方案

（一）总体建设内容

基于金保工程建设成果，在省级集中建设机关事业单位工作人员养老保险信息系统，逐步满足机关事业单位工作人员养老保险业务经办、公共服务、基金监管、宏观决策等方面的需求，逐步实现面向机关事业单位工作人员各项人力资源社会保障事务的有效衔接；进一步完善数据中心和灾备中心应用支撑能力建设，加快业务专网向部省市县各类人力资源社会保障机构的全覆盖；完善信息安全管理体系，提高系统安全保障水平；加强信息化专业队伍建设，加大各类信息技术培训力度。具体包括以下工作：

1. 应用系统方面。建设业务经办系统、基金财务管理系统、电子档案系统，支撑全省业务经办工作的开展；在省级数据中心建设公共服务系统，扩展面向省内机关事业单位和个人的12333电话咨询和网上服务功能，支持面向移动互联服务的掌上12333移动信息服务系统的应用。跨地区业务、联网监测、基金监管、宏观决策系统等建设内容，可逐步推开，鼓励有条件的地区同步建设。机关事业单位工作人员养老保险信息系统总体架构图如下所示：

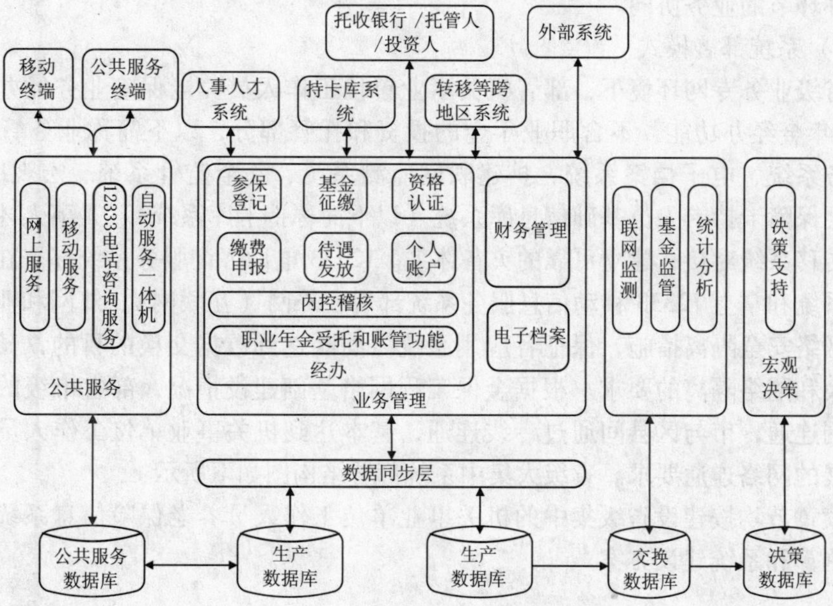

图1　信息系统总体架构图

2．基础环境方面。充分利用金保工程一期建设的数据中心机房，支撑机关事业单位工作人员养老保险信息系统部署实施，并根据实际情况，进行机房及硬件、网络、安全等设备的扩建。网络系统方面：在已连通到部、省、市、县的基础上，根据业务量需要扩展带宽，加强网络安全防护，达到上下网络的有效贯通，形成可支撑实时业务需要的业务专网。适当扩展省级数据中心互联网出口带宽。安全系统方面：参照安全等级保护三级要求，完善基础安全防护系统，提高系统服务和业务信息的安全性。按照国家和部里信息系统安全等级保护定级的政策要求，做好机关事业单位工作人员养老保险信息系统的定级备案、等保测评工作。在各省级数据中心建设全省集中的数据备份系统。

3．实施培训方面。以支撑机关事业单位工作人员养老保险业务开展为目标，对各级系统建设人员提供系统规划设计和部署实施培训，对各级业务操作人员提供系统操作培训。

（二）系统建设模式

各省应以省级集中的系统模式为建设原则，充分利用金保工程现有基础，在省级数据中心集中建设部署机关事业单位工作人员养老保险信息系统。已实现社会保险业务系统省集中的省份，应在全国统一信息标准的基础上，统筹考虑与省集中的业务经办系统合并建设。尚未实现社会保险业务系统省集中的省份，采用独立建设机关事业单位工作人员养老保险省级系统的模式。个别信息系统建设一体化程度较高、暂时难以集中的地区，可考虑基于其社会保险业务系统扩展机关事业养老保险业务功能，但应结合信息系统省集中推进过程，完成向省集中的过渡。对于城镇职工基本医疗保险业务系统尚未实现省集中的地区，同步考虑与地市医疗保险业务系统关联。先期实现人员基本信息、参保信息、缴费信息的共享比对，逐步实现包括待遇信息在内的各项业务经办环节的业务协同。

（三）系统部署模式

在省级业务专网环境下，部署机关事业单位工作人员养老保险业务经办管理系统（含职业年金经办功能，不含职业年金的投资和托管部分，以下简称业务管理系统）、基金财务系统、电子档案系统，扩建联网监测系统、基金监管系统、宏观决策系统，并与社会保障卡持卡人员基础信息库系统（以下简称持卡库系统）、人事人才系统、部级异地转移系统对接，建立可靠的灾备体系。12333 电话咨询服务系统部署在专网，网上服务系统和掌上 12333 移动信息服务系统部署在外网（互联网）。外网和业务专网之间采用网络安全隔离措施，保证各应用系统之间既达到数据交换的目的，又符合数据安全交换和网络隔离的要求。根据金保工程网络基础建设情况，部省市级的联网通过业务专网连通，市与区县间通过专线连通，基本达到机关事业单位工作人员养老保险业务开展的网络连通要求。省级大集中系统部署结构图如下所示：

后续章节均按建设省级集中的机关事业单位工作人员养老保险信息系统模式来分析基础测算和系统建设方案。

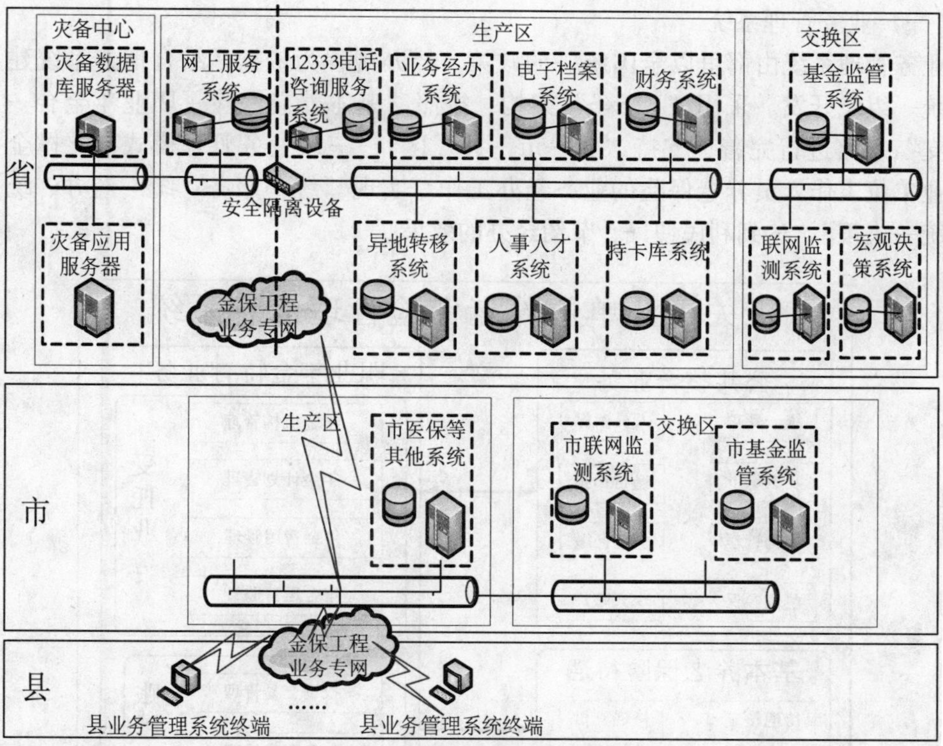

图2 信息系统部署结构图

二、应用系统建设内容

根据统筹兼顾、分步推进的原则，提出如下机关事业单位工作人员养老保险信息系统建设内容：

表1 应用系统列表

应用系统名称	地方实施	实施阶段
业务经办管理系统	统一开发，地方本地化实施	第一阶段
基金财务系统	自行采购实施	第一阶段
电子档案系统	自行采购实施	第二阶段
公共服务系统		
#网上服务系统	自行建设	第一阶段
#掌上 12333 移动信息服务系统	统一开发，地方本地化接入	第一阶段
#12333 电话咨询服务系统	自行建设	第一阶段
#自助服务一体机系统	自行建设	第二阶段
联网监测系统	统一开发，分级部署	第二阶段
统计类系统	自行建设	第二阶段
基金监管系统	统一开发，分级部署	第二阶段
宏观决策系统	自行建设	第二阶段
跨地区系统	部里集中部署，地方自行接入	第二阶段

（一）业务管理系统

业务管理系统由部里以全国统一的政策、经办规程为依据，结合地方系统建设实际，统一组织开发。采用“B/S/S”架构，按照“基本养老保险＋职业年金合一，统征分支”思路进行完善，支持“省—市—县（区）”三级业务管理模式，支撑全省机关事业单位工作人员养老保险的业务经办工作。实现“统一服务、统一经办、统一管理、统一决策”，达到利民便民、节约经办的效果。

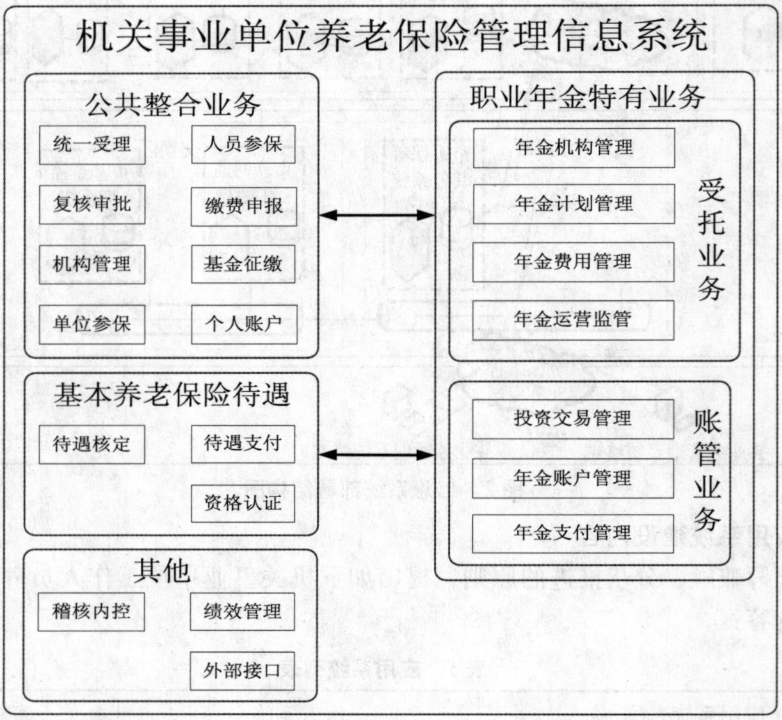

图3　系统功能结构图

1. 核心业务

按照整合职业年金的思路，将参保登记、基金征缴、待遇核定等公共业务功能整合，向各级经办机构提供单位参保管理、人员参保管理、缴费申报业务、基金征缴业务、个人账户、转移业务、退休业务、退休待遇支付、资格认证、财务管理、综合查询、报表统计、系统管理等功能。为支持综合柜员制，扩展开发了简易工作流引擎、界面还原、任务分发等功能，支持流动审核、多级审批等功能，并支持以上功能的灵活可配置。实现业务财务的一体化及与电子档案系统的衔接。

表 2 核心业务主要功能列表

栏目	功能	栏目	功能
系统首页	系统 UI 调整	转移接续	申请表录入
	业务提醒		联系函管理
系统管理	通用审核配置		接收信息表
	登录管理		个人账户处理
	权限管理		出具参保缴费凭证
	业务流程设备		接收联系函
	统筹区管理		生成信息表
	系统参数管理		转出统筹外退回
	业务参数管理	退休业务	退休待遇申报核定
	工资参数管理		病残津贴核定
	利率参数管理		退休待遇核定
	系统代码管理		发放信息变更
机构管理	社保机构管理		定期待遇重新核定
	银行信息管理		定期待遇撤销
单位参保关系	单位参保登记		定期待遇暂停
	单位信息变更		定期待遇恢复
	单位中断缴费		定期待遇批量调整
	单位恢复缴费		定期待遇零星调整
	单位年检与换证		一次性待遇申领核定
	单位社会保险登记证管理		一次性待遇更正
	单位社会保险关系注销		零星补发
	单位成建制转入		多发待遇追回
	单位成建制转出		定期待遇扣除发放
人员参保关系	人员信息新增（含批量）	退休待遇支付业务	单位养老待遇汇总表
	人员新参保（含批量）		原离退休人员新增
	个人普通信息变更		待遇支付计划生成
	个人重要信息变更		待遇支付计划复核
	个人中断缴费（含批量）		发放不成功处理
	个人恢复缴费		实发到账查询
	人员终止参保	资格认证	认证任务发起
	人员在职转退休		认证结果登记
	改革前离退休人员新增		认证结果批量导入
	改革前离退休人员批量新增		资格认证汇总
缴费申报	个人补收		资格认证查询
	个人退收	综合查询	单位信息查询
	差额补退		个人信息查询
	个人欠费补缴（含核销）		养老待遇查询
	年度工资申报		年金信息查询
	单位工资基数重新核定	月结	公共业务过月
	社平工资启用		待遇业务过月
基金征缴	生成应缴计划	统计报表	公共业务统计
	征集通知		养老待遇统计
	实缴分配		职业年金统计
	欠费催缴	绩效管理	个人绩效管理
	单位欠费补缴（含核销）		机构绩效管理

续表

栏目	功能	栏目	功能
	单位延期缴费		绩效考核参数管理
个人账户	在职个人账户计息	审批管理	通用审批
	在职年度个人账户计息		审批日志查询
	退休人员个人账户计息		审批不通过处理
	退休人员年度账户计息		网上申报处理
	个人账户合并		网上申报年金工资申报处理
	个人账户维护		
	权益单生成		
	权益单发放管理		

2. 职业年金

单独开发待遇支付、职业年金投资运营及监管等特有功能，如下：

表3 职业年金特有功能列表

栏目	功能	栏目	功能
年金机构管理	受托人管理	年金待遇支付	生成赎回指令
	账户管人管理		生成支付计划
	托管人管理		生成支付通知
	投资管理人管理		支付不成功处理
年金计划管理	年金计划新增		年金实付处理
	年金计划管理		支付不成功处理
	投资组合管理		二次发放
	投资规则管理	个人账户管理	账户做实申请
	费用规则管理		账户做实汇总
	定价目管理		账户做实到账
投资转换管理	投资转换申请		年金账户个人计息
年金转移	年金账户转出		年金账户年度计息
	年金账户转入	职业年金估值接口	职业年金估值接口
投资成效管理	估值信息管理	商保产品管理	商保产品管理
	投资成效账户处理	年金查询	个人账户明细查询
	投资成交汇总		账户做实查询
费用管理	年金费用管理		年金待遇查询
	账户管理费管理		单位净值历史查询
		年金报表	年金资产统计表

3. 与其他系统对接

机关事业单位工作人员养老保险业务管理系统，作为核心经办系统，在内部与人力资源社会保障各类信息系统以及外部相关管理服务机构的业务信息系统间存在着多个对接关系。相关接口标准规范将另行提供。

表4　与其他系统对接接口列表

接口类型	接口类型	描述
人事人才接口	内部	实现与机关事业单位人事和工资管理系统进行的衔接，完成业务上的协同和实现单位信息、人员信息和工资信息的共享
电子档案接口	内部	支持业务经办过程中事前、事中、事后的全流程档案扫描
持卡库接口	内部	与持卡库系统中的基础信息共享，确保参保人群“同人、同省、同库”
社会保障卡读写接口	内部	与社会保障卡读写终端连接，实现对使用社会保障卡的有效支撑
跨地区业务接口	内部	与部级跨地区业务系统实现转移接续、资格认证业务衔接和电子化业务流转
医疗保险等其他险种系统接口	内部	实现与医保等其他险种业务仍在地市的系统建立接口，实现基础信息共享与关联业务协同
委托代收/付银行接口	外部	与基本养老保险基金开户银行建立接口交互，实现委托代扣、代发等资金收付业务
年金托管人接口	外部	与职业年金托管机构建立接口交互，实现待遇支付、账户查询、估值查询等功能

（1）机关事业单位人事人才管理系统

可根据地方情况采用“信息紧耦合、业务紧耦合”或者“信息紧耦合、业务松耦合”的关联方式，实现机关事业单位工作人员养老保险信息系统与机关事业单位人事人才管理系统的衔接，完成业务上的协同和信息的共享。

表5　与人事人才管理系统协同事项

机关事业单位工作人员养老保险业务事项	方向	人事人才业务事项
单位参保登记、单位登记变更、单位合并/分立、单位参保	←	机构编制管理
人员参保登记、参保关系转入、缴费工资申报	←	人员进入、军转干部安置
人员信息变更、人员参保暂停/恢复、缴费工资申报	←	人事关系变更
缴费工资调整	←	工资调整
人员在职转退职、病残津贴核发	←	因病、非因工致残退出工作
在职人员退保、参保关系转出	←	人员退出
人员在职转退休、退休待遇核发	←	退休审批
退休待遇调整	←	退休待遇调整
死亡终止参保、个人账户余额清退、丧葬费、抚恤金核发	←	死亡终止人事关系

（2）电子档案管理系统

配套建设电子档案管理系统，实现与机关事业单位工作人员养老保险业务管理系统的衔接。建设时按照统一建设、多业务整合共享的思路，实现“多业务一体化公用”模式，节约投资。

为了降低省级大集中模式下图片传输对带宽的影响，业务复核通过前，电子档案先在本地服务器临时存储，复核通过以后，在晚上空闲时上传至省集中服务器。

表6 与电子档案管理系统接口功能表

电子档案系统对接功能	对接方式	电子档案媒介
上传电子档案	URL直接调用、应用接口调用	高拍仪、扫描仪、外部扫描
调用查看电子档案		

（3）持卡库系统

机关事业单位工作人员养老保险业务管理系统通过接口方式实现与持卡库系统的衔接。人员新增（批量），人员基础信息变更，人员查询，人员终止参保等业务功能，须首先调用持卡库，以持卡库为统一入口对基础信息的采集、核验、入库、联动更新等进行集中管理，实现基础信息的共享。

（4）社会保障卡

机关事业单位工作人员养老保险业务管理系统与社会保障卡读写终端连接，按照标准规范完成读写社会保障卡的操作，支持在业务办理过程中使用社会保障卡，支持在人员新增、变更、注销等业务中做好社会保障卡相关申领、补换、销卡业务的联动办理。

（5）跨地区系统

待有关政策明确后，部里将完成对异地转移、异地退管、异地比对查询等跨地区业务系统的功能扩充。各地应在相关政策出台后，先完成本地业务管理系统功能改造，支持有关表单生成、打印，也可通过手工方式办理；后在已建的跨地区业务接口基础上，根据机关事业单位养老业务发展补充完善有关接口功能。

（6）银行系统

机关事业单位工作人员养老保险业务管理系统通过接口方式实现与承担社会保险费代收、代发业务的商业银行及职业年金托管人信息系统衔接，实现缴费委托代扣、待遇发放、缴费信息查询等社银业务一体化。

（二）基金财务管理系统

基金财务管理系统与业务管理系统同级部署，采用省级集中部署模式，数据集中存储在省级数据中心。财务管理系统主要通过采购第三方专业软件实现业务功能，选用的产品应能支持省级集中部署。全省采用统一的账套和会计科目、会计报表样式、会计核算原则和方法。省级对整个系统的核算规则、标准进行统一管理，各下级单位直接使用。各地市、区县根据确定的统筹层次，独立核算。暂采用地市级系统建设模式的地区，核算规则、软件选型也需在全省范围内统一。在前期城乡居民养老保险信息系统建设中已采购基金财务管理系统的，可通过增加采购同一产品的用户许可和账套实现。

财务管理系统采用B/S/S架构，实现对会计科目、预算科目以及各辅助核算项等基础资料的管理，日常财务工作中的会计凭证录入、审核、记账、结账处理，账簿查询和打印、出纳及银行对账管理，以及各种财务报表的查询和分析。同时，在业务管理系统与财务管理系统之间建立无缝接口，使业务管理系统能够即时传递相关实收实支数据至财务管理系统，支持会计凭证的生成，满足业务与财务、财务与地税及金融机构间往来对账和综合分析需要。

（三）公共服务系统

各地要加快推进统一的公共服务系统建设，实现与人力资源社会保障领域多业务系统、多渠道终端的对接，并以此为基础提升面向机关事业单位人员的便捷服务水平。公共服务系统由12333电话咨询服务系统、网上服务系统、掌上12333移动信息服务系统、自助服务一体机系统四部分组成，在网络安全隔离前提下，实现与业务管理系统的数据交换。

采用全省大集中模式建设12333电话咨询服务系统的地区，12333电话咨询系统与网上服务系统、自助终端应按照“一个后台，多种接入方式、提供多渠道服务”的原则，统筹进行部署，通过与省级集中业务管理系统直接交换的方式获取查询信息。采用地市分别建设的12333电话咨询服务系统，须建立与省级集中业务管理系统间的信息交换渠道。系统建设时，要充分利用金保工程已经启动的12333电话咨询服务系统和网上服务系统，采用扩充服务项目的方式进行，避免重复建设。

网上服务系统可提供服务的内容包括机关事业单位工作人员养老保险的政策、办事流程、业务表单下载、社会保障个人权益记录查询等公共服务功能；提供信息变更、人员增减变动、缴费申报等业务申报功能；提供单位信息、人员信息、缴费信息、个人账户信息、待遇信息等查询功能。公共服务入口应做好安全认证，个人主要通过输入社会保障号码及其他信息项进行系统登录，机关事业单位主要通过实名制的数字证书进行身份认证。电话、网站等各类渠道服务，应保持信息一致。部里已建设掌上12333移动信息服务系统，具有机关事业养老保险信息服务功能，支持地方扩充服务功能。对于移动互联网服务，技术上需与部级集中部署的掌上12333移动信息服务系统进行统一衔接，实现为个人提供移动智能终端（如手机）的信息服务。

自助服务一体机系统具有适用性强、服务功能全面、信息数据准确、接入安全等特点，广泛应用于各类业务经办大厅、基层服务平台及其他公共服务场所，可有效提高服务效率、降低经办窗口压力、增加服务体验。各地应大力推广应用自助服务一体机系统，将信息资源服务延伸至基层，通过在业务专网内建立与业务管理系统的数据交换，进一步增强公共服务能力。

各个服务系统在功能改造时，应同时提供对使用社会保障卡的有效支持。

（四）其他应用系统

1. 统计类系统。在现有统计管理软件、基金报表管理软件中，扩充机关事业单位工作人员养老保险业务统计报表、基金财务报表，支持当前的统计工作需要。

2. 联网监测系统。在金保工程一期联网数据管理软件、财务交换库数据采集软件的基础上，进一步扩充机关事业单位工作人员养老保险联网交换业务指标、基金财务指标和相应的分析表，支持省级、部级机关事业单位工作人员养老保险数据分析。

3. 监督决策类系统。部里将在金保工程一期社会保险基金监管软件、宏观决策软件成果基础上，逐步根据业务需要扩充机关事业单位工作人员养老保险相关的监管指标、分析主题，支持基金监督、决策分析需要。

（五）系统部署要求

1. 应用服务器及相关软硬件。在省级数据中心业务专网部署业务管理、基金财务管理等系统所需的应用服务器、应用中间件、应用软件。业务管理系统的应用服务器按双机集群配备，增加负载均衡设备。可根据需要增加与金融机构等相关部门联网的前置服务器。

在省级数据中心外网部署网上服务系统、掌上12333移动信息服务系统所需的应用服务器、应用中间件、应用软件。因业务专网和外网间为网络安全隔离状态，两网的应用服务器需分别配备。

2. 数据库服务器及相关软硬件。在省级数据中心业务专网部署业务管理、基金财务管理等系统所需的数据库服务器、数据库软件、存储设备。业务管理系统的数据库服务器按双机集群配备。

在省级数据中心外网部署网上服务系统、掌上12333移动信息服务系统所需的数据库服务器、数据库软件、存储设备。因业务专网和外网间为网络安全隔离状态，两网的数据库服务器和存储需分别配备。

系统建设时应首先考虑利用现有设备资源，根据现有设备情况判断是扩容还是新建。新建的公共服务系统数据库，可按照业务管理系统数据库一半规模配置。财务管理系统服务器存储和性能主要与核算主体数量相关，因财务核算一般不到人，则受参保规模影响不大，其配备档次可略低于业务管理系统。

三、网络系统建设内容

1. 省本级局域网络。考虑到本次建设的是省级集中的业务系统，实时性、安全性要求高，应重点做好以下几方面建设：（1）根据需要加配网络安全隔离与信息交换设备，做好业务专网和外网的网络安全隔离，并通过虚拟子网技术进一步划分核心应用区、网络基础服务区和综合应用区等区域，进行域间的访问控制。（2）部署网络管理系统，实现对关键网络、系统、应用，进行性能、事件和报警信息的采集、管理和监控。（3）部署数据备份系统，实现本地关键系统业务数据的备份和恢复。

2. 省市广域网络。为支撑机关事业单位工作人员养老保险业务经办，需做好几方面建设：（1）根据业务量对原有省市线路带宽进行扩容，根据需要调整省市通信设备的配置，以满足实时性业务要求。（2）为省级节点业务专网出入口配置全冗余设备，增配交换设备、防火墙设备等。（3）根据需要，增加省市备份线路。

3. 业务专网与经办机构联网。部省市三级业务专网已初步形成，对尚未连接入网的机构，增配基层网络设备，抓紧联网。

4. 扩充互联网出口。适当扩充省级数据中心互联网接入带宽，为查询服务提供相应支撑，并根据实际情况增加链路负载均衡和冗余设备配置。

四、安全系统建设内容

1. 基础安全防护。根据机关事业单位工作人员养老保险实时业务要求，省市广域网采用主备线路设计，增加必要的冗余网络设备，提高省市业务专网数据传输的可用性。在省级数据中心，互联网络边界部署访问控制设备和入侵检测防护系统；专网配备网络/数据库审计系统；部署服务器防病毒系统，配备恶意代码防护系统、主机审计系统。对于各网络节点中的计算机终端，配备桌面防病毒软件。在各网络节点的接入点（如地市级），配备边界访问控制设备，实行严格的双向访问控制策略。定期对应用系统进行风险评估和安全加固。按照等级保护要求，组织开展定级备案、等保测评和系统整改等工作。

2. 备份服务。在省级数据中心业务专网部署集中数据备份系统，制定数据备份恢复策略。原已建设备份系统的地区，可根据机关事业单位工作人员养老保险信息系统增加的数据库服务器数量，增加数据备份节点数。有条件的地区，建立同城容灾备份中心，在容灾备份中心配置相应的网络设备、主机系统和存储，对专网和外网系统进行数据备份乃至系统容灾，实现应用数据的本地保护。

3. 安全认证服务。考虑到数据集中、网络下延后的网络复杂度，利用部署在业务专网的电子认证系统为机关事业单位工作人员养老保险经办业务应用安全提供基于数字证书的身份认证等安全服务。应用系统和电子认证系统的集成，需要在软件设计开发、系统部署时实现。每个省级业务管理系统应用服务器加配认证软件包，实现注销证书列表的更新和同步，并配备密码机提供密钥管理和密码运算服务。部版业务管理信息系统已在开发时集成数字证书应用，地方在实际部署时可以选择使用。各省应积极推动省级电子认证系统建设，为省内应用系统提供安全支撑。省级电子认证系统建设未完成的可暂由部电子认证系统统一签发面向省、地市、区县业务操作的数字证书，提供身份认证等安全功能。

五、基础测算

从基础测算的角度，对机关事业单位工作人员养老保险信息系统所需支撑的参保规模做出估算。根据全国的平均水平，确定一个省的测算基准规模有 200 万机关事业单位工作人员，1 个省本级经办、12 个地市级经办、90 个县（区）经办，共计 927 名业务操作人员［按省、市、县每个经办机构 5 名业务经办人员、2 名财务经办人员，省、市、县每个行政管理部门 2 名监督分析人员测算，共（1 + 12 + 90）＊9 = 927 人］，终端数同业务操作人员数。

（一）业务量测算

机关事业单位工作人员养老保险相对于企业职工社会保险而言，所涉及的参保对象少。机关事业单位工作人员养老保险按月缴费，登记变更类业务频度也按月考虑，缴费、待遇支付每月都会发生，查询、统计随时会发生。这里以业务管理系统业务量为例，测算所需服务器配置。

数据库服务器交易测算：按机关事业单位工作人员养老保险业务处理高峰期的业务量对业务经办数据库服务器进行估算，考虑到人均每月最少发生一次待遇支付或基金征收业务，且业务多集中在月底 3—4 天时间内，即为日均交易人数比例为 30%。采用国际通用的 TPC - C 值进行评估，TPC - C 值在国内外被广泛用于衡量计算机系统的事务处理能力。在此，以机关社保待遇数据和征缴数据生成，其 TPC - C 估算值如下：

$$TPC-C = M \times M0 \times Ct / [T \times (1 - M1)] \times (1 + P)$$

M（每日实际交易量）= 人数 × a1 × a2

a1（日均交易人数比例）= 30%（取峰值）

a2（每笔交易对应数据库事务数）= 12（业务复杂度较高）

M0（基准 TPC - C 指标值对应实际交易值比例）= 18（一般为 15—20）

Ct（日集中交易量比例）= 100%

T（日集中交易时间）=360 分钟（集中在 6 小时）

M1（CPU 处理余量）=35%

P（每年处理能力增长率）=10%，n=4（5 年）

按照上述测算模式，结合上述业务数据表，机关事业单位工作人员养老保险（按 200 万人统计）TPC-C 为 810886.2。

对于服务器 CPU 数量的配置，目前主流厂商在理想状态下，对应 1CPU 的 tpmC 测试值至少可达到 50000 以上，高配置服务器 tpmC 可达 100000，选取 75000 作为选配服务器 CPU 数量的参考值。按照 TPC-C 值 810886.2 测算，数据库服务器主机至少需要 12 核 CPU；若采用主流小型机 CPU 内核数量与内存 GB 数量比为1∶8或1∶16。

基于以上测算，建议省级数据库服务器至少配置 12 核 CPU（CPU 配置均为复数），96GB 内存；同时设备具备一定的可扩展性。为确保系统稳定运行，建议采用双机配置，构建双机集群架构。

（二）数据存储测算

本着据实测算、留有余地的原则，按业务经办、公共服务数据均在省级集中存储的方案，对省级数据中心的在线数据量（不含监督决策数据量）进行测算。

存储容量测算以2,000,000人为基数进行测算，包括缴费信息、账户信息、待遇信息等，对省裸数据量进行测算，按照人均 200KB 数据量进行测算：

200 万人信息存储容量=2000000*200KB=381.46GB

考虑到数据库索引、日志等占用存储空间、双机集群的存储方案以及磁盘阵列存储效率，这里按 3.5 倍测算，机关事业单位工作人员养老保险信息系统数据总量=381.47GB*3.5=1,335.11 GB。针对 5 年存储容量的增长，预计每年人均增长 100KB 数据量，数据增长总量=200 万*100KB*3.5*5=3337.86GB，机关事业单位工作人员养老保险信息系统数据总计=1335.11GB+3337.86GB=4.56 TB。

（三）数据流量测算

这里测算的数据流量仅指纯数据，即不包括文件头、打包、加密、校验等辅助信息。核心业务的数据流内容是与业务直接经办有关的数据，一次传输的数据量较少，但传输频繁，为实时传输，这里测算峰值数据流量，具体如下：

以秒计算的峰值数据流量=日均交易人数*人均数据量/交易日集中交易时间/响应时间=2000000*30%*8KB/（60*60*6）/1 =222KB/S

其中，8KB 为每个人员所产生的经办数据量值（以下类同），结合实际网络传输以及其他查询、参保登记等类业务，实际带宽需求应为纯数据测算的 3 倍，即为 666KB。

因此在机关事业单位工作人员养老保险省级网络所需支撑峰值带宽约为每 200 万人 666KB/S，后续可根据业务发展情况逐步拓展带宽。

六、系统配置建议

针对 200 万参保规模（与上述测算过程相对应），提出如下配置建议：

表7　系统配置建议表

分类	名称	说明	配备数量
业务管理系统（专网）	机关事业单位工作人员养老保险业务管理应用软件	基于部级统一软件进行本地配置或本地化，并完成全省实施	1套
	应用中间件	TongWeb5.0或Weblogic11g以上企业集群版	1套
	应用服务器	部署业务管理系统的应用，支持全省范围应用；2CPU、64GB内存，PC server集群	4台
	数据库软件	Oracle11g Release2或以上企业集群版	1套
	数据库服务器	部署业务管理系统的数据库，支持全省范围应用；12核CPU，96GB内存，小型机，双机集群	2台
	前置服务器（可选）	部署与金融、公安等实时联网接口的前置应用和数据；2CPU，32GB内存，PC server，操作系统	1套
财务管理系统（专网）	财务管理应用软件	采购并实施，支持全省机关事业单位工作人员养老保险基金财务管理	1套
	财务生产接口应用软件	可基于部级统一软件配置实现，支持全省机关事业单位工作人员养老保险基金财务管理系统与业务管理系统的接口，可部署在业务管理系统或财务管理系统服务器环境下	1套
	应用中间件	支持财务管理系统的应用；Weblogic11g（10.3.1）或以上企业集群版	1套
	应用服务器	部署财务管理系统的应用，支持全省范围应用；2CPU、64GB内存，PC server集群	2台
	数据库软件	Oracle11g Release2或以上企业集群版	1套
	数据库服务器	部署财务管理系统的数据库，支持全省范围应用；2CPU，64GB内存，双机集群；可以考虑将财务管理系统与业务管理系统集成部署	2台
负载均衡（专网）	应用负载均衡设备	现有系统能力不足时可选扩建	2台
存储（专网）	磁盘阵列	存储全省业务管理系统、财务管理系统数据，扩充4.56TB	1台
	San交换机	现有系统能力不足时可选扩建	2台

续表

分类	名称	说明	配备数量
公共服务系统（外网）	公共服务应用软件	进行应用软件开发和实施，实现机关事业单位工作人员养老保险业务多种服务渠道办理；与原有12333电话咨询服务系统、网上服务系统实现有效连接；与业务管理系统实现数据交换	1套
	应用中间件（可选）	现有公共服务系统能力不足时可选扩建；weblogic11g（10.3.1）或以上企业集群版	1套
	应用服务器（可选）	现有公共服务系统能力不足时可选扩建；支持全省机关事业单位工作人员养老保险业务多种服务渠道办理；2CPU，64G内存，PC server	2台
	数据库软件（可选）	现有公共服务系统能力不足时可选扩建；oracle11g Release2或以上企业集群版	1套
	数据库服务器（可选）	现有公共服务系统能力不足时可选扩建；支持全省机关事业单位工作人员养老保险业务多种服务渠道办理；2CPU，64GB内存，PC server集群	2台
终端设备	计算机和打印机	支持全省机关事业单位工作人员养老保险业务经办、相关数据分析和监测、系统监控和测试；按每个业务操作岗位配备1台估算	927套（每套含计算机、打印机）
市以下基层网络	基层网络线路实施	地市到区县经办机构的网络设备初装调试费用；对现有网络进行必要的带宽扩容	
	路由器（可选）	地市到区县经办机构的网络设备；按每个地市1台路由器，每个县区1台基层路由器配备估算，建设时可根据实际需要和电信运营商的要求调整配置	12台地市级路由器，90台基层路由器
	防火墙系统（可选）	新增市端网络节点边界安全防护；按每个地市1套估算	12套
省市备份线路	省市主干线路带宽扩容	根据业务流量测算，对现有网络进行必要的带宽扩容	
	省市备份线路实施（可选）	省市节点间增加备份线路，配备备份线路的网络设备并进行实施	
	路由器（可选）	省市节点间备份线路的网络设备；按每个省1套，每个地市1套估算	省端备份路由器1台，市端备份路由器12台

续表

分类	名称	说明	配备数量
备份系统	数据备份系统	支持业务管理系统、财务管理系统等的数据备份扩充	1套
安全认证	密码机	为各地机关事业单位工作人员养老保险应用服务器提供签名/验证、数据加密/解密、密钥生成和管理等密码服务；遵循人力资源社会保障网络安全信任体系规范配备	1台
	业务操作人员数字证书	为机关事业单位工作人员养老保险业务操作人员发放数字证书，支持系统登录的身份认证（部里提供）	927个
安全管理	网闸	支持业务专网、外网间数据的安全交换	1个
	系统监控软件	实现对各系统运行状态的实时监控	1套
	防病毒软件	为新购置计算机配备防病毒软件；按每个终端（计算机、笔记本）1套估算	927套
	安全审计软件	用于网络、主机系统和数据库访问行为的审计	1套
其他	服务器机柜	在省级数据中心分别支持外网、业务专网服务器摆放	2个

七、系统实施维护要求

（一）系统实施要求

省级单位要根据本省业务规模的测算，合理制定本省的系统建设方案，按照急用为先的原则逐步推进系统建设，做好系统软硬件部署方案、网络拓扑结构设计、数据库空间规划、系统安全防护设计等工作，抓紧组织做好全省范围内的系统实施工作，确保机关事业单位工作人员养老保险业务经办工作的顺利开展。建设中，要充分利用金保工程一期建设成果，整合、调剂使用现有数据中心基础设施、网络资源、设备资源和基础软件，可以复用的部分不再新建，可以扩充建设的部分做扩建处理，需要补充扩建的，要抓紧做好软硬件采购和实施工作。对涉及原有网络和系统调整的，要协调好相关集成商配合完成。

改革前部分地方试点机关事业单位工作人员养老保险所产生数据，应妥善保管、归档备查；参保人员改革后纳入机关事业单位工作人员养老保险的，应按照参保登记和个人账户一次性划入职业年金的需要，采集参保有关数据。对涉及原有机关事业单位工作人员养老保险数据转换或迁移的，要做好规则制定、程序编写、测试和比对工作，确保数据前后的一致性。在系统上线时，根据本地实际完成包括统筹区参数、工资参数、利率参数、系统代码表参数（含视同缴费指数的参数表）等的系统参数和业务参数配置和维护。要加强系统巡查，确保机关事业单位工作人员养老保险信息系统的平稳起步，并重点做好基层工作人员的系统操作培训。

（二）系统本地化要求

部版业务管理系统由部级统一组织开发，实现国家统一的政策、经办规程规定的核心业务经办功能。各地实施中应结合本地政策要求进行参数配置或软件本地化二次开发。对有新业务点和流程变化的部分，各地要本着“最少必需”的原则进行本地化开发。为便于地方实施，现整理本地化开发功能点，供各地参考。相关本地化开发手册将另行提供。

1. 政策调整

（1）公共业务：政策还未明确的制度内/跨制度转移接续、成建制转移、机构改革造成的机构调整等办法，要待政策明确后，再开发有关功能。

（2）待遇业务：涉及到丧葬费、抚恤金标准确定，遗嘱待遇、病残津贴核定算法，当地如取暖费、独生子女费等其他待遇发放方式等，需待有关文件出台后进一步补充修改。

（3）职业年金：各地在年金管理流程中的差异，如征缴和基金归集方式、做实方式、待遇发放方式、单计划绑定与多计划选择之间的变更等，需进一步修改完善有关功能。

（4）过渡性政策：系统上线前，个人未及时参保缴费的，进行补收时，统一软件实现不补收利息，若需加补收利息由地方本地化。

2. 经办流程和表单调整

（1）经办流程：使用综合柜员制的地方，需根据当地经办实际，配置审批流程，确定任务分发机制，完成与交叉审批机制（指纹、读卡）器件的对接，确定交叉审批流程。使用传统分窗口制进行业务经办的地方，需根据业务部门职责分工，设定用户并完成角色授权。根据地方实际存在的逆向业务，补充完善有关回退功能，并按照业务规则明确责任人审核审批方式。

（2）稽核流程：根据地方稽核业务流程的实际，确定和实现稽核业务功能，如手工维护关键数据后自动触发稽核流程。

（3）业务流程智能化：如需多个功能操作完成的业务，功能整合或建立关联关系。如年金部分的投资成交和入账功能可根据实际业务流程进行合并。

（4）表单调整：根据各地经办实际，修改调整有关输入输出表单。如地方试点期间的个人账户一次性进入年金账户、改革前离退休人员批量待遇核定、系统上线前已领退休金人员差额补算、定期待遇调整的流程化处理，需同步修改有关待遇核定单据。

（5）业务模式调整：如地税全责征收、地税征缴、财政划拨等。

3. 报表和统计查询

（1）综合查询：业务管理系统只提供基本的信息查询功能，具体多样化的查询功能实现，根据各地需求本地化开发。

（2）统计报表：业务管理系统提供公共业务、待遇、年金共 3 张统计报表样例，具体报表根据各地统计需求及表样本地化开发。

4. 系统接口

根据本地业务实际，完成与银行系统接口及实时联网；建立电子档案系统接口；

部署财务软件接口；建立与持卡人员基础库系统接口；实现与部级异地转移、待遇比对查询系统接口；其他内部系统接口（如社保、人事人才等）。

（三）系统维护要求

机关事业单位工作人员养老保险信息系统，涉及省、市、县等多个层级，要做好多层级用户权限管理工作，有效维护入网机构代码。要遵循金保工程部省联网规定，确保业务专网的稳定运行，确保上下级数据中心、数据中心与机关事业单位工作人员养老保险业务部门间的网络畅通。要做好应用系统、数据库的维护工作，及时跟踪政策调整变化。要做好各类入网终端设备的管理工作，做好网络边界管理工作，保障系统安全。要保证运行维护人员的相对稳定，确保系统长期稳定运行。同时，技术部门和业务部门要紧密配合，有效沟通，保证机关事业单位工作人员养老保险业务的顺利开展。

关于印发在京中央国家机关事业单位工作人员养老保险制度改革实施办法的通知

（人社部发〔2015〕112号）

党中央各部门，国务院各部委、各直属机构，全国人大常委会办公厅、全国政协办公厅，最高人民法院，最高人民检察院，各民主党派中央，各人民团体：

现将《在京中央国家机关事业单位工作人员养老保险制度改革实施办法》印发给你们，请认真贯彻执行。

人力资源社会保障部
财　政　部
2015年12月21日

在京中央国家机关事业单位工作人员养老保险制度改革实施办法

根据《国务院关于机关事业单位工作人员养老保险制度改革的决定》（国发〔2015〕2号）、《国务院办公厅关于印发机关事业单位职业年金办法的通知》（国办发〔2015〕18号）和《人力资源社会保障部、财政部关于贯彻落实〈国务院关于机关事业单位工作人员养老保险制度改革的决定〉的通知》（人社部发〔2015〕28号）等规定，结合在京中央国家机关事业单位实际，制定本办法。

一、改革的目标和基本原则

（一）改革的目标。以邓小平理论、“三个代表”重要思想和科学发展观为指导，坚持全覆盖、保基本、多层次、可持续方针，以增强公平性、适应流动性、保证可持续性为重点，改革在京中央国家机关事业单位现行机关事业单位工作人员退休保障制度，逐步建立独立于机关事业单位之外、资金来源多渠道、保障方式多层次、管理服务社会化的养老保险体系。

（二）基本原则。在京中央国家机关事业单位实施机关事业单位养老保险制度改革应当坚持公平与效率相结合、权利与义务相对应、保障水平与经济发展水平相适应、改革前与改革后待遇水平相衔接、解决突出矛盾与保持可持续发展相促进的原则。

二、改革的范围

本办法适用于按照（参照）公务员法管理的在京中央国家机关（单位）、事业单位及其编制内的工作人员。具体是指法人注册地在北京，且执行在京中央国家机关规范津贴补贴和在京中央事业单位绩效工资政策的中央国家机关和事业单位编制内工作人员。

事业单位是指，根据《中共中央、国务院关于分类推进事业单位改革的指导意见》（中发〔2011〕5号）有关规定进行分类改革后的公益一类、二类事业单位。

对于目前划分为生产经营类，但尚未转企改制到位的事业单位，已参加北京市企业职工基本养老保险的仍继续参加；尚未参加的，暂参加在京中央国家机关事业单位基本养老保险，待其转企改制到位后，按有关规定纳入北京市企业职工基本养老保险范围。

对于目前尚未确定分类类型的事业单位，已参加北京市企业职工基本养老保险的仍继续参加；尚未参加的，暂参加在京中央国家机关事业单位基本养老保险，待其分类类型确定并改革到位后，纳入相应的养老保险制度。

要严格按照机关事业单位编制管理规定确定参保人员范围。编制外人员应依法参加企业职工基本养老保险。对于编制管理不规范的单位，要先按照有关规定进行清理规范，待明确工作人员身份后再纳入相应的养老保险制度。

三、基本养老保险基金筹集

实行社会统筹与个人账户相结合的基本养老保险制度。基本养老保险费由单位和个人共同负担。用人单位应当及时申报、按时足额缴纳养老保险费。单位缴纳基本养老保险费（以下简称单位缴费）的比例为本单位上年度工资总额的20%，计入社会统筹基金。个人缴纳基本养老保险费（以下简称个人缴费）的比例为本人上年度缴费工资的8%，由单位代扣。本单位工资总额为参加机关事业单位养老保险工作人员的个人缴费工资基数之和。

机关单位（含参公管理的单位）工作人员的个人缴费工资基数包括：本人上年度工资收入中的基本工资、国家统一的津贴补贴（警衔津贴、海关津贴等国家统一规定纳入原退休费计发基数的项目）、规范后的津贴补贴（地区附加津贴）、工改保留补贴、在京中央国家机关适当补贴、年终一次性奖金。

事业单位工作人员的个人缴费工资基数包括：本人上年度工资收入中的基本工资、国家统一的津贴补贴（国家统一规定纳入原退休费计发基数的项目）、工改保留补贴、绩效工资（限高线以下部分）。

其余项目暂不纳入个人缴费工资基数。

2014年10月1日至2014年12月31日的个人缴费基数按照2013年度本人工资收入中包含的个人缴费基数项目确定。2015年度及以后年度的个人缴费基数按上年度本人工资收入中包含的个人缴费基数项目确定。个人缴费工资基数超过北京市上年度职工平均工资300%以上的部分以及事业单位绩效工资超过限高线的部分，不计入个人缴费工资基数；低于北京市上年度职工平均工资60%的，按北京市上年度职工平均工资的60%计算个人缴费工资基数。

在京中央国家机关事业单位外派到国（境）外的工作人员，由原单位以其档案工资中包含的个人缴费基数项目并参照本单位同类人员的国内工资标准确定个人缴费基数。

四、基本养老保险个人账户

按本人缴费工资8%的数额建立基本养老保险个人账户，全部由个人缴费形成。个人账户储存额只用于工作人员养老，不得提前支取，每年按照国家统一公布的记账利率计算利息，免征利息税。参保人员死亡的，个人账户余额可以依法继承。

基本养老保险个人账户记账利率按照国家统一规定执行。

五、基本养老金计发办法

（一）本办法实施后参加工作、个人缴费年限累计满15年的人员，退休后按月发给基本养老金。基本养老金由基础养老金和个人账户养老金组成。退休时的基础养老金月标准以北京市上年度在岗职工月平均工资和本人指数化月平均缴费工资的平均值为基数，缴费每满1年发给1%。个人账户养老金月标准为个人账户储存额除以计发月数，计发月数根据本人退休时城镇人口平均预期寿命、本人退休年龄、利息等因素确定（详见附件）。

（二）本办法实施前参加工作、实施后退休且缴费年限（含视同缴费年限，下同）累计满15年的人员（以下简称“中人”），按照合理衔接、平稳过渡的原则，在发给基础养老金和个人账户养老金的基础上，再依据视同缴费年限长短发给过渡性养老金。“中人”具体过渡办法另行制定。

（三）对于改革前曾参加企业职工基本养老保险、改革后参加机关事业单位基本养老保险的工作人员，其参加企业职工基本养老保险的实际缴费年限应予确认，不认定为视同缴费年限，并与参加机关事业单位基本养老保险的实际缴费年限合并计算。其他情形视同缴费年限的认定，按照国家有关规定执行。在本人退休时，根据其实际缴费年限、视同缴费年限及对应的视同缴费指数等因素计发基本养老金。

（四）本办法实施后达到退休年龄但个人缴费年限累计不满15年的人员，其基本养老保险关系处理和基本养老金计发比照《实施〈中华人民共和国社会保险法〉若干规定》（人力资源社会保障部令第13号）执行。

（五）本办法实施前为编制内工作人员且已经退休的，继续按照国家规定的原待遇标准发放基本养老金，其纳入在京中央国家机关事业单位养老保险基金支付的项目为国家规定的基本退休费、退休人员补贴和其他国家统一规定的补贴（在京中央国家机关适当补贴、工改保留补贴以及教龄津贴、护龄津贴、特级教师津贴等按原标准100%发给部分），同时执行基本养老金调整办法；其他项目（政府特殊津贴、提租补贴、取暖费、物业费等）仍从原渠道列支。本办法实施前为编制外工作人员且已经退休的，参加北京市企业职工养老保险并按规定领取养老待遇。

（六）机关事业单位离休人员按照国家统一规定发给离休费，并调整相关待遇。具体办法由人力资源社会保障部会同有关部门制定。

六、基本养老金调整

根据职工工资增长和物价变动等情况，国家统筹安排在京中央国家机关事业单位退休人员的基本养老金调整，逐步建立兼顾各类人员的养老保险待遇正常调整机制，分享经济社会发展成果，保障退休人员基本生活。

七、基金管理和监督

在京中央国家机关事业单位及其工作人员应按规定及时足额缴纳养老保险费。养老保险基金单独统筹，实行收支两条线，纳入社会保障基金财政专户，专款专用。依法加强基金监管，确保基金安全。

在京中央国家机关事业单位执行统一的机关事业单位基本养老保险制度和政策，统一基本养老保险缴费比例和缴费基数项目，统一基本养老金计发办法、统筹项目和标准以及基本养老金调整办法，统一编制和实施基本养老保险基金预算。按照国家统一制定的业务经办流程和信息管理系统建设要求，统一基本养老保险业务经办规程和管理制度，统一建设信息管理系统，实现集中管理数据资源。机关事业单位基本养老保险基金财务管理办法另行制定。

八、养老保险关系转移接续

参保人员在在京中央国家机关事业单位之间流动，只转移养老保险关系，不转移基金。参保人员跨统筹范围流动或在机关事业单位与企业之间流动，在转移养老保险关系的同时，基本养老保险个人账户储存额随同转移，并以本人改革后各年度实际缴费工资为基数，按12%的总和转移统筹基金，参保缴费不足1年的，按实际缴费月数计算转移基金。转移后基本养老保险缴费年限（含视同缴费年限）、个人账户储存额累计计算。

九、职业年金制度

在京中央国家机关事业单位在参加基本养老保险的基础上，应当为其工作人员建立职业年金。单位按本单位工资总额的8%缴费，个人按本人缴费工资基数的4%缴费。工作人员退休后，按月领取职业年金待遇。在京中央国家机关事业单位的职业年金基金由人力资源社会保障部负责集中受托管理；中央国家机关所属京外单位的职业年金实行属地化管理。具体办法按照国办发〔2015〕18号文件执行。

十、其他政策

（一）改革前已经参加北京市企业职工养老保险、事业单位分类后划分为公益一类或二类的在京中央国家机关所属事业单位及其编制内的工作人员，参加在京中央国家机关事业单位养老保险。其中，在职人员可按规定将其养老保险关系转续至机关事业单位养老保险，退休时按照有关规定计发待遇；改革前已经退休的人员，继续按原有待遇标准发放养老金，同时执行基本养老金调整办法。

（二）参加在京中央国家机关事业单位养老保险的单位中的编制内劳动合同制工人，按规定参加在京中央国家机关事业单位养老保险。其中，已参加北京市企业职工养老保险的，在职人员按规定将其养老保险关系转续至机关事业单位养老保险，退休时按照有关规定计发待遇；改革前已经退休的人员，继续按原有待遇标准发放养老金，同时执行机关事业单位基本养老金调整办法。

（三）驻外外交人员随任配偶属在京中央国家机关事业单位编制内人员的，参加在京中央国家机关事业单位养老保险，具体办法按《关于加强驻外外交人员随任配偶保障工作的通知》（外发〔2006〕35号）执行。

（四）改革后获得省部级以上劳模、有重大贡献的高级专家等荣誉称号的在京中央国家机关事业单位工作人员，在职时给予一次性奖励，退休时不再提高基本退休费计发比例，奖励所需资金不得从养老保险基金中列支。对于改革前已获得此类荣誉称号的工作人员，本人退休时给予一次性退休补贴并支付给本人，资金从原渠道列支。一次性退休补贴标准由人力资源社会保障部会同相关部门根据平衡衔接的原则予以确定。符合原有加发退休费情况的其他人员，按照上述办法处理。

（五）曾有企业工作经历的中央国家机关事业单位工作人员，在企业工作期间应缴未缴养老保险费的，应按企业职工养老保险有关规定补缴后将养老保险关系转续至机关事业单位养老保险；未按规定补缴的，应缴未缴的工作年限作为中断缴费年限。

（六）改革后，按照国家有关政策和干部管理权限，经批准可适当延长退休年龄的工作人员，继续参保缴费。其中少数人员年满70岁时仍继续工作的，个人可以选择继续缴费，也可以选择不再继续缴费。待正式办理退休手续时，按规定计发养老待遇。

十一、养老保险经办能力建设

人力资源社会保障部社会保险事业管理中心负责在京中央国家机关事业单位养老保险参保登记、申报核定、保险费征收、养老保险关系转移、待遇核定和支付、稽核与内控等工作。要优化业务经办流程，建立健全管理制度，实现规范化、信息化和专业化管理，逐步提高在京中央国家机关事业单位社会保险社会化管理服务水平，实行基本养老金社会化发放，不断提高工作效率和服务质量。

在京中央国家机关事业单位工作人员养老保险信息系统由人力资源社会保障部统一规划建设、集中部署实施，并与中央编办、财政部等部门和相关商业银行的系统相衔接，实现业务协同和信息共享。由北京市发放全国统一的社会保障卡，支持养老保险业务管理和服务。利用互联网、移动终端、自助一体机等渠道，建设一体化的公共服务系统，为机关事业单位及工作人员提供便捷、高效、安全的服务。

十二、组织实施工作要求

机关事业单位养老保险制度改革，涉及在京中央国家机关事业单位工作人员的切身利益，是一项涉及面广、政策性强的工作。各部门要制定贯彻国发〔2015〕2号文件的工作方案，明确工作任务、分工和要求，并报人力资源社会保障部、财政部备案。要切实加强领导，精心组织实施，采取宣传、培训等方式向机关事业单位工作人员准确解读改革的目标和政策，让他们关心和支持改革工作，保证改革顺利实施。要结合本部门实际，认真排查风险点，制定应对预案，把工作做实做细，保持社会稳定。人力资源社会保障部、财政部负责对本办法的执行情况进行监督检查。

本办法自2014年10月1日起实施，已有规定与本办法不一致的，按本办法执行。

本办法由人力资源社会保障部、财政部负责解释。

附件：个人账户养老金计发月数表

附件

个人账户养老金计发月数表

退休年龄	计发月数	退休年龄	计发月数
40	233	56	164
41	230	57	158
42	226	58	152
43	223	59	145
44	220	60	139
45	216	61	132
46	212	62	125
47	208	63	117
48	204	64	109
49	199	65	101
50	195	66	93
51	190	67	84
52	185	68	75
53	180	69	65
54	175	70	56
55	170		

关于军人退役参加机关事业单位养老保险有关问题的通知

（人社厅函〔2015〕369号）

各省、自治区、直辖市及新疆生产建设兵团人力资源社会保障厅（局），各军区联勤部、各军兵种后勤部财务部，军事科学院院务部财务供应部，国防大学、国防科学技术大学校务部财务部（处），总后所属直供单位，武警部队后勤部财务部：

为贯彻落实人力资源社会保障部、财政部、总参谋部、总政治部、总后勤部《关于军人退役基本养老保险关系转移接续有关问题的通知》（后财〔2015〕1726号）和《关于军人职业年金转移接续有关问题的通知》（后财〔2015〕1727号），做好安置到机关事业单位工作的退役军人基本养老保险和职业年金转移接续工作，现将有关问题通知如下：

一、2014年10月1日以后下达退役命令，2014年10月1日至2015年10月31日期间已经离队的退役军人，由原军队所在单位财务部门填制《军人退役基本养老保险参保缴费凭证》《军人退役基本养老保险关系转移接续信息表》和《军人职业年金缴费凭证》（以下简称"转移凭证"）一式三份，一份存档，两份邮寄给本人，并将按规定标准计算的军人退役基本养老保险补助和军人职业年金补助汇给本人。退役军人收到转移凭证和补助资金后，将其中一份转移凭证交给安置单位，待所在地机关事业单位养老保险经办启动后，由安置单位按规定申请办理军人退役基本养老保险和军人职业年金转移接续手续。

二、2014年10月1日以后下达退役命令，2015年11月1日至2016年12月31日期间离队的退役军人，由军队所在单位财务部门填制军人退役养老保险转移凭证一式三份，一份存档，两份交给本人，并将按规定标准计算的军人退役基本养老保险补助和军人职业年金补助发给本人。退役军人到安置单位报到后，将其中一份转移凭证交给安置单位，待所在地机关事业单位养老保险经办启动后，由安置单位按规定申请办理军人退役基本养老保险和军人职业年金转移接续手续。

三、2014年10月1日以后下达退役命令，2017年1月1日以后离队的退役军人，按照后财〔2015〕1726号和后财〔2015〕1727号通知要求，办理军人退役基本养老保险和军人职业年金转移接续手续。

人力资源社会保障部办公厅
总后勤部财务部
2015年11月3日

关于军人退役基本养老保险关系转移接续有关问题的通知

（后财〔2015〕1726号）

各省、自治区、直辖市人民政府，新疆生产建设兵团，各军区、各军兵种、总装备部、军事科学院、国防大学、国防科学技术大学、武警部队：

为了贯彻实施《中华人民共和国社会保险法》《中华人民共和国军人保险法》和《国务院关于机关事业单位工作人员养老保险制度改革的决定》（国发〔2015〕2号），维护军人养老保险权益，实现军地政策顺畅衔接，经国务院、中央军委批准，现就军人退役基本养老保险关系转移接续有关问题通知如下：

一、军人退出现役参加基本养老保险的，国家给予军人退役基本养老保险补助。军人服现役期间单位和个人应当缴纳的基本养老保险费由中央财政承担，所需经费由总后勤部列年度军费预算安排。

二、军队各级后勤（联勤、保障）机关财务部门（以下简称财务部门），负责军人退役基本养老保险关系的建立、转移和军人退役基本养老保险补助的计算、审核、划转工作。

各级人民政府人力资源社会保障部门负责军人退役基本养老保险关系接续和补助资金接收，以及基本养老保险待遇落实等工作。各级人民政府财政部门按职责做好军人退役基本养老保险关系转移接续的相关工作。

三、军人退役基本养老保险补助由军人所在单位财务部门在军人退出现役时一次算清记实。

计划分配到企业工作的军队转业干部和军队复员干部，以及由人民政府安排到企业工作和自主就业的退役士兵，退出现役后参加企业职工或者城乡居民基本养老保险。军人退役基本养老保险补助的计算办法为：军官、文职干部和士官，按本人服现役期间各年度月缴费工资20%的总和计算；义务兵和供给制学员，按本人退出现役时当年下士月缴费工资起点标准的20%乘以服现役月数计算。其中，12%作为单位缴费，8%作为个人缴费。

计划分配到机关事业单位工作的军队转业干部和退役士兵，退出现役后参加机关事业单位基本养老保险。军人退役基本养老保险补助的计算办法为：军官、文职干部和士官，按本通知施行后服现役期间各年度月缴费工资20%的总和计算；义务兵和供给制学员，按本人退出现役时当年下士月缴费工资起点标准的20%乘以本通知施行后服现役月数计算。其中，12%作为单位缴费，8%作为个人缴费。

四、军人退役基本养老保险补助的月缴费工资，本通知施行前，军官、文职干部和士官为本人月工资数额，义务兵和供给制学员为本人退出现役时当年下士月工资起点标准；本通知施行后，军官、文职干部和士官为本人月工资数额乘以养老保险缴费工资调整系数，义务兵和供给制学员为本人退出现役时当年下士月工资起点标准乘以养老保险缴费工资调整系数。养老保险缴费工资调整系数确定为1.136。

计算军人退役基本养老保险补助的月工资项目，本通知施行前包括：基本工资、军人职业津贴、工作性津贴、生活性补贴和奖励工资；本通知施行后包括：基本工资、军人职业津贴、工作性津贴、生活性补贴、艰苦边远地区津贴、驻西藏部队特殊津贴、高山海岛津贴、地区附加津贴和奖励工资。

五、军人退役基本养老保险个人缴费部分按规定计息，在军人退出现役时一次算清记实。本通知施行前的利率，按照中国人民银行公布的同期存款利率执行；本通知施行后的利率，按照国家规定的利率执行。

六、计划分配到企业工作的军队转业干部和军队复员干部，以及由人民政府安排到企业工作和自主就业的退役士兵，其军人退役基本养老保险关系转移至安置地负责企业职工基本养老保险的县级以上社会保险经办机构。

计划分配到机关事业单位工作的军队转业干部和退役士兵，其军人退役基本养老保险关系转移至安置地负责机关事业单位基本养老保险的县级以上社会保险经办机构。

七、军人退出现役时，由军人所在单位财务部门依据军人退役命令，安置地军队转业干部安置工作部门或者退役士兵安置工作主管部门的报到通知，以及军队团级以上单位司令机关军务部门或者政治机关干部部门的审核认定意见，开具《军人退役基本养老保险参保缴费凭证》《军人退役基本养老保险关系转移接续信息表》（以下简称《缴费凭证》《信息表》，见附件1、2），将军人退役基本养老保险补助资金通过银行汇至退役军人安置地县级以上社会保险经办机构，《缴费凭证》《信息表》和银行受理回执一并交给本人。军人所在单位财务部门同时向退役军人安置地县级以上社会保险经办机构邮寄《缴费凭证》和《信息表》。

社会保险经办机构收到军队财务部门邮寄的《缴费凭证》和《信息表》，核实到账资金无误后，为退役军人建立基本养老保险个人账户。退役军人应及时到安置地县级以上社会保险经办机构办理养老保险关系接续手续。

八、县级以上社会保险经办机构应将经办企业职工、机关事业单位基本养老保险的社会保险经办机构的通信地址、银行账户信息等，上报人力资源社会保障部社会保险事业管理中心，并及时报告信息变更情况。人力资源社会保障部社会保险事业管理中心与总后勤部军人保险基金管理中心建立社会保险经办机构信息交换机制；总后勤部军人保险基金管理中心负责将相关信息分发军队各级财务部门。

九、军人退出现役后参加城乡居民基本养老保险的，由安置地社会保险经办机构保存其军人退役基本养老保险关系并按规定计息。待达到企业职工基本养老保险法定退休年龄后，按照国家规定办理城乡养老保险制度衔接手续。

十、军人入伍前已经参加基本养老保险的，其基本养老保险关系和相应资金不转移到军队，由原参保地社会保险经办机构开具参保缴费凭证交给本人，并保存其全部参保缴费记录。军人本人应当将原参保地社会保险经办机构开具的参保缴费凭证，交给军人所在单位财务部门存档，在军人退出现役时，随军人退役基本养老保险关系一并交还给本人。军人退出现役后继续参加基本养老保险的，按照国家规定接续基本养老保险关系。

十一、自主择业的军队转业干部退出现役，由安置地人民政府逐月发给退役金，退出现役时不给予军人退役基本养老保险补助。军人所在单位财务部门，按照参加机关事业单位基本养老保险的办法，开具《军队自主择业转业干部缴费工资基数表》（见附件3）交给本人，由本人随供给关系交给安置地军队转业干部安置工作部门。

自主择业的军队转业干部被党和国家机关、人民团体或者财政拨款的事业单位选用为正式工作人员的，从下月起停发退役金，按照国家规定参加机关事业单位基本养老保险。本通知施行前的个人服现役年限视同缴费年限；本通知施行后在军队服现役期间的基本养老保险补助，由军队转业干部安置工作部门根据《军队自主择业转业干部缴费工资基数表》，以其在军队服现役期间各年度月缴费工资之和为基数，通过退役金拨付渠道申请20%的养老保险补助，拨付至其单位所在地社会保险经办机构，其中8%记入个人账户。所需经费由中央财政解决。

自主择业的军队转业干部按照国家规定依法参加当地企业职工基本养老保险的，其养老保险缴费年限从在当地缴纳养老保险费之日算起。

十二、军人退出现役采取退休方式安置的，实行退休金保障制度，退出现役时不给予军人退役基本养老保险补助。

一至四级残疾军人退出现役采取国家供养方式安置的，其生活保障按照国家规定执行，退出现役时不给予军人退役基本养老保险补助。

军人入伍前已经参加基本养老保险，退出现役采取退休、供养方式安置的，经本人申请，由原参保地社会保险经办机构依据军人所在团级以上单位出具的《军人退休（供养）证明》（见附件4）和参保缴费凭证等，退还原基本养老保险个人账户储存额，终止基本养老保险关系。

十三、军人服现役期间死亡的，由所在单位财务部门按照退出现役后参加企业职工基本养老保险的军人退役基本养老保险补助计算办法，将其服现役期间应当计算的退役养老保险个人缴费及利息一次算清，发给其合法继承人。

十四、军人退出现役后按规定办理基本养老保险关系转移接续手续的，军人退役基本养老保险补助年限与入伍前和退出现役后参加企业职工或者机关事业单位基本养老保险的缴费年限合并计算。

军人退出现役后参加机关事业单位基本养老保险的，本通知施行前的军人服现役年限视同机关事业单位基本养老保险缴费年限。

军人退役基本养老保险补助年限（含视同缴费年限）计算为军人退役时首次安置地企业职工或者机关事业单位基本养老保险参保缴费年限。

十五、军人退出现役后参加基本养老保险，达到法定退休年龄和国家规定的基本养老保险待遇领取条件的，按照待遇领取地有关规定享受相应的基本养老保险待遇。

十六、军人所在单位财务部门在开具转移凭证时，军人服现役期间的行政区划代码统一填写为“910000”，转入地社会保险经办机构据此做好人员身份标识，再次转移养老保险关系时，其服现役期间的行政区划代码不变，并在相应缴费期间的记录中注明“军人退役基本养老保险补助”。各级人民政府人力资源社会保障部门应加强信息系统建设，建立完善军人退役基本养老保险关系转移接续信息交换机制，促进军人退役基本养老保险关系顺畅转移接续。

十七、各级人民政府应加强对军人退役基本养老保险工作的组织领导，各级人力资源社会保障部门要会同财政部门和军队有关部门按照职责分工，加强协调配合，做好本通知的贯彻落实。

十八、中国人民武装警察退役基本养老保险关系转移接续有关问题执行本通知。

十九、本通知自2014年10月1日起施行。人力资源社会保障部、财政部、总参谋部、总政治部、总后勤部《关于军人退役养老保险关系转移接续有关问题的通知》（后财〔2012〕547号），劳动社会保障部、财政部、人事部、总政治部、总后勤部《关于转业到企业工作的军官、文职干部养老保险有关问题处理意见的通知》（〔2002〕后联字第3号）同时废止。

二十、本通知由人力资源社会保障部、总后勤部负责解释。

附件：1. 军人退役基本养老保险参保缴费凭证
　　　2. 军人退役基本养老保险关系转移接续信息表
　　　3. 军队自主择业转业干部缴费工资基数表
　　　4. 军人退休（供养）证明

人力资源社会保障部
财　政　部
总参谋部
总后勤部
2015年9月30日

附件1

编号：

军人退役基本养老保险参保缴费凭证

金额单位：元

<table>
<tr><td colspan="6">军人参保基本信息</td></tr>
<tr><td>个人编号</td><td></td><td>姓名</td><td></td><td>性别</td><td></td></tr>
<tr><td>公民身份号码</td><td></td><td>安置地地址</td><td colspan="3"></td></tr>
<tr><td>退役参加基本养老保险项目</td><td colspan="5">□机关事业单位基本养老保险　□企业职工基本养老保险</td></tr>
<tr><td>军人服现役起止时间</td><td></td><td>在军队实际缴费月数</td><td colspan="3"></td></tr>
<tr><td>单位缴费金额</td><td></td><td>个人缴费本金</td><td></td><td>个人缴费利息</td><td></td></tr>
</table>

续表

军人退役基本养老保险补助总额					
军队单位信息					
行政区划代码	910000	单位名称（部队代号）			
电话		地址		邮政编码	

军队财务部门（盖财务专用章）： 经办人：

退役军人本人签字： 退役军人（家属）联系电话：

年 月 日

（本凭证一式三份，一份军队财务部门留存、一份交给本人、一份邮寄至退役军人安置地县级以上社会保险经办机构）

重要提示

1. 本凭证是退役军人参加基本养老保险的权益记录，是申请办理军人退役基本养老保险关系转移接续手续的重要依据，请妥善保管。

2. 退役军人本人签字时应填写能够联系到本人的联系电话，并确保电话畅通。

3. 退役军人本人应按本凭证中所对应的基本养老保险项目，到负责企业职工基本养老保险或机关事业单位基本养老保险的社会保险经办机构，办理军人退役基本养老保险关系转移接续手续，并出具本凭证。

4. 本凭证如不慎遗失，请向军队原办理机关申请补办。

附件 2

编号：

军人退役基本养老保险关系转移接续信息表

账户类别：一般账户 单位：元，月

军人参保基本信息							
个人编号		姓名		性别		出生年月	
公民身份号码		安置地地址		转出单位名称			
在军队服现役起始时间		在军队服现役终止时间		在军队实际缴费月数		保险关系转移日期	

续表

军队单位和个人缴费信息								
年份	缴费起止时间	缴费工资	缴费月数	军人退役基本养老保险补助				备注
				小计	单位缴费（12%）	个人缴费（8%）	个人缴费当年利息	
军人退役基本养老保险补助总额								

军队财务部门（盖财务专用章）： 经办人： 联系电话：

年 月 日

（本凭证一式三份，一份军队财务部门留存、一份交给本人、一份邮寄至退役军人安置地县级以上社会保险经办机构）

附件 3

编号：

军队自主择业转业干部缴费工资基数表

单位：元，月

军人基本信息					
姓名		性别		出生年月	
公民身份号码		安置地地址		退役时军队单位名称	
在军队服现役起始时间		在军队服现役终止时间			
缴费工资基数信息					
年份	缴费工资基数（12月份）	年份	缴费工资基数（12月份）		

说明：

军队财务部门（盖财务专用章）： 经办人： 联系电话： 本人签字：

年 月 日

重要提示

本表由自主择业的军队转业干部随供给关系交给军队转业干部安置工作部门保存。

附件4

军人退休（供养）证明

（原参保地社会保险经办机构名称）：

________同志系我单位（干部、士兵），符合国家规定的（退休、被评为一至四级残疾由国家供养）条件。该同志自____年____月____日至____年____月____日在你处参加了基本养老保险，请按规定办理基本养老保险关系终止和个人账户储存额的退还手续。

军人所在团级以上单位（盖章）

年 月 日

经办人： 联系电话：

关于军人职业年金转移接续有关问题的通知

（后财〔2015〕1727 号）

各省、自治区、直辖市人民政府，新疆生产建设兵团，各军区、各军兵种、总装备部、军事科学院、国防大学、国防科学技术大学、武警部队：

为了贯彻实施《中华人民共和国军人保险法》《国务院关于机关事业单位工作人员养老保险制度改革的决定》（国发〔2015〕2 号）和《国务院办公厅关于印发机关事业单位职业年金办法的通知》（国办发〔2015〕18 号），建立多层次养老保险体系，维护军人养老保险权益，经国务院、中央军委批准，现就军人职业年金转移接续有关问题通知如下：

一、军人退出现役参加基本养老保险的，国家给予军人职业年金补助。军人服现役期间单位和个人应当缴纳的职业年金费用由中央财政承担，所需经费由总后勤部列年度军费预算安排。

二、军队各级后勤（联勤、保障）机关财务部门（以下简称财务部门），负责军人职业年金补助的计算、审核、划转工作。

各级人民政府人力资源社会保障部门负责军人职业年金补助的接收工作。各级人民政府财政部门按职责做好军人职业年金转移接续的相关工作。

三、军人职业年金补助由军人所在单位财务部门在军人退出现役时一次算清记实。军人职业年金补助的计算办法为：军官、文职干部和士官，按本通知施行后服现役期间各年度月缴费工资 12% 的总和计算；义务兵和供给制学员，按本人退出现役时当年下士月缴费工资起点标准的 12% 乘以本通知施行后服现役月数计算。其中，8% 作为单位缴费，4% 作为个人缴费。

根据国家相关政策，军队适时调整军人职业年金单位和个人缴费的比例。

四、军人职业年金补助的月缴费工资，军官、文职干部和士官为本人月工资数额乘以养老保险缴费工资调整系数；义务兵和供给制学员为本人退出现役时当年下士月工资起点标准乘以养老保险缴费工资调整系数。养老保险缴费工资调整系数确定为 1.136。

计算军人职业年金补助的月工资项目包括：基本工资、军人职业津贴、工作性津贴、生活性补贴、艰苦边远地区津贴、驻西藏部队特殊津贴、高山海岛津贴、地区附加津贴和奖励工资。

五、军人职业年金补助资金按照国家规定的利率计息，在军人退出现役时一次算清记实。

六、计划分配到机关事业单位工作的军队转业干部和退役士兵，由军人所在单位财务部门依据军人退役命令，安置地军队转业干部安置工作部门或者退役士兵安置工作主管部门的报到通知，以及军队团级以上单位司令机关军务部门或者政治机关干部部门的审核认定意见，开具《军人职业年金缴费凭证》（见附件 1），将军人职业年金补助资金通过银行汇至退役军人安置地负责机关事业单位养老保险的县级以上社会保险经办机构职业年金银行账户，并将《军人职业年金缴费凭证》和银行受理回执一并交给本人。军人所在单位财务部门同时向退役军人安置地负责机关事业单位养老保险的县级以上社会保险经办机构邮寄《军人职业年金缴费凭证》。军人退出现役到接收安置单位报到后，将《军人职业年金缴费凭证》和银行受理回执交给接收安置单位，由接收安置单位负责办理军人职业年金转移接续手续。

县级以上社会保险经办机构应将经办机关事业单位养老保险的社会保险经办机构的通信地址、职业年金银行账户信息等，上报人力资源社会保障部，并及时报告信息变更情况。人力资源社会保障部社会保险事业管理中心与总后勤部军人保险基金管理中心建立社会保险经办机构信息交换机制；总后勤部军人保险基金管理中心负责将相关信息分发军队各级财务部门。

七、计划分配到企业工作的军队转业干部和军队复员干部，以及由人民政府安排到企业工作和自主就业的退役士兵，由军人所在单位财务部门依据军人退役命令、安置地军队转业干部安置工作部门的报到通知，开具《军人职业年金缴费凭证》，将军人职业年金补助资金交给本人。

军人退出现役后，用人单位建立企业年金的，本人应将《军人职业年金缴费凭证》和军人职业年金补助资金交给用人单位，由用人单位负责办理相关转移接续手续。

八、军人入伍前已经参加机关事业单位职业年金或者企业年金的，其个人账户资金不转移到军队，由原年金管理机构继续管理运营。军人退出现役后参加机关事业单位职业年金或者企业年金的，按照国家规定办理原职业年金或者企业年金个人账户的转移接续手续。

九、军官、文职干部退出现役自主择业，由安置地政府逐月发给退役金，退出现役时不给予军人职业年金补助。

自主择业的军队转业干部被党和国家机关、人民团体或者财政拨款的事业单位选用为正式工作人员的，从下月起停发退役金，按照国家规定参加机关事业单位养老保险。本通知施行后在军队服现役期间的职业年金补助，由军队转业干部安置工作部门根据《军队自主择业转业干部缴费工资基数表》（见后财〔2015〕1726 号《关于军人退役基本养老保险关系转移接续有关问题的通知》），以其在军队服现役期间各年度月缴费工资之和为基数，通过退役金拨付渠道申请 12% 的职业年金补助，拨付至其单位所在地社会保险经办机构。所需经费由中央财政解决。

十、军人退出现役采取退休方式安置的，实行退休金保障制度，退出现役时不给予军人职业年金补助。

一至四级残疾军人退出现役采取国家供养方式安置的，其生活保障按照国家规定执行，退出现役时不给予军人职业年金补助。

军人退出现役采取退休、供养方式安置，入伍前已参加机关事业单位职业年金或者企业年金的，达到法定退休年龄时，经本人申请，由原参保地社会保险经办机构依据军人所在团级以上单位出具的《军人退休（供养）证明》（见附件 2），按照有关规定支付年金待遇。

十一、军人服现役期间死亡的，由所在单位财务部门将其本通知施行后服现役期间应当计算的军人职业年金补助及利息一次算清，发给其合法继承人。

十二、军人退出现役后达到国家规定的退休条件并依法办理退休手续后，按照国家规定参加职业年金或者企业年金的可享受相应的待遇。

十三、军人所在单位财务部门在开具转移凭证时，军人服现役期间的行政区划代码统一填写为“910000”，转入地社会保险经办机构据此做好人员身份标识。

十四、中国人民武装警察职业年金转移接续有关问题执行本通知。

十五、本通知自2014年10月1日起施行。

十六、本通知由人力资源社会保障部、总后勤部负责解释。

附件：1. 军人职业年金缴费凭证
2. 军人退休（供养）证明

人力资源社会保障部
财　政　部
总参谋部
总政治部
总后勤部
2015年9月30日

附件1

编号：

军人职业年金缴费凭证

金额单位：元

军人参保基本信息					
个人编号		姓名		性别	
公民身份号码		安置地地址			
退役参加基本养老保险项目	□机关事业单位基本养老保险 □企业职工基本养老保险				
军人服现役起止时间					
军人职业年金补助总额					

续表

军队单位信息					
行政区划代　　码	910000	单位名称（部队代号）			
电　　话		地　址		邮政编码	

军队财务部门（盖财务专用章）：　　　　　　　　　　　　　　　　经办人：

退役军人本人签字：　　　　　　　　　　退役军人（家属）联系电话：

年　　月　　日

（本凭证一式三份，一份军队财务部门留存、一份交给本人、一份邮寄至退役军人安置地负责机关事业单位养老保险的县级以上社会保险经办机构）

重要提示

1. 本凭证是军人职业年金的权益记录，是军人退役时申请办理军人职业年金转移到机关事业单位职业年金或企业年金的重要依据，请妥善保管。

2. 退役军人本人签字时应填写能够联系到本人的联系电话，并确保电话畅通。

3. 在办理军人退役基本养老保险关系转移手续时，安置到机关事业单位的退役军人，将本凭证交给接收安置单位，退役到建立企业年金的企业单位的退役军人，将本凭证交给用人单位，由安置或用人单位办理军人职业年金转移接续手续。

4. 本凭证如不慎遗失，请向军队原办理机关申请补办。

附件2

军人退休（供养）证明

(原机关事业单位职业年金或者企业年金管理机构名称)：

_______同志系我单位（干部、士兵），符合国家规定的（退休、被评为一至四级残疾由国家供养）条件。该同志自____年____月____日至____年____月____日在你处参加了机关事业单位职业年金（企业年金），请按有关规定支付年金待遇。

军人所在团级以上单位（盖章）

年　　月　　日

经办人：　　　　　　　　　　　　　　　　　　联系电话：

二、医保医改

中华人民共和国人口与计划生育法

（2001 年 12 月 29 日第九届全国人民代表大会常务委员会第二十五次会议通过，中华人民共和国主席令第 63 号，根据 2015 年 12 月 27 日第十二届全国人民代表大会常务委员会第十八次会议《关于修改〈中华人民共和国人口与计划生育法〉的决定》修正）

第一章　总　则

第一条　为了实现人口与经济、社会、资源、环境的协调发展，推行计划生育，维护公民的合法权益，促进家庭幸福、民族繁荣与社会进步，根据宪法，制定本法。

第二条　我国是人口众多的国家，实行计划生育是国家的基本国策。

国家采取综合措施，控制人口数量，提高人口素质。

国家依靠宣传教育、科学技术进步、综合服务、建立健全奖励和社会保障制度，开展人口与计划生育工作。

第三条　开展人口与计划生育工作，应当与增加妇女受教育和就业机会、增进妇女健康、提高妇女地位相结合。

第四条　各级人民政府及其工作人员在推行计划生育工作中应当严格依法行政，文明执法，不得侵犯公民的合法权益。

计划生育行政部门及其工作人员依法执行公务受法律保护。

第五条　国务院领导全国的人口与计划生育工作。

地方各级人民政府领导本行政区域内的人口与计划生育工作。

第六条　国务院计划生育行政部门负责全国计划生育工作和与计划生育有关的人口工作。

县级以上地方各级人民政府计划生育行政部门负责本行政区域内的计划生育工作和与计划生育有关的人口工作。

县级以上各级人民政府其他有关部门在各自的职责范围内，负责有关的人口与计划生育工作。

第七条　工会、共产主义青年团、妇女联合会及计划生育协会等社会团体、企业事业组织和公民应当协助人民政府开展人口与计划生育工作。

第八条　国家对在人口与计划生育工作中作出显著成绩的组织和个人，给予奖励。

第二章　人口发展规划的制定与实施

第九条　国务院编制人口发展规划，并将其纳入国民经济和社会发展计划。

县级以上地方各级人民政府根据全国人口发展规划以及上一级人民政府人口发展规划，结合当地实际情况编制本行政区域的人口发展规划，并将其纳入国民经济和社会发展计划。

第十条　县级以上各级人民政府根据人口发展规划，制定人口与计划生育实施方案并组织实施。

县级以上各级人民政府计划生育行政部门负责实施人口与计划生育实施方案的日常工作。

乡、民族乡、镇的人民政府和城市街道办事处负责本管辖区域内的人口与计划生育工作，贯彻落实人口与计划生育实施方案。

第十一条　人口与计划生育实施方案应当规定控制人口数量，加强母婴保健，提高人口素质的措施。

第十二条　村民委员会、居民委员会应当依法做好计划生育工作。

机关、部队、社会团体、企业事业组织应当做好本单位的计划生育工作。

第十三条　计划生育、教育、科技、文化、卫生、民政、新闻出版、广播电视等部门应当组织开展人口与计划生育宣传教育。

大众传媒负有开展人口与计划生育的社会公益性宣传的义务。

学校应当在学生中，以符合受教育者特征的适当方式，有计划地开展生理卫生教育、青春期教育或者性健康教育。

第十四条　流动人口的计划生育工作由其户籍所在地和现居住地的人民政府共同负责管理，以现居住地为主。

第十五条　国家根据国民经济和社会发展状况逐步提高人口与计划生育经费投入的总体水平。各级人民政府应当保障人口与计划生育工作必要的经费。

各级人民政府应当对贫困地区、少数民族地区开展人口与计划生育工作给予重点扶持。

国家鼓励社会团体、企业事业组织和个人为人口与计划生育工作提供捐助。

任何单位和个人不得截留、克扣、挪用人口与计划生育工作费用。

第十六条　国家鼓励开展人口与计划生育领域的科学研究和对外交流与合作。

第三章　生育调节

第十七条　公民有生育的权利，也有依法实行计划生育的义务，夫妻双方在实行计划生育中负有共同的责任。

第十八条　国家提倡一对夫妻生育两个子女。

符合法律、法规规定条件的，可以要求安排再生育子女。具体办法由省、自治区、直辖市人民代表大会或者其常务委员会规定。

少数民族也要实行计划生育，具体办法由省、自治区、直辖市人民代表大会或者其常务委员会规定。

夫妻双方户籍所在地的省、自治区、直辖市之间关于再生育子女的规定不一致的，按照有利于当事人的原则适用。

第十九条 实行计划生育，以避孕为主。

国家创造条件，保障公民知情选择安全、有效、适宜的避孕节育措施。实施避孕节育手术，应当保证受术者的安全。

第二十条 育龄夫妻自主选择计划生育避孕节育措施，预防和减少非意愿妊娠。

第二十一条 实行计划生育的育龄夫妻免费享受国家规定的基本项目的计划生育技术服务。

前款规定所需经费，按照国家有关规定列入财政预算或者由社会保险予以保障。

第二十二条 禁止歧视、虐待生育女婴的妇女和不育的妇女。

禁止歧视、虐待、遗弃女婴。

第四章 奖励与社会保障

第二十三条 国家对实行计划生育的夫妻，按照规定给予奖励。

第二十四条 国家建立、健全基本养老保险、基本医疗保险、生育保险和社会福利等社会保障制度，促进计划生育。

国家鼓励保险公司举办有利于计划生育的保险项目。

有条件的地方可以根据政府引导、农民自愿的原则，在农村实行多种形式的养老保障办法。

第二十五条 符合法律、法规规定生育子女的夫妻，可以获得延长生育假的奖励或者其他福利待遇。

第二十六条 妇女怀孕、生育和哺乳期间，按照国家有关规定享受特殊劳动保护并可以获得帮助和补偿。

公民实行计划生育手术，享受国家规定的休假；地方人民政府可以给予奖励。

第二十七条 在国家提倡一对夫妻生育一个子女期间，自愿终身只生育一个子女的夫妻，国家发给《独生子女父母光荣证》。

获得《独生子女父母光荣证》的夫妻，按照国家和省、自治区、直辖市有关规定享受独生子女父母奖励。

法律、法规或者规章规定给予获得《独生子女父母光荣证》的夫妻奖励的措施中由其所在单位落实的，有关单位应当执行。

获得《独生子女父母光荣证》的夫妻，独生子女发生意外伤残、死亡的，按照规定获得扶助。

在国家提倡一对夫妻生育一个子女期间，按照规定应当享受计划生育家庭老年人奖励扶助的，继续享受相关奖励扶助。

第二十八条 地方各级人民政府对农村实行计划生育的家庭发展经济，给予资金、技术、培训等方面的支持、优惠；对实行计划生育的贫困家庭，在扶贫贷款、以工代赈、扶贫项目和社会救济等方面给予优先照顾。

第二十九条　本章规定的奖励措施，省、自治区、直辖市和较大的市的人民代表大会及其常务委员会或者人民政府可以依据本法和有关法律、行政法规的规定，结合当地实际情况，制定具体实施办法。

第五章　计划生育技术服务

第三十条　国家建立婚前保健、孕产期保健制度，防止或者减少出生缺陷，提高出生婴儿健康水平。

第三十一条　各级人民政府应当采取措施，保障公民享有计划生育技术服务，提高公民的生殖健康水平。

第三十二条　地方各级人民政府应当合理配置、综合利用卫生资源，建立、健全由计划生育技术服务机构和从事计划生育技术服务的医疗、保健机构组成的计划生育技术服务网络，改善技术服务设施和条件，提高技术服务水平。

第三十三条　计划生育技术服务机构和从事计划生育技术服务的医疗、保健机构应当在各自的职责范围内，针对育龄人群开展人口与计划生育基础知识宣传教育，对已婚育龄妇女开展孕情检查、随访服务工作，承担计划生育、生殖保健的咨询、指导和技术服务。

第三十四条　计划生育技术服务人员应当指导实行计划生育的公民选择安全、有效、适宜的避孕措施。

对已生育子女的夫妻，提倡选择长效避孕措施。

国家鼓励计划生育新技术、新药具的研究、应用和推广。

第三十五条　严禁利用超声技术和其他技术手段进行非医学需要的胎儿性别鉴定；严禁非医学需要的选择性别的人工终止妊娠。

第六章　法律责任

第三十六条　违反本法规定，有下列行为之一的，由计划生育行政部门或者卫生行政部门依据职权责令改正，给予警告，没收违法所得；违法所得一万元以上的，处违法所得二倍以上六倍以下的罚款；没有违法所得或者违法所得不足一万元的，处一万元以上三万元以下的罚款；情节严重的，由原发证机关吊销执业证书；构成犯罪的，依法追究刑事责任：

（一）非法为他人施行计划生育手术的；

（二）利用超声技术和其他技术手段为他人进行非医学需要的胎儿性别鉴定或者选择性别的人工终止妊娠的；

（三）进行假医学鉴定、出具假计划生育证明的。

第三十七条　伪造、变造、买卖计划生育证明，由计划生育行政部门没收违法所得，违法所得五千元以上的，处违法所得二倍以上十倍以下的罚款；没有违法所得或者违法所得不足五千元的，处五千元以上二万元以下的罚款；构成犯罪的，依法追究刑事责任。

以不正当手段取得计划生育证明的，由计划生育行政部门取消其计划生育证明；出具证明的单位有过错的，对直接负责的主管人员和其他直接责任人员依法给予行政处分。

第三十八条 计划生育技术服务人员违章操作或者延误抢救、诊治，造成严重后果的，依照有关法律、行政法规的规定承担相应的法律责任。

第三十九条 国家机关工作人员在计划生育工作中，有下列行为之一，构成犯罪的，依法追究刑事责任；尚不构成犯罪的，依法给予行政处分；有违法所得的，没收违法所得：

（一）侵犯公民人身权、财产权和其他合法权益的；

（二）滥用职权、玩忽职守、徇私舞弊的；

（三）索取、收受贿赂的；

（四）截留、克扣、挪用、贪污计划生育经费或者社会抚养费的；

（五）虚报、瞒报、伪造、篡改或者拒报人口与计划生育统计数据的。

第四十条 违反本法规定，不履行协助计划生育管理义务的，由有关地方人民政府责令改正，并给予通报批评；对直接负责的主管人员和其他直接责任人员依法给予行政处分。

第四十一条 不符合本法第十八条规定生育子女的公民，应当依法缴纳社会抚养费。

未在规定的期限内足额缴纳应当缴纳的社会抚养费的，自欠缴之日起，按照国家有关规定加收滞纳金；仍不缴纳的，由作出征收决定的计划生育行政部门依法向人民法院申请强制执行。

第四十二条 按照本法第四十一条规定缴纳社会抚养费的人员，是国家工作人员的，还应当依法给予行政处分；其他人员还应当由其所在单位或者组织给予纪律处分。

第四十三条 拒绝、阻碍计划生育行政部门及其工作人员依法执行公务的，由计划生育行政部门给予批评教育并予以制止；构成违反治安管理行为的，依法给予治安管理处罚；构成犯罪的，依法追究刑事责任。

第四十四条 公民、法人或者其他组织认为行政机关在实施计划生育管理过程中侵犯其合法权益，可以依法申请行政复议或者提起行政诉讼。

第七章 附 则

第四十五条 流动人口计划生育工作的具体管理办法、计划生育技术服务的具体管理办法和社会抚养费的征收管理办法，由国务院制定。

第四十六条 中国人民解放军执行本法的具体办法，由中央军事委员会依据本法制定。

第四十七条 本法自2002年9月1日起施行。

关于进一步做好基本医疗保险异地就医医疗费用结算工作的指导意见

（人社部发〔2014〕93号）

各省、自治区、直辖市及新疆生产建设兵团人力资源社会保障厅（局）、财政（财务）厅（局）、卫生计生委：

2009年《关于基本医疗保险异地就医结算服务工作的意见》（人社部发〔2009〕190号）印发以来，各地积极探索推进异地就医结算工作，为参保群众提供便捷服务。目前，在全国范围内，基本医疗保险市级统筹基本实现，大多数省份建立了省内异地就医结算平台并开展了直接结算，一些地区还进行了“点对点”跨省结算的尝试。但此项工作与群众期盼还存在差距，异地就医结算手续依然比较复杂，异地医疗服务监管尚不到位。根据党的十八届三中全会决定精神，现就进一步做好基本医疗保险异地就医医疗费用结算（以下简称异地就医结算）工作，提升基本医疗保险管理服务水平，提出以下意见：

一、进一步明确推进异地就医结算工作的目标任务

（一）总体思路。完善市（地）级（以下简称市级）统筹，规范省（自治区、直辖市，以下简称省）内异地就医结算，推进跨省异地就医结算，着眼城乡统筹，以异地安置退休人员和异地住院费用为重点，依托社会保险信息系统，分层次推进异地就医结算服务。要根据分级诊疗的要求，做好异地转诊病人的医疗费用结算管理。要不断提高医疗保险管理服务水平，完善医疗服务监控机制，在方便参保人员异地就医结算的同时，严防欺诈骗保行为，维护广大参保人合法权益。

（二）近期目标。2014年，在现有工作基础上，完善基本医疗保险市级统筹，基本实现市级统筹区内就医直接结算，规范和建立省级异地就医结算平台；2015年，基本实现省内异地住院费用直接结算，建立国家级异地就医结算平台；2016年，全面实现跨省异地安置退休人员住院医疗费用直接结算。有条件的地区可以加快工作节奏，积极推进。

二、完善市级统筹，实现市域范围内就医直接结算

以全面实现市域范围内医疗费用直接结算为目标，推进和完善基本医疗保险市级统筹。首先做到基本医疗保险基金预算和筹资待遇政策、就医管理的统一和信息系统的一体化衔接，逐步提升基本医疗保险服务便利性。实现城乡基本医疗保险制度整合的地区，要同步推动城乡居民医保实现市级统筹。

已经实行市级统筹的地区要进一步提高市级统筹质量。采取统收统支模式的，要明确地市和区县级社会保险经办机构（以下简称经办机构）职责，落实分级管理责任；采

取调剂金模式的，要规范调剂金的收取和调剂管理办法，以逐步实现制度政策、基金管理、就医结算、经办服务、信息系统方面的统一。有条件的地方要加快推进省级统筹。

三、规范省内异地就医直接结算

各省要按照国家统一规范，建立完善省级异地就医结算平台，支持省内统筹地区之间就医人员信息、医疗服务数据以及费用结算数据等信息的交换，并通过平台开展省内异地就医直接结算工作。

各省人力资源社会保障部门要加强对各统筹地区医疗保险政策的指导，按照国家要求建立统一的药品目录、诊疗项目和医疗服务设施信息标准库，完善与异地就医相关的结算办法和经办流程。要完善定点医疗机构管理，建立并维护支持异地就医直接结算的定点医疗机构数据库。定点医疗机构名单应向社会公布。

异地就医人员的医疗保险待遇执行参保地政策。各统筹地区要建立规范的异地就医报送办法。符合条件的参保人员经同意异地就医后，参保地经办机构应将人员信息通过省级平台传送给就医地经办机构。就医地经办机构负责为异地就医人员提供经办服务，对相关医疗服务行为进行监管，并将相关信息及时如实传送给参保地经办机构。

四、完善跨省异地就医人员政策

加强跨省异地就医的顶层设计，统筹考虑各类跨省异地就医人员需求，逐步推进跨省异地就医直接结算。当前重点解决跨省异地安置退休人员的住院费用，有条件的地方可以在总结经验的基础上，结合本地户籍和居住证制度改革，探索将其他长期跨省异地居住人员纳入住院医疗费用直接结算范围。

跨省异地安置退休人员是指离开参保统筹地区长期跨省异地居住，并根据户籍管理规定已取得居住地户籍的参保退休人员。这部分人员可自愿向参保地经办机构提出异地医疗费用直接结算申请，经审核同意并由居住地经办机构登记备案后，其住院医疗费用可以在居住地实行直接结算。

跨省异地安置退休人员在居住地发生的住院医疗费用，原则上执行居住地规定的支付范围（包括药品目录、诊疗项目和医疗服务设施标准）。医疗保险统筹基金的起付标准、支付比例和支付限额原则上执行参保地规定的本地就医时的标准，不按照转外就医支付比例执行。经本人申请，可以将个人账户资金划转给个人，供门诊就医、购药时使用。

五、做好异地就医人员管理服务

各统筹地区经办机构应当根据跨省异地安置退休人员、异地转诊人员、异地急诊人员等不同人群的特点，落实管理责任，加强医疗服务监管，做好服务。

对经登记备案的跨省异地安置退休人员，居住地的经办机构应一视同仁地将其纳入管理，在定点医疗机构和零售药店确定、医疗信息记录、医疗行为监控等方面提供与本地参保人相同的服务和管理。跨省异地安置退休人员发生的应由统筹基金支付的住院医疗费用，通过各省级异地就医结算平台实行跨省直接结算。

对于异地转诊的参保人员，经办机构要适应分级诊疗模式和转诊转院制度，建立参保地与就医地之间的协作机制，引导形成合理的就医秩序。就医地经办机构应协助参保地经办机构进行医疗票据核查等工作，保证费用的真实性，防范和打击伪造医疗票据和文书等欺诈行为。

对于异地急诊的参保人员，原则上在参保地按规定进行报销；需要通过医疗机构对费用真实性进行核查的，就医地经办机构应予以协助。

参保人员异地就医费用按规定实行直接结算的，应由医疗保险基金支付的部分，原则上先由就医地医疗保险基金垫付，再由参保地经办机构与就医地经办机构按月结算。

对异地就医造成的就医地经办机构增加的必要工作经费，由就医地经办机构同级财政统筹安排。鼓励各地探索委托商业保险机构经办等购买服务的方式，提高异地就医结算管理和服务水平。

六、大力提升异地就医信息化管理水平

按照国家电子政务建设和信息惠民工程建设的要求，着力推进社会保险业务信息管理系统省级集中，建立完善中央和省级异地就医费用结算平台，统一信息系统接口、操作流程、数据库标准和信息传输规则，推进《社会保险药品分类与代码》等技术标准的应用。通过省级异地就医结算平台或省级集中社会保险业务管理系统，支持省内统筹地区之间的异地就医结算数据传输和问题协调。国家级异地就医结算平台与各省级异地就医平台对接，逐步通过平台实现跨省异地就医数据交换等功能。

七、加强组织落实

各级人力资源社会保障部门负责异地就医结算的统筹协调工作。各省人力资源社会保障部门要按照国家统一要求，协调省内有关部门制定本省份推进异地就医结算的工作计划，要加强与其他省份的沟通，积极推进跨省异地就医结算工作。统筹地区人力资源社会保障部门要树立全局观念，积极为来本地就医的参保人员提供医疗保险管理服务。有条件的省要统筹考虑生育保险、工伤保险等其他涉及医疗服务的社会保险，制定统一的社会保险异地就医管理办法。

财政部门要结合异地就医结算工作的开展，完善有关会计核算办法，会同有关部门完善社会保险基金财务制度。根据经办机构用款计划，及时足额划拨异地就医结算资金。加大资金支持力度，确保异地就医工作经费的落实。

卫生计生部门要会同有关部门，研究制定分级诊疗办法，建立健全转诊转院制度，引导形成合理的就医流向。要加大监管力度，规范医疗行为，促进合理规范诊疗。

医疗保险异地就医费用结算工作是健全全民医保体系的重要任务之一，事关人民群众切身利益。各有关部门要高度重视，加强配合，密切协作，确保工作落到实处，同时注意全面准确地做好宣传工作，合理引导社会预期。各地在工作中遇有重要情况要及时报告，有关部门要加强专项督查，推动工作进展。

本意见适用于人力资源社会保障部门负责的基本医疗保险。

人力资源和社会保障部
财　政　部
国家卫生和计划生育委员会
2014 年 11 月 18 日

关于印发全国医疗卫生服务体系规划纲要（2015—2020年）的通知

（国办发〔2015〕14号）

各省、自治区、直辖市人民政府，国务院各部委、各直属机构：

《全国医疗卫生服务体系规划纲要（2015—2020年）》已经国务院同意，现印发给你们，请认真贯彻执行。

国务院办公厅

2015年3月6日

全国医疗卫生服务体系规划纲要

（2015—2020年）

为贯彻落实《中共中央关于全面深化改革若干重大问题的决定》、《中共中央 国务院关于深化医药卫生体制改革的意见》、《国务院关于促进健康服务业发展的若干意见》（国发〔2013〕40号）精神，促进我国医疗卫生资源进一步优化配置，提高服务可及性、能力和资源利用效率，指导各地科学、合理地制订实施区域卫生规划和医疗机构设置规划，制定本规划纲要。

第一章 规划背景

第一节 现 状

经过长期发展，我国已经建立了由医院、基层医疗卫生机构、专业公共卫生机构等组成的覆盖城乡的医疗卫生服务体系。截至2013年底，我国有医疗卫生机构97.44万个，其中医院2.47万个，基层医疗卫生机构91.54万个，专业公共卫生机构3.12万个；卫生人员979万名，其中卫生技术人员721万名；床位618万张。每千常住人口拥有医疗卫生机构床位4.55张、执业（助理）医师2.06名、注册护士2.05名。2004—2013年，全国医疗卫生机构总诊疗人次由每年39.91亿人次增加到73.14亿人次，年均增长6.96%，住院人数由每年6657万人增加到1.91亿人，年均增长12.42%。

但是，医疗卫生资源总量不足、质量不高、结构与布局不合理、服务体系碎片化、部分公立医院单体规模不合理扩张等问题依然突出。

一是与经济社会发展和人民群众日益增长的服务需求相比，医疗卫生资源总量相对不足，质量有待提高。每千人口执业（助理）医师数、护士数、床位数相对较低。执业（助理）医师中，大学本科及以上学历者占比仅为45%；注册护士中，大学本科及以上学历者占比仅为10%。

二是资源布局结构不合理，影响医疗卫生服务提供的公平与效率。西部地区医疗卫生资源质量较低。基层医疗卫生机构服务能力不足，利用效率不高。中西医发展不协调，中医药（含民族医药，下同）特色优势尚未得到充分发挥。公共卫生服务体系发展相对滞后。公立医疗机构所占比重过大，床位占比近90%。资源要素之间配置结构失衡，医护比仅为1∶1，护士配备严重不足。专科医院发展相对较慢，儿科、精神卫生、康复、老年护理等领域服务能力较为薄弱。

三是医疗卫生服务体系碎片化的问题比较突出。公共卫生机构、医疗机构分工协作机制不健全、缺乏联通共享，各级各类医疗卫生机构合作不够、协同性不强，服务体系难以有效应对日益严重的慢性病高发等健康问题。

四是公立医院改革还不到位，以药补医机制尚未有效破除，科学的补偿机制尚未建立，普遍存在追求床位规模、竞相购置大型设备、忽视医院内部机制建设等粗放式发展问题，部分公立医院单体规模过大，挤压了基层医疗卫生机构与社会办医院的发展空间，影响了医疗卫生服务体系整体效率的提升。

五是政府对医疗卫生资源配置的宏观管理能力不强，资源配置需要进一步优化。区域卫生规划实施过程中存在权威性与约束性不足、科学性和前瞻性不够等问题，规划的统筹作用和调控效力有待增强。

第二节 形势与挑战

党的十八大提出了2020年全面建成小康社会的宏伟目标，医疗卫生服务体系的发展面临新的历史任务，要在“病有所医”上持续取得新进展，实现人人享有基本医疗卫生服务。

我国经济社会转型中居民生活方式的快速变化，使慢性病成为主要疾病负担。预计到2020年我国人口规模将超过14亿人，随着医疗保障制度逐步完善，保障水平不断提高，医疗服务需求将进一步释放，医疗卫生资源供给约束与卫生需求不断增长之间的矛盾将持续存在。

改革开放以来，我国城镇化率不断提高，2013年达到53.73%，户籍人口与外来人口公共服务二元结构矛盾日益凸显。2013年我国流动人口数量达2.45亿人。被纳入城镇人口统计的2亿多农民工及其随迁家属尚未与城镇居民平等享受医疗、养老等基本公共服务。同时，随着中小城镇快速发展，人口加速聚集，到2020年要推动1亿左右农业转移人口和其他常住人口在城镇落户，完成约1亿人居住的城镇棚户区和城中村改造，引导约1亿人在中西部地区就近城镇化，部分地区医疗卫生资源供需矛盾将更加突出，医疗卫生资源布局调整面临更大挑战。

截至2013年底，我国60周岁以上老年人口达2.02亿人，占总人口的14.90%，老年人口快速增加。老年人生活照料、康复护理、医疗保健、精神文化等需求日益增长。同时，随着近年来工业化和城镇化的加速推进，大量青壮年劳动人口从农村流入城市，提高了农村实际老龄化程度。老龄化进程与家庭小型化、空巢化相伴随，与经济社会转型期各类矛盾相交织，医疗服务需求将急剧增加。老年人口医养结合需要更多卫生资源支撑，康复、老年护理等薄弱环节更为凸显。实施单独两孩生育政策后，新增出生人口将持续增加，对包括医疗卫生机构在内的公共资源造成压力，特别是大中城市妇产、儿童、生殖健康等相关医疗保健服务的供需矛盾将更加突出。

同时，云计算、物联网、移动互联网、大数据等信息化技术的快速发展，为优化医疗卫生业务流程、提高服务效率提供了条件，必将推动医疗卫生服务模式和管理模式的深刻转变。医改的不断深化也对公立医院数量规模和资源优化配置提出了新的要求。

第二章 规划目标和原则

第一节 目 标

优化医疗卫生资源配置，构建与国民经济和社会发展水平相适应、与居民健康需求相匹配、体系完整、分工明确、功能互补、密切协作的整合型医疗卫生服务体系，为实现2020年基本建立覆盖城乡居民的基本医疗卫生制度和人民健康水平持续提升奠定坚实的医疗卫生资源基础。

2020年全国医疗卫生服务体系资源要素配置主要指标

主要指标	2020年目标	2013年现状	指标性质
每千常住人口医疗卫生机构床位数（张）	6	4.55	指导性
医院	4.8	3.56	指导性
公立医院	3.3	3.04	指导性
其中：省办及以上医院	0.45	0.39	指导性
市办医院	0.9	0.79	指导性
县办医院	1.8	1.26	指导性
其他公立医院	0.15	0.60	指导性
社会办医院	1.5	0.52	指导性
基层医疗卫生机构	1.2	0.99	指导性
每千常住人口执业（助理）医师数（人）	2.5	2.06	指导性
每千常住人口注册护士数（人）	3.14	2.05	指导性
每千常住人口公共卫生人员数（人）	0.83	0.61	指导性
每万常住人口全科医生数（人）	2	1.07	约束性
医护比	1∶1.25	1∶1	指导性
市办及以上医院床护比	1∶0.6	1∶0.45	指导性
县办综合性医院适宜床位规模（张）	500	—	指导性
市办综合性医院适宜床位规模（张）	800	—	指导性
省办及以上综合性医院适宜床位规模（张）	1000	—	指导性

注：省办包括省、自治区、直辖市举办；市办包括地级市、地区、州、盟举办；县办包括县、县级市、市辖区、旗举办，下同。

第二节 原 则

一、坚持健康需求导向。以健康需求和解决人民群众主要健康问题为导向，以调整布局结构、提升能级为主线，适度有序发展，强化薄弱环节，科学合理确定各级各类医疗卫生机构的数量、规模及布局。

二、坚持公平与效率统一。优先保障基本医疗卫生服务的可及性，促进公平公正。同时，注重医疗卫生资源配置与使用的科学性与协调性，提高效率，降低成本，实现公平与效率的统一。

三、坚持政府主导与市场机制相结合。切实落实政府在制度、规划、筹资、服务、监管等方面的责任，维护公共医疗卫生的公益性。大力发挥市场机制在配置资源方面的作用，充分调动社会力量的积极性和创造性，满足人民群众多层次、多元化医疗卫生服务需求。

四、坚持系统整合。加强全行业监管与属地化管理，统筹城乡、区域资源配置，统筹当前与长远，统筹预防、医疗和康复，中西医并重，注重发挥医疗卫生服务体系的整体功能，促进均衡发展。

五、坚持分级分类管理。充分考虑经济社会发展水平和医疗卫生资源现状，统筹不同区域、类型、层级的医疗卫生资源的数量和布局，分类制订配置标准。促进基层医疗卫生机构发展，着力提升服务能力和质量；合理控制公立医院资源规模，推动发展方式转变；提高专业公共卫生机构的服务能力和水平。

第三章 总体布局

在不同的属地层级实行资源梯度配置。地市级及以下，基本医疗服务和公共卫生资源按照常住人口规模和服务半径合理布局；省部级及以上，分区域统筹考虑，重点布局。

第一节 机构设置

医疗卫生服务体系主要包括医院、基层医疗卫生机构和专业公共卫生机构等（见图示）。医院分为公立医院和社会办医院。其中，公立医院分为政府办医院（根据功能定位主要划分为县办医院、市办医院、省办医院、部门办医院）和其他公立医院（主要包括军队医院、国有和集体企事业单位等举办的医院）。县级以下为基层医疗卫生机构，分为公立和社会办两类。专业公共卫生机构分为政府办专业公共卫生机构和其他专业公共卫生机构（主要包括国有和集体企事业单位等举办的专业公共卫生机构）。根据属地层级的不同，政府办专业公共卫生机构划分为县办、市办、省办及部门办四类。

第二节 床位配置

到2020年，每千常住人口医疗卫生机构床位数控制在6张，其中，医院床位数4.8张，基层医疗卫生机构床位数1.2张。在医院床位中，公立医院床位数3.3张，按照每千常住人口不低于1.5张为社会办医院预留规划空间。

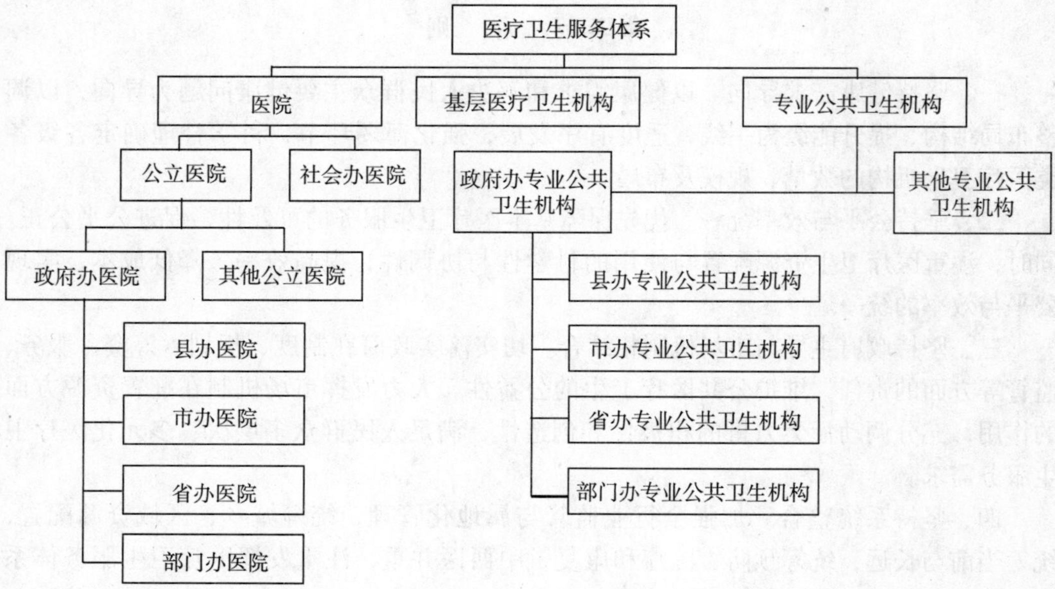

分区域制定床位配置原则。根据各省份经济、社会、人口、卫生等方面的实际状况，考虑各地资源差异，在现有基础上，按照鼓励发展、平稳发展、控制发展等策略对各省份区别制定床位发展目标。

第三节　信息资源配置

开展健康中国云服务计划，积极应用移动互联网、物联网、云计算、可穿戴设备等新技术，推动惠及全民的健康信息服务和智慧医疗服务，推动健康大数据的应用，逐步转变服务模式，提高服务能力和管理水平。加强人口健康信息化建设，到2020年，实现全员人口信息、电子健康档案和电子病历三大数据库基本覆盖全国人口并信息动态更新。全面建成互联互通的国家、省、市、县四级人口健康信息平台，实现公共卫生、计划生育、医疗服务、医疗保障、药品供应、综合管理等六大业务应用系统的互联互通和业务协同。积极推动移动互联网、远程医疗服务等发展。普及应用居民健康卡，积极推进居民健康卡与社会保障卡、金融IC卡、市民服务卡等公共服务卡的应用集成，实现就医“一卡通”。依托国家电子政务网，构建与互联网安全隔离，联通各级平台和各级各类卫生计生机构，高效、安全、稳定的信息网络。建立完善人口健康信息化标准规范体系。加强信息安全防护体系建设。实现各级医疗服务、医疗保障与公共卫生服务的信息共享与业务协同。

第四节　其他资源配置

一、设备配置

根据功能定位、医疗技术水平、学科发展和群众健康需求，坚持资源共享和阶梯配置，引导医疗机构合理配置适宜设备，逐步提高国产医用设备配置水平，降低医疗成本。加强大型医用设备配置规划和准入管理，严控公立医院超常装备。支持发展专业的医学检验机构和影像机构，逐步建立大型设备共用、共享、共管机制。建立区域医学影像中心，推动建立“基层医疗卫生机构检查、医院诊断”的服务模式，提高基层医学影像服务能力。按照统一规范的标准体系，二级以上医疗机构检验对所有医疗机构开放，推进有条件的地区开展集中检查检验和检查检验结果互认。大型医用设备按照品目分为甲类和乙类，由国家卫生计生委会同国家发展改革委、财政部、人力资源社会保障部、国家中医药局制定配置规划，并分别由国家和省级卫生计生行政部门组织实施，管理品目实行动态调整。

二、技术配置

健全医疗技术临床应用准入和管理制度，对医疗技术临床应用实行分类、分级管理。加强国家临床医学研究中心和协同研究网络建设，围绕常见疾病和健康问题，加快推进适宜卫生技术的研究开发与推广应用。加强对临床专科建设发展的规划引导和支持，以发展优质医疗资源为目标，发挥其示范、引领、带动和辐射作用，提高基层和区域的专科水平，逐步缓解地域、城乡、学科之间发展不平衡，促进医疗服务体系协调发展。注重中医临床专科的建设，强化中医药技术推广应用。

第四章 各级各类医疗卫生机构

第一节 医 院

一、公立医院

（一）功能定位

公立医院是我国医疗服务体系的主体，应当坚持维护公益性，充分发挥其在基本医疗服务提供、急危重症和疑难病症诊疗等方面的骨干作用，承担医疗卫生机构人才培养、医学科研、医疗教学等任务，承担法定和政府指定的公共卫生服务、突发事件紧急医疗救援、援外、国防卫生动员、支农、支边和支援社区等任务。

县办医院主要承担县级区域内居民的常见病、多发病诊疗，急危重症抢救与疑难病转诊，培训和指导基层医疗卫生机构人员，相应公共卫生服务职能以及突发事件紧急医疗救援等工作，是政府向县级区域内居民提供基本医疗卫生服务的重要载体。

市办医院主要向地市级区域内居民提供代表本区域高水平的综合性或专科医疗服务，接受下级医院转诊，并承担人才培养和一定的科研任务以及相应公共卫生和突发事件紧急医疗救援任务。

省办医院主要向省级区域内若干个地市提供急危重症、疑难病症诊疗和专科医疗服务，接受下级医院转诊，并承担人才培养、医学科研及相应公共卫生和突发事件紧急医疗救援任务。

部门办医院主要向跨省份区域提供疑难危重症诊疗和专科医疗服务，接受下级医院转诊，并承担人才培养、医学科研及相应公共卫生和突发事件紧急医疗救援等任务和技术支撑，带动医疗服务的区域发展和整体水平提升。

（二）机构设置

各级各类公立医院的规划设置要根据地域实际，综合考虑城镇化、人口分布、地理交通环境、疾病谱等因素合理布局。合理控制公立综合性医院的数量和规模，对于需求量大的专科医疗服务，可以根据具体情况设立相应的专科医院。在京津冀、长三角、珠三角等具备一体化发展条件的区域，可以探索打破行政区划的限制，跨区域统筹设置医疗卫生机构，推动资源优化调整，实现大区域范围内资源共享，提高配置效率。

在县级区域依据常住人口数，原则上设置1个县办综合医院和1个县办中医类医院（含中医、中西医结合、民族医等，下同）。中医类资源缺乏，难以设置中医类医院的县可在县办综合医院设置中医科或民族医科室。民族地区、民族自治地方的县级区域优先设立民族医医院。50万人口以上的县可适当增加公立医院数量。

在地市级区域依据常住人口数，每100万—200万人口设置1—2个市办综合性医院（含中医类医院，下同），服务半径一般为50公里左右。地广人稀的地区人口规模可以适当放宽。其中，每个地市级区域原则上至少设置1个市办中医类医院，暂不具备条件的，可在市办综合医院设置中医科或民族医科室。在地市级区域应根据需要规划设置儿童、精神、妇产、肿瘤、传染病、康复等市办专科医院（含中医类专科医院）。

在省级区域划分片区，依据常住人口数，每1000万人口规划设置1—2个省办综合性医院，同时可以根据需要规划设置儿童、妇产、肿瘤、精神、传染病、职业病以及口腔、康复等省办专科医院（含中医类专科医院）。在省级区域内形成功能比较齐全的医疗服务体系。

按照统筹规划、提升能级、辐射带动的原则，在全国规划布局设置若干部门办医院。

（三）床位配置

根据常住人口规模合理配置公立医院床位规模，重在控制床位的过快增长。各地应结合当地实际情况，参考以下指标研究制定本地区公立医院床位层级设置：每千常住人口公立医院床位数3.3张（含妇幼保健院床位）。其中，县办医院床位数1.8张，市办医院床位数0.9张，省办及以上医院床位数0.45张，国有和集体企事业单位等举办的其他公立医院床位数调减至0.15张。实行分类指导，每千常住人口公立医院床位数超过3.3张的，原则上不再扩大公立医院规模，鼓励有条件的地区对过多的存量资源进行优化调整。对医疗卫生服务资源短缺、社会资本投入不足的地区和领域，政府要加大投入，满足群众基本医疗卫生服务需求。中医类医院床位数可以按照每千常住人口0.55张配置。同时，可以按照15%的公立医院床位比例设置公立专科医院。

（四）单体规模

严格控制公立医院单体（单个执业点）床位规模的不合理增长，县办综合性医院床位数一般以500张左右为宜，50万人口以上的县可适当增加，100万人口以上的县原则上不超过1000张；市办综合性医院床位数一般以800张左右为宜，500万人口以上的地市可适当增加，原则上不超过1200张；省办及以上综合性医院床位数一般以1000张左右为宜，原则上不超过1500张。专科医院的床位规模要根据实际需要合理设置。

二、社会办医院

社会办医院是医疗卫生服务体系不可或缺的重要组成部分，是满足人民群众多层次、多元化医疗服务需求的有效途径。社会办医院可以提供基本医疗服务，与公立医院形成有序竞争；可以提供高端服务，满足非基本需求；可以提供康复、老年护理等紧缺服务，对公立医院形成补充。

到 2020 年，按照每千常住人口不低于 1.5 张床位为社会办医院预留规划空间，同步预留诊疗科目设置和大型医用设备配置空间。放宽举办主体要求，进一步放宽中外合资、合作办医条件，逐步扩大具备条件的境外资本设立独资医疗机构试点。放宽服务领域要求，凡是法律法规没有明令禁入的领域，都要向社会资本开放。优先支持举办非营利性医疗机构。引导社会办医院向高水平、规模化方向发展，发展专业性医院管理集团。支持社会办医院合理配备大型医用设备。加快办理审批手续，对具备相应资质的社会办医院，应按照规定予以批准，简化审批流程，提高审批效率。

完善配套支持政策，支持社会办医院纳入医保定点范围，完善规划布局和用地保障，优化投融资引导政策，完善财税价格政策，社会办医院医疗服务价格实行市场调节价。鼓励政府购买社会办医院提供的服务。加强行业监管，保障医疗质量和安全。

第二节　基层医疗卫生机构

一、功能定位

基层医疗卫生机构的主要职责是提供预防、保健、健康教育、计划生育等基本公共卫生服务和常见病、多发病的诊疗服务以及部分疾病的康复、护理服务，向医院转诊超出自身服务能力的常见病、多发病及危急和疑难重症病人。基层医疗卫生机构主要包括乡镇卫生院、社区卫生服务中心（站）、村卫生室、医务室、门诊部（所）和军队基层卫生机构等。

乡镇卫生院和社区卫生服务中心负责提供基本公共卫生服务，以及常见病、多发病的诊疗、护理、康复等综合服务，并受县级卫生计生行政部门委托，承担辖区内的公共卫生管理工作，负责对村卫生室、社区卫生服务站的综合管理、技术指导和乡村医生的培训等。乡镇卫生院分为中心乡镇卫生院和一般乡镇卫生院，中心乡镇卫生院除具备一般乡镇卫生院的服务功能外，还应开展普通常见手术等，着重强化医疗服务能力并承担对周边区域内一般乡镇卫生院的技术指导工作。

村卫生室、社区卫生服务站在乡镇卫生院和社区卫生服务中心的统一管理和指导下，承担行政村、居委会范围内人群的基本公共卫生服务和普通常见病、多发病的初级诊治、康复等工作。

单位内部的医务室和门诊部等基层医疗卫生机构负责本单位或本功能社区的基本公共卫生和基本医疗服务。

其他门诊部、诊所等基层医疗卫生机构根据居民健康需求，提供相关医疗卫生服务。政府可以通过购买服务的方式对其提供的服务予以补助。

二、机构设置

乡镇卫生院、社区卫生服务中心按照乡镇、街道办事处行政区划或一定服务人口进行设置。到 2020 年，实现政府在每个乡镇办好 1 所标准化建设的乡镇卫生院，在每个街道办事处范围或每 3 万—10 万居民规划设置 1 所社区卫生服务中心。全面提升乡镇卫生院服务能力和水平，综合考虑城镇化、地理位置、人口聚集程度等因素，可以选择1/3左右的乡镇卫生院提升服务能力和水平，建设中心乡镇卫生院。有条件的中心乡镇卫生院可以建设成为县办医院分院。城市地区一级和部分二级公立医院可以根据需要，通过结构和功能改造转为社区卫生服务中心。

合理确定村卫生室和社区卫生服务站的配置数量和布局，根据乡镇卫生院、社区卫生服务中心覆盖情况以及服务半径、服务人口等因素合理设置。原则上每个行政村应当设置1个村卫生室。

个体诊所等其他基层医疗卫生机构的设置，不受规划布局限制，实行市场调节的管理方式。

三、床位配置

按照所承担的基本任务和功能合理确定基层医疗卫生机构床位规模，重在提升床位质量，提高使用效率。到2020年，每千常住人口基层医疗卫生机构床位数达到1.2张，重点加强护理、康复病床的设置。

第三节　专业公共卫生机构

一、功能定位

专业公共卫生机构是向辖区内提供专业公共卫生服务（主要包括疾病预防控制、健康教育、妇幼保健、精神卫生、急救、采供血、综合监督执法、食品安全风险监测评估与标准管理、计划生育、出生缺陷防治等），并承担相应管理工作的机构。专业公共卫生机构主要包括疾病预防控制机构、综合监督执法机构、妇幼保健计划生育服务机构、急救中心（站）、血站等，原则上由政府举办。

县办专业公共卫生机构的主要职责是，完成上级下达的指令性任务，承担辖区内专业公共卫生任务以及相应的业务管理、信息报送等工作，并对辖区内医疗卫生机构相关公共卫生工作进行技术指导、人员培训、监督考核等。

市办专业公共卫生机构的主要职责是，完成上级下达的指令性任务，承担辖区内的专业公共卫生任务以及相应的信息管理等工作，并对下级专业公共卫生机构开展业务指导、人员培训、监督考核等。

省办专业公共卫生机构的主要职责是，完成上级下达的指令性任务，承担辖区内的专业公共卫生任务，开展区域业务规划、科研培训、信息管理、技术支撑以及对下级专业公共卫生机构的业务指导、人员培训、监督考核等。

部门办专业公共卫生机构的主要职责是，实施全国各专业公共卫生工作规划或计划，建立和管理相关公共卫生信息网络，参与重特大突发事件卫生应急处置；加强对下级专业公共卫生机构的业务管理、技术指导、人员培训和监督考核；开展公共卫生发展规律、策略和应用性科学研究，拟定国家公共卫生相关标准和规范。

二、机构设置

专业公共卫生机构要按照辖区常住人口数、服务范围、工作量等因素合理设置。加强区域公共卫生服务资源整合，鼓励组建综合性公共卫生服务中心，10万人口以下的县原则上只设1所公共卫生服务机构。专业公共卫生机构实行按行政区划，分级设置，县级及以上每个行政区划内同类专业公共卫生机构原则上只设一个。县级以下由社区卫生服务中心（站）、乡镇卫生院（妇幼保健计划生育服务站）和村卫生室、计划生育服务室承担相关工作。

县级及以上每个行政区划内原则上只设 1 个疾病预防控制中心，不再单设其他专病预防控制机构，目前部分地区单设的专病预防控制机构，要逐步整合到疾病预防控制中心。

县级及以上政府要根据工作职责，规范卫生计生综合监督执法机构的设置，由其承担卫生计生综合监督执法任务。

省级可以分设或整合妇幼保健机构和计划生育科研机构。市办和县办妇幼保健机构与计划生育技术服务机构原则上应当予以整合，分别成立市办、县办妇幼保健计划生育服务中心。整合乡办计划生育技术服务机构与乡（镇）卫生院的妇幼保健职能。村级保留村卫生室和村计划生育服务室，共享共用。

省级人民政府根据国家有关规定，结合本行政区域人口、医疗资源、临床用血需求等情况规划血站设置，1 个城市内不得重复设置血液中心、中心血站。血液中心和中心血站难以覆盖的县可以依托县办综合医院规划设置 1 个中心血库。

以专业精神卫生机构为主体、综合性医院精神科为辅助、基层医疗卫生机构和精神疾病社区康复机构为基础，建立健全精神卫生服务体系和网络。

以市办急救中心为龙头，县急救中心和院前急救网络医院共同建成比较完善的急救网络，每个地市必须设置 1 个急救中心（站），在有核电站、核设施、大型核辐射装置的重点省份可以建设核辐射应急救治基地。

第五章　卫生人才队伍

第一节　人员配备

到 2020 年，每千常住人口执业（助理）医师数达到 2.5 人，注册护士数达到 3.14 人，医护比达到 1∶1.25，市办及以上医院床护比不低于 1∶0.6，公共卫生人员数达到 0.83 人，人才规模与我国人民群众健康服务需求相适应，城乡和区域医药卫生人才分布趋于合理，各类人才队伍统筹协调发展。加强全科医生和住院医师规范化培训，逐步建立和完善全科医生制度。促进医务人员合理流动，使其在流动中优化配置，充分发挥作用。加强公共卫生人员的专项能力建设。

一、医院

以执业（助理）医师和注册护士配置为重点，以居民卫生服务需求量和医师标准工作量为依据，结合服务人口、经济状况、自然条件等因素配置医生和护士的数量，合理确定医护人员比例。按照医院级别与功能任务的需要确定床位与人员配比，承担临床教学、带教实习、支援基层、援外医疗、应急救援、医学科研等任务的医疗卫生机构可以适当增加人员配置。未达到床护比标准的，原则上不允许扩大床位规模。

二、基层医疗卫生机构

到 2020 年，每千常住人口基层卫生人员数达到 3.5 人以上，在我国初步建立起充满生机和活力的全科医生制度，基本形成统一规范的全科医生培养模式和“首诊在基层”的服务模式，全科医生与城乡居民基本建立比较稳定的服务关系，基本实现城乡每万名居民有2—3名合格的全科医生，全科医生服务水平全面提高，基本适应人民群众基本医疗卫生服务需求。原则上按照每千服务人口不少于1名的标准配备乡村医生。每所村卫生室至少有1名乡村医生执业。

三、专业公共卫生机构

到2020年，每千常住人口公共卫生人员数达到0.83人，各级各类公共卫生人才满足工作需要。

疾病预防控制中心人员原则上按照各省、自治区、直辖市常住人口1.75/万人的比例核定；地域面积在50万平方公里以上且人口密度小于25人/平方公里的省、自治区，可以按照不高于本地区常住人口3/万人的比例核定。其中，专业技术人员占编制总额的比例不得低于85%，卫生技术人员不得低于70%。

专业精神卫生机构应当按照区域内人口数及承担的精神卫生防治任务配置公共卫生人员。

妇幼保健计划生育机构应当根据当地服务人口、社会需求、交通状况、区域卫生和计划生育事业发展规划以及承担的功能任务等合理配备人员。市、县、乡级妇幼保健计划生育服务机构中卫生技术人员比例应当不低于总人数的80%。

血站卫生技术人员数量应当根据年采供血等业务量进行配备。

急救中心人员数量应当根据服务人口、年业务量等进行配备。

第二节 人才培养

加强卫生人才队伍建设，注重医疗、公共卫生、中医药以及卫生管理人才的培养，制订有利于卫生人才培养使用的政策措施。切实加强医教协同工作，深化院校教育改革，推进院校医学教育与卫生计生行业需求的紧密衔接，加强人才培养的针对性和适应性，提高人才培养质量。建立住院医师和专科医师规范化培训制度，开展助理全科医生培训，推动完善毕业后医学教育体系，培养合格临床医师。以卫生计生人员需求为导向，改革完善继续医学教育制度，提升卫生计生人才队伍整体素质。到2020年，基本建成院校教育、毕业后教育、继续教育三阶段有机衔接的具有中国特色的标准化、规范化临床医学人才培养体系。院校教育质量显著提高，毕业后教育得到普及，继续教育实现全覆盖。近期，要加快构建以“5+3”（5年临床医学本科教育+3年住院医师规范化培训或3年临床医学硕士专业学位研究生教育）为主体、以“3+2”（3年临床医学专科教育+2年助理全科医生培训）为补充的临床医学人才培养体系。

加强以全科医生为重点的基层医疗卫生队伍建设，健全在岗培训制度，鼓励乡村医生参加学历教育。加强政府对医药卫生人才流动的政策引导，推动医药卫生人才向基层流动，加大西部地区人才培养与引进力度。制订优惠政策，为农村订单定向免费培养医学生，研究实施基层医疗卫生机构全科医生及县办医院专科特设岗位计划。创造良好的职业发展条件，鼓励和吸引医务人员到基层工作。加强公共卫生人才队伍建设，加强高层次医药卫生人才队伍建设，大力开发护理、儿科、精神科等急需紧缺专门人才。大力支持中医类人才培养。加大对中西部地区高等医学院校的支持，缩小区域、院校和学科专业之间培养水平的差距。

第三节 人才使用

健全以聘用制度和岗位管理制度为主要内容的事业单位用人机制，完善岗位设置管理，保证专业技术岗位占主体（原则上不低于80%），推行公开招聘和竞聘上岗。健全以岗位职责要求为基础，以品德、能力、业绩为导向，符合卫生人才特点的科学化、社会化评价机制，完善专业技术职称评定制度，促进人才成长发展和合理流动。深化收入分配制度改革，建立以服务质量、服务数量和服务对象满意度为核心、以岗位职责和绩效为基础的考核和激励机制，坚持多劳多得、优绩优酬，人员收入分配重点向关键岗位、业务骨干和作出突出成绩的医药卫生人才倾斜。建立以政府投入为主、用人单位和社会资助为辅的卫生人才队伍建设投入机制，优先保证对人才发展的投入，为医药卫生人才发展提供必要的经费保障。创新公立医院机构编制管理，合理核定公立医院编制总量，并进行动态调整，逐步实行编制备案制，探索多种形式用人机制和政府购买服务方式。

第六章 功能整合与分工协作

建立和完善公立医院、专业公共卫生机构、基层医疗卫生机构以及社会办医院之间的分工协作关系，整合各级各类医疗卫生机构的服务功能，为群众提供系统、连续、全方位的医疗卫生服务。

第一节 防治结合

专业公共卫生机构要对公立医院、基层医疗卫生机构和社会办医院开展公共卫生服务加强指导、培训和考核，建立信息共享与互联互通等协作机制。

进一步明确专业公共卫生机构和医疗机构的职责，着力做好高血压、糖尿病、肿瘤等慢性病的联防联控工作，将结核病、艾滋病等重点传染病以及职业病、精神疾病等病人的治疗交综合性医院或者专科医院开展，强化专业公共卫生机构对医疗机构公共卫生工作的技术指导和考核，监督部门加强对医疗机构的监督检查。

综合性医院及相关专科医院要依托相关科室，与专业公共卫生机构密切合作，承担辖区内一定的公共卫生任务和对基层医疗卫生机构的业务指导。建立医疗机构承担公共卫生任务的补偿机制和服务购买机制。进一步加强基层医疗卫生机构队伍建设，拓展基层医疗卫生机构的功能，确保各项公共卫生任务落实到位。充分发挥中医药在公共卫生中的作用，积极发展中医预防保健服务。

第二节 上下联动

建立并完善分级诊疗模式，建立不同级别医院之间，医院与基层医疗卫生机构、接续性医疗机构之间的分工协作机制，健全网络化城乡基层医疗卫生服务运行机制，逐步实现基层首诊、双向转诊、上下联动、急慢分治。以形成分级诊疗秩序为目标，积极探索科学有效的医联体和远程医疗等多种方式。充分利用信息化手段，促进优质医疗资源纵向流动，建立医院与基层医疗卫生机构之间共享诊疗信息、开展远程医疗服务和教学培训的信息渠道。

控制公立医院普通门诊规模，支持和引导病人优先到基层医疗卫生机构就诊，由基层医疗卫生机构逐步承担公立医院的普通门诊、康复和护理等服务。推动全科医生、家庭医生责任制，逐步实现签约服务。鼓励有条件的地区通过合作、托管、重组等多种方式，促进医疗资源合理配置。探索县域一体化管理。推进乡镇卫生院和村卫生室一体化。

公立医院要通过技术支持、人员培训、管理指导等多种方式，帮扶和指导与之建立分工协作关系的基层医疗卫生机构，提高其服务能力和水平。允许公立医院医师多点执业，探索建立医师执业信息数据库并向公众提供在线查询服务，促进优质医疗资源下沉到基层。建立区域在线预约挂号平台，公立医院向基层医疗卫生机构提供转诊预约挂号服务，对基层医疗卫生机构转诊病人优先安排诊疗和住院；将恢复期需要康复的病人或慢性病病人转诊到病人就近的基层医疗卫生机构。

完善治疗—康复—长期护理服务链，发展和加强康复、老年、长期护理、慢性病管理、临终关怀等接续性医疗机构，建立急慢分治的制度，提高公立医院医疗资源利用效率。

第三节　中西医并重

坚持中西医并重方针，以积极、科学、合理、高效为原则，做好中医医疗服务资源配置。充分发挥中医医疗预防保健特色优势，不断完善中医医疗机构、基层中医药服务提供机构和其他中医药服务提供机构共同组成的中医医疗服务体系，加快中医医疗机构建设与发展，加强综合医院、专科医院中医临床科室和中药房设置，增强中医科室服务能力。加强中西医临床协作，整合资源，强强联合，优势互补，协同协作，提高重大疑难病、急危重症临床疗效。统筹用好中西医两方面资源，提升基层西医和中医两种手段综合服务能力，到2020年，力争使所有社区卫生服务机构、乡镇卫生院和70%的村卫生室具备与其功能相适应的中医药服务能力。

第四节　多元发展

加强社会办医疗机构与公立医疗卫生机构的协同发展，提高医疗卫生资源的整体效率。社会力量可以直接投向资源稀缺及满足多元需求的服务领域，也可以多种形式参与国有企业所办医疗机构等部分公立医院改制重组。鼓励公立医院与社会力量以合资合作的方式共同举办新的非营利性医疗机构，满足群众多层次医疗服务需求。探索公立医院有形资产和无形资产科学评估办法，防止国有资产流失。鼓励社会力量举办中医类专科医院、康复医院、护理院（站）以及口腔疾病、老年病和慢性病等诊疗机构。鼓励药品经营企业举办中医坐堂医诊所，鼓励有资质的中医专业技术人员特别是名老中医开办中医诊所。允许医师多点执业。支持社会办医疗机构加强重点专科建设，引进和培养人才，提升学术地位，加快实现与医疗保障机构、公立医疗机构等信息系统的互联互通。

建立社会力量参与公共卫生工作的机制。政府通过购买服务等方式，鼓励和支持社会力量参与公共卫生工作，并加强技术指导和监督管理。社会力量要加强自身管理，不断强化自身能力，与专业公共卫生机构密切合作，确保公共卫生工作顺利开展。

第五节 医养结合

推进医疗机构与养老机构等加强合作。推动中医药与养老结合，充分发挥中医药“治未病”和养生保健优势。建立健全医疗机构与养老机构之间的业务协作机制，鼓励开通养老机构与医疗机构的预约就诊绿色通道，协同做好老年人慢性病管理和康复护理。增强医疗机构为老年人提供便捷、优先优惠医疗服务的能力。支持有条件的医疗机构设置养老床位。推动二级以上医院与老年病医院、老年护理院、康复疗养机构、养老机构内设医疗机构等之间的转诊与合作。在养老服务中充分融入健康理念，加强医疗卫生服务支撑。支持有条件的养老机构设置医疗机构。统筹医疗服务与养老服务资源，合理布局养老机构与老年病医院、老年护理院、康复疗养机构等，研究制订老年康复、护理服务体系专项规划，形成规模适宜、功能互补、安全便捷的健康养老服务网络。

发展社区健康养老服务。提高社区卫生服务机构为老年人提供日常护理、慢性病管理、康复、健康教育和咨询、中医养生保健等服务的能力，鼓励医疗机构将护理服务延伸至居民家庭。推动开展远程服务和移动医疗，逐步丰富和完善服务内容及方式，做好上门巡诊等健康延伸服务。

第七章 实施保障与监督评价

第一节 加强组织领导

一、加强领导

区域卫生规划是政府对卫生事业进行宏观调控的重要手段。要切实加强对区域卫生规划工作的领导，把区域卫生规划工作提上重要议事日程，列入政府的工作目标和考核目标，建立问责制。各级政府要在土地利用总体规划和城乡规划中统筹考虑医疗卫生机构发展需要，合理安排用地供给，优先保障非营利性医疗机构用地。

二、合理划分各级政府责任

国家卫生计生委会同国家中医药局在各地资源配置的基础上，统筹规划跨省份的资源配置，并纳入所在地市的区域卫生规划。成立专家委员会，建立对各省份资源配置标准和直辖市、计划单列市、省会城市等特殊地区规划的论证机制。根据需要制定分领域专项规划，修订完善医疗机构基本建设标准和设备配置标准。

省级政府负责制订医疗卫生资源配置标准和医疗机构设置规划，将床位配置标准细化到各地市，组织各地市编制区域卫生规划，并根据人口分布、医疗卫生服务需求和交通状况等重点规划各类省办医院与专业公共卫生机构的设置，纳入所在地市的区域卫生规划。

地市级政府负责研究编制区域卫生规划和医疗机构设置规划并组织实施，要重点规划市办及以下医院和专业公共卫生机构，将床位配置标准细化到各县，并按照属地化原则，对本地市范围内的各级各类医疗卫生机构的设置进行统筹规划。

直辖市政府同时承担省、市两级政府职责，负责制定本市医疗卫生资源配置标准，研究编制全市区域卫生规划并组织实施。

县级政府应当按照所在地市的区域卫生规划和医疗机构设置规划要求，负责辖区内县办医院、专业公共卫生机构及基层医疗卫生机构的设置。

三、明确相关部门职责

卫生计生、发展改革、财政、城乡规划、人力资源社会保障、机构编制和中医药等部门要认真履行职责，协调一致地推进区域卫生规划工作。在卫生计生方面，要制订区域卫生规划和医疗机构设置规划并适时进行动态调整；在发展改革方面，要将区域卫生规划和医疗机构设置规划纳入国民经济和社会发展总体规划安排，依据规划对新改扩建项目进行基本建设管理，推进医疗服务价格改革；在财政方面，要按照政府卫生投入政策落实相关经费；在城乡规划管理方面，要依据依法批准的城乡规划审批建设用地；在机构编制方面，要依据有关规定和标准统筹公立医疗卫生机构编制；在社会保障方面，要加快医保支付制度改革；其他相关部门要各司其职，做好相关工作。

第二节　创新体制机制

深化医药卫生体制改革，为区域卫生规划的实施创造有利条件。本规划主要内容是医疗卫生资源配置，“十三五”期间深化医改的总体部署将由医改规划作出安排，在实施推进过程中，要做好与相关规划的衔接。要建立和完善政府卫生投入机制，明确政府在提供公共卫生和基本医疗服务中的主导地位。切实落实对公立和社会办非营利性医疗卫生机构的投入政策。合理划分中央政府和地方政府的医疗卫生投入责任。深化基层医疗卫生机构综合改革，健全网络化城乡基层医疗卫生服务运行机制，提高服务质量和效率；加快公立医院改革，建立合理的补偿机制、科学的绩效评价机制和适应行业特点的人事薪酬制度，推进管办分开、政事分开，实行医药分开。加快发展城乡居民大病保险、商业健康保险，建立完善以基本医保为主体的多层次医疗保障体系。改革医保支付方式，建立更加合理的医保付费机制。加强医疗卫生全行业监管。推行医疗责任保险、医疗意外保险等多种形式的医疗执业保险，加快发展医疗纠纷人民调解等第三方调解机制，完善医疗纠纷处理机制。

第三节　加大资源调整力度

按照严格规划增量、科学调整存量的原则，合理确定区域内公立医院的数量和布局，采取多种措施推动公立医院布局和结构的优化调整。要合理把控公立医院床位规模、建设标准和大型设备配置，禁止举债建设和装备。对新建城区、郊区、卫星城区等薄弱区域，政府要有计划、有步骤建设公立医疗卫生机构，满足群众基本医疗卫生需求。重点加强中医、儿科、妇产、精神卫生、传染病、老年护理、口腔、康复等薄弱领域服务能力的建设。优先加强县办医院服务能力，提高县域医疗能力和水平。支持村卫生室、乡镇卫生院、社区卫生服务机构标准化建设，2020 年达标率达到 95% 以上。加大对老少边穷地区医疗卫生服务体系发展和人才定向培养的支持力度。新建居住区和社区要按照相关规定保障基本医疗卫生设施配套。公立医院资源过剩的地区，要优化结构和布局，从实际出发，根据需要积极稳妥地将部分公立医院转为康复、老年护理等接续性医疗机构或社区卫生服务机构。对超出规模标准的公立医院，要采取综合措施，逐步压缩床位，并选择部分单体规模过大的国家卫生计生委预算管理医院和公立医院改革试点城市的公立医院开展拆分试点。

第四节 强化监督评价

一、规范规划编制流程

各地在编制医疗卫生资源配置标准和区域卫生规划工作中，要根据群众健康需求，合理确定各类医疗卫生资源的配置目标。要综合考虑包括军队医疗机构、复员退伍军人医疗机构等在内的各方医疗资源，充分征求有关部门和社会各界的意见。要与新型城镇化以及区域发展布局相结合，做好与本规划纲要以及当地经济社会发展规划、城乡规划、土地利用总体规划、国防卫生动员需求等的衔接，合理控制资源总量标准及公立医院单体规模，各地可以在强基层的基础上，根据实际需要对不同级别、类型机构床位的比例关系进行适当调整。各地市区域卫生规划起草和论证完成后，须经省级卫生计生行政部门同意并报本地市人民政府审批，确保规划的可行性、可操作性和权威性。区域卫生规划的周期一般为5年。

二、严格规划实施

及时发布机构设置和规划布局调整等信息，鼓励有条件的地方采取招标等方式确定举办或运行主体。将纳入规划作为建设项目立项的前提条件。所有新增医疗卫生资源，特别是公立医院的设置和改扩建、病床规模的扩大、大型医疗设备的购置，无论何种资金渠道，必须按照区域卫生规划的要求和程序，严格管理。建立公立医院床位规模分级备案和公示制度，新增床位后达到或超过1500张床以上公立医院，其床位增加须报国家卫生计生委备案（中医类医院同时报国家中医药管理局备案）。对严重超出规定床位数标准、未经批准开展项目建设、擅自扩大建设规模和提高建设标准等的公立医院，要进行通报批评，暂停大型医用设备配置许可、等级评审等审批和财政资金安排。

三、建立规划实施的监督评价机制

各省（区、市）人民政府要强化规划实施监督和评价，建立区域卫生规划和资源配置监督评价机制，成立专门的评价工作小组，组织开展区域卫生规划实施进度和效果评价，及时发现实施中存在的问题，并研究解决对策。评价过程中要实行公开评议、公平竞争，运用法律、经济和行政手段规范、管理和保障区域卫生规划的有效实施。国务院有关部门要根据职责分工，开展规划实施进度和效果评价，必要时开展联合督查，以推动规划落实，实现医疗卫生资源有序发展、合理配置、结构优化。

关于全面推开县级公立医院综合改革的实施意见

（国办发〔2015〕33号）

各省、自治区、直辖市人民政府，国务院各部委、各直属机构：

县级公立医院（含中医医院，下同）是农村三级医疗卫生服务网络的龙头和城乡医疗卫生服务体系的纽带，推进县级公立医院综合改革是深化医药卫生体制改革、切实缓解群众“看病难、看病贵”问题的关键环节。2012年县级公立医院综合改革试点启动以来，各试点县（市）积极探索，改革取得了明显进展。但县级公立医院综合改革仍是一项长期艰巨的任务，破除以药补医成果尚需巩固，管理体制和人事薪酬制度改革有待深化，医疗服务能力有待提高，改革的综合性和联动性有待增强，需要以问题为导向，进一步细化完善政策措施，持续拓展深化改革。为贯彻落实《中共中央关于全面深化改革若干重大问题的决定》、《中共中央 国务院关于深化医药卫生体制改革的意见》及《国务院关于印发“十二五”期间深化医药卫生体制改革规划暨实施方案的通知》（国发〔2012〕11号）精神，全面推开县级公立医院综合改革，巩固和扩大改革成效，经国务院同意，现提出如下意见。

一、总体要求和主要目标

（一）总体要求。深入贯彻落实党的十八大和十八届二中、三中、四中全会精神，按照党中央、国务院决策部署，把深化公立医院改革作为保障和改善民生的重要举措，全面推开县级公立医院综合改革。将公平可及、群众受益作为改革出发点和立足点，坚持保基本、强基层、建机制，更加注重改革的系统性、整体性和协同性，统筹推进医疗、医保、医药改革，着力解决群众看病就医问题。国家和省级相关部门加强分类指导，下放相关权限，给予政策支持。鼓励地方因地制宜，探索创新，力争尽快取得实质性突破。

（二）主要目标。坚持公立医院公益性的基本定位，落实政府的领导责任、保障责任、管理责任、监督责任，充分发挥市场机制作用，建立维护公益性、调动积极性、保障可持续的运行新机制。2015年，在全国所有县（市）的县级公立医院破除以药补医，以管理体制、运行机制、服务价格调整、人事薪酬、医保支付等为重点，全面推开县级公立医院综合改革。2017年，现代医院管理制度基本建立，县域医疗卫生服务体系进一步完善，县级公立医院看大病、解难症水平明显提升，基本实现大病不出县，努力让群众就地就医。

二、优化县域医疗资源配置

（三）明确县级公立医院功能定位。县级公立医院主要承担县域居民的常见病、多发病诊疗，急危重症抢救与疑难病转诊，负责基层医疗卫生机构人员培训指导，开展传染病防控等公共卫生服务、自然灾害和突发事件紧急医疗救援等工作。各省（区、市）要明确县域内各级各类医疗机构在提供基本医疗服务方面的责任。

（四）编制县域医疗卫生服务体系规划。各县（市）要根据《国务院办公厅关于印发全国医疗卫生服务体系规划纲要（2015—2020 年）的通知》（国办发〔2015〕14 号），依据各省（区、市）制定的医疗卫生服务体系规划以及卫生资源配置标准，编制县域医疗卫生服务体系规划，合理确定县域内医疗卫生机构的数量、布局、功能、规模和标准。县级人民政府是举办县级公立医院的主体，每个县（市）要办好 1—2 所县级公立医院。在此基础上，鼓励采取迁建、整合、转型等多种途径将其他公立医院改造为基层医疗卫生机构、专科医院、老年护理和康复等机构，也可探索公立医院改制重组。强化规划的刚性约束力，定期向社会公示规划执行情况，对未按规划要求落实政府办医责任或超规划建设的，追究相关人员责任。

（五）明确县级公立医院床位规模、建设标准和设备配置标准。床位规模按照功能定位、当地医疗服务需求等情况予以核定。严禁县级公立医院自行举债建设和举债购置大型医用设备，鼓励县级公立医院使用国产设备和器械。省级卫生计生行政部门和中医药管理部门要筛选包括中医中药技术在内的一批适宜医疗技术在县级公立医院推广应用。严格控制超越县级公立医院功能定位或疗效不明确、费用高昂的医疗技术、大型医用设备的引进和应用。

（六）落实支持和引导社会资本办医政策。完善社会办医在土地、投融资、财税、价格、产业政策等方面的鼓励政策，优先支持举办非营利性医疗机构，支持社会资本投向资源稀缺及满足多元需求服务领域。放宽社会资本办医准入范围，清理取消不合理的规定，加快落实在市场准入、社会保险定点、重点专科建设、职称评定、学术地位、医院评审、技术准入等方面对非公立医疗机构和公立医疗机构实行同等对待政策。支持社会资本举办的医疗机构提升服务能力。非公立医疗机构医疗服务价格实行市场调节价。研究公立医院资源丰富的县（市）推进公立医院改制政策，鼓励有条件的地方探索多种方式引进社会资本。

三、改革管理体制

（七）建立统一高效、权责一致的政府办医体制。各县（市）可组建由政府负责同志牵头，政府有关部门、部分人大代表和政协委员，以及其他利益相关方组成的县级公立医院管理委员会，履行政府办医职能，负责医院发展规划、章程制定、重大项目实施、财政投入、院长选聘、运行监管、绩效考核等。鼓励地方按照加快转变政府职能的总体要求，积极探索公立医院管办分开的多种有效实现形式。各级行政主管部门要创新管理方式，从直接管理公立医院转为行业管理，强化政策法规、行业规划、标准规范的制定和监督指导职责。

（八）落实县级公立医院独立法人地位和经营管理自主权。实行政事分开，合理界定政府作为出资人的举办监督职责和公立医院作为事业单位的自主运营管理权限。县级公立医院执行县级公立医院管理委员会等政府办医机构的决策，具有人事管理权、副职推荐权、绩效工资内部分配权、年度预算执行权等经营管理自主权。推进县级公立医院去行政化，逐步取消医院的行政级别。完善县级公立医院院长选拔任用制度，推进院长职业化、专业化建设。各省（区、市）要明确院长任职资格条件，开展管理干部专业化培训，培训情况作为任职和晋升的重要依据。

（九）建立科学的县级公立医院绩效考核制度。根据国家关于医疗卫生机构绩效评价的指导性文件，以公益性质和运行绩效为核心，突出功能定位、公益性职责履行、合理用药、费用控制、运行效率和社会满意度等考核指标，开展县级公立医院绩效考核。引入第三方评估，提升考核的客观公正性。考核结果及时向社会公开，并与财政补助、医保支付、工资总额以及院长薪酬、任免、奖惩等挂钩。强化县级公立医院管理委员会等政府办医机构对院长的激励约束，强化院长年度和任期目标管理，建立问责机制，严禁将院长收入与医院的经济收入直接挂钩。

（十）健全县级公立医院内部管理制度。探索现代医院管理制度。完善医院内部决策和制约机制，实行重大决策、重要干部任免、重大项目实施、大额资金使用集体讨论并按规定程序执行，发挥党委的政治核心作用和职工代表大会的民主监督作用。加强医院财务会计管理，实行规范化的成本核算和成本管理。加强医疗质量管理与控制，规范临床检查、诊断、治疗、使用药物和植（介）入类医疗器械行为，落实医疗质量安全的核心制度和基本规范，重点管理好病历书写、查房、疑难病例和死亡病例讨论、手术安全管理和急诊抢救等工作。改善医院服务，积极推行预约诊疗服务，开展优质护理服务，加强便民门诊，积极配合做好基本医疗保障费用即时结算，完善收费项目公示和费用查询等制度。县级公立医院要开展患者满意度调查和出院患者回访活动，认真倾听群众意见，及时解决群众反映的突出问题。健全调解机制，鼓励医疗机构和医师个人购买医疗责任保险等医疗执业保险，构建和谐医患关系。

四、建立县级公立医院运行新机制

（十一）破除以药补医机制。所有县级公立医院推进医药分开，积极探索多种有效方式改革以药补医机制，取消药品加成（中药饮片除外）。县级公立医院补偿由服务收费、药品加成收入和政府补助三个渠道改为服务收费和政府补助两个渠道。医院由此减少的合理收入，通过调整医疗技术服务价格和增加政府补助，以及医院加强核算、节约运行成本等多方共担。各省（区、市）制订具体的补偿办法，明确分担比例。中央财政给予补助，地方财政要调整支出结构，切实加大投入，增加的政府投入要纳入财政预算。将医院的药品贮藏、保管、损耗等费用列入医院运行成本予以补偿。

（十二）理顺医疗服务价格。在保证医保基金可承受、总体上群众负担不增加的前提下，将通过推进药品和耗材招标采购、流通、使用等方面改革降低的费用，主要用于调整医疗服务价格，不得直接返还医院。按照“总量控制、结构调整、有升有降、逐步到位”的原则，合理调整医疗服务价格。降低大型医用设备检查治疗、检验价格，合理调整提升体现医务人员技术劳务价值的医疗服务价格，特别是诊疗、手术、护理、床位、中医等服务项目价格。建立以成本和收入结构变化为基础的价格动态调整机制。价格调整政策与医保支付政策相互衔接。根据需要可将价格调整权限下放到县（市），省级相关部门要加强指导。

（十三）落实政府投入责任。全面落实政府对县级公立医院符合规划的基本建设和设备购置、重点学科发展、人才培养、符合国家规定的离退休人员费用、政策性亏损，以及承担公共卫生任务和紧急救治、支农、支边公共服务等投入政策。中央财政和省级财政给予适当补助。改革财政补助方式，加强预算绩效管理，强化财政补助与医院绩效考核结果挂钩。完善政府购买服务机制。落实政府对县级公立中医院的投入倾斜政策。对位于地广人稀和边远地区的县级公立医院，可探索实行收支两条线，政府给予必要保障。

五、完善药品供应保障制度

（十四）降低药品和高值医用耗材费用。全面落实《国务院办公厅关于完善公立医院药品集中采购工作的指导意见》（国办发〔2015〕7号）。县级公立医院使用的药品，要依托省级药品集中采购平台，以省（区、市）为单位，实行分类采购，采取招采合一、量价挂钩、双信封制等办法开展集中招标采购。地方可结合实际，按照有利于破除以药补医机制、降低药品虚高价格、预防和遏制腐败行为、推动药品生产流通企业整合重组的原则，探索药品集中采购的多种形式，进一步提高医院在药品采购中的参与度。允许公立医院改革试点城市所辖县（市）与试点城市一道，在省级药品集中采购平台上自行采购。高值医用耗材应通过省级集中采购平台进行阳光采购，网上公开交易。鼓励各地对高值医用耗材采取招采合一、量价挂钩等办法实行集中招标采购。在质优价廉的前提下鼓励购买国产创新药和医用耗材。采取多种形式推进医药分开，鼓励患者自主选择在医院门诊药房或凭处方到零售药店购药。县级公立医院要重点围绕辅助性、高回扣的药品和高值医用耗材，加强对医务人员处方行为的监控，推行电子处方，按照规范建立系统化、标准化和持续改进的处方点评制度，促进合理用药。

（十五）加强药品配送管理。药品可由中标生产企业直接配送或委托有配送能力的药品经营企业配送到指定医院。对偏远、交通不便地区的药品配送，各级卫生计生行政部门要加强组织协调，按照远近结合、城乡联动的原则，提高采购、配送集中度，鼓励各地结合实际探索县乡村一体化配送。

（十六）加强药品采购全过程监管。将药品集中采购情况作为对医院及其负责人的重要考核内容，纳入目标管理及医院评审评价工作。对违规网下采购、拖延货款的医院，视情节轻重给予通报批评、限期整改、责令支付违约金、降低等级等处理。涉及商业贿赂等腐败行为的，依法严肃查处。严格执行诚信记录和市场清退制度。建立健全检查督导制度，建立药品生产经营企业诚信记录并及时向社会公布。加强对药品价格执行情况的监督检查，规范价格行为，保护患者合法权益。

六、改革医保支付制度

（十七）深化医保支付方式改革。充分发挥基本医保的基础性作用，强化医保基金收支预算。2015年底前，医保支付方式改革要覆盖县域内所有公立医院，覆盖30%以上的县级公立医院出院病例数。到2017年，全面实行以按病种付费为主，按人头付费、按床日付费等复合型付费方式。加强临床路径管理，各省（区、市）要根据县级公立医院功能定位和实际技术能力等，明确诊疗病种范围，建立适宜的临床路径、处方集和诊疗规范，规范处方行为，控制过度检查、过度治疗。强化激励约束，调动医院和医务人员积极性。医保经办机构要根据协议约定按时足额结算并拨付资金。在规范中医非药物诊疗技术的基础上，逐步扩大纳入医保支付的医疗机构中药制剂、针灸、治疗性推拿等中医非药物诊疗技术范围，鼓励提供和使用适宜的中医药服务。

（十八）总结推广支付方式改革经验。总结梳理试点地区典型经验，向全国推广。地方要根据实际情况选择支付方式，每年对支付方式改革所覆盖的病例比例提出明确要求。实行按病种付费的，要制定临床路径，规范操作方式，根据前三年病种实际费用和临床路径实施情况，兼顾费用增长因素，合理确定病种付费标准。实行按人头和按床日付费的，要在科学测算的基础上合理确定付费标准，加强出入院管理。

（十九）充分发挥各类医疗保险对医疗服务行为和费用的调控引导与监督制约作用。加快推进医保对医务人员医疗服务行为的监管，加强对基本医保目录外药品使用率、药占比、次均费用、参保人员负担水平、住院率、平均住院日、复诊率、人次人头比、转诊转院率、手术和择期手术率等指标的监控，定期对定点医疗机构医疗服务质量、均次（病种）费用、参保（合）患者医疗费用实际补偿比等进行公示，提升基本医保基金的使用效率。加强部门间的沟通衔接和部门间、地区间的数据共享，探索建立全国异地协查机制，加大对骗保欺诈行为的处罚力度。

（二十）逐步提高保障绩效。逐步提升医保保障水平，逐步缩小政策范围内住院费用支付比例与实际住院费用支付比例间的差距。2015 年所有县（市）全面实施城乡居民大病保险制度和疾病应急救助制度。加强基本医保、城乡居民大病保险、疾病应急救助、医疗救助和商业保险等多种保障制度的衔接，进一步减轻群众医药费用负担。

七、建立符合行业特点的人事薪酬制度

（二十一）完善编制管理办法。要在地方现有编制总量内，合理核定县级公立医院编制总量，创新县级公立医院机构编制管理方式，逐步实行编制备案制，建立动态调整机制。在岗位聘用、收入分配、职称评定、管理使用等方面，对编制内外人员统筹考虑，按照国家规定推进养老保险制度改革。

（二十二）改革人事制度。全面推行聘用制度、岗位管理制度和公开招聘制度。以核定的人员总量为基础设置岗位。坚持按需设岗、竞聘上岗、按岗聘用、合同管理，变固定用人为合同用人，变身份管理为岗位管理。结合实际妥善安置未聘人员。落实医院用人自主权。条件具备的地方新进人员可由医院根据有关规定和核定的人员总量公开招聘，招聘结果报相关部门备案，卫生计生、机构编制、人力资源社会保障、纪检监察等部门要发挥监督职能。

（二十三）合理确定医务人员薪酬水平。根据医疗行业培养周期长、职业风险高、技术难度大、责任担当重等特点，国家有关部门要加快研究制定符合医疗卫生行业特点的薪酬改革方案。在方案出台前，各县（市）可先行探索制定县级公立医院绩效工资总量核定办法，着力体现医务人员技术劳务价值，合理确定医务人员收入水平，并建立动态调整机制。完善绩效工资制度，医院通过科学的绩效考核自主进行收入分配，做到多劳多得、优绩优酬，重点向临床和公共卫生一线、业务骨干、关键岗位和有突出贡献的人员倾斜，合理拉开收入差距。严禁给医务人员设定创收指标，严禁将医务人员收入与医院的药品、检查、治疗等收入挂钩。

（二十四）完善医务人员评价制度。完善县级卫生人才职称评价标准，突出技能和

服务质量考核，淡化论文和外语要求。县级公立医院负责内部考核，重点考核工作绩效，突出岗位职责履行、工作量、服务质量、行为规范、技术能力、成本控制、医德医风和患者满意度等情况，将考核结果与医务人员的岗位聘用、职称晋升、个人薪酬挂钩。各省（区、市）要及时总结县级公立医院开展医务人员考核的经验，指导医院完善考核制度。建立健全医务人员管理信息系统和考核档案，记录医务人员基本信息、年度考核结果以及违规情况等，完善医师医疗服务不良记录登记制度。加强医德医风建设和思想政治工作，重视医务人员人文素质培养和职业素质教育，大力弘扬救死扶伤的人道主义精神。优化执业环境，尊重医务人员劳动，维护医务人员合法权益。

八、提升县级公立医院服务能力

（二十五）加强县级公立医院能力建设。按照填平补齐原则，继续推进县级公立医院建设。各县（市）要围绕近三年县外转出率靠前的5—10个病种确定需要重点加强建设的相关临床和辅助科室，提出人才、技术、学科和管理能力提升需求，省级、地市级和县级政府相关部门采取多种方式加大支持力度，在对口支援、人才引进、骨干培养等方面形成政策叠加效应。深化城市三级医院对口支援工作，鼓励采取专家团队支援的方式，提高支援效果。提升县级公立医院管理能力和学科建设水平，从城市三级医院选聘一批管理人员和业务骨干前往县级公立医院担任院长或业务副院长、科主任。

（二十六）加强信息化建设。积极推进以医院管理和电子病历为重点的医院信息系统建设，2015年底前基本完成，逐步实现医院基本业务信息系统的数据交换和共享。加强县级公立医院信息系统标准化建设，完善信息安全保护体系。加强县级人口健康信息平台（数据中心）建设，实现上联下通，对上与对口支援的大型医院相连，对下连接区域内各级各类医疗卫生机构。2017年底前实现居民电子健康档案、电子病历、公共卫生、新农合等系统的互联互通和信息共享，积极推进区域内医疗卫生信息资源整合和业务协同。积极推动远程医疗系统建设，提高优质医疗资源可及性。

九、加强上下联动

（二十七）推动医疗资源集约化配置。依托县级公立医院建立检查检验、病理诊断、医学影像等中心，有条件的地方可探索单独设立，降低医疗成本。推进县域内检查检验结果互认。

（二十八）建立上下联动的分工协作机制。加强县级公立医院对乡镇卫生院的支持指导，在县级公立医院设立全科医学科。以提升基层医疗卫生服务能力为导向，以业务、技术、管理、资产等为纽带，探索构建包括医疗联合体在内的各种分工协作模式，完善管理运行机制，引导开展有序竞争。探索建立县级公立医院和基层医疗卫生机构医务人员定期交流轮岗的工作机制，实行统一招聘、统一管理、统一使用、统一培养的人员管理体制。加强县级公立医院、基层医疗卫生机构等医疗机构的纵向协作，整体提升基层慢性病诊疗服务能力，提供便民惠民服务。

（二十九）推动建立分级诊疗制度。按照国家建立分级诊疗制度的政策要求，构建基层首诊、双向转诊、急慢分治、上下联动的分级诊疗模式。落实基层首诊，基层医疗卫生机构提供基本医疗和转诊服务，加强全科医生队伍建设，推进全科医生签约服务。建立县级公立医院与基层医疗卫生机构之间的便捷转诊通道，县级公立医院要为基层转诊患者提供优先就诊、优先检查、优先住院等便利。围绕县、乡、村医疗卫生机构功能定位和服务能力，确定各级医疗卫生机构诊疗的主要病种，明确出入院和转诊标准。对原则上基层医疗卫生机构能够诊疗的病种，综合考虑基层医疗卫生机构平均费用等因素，制定付费标准，实行按病种付费。医疗机构对确因病情原因需要上转的患者开具证明，作为办理上级医院入院手续和医保支付的凭证。

十、强化服务监管

（三十）强化卫生计生行政部门（含中医药管理部门）医疗服务监管职能。加强监督体系建设，增强医疗监管能力，完善机构、人员、技术、设备的准入和退出机制。加强县级公立医院医疗质量安全、费用控制、财务运行等监管。

（三十一）强化对医务人员执业行为的监管。执行抗菌药物分级管理制度，对抗菌药物用药量靠前的品规及处方医生进行公示，运用处方负面清单、处方点评等形式控制抗菌药物不合理使用。严格控制高值医用耗材的不合理使用，加大回溯检查力度，及时查处为追求经济利益的不合理用药、用材和检查检验等行为。

（三十二）严格控制医药费用不合理增长。加强医药费用监管控制，重点监控门诊和住院次均费用、医疗总费用、收支结构、大型设备检查阳性率，以及检查检验、自费药品、医用耗材等占医疗收入比例等情况。加强对医药费用增长速度较快疾病的诊疗行为监管。到2016年，实现县级公立医院门诊、住院患者人均费用和总收入增幅下降，医疗服务收入（不含药品、耗材和大型设备检查收入）占业务收入比重提升，自付医疗费用占总医疗费用比例下降。到2017年，县级公立医院医药费用不合理增长的趋势得到有效遏制。

（三十三）发挥社会监督和行业自律作用。加强信息公开，建立定期公示制度，运用信息系统采集数据，重点公开财务状况、绩效考核、质量安全、价格和医疗费用等信息。县级公立医院相关信息每年向社会公布。加强行业协会、学会等社会组织在行业自律、监督和职业道德建设中的作用，引导县级公立医院依法经营、严格自律。改革完善医疗质量、技术、安全和服务评估认证制度。探索建立第三方评价机制。

十一、强化组织实施

（三十四）加强组织领导。各地区、各部门要充分认识县级公立医院综合改革的重要性、艰巨性和复杂性，建立健全推进改革的领导体制和工作机制，明确责任分工。各有关部门要按照职责分工密切配合，及时出台相关配套措施，给予地方一定自主权，强化政策保障。省级政府要切实负起责任，加强分类指导，出台具体实施方案，并确保按规定落实政府投入。地市级政府切实履行职责，统筹推动行政区域内县级公立医院综合改革。各县（市）主要负责同志要亲自抓、负总责，分管负责同志要具体抓，切实做好实施工作。

（三十五）加强督导考核。地方各级政府要层层分解任务，明确进度安排。各省（区、市）要建立督促检查、考核问责机制，将县级公立医院综合改革推进情况纳入对各级政府的绩效考核，确保综合改革各项举措落到实处。卫生计生委、财政部要会同有关部门加强督促检查和跟踪评估，总结推广改革经验，重大情况和问题及时向国务院报告。国务院医改办要加强统筹协调，组织开展专项督查，依据改革效果评价指标体系定期开展考核，适时通报。县级公立医院综合改革考核结果与中央财政补助资金挂钩。各有关部门要加强对地方工作的督导，及时总结经验，切实帮助地方解决实际问题。

（三十六）做好宣传培训。坚持正确的舆论导向，做好县级公立医院综合改革相关政策的宣传解读，大力宣传改革典型经验和进展成效，及时回应社会关切，合理引导社会舆论和群众预期，营造改革的良好氛围。制定改革工作手册，细化操作办法，积极开展政策培训，提升各级干部和医院管理者的政策水平和执行力。深入细致做好医务人员宣传动员工作，引导广大医务人员支持和参与改革，充分发挥改革主力军作用。

附件：重点任务分工及进度安排表

国务院办公厅

2015 年 4 月 23 日

附件

重点任务分工及进度安排表

工作任务	任务分工	时间进度
一、重点任务部门分工		
1. 制订县级公立医院管理体制改革指导性文件	卫生计生委、中央编办、人力资源社会保障部、财政部、中医药局负责	2015 年 12 月底前完成
2. 总结推广医保支付方式改革经验	人力资源社会保障部、卫生计生委分别负责	2015 年 6 月底前完成
3. 制订公立医院薪酬制度改革试点方案，并选择部分地区或医院开展试点	人力资源社会保障部、卫生计生委、财政部、中医药局负责	2015—2016 年持续推进
二、重点任务地方政府分工		
1. 编制县域医疗卫生服务体系规划	省级人民政府、地市级人民政府、县级人民政府按照职责分工负责	2015 年 12 月底前完成
2. 组建县级公立医院管理委员会	县级人民政府负责	2015 年 12 月底前完成
3. 落实县级公立医院经营管理自主权	县级人民政府负责	2015 年 12 月底前完成

续表

工作任务	任务分工	时间进度
4. 制定县级公立医院绩效考核办法	县级人民政府负责	2015 年 12 月底前完成
5. 破除以药补医，取消药品加成	省级人民政府、县级人民政府按照职责分工负责	2015 年 12 月底前取消药品加成
6. 调整医疗服务价格	省级人民政府、地市级人民政府、县级人民政府按照职责分工负责	2015 年启动，2016 年 12 月底前完成并建立动态调整机制
7. 落实政府投入责任	省级人民政府、地市级人民政府、县级人民政府按照职责分工负责	2017 年 12 月底前完成
8. 完善公立医院药品集中采购工作	省级人民政府负责	2015 年 12 月底前完成
9. 实行高值医用耗材阳光采购	省级人民政府、地市级人民政府、县级人民政府按照职责分工负责	2015 年 12 月底前完成
10. 深化医保支付方式改革	县级人民政府负责	2015—2017 年持续推进
11. 制订县级公立医院人员配备标准，合理确定人员总量	省级人民政府、县级人民政府按照职责分工负责	2015 年 12 月底前完成
12. 落实医院用人自主权	省级人民政府、县级人民政府按照职责分工负责	2015 年 12 月底前完成
13. 合理核定绩效工资总量	省级人民政府、县级人民政府按照职责分工负责	2015—2017 年持续实施
14. 确定县级公立医院重点科室建设需求	县级人民政府负责	2015 年 12 月底前完成
15. 公布县级公立医院相关信息	县级人民政府负责	2015 年 12 月底前建立制度，每年公布
三、县级公立医院重点任务		
1. 根据有关规定和核定的人员总量公开招聘	县级公立医院负责	2015 年 12 月底前启动
2. 完善县级公立医院内部决策和制约机制	县级公立医院负责	2015—2017 年持续推进

续表

工作任务	任务分工	时间进度
3. 实行规范化的成本核算和成本管理	县级公立医院负责	2015—2017 年持续推进
4. 加强医疗质量管理与控制	县级公立医院负责	2015—2017 年持续推进
5. 改善医疗服务	县级公立医院负责	2015—2017 年持续推进
6. 完善县级公立医院内部绩效考核制度	县级公立医院负责	2015 年 12 月底前完成
7. 制订重点科室建设计划，明确人才、技术和管理能力提升需求	县级公立医院负责	2015 年 12 月底前完成
8. 加强对乡镇卫生院的支持指导	县级公立医院负责	2015—2017 年持续推进
9. 建立与基层医疗卫生机构之间的便捷转诊通道	县级公立医院负责	2015 年 12 月底前完成
10. 加强对医务人员执业行为的管理	县级公立医院负责	2015—2017 年持续推进

关于城市公立医院综合改革试点的指导意见

（国办发〔2015〕38 号）

各省、自治区、直辖市人民政府，国务院各部委、各直属机构：

城市公立医院综合改革是深化医药卫生体制改革的一项重要任务。2010 年国家联系试点城市公立医院改革启动以来，各试点城市积极探索，改革取得明显进展，积累了宝贵经验，奠定了拓展深化改革试点的基础。但是公立医院改革是一项长期艰巨复杂的系统工程，当前还存在一些比较突出的矛盾和问题，公立医院逐利机制有待破除，外部治理和内部管理水平有待提升，符合行业特点的人事薪酬制度有待健全，结构布局有待优化，合理的就医秩序还未形成，人民群众就医负担依然较重等，迫切需要通过体制机制改革逐步加以解决。根据党的十八大、十八届二中、三中、四中全会精神和《中共中央国务院关于深化医药卫生体制改革的意见》、《国务院关于印发“十二五”期间深化医药卫生体制改革规划暨实施方案的通知》（国发〔2012〕11 号）要求，为加强对城市公立医院（地级市辖区及以上城市公立医院）综合改革试点的指导，经国务院同意，现提出如下意见。

一、总体要求

（一）指导思想。深入贯彻落实党的十八大和十八届二中、三中、四中全会精神，按照党中央、国务院决策部署，着力解决群众看病就医问题，把深化医改作为保障和改善民生的重要举措，将公平可及、群众受益作为改革出发点和立足点，加快推进城市公立医院改革。充分发挥公立医院公益性质和主体作用，切实落实政府办医责任，着力推进管理体制、补偿机制、价格机制、人事编制、收入分配、医疗监管等体制机制改革。统筹优化医疗资源布局、构建合理就医秩序、推动社会办医、加强人才培养等各项工作，为持续深化公立医院改革形成可复制、可推广的实践经验。

（二）基本原则。

坚持改革联动。推进医疗、医保、医药联动，促进区域内公立医疗机构同步改革，强化公立医院与基层医疗卫生机构分工协作，与社会办医协调发展，营造良好的公立医院改革环境，增强改革的系统性、整体性和协同性。

坚持分类指导。明确城市公立医院功能定位，充分发挥其在基本医疗服务提供、急危重症和疑难病症诊疗等方面的骨干作用。从实际出发，针对不同地区、不同层级、不同类型的公立医院，在医保支付、价格调整、绩效考评等方面实行差别化的改革政策。

坚持探索创新。在中央确定的改革方向和原则下，鼓励地方发扬首创精神，大胆探索、锐意创新，突破政策障碍和利益藩篱，建立符合实际的体制机制。

（三）基本目标。破除公立医院逐利机制，落实政府的领导责任、保障责任、管理责任、监督责任，充分发挥市场机制作用，建立起维护公益性、调动积极性、保障可持续的运行新机制；构建起布局合理、分工协作的医疗服务体系和分级诊疗就医格局，有效缓解群众看病难、看病贵问题。2015 年进一步扩大城市公立医院综合改革试点。到 2017 年，城市公立医院综合改革试点全面推开，现代医院管理制度初步建立，医疗服务体系能力明显提升，就医秩序得到改善，城市三级医院普通门诊就诊人次占医疗卫生机构总诊疗人次的比重明显降低；医药费用不合理增长得到有效控制，卫生总费用增幅与本地区生产总值的增幅相协调；群众满意度明显提升，就医费用负担明显减轻，总体上个人卫生支出占卫生总费用的比例降低到 30% 以下。

（四）基本路径。建立现代医院管理制度，加快政府职能转变，推进管办分开，完善法人治理结构和治理机制，合理界定政府、公立医院、社会、患者的责权利关系。建立公立医院科学补偿机制，以破除以药补医机制为关键环节，通过降低药品耗材费用、取消药品加成、深化医保支付方式改革、规范药品使用和医疗行为等措施，留出空间，同步理顺公立医院医疗服务价格，建立符合医疗行业特点的薪酬制度。构建协同发展的服务体系，以基层服务能力建设为基础，以分工协作机制为支撑，综合运用法律、社保、行政和市场手段，优化资源配置，引导合理就医。

将管理体制、运行机制、服务价格调整、医保支付、人事管理、收入分配等改革作为重点任务，国家、省级相关部门要加强指导，给予政策支持，并将相关权限下放给试点城市。

二、改革公立医院管理体制

（五）建立高效的政府办医体制。实行政事分开，合理界定政府作为出资人的举办监督职责和公立医院作为事业单位的自主运营管理权限。积极探索公立医院管办分开的多种有效实现形式，明确政府及相关部门的管理权力和职责，构建决策、执行、监督相互分工、相互制衡的权力运行机制。建立协调、统一、高效的办医体制，各试点城市可组建由政府负责同志牵头，政府有关部门、部分人大代表和政协委员，以及其他利益相关方组成的管理委员会，履行政府办医职能，负责公立医院的发展规划、章程制定、重大项目实施、财政投入、运行监管、绩效考核等，并明确办事机构，承担管理委员会日常工作。各级行政主管部门要创新管理方式，从直接管理公立医院转为行业管理，强化政策法规、行业规划、标准规范的制定和监督指导职责。卫生计生、教育等部门要积极研究探索高校附属医院管理体制改革。

（六）落实公立医院自主权。完善公立医院法人治理结构和治理机制，落实公立医院人事管理、内部分配、运营管理等自主权。采取有效形式建立公立医院内部决策和制约机制，实行重大决策、重要干部任免、重大项目实施、大额资金使用集体讨论并按规定程序执行，落实院务公开，发挥职工代表大会职能，强化民主管理。健全院长选拔任用制度，鼓励实行院长聘任制，突出专业化管理能力，推进职业化建设。实行院长任期目标责任考核和问责制。逐步取消公立医院的行政级别，各级卫生计生行政部门负责人一律不得兼任公立医院领导职务。对于资产多元化、实行托管的公立医院以及医疗联合体等可在医院层面成立理事会。

（七）建立以公益性为导向的考核评价机制。卫生计生行政部门或专门的公立医院管理机构制定绩效评价指标体系，突出功能定位、职责履行、费用控制、运行绩效、财务管理、成本控制和社会满意度等考核指标，定期组织公立医院绩效考核以及院长年度和任期目标责任考核，考核结果向社会公开，并与医院财政补助、医保支付、工资总额以及院长薪酬、任免、奖惩等挂钩，建立激励约束机制。

（八）强化公立医院精细化管理。加强医院财务会计管理，强化成本核算与控制，落实三级公立医院总会计师制度。推进公立医院后勤服务社会化。加强医疗质量管理与控制，规范临床检查、诊断、治疗、使用药物和植（介）入类医疗器械行为。全面开展便民惠民服务，加强预约和分诊管理，不断优化医疗服务流程，改善患者就医环境和就医体验。深入开展优质护理服务。优化执业环境，尊重医务人员劳动，维护医务人员合法权益。健全调解机制，鼓励医疗机构和医师个人购买医疗责任保险等医疗执业保险，构建和谐医患关系。

（九）完善多方监管机制。强化卫生计生行政部门（含中医药管理部门）医疗服务监管职能，统一规划、统一准入、统一监管，建立属地化、全行业管理体制。强化对医院经济运行和财务活动的会计监督，加强审计监督。加强医院信息公开，建立定期公示制度，运用信息系统采集数据，重点公开财务状况、绩效考核、质量安全、价格和医疗费用等信息。二级以上公立医院相关信息每年向社会公布。充分发挥医疗行业协会、学会等社会组织作用，加强行业自律、监督和职业道德建设，引导医疗机构依法经营、严格自律。发挥人大、监察、审计机关以及社会层面的监督作用。探索对公立医院进行第三方专业机构评价，强化社会监督。

三、建立公立医院运行新机制

（十）破除以药补医机制。试点城市所有公立医院推进医药分开，积极探索多种有效方式改革以药补医机制，取消药品加成（中药饮片除外）。将公立医院补偿由服务收费、药品加成收入和政府补助三个渠道改为服务收费和政府补助两个渠道。通过调整医疗服务价格、加大政府投入、改革支付方式、降低医院运行成本等，建立科学合理的补偿机制。对医院的药品贮藏、保管、损耗等费用列入医院运行成本予以补偿。采取综合措施切断医院和医务人员与药品间的利益链，完善医药费用管控制度，严格控制医药费用不合理增长。按照总量控制、结构调整的办法，改变公立医院收入结构，提高业务收入中技术劳务性收入的比重，降低药品和卫生材料收入的比重，确保公立医院良性运行和发展。力争到2017年试点城市公立医院药占比（不含中药饮片）总体降到30%左右；百元医疗收入（不含药品收入）中消耗的卫生材料降到20元以下。

（十一）降低药品和医用耗材费用。改革药品价格监管方式，规范高值医用耗材的价格行为。减少药品和医用耗材流通环节，规范流通经营和企业自主定价行为。全面落实《国务院办公厅关于完善公立医院药品集中采购工作的指导意见》（国办发〔2015〕7号），允许试点城市以市为单位，按照有利于破除以药补医机制、降低药品虚高价格、预防和遏制腐败行为、推动药品生产流通企业整合重组的原则，在省级药品集中采购平台上自行采购。试点城市成交价格不得高于省级中标价格。如果试点城市成交价格明显低于省级中标价格，省级中标价格应按试点城市成交价格调整。可结合实际鼓励省际跨区域、专科医院等联合采购。高值医用耗材必须通过省级集中采购平台进行阳光采购，网上公开交易。在保证质量的前提下鼓励采购国产高值医用耗材。加强药品质量安全监管，严格市场准入和药品注册审批，保障药品的供应配送和质量安全。采取多种形式推进医药分开，患者可自主选择在医院门诊药房或凭处方到零售药店购药。加强合理用药和处方监管，采取处方负面清单管理、处方点评等形式控制抗菌药物不合理使用，强化激素类药物、抗肿瘤药物、辅助用药的临床使用干预。

（十二）理顺医疗服务价格。在保证公立医院良性运行、医保基金可承受、群众整体负担不增加的前提下，试点城市要在2015年制定出台公立医院医疗服务价格改革方案。经科学测算，在降低药品、医用耗材费用和取消药品加成的同时，降低大型医用设备检查治疗价格，合理调整提升体现医务人员技术劳务价值的医疗服务价格，特别是诊疗、手术、护理、床位、中医等服务项目价格。改革价格形成机制，逐步减少按项目定价的医疗服务项目数量，积极探索按病种、按服务单元定价。逐步理顺不同级别医疗机构间和医疗服务项目的比价关系，建立以成本和收入结构变化为基础的价格动态调整机制。公立医院由政府投资购置的大型设备，按扣除折旧后的成本制定检查价格；对符合规划及相关政策规定的贷款或集资购置的大型设备，由政府按扣除折旧后的价格回购，回购有困难的限期降低检查价格。医疗服务价格、医保支付、分级诊疗等政策要相互衔接。加强医药价格监管，建立价格监测和预警机制，及时防范价格异动。加大对价格垄断和欺诈等违法行为的查处力度。

（十三）落实政府投入责任。各级政府要落实符合区域卫生规划的公立医院基本建设和设备购置、重点学科发展、人才培养、符合国家规定的离退休人员费用和政策性亏损补贴等投入，对公立医院承担的公共卫生任务给予专项补助，保障政府指定的紧急救治、救灾、援外、支农、支边和城乡医院对口支援等公共服务经费。落实对中医院（民族医院）、传染病院、精神病院、职业病防治院、妇产医院、儿童医院以及康复医院等专科医院的投入倾斜政策。改革财政补助方式，强化财政补助与公立医院的绩效考核结果挂钩关系。完善政府购买服务机制。

四、强化医保支付和监控作用

（十四）深化医保支付方式改革。充分发挥基本医保的基础性作用，强化医保基金收支预算，建立以按病种付费为主，按人头付费、按服务单元付费等复合型付费方式，逐步减少按项目付费。鼓励推行按疾病诊断相关组（DRGs）付费方式。2015年医保支付方式改革要覆盖区域内所有公立医院，并逐步覆盖所有医疗服务。综合考虑医疗服务质量安全、基本医疗需求等因素制定临床路径，加快推进临床路径管理。到2015年底，试点城市实施临床路径管理的病例数要达到公立医院出院病例数的30%，同步扩大按病种付费的病种数和住院患者按病种付费的覆盖面，实行按病种付费的病种不少于100个。加快建立各类医疗保险经办机构和定点医疗机构之间公开、平等的谈判协商机制和风险分担机制。充分发挥各类医疗保险对医疗服务行为和费用的调控引导与监督制约作用，有效控制医疗成本，逐步将医保对医疗机构服务监管延伸到对医务人员医疗服务行为的监管。利用商业健康保险公司的专业知识，发挥其第三方购买者的作用，帮助缓解医患信息不对称和医患矛盾问题。

（十五）逐步提高保障绩效。逐步提升医保保障水平，逐步缩小政策范围内住院费用支付比例与实际住院费用支付比例间的差距。在规范日间手术和中医非药物诊疗技术的基础上，逐步扩大纳入医保支付的日间手术和医疗机构中药制剂、针灸、治疗性推拿等中医非药物诊疗技术范围，鼓励提供和使用适宜的中医药服务。建立疾病应急救助制度。全面实施城乡居民大病保险。推进商业健康保险发展。加强基本医保、城乡居民大病保险、职工补充医疗保险、医疗救助、商业健康保险等多种保障制度的衔接，进一步减轻群众医药费用负担。

五、建立符合医疗行业特点的人事薪酬制度

（十六）深化编制人事制度改革。在地方现有编制总量内，合理核定公立医院编制总量，创新公立医院机构编制管理方式，逐步实行编制备案制，建立动态调整机制。在岗位设置、收入分配、职称评定、管理使用等方面，对编制内外人员待遇统筹考虑，按照国家规定推进养老保险制度改革。实行聘用制度和岗位管理制度，人员由身份管理向岗位管理转变，定编定岗不固定人员，形成能进能出、能上能下的灵活用人机制。落实公立医院用人自主权，对医院紧缺、高层次人才，可按规定由医院采取考察的方式予以招聘，结果公开。

（十七）合理确定医务人员薪酬水平。根据医疗行业培养周期长、职业风险高、技术难度大、责任担当重等特点，国家有关部门要加快研究制定符合医疗卫生行业特点的薪酬改革方案。在方案出台前，试点城市可先行探索制定公立医院绩效工资总量核定办法，着力体现医务人员技术劳务价值，合理确定医务人员收入水平，并建立动态调整机制。完善绩效工资制度，公立医院通过科学的绩效考核自主进行收入分配，做到多劳多得、优绩优酬，重点向临床一线、业务骨干、关键岗位以及支援基层和有突出贡献的人员倾斜，合理拉开收入差距。

（十八）强化医务人员绩效考核。公立医院负责内部考核与奖惩，突出岗位工作量、服务质量、行为规范、技术能力、医德医风和患者满意度，将考核结果与医务人员的岗位聘用、职称晋升、个人薪酬挂钩。完善公立医院用药管理，严格控制高值医用耗材的不合理使用。严禁给医务人员设定创收指标，医务人员个人薪酬不得与医院的药品、耗材、大型医学检查等业务收入挂钩。

六、构建各类医疗机构协同发展的服务体系

（十九）优化城市公立医院规划布局。按照《国务院办公厅关于印发全国医疗卫生服务体系规划纲要（2015—2020 年）的通知》（国办发〔2015〕14 号）要求以及本省（区、市）卫生资源配置标准，并结合服务人口与服务半径、城镇化发展水平和群众医疗需求变化，制定区域卫生规划、人才队伍规划和医疗机构设置规划。国家、省级卫生计生部门及相关部门要加强指导和协调，将区域内各方面、各层次医疗卫生资源纳入规划统筹考虑。要把落实规划情况作为医院建设、财政投入、绩效考核、医保支付、人员配置、床位设置等的依据，增强规划的约束力，定期向社会公示规划执行情况。从严控制公立医院床位规模、建设标准和大型医用设备配备，对超出规模标准的公立医院，要采取综合措施，逐步压缩床位。公立医院优先配置国产医用设备。严禁公立医院举债建设和超标准装修。控制公立医院特需服务规模，提供特需服务的比例不超

过全部医疗服务的10%。

（二十）推进社会力量参与公立医院改革。按照区域卫生规划和医疗机构设置规划，合理把控公立医院数量、布局和结构，鼓励企业、慈善机构、基金会、商业保险机构等社会力量办医，扩大卫生资源总量。鼓励采取迁建、整合、转型等多种途径将部分城市二级医院改造为社区卫生服务机构、专科医院、老年护理和康复等机构。鼓励社会力量以出资新建、参与改制等多种形式投资医疗，优先支持举办非营利性医疗机构。公立医院资源丰富的城市，可选择部分公立医院引入社会资本进行改制试点，加强有形资产和无形资产的评估，防止国有资产流失，要坚持规范有序、监管有力，确保公开公平公正，维护职工合法权益。

（二十一）强化分工协作机制。引导各级公立医院与基层医疗卫生机构建立目标明确、权责清晰的分工协作机制，加强公立医院与专业公共卫生机构的沟通与协作。以提升基层医疗卫生服务能力为导向，以业务、技术、管理、资产等为纽带，探索构建包括医疗联合体在内的各种分工协作模式，完善管理运行机制，并引导开展有序竞争。在统一质量控制标准前提下，实行同级医疗机构医学检查检验结果互认。可探索整合和利用现有资源，设置专门的医学影像、病理学诊断和医学检验医疗机构，促进医疗机构之间大型医用设备共享使用。

（二十二）加强人才队伍培养和提升服务能力。推进医教研协同发展。2015年，试点城市要实施住院医师规范化培训，原则上所有城市公立医院新进医疗岗位的本科及以上学历临床医师均应接受住院医师规范化培训。积极扩大全科及儿科、精神科等急需紧缺专业的培训规模。推动三级综合医院设立全科医学科。推动建立专科医师规范化培训制度，加强公立医院骨干医生培养和临床重点专科建设。加强继续教育的针对性和有效性，创新教育模式及管理方法，强化职业综合素质教育和业务技术培训。加强公立医院院长职业培训。探索建立以需求为导向，以医德、能力、业绩为重点的人才评价体系。

七、推动建立分级诊疗制度

（二十三）构建分级诊疗服务模式。推动医疗卫生工作重心下移，医疗卫生资源下沉。按照国家建立分级诊疗制度的政策要求，在试点城市构建基层首诊、双向转诊、急慢分治、上下联动的分级诊疗模式。落实基层首诊，基层医疗卫生机构提供基本医疗和转诊服务，注重发挥全科医生作用，推进全科医生签约服务。逐步增加城市公立医院通过基层医疗卫生机构和全科医生预约挂号和转诊服务号源，上级医院对经基层和全科医生预约或转诊的患者提供优先接诊、优先检查、优先住院等服务。到2015年底，预约转诊占公立医院门诊就诊量的比例要提高到20%以上，减少三级医院普通门诊就诊人次。完善双向转诊程序，各地要制定常见病种出入院标准和双向转诊标准，实现不同级别和类别医疗机构之间有序转诊，重点畅通患者向下转诊渠道，鼓励上级医院出具治疗方案，在下级医院或基层医疗卫生机构实施治疗。推进急慢分治格局的形成，在医院、基层医疗卫生机构和慢性病长期照护机构之间建立起科学合理的分工协作机制，加强基层医疗卫生机构与公立医院药品采购和使用的衔接。可由三级医院专科医师与基层全科医生、护理人员组成医疗团队，对下转慢性病和康复期患者进行管理和指导。推进和规范医师多点执业，促进优质医疗资源下沉到基层。

（二十四）完善与分级诊疗相适应的医保政策。2015 年底前，试点城市要结合分级诊疗工作推进情况，明确促进分级诊疗的医保支付政策。对没有按照转诊程序就医的，降低医保支付比例或按规定不予支付。完善不同级别医疗机构医保差异化支付政策。适当拉开不同级别医疗机构的起付线和支付比例差距，对符合规定的转诊住院患者可以连续计算起付线。

八、加快推进医疗卫生信息化建设

（二十五）加强区域医疗卫生信息平台建设。构建完善的区域人口健康信息平台，建立动态更新的标准化电子健康档案和电子病历数据库，完善技术标准和安全防护体系，逐步实现居民基本健康信息和公共卫生、医疗服务、医疗保障、药品管理、综合管理等应用系统业务协同，促进医疗卫生、医保和药品管理等系统对接、信息共享，推动建立综合监管、科学决策、精细服务的新模式。2015 年底前，实现行政区域内所有二级以上公立医院和 80% 以上的基层医疗卫生机构与区域平台对接。

（二十六）推进医疗信息系统建设与应用。加强医疗卫生机构信息化建设，强化信息技术标准应用和数据安全管理。全面实施健康医疗信息惠民行动计划，方便居民预约诊疗、分时段就诊、共享检验检查结果、诊间付费以及医保费用的即时结算，为药品零售企业通过网上信息系统核实患者提供的医师处方提供便利。依靠大数据支撑，强化对医疗卫生服务的绩效考核和质量监管。加强远程医疗系统建设，强化远程会诊、教育等服务功能，促进优质医疗资源共享。2015 年底前，实现与国家药品电子监管系统对接，积极开展药品电子监管码核注核销；各试点城市基本完成所有二级以上医院信息化标准建设，60% 的基层医疗卫生机构与上级医院建立远程医疗信息系统。

九、强化组织实施

（二十七）明确进度安排。试点地区政府要结合实际，及时出台改革的具体实施方案。明确改革的路线图、时间表，把握好改革重点任务、优先顺序、推进方式，做到科学测算、分类施策、务实操作、务求突破。建立试点地区的国家、省、市公立医院改革联动机制，确保试点区域内所有公立医院均纳入改革范围整体推进。所辖县及县级市要按照国家关于县级公立医院综合改革的政策要求推进改革。综合医改试点省份要将城市公立医院改革作为改革重中之重，加强组织领导、政策指导和督促推进，在体制机制创新方面取得新突破，并统筹推进医疗保障、医疗服务、药品供应、公共卫生、监管体制等综合改革，率先实现医改总体目标。

（二十八）强化组织保障。各地区要将公立医院改革作为当地全面深化改革的重要内容，试点城市主要领导负总责，分管领导具体负责，围绕公立医院改革政策，分解工作任务，明确各部门职责，责任到人，确保落实。国家和省级层面也要明确任务分工，卫生计生、财政、发展改革、价格、编制、人力资源社会保障、中医药、教育等相关部门各司其职，进一步解放思想，强化对地方试点的支持和指导，完善配套改革措施，密切配合，综合推进。

（二十九）加强督导评价。各省（区、市）要建立督导、考核、评估、问责机制，督促试点城市整体推进改革任务，并将公立医院改革工作纳入试点城市政府绩效考核内容。相关部门要加强对城市公立医院改革试点工作的指导，制定改革效果评价指标体系。探索对试点城市改革效果进行第三方评估。建立试点城市改革推进情况定期通报和退出机制，对改革进展滞后的地区向省级人民政府通报并实行问责，收回有关补助资金。

（三十）及时总结宣传。各有关部门要密切跟踪工作进展，及时总结经验，研究解决改革中出现的问题。对于相对成熟的改革经验，要加快推广应用。大力宣传和解读改革的政策措施，加大正面宣传力度，合理引导社会舆论和群众预期，凝聚共识、增强信心，营造改革的良好氛围。做好医务人员的宣传动员工作，发掘和宣传先进典型，调动广大医务人员参与改革的积极性、主动性。开展对地方各级政府、相关部门领导干部和公立医院管理者的政策培训，提高政策水平和执行力，确保改革顺利推进。

国务院办公厅
2015 年 5 月 6 日

关于推进分级诊疗制度建设的指导意见

国办发〔2015〕70号

各省、自治区、直辖市人民政府，国务院各部委、各直属机构：

建立分级诊疗制度，是合理配置医疗资源、促进基本医疗卫生服务均等化的重要举措，是深化医药卫生体制改革、建立中国特色基本医疗卫生制度的重要内容，对于促进医药卫生事业长远健康发展、提高人民健康水平、保障和改善民生具有重要意义。为贯彻落实《中共中央关于全面深化改革若干重大问题的决定》和《中共中央 国务院关于深化医药卫生体制改革的意见》精神，指导各地推进分级诊疗制度建设，经国务院同意，现提出如下意见。

一、总体要求

（一）指导思想。全面贯彻党的十八大和十八届二中、三中、四中全会精神，认真落实党中央、国务院决策部署，立足我国经济社会和医药卫生事业发展实际，遵循医学科学规律，按照以人为本、群众自愿、统筹城乡、创新机制的原则，以提高基层医疗服务能力为重点，以常见病、多发病、慢性病分级诊疗为突破口，完善服务网络、运行机制和激励机制，引导优质医疗资源下沉，形成科学合理就医秩序，逐步建立符合国情的分级诊疗制度，切实促进基本医疗卫生服务的公平可及。

（二）目标任务。

到2017年，分级诊疗政策体系逐步完善，医疗卫生机构分工协作机制基本形成，优质医疗资源有序有效下沉，以全科医生为重点的基层医疗卫生人才队伍建设得到加强，医疗资源利用效率和整体效益进一步提高，基层医疗卫生机构诊疗量占总诊疗量比例明显提升，就医秩序更加合理规范。

到2020年，分级诊疗服务能力全面提升，保障机制逐步健全，布局合理、规模适当、层级优化、职责明晰、功能完善、富有效率的医疗服务体系基本构建，基层首诊、双向转诊、急慢分治、上下联动的分级诊疗模式逐步形成，基本建立符合国情的分级诊疗制度。

——基层首诊。坚持群众自愿、政策引导，鼓励并逐步规范常见病、多发病患者首先到基层医疗卫生机构就诊，对于超出基层医疗卫生机构功能定位和服务能力的疾病，由基层医疗卫生机构为患者提供转诊服务。

——双向转诊。坚持科学就医、方便群众、提高效率，完善双向转诊程序，建立健全转诊指导目录，重点畅通慢性期、恢复期患者向下转诊渠道，逐步实现不同级别、不同类别医疗机构之间的有序转诊。

——急慢分治。明确和落实各级各类医疗机构急慢病诊疗服务功能，完善治疗—康复—长期护理服务链，为患者提供科学、适宜、连续性的诊疗服务。急危重症患者可以直接到二级以上医院就诊。

——上下联动。引导不同级别、不同类别医疗机构建立目标明确、权责清晰的分工协作机制，以促进优质医疗资源下沉为重点，推动医疗资源合理配置和纵向流动。

二、以强基层为重点完善分级诊疗服务体系

（一）明确各级各类医疗机构诊疗服务功能定位。城市三级医院主要提供急危重症和疑难复杂疾病的诊疗服务。城市三级中医医院充分利用中医药（含民族医药，下同）技术方法和现代科学技术，提供急危重症和疑难复杂疾病的中医诊疗服务和中医优势病种的中医门诊诊疗服务。城市二级医院主要接收三级医院转诊的急性病恢复期患者、术后恢复期患者及危重症稳定期患者。县级医院主要提供县域内常见病、多发病诊疗，以及急危重症患者抢救和疑难复杂疾病向上转诊服务。基层医疗卫生机构和康复医院、护理院等（以下统称慢性病医疗机构）为诊断明确、病情稳定的慢性病患者、康复期患者、老年病患者、晚期肿瘤患者等提供治疗、康复、护理服务。

（二）加强基层医疗卫生人才队伍建设。通过基层在岗医师转岗培训、全科医生定向培养、提升基层在岗医师学历层次等方式，多渠道培养全科医生，逐步向全科医生规范化培养过渡，实现城乡每万名居民有2—3名合格的全科医生。加强全科医生规范化培养基地建设和管理，规范培养内容和方法，提高全科医生的基本医疗和公共卫生服务能力，发挥全科医生的居民健康“守门人”作用。建立全科医生激励机制，在绩效工资分配、岗位设置、教育培训等方面向全科医生倾斜。加强康复治疗师、护理人员等专业人员培养，满足人民群众多层次、多样化健康服务需求。

（三）大力提高基层医疗卫生服务能力。通过政府举办或购买服务等方式，科学布局基层医疗卫生机构，合理划分服务区域，加强标准化建设，实现城乡居民全覆盖。通过组建医疗联合体、对口支援、医师多点执业等方式，鼓励城市二级以上医院医师到基层医疗卫生机构多点执业，或者定期出诊、巡诊，提高基层服务能力。合理确定基层医疗卫生机构配备使用药品品种和数量，加强二级以上医院与基层医疗卫生机构用药衔接，满足患者需求。强化乡镇卫生院基本医疗服务功能，提升急诊抢救、二级以下常规手术、正常分娩、高危孕产妇筛查、儿科等医疗服务能力。大力推进社会办医，简化个体行医准入审批程序，鼓励符合条件的医师开办个体诊所，就地就近为基层群众服务。提升基层医疗卫生机构中医药服务能力和医疗康复服务能力，加强中医药特色诊疗区建设，推广中医药综合服务模式，充分发挥中医药在常见病、多发病和慢性病防治中的作用。在民族地区要充分发挥少数民族医药在服务各族群众中的特殊作用。

（四）全面提升县级公立医院综合能力。根据服务人口、疾病谱、诊疗需求等因素，合理确定县级公立医院数量和规模。按照“填平补齐”原则，加强县级公立医院临床专科建设，重点加强县域内常见病、多发病相关专业，以及传染病、精神病、急诊急救、重症医学、肾脏内科（血液透析）、妇产科、儿科、中医、康复等临床专科建设，提升县级公立医院综合服务能力。在具备能力和保障安全的前提下，适当放开县级公立医院医疗技术临床应用限制。县级中医医院同时重点加强内科、外科、妇科、儿科、针灸、推拿、骨伤、肿瘤等中医特色专科和临床薄弱专科、医技科室建设，提高中医优势病种诊疗能力和综合服务能力。通过上述措施，将县域内就诊率提高到90%左右，基本实现大病不出县。

（五）整合推进区域医疗资源共享。整合二级以上医院现有的检查检验、消毒供应中心等资源，向基层医疗卫生机构和慢性病医疗机构开放。探索设置独立的区域医学检验机构、病理诊断机构、医学影像检查机构、消毒供应机构和血液净化机构，实现区域资源共享。加强医疗质量控制，推进同级医疗机构间以及医疗机构与独立检查检验机构间检查检验结果互认。

（六）加快推进医疗卫生信息化建设。加快全民健康保障信息化工程建设，建立区域性医疗卫生信息平台，实现电子健康档案和电子病历的连续记录以及不同级别、不同类别医疗机构之间的信息共享，确保转诊信息畅通。提升远程医疗服务能力，利用信息化手段促进医疗资源纵向流动，提高优质医疗资源可及性和医疗服务整体效率，鼓励二、三级医院向基层医疗卫生机构提供远程会诊、远程病理诊断、远程影像诊断、远程心电图诊断、远程培训等服务，鼓励有条件的地方探索“基层检查、上级诊断”的有效模式。促进跨地域、跨机构就诊信息共享。发展基于互联网的医疗卫生服务，充分发挥互联网、大数据等信息技术手段在分级诊疗中的作用。

三、建立健全分级诊疗保障机制

（一）完善医疗资源合理配置机制。强化区域卫生规划和医疗机构设置规划在医疗资源配置方面的引导和约束作用。制定不同级别、不同类别医疗机构服务能力标准，通过行政管理、财政投入、绩效考核、医保支付等激励约束措施，引导各级各类医疗机构落实功能定位。重点控制三级综合医院数量和规模，建立以病种结构、服务辐射范围、功能任务完成情况、人才培养、工作效率为核心的公立医院床位调控机制，严控医院床位规模不合理扩张。三级医院重点发挥在医学科学、技术创新和人才培养等方面的引领作用，逐步减少常见病、多发病复诊和诊断明确、病情稳定的慢性病等普通门诊，分流慢性病患者，缩短平均住院日，提高运行效率。对基层中医药服务能力不足及薄弱地区的中医医院应区别对待。支持慢性病医疗机构发展，鼓励医疗资源丰富地区的部分二级医院转型为慢性病医疗机构。

（二）建立基层签约服务制度。通过政策引导，推进居民或家庭自愿与签约医生团队签订服务协议。签约医生团队由二级以上医院医师与基层医疗卫生机构的医务人员组成，探索个体诊所开展签约服务。签约服务以老年人、慢性病和严重精神障碍患者、孕产妇、儿童、残疾人等为重点人群，逐步扩展到普通人群。明确签约服务内容和签约条件，确定双方责任、权利、义务及其他有关事项。根据服务半径和服务人口，合理划分签约医生团队责任区域，实行网格化管理。签约医生团队负责提供约定的基本医疗、公共卫生和健康管理服务。规范签约服务收费，完善签约服务激励约束机制。签约服务费用主要由医保基金、签约居民付费和基本公共卫生服务经费等渠道解决。签约医生或签约医生团队向签约居民提供约定的基本医疗卫生服务，除按规定收取签约服务费外，不得另行收取其他费用。探索提供差异性服务、分类签约、有偿签约等多种签约服务形式，满足居民多层次服务需求。慢性病患者可以由签约医生开具慢性病长期药品处方，探索多种形式满足患者用药需求。

（三）推进医保支付制度改革。按照分级诊疗工作要求，及时调整完善医保政策。发挥各类医疗保险对医疗服务供需双方的引导作用和对医疗费用的控制作用。推进医保支付方式改革，强化医保基金收支预算，建立以按病种付费为主，按人头付费、按服务单元付费等复合型付费方式，探索基层医疗卫生机构慢性病患者按人头打包付费。继续完善居民医保门诊统筹等相关政策。完善不同级别医疗机构的医保差异化支付政策，适当提高基层医疗卫生机构医保支付比例，对符合规定的转诊住院患者可以连续计算起付线，促进患者有序流动。将符合条件的基层医疗卫生机构和慢性病医疗机构按规定纳入基本医疗保险定点范围。

（四）健全医疗服务价格形成机制。合理制定和调整医疗服务价格，对医疗机构落实功能定位、患者合理选择就医机构形成有效的激励引导。根据价格总体水平调控情况，按照总量控制、结构调整、有升有降、逐步到位的原则，在降低药品和医用耗材费用、大型医用设备检查治疗价格的基础上，提高体现医务人员技术劳务价值的项目价格。理顺医疗服务比价关系，建立医疗服务价格动态调整机制。

（五）建立完善利益分配机制。通过改革医保支付方式、加强费用控制等手段，引导二级以上医院向下转诊诊断明确、病情稳定的慢性病患者，主动承担疑难复杂疾病患者诊疗服务。完善基层医疗卫生机构绩效工资分配机制，向签约服务的医务人员倾斜。

（六）构建医疗卫生机构分工协作机制。以提升基层医疗卫生服务能力为导向，以业务、技术、管理、资产等为纽带，探索建立包括医疗联合体、对口支援在内的多种分工协作模式，完善管理运行机制。上级医院对转诊患者提供优先接诊、优先检查、优先住院等服务。鼓励上级医院出具药物治疗方案，在下级医院或者基层医疗卫生机构实施治疗。对需要住院治疗的急危重症患者、手术患者，通过制定和落实入、出院标准和双向转诊原则，实现各级医疗机构之间的顺畅转诊。基层医疗卫生机构可以与二级以上医院、慢性病医疗机构等协同，为慢性病、老年病等患者提供老年护理、家庭护理、社区护理、互助护理、家庭病床、医疗康复等服务。充分发挥不同举办主体医疗机构在分工协作机制中的作用。

四、组织实施

（一）加强组织领导。分级诊疗工作涉及面广、政策性强，具有长期性和复杂性，地方各级政府和相关部门要本着坚持不懈、持之以恒的原则，切实加强组织领导，将其作为核心任务纳入深化医药卫生体制改革工作的总体安排，建立相关协调机制，明确任务分工，结合本地实际，研究制定切实可行的实施方案。

（二）明确部门职责。卫生计生行政部门（含中医药管理部门）要加强对医疗机构规划、设置、审批和医疗服务行为的监管，明确双向转诊制度，优化转诊流程，牵头制定常见疾病入、出院和双向转诊标准，完善新型农村合作医疗制度支付政策，指导相关学（协）会制定完善相关疾病诊疗指南和临床路径。发展改革（价格）部门要完善医药价格政策，落实分级定价措施。人力资源社会保障部门要加强监管，完善医保支付政策，推进医保支付方式改革，完善绩效工资分配机制。财政部门要落实财政补助政策。其他有关部门要按照职责分工，及时出台配套政策，抓好贯彻落实。

（三）稳妥推进试点。地方各级政府要坚持从实际出发，因地制宜，以多种形式推进分级诊疗试点工作。2015 年，所有公立医院改革试点城市和综合医改试点省份都要开展分级诊疗试点，鼓励有条件的省（区、市）增加分级诊疗试点地区。以高血压、糖尿病、肿瘤、心脑血管疾病等慢性病为突破口，开展分级诊疗试点工作，2015 年重点做好高血压、糖尿病分级诊疗试点工作。探索结核病等慢性传染病分级诊疗和患者综合管理服务模式。国家卫生计生委要会同有关部门对分级诊疗试点工作进行指导，及时总结经验并通报进展情况。

（四）强化宣传引导。开展针对行政管理人员和医务人员的政策培训，把建立分级诊疗制度作为履行社会责任、促进事业发展的必然要求，进一步统一思想、凝聚共识，增强主动性，提高积极性。充分发挥公共媒体作用，广泛宣传疾病防治知识，促进患者树立科学就医理念，提高科学就医能力，合理选择就诊医疗机构。加强对基层医疗卫生机构服务能力提升和分级诊疗工作的宣传，引导群众提高对基层医疗卫生机构和分级诊疗的认知度和认可度，改变就医观念和习惯，就近、优先选择基层医疗卫生机构就诊。

附件：分级诊疗试点工作考核评价标准

国务院办公厅
2015 年 9 月 8 日

附件

分级诊疗试点工作考核评价标准

到 2017 年，分级诊疗试点工作应当达到以下标准：

一、基层医疗卫生机构建设达标率≥95%，基层医疗卫生机构诊疗量占总诊疗量比例≥65%；

二、试点地区 30 万以上人口的县至少拥有一所二级甲等综合医院和一所二级甲等中医医院，县域内就诊率提高到 90% 左右，基本实现大病不出县；

三、每万名城市居民拥有 2 名以上全科医生，每个乡镇卫生院拥有 1 名以上全科医生，城市全科医生签约服务覆盖率≥30%；

四、居民 2 周患病首选基层医疗卫生机构的比例≥70%；

五、远程医疗服务覆盖试点地区 50% 以上的县（市、区）；

六、整合现有医疗卫生信息系统，完善分级诊疗信息管理功能，基本覆盖全部二、三级医院和 80% 以上的乡镇卫生院和社区卫生服务中心；

七、由二、三级医院向基层医疗卫生机构、慢性病医疗机构转诊的人数年增长率在 10% 以上；

八、全部社区卫生服务中心、乡镇卫生院与二、三级医院建立稳定的技术帮扶和分工协作关系；

九、试点地区城市高血压、糖尿病患者规范化诊疗和管理率达到 40% 以上；

十、提供中医药服务的社区卫生服务中心、乡镇卫生院、社区卫生服务站、村卫生室占同类机构之比分别达到 100%、100%、85%、70%，基层医疗卫生机构中医诊疗量占同类机构诊疗总量比例≥30%。

国务院办公厅转发卫生计生委等部门关于推进医疗卫生与养老服务相结合指导意见的通知

（国办发〔2015〕84号）

各省、自治区、直辖市人民政府，国务院各部委、各直属机构：

卫生计生委、民政部、发展改革委、财政部、人力资源社会保障部、国土资源部、住房城乡建设部、全国老龄办、中医药局《关于推进医疗卫生与养老服务相结合的指导意见》已经国务院同意，现转发给你们，请认真贯彻执行。

国务院办公厅

2015年11月18日

关于推进医疗卫生与养老服务相结合的指导意见

（卫生计生委 民政部 发展改革委 财政部 人力资源社会保障部 国土资源部 住房城乡建设部 全国老龄办 中医药局）

为贯彻落实《国务院关于加快发展养老服务业的若干意见》（国发〔2013〕35号）和《国务院关于促进健康服务业发展的若干意见》（国发〔2013〕40号）等文件要求，进一步推进医疗卫生与养老服务相结合，现提出以下意见。

一、充分认识推进医疗卫生与养老服务相结合的重要性

我国是世界上老年人口最多的国家，老龄化速度较快。失能、部分失能老年人口大幅增加，老年人的医疗卫生服务需求和生活照料需求叠加的趋势越来越显著，健康养老服务需求日益强劲，目前有限的医疗卫生和养老服务资源以及彼此相对独立的服务体系远远不能满足老年人的需要，迫切需要为老年人提供医疗卫生与养老相结合的服务。医疗卫生与养老服务相结合，是社会各界普遍关注的重大民生问题，是积极应对人口老龄化的长久之计，是我国经济发展新常态下重要的经济增长点。加快推进医疗卫生与养老服务相结合，有利于满足人民群众日益增长的多层次、多样化健康养老服务需求，有利于扩大内需、拉动消费、增加就业，有利于推动经济持续健康发展和社会和谐稳定，对稳增长、促改革、调结构、惠民生和全面建成小康社会具有重要意义。

二、基本原则和发展目标

（一）基本原则。

保障基本，统筹发展。把保障老年人基本健康养老需求放在首位，对有需求的失能、部分失能老年人，以机构为依托，做好康复护理服务，着力保障特殊困难老年人的健康养老服务需求；对多数老年人，以社区和居家养老为主，通过医养有机融合，确保人人享有基本健康养老服务。推动普遍性服务和个性化服务协同发展，满足多层次、多样化的健康养老需求。

政府引导，市场驱动。发挥政府在制定规划、出台政策、引导投入、规范市场、营造环境等方面的引导作用，统筹各方资源，推动形成互利共赢的发展格局。充分发挥市场在资源配置中的决定性作用，营造平等参与、公平竞争的市场环境，充分调动社会力量的积极性和创造性。

深化改革，创新机制。加快政府职能转变，创新服务供给和资金保障方式，积极推进政府购买服务，激发各类服务主体潜力和活力，提高医养结合服务水平和效率。加强部门协作，提升政策引导、服务监管等工作的系统性和协同性，促进行业融合发展。

（二）发展目标。

到2017年，医养结合政策体系、标准规范和管理制度初步建立，符合需求的专业化医养结合人才培养制度基本形成，建成一批兼具医疗卫生和养老服务资质和能力的医疗卫生机构或养老机构（以下统称医养结合机构），逐步提升基层医疗卫生机构为居家老年人提供上门服务的能力，80%以上的医疗机构开设为老年人提供挂号、就医等便利服务的绿色通道，50%以上的养老机构能够以不同形式为入住老年人提供医疗卫生服务，老年人健康养老服务可及性明显提升。

到2020年，符合国情的医养结合体制机制和政策法规体系基本建立，医疗卫生和养老服务资源实现有序共享，覆盖城乡、规模适宜、功能合理、综合连续的医养结合服务网络基本形成，基层医疗卫生机构为居家老年人提供上门服务的能力明显提升。所有医疗机构开设为老年人提供挂号、就医等便利服务的绿色通道，所有养老机构能够以不同形式为入住老年人提供医疗卫生服务，基本适应老年人健康养老服务需求。

三、重点任务

（三）建立健全医疗卫生机构与养老机构合作机制。鼓励养老机构与周边的医疗卫生机构开展多种形式的协议合作，建立健全协作机制，本着互利互惠原则，明确双方责任。医疗卫生机构为养老机构开通预约就诊绿色通道，为入住老年人提供医疗巡诊、健康管理、保健咨询、预约就诊、急诊急救、中医养生保健等服务，确保入住老年人能够得到及时有效的医疗救治。养老机构内设的具备条件的医疗机构可作为医院（含中医医院）收治老年人的后期康复护理场所。鼓励二级以上综合医院（含中医医院，下同）与养老机构开展对口支援、合作共建。通过建设医疗养老联合体等多种方式，整合医疗、康复、养老和护理资源，为老年人提供治疗期住院、康复期护理、稳定期生活照料以及临终关怀一体化的健康和养老服务。

（四）支持养老机构开展医疗服务。养老机构可根据服务需求和自身能力，按相关规定申请开办老年病医院、康复医院、护理院、中医医院、临终关怀机构等，也可内设医务室或护理站，提高养老机构提供基本医疗服务的能力。养老机构设置的医疗机构要符合国家法律法规和卫生计生行政部门、中医药管理部门的有关规定，符合医疗机构基本标准，并按规定由相关部门实施准入和管理，依法依规开展医疗卫生服务。卫生计生行政部门和中医药管理部门要加大政策规划支持和技术指导力度。养老机构设置的医疗机构，符合条件的可按规定纳入城乡基本医疗保险定点范围。鼓励执业医师到养老机构设置的医疗机构多点执业，支持有相关专业特长的医师及专业人员在养老机构规范开展疾病预防、营养、中医调理养生等非诊疗行为的健康服务。

（五）推动医疗卫生服务延伸至社区、家庭。充分依托社区各类服务和信息网络平台，实现基层医疗卫生机构与社区养老服务机构的无缝对接。发挥卫生计生系统服务网络优势，结合基本公共卫生服务的开展为老年人建立健康档案，并为65岁以上老年人提供健康管理服务，到2020年65岁以上老年人健康管理率达到70%以上。鼓励为社区高龄、重病、失能、部分失能以及计划生育特殊家庭等行动不便或确有困难的老年人，提供定期体检、上门巡诊、家庭病床、社区护理、健康管理等基本服务。推进基层医疗卫生机构和医务人员与社区、居家养老结合，与老年人家庭建立签约服务关系，为老年人提供连续性的健康管理服务和医疗服务。提高基层医疗卫生机构为居家老年人提供上门服务的能力，规范为居家老年人提供的医疗和护理服务项目，将符合规定的医疗费用纳入医保支付范围。

（六）鼓励社会力量兴办医养结合机构。鼓励社会力量针对老年人健康养老需求，通过市场化运作方式，举办医养结合机构以及老年康复、老年护理等专业医疗机构。在制定医疗卫生和养老相关规划时，要给社会力量举办医养结合机构留出空间。按照“非禁即入”原则，凡符合规划条件和准入资质的，不得以任何理由加以限制。整合审批环节，明确并缩短审批时限，鼓励有条件的地方提供一站式便捷服务。通过特许经营、公建民营、民办公助等模式，支持社会力量举办非营利性医养结合机构。支持企业围绕老年人的预防保健、医疗卫生、康复护理、生活照料、精神慰藉等方面需求，积极开发安全有效的食品药品、康复辅具、日常照护、文化娱乐等老年人用品用具和服务产品。

（七）鼓励医疗卫生机构与养老服务融合发展。鼓励地方因地制宜，采取多种形式实现医疗卫生和养老服务融合发展。统筹医疗卫生与养老服务资源布局，重点加强老年病医院、康复医院、护理院、临终关怀机构建设，公立医院资源丰富的地区可积极稳妥地将部分公立医院转为康复、老年护理等接续性医疗机构。提高综合医院为老年患者服务的能力，有条件的二级以上综合医院要开设老年病科，做好老年慢性病防治和康复护理相关工作。提高基层医疗卫生机构康复、护理床位占比，鼓励其根据服务需求增设老年养护、临终关怀病床。全面落实老年医疗服务优待政策，医疗卫生机构要为老年人特别是高龄、重病、失能及部分失能老年人提供挂号、就诊、转诊、取药、收费、综合诊疗等就医便利服务。有条件的医疗卫生机构可以通过多种形式、依法依规开展养老服务。鼓励各级医疗卫生机构和医务工作志愿者定期为老年人开展义诊。充分发挥中医药（含民族医药，下同）的预防保健特色优势，大力开发中医药与养老服务相结合的系列服务产品。

四、保障措施

（八）完善投融资和财税价格政策。对符合条件的医养结合机构，按规定落实好相关支持政策。拓宽市场化融资渠道，探索政府和社会资本合作（PPP）的投融资模式。鼓励和引导各类金融机构创新金融产品和服务方式，加大金融对医养结合领域的支持力度。有条件的地方可通过由金融和产业资本共同筹资的健康产业投资基金支持医养结合发展。用于社会福利事业的彩票公益金要适当支持开展医养结合服务。积极推进政府购买基本健康养老服务，逐步扩大购买服务范围，完善购买服务内容，各类经营主体平等参与。

（九）加强规划布局和用地保障。各级政府要在土地利用总体规划和城乡规划中统筹考虑医养结合机构发展需要，做好用地规划布局。对非营利性医养结合机构，可采取划拨方式，优先保障用地；对营利性医养结合机构，应当以租赁、出让等有偿方式保障用地，养老机构设置医疗机构，可将在项目中配套建设医疗服务设施相关要求作为土地出让条件，并明确不得分割转让。依法需招标拍卖挂牌出让土地的，应当采取招标拍卖挂牌出让方式。

（十）探索建立多层次长期照护保障体系。继续做好老年人照护服务工作。进一步开发包括长期商业护理保险在内的多种老年护理保险产品，鼓励有条件的地方探索建立长期护理保险制度，积极探索多元化的保险筹资模式，保障老年人长期护理服务需求。鼓励老年人投保长期护理保险产品。建立健全长期照护项目内涵、服务标准以及质量评价等行业规范和体制机制，探索建立从居家、社区到专业机构等比较健全的专业照护服务提供体系。

落实好将偏瘫肢体综合训练、认知知觉功能康复训练、日常生活能力评定等医疗康复项目纳入基本医疗保障范围的政策，为失能、部分失能老年人治疗性康复提供相应保障。

（十一）加强人才队伍建设。做好职称评定、专业技术培训和继续医学教育等方面的制度衔接，对养老机构和医疗卫生机构中的医务人员同等对待。完善薪酬、职称评定等激励机制，鼓励医护人员到医养结合机构执业。建立医疗卫生机构与医养结合机构人员进修轮训机制，促进人才有序流动。将老年医学、康复、护理人才作为急需紧缺人才纳入卫生计生人员培训规划。加强专业技能培训，大力推进养老护理员等职业技能鉴定工作。支持高等院校和中等职业学校增设相关专业课程，加快培养老年医学、康复、护理、营养、心理和社会工作等方面专业人才。

（十二）强化信息支撑。积极开展养老服务和社区服务信息惠民试点，利用老年人基本信息档案、电子健康档案、电子病历等，推动社区养老服务信息平台与区域人口健康信息平台对接，整合信息资源，实现信息共享，为开展医养结合服务提供信息和技术支撑。组织医疗机构开展面向养老机构的远程医疗服务。鼓励各地探索基于互联网的医养结合服务新模式，提高服务的便捷性和针对性。

五、组织实施

（十三）加强组织领导和部门协同。各地区、各有关部门要高度重视，把推进医养结合工作摆在重要位置，纳入深化医药卫生体制改革和促进养老、健康服务业发展的总体部署，各地要及时制定出台推进医养结合的政策措施、规划制度和具体方案。各相关部门要加强协同配合，落实和完善相关优惠扶持政策，共同支持医养结合发展。发展改革部门要将推动医疗卫生与养老服务相结合纳入国民经济和社会发展规划。卫生计生、民政和发展改革部门要做好养老机构和医疗卫生机构建设的规划衔接，加强在规划和审批等环节的合作，制定完善医养结合机构及为居家老年人提供医疗卫生和养老服务的标准规范并加强监管。财政部门要落实相关投入政策，积极支持医养结合发展。人力资源社会保障、卫生计生部门要将符合条件的医养结合机构纳入城乡基本医疗保险定点范围。国土资源部门要切实保障医养结合机构的土地供应。城乡规划主管部门要统筹规划医养结合机构的用地布局。老龄工作部门要做好入住医养结合机构和接受居家医养服务老年人的合法权益保障工作。中医药管理部门要研究制定中医药相关服务标准规范并加强监管，加强中医药适宜技术和服务产品推广，加强中医药健康养老人才培养，做好中医药健康养老工作。

（十四）抓好试点示范。国家选择有条件、有代表性的地区组织开展医养结合试点，规划建设一批特色鲜明、示范性强的医养结合试点项目。各地要结合实际积极探索促进医养结合的有效形式，每个省（区、市）至少设1个省级试点地区，积累经验、逐步推开。卫生计生、民政部门要会同相关部门密切跟踪各地进展，帮助解决试点中的重大问题，及时总结推广好的经验和做法，完善相关政策措施。

（十五）加强考核督查。各地区、各有关部门要建立以落实医养结合政策情况、医养结合服务覆盖率、医疗卫生机构和养老机构无缝对接程度、老年人护理服务质量、老年人满意度等为主要指标的考核评估体系，加强绩效考核。卫生计生、民政部门要会同相关部门加强对医养结合工作的督查，定期通报地方工作进展情况，确保各项政策措施落到实处。

关于适当降低生育保险费率的通知

（人社部发〔2015〕70号）

各省、自治区、直辖市人力资源社会保障厅（局）、财政厅（局），新疆生产建设兵团人力资源社会保障局、财务局：

按照党的十八届三中全会提出的“适时适当降低社会保险费率”的精神，根据生育保险基金实际情况，经国务院同意，自2015年10月1日起，在生育保险基金结余超过合理结存的地区降低生育保险费率。现就有关问题通知如下：

一、统一思想，提高认识，确保政策落到实处

各地生育保险制度建立以来，在促进女性平等就业，均衡用人单位负担，维护女职工权益等方面发挥了重要作用。但也存在着地区间发展不平衡，基金结余偏多，待遇支付不规范等方面的问题。对基金结余多的地区降低生育保险费率，是完善生育保险政策，提高基金使用效率的一个重大举措，也是进一步减轻用人单位负担，促进就业稳定，实施积极财政政策的具体体现。各地要统一思想，充分认识降低生育保险费率的重要意义，确保政策按时落实到位，取得实效。

二、认真测算，降低费率，控制基金结余

生育保险基金合理结存量为相当于6至9个月待遇支付额。各地要根据上一年基金收支和结余情况，以及国家规定的待遇项目和标准进行测算，在确保生育保险待遇落实到位的前提下，通过调整费率，将统筹地区生育保险基金累计结余控制在合理水平。生育保险基金累计结余超过9个月的统筹地区，应将生育保险基金费率调整到用人单位职工工资总额的0.5%以内，具体费率应按照“以支定收、收支平衡”的原则，根据近年来生育保险基金的收支和结余情况确定。

各地要加强对生育保险基金的监测和管理。降低生育保险费率的统筹地区要按程序调整生育保险基金预算，按月进行基金监测。基金累计结余低于3个月支付额度的，要制定预警方案，并向统筹地区政府和省级人力资源社会保障、财政部门报告。要通过提高统筹层次，加强基金和医疗服务管理，规范生育保险待遇，力求基金平衡。在生育保险基金累计结余不足支付时，统筹地区要采取加强支出管理、临时补贴、调整费率等方式确保基金收支平衡，确保参保职工按规定享受生育保险待遇。

三、加强组织领导，全面推进实施

各省（区、市）人力资源社会保障、财政部门要加强配合，共同研究落实国务院降低生育保险费率措施。实行省级统筹且基金结余超过9个月的省（区、市），应于9月底前提出降低生育保险费率的办法，报省级人民政府批准后实施。未实行省级统筹的省（区、市），应于8月底前制订本省（区、市）降低生育保险费率的办法，指导各统筹地区制订实施方案，符合降费率规定的统筹地区应于9月底以前发布降低费率的实施方案，以确保10月1日前完成降低生育保险费率的工作。各省（区、市）应于9月底将上述情况报告人力资源社会保障部、财政部。

要加强降低生育保险费率的宣传工作，向工作人员、参保单位和广大职工讲清降低生育保险费率的重大意义，在减轻用人单位负担的同时，调动用人单位参保积极性，切实维护女职工合法权益。要加强与有关部门协调配合，做好人口出生形势的分析和预判。各地在政策调整过程中出现的新情况、新问题，要及时与人力资源社会保障部、财政部进行沟通，采取有效措施，确保工作落实到位。

人力资源社会保障部
财 政 部
2015年7月27日

关于印发《关于做好进城落户农民参加基本医疗保险和关系转移接续工作的办法》的通知

（人社部发〔2015〕80号）

各省、自治区、直辖市人力资源社会保障厅（局）、发展改革委、财政厅（局）、卫生计生委，新疆生产建设兵团人力资源社会保障局、发展改革委、财务局、卫生局：

现将《关于做好进城落户农民参加基本医疗保险和关系转移接续工作的办法》印发你们，请遵照执行。

人力资源社会保障部
国家发展和改革委员会
财 政 部
国家卫生和计划生育委员会
2015年8月27日

关于做好进城落户农民参加基本医疗保险和关系转移接续工作的办法

健全进城落户农民参加基本医疗保险和关系转移接续政策，是落实中央全面深化改革任务的重要举措，有利于推动和统筹城乡发展，促进社会正义和谐；有利于全面提升城镇化质量，促进城镇化健康发展；有利于深入健全全民医保，促进基本医疗保障公平可及。为进一步做好进城落户农民参加基本医疗保险和流动就业人员等基本医疗保险关系转移接续工作，切实维护各类参保人员合法权益，依据《中华人民共和国社会保险法》和基本医疗保险制度有关规定，制定本办法。

一、做好进城落户农民参保工作

进城落户农民是指按照户籍管理制度规定，已将户口由农村迁入城镇的农业转移人口。各级人力资源社会保障部门要积极配合和支持相关部门，做好农业转移人口落户工作，把进城落户农民纳入城镇基本医疗保险制度体系，在农村参加的基本医疗保险规范接入城镇基本医疗保险，确保基本医保待遇连续享受。

进城落户农民根据自身实际参加相应的城镇基本医疗保险。在城镇单位就业并有稳定劳动关系的，按规定随所在单位参加职工基本医疗保险（以下简称职工医保）；以非全日制、临时性工作等灵活形式就业的，可以灵活就业人员身份按规定参加就业地职工医保，也可以选择参加户籍所在地城镇（城乡）居民基本医疗保险（以下简称居民医保）。其他进城落户农民可按规定在落户地参加居民医保，执行当地统一政策。对参加居民医保的进城落户农民按规定给予参保补助，个人按规定缴费。

已参加新型农村合作医疗（以下简称新农合）或居民医保的进城落户农民，实现就业并参加职工医保的，不再享受原参保地新农合或居民医保待遇。要进一步完善相关政策衔接措施，引导进城落户农民及时参保，同时避免重复参保。

二、规范医保关系转移接续手续

进城落户农民和流动就业人员等参加转入地基本医疗保险后，转入地社会（医疗）保险经办机构应依据参保人申请，通知转出地经办机构办理医保关系转移手续，确保管理服务顺畅衔接，避免待遇重复享受。

转出地社会（医疗）保险或新农合经办机构应在参保人办理中止参保（合）手续时为其开具参保（合）凭证。参保（合）凭证是参保人员的重要权益记录，由参保人妥善保管，用于转入地受理医保关系转移申请时，核实参保人身份和转出地社会（医疗）保险经办机构记录的相关信息。

三、妥善处理医保关系转移接续中的有关权益

进城落户农民和流动就业人员等办理基本医疗保险关系转移接续前后，基本医疗保险参保缴费中断不超过 3 个月且补缴中断期间医疗保险费的，不受待遇享受等待期限制，按参保地规定继续参保缴费并享受相应的待遇。

进城落户农民在农村参加新农合等基本医疗保险的参保缴费和权益享受信息等连续记入新参保地业务档案，保证参保记录的完整性和连续性。流动就业人员参加职工医保的缴费年限各地互认，参保人在转出地职工医保记录的缴费年限累计计入转入地职工医保缴费年限记录。

参保人转移基本医疗保险关系时，建立个人账户的，个人账户随本人基本医疗保险关系一同转移。个人账户资金原则上通过经办机构进行划转。

四、做好医保关系转移接续管理服务工作

进一步规范医保关系转移接续业务经办程序。逐步统一各类人员参加基本医疗保险的标识。积极探索推行网上经办、自助服务、手机查询等经办服务模式，引导和帮助用人单位和个人依规主动更新参保信息。加强经办服务管理平台建设，完善和推广社会保险（医疗保险）关系转移接续信息系统，推进标准化建设和数据信息跨地区、跨部门共享，确保跨地区、跨制度参保信息互认和顺畅传递。

社会（医疗）保险经办机构和新农合经办机构要加强沟通协作，进一步做好基本医疗保险关系转移接续管理服务工作。

五、落实组织实施工作

各地人力资源社会保障部门要结合本地区实际，以进城落户农民为重点，做好参保和关系转移接续工作，细化完善政策措施，优化管理服务流程。卫生计生部门要做好进城落户农民医保关系转移接续经办服务工作。财政部门要继续做好居民医保和新

农合财政补助工作，确保资金及时足额到位。发展改革部门要积极支持配合相关部门，将进城落户农民在农村参加的社会保险规范接入城镇社保体系，支持社保经办平台建设。各相关部门加强统筹协调，做好政策衔接，确保基本医疗保险参保人跨制度、跨地区流动时能够连续参保。

本办法从2016年1月1日起执行。《流动就业人员基本医疗保障关系转移接续暂行办法》（人社部发〔2009〕191号）与本办法不符的，按本办法执行。

附件：基本医疗保障参保（合）凭证样式

附件

基本医疗保障参保（合）凭证样式

凭证号：（省简称）（统筹区名）年份（第＊＊＊＊＊＊＊号）　　生成日期：　年　月　日

<table>
<tr><td colspan="7">基本信息</td></tr>
<tr><td rowspan="2">参保人</td><td>姓名</td><td></td><td>身份证号
（社会保障号）</td><td></td><td>医疗保障
编号</td><td></td></tr>
<tr><td>户籍所在地</td><td colspan="3"></td><td>户籍类型</td><td></td></tr>
<tr><td colspan="7">参保信息</td></tr>
<tr><td>基本医疗
保险类型</td><td colspan="2"></td><td>转出地</td><td colspan="3"></td></tr>
<tr><td>参保（合）
时间</td><td colspan="2">起：　年　月
止：　年　月</td><td>其中累计实际
缴费月数</td><td colspan="3">月</td></tr>
<tr><td>个人账户
余额</td><td colspan="6">（大写）　　　　（小写）￥</td></tr>
<tr><td colspan="7">转出地社会保险经办机构信息</td></tr>
<tr><td>机构名称</td><td colspan="6">（盖章）</td></tr>
<tr><td>地址</td><td colspan="6"></td></tr>
<tr><td>行政区划
代码</td><td colspan="2"></td><td>邮政编码</td><td colspan="3"></td></tr>
<tr><td>联系人</td><td colspan="2"></td><td>联系电话</td><td colspan="3"></td></tr>
</table>

填表说明：

①尚未将社会保障号作为职工基本医疗保险、城镇居民基本医疗保险参保人唯一识别码的统筹地区填写医疗保险编号。②此表由参保人转出地社会保险经办机构提供。

注 意 事 项：

1. 本凭证是根据国家有关规定制发，是参保的权益记录以及申请办理基本医疗保险关系转移接续的重要凭证，请妥善保存。
2. 跨统筹地区流动就业人员，有接收单位的，将此凭证交由单位按照规定办理参保手续。
3. 其他跨统筹地区流动就业人员，应携带此凭证及有效证件在3个月内到指定办理机构办理相关登记手续。
4. 本凭证如不慎遗失，请与出具此凭证的社会保险经办机构联系，申请补办。

人力资源和社会保障部、国家卫生和计划生育委员会监制

关于印发控制公立医院医疗费用不合理增长的若干意见的通知

（国卫体改发〔2015〕89号）

各省、自治区、直辖市、新疆生产建设兵团卫生计生委（卫生局），发展改革委，财政（务）厅（局），人力资源社会保障厅（局），中医药管理局：

国家卫生计生委、国家发展改革委、财政部、人力资源社会保障部和国家中医药管理局制定的《关于控制公立医院医疗费用不合理增长的若干意见》已经国务院同意，现印发你们，请各地认真贯彻落实。

国家卫生计生委
国家发展改革委
财　政　部
人力资源社会保障部
国家中医药管理局
2015年10月27日

关于控制公立医院医疗费用不合理增长的若干意见

新一轮医药卫生体制改革实施以来，随着基本医疗保障制度实现全覆盖，基层医疗卫生机构综合改革整体推进，公立医院改革逐步拓展，医院次均费用上涨幅度得到一定控制。但总体上看，医疗费用不合理增长问题仍然存在，突出表现在部分城市公立医院医疗费用总量增幅较快，药品收入占比较大，大型医用设备检查治疗和医用耗材的收入占比增加较快，不合理就医等导致的医疗服务总量增加较快等。为有效控制公立医院医疗费用不合理增长，切实减轻群众医药费用负担，进一步增强改革综合成效，现提出如下意见。

一、总体要求

将控制公立医院医疗费用不合理增长作为深化医改的重要目标和任务，统筹谋划，综合施策，强化规范医疗、完善医保、改革医药等政策联动，推动实现医疗费用增长与经济社会发展、医保基金运行和群众承受能力相协调，切实维护人民群众健康权益，促进医药卫生事业健康发展。坚持总量控制、结构调整，控制医疗费用总量增长速度，合理调整医疗服务价格，降低药品和耗材费用占比，优化公立医院收支结构，实现良性运行。坚持内外兼治、强化监管，加强公立医院内部管理和外部监督，建立健全医疗费用监控和公开机制，改革医保支付方式，规范和引导医疗服务行为。坚持系统治理、防治结合，优化医疗资源配置，逐步建立完善分级诊疗制度，加强疾病防控和健康管理，提高医疗服务体系整体运行效率。坚持立足实际、分层分类，从区域和医疗机构两个层面强化费用调控，根据不同地区医疗费用水平和增长幅度以及医院的功能定位，分类确定控费要求并进行动态调整。

到2016年6月底，各地结合实际合理确定并量化区域医疗费用增长幅度，定期公示主要监测指标，初步建立公立医院医疗费用监测体系，医疗费用不合理增长的势头得到初步遏制，城市公立医院医疗费用总量增幅和门诊病人次均医药费用、住院病人人均医药费用增幅有所下降。到2017年底，公立医院医疗费用控制监测和考核机制逐步建立健全，参保患者医疗费用中个人支出占比逐步降低，居民看病就医负担进一步减轻。

二、采取医疗费用控制综合措施

（一）规范医务人员诊疗行为。推行临床路径管理，采取处方负面清单管理，落实处方点评、抗生素使用、辅助用药、耗材使用管理等制度。加强中药饮片合理应用监管，建立中药饮片处方专项点评制度，促进合理用药。建立对辅助用药、医院超常使用的药品和高值医用耗材等的跟踪监控制度，明确需要重点监控的药品品规数，建立健全以基本药物为重点的临床用药综合评价体系。严格执行医疗机构明码标价和医药费用明晰清单制度。建立符合医疗卫生行业特点的人事薪酬制度。严禁给医务人员设定创收指标，医务人员个人薪酬不得与医院的药品、耗材、大型医用设备检查治疗等业务收入挂钩。

（二）强化医疗机构内控制度。加强预算约束，卫生计生行政部门和中医药管理部门或政府办医机构要根据行业发展规划和医疗费用控制目标，对医院预算进行审核。强化公立医院成本核算，探索建立医疗机构成本信息库。加强信息技术手段的运用，提高公立医院病案、临床路径、药品、耗材、费用审核、财务和预算等方面的精细化管理水平，控制不必要的费用支出。力争到2017年试点城市公立医院百元医疗收入（不含药品收入）中消耗的卫生材料降到20元以下。

（三）严格控制公立医院规模。按照《国务院办公厅关于印发全国医疗卫生服务体系规划纲要（2015—2020年）的通知》（国办发〔2015〕14号）要求以及省级卫生资源配置标准和医疗机构设置规划，合理把控公立医院床位规模，严禁擅自增设床位。严格实施大型医用设备配置规划，加强使用评价和监督管理。严禁公立医院举债建设，严格控制建设标准。

（四）降低药品耗材虚高价格。贯彻落实《国务院办公厅关于完善公立医院药品集中采购工作的指导意见》（国办发〔2015〕7号），实行药品分类采购。对临床用量大、采购金额高、多家企业生产的基本药物和非专利药品，发挥省级集中批量采购优势，由省级药品采购机构采取双信封制公开招标采购。对部分专利药品、独家生产药品，建立公开透明、多方参与的价格谈判机制。加强对药品价格执行情况的监督检查。实施高值医用耗材阳光采购，在保证质量的前提下鼓励采购国产高值医用耗材。严厉查处药品耗材购销领域商业贿赂行为。

（五）推进医保支付方式改革。逐步对统筹区域内所有定点医疗机构及其所有病种全面实行支付方式改革。强化医保基金收支预算，建立以按病种付费为主，按人头、按服务单元等复合型付费方式，逐步减少按项目付费。鼓励推行按疾病诊断相关组（DRGs）付费方式。完善并落实医保经办机构与医疗机构的谈判机制，动态调整支付标准，强化质量监管。充分发挥各类医疗保险对医疗服务行为和费用的调控引导与监督制约作用。在规范日间手术和中医非药物诊疗技术的基础上，逐步扩大纳入医保支付的日间手术和医疗机构中药制剂、针灸、治疗性推拿等中医非药物诊疗技术范围。对高额药品和耗材进入医保目录库进行严格的经济学评价及审查。综合考虑医疗服务质量安全、基本医疗需求等因素制定临床路径，加快推进临床路径管理。到2015年底，城市公立医院综合改革试点地区医保支付方式改革要覆盖区域内所有公立医院，实施临床路径管理的病例数达到公立医院出院病例数的30%，实行按病种付费的病种不少于100个。

（六）转变公立医院补偿机制。破除以药补医机制，理顺医疗服务价格，降低大型医用设备检查治疗价格，合理调整提升体现医务人员技术劳务价值的医疗服务价格。建立以成本和收入结构变化为基础的价格动态调整机制。坚持“总量控制、结构调整、有升有降、逐步到位”的原则，通过降低药品耗材费用和加强成本控制，留出空间用于调整医疗服务价格。切实落实政府对公立医疗机构各项投入政策，保证医保基金按规定及时足额结算，促进医疗费用结构合理化。公立医院药品收入占医疗收入比重逐年下降，力争到2017年试点城市公立医院药占比（不含中药饮片）总体下降到30%左右。

（七）构建分级诊疗体系。优化医疗资源结构和布局，促进优质医疗资源下沉，提高基层服务能力，合理确定各级各类医疗机构功能定位，完善分工协作机制。以患者为中心制定分级诊疗规范，综合运用行政、医保、价格等多种措施，推动建立基层首诊、双向转诊、急慢分治、上下联动的分级诊疗模式，引导患者合理就医，提高医疗资源利用效率和整体效益。在统一质量标准前提下，实行同级医疗机构医学检查检验结果互认。三级公立医院要逐步减少和下沉普通门诊服务，实现普通门诊占比逐年降低。基层中医药服务能力不足及薄弱地区的中医医院应区别对待。

（八）实施全民健康促进和健康管理。加强慢性疾病的预防控制工作，提高基本公共卫生服务和重大公共卫生服务项目绩效，实施全民健康促进战略，从源头上控制患病率和医疗费用增长。

三、建立医疗费用控制考核问责机制

（一）加强医疗费用监测。各级卫生计生行政部门和中医药管理部门要以区域和机构医疗费用增长情况、医疗资源利用效率、医疗收入结构、医疗服务效率等为核心，以本意见明确的主要监测指标为基础，建立医疗费用监测体系。各地要综合考虑医疗费用的历史情况、医疗服务需求、各级各类医疗机构功能定位及诊疗特点、物价变化、经济社会发展水平等因素，科学测算，合理确定各级各类公立医院医疗费用控制的年度和阶段性目标。各地医疗费用监测体系要以信息化为基础，建立本地区信息化监管平台，确保信息真实、准确、全面。

（二）加强医疗费用排序和公开。各级卫生计生行政部门和中医药管理部门根据费用指标监测情况，按地区、按医疗机构进行排序，每年定期按规定公示排序结果，加强信息公开和社会监督。国家卫生计生委定期公布主要监测指标各省（区、市）排序情况。国家卫生计生委预算管理公立医院和国家中医药局直属管公立中医医院按照属地化原则，纳入当地医疗费用控制监测和公开范围。公立医疗机构要落实医疗服务价格、药品价格和费用公示制度。

（三）严格实施考核问责。将控费目标实现情况与公立医院基建投入、设备购置投入、重点学（专）科建设投入、财政拨款预算安排等挂钩。对于控费目标排名靠前的医院予以优先考虑，对于达不到控费目标的医院，各级卫生计生行政部门会同发展改革、财政等部门根据情况核减或取消资金补助。

将医疗费用控制作为公立医院等级评审准入、新增床位审批和大型医用设备配置等的重要依据。对未达到控费目标要求的公立医院，暂停上述资格，经整改符合要求后再予启动评审及审批新增床位、大型医用设备配置等。

将医疗费用控制工作纳入对所属公立医院目标管理、院长年度绩效考核和院长任期考核范围，提高控费指标所占的考核权重，对未按照目标完成费用控制要求的院长，追究其相应的管理责任。

公立医疗机构要将合理诊疗行为作为对医务人员绩效考核评价的重要内容。探索建立医疗服务信息化监管体系，把合理检查、合理用药的执行情况与医务人员的评优、评先、晋升、聘用、绩效工资分配等挂钩，并纳入医疗服务信息化监管体系统一监管。

四、强化组织实施

（一）加强统筹协调。各级政府相关部门要进一步提高对控制医疗费用不合理增长重要性的认识，落实政府的领导责任、保障责任、管理责任、监督责任，明确工作部署，精心组织实施。地方各级卫生计生行政部门会同发展改革、财政、人力资源社会保障、中医药等部门依据本意见，结合实际情况，研究制订本地区的具体实施方案，确定具体的控费目标以及监督考核办法，积极稳妥推进。国家卫生计生委要加强对控费工作的统筹协调、行业监管、检查指导。

（二）强化部门协作。各级政府相关部门要加强协同配合，统筹推进医疗保障、医疗服务、药品供应、公共卫生、监管体制等综合改革，形成控制医疗费用不合理增长的长效机制。加大公立医院综合改革力度，敢于突破原有体制机制，建立起维护公益性、调动积极性、保障可持续的运行新机制，规范医疗行为，实现合理控费目标。各级发展改革（物价）、财政、人力资源社会保障、中医药等部门要按照职责分工，充分发挥在理顺医疗服务价格、落实财政投入和医保引导调控等方面的作用，注重政策衔接，形成工作合力。

附件

公立医院医疗费用控制主要监测指标及说明

一、主要监测指标

	医疗费用相关指标	指标要求
1	区域医疗费用增长	实现各地确定的区域医疗费用控制目标
2	门诊病人次均医药费用	监测比较
3	住院病人人均医药费用	监测比较
4	门诊病人次均医药费用增幅	逐步降低
5	住院病人人均医药费用增幅	逐步降低
6	10种典型单病种例均费用	监测比较
7	参保患者个人支出比例	逐步降低
8	医保目录外费用比例	监测比较
9	城市三级综合医院普通门诊就诊人次占比	逐步降低
10	住院的人次人头比	监测比较
11	手术类型构成比	监测比较
12	门诊收入占医疗收入的比重	监测比较
13	住院收入占医疗收入的比重	监测比较
14	药占比（不含中药饮片）	逐步降低
15	检查和化验收入占医疗收入比重	逐步降低
16	卫生材料收入占医疗收入比重	逐步降低
17	挂号、诊察、床位、治疗、手术和护理收入总和占医疗收入比重	逐步提高
18	百元医疗收入消耗的卫生材料费用	逐步降低
19	平均住院日	逐步降低
20	管理费用率	逐步降低
21	资产负债率	逐步降低

二、指标说明

（一）区域医疗费用增长即区域医疗机构医疗总收入增幅=［（区域内医疗机构本年度住院收入+本年度门诊收入）-（区域内医疗机构上年度住院收入+上年度门诊收入）］/（区域内医疗机构上年度住院收入+上年度门诊收入）×100%，用于反映区域医疗费用年度总体增长情况。

（二）门诊病人次均医药费用=门诊收入/总诊疗人次数，用于反映医院门诊病人费用负担水平。

（三）住院病人人均医药费用=住院收入/出院人数，用于反映医院住院病人费用负担水平。

（四）门诊病人次均医药费用增幅=（本年度门诊病人次均医药费用-上年度门诊病人次均医药费用）/上年度门诊病人次均医药费用×100%，用于反映医院门诊病人费用负担增长水平。

（五）住院病人人均医药费用增幅=（本年度住院病人人均医药费用-上年度住院病人人均医药费用）/上年度住院病人人均医药费用×100%，用于反映医院住院病人费用负担增长水平。

（六）10 种典型单病种例均费用，各省（区、市）选择 10 种常见多发疾病，并对各医院各病种收治病例的平均医药费用进行统计，用于反映各医院相同或类似病种平均诊治费用的差异。

（七）参保患者个人支出比例 = 参保患者个人支付医疗费用/参保患者就医医疗费用 ×100%，用于反映患者看病就医负担水平。

（八）医保目录外费用比例 = 参保患者就医医保报销目录外医疗费用/参保患者就医医疗费用 ×100%，用于反映患者看病就医负担及医院诊疗和用药合理性。

（九）城市三级综合医院普通门诊就诊人次占比 = 城市三级综合医院普通门诊就诊人次/本医院诊疗人次，普通门诊是指副高职称以下医师提供的门诊服务，反映病人就医流向。

（十）住院的人次人头比 = 期内住院人次/期内住院人头数，用于反映在使用均次指标评价情况下，医院分解住院情况。

（十一）手术类型构成比 = N 类手术台数/手术总台数（N = Ⅰ，Ⅱ，Ⅲ，Ⅳ），用于评价医院住院患者的手术疑难程度，便于对不同医院人均住院费用和平均住院日等指标的差异化考核。

（十二）门诊收入占医疗收入的比重 = 医院门诊收入/医疗收入 ×100%，用于反映医院合理诊疗情况。

（十三）住院收入占医疗收入的比重 = 医院住院收入/医疗收入 ×100%，用于反映医院合理诊疗情况。

（十四）药占比（不含中药饮片） = 医院药品收入/医疗收入 ×100%，不含中药饮片，用于反映医院药品费用水平和收入结构。

（十五）检查和化验收入占医疗收入比重 = （医院检查收入 + 化验收入）/医疗收入 ×100%，用于反映医院收入结构。

（十六）卫生材料收入占医疗收入比重 = 医院卫生材料收入/医疗收入 ×100%，用于反映医院收入结构。

（十七）挂号、诊察、床位、治疗、手术和护理收入总和占医疗收入比重 = （医院挂号收入 + 诊察收入 + 床位收入 + 治疗收入 + 手术收入 + 护理收入）/医疗收入 ×100%，用于反映医院收入结构。

（十八）百元医疗收入消耗的卫生材料费用 = （卫生材料支出/医疗收入） ×100，用于反映医院卫生材料消耗程度和管理水平。

（十九）平均住院日 = 出院者占用总床日数/出院人数，用于反映医院对住院患者的服务效率。

（二十）管理费用率 = 管理费用/业务支出 ×100%，用于反映医院管理效率和管理成本控制情况。

（二十一）资产负债率 = 负债总额/资产总额 ×100%，用于反映医院的资产中借债筹资的比重和债务风险。

三、失业保险

关于退役军人失业保险有关问题的通知

（人社部发〔2013〕53 号）

各省、自治区、直辖市人力资源社会保障、财政厅（局），新疆生产建设兵团人力资源社会保障、财务局，各军区、各军兵种、总装备部、军事科学院、国防大学、国防科学技术大学、武警部队：

为贯彻落实《中华人民共和国社会保险法》和《中华人民共和国军人保险法》，维护退役军人失业保险权益，现就军人退出现役后失业保险有关问题通知如下：

一、计划分配的军队转业干部和复员的军队干部，以及安排工作和自主就业的退役士兵（以下简称退役军人）参加失业保险的，其服现役年限视同失业保险缴费年限。军人服现役年限按实际服役时间计算到月。

二、退役军人离开部队时，由所在团级以上单位后勤（联勤、保障）机关财务部门，根据其实际服役时间开具《军人服现役年限视同失业保险缴费年限证明》（以下简称《缴费年限证明》）并交给本人。

三、退役军人在城镇企业事业等用人单位就业的，由所在单位或者本人持《缴费年限证明》及军官（文职干部）转业（复员）证，或者士官（义务兵）退出现役证，到当地失业保险经办机构办理失业保险参保缴费手续。失业保险经办机构将视同缴费年限记入失业保险个人缴费记录，与入伍前和退出现役后参加失业保险的缴费年限合并计算。

四、军人入伍前已参加失业保险的，其失业保险关系不转移到军队，由原参保地失业保险经办机构保存其全部缴费记录。军人退出现役后继续参加失业保险的，按规定办理失业保险关系转移接续手续。

五、根据《关于自主择业的军队转业干部安置管理若干问题的意见》（〔2001〕国转联 8 号），自主择业的军队转业干部在城镇企业事业等用人单位就业后，应当依法参加失业保险并缴纳失业保险费，其服现役年限不再视同失业保险缴费年限，失业保险缴费年限从其在当地实际缴纳失业保险费之日起累计计算。

六、退役军人参保缴费满一年后失业的，按规定享受失业保险待遇。

七、本通知自 2013 年 8 月 1 日起执行。本通知执行前已退出现役的军人，其失业保险按原有规定执行。

八、本通知由人力资源社会保障部、总后勤部负责解释。

附件：军人服现役年限视同失业保险缴费年限证明

人力资源社会保障部
财　政　部
总参谋部
总政治部
总后勤部
2013 年 7 月 30 日

附件

军人服现役年限视同失业保险缴费年限证明

____同志系我单位（干部、士兵），个人服现役有关信息如下：

姓名		性别	
出生年月		安置地（就业地）地　址	
公民身份号　码			
军队单位名称			
入伍时间	年　月	退出现役时间	年　月
实际服役时间视同失业保险缴费年限		（　）年（　）月	

请按规定办理失业保险相关手续，并将其实际服役时间视同缴费年限，记入失业保险个人缴费记录。

×××单位后勤（联勤、保障）机关财务部门（盖章）
年　月　日

经办人：　　　　联系电话：

（本证明一式两份，一份军队财务部门留存、一份交给本人）

重要提示

1. 本证明是退役军人失业保险的权益记录，是办理失业保险相关手续的重要凭证，请妥善保管；
2. 本证明如在办理失业保险相关手续前不慎遗失，请向军队原办理机关申请补办；
3. 办理失业保险相关手续时，请将本证明交当地失业保险经办机构。

关于失业保险支持企业稳定岗位有关问题的通知

（人社部发〔2014〕76号）

各省、自治区、直辖市及新疆生产建设兵团人力资源社会保障厅（局）、财政厅（局）、发展改革委、工业和信息化主管部门：

为贯彻落实《国务院关于进一步优化企业兼并重组市场环境的意见》（国发〔2014〕14号）有关要求，在调整优化产业结构中更好地发挥失业保险预防失业、促进就业作用，激励企业承担稳定就业的社会责任，现就失业保险支持企业稳定岗位有关问题通知如下：

一、政策范围

对采取有效措施不裁员、少裁员，稳定就业岗位的企业，由失业保险基金给予稳定岗位补贴（以下简称“稳岗补贴”）。补贴政策主要适用以下企业：

（一）实施兼并重组企业。指在日常经营活动之外发生法律结构或经济结构重大改变的交易，并使企业经营管理控制权发生转移，包括实施兼并、收购、合并、分立、债务重组等经济行为的企业。

（二）化解产能严重过剩企业。指按《国务院关于化解产能严重过剩矛盾的指导意见》（国发〔2013〕41号）等相关规定，对钢铁、水泥、电解铝、平板玻璃、船舶等产能严重过剩行业淘汰过剩产能的企业。

（三）淘汰落后产能企业。指按《国务院关于进一步加强淘汰落后产能工作的通知》（国发〔2010〕7号）等规定，对电力、煤炭、钢铁、水泥、有色金属、焦炭、造纸、制革、印染等行业淘汰落后产能的企业。

（四）经国务院批准的其他行业、企业。

二、基本条件

（一）失业保险统筹地区实施稳岗补贴应同时具备以下条件：上年失业保险基金滚存结余具备一年以上支付能力；失业保险基金使用管理规范。

（二）企业申请稳岗补贴应同时具备以下条件：生产经营活动符合国家及所在区域产业结构调整政策和环保政策；依法参加失业保险并足额缴纳失业保险费；上年度未裁员或裁员率低于统筹地区城镇登记失业率；企业财务制度健全、管理运行规范。

三、资金使用

各地区对符合上述政策范围和基本条件的企业，在兼并重组、化解产能过剩以及淘汰落后产能期间，可按不超过该企业及其职工上年度实际缴纳失业保险费总额的50%给予稳岗补贴，所需资金从失业保险基金中列支。稳岗补贴主要用于职工生活补助、缴纳社会保险费、转岗培训、技能提升培训等相关支出。稳岗补贴的具体比例由省级人力资源社会保障和财政部门确定。稳岗补贴政策执行到2020年底。

四、审核认定

符合条件的企业可向人力资源社会保障部门申请稳岗补贴。人力资源社会保障部门会同行业主管部门对企业类型认定后，对申请稳岗补贴企业的基本条件进行审定，确定补贴企业名单和补贴数额，并公开相关信息，接受社会监督。财政部门根据人力资源社会保障部门审定的企业名单和补贴数额，及时拨付补贴资金。

五、组织实施

（一）加强组织领导。失业保险支持企业稳定岗位是产业结构调整优化过程中一项重要政策。各地区要高度重视，加强组织领导，人力资源社会保障、财政、发展改革、工业和信息化等部门要加强协调配合、各司其职，并督促企业在实施兼并重组、化解产能过剩、淘汰落后产能过程中采取切实有效措施稳定职工队伍，维护社会稳定。

（二）强化基金管理。各地区要充分考虑基金支付能力，按照“突出重点、总量控制、严格把握、动态监管”的原则，将稳岗补贴支出纳入失业保险基金预算管理，合理制定失业保险基金使用计划，加强监管，规范运作，切实保证基金有效使用和支付可持续。

（三）加强跟踪监测。各地区人力资源社会保障部门要将享受稳岗补贴的企业纳入失业动态监测范围，及时跟踪了解企业岗位变化动态，监测企业职工队伍稳定情况，评估稳岗补贴政策效果。财政部门要对辖区内失业动态监测工作给予必要经费支持。人力资源社会保障部、财政部适时组织开展政策绩效评估，根据实际调整完善政策。

各省级人力资源社会保障、财政、发展改革、工业和信息化等部门要尽快制定本地区失业保险稳岗补贴具体实施办法，报人力资源社会保障部、财政部备案。政策执行中遇到的重大问题要及时向人力资源社会保障部、财政部报告。

人力资源社会保障部
财　政　部
国家发展和改革委员会
工业和信息化部
2014年11月6日

关于调整失业保险费率有关问题的通知

（人社部发〔2015〕24号）

各省、自治区、直辖市及新疆生产建设兵团人力资源社会保障厅（局）、财政厅（局）：

为了完善失业保险制度，建立健全失业保险费率动态调整机制，进一步减轻企业负担，促进就业稳定，经国务院同意，现就适当降低失业保险费率有关问题通知如下：

一、从2015年3月1日起，失业保险费率暂由现行条例规定的3%降至2%，单位和个人缴费的具体比例由各省、自治区、直辖市人民政府确定。在省、自治区、直辖市行政区域内，单位及职工的费率应当统一。

二、各地降低失业保险费率要坚持“以支定收、收支基本平衡”的原则。要充分考虑提高失业保险待遇标准、促进失业人员再就业、落实失业保险稳岗补贴政策等因素对基金支付能力的影响，结合实际，认真测算，研究制定降低失业保险费率的具体方案，经省级人民政府批准后执行，并报人力资源社会保障部和财政部备案。

三、各地要按照本通知的要求，抓紧研究制定本行政区降低失业保险费率的方案，尽早组织实施。执行中遇到的问题，要及时向人力资源社会保障部和财政部报告。

人力资源社会保障部
财　政　部
2015年2月27日

关于进一步做好失业保险支持企业稳定岗位工作有关问题的通知

（人社失业司便函〔2015〕10 号）

各省、自治区、直辖市及新疆生产建设兵团人力资源社会保障厅（局）：

按照《国务院关于进一步做好新形势下就业创业工作的意见》（国发〔2015〕23 号）提出的“将失业保险基金支持企业稳岗政策实施范围由兼并重组企业、化解产能过剩企业、淘汰落后产能企业等三类企业扩大到所有符合条件的企业”的要求，现就进一步做好失业保险支持企业稳定岗位工作有关问题通知如下：

一、失业保险统筹地区实施稳岗补贴应同时具备以下条件：上年失业保险基金滚存结余具备一年以上支付能力；失业保险基金使用管理规范。企业申请稳岗补贴应同时具备以下条件：依法参加失业保险并缴纳失业保险费；上年度未裁员或裁员率低于统筹地区城镇登记失业率。

二、稳岗补贴主要支出项目和最高补贴标准按照人社部发〔2014〕76 号文件规定执行。各类企业享受稳岗补贴的具体标准由各省（区、市）人力资源社会保障部门和财政部门研究确定，并报省级人民政府批准。

三、符合享受稳岗补贴条件的企业向统筹地区人力资源社会保障部门提出申请，人力资源社会保障部门对其依法参保缴费情况、裁员情况进行审核，确定补贴名单和补贴数额，并公开相关信息，接受社会监督；财政部门根据人力资源社会保障部门审定的名单和补贴数额，及时拨付补贴资金。

四、稳岗补贴资金可统筹使用当期失业保险基金收入和滚存结余基金，并适时调整基金收支、结余预算。

五、各省级人力资源社会保障部门要加强对统筹地区稳岗补贴政策落实情况的监督检查，及时汇总填报《失业保险稳岗补贴发放情况表》，并于每季度第一个月 10 日前将本地区上季度失业保险稳岗补贴发放情况表报送我司，2015 年前三季度情况表请于 10 月 10 日前报送。对兼并重组企业、化解产能过剩企业、淘汰落后产能企业稳岗补贴情况需要单独统计，各地在企业稳岗补贴申报表中可设置三类企业选项，由企业自行填写。如一户企业同时涉及一项以上产业结构调整情况，只按照其中一项填写。

稳岗补贴政策关系企业和职工切身利益，关系就业和社会稳定，各级人力资源社会保障部门要进一步加大政策宣传力度，使符合条件的企业都能够知晓并享受政策，鼓励、支持、引导企业稳定就业岗位。扩大失业保险稳岗补贴范围的具体实施办法出台后要及时报送我司。

联 系 人：荆永胜　李燕虹

联系电话：（010）84207367　84207338

传　　真：（010）84208338　84207334

附件：1. 失业保险稳岗补贴发放情况表

2. 失业保险稳岗补贴表填报说明

人力资源社会保障部失业保险司

2015年7月3日

附件1

失业保险稳岗补贴发放情况表

填报单位：　　　　　　　　　第　季度　　　　　　　　　单位：元、人、户

		补贴金额		享受补贴企业户数		受惠职工人数	
		本季数	累计数	本季数	累计数	本季数	累计数
稳岗补贴发放情况							
其中	兼并重组企业						
	化解产能过剩企业						
	淘汰落后产能企业						
	小计						

补充资料：本地区稳岗补贴发放标准：企业上年度缴费的____%。

单位负责人签章：　　　　处（科）负责人签章：　　　制表人签章：

报出日期：　　年　　月　　日

附件2

失业保险稳岗补贴表填报说明

1. 本表为季报表，由各地人力资源和社会保障部门组织填报，每季度第一个月10日前上报。

2. “稳岗补贴发放情况”反映本地区按照国发〔2015〕23号文件和人社部发〔2014〕76号文件规定，使用失业保险基金向符合条件的企业发放稳岗补贴情况。

3. “兼并重组企业”、“化解产能过剩企业”、“淘汰落后产能企业”分别反映本地区按照人社部发〔2014〕76号文件规定，向符合条件的兼并重组企业、化解产能过剩企业、淘汰落后产能企业发放稳岗补贴的情况。如果一户企业同时涉及一项以上产业结构调整情况，只按其中一项填写。

4. “小计”反映本地区按照人社部发〔2014〕76号文件规定，向在产业结构调整中涉及的上述三类企业发放稳岗补贴的情况，为三类企业相应数额的加总。

5. “补贴金额”反映本地区按规定向符合条件的企业发放稳岗补贴的金额。其中，“本季数”指本地区当季向符合条件的企业发放稳岗补贴的金额；“累计数”指截至当

季，本地区当年累计向符合条件的企业发放稳岗补贴的金额。

6. “享受补贴企业户数”反映本地区享受稳岗补贴企业的户数。其中，“本季数”指本地区当季享受稳岗补贴的户数；“累计数”指截至当季，本地区当年累计享受稳岗补贴的企业户数。

7. “受惠职工人数”反映本地区因企业享受稳岗补贴，职工相应获得生活补助、缴纳社会保险费补助，以及参加转岗培训、技能提升培训等的人数。如果一名职工同时享受一项以上前述政策优惠，一年之内只计算为一人次。其中，“本季数”指本地区当季受惠职工人数；“累计数”指截至当季，本地区当年累计受惠职工人数。

8. 补充资料中的“本地区稳岗补贴发放标准”，反映本地区按规定向符合条件企业发放稳岗补贴的标准，一般为企业上年度缴费的一定百分比。如果本地区针对不同类型企业规定了不同标准，应逐一列出。

四、工伤保险

关于执行《工伤保险条例》若干问题的意见

（人社部发〔2013〕34 号）

各省、自治区、直辖市及新疆生产建设兵团人力资源社会保障厅（局）：

《国务院关于修改〈工伤保险条例〉的决定》（国务院令第 586 号）已经于 2011 年 1 月 1 日实施。为贯彻执行新修订的《工伤保险条例》，妥善解决实际工作中的问题，更好地保障职工和用人单位的合法权益，现提出如下意见。

一、《工伤保险条例》（以下简称《条例》）第十四条第（五）项规定的“因工外出期间”的认定，应当考虑职工外出是否属于用人单位指派的因工作外出，遭受的事故伤害是否因工作原因所致。

二、《条例》第十四条第（六）项规定的“非本人主要责任”的认定，应当以有关机关出具的法律文书或者人民法院的生效裁决为依据。

三、《条例》第十六条第（一）项“故意犯罪”的认定，应当以司法机关的生效法律文书或者结论性意见为依据。

四、《条例》第十六条第（二）项“醉酒或者吸毒”的认定，应当以有关机关出具的法律文书或者人民法院的生效裁决为依据。无法获得上述证据的，可以结合相关证据认定。

五、社会保险行政部门受理工伤认定申请后，发现劳动关系存在争议且无法确认的，应告知当事人可以向劳动人事争议仲裁委员会申请仲裁。在此期间，作出工伤认定决定的时限中止，并书面通知申请工伤认定的当事人。劳动关系依法确认后，当事人应将有关法律文书送交受理工伤认定申请的社会保险行政部门，该部门自收到生效法律文书之日起恢复工伤认定程序。

六、符合《条例》第十五条第（一）项情形的，职工所在用人单位原则上应自职工死亡之日起 5 个工作日内向用人单位所在统筹地区社会保险行政部门报告。

七、具备用工主体资格的承包单位违反法律、法规规定，将承包业务转包、分包给不具备用工主体资格的组织或者自然人，该组织或者自然人招用的劳动者从事承包业务时因工伤亡的，由该具备用工主体资格的承包单位承担用人单位依法应承担的工伤保险责任。

八、曾经从事接触职业病危害作业、当时没有发现罹患职业病、离开工作岗位后被诊断或鉴定为职业病的符合下列条件的人员，可以自诊断、鉴定为职业病之日起一年内申请工伤认定，社会保险行政部门应当受理：

（一）办理退休手续后，未再从事接触职业病危害作业的退休人员；

（二）劳动或聘用合同期满后或者本人提出而解除劳动或聘用合同后，未再从事接触职业病危害作业的人员。

经工伤认定和劳动能力鉴定，前款第（一）项人员符合领取一次性伤残补助金条件的，按就高原则以本人退休前12个月平均月缴费工资或者确诊职业病前12个月的月平均养老金为基数计发。前款第（二）项人员被鉴定为一级至十级伤残、按《条例》规定应以本人工资作为基数享受相关待遇的，按本人终止或者解除劳动、聘用合同前12个月平均月缴费工资计发。

九、按照本意见第八条规定被认定为工伤的职业病人员，职业病诊断证明书（或职业病诊断鉴定书）中明确的用人单位，在该职工从业期间依法为其缴纳工伤保险费的，按《条例》的规定，分别由工伤保险基金和用人单位支付工伤保险待遇；未依法为该职工缴纳工伤保险费的，由用人单位按照《条例》规定的相关项目和标准支付待遇。

十、职工在同一用人单位连续工作期间多次发生工伤的，符合《条例》第三十六、第三十七条规定领取相关待遇时，按照其在同一用人单位发生工伤的最高伤残级别，计发一次性伤残就业补助金和一次性工伤医疗补助金。

十一、依据《条例》第四十二条的规定停止支付工伤保险待遇的，在停止支付待遇的情形消失后，自下月起恢复工伤保险待遇，停止支付的工伤保险待遇不予补发。

十二、《条例》第六十二条第三款规定的“新发生的费用”，是指用人单位职工参加工伤保险前发生工伤的，在参加工伤保险后新发生的费用。

十三、由工伤保险基金支付的各项待遇应按《条例》相关规定支付，不得采取将长期待遇改为一次性支付的办法。

十四、核定工伤职工工伤保险待遇时，若上一年度相关数据尚未公布，可暂按前一年度的全国城镇居民人均可支配收入、统筹地区职工月平均工资核定和计发，待相关数据公布后再重新核定，社会保险经办机构或者用人单位予以补发差额部分。

本意见自发文之日起执行，此前有关规定与本意见不一致的，按本意见执行。执行中有重大问题，请及时报告我部。

人力资源社会保障部
2013年4月25日

关于印发《职业病分类和目录》的通知

（国卫疾控发〔2013〕48 号）

各省、自治区、直辖市卫生计生委（卫生厅局）、安全生产监督管理局、人力资源社会保障厅（局）、总工会，新疆生产建设兵团卫生局、安全生产监督管理局、人力资源社会保障局、工会，中国疾病预防控制中心：

根据《中华人民共和国职业病防治法》有关规定，国家卫生计生委、安全监管总局、人力资源社会保障部和全国总工会联合组织对职业病的分类和目录进行了调整。现将《职业病分类和目录》印发给你们，从即日起施行。2002 年 4 月 18 日原卫生部和原劳动保障部联合印发的《职业病目录》同时废止。

国家卫生计生委
人力资源社会保障部
安全监管总局
全国总工会
2013 年 12 月 23 日

职业病分类和目录

一、职业性尘肺病及其他呼吸系统疾病

（一）尘肺病

1. 矽肺
2. 煤工尘肺
3. 石墨尘肺
4. 碳黑尘肺
5. 石棉肺
6. 滑石尘肺
7. 水泥尘肺
8. 云母尘肺
9. 陶工尘肺
10. 铝尘肺
11. 电焊工尘肺
12. 铸工尘肺
13. 根据《尘肺病诊断标准》和《尘肺病理诊断标准》可以诊断的其他尘肺病

（二）其他呼吸系统疾病

1. 过敏性肺炎
2. 棉尘病
3. 哮喘
4. 金属及其化合物粉尘肺沉着病（锡、铁、锑、钡及其化合物等）
5. 刺激性化学物所致慢性阻塞性肺疾病
6. 硬金属肺病

二、职业性皮肤病

1. 接触性皮炎
2. 光接触性皮炎
3. 电光性皮炎
4. 黑变病
5. 痤疮
6. 溃疡
7. 化学性皮肤灼伤
8. 白斑
9. 根据《职业性皮肤病的诊断总则》可以诊断的其他职业性皮肤病

三、职业性眼病

1. 化学性眼部灼伤
2. 电光性眼炎
3. 白内障（含放射性白内障、三硝基甲苯白内障）

四、职业性耳鼻喉口腔疾病

1. 噪声聋
2. 铬鼻病
3. 牙酸蚀病
4. 爆震聋

五、职业性化学中毒

1. 铅及其化合物中毒（不包括四乙基铅）
2. 汞及其化合物中毒
3. 锰及其化合物中毒
4. 镉及其化合物中毒
5. 铍病
6. 铊及其化合物中毒
7. 钡及其化合物中毒
8. 钒及其化合物中毒
9. 磷及其化合物中毒
10. 砷及其化合物中毒
11. 铀及其化合物中毒
12. 砷化氢中毒
13. 氯气中毒

14. 二氧化硫中毒
15. 光气中毒
16. 氨中毒
17. 偏二甲基肼中毒
18. 氮氧化合物中毒
19. 一氧化碳中毒
20. 二硫化碳中毒
21. 硫化氢中毒
22. 磷化氢、磷化锌、磷化铝中毒
23. 氟及其无机化合物中毒
24. 氰及腈类化合物中毒
25. 四乙基铅中毒
26. 有机锡中毒
27. 羰基镍中毒
28. 苯中毒
29. 甲苯中毒
30. 二甲苯中毒
31. 正己烷中毒
32. 汽油中毒
33. 一甲胺中毒
34. 有机氟聚合物单体及其热裂解物中毒
35. 二氯乙烷中毒
36. 四氯化碳中毒
37. 氯乙烯中毒
38. 三氯乙烯中毒
39. 氯丙烯中毒
40. 氯丁二烯中毒
41. 苯的氨基及硝基化合物（不包括三硝基甲苯）中毒
42. 三硝基甲苯中毒
43. 甲醇中毒
44. 酚中毒
45. 五氯酚（钠）中毒
46. 甲醛中毒
47. 硫酸二甲酯中毒
48. 丙烯酰胺中毒
49. 二甲基甲酰胺中毒
50. 有机磷中毒
51. 氨基甲酸酯类中毒
52. 杀虫脒中毒

53. 溴甲烷中毒
54. 拟除虫菊酯类中毒
55. 铟及其化合物中毒
56. 溴丙烷中毒
57. 碘甲烷中毒
58. 氯乙酸中毒
59. 环氧乙烷中毒
60. 上述条目未提及的与职业有害因素接触之间存在直接因果联系的其他化学中毒

六、物理因素所致职业病

1. 中暑
2. 减压病
3. 高原病
4. 航空病
5. 手臂振动病
6. 激光所致眼（角膜、晶状体、视网膜）损伤
7. 冻伤

七、职业性放射性疾病

1. 外照射急性放射病
2. 外照射亚急性放射病
3. 外照射慢性放射病
4. 内照射放射病
5. 放射性皮肤疾病
6. 放射性肿瘤（含矿工高氡暴露所致肺癌）
7. 放射性骨损伤
8. 放射性甲状腺疾病
9. 放射性性腺疾病
10. 放射复合伤
11. 根据《职业性放射性疾病诊断标准（总则）》可以诊断的其他放射性损伤

八、职业性传染病

1. 炭疽
2. 森林脑炎
3. 布鲁氏菌病
4. 艾滋病（限于医疗卫生人员及人民警察）
5. 莱姆病

九、职业性肿瘤

1. 石棉所致肺癌、间皮瘤
2. 联苯胺所致膀胱癌
3. 苯所致白血病
4. 氯甲醚、双氯甲醚所致肺癌

5. 砷及其化合物所致肺癌、皮肤癌
6. 氯乙烯所致肝血管肉瘤
7. 焦炉逸散物所致肺癌
8. 六价铬化合物所致肺癌
9. 毛沸石所致肺癌、胸膜间皮瘤
10. 煤焦油、煤焦油沥青、石油沥青所致皮肤癌
11. β－萘胺所致膀胱癌

十、其他职业病

1. 金属烟热
2. 滑囊炎（限于井下工人）
3. 股静脉血栓综合征、股动脉闭塞症或淋巴管闭塞症（限于刮研作业人员）

关于实施修订后劳动能力鉴定标准有关问题处理意见的通知

（人社部发〔2014〕81号）

各省、自治区、直辖市及新疆生产建设兵团人力资源社会保障厅（局）：

《劳动能力鉴定职工工伤与职业病致残等级》（GB/T16180—2014）（以下简称“新标准”）已由国家质量监督检验检疫总局、国家标准化管理委员会批准发布，将于2015年1月1日实施。新标准是在充分听取各地意见的基础上对《劳动能力鉴定职工工伤与职业病致残等级》（GB/T16180—2006）（以下简称“原标准”）进行的修改和完善。为实现新旧标准平稳过渡，现对有关问题通知如下：

一、新标准实施后，对依照《工伤保险条例》规定提出的初次劳动能力鉴定申请，劳动能力鉴定委员会应当按照新标准进行鉴定。

二、新标准实施前，已依照《工伤保险条例》规定提出初次劳动能力鉴定申请但尚未作出鉴定结论的，劳动能力鉴定委员会应当按照新标准进行鉴定。若因标准发生变化导致鉴定级别低于原标准的，按照就高原则作出鉴定结论。

三、新标准实施前已作出劳动能力鉴定结论，新标准实施后依照《工伤保险条例》规定提出劳动能力复查鉴定或者再次鉴定申请的，劳动能力鉴定委员会应当按照新标准进行鉴定。

四、按本通知第三条规定提出劳动能力复查鉴定及对复查鉴定结论不服提出再次鉴定申请、且鉴定级别发生变化的，工伤职工的伤残津贴和生活护理费自作出鉴定结论的次月起作相应调整，一次性伤残补助金不作调整。一次性伤残就业补助金和一次性工伤医疗补助金的计发标准，按与用人单位解除终止劳动关系前最后一次的鉴定结论确定。

实施修订后劳动能力鉴定标准，涉及面广、敏感性强，请各地结合实际，加强领导，认真做好贯彻新标准的各项工作，妥善处理新标准实施中遇到的具体问题。新标准实施中遇到重大问题请及时报我部工伤保险司。

人力资源社会保障部

2014年11月21日

关于进一步做好建筑业工伤保险工作的意见

（人社部发〔2014〕103号）

各省、自治区、直辖市及新疆生产建设兵团人力资源社会保障厅（局）、住房城乡建设厅（委、局）、安全生产监督管理局、总工会：

改革开放以来，我国建筑业蓬勃发展，建筑业职工队伍不断发展壮大，为经济社会发展和人民安居乐业做出了重大贡献。建筑业属于工伤风险较高行业，又是农民工集中的行业。为维护建筑业职工特别是农民工的工伤保障权益，国家先后出台了一系列法律法规和政策，各地区、各有关部门积极采取措施，加强建筑施工安全生产制度建设和监督检查，大力推进建筑施工企业依法参加工伤保险，使建筑业职工工伤权益保障工作不断得到加强。但目前仍存在部分建筑施工企业安全管理制度不落实、工伤保险参保覆盖率低、一线建筑工人特别是农民工工伤维权能力弱、工伤待遇落实难等问题。

为贯彻落实党中央、国务院关于切实保障和改善民生的要求，依据社会保险法、建筑法、安全生产法、职业病防治法和《工伤保险条例》等法律法规规定，现就进一步做好建筑业工伤保险工作、切实维护建筑业职工工伤保障权益提出以下意见：

一、完善符合建筑业特点的工伤保险参保政策，大力扩展建筑企业工伤保险参保覆盖面。建筑施工企业应依法参加工伤保险。针对建筑行业的特点，建筑施工企业对相对固定的职工，应按用人单位参加工伤保险；对不能按用人单位参保、建筑项目使用的建筑业职工特别是农民工，按项目参加工伤保险。房屋建筑和市政基础设施工程实行以建设项目为单位参加工伤保险的，可在各项社会保险中优先办理参加工伤保险手续。建设单位在办理施工许可手续时，应当提交建设项目工伤保险参保证明，作为保证工程安全施工的具体措施之一；安全施工措施未落实的项目，各地住房城乡建设主管部门不予核发施工许可证。

二、完善工伤保险费计缴方式。按用人单位参保的建筑施工企业应以工资总额为基数依法缴纳工伤保险费。以建设项目为单位参保的，可以按照项目工程总造价的一定比例计算缴纳工伤保险费。

三、科学确定工伤保险费率。各地区人力资源社会保障部门应参照本地区建筑企业行业基准费率，按照以支定收、收支平衡原则，商住房城乡建设主管部门合理确定建设项目工伤保险缴费比例。要充分运用工伤保险浮动费率机制，根据各建筑企业工伤事故发生率、工伤保险基金使用等情况适时适当调整费率，促进企业加强安全生产，预防和减少工伤事故。

四、确保工伤保险费用来源。建设单位要在工程概算中将工伤保险费用单独列支，作为不可竞争费，不参与竞标，并在项目开工前由施工总承包单位一次性代缴本项目工伤保险费，覆盖项目使用的所有职工，包括专业承包单位、劳务分包单位使用的农民工。

五、健全工伤认定所涉及劳动关系确认机制。建筑施工企业应依法与其职工签订劳动合同，加强施工现场劳务用工管理。施工总承包单位应当在工程项目施工期内督促专业承包单位、劳务分包单位建立职工花名册、考勤记录、工资发放表等台账，对项目施工期内全部施工人员实行动态实名制管理。施工人员发生工伤后，以劳动合同为基础确认劳动关系。对未签订劳动合同的，由人力资源社会保障部门参照工资支付凭证或记录、工作证、招工登记表、考勤记录及其他劳动者证言等证据，确认事实劳动关系。相关方面应积极提供有关证据；按规定应由用人单位负举证责任而用人单位不提供的，应当承担不利后果。

六、规范和简化工伤认定和劳动能力鉴定程序。职工发生工伤事故，应当由其所在用人单位在30日内提出工伤认定申请，施工总承包单位应当密切配合并提供参保证明等相关材料。用人单位未在规定时限内提出工伤认定申请的，职工本人或其近亲属、工会组织可以在1年内提出工伤认定申请，经社会保险行政部门调查确认工伤的，在此期间发生的工伤待遇等有关费用由其所在用人单位负担。各地社会保险行政部门和劳动能力鉴定机构要优化流程，简化手续，缩短认定、鉴定时间。对于事实清楚、权利义务关系明确的工伤认定申请，应当自受理工伤认定申请之日起15日内作出工伤认定决定。探索建立工伤认定和劳动能力鉴定相关材料网上申报、审核和送达办法，提高工作效率。

七、完善工伤保险待遇支付政策。对认定为工伤的建筑业职工，各级社会保险经办机构和用人单位应依法按时足额支付各项工伤保险待遇。对在参保项目施工期间发生工伤、项目竣工时尚未完成工伤认定或劳动能力鉴定的建筑业职工，其所在用人单位要继续保证其医疗救治和停工期间的法定待遇，待完成工伤认定及劳动能力鉴定后，依法享受参保职工的各项工伤保险待遇；其中应由用人单位支付的待遇，工伤职工所在用人单位要按时足额支付，也可根据其意愿一次性支付。针对建筑业工资收入分配的特点，对相关工伤保险待遇中难以按本人工资作为计发基数的，可以参照统筹地区上年度职工平均工资作为计发基数。

八、落实工伤保险先行支付政策。未参加工伤保险的建设项目，职工发生工伤事故，依法由职工所在用人单位支付工伤保险待遇，施工总承包单位、建设单位承担连带责任；用人单位和承担连带责任的施工总承包单位、建设单位不支付的，由工伤保险基金先行支付，用人单位和承担连带责任的施工总承包单位、建设单位应当偿还；不偿还的，由社会保险经办机构依法追偿。

九、建立健全工伤赔偿连带责任追究机制。建设单位、施工总承包单位或具有用工主体资格的分包单位将工程（业务）发包给不具备用工主体资格的组织或个人，该组织或个人招用的劳动者发生工伤的，发包单位与不具备用工主体资格的组织或个人承担连带赔偿责任。

十、加强工伤保险政策宣传和培训。施工总承包单位应当按照项目所在地人力资源社会保障部门统一规定的式样，制作项目参加工伤保险情况公示牌，在施工现场显著位置予以公示，并安排有关工伤预防及工伤保险政策讲解的培训课程，保障广大建筑业职工特别是农民工的知情权，增强其依法维权意识。各地人力资源社会保障部门要会同有关部门加大工伤保险政策宣传力度，让广大职工知晓其依法享有的工伤保险权益及相关办事流程。开展工伤预防试点的地区可以从工伤保险基金提取一定比例用于工伤预防，各地人力资源社会保障部门应会同住房城乡建设部门积极开展建筑业工伤预防的宣传和培训工作，并将建筑业职工特别是农民工作为宣传和培训的重点对象。建立健全政府部门、行业协会、建筑施工企业等多层次的培训体系，不断提升建筑业职工的安全生产意识、工伤维权意识和岗位技能水平，从源头上控制和减少安全事故。

十一、严肃查处谎报瞒报事故的行为。发生生产安全事故时，建筑施工企业现场有关人员和企业负责人要严格依照《生产安全事故报告和调查处理条例》等规定，及时、如实向安全监管、住房城乡建设和其他负有监管职责的部门报告，并做好工伤保险相关工作。事故报告后出现新情况的，要及时补报。对谎报、瞒报事故和迟报、漏报的有关单位和人员，要严格依法查处。

十二、积极发挥工会组织在职工工伤维权工作中的作用。各级工会要加强基层组织建设，通过项目工会、托管工会、联合工会等多种形式，努力将建筑施工一线职工纳入工会组织，为其提供维权依托。提升基层工会组织在职工工伤维权方面的业务能力和服务水平。具备条件的企业工会要设立工伤保障专员，学习掌握工伤保险政策，介入工伤事故处理的全过程，了解工伤职工需求，跟踪工伤待遇支付进程，监督工伤职工各项权益落实情况。

十三、齐抓共管合力维护建筑工人工伤权益。人力资源社会保障部门要积极会同相关部门，把大力推进建筑施工企业参加工伤保险作为当前扩大社会保险覆盖面的重要任务和重点工作领域，对各类建筑施工企业和建设项目进行摸底排查，力争尽快实现全面覆盖。各地人力资源社会保障、住房城乡建设、安全监管等部门要认真履行各自职能，对违法施工、非法转包、违法用工、不参加工伤保险等违法行为依法予以查处，进一步规范建筑市场秩序，保障建筑业职工工伤保险权益。人力资源社会保障、住房城乡建设、安全监管等部门和总工会要定期组织开展建筑业职工工伤维权工作情况的联合督查。有关部门和工会组织要建立部门间信息共享机制，及时沟通项目开工、项目用工、参加工伤保险、安全生产监管等信息，实现建筑业职工参保等信息互联互通，为维护建筑业职工工伤权益提供有效保障。

交通运输、铁路、水利等相关行业职工工伤权益保障工作可参照本文件规定执行。

各地人力资源社会保障、住房城乡建设、安全监管等部门和工会组织要依据国家法律法规和本文件精神，结合本地实际制定具体实施方案，定期召开有关部门协调工作会议，共同研究解决有关难点重点问题，合力做好建筑业职工工伤保险权益保障工作。

人力资源社会保障部
住房城乡建设部
安全监管总局
全国总工会
2014年12月29日

关于开展建筑业“同舟计划”
——建筑业工伤保险专项扩面行动计划的通知

（人社厅发〔2015〕43 号）

各省、自治区、直辖市及新疆生产建设兵团人力资源社会保障厅（局）：

为贯彻落实人力资源社会保障部等部门《关于进一步做好建筑业工伤保险工作的意见》（人社部发〔2014〕103 号，以下简称《意见》）精神，做好建筑业参加工伤保险工作，我部决定开展建筑业“同舟计划”，用三年左右时间，全面推进建筑业从业人员参加工伤保险。

一、指导思想和工作目标

（一）指导思想

全面贯彻落实党的十八大和十八届三中、四中全会精神，以邓小平理论、“三个代表”重要思想、科学发展观为指导，认真学习贯彻习近平总书记系列重要讲话精神，牢固树立以人为本、执政为民的理念，统筹规划，分步实施，全面推进建筑施工企业依法参加工伤保险工作，切实维护建筑业从业人员特别是农民工的工伤保障权益。

（二）工作目标

总体目标：用三年左右时间，结合全民参保登记计划的实施，实现建筑业从业人员全部参加工伤保险，同时建立按项目参保和优先办理工伤保险的工作机制。

年度目标：专项行动于 2015 年启动，2016 年推开，2017 年完成，实施期 3 年。

2015 年，年内新开工建筑项目全部参加工伤保险；继续巩固已参保的在建项目参保成果，努力将未参保的在建项目纳入保障范围。初步建立按项目参保和优先办理工伤保险的工作机制。同时推进交通、铁路、水利等建筑施工企业参加工伤保险。

2016 年，建设项目基本实现全部参保，大部分交通、铁路、水利等建筑施工企业参加工伤保险。完善按项目参保和优先办理工伤保险的工作机制。

2017 年，全部建筑企业从业人员参加工伤保险，全面加强按项目参保的管理能力和服务能力。

二、2015 年工作安排

第一阶段（2—4 月）：制定方案，摸清底数

1. 制定工作方案。结合本地实际，制定本地三年行动计划具体实施方案。实施方案要明确以下内容：本地推进建筑业参保的总体目标、主要任务和工作要求；年度目标、工作任务和进度安排；费率水平及调整机制等需本地化的政策措施；经办管理的标准规范和具体流程；任务分工、相关部门责任及沟通协调机制；经费、人员、信息

技术、窗口平台、组织领导、宣传培训、督导调度、评估奖惩等各项保障措施；其他需明确的事项。各省（自治区、直辖市）人社部门具体实施方案报人社部备案。

2. 全面摸清底数。第一季度集中摸清情况，包括：本地区建筑企业数量、相对固定从业人员及其参加工伤保险情况；在建项目数量、工程造价和用工情况；拟建项目数量、工程造价及拟用工情况等基本情况（见附件1）。由各省（自治区、直辖市）人社部门会同住建部门摸清底数，并于4月30日前将附件1报人社部社保中心和工伤保险司。

3. 开发信息系统。根据按项目参保的新要求，针对从业人员流动频繁、生产经营场地基础条件差等实际情况，开发适应项目参保和建筑用工管理特点的信息系统，并实现与按单位参保系统有序衔接，与全民参保登记计划有机结合。有条件地区可探索与住建部门建筑业用工信息系统联网，共享相关信息。

4. 开展建筑企业参加工伤保险集中宣传活动。充分利用广播电视、报刊、互联网、微信、公告栏等多种方式，以建筑工人特别是农民工为重点对象，集中宣传建筑业参加工伤保险尤其是按项目参保的政策措施，帮助其全面了解国家政策和各项权利，提高维权意识，营造良好的社会氛围。要制定全面培训的工作计划，层层开展动员培训，确保政策为各级行政和经办人员所掌握。

第二阶段（5—12月）：落实政策，建章立制

1. 全面落实各项政策。协调住建部门落实施工许可制度，严格用工管理，督促建筑企业应保尽保。落实和完善全员参保、动态实名、概算提取、一次性缴费、工伤认定、劳动能力鉴定、工伤待遇支付、先行支付等政策要求，创新按项目参保经办管理服务，方便建设项目和从业人员参保并享受待遇。建立和完善人社、住建等部门间协商议事、信息互通、联合督导等机制，切实推进各项工作的落实。

2. 建立按月调度制度。从下半年起按月调度各地工作进展情况。7月份开始，每月10日前（节假日顺延），各省（自治区、直辖市）人社部门将上月按项目参保情况（见附件2）汇总报人社部社保中心和工伤保险司。

3. 建立工作简报制度。各省（自治区、直辖市）要定期和不定期编印工作简报，交流各地好的经验做法，通报各地工作进展情况。各地要注意发现、收集、整理本地好的典型和做法，及时报送人社部社保中心和工伤保险司。

4. 加快推进全民参保登记计划。按工作安排，2015年要以"同舟计划"为重点推进全民参保登记计划的实施，实施范围要在2014年50个试点地区的基础上扩大到50%的地区。要结合全民参保登记计划，通过信息比对、入户调查、动态更新等步骤，加快建立和完善全民参保登记数据库，并通过全民参保登记数据库支持按项目参保的动态实名制管理。

第三阶段（10—12月）：督促检查，评估总结

1. 开展自查。各省（自治区、直辖市）人社部门要建立督导调度制度，对专项行动实施情况及时开展督促检查。10月开始，各省（自治区、直辖市）要对本地专项行动实施情况进行自查，重点检查许可证发放执行、劳动用工管理、年度工作计划执行、参保扩面计划完成、基金收支平衡、经办管理服务效率和质量等情况。要充分运用第三方评估、明察暗访、满意度调查等多种检查方式，从多个角度检查和评估工作成效，总结经验、分析问题，提出改进工作的意见和建议。各地要在自查的基础上，形成自

查报告，于11月30日前报人社部社保中心和工伤保险司。

2. 联合督查。在各地自查的基础上，人社部联合有关部门制定具体的督查评估方案，确定督查评估的主要内容、主要指标和督查方式，选取部分地区开展多轮联合督查，全面了解和评估各地落实《意见》精神、保障建筑业从业人员工伤待遇情况，总结好的做法和经验，发现和解决工作中存在的困难和问题。

3. 制定2016年、2017年具体工作计划。各地于每年12月份确定下一年度扩面计划、工作任务和主要措施。人社部门将会同有关部门根据各地自查、联合督查情况，确定2016年、2017年“同舟计划”的具体工作安排。

三、工作要求

（一）加强组织领导

各级人社部门要高度重视“同舟计划”的实施，将“同舟计划”列入重要议事日程，加强组织领导，明确职责分工。要积极争取当地党委政府的重视支持，争取有关部门的支持配合，争取建筑企业和职工的理解和认可，共同推进“同舟计划”的落实。

（二）创新管理服务

要探索适合建筑业按项目参保的登记、缴费、认定、鉴定、待遇支付、基金管理、信息管理的标准、规范与实现方式，做好与已有参保方式的衔接。结合全民参保登记计划的实施，不断完善按项目参保方式的经办管理与服务。要督促建筑施工企业和建设项目积极配合“同舟计划”的实施，加强劳动用工管理，指定专人组织开展参加工伤保险以及工伤申请等工作。

（三）加强沟通协调

要与住建部门加强统筹协调，共同做好建筑业职工参加工伤保险工作。要建立操作性强、沟通顺畅、协同推进的协调工作机制，双方定期交流，相互通报建筑施工企业开工、变更、参保和基金收支余情况，及时研究解决工作中出现的问题，加快推进建筑施工企业参加工伤保险。

联系人和联系方式：

社保中心　李红卫

联系电话：（010）84211128—4131

传　　真：（010）84216425

电子邮箱：sbjgsc@ mohrss. gov. cn

工伤保险司　徐文磊

联系电话：（010）84207264

传　　真：（010）84208266

电子邮箱：xuwenlei@ mohrss. gov. cn

附件：1. 建筑业及建设项目基本情况

　　　2. 建筑业参加工伤保险情况

人力资源社会保障部办公厅

2015年3月27日

附件1

建筑业及建设项目基本情况

填报单位： 年 季 单位：户、万元、人

		建筑企业			建设项目					
		企业数	固定从业人员	#其中参加工伤保险	在建项目数	#工程总造价	#从业人员	3个月内拟新建项目	#工程总造价	预计从业人员
甲	序号	1	2	3	4	5	6	7	8	9
总计	1									

单位负责人签章： 处（科）负责人签章： 填表人签章：

报出日期： 年 月 日

附件2

建筑业参加工伤保险情况

填报单位： 单位：户、人、万元

		参保单位数				参保人数				实缴金额	
		按用人单位方式参保户数	按建设项目参保方式项目数	#新建项目数	#在建项目数	按用人单位方式参保人数	按建设项目参保方式人数	#新建项目	#在建项目	按用人单位方式	按建设项目参保方式
甲	序号	1	2	3	4	5	6	7	8	9	10
总计	1										

单位负责人签章： 处（科）负责人签章： 填表人签章：

报出日期： 年 月 日

关于调整工伤保险费率政策的通知

（人社部发〔2015〕71 号）

各省、自治区、直辖市人力资源社会保障厅（局）、财政厅（局），新疆生产建设兵团人力资源社会保障局、财务局：

按照党的十八届三中全会提出的“适时适当降低社会保险费率”的精神，为更好贯彻社会保险法、《工伤保险条例》，使工伤保险费率政策更加科学、合理，适应经济社会发展的需要，经国务院批准，自 2015 年 10 月 1 日起，调整现行工伤保险费率政策。现将有关事项通知如下：

一、关于行业工伤风险类别划分

按照《国民经济行业分类》（GB/T4754—2011）对行业的划分，根据不同行业的工伤风险程度，由低到高，依次将行业工伤风险类别划分为一类至八类（见附件）。

二、关于行业差别费率及其档次确定

不同工伤风险类别的行业执行不同的工伤保险行业基准费率。各行业工伤风险类别对应的全国工伤保险行业基准费率为，一类至八类分别控制在该行业用人单位职工工资总额的 0.2%、0.4%、0.7%、0.9%、1.1%、1.3%、1.6%、1.9%左右。

通过费率浮动的办法确定每个行业内的费率档次。一类行业分为三个档次，即在基准费率的基础上，可向上浮动至 120%、150%，二类至八类行业分为五个档次，即在基准费率的基础上，可分别向上浮动至 120%、150%或向下浮动至 80%、50%。

各统筹地区人力资源社会保障部门要会同财政部门，按照“以支定收、收支平衡”的原则，合理确定本地区工伤保险行业基准费率具体标准，并征求工会组织、用人单位代表的意见，报统筹地区人民政府批准后实施。基准费率的具体标准可根据统筹地区经济产业结构变动、工伤保险费使用等情况适时调整。

三、关于单位费率的确定与浮动

统筹地区社会保险经办机构根据用人单位工伤保险费使用、工伤发生率、职业病危害程度等因素，确定其工伤保险费率，并可依据上述因素变化情况，每一至三年确定其在所属行业不同费率档次间是否浮动。对符合浮动条件的用人单位，每次可上下浮动一档或两档。统筹地区工伤保险最低费率不低于本地区一类风险行业基准费率。费率浮动的具体办法由统筹地区人力资源社会保障部门商财政部门制定，并征求工会组织、用人单位代表的意见。

四、关于费率报备制度

各统筹地区确定的工伤保险行业基准费率具体标准、费率浮动具体办法，应报省级人力资源社会保障部门和财政部门备案并接受指导。省级人力资源社会保障部门、财政部门应每年将各统筹地区工伤保险行业基准费率标准确定和变化以及浮动费率实施情况汇总报人力资源社会保障部、财政部。

附件：工伤保险行业风险分类表

附件

工伤保险行业风险分类表

行业类别	行业名称
一	软件和信息技术服务业，货币金融服务，资本市场服务，保险业，其他金融业，科技推广和应用服务业，社会工作，广播、电视、电影和影视录音制作业，中国共产党机关，国家机构，人民政协、民主党派，社会保障，群众团体、社会团体和其他成员组织，基层群众自治组织，国际组织
二	批发业，零售业，仓储业，邮政业，住宿业，餐饮业，电信、广播电视和卫星传输服务，互联网和相关服务，房地产业，租赁业，商务服务业，研究和试验发展，专业技术服务业，居民服务业，其他服务业，教育，卫生，新闻和出版业，文化艺术业
三	农副食品加工业，食品制造业，酒、饮料和精制茶制造业，烟草制品业，纺织业，木材加工和木、竹、藤、棕、草制品业，文教、工美、体育和娱乐用品制造业，计算机、通信和其他电子设备制造业，仪器仪表制造业，其他制造业，水的生产和供应业，机动车、电子产品和日用产品修理业，水利管理业，生态保护和环境治理业，公共设施管理业，娱乐业
四	农业，畜牧业，农、林、牧、渔服务业，纺织服装、服饰业，皮革、毛皮、羽毛及其制品和制鞋业，印刷和记录媒介复制业，医药制造业，化学纤维制造业，橡胶和塑料制品业，金属制品业，通用设备制造业，专用设备制造业，汽车制造业，铁路、船舶、航空航天和其他运输设备制造业，电气机械和器材制造业，废弃资源综合利用业，金属制品、机械和设备修理业，电力、热力生产和供应业，燃气生产和供应业，铁路运输业，航空运输业，管道运输业，体育
五	林业，开采辅助活动，家具制造业，造纸和纸制品业，建筑安装业，建筑装饰和其他建筑业，道路运输业，水上运输业，装卸搬运和运输代理业
六	渔业，化学原料和化学制品制造业，非金属矿物制品业，黑色金属冶炼和压延加工业，有色金属冶炼和压延加工业，房屋建筑业，土木工程建筑业
七	石油和天然气开采业，其他采矿业，石油加工、炼焦和核燃料加工业
八	煤炭开采和洗选业，黑色金属矿采选业，有色金属矿采选业，非金属矿采选业

人力资源社会保障部
财　政　部
2015年7月22日

关于做好工伤保险费率调整工作进一步加强基金管理的指导意见

（人社部发〔2015〕72 号）

各省、自治区、直辖市人力资源社会保障厅（局）、财政厅（局），新疆生产建设兵团人力资源社会保障局、财务局：

近日，人力资源社会保障部、财政部经国务院批准印发了调整工伤保险费率政策的通知（人社部发〔2015〕71 号，以下简称《通知》），此次调整完善工伤保险费率政策总的原则是：总体降低，细化分类，健全机制。为贯彻落实国务院关于适时适当降低工伤保险费率的要求，进一步加强工伤保险基金管理，提高基金使用效率，现就有关问题提出如下意见：

一、充分认识调整完善工伤保险费率政策的重要性

调整完善工伤保险费率政策，总体上降低工伤保险费率水平，是适应我国经济发展新常态，减轻用人单位负担的重要举措，有利于建立健全与行业工伤风险基本对应、风险档次适度的工伤保险费率标准，有利于落实工伤保险基金“以支定收、收支平衡”筹资原则，优化工伤保险基金管理，确保工伤保险基金可持续运行，更好地保障工伤职工的合法权益。各地应充分认识调整完善工伤保险费率政策的重要性，加强对调整完善工伤保险费率政策的组织领导，采取切实有效措施，强化工伤保险基金管理，在基金收支平衡的基础上，实现总体上降低工伤保险费率水平的目标。

二、准确确定用人单位适用的行业分类

各统筹地区社会保险经办机构要严格按照《通知》规定的行业类别划分，根据用人单位的工商登记注册和主要经营生产业务等情况，分别确定其所对应的行业工伤风险类别。对劳务派遣企业，可根据被派遣劳动者实际用工单位所在行业，或根据多数被派遣劳动者实际用工单位所在行业，确定其工伤风险类别。

三、科学确定工伤保险行业基准费率标准

各统筹地区人力资源社会保障部门要会同财政部门依据调整后的全国工伤保险行业基准费率，根据本地区各行业工伤保险费使用、工伤发生率、职业病危害程度等情况，拟订本地区工伤保险行业基准费率的具体标准，报统筹地区人民政府批准后实施。要加强工伤保险基金的精算平衡，全面分析影响基金收入和支出的当期因素和中长期变化趋势，包括参保扩面潜力、职工工资基数增长速度、本地区参保单位工伤发生率、工伤医疗费用增长速度、保障范围和支付标准的变化等，确保基金中长期可持续运行。

各地基准费率的具体标准可根据统筹地区经济产业结构变动、工伤保险费使用等情况适时调整。

四、合理调控工伤保险基金的结存规模

各地要严格按照“以支定收、收支平衡”的筹资原则，将工伤保险基金结存保持在合理适度的规模。实行地市级统筹的地区，基金累计结存（含储备金，下同）的正常规模原则上控制在12个月左右平均支付水平；实行省级统筹的地区，基金累计结存的正常规模原则上控制在9个月左右平均支付水平。基金累计结存超过正常规模的统筹地区，其行业基准费率的具体标准不得高于《通知》中规定的全国工伤保险行业基准费率。实行地市级统筹、省级统筹的地区，基金累计结存规模分别超过18个月、12个月左右平均支付水平的，应通过适时调整行业基准费率具体标准或下调费率等措施压减过多结存，促进基金结存回归正常水平。实行地市级统筹、省级统筹的地区，基金累计结存规模分别低于9个月、6个月左右平均支付水平的，可通过加大扩面和基金征缴力度、适时调整行业基准费率具体标准或上浮费率等措施，确保基金安全可持续运行和各项工伤保险待遇支付。

五、定期进行单位费率浮动

各统筹地区要充分发挥工伤保险浮动费率机制的作用，周密制定单位费率浮动的具体办法。各统筹地区社会保险经办机构应每一至三年对各参保单位的工伤风险状况进行一次全面评估，并依据其工伤保险费使用、工伤发生率、职业病危害程度等因素，确定其费率是否浮动及浮动的档次。对风险程度骤升的单位，可一次上浮两个档次，并通过适当形式通报，以示警戒。

六、全面建立并规范工伤保险基金储备金制度

各地要充分利用信息化手段，构建工伤保险基金运行分析和风险预警系统，加强对政策实施和基金运行情况的监测，定期分析工伤保险费率对工伤保险基金运行的影响。在此基础上，建立和完善工伤保险储备金制度，应对突发性、大规模、集中的工伤保险基金支付风险。储备金的规模按当地基金支出规模的一定比例确定，具体比例由省、自治区、直辖市人民政府确定。未设立储备金的统筹地区应于2016年底前设立储备金，已实行省级统筹的地区要建立省级储备金制度。储备金计算在工伤保险基金结存之内。

七、规范和提高工伤保险基金统筹层次

提高工伤保险统筹层次是提高工伤保险基金抵御风险能力的重要措施，也是适当降低费率政策的有力保障。尚未实行地市级统筹的地区，要在2015年底实现地市级基金统筹；已初步实行地市级统筹的地区，要加快实现基金的统收统支管理；有条件的地区，要积极推进省级统筹。

八、建立费率确定调整和实施情况定期报备制度

各地要加强对费率政策执行情况的监控，建立费率调整和实施情况定期报备制度。

各统筹地区应在每年末将本地区基准费率调整变化情况和浮动费率实施情况及实施效果报省级人力资源社会保障部门和财政部门。各省级人力资源社会保障部门、财政部门要在次年 2 月底之前将本地区的汇总分析情况报送人力资源社会保障部、财政部。

九、加强部门间协同配合

各地要加强人力资源社会保障部门、财政部门之间的协同配合，周密制定有关工伤保险费率政策调整和完善基金管理的措施。在相关政策制定和实施中，还要加强同安全生产监管、卫生计生等部门、相关产业部门及工会组织的协同合作，共同促进工伤保险相关政策的落实。各地在贯彻实施工伤保险费率政策调整和完善基金管理工作中如遇重大问题，应及时报人力资源社会保障部、财政部。

人力资源社会保障部
财　政　部
2015 年 7 月 22 日

五、社会保险基金监督

关于扩大企业年金基金投资范围的通知

（人社部发〔2013〕23 号）

各省、自治区、直辖市人力资源社会保障厅（局）、银监局、证监局、保监局，新疆生产建设兵团人力资源社会保障局，各计划单列市人力资源社会保障局、银监局、证监局、保监局，上海、深圳证券交易所，中国证券登记结算有限责任公司：

为促进企业年金市场健康发展，实现企业年金基金资产保值增值，根据《企业年金基金管理办法》（人力资源社会保障部第 11 号令，以下简称第 11 号令），现就扩大企业年金基金投资范围通知如下：

一、企业年金基金投资范围在第 11 号令第四十七条规定的金融产品之外，增加商业银行理财产品、信托产品、基础设施债权投资计划、特定资产管理计划、股指期货。

二、企业年金基金资产以投资组合为单位，按照公允价值计算应当符合下列规定：

（一）投资银行活期存款、中央银行票据、一年期以内（含一年）的银行定期存款、债券回购、货币市场基金、货币型养老金产品的比例，合计不得低于投资组合委托投资资产净值的 5%；清算备付金、证券清算款以及一级市场证券申购资金视为流动性资产。

（二）投资一年期以上的银行定期存款、协议存款、国债、金融债、企业（公司）债、可转换债（含分离交易可转换债）、短期融资券、中期票据、万能保险产品、商业银行理财产品、信托产品、基础设施债权投资计划、特定资产管理计划、债券基金、投资连结保险产品（股票投资比例不高于 30%）、固定收益型养老金产品、混合型养老金产品的比例，合计不得高于投资组合委托投资资产净值的 135%。债券正回购的资金余额在每个交易日均不得高于投资组合委托投资资产净值的 40%。

（三）投资股票、股票基金、混合基金、投资连结保险产品（股票投资比例高于 30%）、股票型养老金产品的比例，合计不得高于投资组合委托投资资产净值的 30%。

企业年金基金不得直接投资于权证，但因投资股票、分离交易可转换债等投资品种而衍生获得的权证，应当在权证上市交易之日起 10 个交易日内卖出。

三、单个投资组合委托投资资产，投资商业银行理财产品、信托产品、基础设施债权投资计划、特定资产管理计划的比例，合计不得高于投资组合委托投资资产净值的 30%。其中，投资信托产品的比例，不得高于投资组合委托投资资产净值的 10%。

投资商业银行理财产品、信托产品、基础设施债权投资计划或者特定资产管理计划的专门投资组合，可以不受此30%和10%规定的限制。

专门投资组合，应当有80%以上的非现金资产投资于投资方向确定的内容。

四、单个投资组合委托投资资产，投资于单期商业银行理财产品、信托产品、基础设施债权投资计划或者特定资产管理计划，分别不得超过该期商业银行理财产品、信托产品、基础设施债权投资计划或者特定资产管理计划资产管理规模的20%。投资商业银行理财产品、信托产品、基础设施债权投资计划或者特定资产管理计划的专门投资组合，可以不受此规定的限制。

五、单个企业年金计划基金资产，投资商业银行理财产品、信托产品、基础设施债权投资计划、特定资产管理计划专门投资组合的比例，合计不得高于企业年金计划基金资产净值的30%。其中，投资信托产品专门投资组合的比例，不得高于企业年金计划基金资产净值的10%。

六、企业年金基金可投资的商业银行理财产品、信托产品、基础设施债权投资计划的发行主体，限于以下三类：

（一）具有“企业年金基金管理机构资格”的商业银行、信托公司、保险资产管理公司；

（二）金融集团公司的控股子公司具有“企业年金基金管理机构资格”，发行商业银行理财产品、信托产品、基础设施债权投资计划的该金融集团公司的其他控股子公司；

（三）发行商业银行理财产品、信托产品、基础设施债权投资计划的大型企业或者其控股子公司（已经建立企业年金计划）。该类商业银行理财产品、信托产品、基础设施债权投资计划仅限于大型企业自身或者其控股子公司的企业年金计划投资，并且投资事项应当由大型企业向人力资源社会保障部备案。

七、企业年金基金可投资的商业银行理财产品应当符合下列规定：

（一）风险等级为发行银行根据银监会评级要求，自主风险评级处于风险水平最低的一级或者二级；

（二）投资品种限于保证收益类和保本浮动收益类；

（三）投资范围限于境内市场的信贷资产、存款、货币市场工具、公开发行且评级在投资级以上的债券，基础资产由发行银行独立负责投资管理；

（四）发行商业银行理财产品的商业银行应当具有完善的公司治理、良好的市场信誉和稳定的投资业绩，上个会计年度末经审计的净资产不低于300亿元人民币或者在境内外主板上市，信用等级不低于国内信用评级机构评定的A级或者相当于A级的信用级别；境外上市并免于国内信用评级的，信用等级不低于国际信用评级机构评定的投资级或者以上的信用级别。

鼓励符合条件的商业银行根据企业年金委托人的投资偏好，为企业年金基金设计、发行商业银行理财产品。

八、企业年金基金可投资的信托产品应当符合下列规定：

（一）限于融资类集合资金信托计划和为企业年金基金设计、发行的单一资金信托计划；

（二）投资合同应当包含明确的“受益权转让”条款；

（三）信用等级不低于国内信用评级机构评定的AA+级或者相当于AA+级的信用级别。但符合下列条件之一的，可以豁免外部信用评级：

1. 偿债主体上个会计年度末经审计的净资产不低于90亿元人民币，年营业收入不低于200亿元人民币；

2. 提供无条件不可撤销连带责任保证担保的担保人，担保人上个会计年度末经审计的净资产不低于90亿元人民币，年营业收入不低于200亿元人民币。

（四）安排投资项目担保机制，但符合上述第三款1条规定且在风险可控的前提下可以豁免担保；

（五）发行信托产品的信托公司应当具有完善的公司治理、良好的市场信誉和稳定的投资业绩，上个会计年度末经审计的净资产不低于30亿元人民币。

鼓励符合条件的信托公司根据企业年金委托人的投资偏好，为企业年金基金设计、发行信托产品。

九、企业年金基金可投资的基础设施债权投资计划应当符合下列规定：

（一）履行完毕相关监管机构规定的所有合法程序；

（二）基础资产限于投向国务院、有关部委或者省级政府批准的基础设施项目债权资产；

（三）投资合同应当包含明确的“受益权转让”条款；

（四）信用等级不低于国内信用评级机构评定的A级或者相当于A级的信用级别；

（五）投资品种限于信用增级为A类、B类增级方式；

（六）发行基础设施债权投资计划的保险资产管理公司应当具有完善的公司治理、良好的市场信誉和稳定的投资业绩，上个会计年度末经审计的净资产不低于2亿元人民币。

鼓励符合条件的保险资产管理公司根据企业年金委托人的投资偏好，为企业年金基金设计、发行基础设施债权投资计划。

十、企业年金基金可投资的特定资产管理计划应当符合下列规定：

（一）限于结构化分级特定资产管理计划的优先级份额；

（二）不得投资于商品期货及金融衍生品；

（三）不得投资于未通过证券交易所转让的股权；

（四）发行特定资产管理计划的基金管理公司应当具有完善的公司治理、良好的市场信誉和稳定的投资业绩，上个会计年度末经审计的净资产不低于2亿元人民币。

十一、企业年金计划投资组合、养老金产品参与股指期货交易应当符合下列规定：

（一）根据风险管理的原则，只能以套期保值为目的，并按照中国金融期货交易所套期保值管理的有关规定执行；

（二）企业年金计划投资组合、养老金产品参与股指期货交易，任一投资组合或者养老金产品在任何交易日日终，所持有的卖出股指期货合约价值，不得超过其对冲标的股票、股票基金、混合基金、投资连结保险产品（股票投资比例高于30%）等权益类资产的账面价值；

（三）企业年金计划投资组合、养老金产品不得买入股指期货套期保值。

十二、商业银行理财产品、信托产品、基础设施债权投资计划、特定资产管理计划的估值办法，按照相关法律法规或者监管部门的规定执行。

十三、投资管理人投资的金融产品，募集资金投资方向应当符合国家宏观政策、产业政策和监管政策；产品结构简单，基础资产清晰，信用增级安排确凿，具有稳定可预期的现金流；建立信息披露机制和风险隔离机制，并实行资产托（保）管。投资管理人应当优先投资在公开平台登记发行和交易转让的金融产品。

十四、投资管理人应当对有关金融产品风险进行实质性评估，根据投资管理和风险管理能力，合理制定金融产品配置计划，履行相应的内部审核程序，健全内部信用评级制度，科学确定投资品种和规模、期限结构、信用分布和流动性安排。

投资管理人投资有关金融产品，应当充分发挥投资者监督作用，持续跟踪金融产品管理运作，定期评估投资风险，适时调整投资限额、风险限额和止损限额，维护资产安全。金融产品发生违约等重大投资风险的，投资管理人应当采取有效措施，控制相关风险，并及时向人力资源社会保障部和有关业务监管部门报告，同时抄报企业年金受托人。

投资管理人投资有关金融产品，不得与当事人发生涉及利益输送、利益转移等不当交易行为，不得通过关联交易或者其他方式侵害企业年金委托人的利益。

十五、本通知所指信用增级安排，其中保证担保的，应当为本息全额无条件不可撤销连带责任保证担保，且担保人信用等级不低于被担保人信用等级；抵押或者质押担保的，担保财产应当权属清晰，未被设定其他担保或者采取保全措施，经评估的担保财产价值不低于待偿还本息，且担保行为已经履行必要法律程序。

人力资源社会保障部
银　监　会
证　监　会
保　监　会
2013 年 3 月 19 日

关于鼓励社会团体、基金会和民办非企业单位建立企业年金有关问题的通知

（人社部发〔2013〕51号）

各省、自治区、直辖市及新疆生产建设兵团人力资源社会保障厅（局）、民政厅（局）：

近年来我国社会团体、基金会和民办非企业单位（以下简称社会组织）发展迅速，为提升社会管理和公共服务，促进文化繁荣发展发挥了积极的作用。为进一步推动社会组织健康发展，更好地保障社会组织工作人员退休后的生活，根据《企业年金试行办法》（劳动和社会保障部令第20号）、《企业年金基金管理办法》（人力资源和社会保障部令第11号）、《关于企业年金方案和基金管理合同备案有关问题的通知》（劳社部发〔2005〕35号）、《关于企业年金集合计划试点有关问题的通知》（人社部发〔2011〕58号）有关规定，现就社会组织建立企业年金有关问题通知如下：

一、已经依法参加企业职工基本养老保险并履行缴费义务的社会组织，可以建立企业年金。其中工作人员较少的社会组织可以参加企业年金集合计划。

二、社会组织建立企业年金，应当由社会组织与本单位工会或职工代表通过集体协商确定，并制定企业年金方案。企业年金方案草案应当提交职工大会或职工代表大会讨论通过，并由集体协商双方首席代表签字后，形成拟报备的企业年金方案。

三、社会组织建立企业年金所需费用由社会组织和工作人员共同缴纳。社会组织缴费每年不超过本单位上年度工作人员工资总额的十二分之一，列支渠道按国家有关规定执行。社会组织缴费和工作人员个人缴费合计一般不超过本单位上年度工作人员工资总额的六分之一，工作人员个人缴费可以由社会组织从工作人员个人工资中代扣。

四、社会组织的企业年金方案应规定社会组织缴费计入工作人员企业年金个人账户的比例，可以综合考虑工作人员个人贡献、年龄等因素确定不同的计入比例，但差距不宜过大。

五、社会组织的企业年金方案应当报送所在地区县级以上地方人力资源社会保障行政部门备案。全国性社会组织的企业年金方案，报送人力资源社会保障部备案。社会组织参加企业年金集合计划可以由集合计划受托人报人力资源社会保障行政部门备案。

六、社会组织的企业年金基金，应当按照《企业年金基金管理办法》的规定，签订受托管理合同和委托管理合同，委托具有企业年金基金管理资格的机构，实行市场化投资运营。受托管理合同和委托管理合同，应当按有关规定报人力资源社会保障行政部门备案。

七、为规范管理，本通知发布前已经建立补充养老保险的社会组织，可按照本通知要求，对原有计划进行调整，逐步将原补充养老保险存量资金纳入企业年金管理。

八、各级人力资源社会保障行政部门要做好社会组织企业年金方案及管理合同备案工作，并负责对社会组织加入企业年金计划后的实施情况进行监督检查。各级民政部门可将企业年金实施情况作为社会组织评估工作的考量指标之一。

境外非政府组织驻华代表机构建立企业年金参照本通知执行。

人力资源社会保障部
民　政　部
2013 年 7 月 15 日

关于进一步加强基本医疗保险医疗服务监管的意见

（人社部发〔2014〕54号）

各省、自治区、直辖市及新疆生产建设兵团人力资源社会保障厅（局），各副省级市人力资源社会保障局：

基本医疗保险制度建立以来，各地积极探索提高医疗保险基金使用效率的有效方式，医疗服务监管工作逐步加强。随着全民医保的基本实现以及即时结算等项工作的推进，医疗服务监管的形势出现了一些新特点，欺诈骗保等现象有所增多。为进一步加强医疗保险医疗服务监管，更好地保障参保人员权益，维护医疗保险基金安全，推进深化医改，在总结各地实践经验的基础上，根据《中华人民共和国社会保险法》和《国务院关于印发“十二五”期间深化医药卫生体制改革规划暨实施方案的通知》（国发〔2012〕11号）精神，现就有关问题提出如下意见：

一、强化医疗保险医疗服务监管，将监管对象延伸到医务人员

（一）进一步完善定点医疗机构服务协议。基本医疗保险经办机构（以下简称经办机构）要将医疗服务监管的内容纳入定点服务协议，依据协议审核向定点医疗机构支付的医疗费用，通过监管与考核相结合、考核结果与医疗费用结算支付相挂钩等方式，不断完善协议管理。重点监管参保人员就诊人数，医疗总费用和增长率，药品、医用耗材和检查总费用、增长率及占医疗费用比例等指标。在进一步做好住院医疗服务监管工作的同时，加强对门诊医疗服务的监管。

（二）积极探索将监管延伸到医务人员医疗服务行为的有效方式。对定点医疗机构医务人员建立诚信档案。在经办机构与医疗机构定点服务协议中约定医务人员的责任和义务，探索通过医疗机构将协议管理要求细化落实到医务人员的有效途径。采取将医务人员考评结果与定点医疗机构考核及医疗费用支付结算挂钩等方式，鼓励医疗机构强化医务人员管理的激励和约束机制。加强多层次、多形式培训，帮助医务人员及时、全面、准确掌握医疗保险政策，依规提供医疗服务。

（三）强化参保人员持卡就医的责任意识。进一步加大宣传力度，通过各种方式，在告知参保人员持卡就医权利的同时，明确告知其责任和义务，包括不得出借、转让或恶意使用社会保障卡，丢失社会保障卡应及时挂失，骗取或协助他人骗取医疗保险基金要承担法律责任等，规范参保人员的就医行为，逐步建立完善参保人员诚信记录制度。

二、优化信息化监控手段，建立医疗保险费用监控预警和数据分析平台

（四）完善医疗保险信息库，促进医疗服务信息及时准确传递。建立健全医疗保险信息库特别是药品库、门诊大病疾病库、医务人员数据库等，使用符合全国统一标准

的信息代码，做好信息标准化工作。加强医疗保险管理信息系统与定点医疗机构的联网，进一步明确和细化接口信息规范，力争使定点医疗机构诊疗和用药原始数据实时上传，消除人为操作因素，保证上传数据的真实性和完整性。

（五）建立医疗保险监控系统，规范医疗服务信息监控标准。在做好社会保障卡发放和基本医疗保险即时结算服务的基础上，进一步完善各统筹地区医疗保险管理信息系统建设，扩展建设医疗保险医疗服务监控子系统，及时向定点医疗机构提供监控提示信息，实现事前提示、事中监控预警和事后责任追溯。经办机构要将定点医疗机构、医务人员的医疗服务信息和参保人员的就医购药信息纳入监控范围，根据协议管理要求和多发案件特点，建立和完善监控规则，设置监控指标，规范监控标准，通过设置不同的警戒线实现分级监控。

（六）加强数据分析研判，强化重点信息监控。经办机构要指定专人负责医疗保险费用数据分析工作，重点加强对异常数据的分析。对医务人员，要重点分析服务人数、人次和增长情况，药品处方情况，以及次均费用和总费用增长情况，对有违规记录，出现次均费用畸高、某种药品使用数量畸高等异常情况的医务人员进行重点检查。对参保人员，要重点对就医频次、购药数量和金额等信息进行分析，有针对性地进行监控。

三、明确医疗保险基金监管职责，充分发挥各方面的监督作用

（七）进一步加强经办审核稽核工作。经办机构要加强对医疗机构申报医疗费用的审核，逐步将对疑点的筛查从结算之后提前到结算过程之中。加大对医疗机构执行定点协议、医疗保险费用支付等情况的稽核力度。对网上监控发现的疑点和举报投诉的问题等，要及时组织核实情况。对重大案情，要查阅相关资料，询问相关人员，逐步形成程序化、规范化的稽核机制。

（八）严格医疗保险基金行政监督。社会保险行政部门要研究分析医疗保险基金管理和运行情况，逐步完善工作手段。加强对医疗保险基金预算和医疗保险医疗服务协议执行、各项监管制度落实等情况的监督，加大对违规支付和套取、骗取医疗保险基金等问题的查处力度。

（九）探索社会监督的有效途径。拓宽社会监督途径，创新社会监督方式，通过组织专家评议、聘请社会监督员等方式，动员社会各方面力量参与医疗保险监督工作，不断提高监督实效。进一步畅通举报投诉渠道，及时处理各类问题。

（十）促进医疗机构规范提供医疗服务。结合付费方式改革，建立和完善经办机构与医疗机构的风险分担机制，对定点医疗机构形成有效的激励约束。继续推进和完善定点医疗机构分级管理制度，促进医疗机构加强内部管理，提高自我管理的积极性，鼓励医务人员为参保患者提供合理必要的服务，控制医疗费用的不合理增长，减轻参保人员负担。

四、分类处理监管发现的问题，妥善解决争议

（十一）及时纠正不合理行为。对疑似不合理的诊疗、住院、用药、收费等行为，经办机构要查明实际情况，必要时可组织专家进行论证；确实存在问题的，可约谈相

关定点医疗机构，提出改进管理的意见。

（十二）依规处置违约问题。对违反协议规定的定点医疗机构，经办机构要按照协议规定，根据违约情节的轻重，相应采取拒付费用、暂停结算限期整改、终止协议等措施。对违反协议规定的医务人员，情节较轻的，经办机构可建议其所属医疗机构进行诫勉谈话；情节较重或多次违约的，经办机构可直接约谈，责令改正；情节严重、主观故意性强且造成医疗保险基金损失的，经办机构可按照协议规定暂停其医疗保险实时结算资格或对其提供的医疗服务拒付费用等。

对暂停结算限期整改的定点医疗机构和暂停实时结算及拒付费用的医务人员，经办机构要督促及时整改，跟进了解整改情况，在确认问题已经解决、漏洞已经弥补、风险已经排除后，可恢复其医疗保险实时结算资格。经办机构在改变与定点医疗机构或医务人员的结算方式和终止协议时，要采取必要措施保护参保人员的合法权益。

（十三）坚决查处违规违法案件。对违反医疗保险法律法规，侵害医疗保险基金的问题，在经办机构追究违约责任的同时，违规行为发生地的社会保险行政部门要按照社会保险基金监管和基本医疗保险的有关规定，作出行政处罚等处理决定；涉及卫生计生、药监、物价等部门职责范围的，应及时书面通知并移交相关部门处置；对涉嫌构成犯罪的，由社会保险行政部门移送公安机关。社会保险行政部门、经办机构及其工作人员发现违法犯罪线索时，均可按规定向公安机关报案。

（十四）规范移交处理办法。社会保险行政部门发现涉嫌违约的问题，要责成经办机构按照协议规定处理。经办机构作出停止医务人员医疗保险实时结算资格、拒付费用，终止医疗机构定点协议等处理时，要及时报告同级社会保险行政部门。

经办机构发现涉嫌违规的问题，要及时向同级社会保险行政部门报告，并将调查资料形成正式材料一并移交。社会保险行政部门认为事实不清的，可组织补充调查或要求经办机构补充材料。

对移交处理的各类问题，社会保险行政部门和经办机构应及时沟通处理结果，并按规定向上级部门报告。

（十五）明确争议处理程序。定点医疗机构或医务人员对经办机构作出的处置有争议的，由同级社会保险行政部门协调处理；对同级社会保险行政部门协调处理结果不服的，由上级社会保险行政部门协调处理。省级社会保险行政部门是争议协调处理的最终单位。

对社会保险行政部门作出的行政处理决定有争议的，可以依法申请行政复议或者提起行政诉讼。行政处理决定生效以后，处理对象应当执行；逾期不执行的，由社会保险行政部门督促执行或依法申请人民法院强制执行。

五、加强配合，协同做好工作

（十六）加强组织领导。基本医疗保险医疗服务监管工作，是遏制不合理医疗费用增长、提高医疗保险基金使用效率、维护广大参保人员权益的重要措施。各级人力资源社会保障部门要高度重视，统一思想认识，认真落实。省级人力资源社会保障部门要结合实际制定具体办法，加强组织协调，明确相关部门责任，督促、指导省内各统筹地区开展工作，并加强对落实情况的检查评估。各统筹地区要积极创造条件，加大信息系统建设投入，建立并逐步完善医疗保险医疗服务网上监控。

（十七）加强协调配合。各级人力资源社会保障部门要建立健全内部协调机制，明确分工，加强配合，整合信息资源，分享通过群众举报、日常检查、专项检查、网上监控等途径发现的医疗服务异常情况，协同做好查处工作。要加强与公安、卫生计生等部门的外部协作，建立医疗保险联合反欺诈工作机制，积极协调相关部门开展联动联查联处，加大对违法违规行为的打击力度。

（十八）加强宣传教育。各地要及时总结经验，加大宣传力度，做好舆论引导工作，及时向社会传递打击医疗保险欺诈骗保的信息，支持新闻媒体开展舆论监督，加大对犯罪分子的威慑力度，减少医疗保险欺诈骗保行为的发生。要加强教育工作，形成正确的社会导向，提高全社会公民遵纪守法的自觉性，营造全社会诚信自律、合理就医、依规提供服务、维护医疗保险基金安全、自觉抵制违约违规违法行为的社会氛围。

部社会保险基金监督司、医疗保险司、社会保险事业管理中心、信息中心按各自职责，负责相关工作的指导和检查。

人力资源社会保障部
2014 年 8 月 18 日

进一步规范企业年金基金管理有关问题的通知

（人社监司便函〔2015〕4号）

各省、自治区、直辖市及新疆生产建设兵团人力资源社会保障厅（局），各计划单列市人力资源社会保障局，各企业年金管理机构：

《关于规范企业年金基金管理服务有关问题的通知》（人社厅发〔2009〕35号）发布以来，企业年金服务质量得到了明显改善，委托人建立企业年金计划、开展委托业务的行为不断规范，企业年金市场持续健康发展。但近来发现，仍有个别企业通过高价售卖招标文件等方式，收取高额招标代理服务费、中标服务费，变相要求企业年金管理机构承担企业招标费用。为进一步规范管理行为，维护市场秩序，现将有关问题通知如下：

一、建立企业年金制度的企业，选择管理机构时，严禁以售卖招标文件、收取招标代理服务费等方式，要求企业年金管理机构承担相关费用。

二、各企业年金管理机构要共同抵制各种不规范行为，不得参与存在上述问题的招标或其他选择企业年金基金管理机构的活动，并及时向监管部门举报。

三、各省、自治区、直辖市人力资源社会保障部门，要加强对本地区企业年金基金管理情况的监督检查，及时纠正各种不规范行为。对于建立企业年金过程中存在违规行为且未按要求改正的，对其企业年金基金管理合同不予备案。

四、人力资源社会保障部基金监督司将加强对企业年金市场的监管，对不规范行为及时查处并在网上公布。

人力资源社会保障部基金监督司

2015年1月29日

六、住房保障和公积金

关于公共租赁住房和廉租住房并轨运行的通知

（建保〔2013〕178号）

各省、自治区住房城乡建设厅、财政厅、发展改革委，北京市住房城乡建设委、财政局、发展改革委，上海市城乡建设交通委、住房保障房屋管理局、财政局、发展改革委，天津市城乡建设交通委、国土资源房屋管理局、财政局、发展改革委，重庆市国土资源房屋管理局、财政局、发展改革委，新疆生产建设兵团建设局、财务局、发展改革委：

根据《国务院批转发展改革委关于2013年深化经济体制改革重点工作意见的通知》（国发〔2013〕20号）和《国务院办公厅关于保障性安居工程建设和管理的指导意见》（国办发〔2011〕45号）等文件精神，从2014年起，各地公共租赁住房和廉租住房并轨运行，并轨后统称为公共租赁住房。现就有关事宜通知如下：

一、调整公共租赁住房年度建设计划

从2014年起，各地廉租住房（含购改租等方式筹集，下同）建设计划调整并入公共租赁住房年度建设计划。2014年以前年度已列入廉租住房年度建设计划的在建项目可继续建设，建成后统一纳入公共租赁住房管理。

二、整合公共租赁住房政府资金渠道

廉租住房并入公共租赁住房后，地方政府原用于廉租住房建设的资金来源渠道，调整用于公共租赁住房（含2014年以前在建廉租住房）建设。原用于租赁补贴的资金，继续用于补贴在市场租赁住房的低收入住房保障对象。

从2014年起，中央补助公共租赁住房建设资金以及租赁补贴资金继续由财政部安排，国家发展改革委原安排的中央用于新建廉租住房补助投资调整为公共租赁住房配套基础设施建设补助投资，并向西藏及青海、甘肃、四川、云南四省藏区、新疆自治区及新疆建设兵团所辖的南疆三地州等财力困难地区倾斜。

三、进一步完善公共租赁住房租金定价机制

各地要结合本地区经济发展水平、财政承受能力、住房市场租金水平、建设与运营成本、保障对象支付能力等因素，进一步完善公共租赁住房的租金定价机制，动态调整租金。

公共租赁住房租金原则上按照适当低于同地段、同类型住房市场租金水平确定。政府投资建设并运营管理的公共租赁住房，各地可根据保障对象的支付能力实行差别化租金，对符合条件的保障对象采取租金减免。社会投资建设并运营管理的公共租赁住房，各地可按规定对符合条件的低收入住房保障对象予以适当补贴。

各地可根据保障对象支付能力的变化，动态调整租金减免或补贴额度，直至按照市场价格收取租金。

四、健全公共租赁住房分配管理制度

各地要进一步完善公共租赁住房的申请受理渠道、审核准入程序，提高效率，方便群众。各地可以在综合考虑保障对象的住房困难程度、收入水平、申请顺序、保障需求以及房源等情况的基础上，合理确定轮候排序规则，统一轮候配租。已建成并分配入住的廉租住房统一纳入公共租赁住房管理，其租金水平仍按原有租金标准执行；已建成未入住的廉租住房以及在建的廉租住房项目建成后，要优先解决原廉租住房保障对象住房困难，剩余房源统一按公共租赁住房分配。

五、加强组织领导，有序推进并轨运行工作

公共租赁住房和廉租住房并轨运行是完善住房保障制度体系，提高保障性住房资源配置效率的有效措施；是改善住房保障公共服务的重要途径；是维护社会公平正义的具体举措。各地要进一步加强领导，精心组织，完善住房保障机构，充实人员，落实经费，理顺体制机制，扎实有序推进并轨运行工作。各地可根据本通知，结合实际情况，制定具体实施办法。

住房和城乡建设部
财　政　部
国家发展和改革委员会
2013 年 12 月 2 日

关于并轨后公共租赁住房有关运行管理工作的意见

（建保〔2014〕91号）

各省、自治区住房城乡建设厅，北京市住房城乡建设委，天津市城乡建设交通委、国土资源房屋管理局，上海市城乡建设管理委、住房保障房屋管理局，重庆市城乡建设委、国土资源房屋管理局，新疆生产建设兵团建设局：

住房城乡建设部、财政部、国家发展改革委《关于公共租赁住房和廉租住房并轨运行的通知》（建保〔2013〕178号）印发后，各地认真贯彻落实，并轨运行工作取得积极成效。为进一步做好有关运行管理工作，现提出如下意见：

一、明确保障对象

并轨后公共租赁住房的保障对象，包括原廉租住房保障对象和原公共租赁住房保障对象，即符合规定条件的城镇低收入住房困难家庭、中等偏下收入住房困难家庭，及符合规定条件的新就业无房职工、稳定就业的外来务工人员。

二、科学制定年度建设计划

各地应根据城镇低收入和中等偏下收入住房困难家庭对公共租赁住房需求，考虑符合当地住房保障条件的新就业无房职工、进城落户农民和外来务工人员的需要，结合当地经济社会发展水平和政府财政能力，科学制定公共租赁住房年度建设计划。要创新融资机制，多方筹集资金，做好公共租赁住房及其配套基础设施和公共服务设施规划建设，方便群众生产生活。落实民间资本参与公共租赁住房建设的各项支持政策。

三、健全申请审核机制

各地要整合原廉租住房和公共租赁住房受理窗口，方便群众申请。要明确并轨后公共租赁住房保障对象收入审核部门职责及协调机制。落实申请人对申请材料真实性负责的承诺和授权审核制度。社会投资建设公共租赁住房的分配要纳入政府监管。符合规定条件的住房保障对象，到市场承租住房的，可按各地原政策规定，继续领取或申请领取租赁住房补贴。

四、完善轮候制度

各地应当根据本地实际情况，合理确定公共租赁住房轮候期，对登记为轮候对象的申请人，应当在轮候期内给予安排。要优化轮候规则，坚持分层实施，梯度保障，优先满足符合规定条件的城镇低收入住房困难家庭的需求，对城镇住房救助对象，即符合规定标准的住房困难的最低生活保障家庭、分散供养的特困人员，依申请做到应保尽保。

五、强化配租管理

省级住房城乡建设部门要制定公共租赁住房合同示范文本，明确租赁双方权利义务。公共租赁住房租金原则上按照适当低于市场租金的水平确定。已建成并分配入住廉租住房统一纳入公共租赁住房管理，对已入住的城镇低收入住房困难家庭，其租金水平仍按原合同约定执行。对于新增城镇低收入住房困难家庭，租赁政府投资建设的公共租赁住房，应采取租金减免方式予以保障，不宜按公共租赁住房租金水平先收后返。

六、加强使用退出管理

公共租赁住房的所有权人及其委托的运营单位应当依合同约定，切实履行对公共租赁住房及其配套设施的维修养护责任，确保公共租赁住房的正常使用。经公共租赁住房所有权人或其委托的运营单位同意，承租人之间可以互换所承租的公共租赁住房。完善城镇低收入住房困难家庭资格复核制度，不再符合城镇低收入住房困难家庭条件但符合公共租赁住房保障对象条件的，可继续承租原住房，同时应调整租金。承租人违反有关规定或经审核不再符合公共租赁住房保障条件的，应退出公共租赁住房保障。

七、推进信息公开工作

各地要全面公开公共租赁住房的年度建设计划、完成情况、分配政策、分配对象、分配房源、分配程序、分配过程、分配结果及退出情况等信息，畅通投诉监督渠道，接受社会监督。

住房和城乡建设部

2014 年 6 月 24 日

关于发展住房公积金个人住房贷款业务的通知

（建金〔2014〕148 号）

各省、自治区、直辖市住房城乡建设厅（建委）、财政厅（局），新疆生产建设兵团建设局、财务局，中国人民银行上海总部、有关分行、营业管理部、省会（首府）城市中心支行，直辖市、新疆生产建设兵团住房公积金管理委员会、住房公积金管理中心：

住房公积金个人住房贷款是提高缴存职工住房消费能力的重要途径，也是缴存职工的基本权益。当前，各地住房公积金个人住房贷款业务发展不平衡，部分城市贷款发放率较高，但多数城市发放率在 85% 以下，影响了缴存职工的合法权益，也削弱了住房公积金制度的作用。为提高住房公积金个人住房贷款发放率，支持缴存职工购买首套和改善型自住住房，现就发展住房公积金个人住房贷款业务的有关问题通知如下。

一、合理确定贷款条件。职工连续足额缴存住房公积金 6 个月（含）以上，可申请住房公积金个人住房贷款。对曾经在异地缴存住房公积金、在现缴存地缴存不满 6 个月的，缴存时间可根据原缴存地住房公积金管理中心出具的缴存证明合并计算。住房公积金贷款对象为购买首套自住住房或第二套改善型普通自住住房的缴存职工。住房公积金管理中心不得向购买第三套及以上住房的缴存职工家庭发放住房公积金个人住房贷款。

二、适当提高首套贷款额度。住房公积金个人住房贷款发放率低于 85% 的设区城市，住房公积金管理委员会要根据当地商品住房价格和人均住房面积等情况，适当提高首套自住住房贷款额度，加大对购房缴存职工的支持力度。

三、推进异地贷款业务。各省、自治区、直辖市要实现住房公积金缴存异地互认和转移接续。职工在就业地缴存住房公积金，在户籍所在地购买自住住房的，可持就业地住房公积金管理中心出具的缴存证明，向户籍所在地住房公积金管理中心申请住房公积金个人住房贷款。

四、设区城市统筹使用资金。未按照《住房公积金管理条例》规定调整到位的分支机构，要尽快纳入设区城市住房公积金管理中心统一制度、统一决策、统一管理、统一核算。设区城市住房公积金管理中心统筹使用分支机构的住房公积金。

五、盘活存量贷款资产。住房公积金个人住房贷款发放率在 85% 以上的城市，要主动采取措施，积极协调商业银行发放住房公积金和商业银行的组合贷款。有条件的城市，要积极探索发展住房公积金个人住房贷款资产证券化业务。

六、降低贷款中间费用。住房公积金个人住房贷款担保以所购住房抵押为主。取消住房公积金个人住房贷款保险、公证、新房评估和强制性机构担保等收费项目，减轻贷款职工负担。

七、优化贷款办理流程。各地住房公积金管理中心与房屋产权登记机构应尽快联网，实现信息共享，简化贷款办理程序，缩短贷款办理周期。房屋产权登记机构应在受理抵押登记申请之日起10个工作日内完成抵押权登记手续；住房公积金管理中心应在抵押登记后5个工作日内完成贷款发放。房地产开发企业不得拒绝缴存职工使用住房公积金贷款购房。

八、提高贷款服务效率。各地住房公积金管理中心要健全贷款服务制度，完善服务手段，积极开展网上贷款业务咨询、贷款初审等业务，要全面开通12329服务热线和短信平台，向缴存职工提供数据查询、业务咨询、还款提示、投诉举报等服务。积极探索建立全省统一的12329服务热线和短信平台。

九、加强考核和检查。各省、自治区住房和城乡建设厅要加强对各市住房公积金个人住房贷款业务的考核，加大个人住房贷款业务考核权重。要定期进行现场专项检查，对工作不力的城市，要责令加大工作力度。住房城乡建设部每月通报全国住房公积金个人住房贷款发放情况。

各省、自治区住房城乡建设厅、财政厅、人民银行分支机构，直辖市、新疆生产建设兵团住房公积金管理委员会要按照本通知要求，根据不同城市住房公积金个人住房贷款发放情况，加强分类指导，加大对贷款发放率低的城市督促检查力度，提高资金使用效率，保障住房公积金有效使用和资金安全，并将本通知落实情况于2014年年底前报住房城乡建设部、财政部和人民银行。

住房和城乡建设部
财　政　部
中国人民银行
2014年10月9日

关于进一步做好城镇棚户区和城乡危房改造及配套基础设施建设有关工作的意见

（国发〔2015〕37号）

各省、自治区、直辖市人民政府，国务院各部委、各直属机构：

近年来，各地区、各有关部门认真贯彻落实党中央、国务院决策部署，持续加大城镇棚户区和城乡危房改造力度，有关工作取得显著进展。截至2014年底，全国共改造各类棚户区住房2080万套、农村危房1565万户，其中2013—2014年改造各类棚户区住房820万套、农村危房532万户，有效改善了困难群众的住房条件，发挥了带动消费、扩大投资的积极作用，促进了社会和谐稳定。但也要看到，与党中央、国务院确定的改造约1亿人居住的城镇棚户区和城中村的目标相比，任务仍然十分艰巨，特别是待改造的棚户区多为基础差、改造难度大的地块，在创新融资机制、完善配套基础设施等方面还存在不少困难和问题。同时，农村困难群众对改善居住条件、住上安全住房的诉求比较强烈，加快农村危房改造的要求十分迫切。为进一步做好城镇棚户区和城乡危房改造及配套基础设施建设工作，切实解决群众住房困难，有效促进经济增长，现提出以下意见：

一、总体要求

（一）指导思想。深入贯彻党的十八大、十八届二中、三中、四中全会和中央城镇化工作会议精神，全面落实国务院决策部署，坚持走以人为核心的新型城镇化道路，以改善群众住房条件为出发点和落脚点，突出稳增长、惠民生，明确工作责任，创新体制机制，强化政策落实，加大城镇棚户区和城乡危房改造力度，加快配套基础设施建设，扩大有效投资，推动经济社会和谐发展。

（二）工作目标。制定城镇棚户区和城乡危房改造及配套基础设施建设三年计划(2015—2017年，以下简称三年计划)。2015—2017年，改造包括城市危房、城中村在内的各类棚户区住房1800万套（其中2015年580万套），农村危房1060万户（其中2015年432万户），加大棚改配套基础设施建设力度，使城市基础设施更加完备，布局合理、运行安全、服务便捷。

二、加大改造建设力度

（一）加快城镇棚户区改造。各地区要抓紧编制2015—2017年城镇棚户区改造实施方案并抓好组织落实。一要加快棚改项目建设。依法合规推进棚改，切实做好土地征收、补偿安置等前期工作。建立行政审批快速通道，简化程序，提高效率，对符合相关规定的项目，限期完成立项、规划许可、土地使用、施工许可等审批手续。加强工程质量安全监管，保证工程质量和进度，确保完成三年计划确定的目标任务。把城市危房改造纳入棚改政策范围。二要积极推进棚改货币化安置。缩短安置周期，节省过渡费用，让群众尽快住上新房，享有更好的居住环境和物业服务，满足群众多样化居住需求。各省（区、市）要因地制宜，抓紧摸清存量商品住房底数，制定推进棚改货币化安置的指导意见和具体安置目标，完善相关政策措施，督促市、县抓好落实，加快安置棚户区居民。

（二）完善配套基础设施。各地区要尽快编制2015—2017年棚改配套基础设施建设计划（以下简称配套建设计划），确定棚改安置住房小区配套基础设施项目，以及与棚改项目直接相关的城市道路和公共交通、通信、供电、供水、供气、供热、停车库（场）、污水与垃圾处理等城市基础设施项目，努力做到配套设施与棚户区改造安置住房同步规划、同步报批、同步建设、同步交付使用。各地区要对2014年底前已开工的棚改安置房等保障房小区配套基础设施情况进行排查，对配套基础设施不完备的项目要列出清单，并纳入本地区配套建设计划。

（三）推进农村危房改造。各地区要抓紧编制2015—2017年农村危房改造实施方案，明确目标任务、资金安排和政策措施，确保年度任务按时完成。落实省级补助资金，将农村危房改造补助资金纳入财政预算，由县级财政直接发放到危房改造农户。严格执行一户一档的要求，做好农村危房改造信息系统录入和管理工作。统筹推进农房抗震改造，加大对8度及以上地震高烈度设防地区的改造力度，认真贯彻执行《农村危房改造最低建设要求（试行）》和《农村危房改造抗震安全基本要求（试行）》，确保改造后的住房符合建设及安全标准。加强农房风貌管理和引导，县级住房城乡建设部门应制定符合当地实际的农房设计图和风貌管理要求，指导到户。

三、创新融资体制机制

（一）推动政府购买棚改服务。各省（区、市）应根据棚改目标任务，统筹考虑财政承受能力等因素，制定本地区政府购买棚改服务的管理办法。市、县人民政府要公开择优选择棚改实施主体，并与实施主体签订购买棚改服务协议。市、县人民政府将购买棚改服务资金逐年列入财政预算，并按协议要求向提供棚改服务的实施主体支付。年初预算安排有缺口确需举借政府债务弥补的市、县，可通过省（区、市）人民政府代发地方政府债券予以支持，并优先用于棚改。政府购买棚改服务的范围，限定在政府应当承担的棚改征地拆迁服务以及安置住房筹集、公益性基础设施建设等方面，不包括棚改项目中配套建设的商品房以及经营性基础设施。

（二）推广政府与社会资本合作模式。在城市基础设施建设运营中积极推广特许经营等各种政府与社会资本合作（PPP）模式。各地应建立健全城市基础设施建设财政投入与价格补偿统筹协调机制，合理确定服务价格，深化政府与社会资本合作，推动可持续发展。

（三）构建多元化棚改实施主体。鼓励多种所有制企业作为实施主体承接棚改任务。各地原融资平台公司可通过市场化改制，建立现代企业制度，实现市场化运营，在明确公告今后不再承担政府融资职能的前提下，作为实施主体承接棚改任务。原融资平台公司转型改造后举借的债务实行市场化运作，不纳入政府债务。政府在出资范围内依法履行出资人职责，不对原融资平台公司提供担保。

（四）发挥开发性金融支持作用。承接棚改任务及纳入各地区配套建设计划的项目实施主体，可依据政府购买棚改服务协议、特许经营协议等政府与社会资本合作合同进行市场化融资，开发银行等银行业金融机构据此对符合条件的实施主体发放贷款。在依法合规、风险可控的前提下，开发银行可以通过专项过桥贷款对符合条件的实施主体提供过渡性资金安排。鼓励农业发展银行在其业务范围内对符合条件的实施主体，加大城中村改造、农村危房改造及配套基础设施建设的贷款支持。鼓励商业银行对符合条件的实施主体提供棚改及配套基础设施建设贷款。

四、加强组织领导

（一）落实地方责任。各省（区、市）人民政府对本地区城镇棚户区和城乡危房改造及配套基础设施建设工作负总责，要抓紧组织落实三年计划及相关实施方案，完善工作机制，强化目标责任考核，加大资金投入，落实好税费减免政策。

（二）明确部门职责。住房城乡建设部要会同有关部门督促各地尽快编制和落实三年计划及相关实施方案。发展改革委、财政部要会同有关部门进一步加大中央预算内投资和中央财政支持力度。财政部要会同有关部门安排中央国有资本经营预算资金，对困难中央企业特别是独立工矿区、三线地区和资源枯竭型城市中央企业棚改配套设施建设予以支持。人民银行、财政部、银监会要完善政策措施，支持开发银行、农业发展银行等金融机构加大信贷支持力度。

（三）强化监督检查。住房城乡建设部要会同有关部门建立有效的督查制度，对各地区城镇棚户区和城乡危房改造及配套基础设施建设三年计划实施情况进行督促检查。各地区要加强监督检查，全面落实各项工作任务和政策措施。加强对农村危房改造补助资金使用的监管，严禁截留、挤占、挪用或变相使用。加大考核和问责力度，对态度不积极、工作不主动、进度缓慢、弄虚作假的单位和责任人员予以通报批评，并明确整改期限和要求。

国　务　院

2015 年 6 月 25 日

关于放宽提取住房公积金支付房租条件的通知

（建金〔2015〕19 号）

各省、自治区、直辖市住房城乡建设厅（建委）、财政厅（局），新疆生产建设兵团建设局、财务局，中国人民银行上海总部、各分行、营业管理部、省会（首府）城市中心支行，直辖市、新疆生产建设兵团住房公积金管理委员会、住房公积金管理中心：

为保障住房公积金缴存职工合法权益，改进住房公积金提取机制，提高制度有效性和公平性，促进住房租赁市场发展，现就有关问题通知如下。

一、明确租房提取条件。职工连续足额缴存住房公积金满 3 个月，本人及配偶在缴存城市无自有住房且租赁住房的，可提取夫妻双方住房公积金支付房租。

二、规范租房提取额度。职工租住公共租赁住房的，按照实际房租支出全额提取；租住商品住房的，各地住房公积金管理委员会根据当地市场租金水平和租住住房面积，确定租房提取额度。

三、简化租房提取要件。职工租房提取应向住房公积金管理中心提出申请，并提供以下材料：租住公共租赁住房，提供房屋租赁合同和租金缴纳证明；租住商品住房，提供本人及配偶名下无房产的证明。因租房提取住房公积金需出具房产信息查询结果证明的，房地产管理部门不收取费用。

四、提高提取审核效率。各设区城市要加强住房公积金服务网点建设，方便职工办理提取业务，要积极创造条件，抓紧开展网上提取咨询和业务办理。缴存职工提取申请资料齐全，审核无误后应即时办理。需对申请资料进一步核查时，应在受理提取申请之日起 3 个工作日内办结。提取支付住房租金，住房公积金管理中心可受缴存职工委托，定期将提取资金划转至缴存职工指定账户。

五、防范骗提套取行为。各设区城市要抓紧建立住房公积金、房屋交易和产权管理、公共租赁住房信息共享机制，核查职工租赁行为。对伪造合同、出具虚假证明、编造虚假租赁等骗提套取行为，住房公积金管理中心向职工工作单位通报，追回骗提套取资金，取消职工一定时限内提取住房公积金和申请住房公积金个人住房贷款资格。住房公积金管理中心将相关信息依法向社会公开并纳入征信系统；对协助造假的机构和人员，要严肃处理；构成犯罪的，依法追究刑事责任。

各设区城市要按照本通知要求，结合当地实际情况，抓紧制定实施细则，并报省、自治区住房城乡建设厅、财政厅和人民银行分支机构备案。

住房和城乡建设部
财　政　部
中国人民银行
2015 年 1 月 20 日

关于调整住房公积金个人住房贷款购房最低首付款比例的通知

（建金〔2015〕128号）

各省、自治区、直辖市住房城乡建设厅（建委）、财政厅（局），新疆生产建设兵团建设局、财务局，中国人民银行各分行、营业管理部、各省会（首府）城市中心支行、副省级城市中心支行，直辖市、新疆生产建设兵团住房公积金管理委员会、住房公积金管理中心：

为进一步完善住房公积金个人住房贷款政策，支持缴存职工合理住房需求，对拥有1套住房并已结清相应购房贷款的居民家庭，为改善居住条件再次申请住房公积金委托贷款购买住房的，最低首付款比例由30%降低至20%。北京、上海、广州、深圳可在国家统一政策基础上，结合本地实际，自主决定申请住房公积金委托贷款购买第二套住房的最低首付款比例。

本通知自2015年9月1日起执行。

住房和城乡建设部
财　政　部
中国人民银行
2015年8月27日

关于住房公积金异地个人住房贷款有关操作问题的通知

（建金〔2015〕135 号）

各省、自治区住房城乡建设厅，直辖市、新疆生产建设兵团住房公积金管理委员会、住房公积金管理中心：

为落实《关于发展住房公积金个人住房贷款业务的通知》（建金〔2014〕148 号）要求，推进住房公积金异地贷款业务，支持缴存职工异地购房需求，保障缴存职工权益，现就有关问题通知如下：

一、职责分工

（一）缴存城市公积金中心（含分中心，下同）负责审核职工缴存和已贷款情况，向贷款城市公积金中心出具书面证明，并配合贷款城市公积金中心核实相关信息。

（二）贷款城市公积金中心及受委托银行负责异地贷款的业务咨询、受理、审核、发放、回收、变更及贷后管理工作，并承担贷款风险。

（三）贷款城市公积金中心与缴存城市公积金中心要定期对异地贷款情况进行核对，掌握提取、还款、变更和逾期情况。

二、办理流程

（一）贷款城市公积金中心接受职工的异地贷款业务咨询，并一次性告知贷款所需审核材料。

（二）职工本人或其委托人向缴存城市公积金中心提出申请，缴存城市公积金中心根据职工申请，核实职工缴存贷款情况，对未使用过住房公积金个人住房贷款或首次住房公积金个人住房贷款已经结清的缴存职工，出具《异地贷款职工住房公积金缴存使用证明》。

（三）贷款城市公积金中心受理职工异地贷款申请后，向缴存城市公积金中心核实《异地贷款职工住房公积金缴存使用证明》信息真实性和完整性。核实无误的，应按规定时限履行贷款审核审批手续，并将结果反馈缴存城市公积金中心。缴存城市公积金中心对职工异地贷款情况进行标识，并建立职工异地贷款情况明细台账。

（四）缴存职工在异地贷款还贷期间，如住房公积金个人账户转移，原缴存城市公积金中心应及时告知贷款城市公积金中心和转入城市公积金中心。转入城市公积金中心应在接收职工住房公积金账户后，及时对异地贷款情况重新标识和记录。

（五）异地贷款出现逾期时，缴存城市公积金中心应配合贷款城市公积金中心开展贷款催收等工作，根据贷款合同可扣划贷款职工公积金账户余额用于归还贷款。

三、相关要求

（一）各省、自治区住房城乡建设厅要加强对住房公积金异地贷款业务的指导监督。各城市和新疆生产建设兵团住房公积金管理委员会要抓紧出台异地贷款业务细则，确保异地贷款业务有序开展。

（二）异地贷款业务缴存信息核实联系人要尽职尽责。缴存城市公积金中心和贷款城市公积金中心要相互配合，认真核实相关信息。如信息核实联系人、联系方式有变动，请以书面形式，及时报我部住房公积金监管司予以更新。

（三）我部将建设全国住房公积金异地贷款业务信息交换系统。各城市和新疆生产建设兵团公积金中心要按照异地贷款政策要求，抓紧开展信息系统升级改造，优化个人住房贷款业务流程，适应全国异地贷款业务信息化要求。

住房和城乡建设部

2015 年 9 月 15 日

关于切实提高住房公积金使用效率的通知

（建金〔2015〕150号）

各省、自治区、直辖市住房城乡建设厅（建委）、财政厅（局），新疆生产建设兵团建设局、财务局，中国人民银行各分行、营业管理部、各省会（首府）城市中心支行、副省级城市中心支行，直辖市、新疆生产建设兵团住房公积金管理委员会、住房公积金管理中心：

今年以来，各地贯彻落实全国加强住房公积金管理工作电视电话会议精神，按照《关于发展住房公积金个人住房贷款业务的通知》（建金〔2014〕148号）、《关于放宽提取住房公积金支付房租条件的通知》（建金〔2015〕19号）和《关于个人住房贷款政策有关问题的通知》（银发〔2015〕98号）要求，调整住房公积金使用政策，简化业务办理流程，资金使用效率有所提高。但部分地区住房公积金使用条件仍然偏紧，办理手续复杂，结余资金规模较大，制约了住房公积金作用的发挥。为切实提高住房公积金使用效率，按照国务院关于加快落实住房公积金使用政策的督查要求，现就有关事项通知如下：

一、提高实际贷款额度。2015年8月末住房公积金资金运用率低于85%的设区城市，要综合考虑当地房价水平、贷款需求和借款人还款能力，提高住房公积金个人住房贷款实际额度。在保证借款人基本生活费用的前提下，月还款额与月收入比上限控制在50%—60%。贷款偿还期限可延至借款人法定退休年龄后5年，最长贷款期限为30年。推行按月划转住房公积金冲还贷款本息业务。

二、设区城市统筹使用资金。同一设区城市住房公积金管理中心和分中心应当统一住房公积金提取和贷款政策，统筹使用贷款资金。住房公积金管理中心或分中心贷款资金不足时，应允许缴存职工向同城住房公积金管理机构申请贷款。

三、拓宽贷款资金筹集渠道。有条件的城市要积极推行住房公积金个人住房贷款资产证券化业务，盘活住房公积金贷款资产。

四、全面推行异地贷款业务。缴存职工在缴存地以外地区购房，可按购房地住房公积金个人住房贷款政策向购房地住房公积金管理中心申请个人住房贷款。缴存地和购房地住房公积金管理中心应相互配合，及时出具、确认缴存证明等材料，办理贷款手续。具体办法由住房城乡建设部另行制定。

五、简化业务审批要件。缴存职工申请住房公积金个人住房贷款、同意根据本人住房公积金月缴存额推算其月收入的，不需单位出具职工收入证明。缴存职工租住商品住房申请提取住房公积金，除身份证明、本人及配偶无房证明外，不需提供其他证明材料。

六、提高管理效率和服务水平。各地住房公积金管理中心要优化内部人员配置，增加网点工作人员，工资待遇向网点工作人员倾斜。要充分利用受托银行业务网点优势，方便缴存职工就近办理住房公积金提取和贷款手续。

七、加快改造升级信息系统。各地住房公积金管理中心要根据政策调整和流程优化的需要，加快改造升级住房公积金管理信息系统，建立集12329服务热线、短信、微信、手机APP、网上业务大厅等功能于一体的综合服务平台，推进办理网上业务，为缴存职工提供高效便捷的服务。

八、建立考核问责制度。各级住房公积金监管部门要加强对城市住房公积金管理中心业务考核，将住房公积金资金运用率或住房公积金个人住房贷款市场占有率作为重要考核指标，考核结果要通报设区城市人民政府，并作为考核住房公积金管理中心负责人的重要参考。住房公积金资金运用率或住房公积金个人住房贷款市场占有率低的城市，要对住房公积金管理中心主要负责人进行约谈和问责。

本通知自2015年10月8日起执行。

住房和城乡建设部
财　政　部
中国人民银行
2015年9月29日

关于运用政府和社会资本合作模式推进公共租赁住房投资建设和运营管理的通知

（财综〔2015〕15号）

各省、自治区、直辖市、计划单列市财政厅（局）、国土资源厅（局）、住房城乡建设厅（委、局），中国人民银行上海总部、各分行、营业管理部、省会（首府）城市中心支行、副省级城市中心支行，各省、自治区、直辖市、计划单列市国家税务局、地方税务局、银监局，新疆生产建设兵团财务局、国土资源局、建设局：

为贯彻落实党的十八届三中全会精神，提高公共租赁住房供给效率，按照《财政部关于推广运用政府和社会资本合作模式有关问题的通知》（财金〔2014〕76号）和《财政部关于印发政府和社会资本合作模式操作指南（试行）的通知》（财金〔2014〕113号）有关要求，现就运用政府和社会资本合作模式（Public－Private Partnership）推进公共租赁住房投资建设和运营管理的有关事宜通知如下：

一、充分认识运用政府和社会资本合作模式推进公共租赁住房投资建设和运营管理的重要意义

政府和社会资本合作模式是政府与社会资本在公共服务领域建立的一种长期合作关系，通过这种合作和管理过程，可以更有效率地为社会提供公共服务。运用这种模式推进公共租赁住房投资建设和运营管理，有利于转变政府职能，提升保障性住房资源配置效率；有利于消化库存商品住房，促进房地产市场平稳健康发展；有利于提升政府治理能力，改善住房保障服务。运用政府和社会资本合作模式推进公共租赁住房投资建设和运营管理，作为一项政策创新和制度创新，对于稳增长、调结构、惠民生具有十分重要意义，各地要充分认识这项工作的重要性，积极有序开展试点工作。

二、运用政府和社会资本合作模式推进公共租赁住房投资建设和运营管理的基本目标和原则

（一）基本目标。通过运用政府和社会资本合作模式，发挥政府与社会资本各自优势，把政府的政策意图、住房保障目标和社会资本的运营效率结合起来，逐步建立“企业建房、居民租房、政府补贴、社会管理”的新型公共租赁住房投资建设和运营管理模式，有效提高公共租赁住房服务质量和管理效率。

（二）基本原则。

1. 政府组织，社会参与。政府根据本地区公共租赁住房需求状况，制定公共租赁住房发展规划和年度计划，组织合适的公共租赁住房项目开展政府和社会资本合作试点，选择社会资本参与投资建设和运营管理公共租赁住房。

2. 权责清晰，各司其职。在公共租赁住房项目合同中，明确政府与社会资本的各自责任，按照合同约定承担相应的权利、义务、责任和风险。

3. 激励相容，提高效率。通过综合运用多种政策手段，建立动态调整的租金价格机制，确保社会资本具有稳定合理的投资回报；建立严格的绩效评价机制，对项目运作、住房保障服务质量和资金使用效率等进行综合考核评价，确保公共租赁住房项目建设运营达到预期效果。

三、公共租赁住房项目政府和社会资本合作模式和条件

（一）公共租赁住房政府和社会资本合作项目的基本模式。运用政府和社会资本合作模式推进公共租赁住房投资建设和运营管理，主要是政府选择社会资本组建公共租赁住房项目公司，项目公司与政府签订合同，负责承担设计、投资建设、运营、维护管理任务，在合同期内通过“承租人支付租金”及必要的“政府政策支持”获得合理投资回报，依法承担相应的风险；政府负责提供政策支持，定期调整公共租赁住房租金价格，加强公共租赁住房工程建设及运营维护质量监管。合同期满后，项目公司终结，并按合同约定作善后处理。政府对项目公司承担有限责任，不提供担保或承诺。

（二）公共租赁住房政府和社会资本合作项目的基本条件。适合运用政府和社会资本合作模式的公共租赁住房项目应当同时具备以下条件：1. 已纳入住房保障规划和年度计划。2. 项目规划所在区域交通便利，学校、医院等公共基础设施配套齐全。3. 户型建筑面积符合公共租赁住房条件。户型建筑面积以 40 平方米左右的小户型为主，单套建筑面积控制在 60 平方米以内。4. 承租公共租赁住房的保障对象数量稳定。5. 保障对象按市场租金水平向项目公司缴纳住房租金。6. 政府按保障对象支付能力给予分档补贴及其他政策支持。7. 公共租赁住房运营期限不少于 15 年。

四、公共租赁住房政府和社会资本合作项目的适用范围

适用政府和社会资本合作模式的公共租赁住房项目主要包括：（一）政府自建自管项目；（二）政府收购的符合公共租赁住房条件的存量商品住房项目；（三）符合公共租赁住房条件且手续完备、债务清晰的停工未完工程项目；（四）以企业为主建设管理的公共租赁住房项目。

对于存量和在建的项目，特别是债务规模比较大的政府融资平台公司持有的公共租赁住房，应当在科学评估的基础上，采取招投标、拍卖、挂牌等法律法规规定的方式将公共租赁住房资产整体转让给项目公司，实行规范的政府和社会资本合作模式运作，转让收入优先用于偿还对应的存量政府债务；对于拟新建和收购的项目，从规划、设计、投资建设、运营、管理全过程均可按政府和社会资本合作模式运作。

五、规范运用政府和社会资本合作模式推进公共租赁住房投资建设和运营管理

（一）建立公共租赁住房政府和社会资本合作项目库。各地应认真梳理、科学甄别适合政府和社会资本合作模式的公共租赁住房项目，建立项目储备库。政府和社会资本合作的公共租赁住房项目由市县财政部门会同同级住房保障部门从存量和新增项目中筛选。

（二）做好项目前期论证和准备工作。市县财政部门会同同级住房保障部门引入第三方中介机构和专家，对拟实施政府和社会资本合作的公共租赁住房项目进行必要性、可行性、经济性、合规性评估和物有所值评价，论证项目是否满足政府和社会资本合作项目的必要条件。在此基础上，财政部门应组织开展政府和社会资本合作项目财政承受能力论证工作，通过识别、测算项目的各项财政支出责任，科学评估项目实施对当前及今后年度财政支出的影响，为项目财政预算管理提供依据，以保障政府切实履行合同义务，有效防范和控制财政风险，促进项目可持续发展。

（三）选择合作伙伴。按照《中华人民共和国政府采购法》、《财政部关于印发〈政府和社会资本合作项目政府采购管理办法〉的通知》（财库〔2014〕215 号）等有关法律法规规定，综合考虑企业资质、经营业绩、技术和管理能力、资金实力、服务质量、信誉等因素，择优选择公共租赁住房项目合作伙伴。

（四）筹组项目公司。按照“政府引导、企业主导、市场运作、利益分享、风险分担”的原则，由合作企业组建项目公司，具体负责公共租赁住房项目的设计、投资、建设、运营、维护和管理。

（五）签订合作合同。合同的主要内容应当包括：公共租赁住房项目名称、建设规模、投资规模、资金筹集、合作期限、户型结构、运营期限、维修维护责任；住房保障服务的数量、质量和标准；公共租赁住房租金价格及调整机制；合同期满后项目移交的内容、方式、程序及验收标准，涉及资产处置的，应当事先约定政府与社会资本收益分享比例；建设和运营管理的风险分担机制；项目终止的条件、流程和终止补偿；违约责任；争议解决方式等内容。

（六）建立监管和绩效评价机制。政府对公共租赁住房政府和社会资本合作项目运作、服务质量和资金使用效率等进行全过程监管和综合考核评价，认真把握和确定服务价格和项目收益指标，加强成本监审、考核评估、价格调整审核，引入第三方进行社会评价，评价结果向社会公示，并作为项目价格、政府补贴、合作期限等调整的依据。

六、构建政府支持政府和社会资本合作模式公共租赁住房的政策体系

（一）财政政策。市县财政部门统筹运用各级政府安排用于公共租赁住房的资金，通过贷款贴息方式支持公共租赁住房政府和社会资本合作项目购建和运营管理，具体贴息办法按照财政部印发的《城镇保障性安居工程贷款贴息办法》（财综〔2014〕76 号）规定执行。同时，根据公共租赁住房保障对象的支付能力给予分档补贴，重点对城镇低收入住房困难家庭发放租赁补贴，配合同级住房保障部门督促保障对象按照合同约定的市场租金水平向项目公司缴纳住房租金。对于试行公共租赁住房政府和社会资本合作项目试点的地区，中央财政不改变城镇保障性安居工程资金分配方式。

（二）税费政策。对公共租赁住房建设按照国家现行有关规定免收各项行政事业性收费和政府性基金；落实现行有关公共租赁住房购建和运营管理税收优惠政策。

（三）土地政策。一是新建公共租赁住房建设用地可以租赁方式取得，租金收入作为土地出让收入纳入政府性基金预算管理。二是对于新建公共租赁住房项目，以及使用划拨建设用地的存量公共租赁住房项目，经市县人民政府批准，政府可以土地作价入股方式注入项目公司，支持公共租赁住房政府和社会资本合作项目，不参与公共租赁住房经营期间收益分享，但拥有对资产的处置收益权。三是在新建公共租赁住房政府和社会资本合作项目中，可以规划建设一定比例建筑面积的配套商业服务设施用于出租和经营，以实现资金平衡并有合理盈利，但不得用于销售和转让。

（四）收购政策。对于收购符合公共租赁住房条件的存量商品住房项目，按照政府搭桥、公司主导、双方自愿、保本不亏的原则确定收购价格；也可以按当地公共租赁住房建设成本及合理收益率确定收购价格。

（五）融资政策。一是银行业金融机构要在房地产开发贷款大项下建立公共租赁住房开发贷款的明细核算，对公共租赁住房贷款单独核算、单独管理、单独考核，根据自身实际，在依法合规、风险可控的前提下，加大对政府和社会资本合作模式公共租赁住房试点项目的信贷支持力度。二是鼓励社保基金、保险资金等公共基金通过债权、股权等多种方式支持项目公司融资。三是支持项目公司发行企业债券，适当降低中长期企业债券的发行门槛。四是支持以未来收益覆盖融资本息的公共租赁住房资产发行房地产投资信托基金（REITs），探索建立以市场机制为基础、可持续的公共租赁住房投融资模式。

七、扎实做好政府和社会资本合作模式公共租赁住房项目实施工作

（一）落实工作责任。财政部会同住房城乡建设部、国家税务总局等相关部门完善落实财税支持政策；国土资源部会同财政部完善落实土地供应支持政策；人民银行、银监会指导督促金融机构做好金融服务工作。地方各级财政、住房保障、国土、人民银行、银监会等部门，按照职责分工落实工作责任。同时，地方各级财政部门要会同住房保障部门结合本地区实际情况，制定政府和社会资本合作模式公共租赁住房项目试点方案，指导项目具体实施工作。

（二）建立工作机制。各级财政、住房保障、国土、人民银行、银监会等部门，要建立政府和社会资本合作模式公共租赁住房部门联席会议，专门研究解决运用政府和社会资本合作模式推进公共租赁住房投资建设和运营管理过程中出现的问题，联席会议各部门要加强协作，密切配合，确保各项政策措施落到实处，规范开展政府和社会资本合作模式公共租赁住房项目试点。

（三）开展项目试点。2015 年，各地区应当抓紧组织开展政府和社会资本合作模式公共租赁住房项目试点工作，政府和社会资本合作模式公共租赁住房试点项目由市县财政部门会同同级住房保障部门筛选，报省级财政部门会同住房保障部门共同审核确认后实施。对于市县筛选的公共租赁住房项目，每省可选择一定数量的项目开展试点。对于拟实施的试点项目，省级财政部门应当会同住房保障部门将项目区位、投资规模、建筑面积和套数、合作方式、合作期限、资金来源等情况报财政部、住房城乡建设部备案。

财 政 部
国土资源部
住房城乡建设部
中国人民银行
国家税务总局
银 监 会
2015 年 4 月 21 日

七、综合及其他

社会保险费申报缴纳管理规定

（中华人民共和国人力资源和社会保障部令第 20 号）

《社会保险费申报缴纳管理规定》已经人力资源社会保障部第 114 次部务会审议通过，现予公布，自 2013 年 11 月 1 日起施行。

部长　尹蔚民

2013 年 9 月 26 日

社会保险费申报缴纳管理规定

第一章　总　则

第一条　为规范社会保险费的申报和缴纳管理工作，根据《中华人民共和国社会保险法》（以下简称社会保险法）、《社会保险费征缴暂行条例》，制定本规定。

第二条　用人单位进行缴费申报和社会保险经办机构征收社会保险费，适用本规定。

本规定所称社会保险费，是指由用人单位及其职工依法参加社会保险并缴纳的职工基本养老保险费、职工基本医疗保险费、工伤保险费、失业保险费和生育保险费。

第三条　社会保险经办机构负责社会保险缴费申报、核定等工作。

省、自治区、直辖市人民政府决定由社会保险经办机构征收社会保险费的，社会保险经办机构应当依法征收社会保险费。

社会保险经办机构负责征收的社会保险费，实行统一征收。

第二章　社会保险费申报

第四条　用人单位应当按月在规定期限内到当地社会保险经办机构办理缴费申报，

申报事项包括：

（一）用人单位名称、组织机构代码、地址及联系方式；

（二）用人单位开户银行、户名及账号；

（三）用人单位的缴费险种、缴费基数、费率、缴费数额；

（四）职工名册及职工缴费情况；

（五）社会保险经办机构规定的其他事项。

在一个缴费年度内，用人单位初次申报后，其余月份可以只申报前款规定事项的变动情况；无变动的，可以不申报。

第五条　职工应缴纳的社会保险费由用人单位代为申报。代职工申报的事项包括：职工姓名、社会保障号码、用工类型、联系地址、代扣代缴明细等。

用人单位代职工申报的缴费明细以及变动情况应当经职工本人签字认可，由用人单位留存备查。

第六条　用人单位到社会保险经办机构办理社会保险缴费申报有困难的，经社会保险经办机构同意，可以邮寄申报。邮寄申报以寄出地的邮戳日期为实际申报日期。

有条件的地区，用人单位也可以按照社会保险经办机构的规定进行网上申报。

第七条　用人单位应当向社会保险经办机构如实申报本规定第四条、第五条所列申报事项。用人单位申报材料齐全、缴费基数和费率符合规定、填报数量关系一致的，社会保险经办机构核准后出具缴费通知单；用人单位申报材料不符合规定的，退用人单位补正。

社会保险经办机构在开展社会保险稽核工作过程中，发现用人单位未如实申报造成漏缴、少缴社会保险费的，按照社会保险法第八十六条的规定处理。

第八条　用人单位应当自用工之日起30日内为其职工申请办理社会保险登记并申报缴纳社会保险费。未办理社会保险登记的，由社会保险经办机构核定其应当缴纳的社会保险费。

用人单位未按照规定申报应缴纳的社会保险费数额的，社会保险经办机构暂按该单位上月缴费数额的110%确定应缴数额；没有上月缴费数额的，社会保险经办机构暂按该单位的经营状况、职工人数、当地上年度职工平均工资等有关情况确定应缴数额。用人单位补办申报手续后，由社会保险经办机构按照规定结算。

第九条　用人单位因不可抗力，不能按期办理缴费申报的，可以延期申报；不可抗力情形消除后，应当立即向社会保险经办机构报告。社会保险经办机构应当查明事实，予以核准。

第三章　社会保险费缴纳

第十条　用人单位应当持社会保险经办机构出具的缴费通知单在规定的期限内采取下列方式之一缴纳社会保险费：

（一）到其开户银行或者其他金融机构缴纳；

（二）与社会保险经办机构约定的其他方式。

社会保险经办机构、用人单位可以与银行或者其他金融机构签订协议，委托银行或者其他金融机构根据社会保险经办机构开出的托收凭证划缴用人单位和为其职工代扣的社会保险费。

第十一条 职工应当缴纳的社会保险费由用人单位代扣代缴。用人单位依法履行代扣代缴义务时，任何单位或者个人不得干预或者拒绝。

用人单位未按时足额代缴的，社会保险经办机构应当责令其限期缴纳，并自欠缴之日起按日加收0.5‰的滞纳金。用人单位不得要求职工承担滞纳金。

第十二条 征收的社会保险费，应当存入社会保险经办机构按照规定开设的社会保险基金收入户。社会保险经办机构应当按照有关规定定期将收到的基金存入依法开设的社会保险基金财政专户。

第十三条 社会保险经办机构对已征收的社会保险费，根据用人单位实际缴纳额（包括代扣代缴额）和代扣代缴明细，按照国家有关规定进行记账。

第十四条 用人单位应当按月将缴纳社会保险费的明细情况告知职工本人。

用人单位应当每年向本单位职工代表大会通报或者在本单位住所的显著位置公布本单位全年社会保险费缴纳情况，接受职工监督。

第十五条 社会保险经办机构应当及时、完整、准确地记录用人单位及其职工的缴费情况，并将缴费情况定期告知用人单位和职工。用人单位和职工有权按照《社会保险个人权益记录管理办法》等规定查询缴费情况。

社会保险经办机构应当至少每年一次向社会公布社会保险费征收情况，接受社会监督。

第四章 未按时足额缴纳社会保险费的处理

第十六条 用人单位有下列情形之一的，社会保险经办机构应当于查明欠缴事实之日起5个工作日内发出社会保险费限期补缴通知，责令用人单位在收到通知后5个工作日内补缴，同时告知其逾期仍未缴纳的，将按照社会保险法第六十三条、第八十六条的规定处理：

（一）未按规定申报且未缴纳社会保险费的；

（二）申报后未按时足额缴纳社会保险费的；

（三）因瞒报、漏报职工人数、缴费基数等事项而少缴社会保险费的。

第十七条 用人单位未按照本规定第十六条规定的期限补缴的，社会保险经办机构可以按照社会保险法第六十三条第二款的规定，向用人单位开户银行或者其他金融机构查询其存款账户。

第十八条 社会保险经办机构可以根据查询结果向所属的社会保险行政部门申请作出划拨社会保险费的决定，并提交下列材料：

（一）用人单位名称、法定代表人、地址、联系方式；

（二）用人单位开户银行、户名及账号；

（三）申请划拨的事实、理由及依据；

（四）申请划拨的社会保险费数额；

（五）社会保险行政部门要求提供的其他材料。

第十九条　社会保险行政部门接到社会保险经办机构划拨申请后，应当按照《中华人民共和国行政强制法》的规定，及时作出划拨社会保险费决定，并书面通知用人单位开户银行或者其他金融机构予以划拨。

第二十条　社会保险行政部门作出的划拨社会保险费决定，应当按照《中华人民共和国行政强制法》的规定送达用人单位，并抄送社会保险经办机构。

第二十一条　经查询，用人单位账户余额少于应当缴纳的社会保险费数额的，或者划拨后用人单位仍未足额清偿社会保险费的，社会保险经办机构可以要求用人单位以抵押、质押的方式提供担保。

第二十二条　用人单位应当到社会保险经办机构认可的评估机构对其抵押财产或者质押财产进行评估，经社会保险经办机构审核后，对能够足额清偿社会保险费的，双方依法签订抵押合同或者质押合同；需要办理登记的，应当依法办理抵押登记或者质押登记。

第二十三条　社会保险经办机构与用人单位签订抵押合同或者质押合同后，应当签订延期缴费协议，并约定协议期满用人单位仍未足额清偿社会保险费的，社会保险经办机构可以参照协议期满时的市场价格，以抵押财产、质押财产折价或者以拍卖、变卖所得抵缴社会保险费。

延期缴费协议期限最长不超过 1 年。

第二十四条　用人单位提供担保并签订延期缴费协议的，其职工在延缴期间按照规定享受社会保险待遇。

第二十五条　用人单位经责令仍未补缴且有下列情形之一的，社会保险经办机构可以按照社会保险法第六十三条第三款的规定，向所在地有管辖权的人民法院申请扣押、查封、拍卖用人单位财产，以拍卖所得抵缴应缴纳的社会保险费、滞纳金：

（一）经查询，用人单位开户银行账户余额少于应缴纳的社会保险费数额且未签订担保合同的；

（二）经划拨，用人单位仍未足额清偿应缴纳的社会保险费且未签订担保合同的；

（三）延期缴费协议期满，因担保财产的市场价格或者权利状况发生变化，用人单位仍未足额清偿应缴纳的社会保险费的。

第二十六条　社会保险经办机构申请人民法院强制执行的，应当提供下列材料：

（一）强制执行申请书；

（二）用人单位欠缴社会保险费及加收滞纳金的事实、理由和依据；

（三）社会保险经办机构限期补缴通知；

（四）用人单位的意见；

（五）用人单位有本规定第二十五条所列情形时的相关材料；

（六）申请强制执行的用人单位财产情况；

（七）法律、行政法规规定以及人民法院要求的其他材料。

强制执行申请书应当由社会保险经办机构负责人签名，加盖社会保险经办机构的印章，并注明日期。

第五章　法律责任

第二十七条　社会保险行政部门及其工作人员作出划拨社会保险费决定时，有下列行为之一的，按照《中华人民共和国行政强制法》的规定，由上级社会保险行政部门或者有关部门责令改正，对直接负责的主管人员和其他直接责任人员依法给予处分；给用人单位或者个人造成损失的，依法承担赔偿责任；构成犯罪的，依法追究刑事责任：

（一）违反法定程序作出划拨社会保险费决定的；

（二）未在规定时限内及时作出划拨社会保险费决定并书面通知用人单位开户银行或者其他金融机构的；

（三）决定划拨的社会保险费数额错误的；

（四）向当事人泄露信息影响划拨社会保险费的；

（五）有违反法律、法规和规章的其他行为的。

第二十八条　社会保险经办机构及其工作人员有下列行为之一的，由社会保险行政部门责令改正，视情节轻重对直接负责的主管人员和其他直接责任人员依法给予相应处分：

（一）未按照本规定第八条核定或者确定用人单位应当缴纳的社会保险费数额的；

（二）对已征收的社会保险费未按照国家规定记账的；

（三）未依法责令欠缴社会保险费的用人单位限期补缴社会保险费、加收滞纳金的；

（四）申请人民法院强制执行不符合规定的；

（五）签订担保合同和延期缴费协议不符合规定的；

（六）未按照规定审核、处置担保财产的；

（七）法律、法规和规章规定的其他情形。

第二十九条　社会保险经办机构擅自更改社会保险费缴费基数、费率，导致少收或者多收社会保险费的，由社会保险行政部门责令其追缴应当缴纳的社会保险费或者退还不应当缴纳的社会保险费；对直接负责的主管人员和其他直接责任人员依法给予处分。

第三十条　用人单位未按照规定向社会保险经办机构进行缴费申报或者未按照规定缴纳社会保险费的，社会保险行政部门应当依法查处。

用人单位未按时足额缴纳社会保险费的，由社会保险经办机构按照社会保险法第八十六条的规定，责令其限期缴纳或者补足，并自欠缴之日起按日加收0.5‰的滞纳金；逾期仍不缴纳的，由社会保险行政部门处欠缴数额1倍以上3倍以下的罚款。

第三十一条　用人单位未按月将代扣代缴社会保险费明细情况告知职工本人，或者未按照规定通报、公布本单位全年社会保险费缴纳情况的，职工有权向社会保险行政部门举报、投诉。

第六章 附 则

第三十二条 社会保险费由税务机关征收的，社会保险经办机构应当及时将用人单位和职工应缴社会保险费数额提供给税务机关；税务机关应当及时向社会保险经办机构提供用人单位和职工的缴费情况。

社会保险经办机构应当按月将单位和个人缴纳失业保险费的情况提供给负责支付失业保险待遇的经办机构。

第三十三条 以个人身份参加社会保险的，社会保险费申报和缴纳办法另行规定。

第三十四条 本规定自2013年11月1日起施行。原劳动和社会保障部《社会保险费申报缴纳管理暂行办法》（劳动和社会保障部令第2号）同时废止。

关于切实做好社会保险费申报缴纳管理规定贯彻实施工作的通知

（人社部发〔2013〕82 号）

各省、自治区、直辖市及新疆生产建设兵团人力资源社会保障厅局：

《社会保险费申报缴纳管理规定》（人力资源和社会保障部令第 20 号，以下简称《申报缴纳管理规定》）已于9 月 26 日颁布，于 11 月 1 日起施行。贯彻落实好《申报缴纳管理规定》，是实施社会保险法的重要举措，有利于依法征收社会保险费，扩大社会保险的覆盖面；有利于规范社会保险费的申报和缴纳工作程序，提高经办管理效率和服务水平；有利于维护各类参保单位和广大参保群众的合法权益，促进社会保险制度可持续发展。为切实做好《申报缴纳管理规定》的贯彻实施工作，现将有关问题通知如下：

一、理顺管理体制，积极推进统一经办管理

（一）由社保经办机构征收社会保险费的地区，应积极整合经办管理资源，逐步实现各险种统一登记、统一核定、统一征收、统一稽核、统一处罚，以方便用人单位和个人参保缴费，提高工作效率。

（二）由其他机构征收社会保险费的地区，人力资源社会保障部门也要积极协调相关机构，落实《申报缴纳管理规定》的相关规定；社保经办机构要严格核定应缴纳社会保险费数额，加强与征收机构的协作，科学制定征收计划，做好参保人员社会保险权益记录；这些地区的社会保险欠费清理工作由社保经办机构负责的，应按照《申报缴纳管理规定》第四章规定执行。

二、认真履行职责，做好社会保险费核定工作

（三）各地区要切实执行社会保险法第五十八条关于“由社会保险经办机构核定”用人单位应当缴纳的社会保险费的规定，落实社保经办机构核定社会保险费的职能；地方现行相关规定与社会保险法不符的，人力资源社会保障部门要积极协调修改；社保经办机构不得将社会保险费核定职能委托其他部门行使。

（四）社保经办机构在核定用人单位申报的社会保险费时，要规范缴费基数的核定程序，明确按月办理缴费申报的期限，指导用人单位完整、如实填报社会保险费申报表和其他申报材料。在一个缴费年度内的初始月份，社保经办机构应对用人单位及其职工的适用险种、费率、职工名册、缴费基数、缴费数额、缴费起止时间、用人单位信息等申报事项进行全面审核。在缴费年度内的其余月份，以上规定事项未发生变动的，社保经办机构可根据实际情况不再要求用人单位办理申报手续，并按初始月份申

报事项内容核定其应缴社会保险费；以上规定事项发生变动的用人单位可只申报变动情况，由社保经办机构予以审核。

（五）社保经办机构在核定应缴纳的社会保险费时，应要求用人单位提供本单位纳税申报表和经职工本人签字确认的为职工代扣代缴明细情况。要严格按照以国家统计局有关文件规定口径计算的工资收入核定缴费基数，包括计时工资、计件工资、奖金、加班加点工资、津贴、补贴以及特殊情况下支付的工资等项目。

三、规范征收程序，确保社会保险费应收尽收

（六）各地要不断完善征缴方式，大力发展委托银行或其他金融机构划缴社会保险费等方式，简化征收流程，方便用人单位缴费。社保经办机构要认真落实“至少每年一次向社会公布社会保险费征收情况”，明确公布的具体时间和方式，接受社会监督。

（七）对未按时足额缴纳社会保险费的用人单位，社保经办机构应责令限期缴纳或补足，并自欠缴之日起、至足额补缴欠费之日止加收0.5‰的滞纳金，滞纳金并入社会保险基金；逾期仍不缴纳的，由人力资源社会保障行政部门处欠缴数额1倍以上3倍以下的罚款。各级人力资源社会保障行政部门和社保经办机构要做好对用人单位责令期满前后的衔接工作，确保法规实施的严肃性、准确性。

（八）对未按时足额缴纳社会保险费并逾期未改的用人单位，社保经办机构应及时查询其在银行和其他金融机构的存款账户情况。存款账户余额不小于欠费数额的，社保经办机构应提取、整理准确、完整的材料和信息，向人力资源社会保障行政部门提出划拨申请，并对划拨工作予以协助和配合；人力资源社会保障行政部门接到划拨申请后应及时审核并发出缴纳社会保险费催告书，催告缴纳期限一般不超过3天，逾期仍未缴纳的，应及时作出划拨决定，实施划拨，避免欠费用人单位转移资金。划拨决定和执行情况要及时向社保经办机构反馈。各地区人力资源社会保障部门要充分发挥社保经办机构和劳动保障监察机构在划拨工作中的作用，明确职责分工，形成工作合力，规范工作流程。

（九）社保经办机构经查询，用人单位在银行和其他金融机构的账户余额少于应当缴纳的社会保险费数额的，或者划拨后用人单位仍未足额清偿社会保险费的，可以与其签订延期缴纳社会保险费协议，但用人单位必须提供抵押、质押担保；社保经办机构不得与用人单位签订无担保或其他担保形式的延期缴费协议，也不得在未经查询账户和未完成划拨欠费之前与用人单位签订延期缴费协议。按照协议延期缴费期间，职工个人应缴纳的社会保险费部分若已按时足额缴纳，不应算作缴费中断，可按规定享受相应的社会保险待遇。

（十）对用人单位经责令仍未补缴且符合《申报缴纳管理规定》第二十五条规定情形的，社保经办机构可以依法申请人民法院强制执行；但在未责令用人单位限期缴纳或补足、或责令限期未逾之前，社保经办机构不应申请强制划拨欠费。

四、加强组织领导，确保《申报缴纳管理规定》落到实处

（十一）各级人力资源社会保障部门要充分认识实施《申报缴纳管理规定》的重要意义，切实加强领导，组织相关单位和机构认真学习《申报缴纳管理规定》，结合贯

彻社会保险法、《劳动保障监察条例》等法律法规，进行针对性培训，加强专业队伍建设。

（十二）社会保险费申报缴纳管理工作政策性强、涉及面广、程序复杂，各级人力资源社会保障部门要明确责任分工，及时调整完善相关执法监察和经办管理规则和程序。行政部门要加强对社会保险费申报缴纳的监督管理，对于不依法申报、不依法缴纳社会保险费等违反社会保险法律法规的行为，要认真调查取证，及时予以处罚和纠正。社保经办机构要认真总结社会保险费核定和征收工作的经验，创新工作方式，加强与人民法院、银行和其他金融机构的沟通协调，保证账户查询和强制执行等工作程序依法、实施高效。

（十三）无论是人力资源社会保障行政部门还是社保经办机构，凡违反《申报缴纳管理规定》，导致职工社会保险权益受到损害的，都要依法追究直接责任人员和直接负责主管人员的责任。

（十四）要加强《申报缴纳管理规定》的宣传，社保经办机构应在服务场所张贴有关政策要点和流程，使各类用人单位和参保职工普遍知晓，并支持、配合做好社会保险费申报缴纳工作。

五、统一文书制式，精细做好信息档案管理

（十五）各地区应按照全国统一格式制作相关法律和工作文书（见附件），并纳入统一的信息管理系统，保管好相关文书档案，提高社会保险费申报缴纳工作的规范性。

附件：1. 社会保险费申报表（样式）
2. 社会保险费限期补缴通知
3. 商请查询用人单位存款账户的函
4. 划拨欠缴社会保险费申请书
5. 缴纳社会保险费催告书
6. 划拨欠缴社会保险费决定书
7. 协助划拨欠缴社会保险费通知书
8. 延期缴纳社会保险费协议

人力资源社会保障部
2013 年 10 月 31 日

附件1

社会保险费申报表（样式）

No：

单位类型：　　　　填表日期：　年　月　日　　　　征收机构：

用人单位	代码		职工情况	总数	
	全称			其中：	
	开户银行				
	账号				
缴费方式					

费款所属日期　年　月　日至　年　月　日　　费款限期日期　年　月　日

缴费项目	单位缴费 缴费基数（元）	单位缴费 缴费费率%	单位缴费 金额（元）	个人缴费金额（元）	滞纳金（元） 单位缴纳	滞纳金（元） 个人缴纳	缴费合计 千	百	十	万	千	百	十	元	角	分
基本养老保险费																
基本医疗保险费																
工伤保险费																
失业保险费																
生育保险费																
补缴：																
其中：基本养老保险费																
基本医疗保险费																
工伤保险费																
失业保险费																
生育保险费																
小计																
金额合计（人民币）大写　仟　佰　拾　万　仟　佰　拾　元　角　分																

缴费单位	征收机构	备注：
（盖章） 经办人（章）	（盖章） 经办人（章）	

用人单位向社会保险经办机构办理缴费申报的报表（社会保险经办机构留存）

附件2　　　　　　　　　　　　　　　　编号：____

社会保险费限期补缴通知（存根）

送达单位：____________________

送达地址：____________　邮政编码：____________

送达方式：□直送 □邮寄　　送达时间：____年____月____日

送达单位收件人：____________　经办人：____________

编号：____

社会保险费限期补缴通知

____________：（用人单位名称）

截至____年____月____日，你单位因（□未按时申报且未缴纳社会保险费 □未按时足额缴纳社会保险费 □瞒报漏报社会保险费），欠缴社会保险费______元（大写）。

现根据《中华人民共和国社会保险法》第六十三条、第八十六条规定，责令你单位于____年____月____日前补缴社会保险费______元以及滞纳金（标准为自欠缴之日起按日加收万分之五）。

逾期未缴纳、又无正当理由的，我们将依法提请社会保险行政部门直接划拨欠缴的社会保险费。

联系人：　　　　　　　　　　　　　　　　联系电话：

社会保险经办机构名称（公章）
年　　月　　日

附件3　　　　　　　　　　　　　　　　编号：______

商请查询用人单位存款账户的函（存根）

送达单位：______________________________

送达地址：______________　邮政编码：______________

送达方式：□直送 □邮寄　送达时间：____年____月____日

送达单位收件人：__________　经 办 人：__________

编号：______

商请查询用人单位存款账户的函

__________：（银行或者金融机构名称）

经查，______（用人单位）未按规定足额缴纳社会保险费，且未在规定期限内补缴社会保险费。现根据《中华人民共和国社会保险法》第六十三条规定，请协助查询其开立的存款账户情况，并请于____年____月____日前将其开户银行、开户名称、银行账号、存款余额等信息函复我们。

联系人：　　　　　　　　　　　　　　　　联系电话：

通讯地址及邮政编码：

社会保险经办机构名称（公章）
年　　月　　日

附件 4

划拨欠缴社会保险费申请书

__________：（所属的社会保险行政部门）

经查，________（用人单位）未按规定足额缴纳社会保险费，且未按照《社会保险费限期补缴通知》（编号____）补缴社会保险费。我局（中心）依法查询了其开户银行（或其他金融机构）存款账户，现根据《中华人民共和国社会保险法》第六十三条规定，申请你局（厅）作出划拨欠缴社会保险费决定，并通知欠费单位开户银行（或其他金融机构）划拨欠缴社会保险费________元（大写）。

联系人：　　　　　　　　　　　　　　　　　　　　联系电话：

附件：1. 用人单位欠缴社会保险费情况
　　　2. 责令用人单位限期补缴情况
　　　3. 用人单位存款账户查询情况
　　　4. 接收划拨欠缴社会保险费的账户情况

社会保险经办机构名称（公章）
年　　月　　日

附件 5

缴纳社会保险费催告书

××人社催字〔　　〕号

__________：

经查，你单位未在__________（经办机构）规定期限内履行缴纳（补足）社会保险费义务。现责令你单位自收到本催告书之日起____日内履行缴费义务，依法缴纳（补足）社会保险费________元（大写）；逾期不缴的，本机关将依法强制执行。

缴费方式：______________________________

如有异议，可在收到本催告书后 日内进行陈述和申辩；逾期不提出的，视为放弃陈述和申辩的权利。

联系电话：________

社会保险行政部门名称（公章）
年　　月　　日

备注：本文书一式二份，一份送达当事人，一份留存社保行政部门。

附件 6

划拨欠缴社会保险费决定书

××人社划决字〔　　〕号

________：（用人单位名称）

单位地址：________　法定代表人：________。

经查，你单位未按规定足额缴纳社会保险费，且未按照《社会保险费限期补缴通知》（编号________）补缴社会保险费。根据《中华人民共和国行政强制法》第三十五条规定，本机关向你单位下达了《缴纳社会保险费催告书》（编号________），要求你单位于____年____月____日前缴纳（补缴）社会保险费______元（大写），你单位逾期仍未履行缴费义务。现根据《中华人民共和国社会保险法》第六十三条规定，决定自你单位如下账户划拨欠缴社会保险费______元（大写）。

①划拨账户　　　　　　　　②接收账户

开户银行：　　　　　　　　开户银行：

开户名称：　　　　　　　　开户名称：

银行账号：　　　　　　　　银行账号：

如不服本决定，可自收到本决定之日起 60 日内依法申请行政复议，或者自收到本决定之日起 3 个月内依法向人民法院提起行政诉讼。

社会保险行政部门名称（公章）

年　　月　　日

备注：本文书一式四份，一份送达当事人，一份抄送银行或者金融机构，一份抄送社会保险经办机构，一份留存社保行政部门。

附件 7

协助划拨欠缴社会保险费通知书

××人社划通字〔　　〕号

________：（银行或者金融机构名称）

根据《中华人民共和国社会保险法》第六十三条规定，本机关决定划拨________（用人单位名称）欠缴社会保险费________元（大写），请予以协助，并于____年____月____日前将划拨情况反馈我们。划拨账户、接收账户具体信息如下：

①划拨账户　　　　　　　　②接收账户

开户银行：　　　　　　　　开户银行：

开户名称：　　　　　　　　开户名称：

银行账号：　　　　　　　　　　　　　　　银行账号：

联系人：＿＿＿＿＿＿；执法证件号码：＿＿＿＿＿＿。

附件：社会保险行政部门划拨欠缴社会保险费决定书

社会保险行政部门名称（公章）
年　　月　　日

备注：本文书一式两联，一联送达银行或者金融机构，一联留存社会保险行政部门。

附件 8

延期缴纳社会保险费协议

社会保险经办机构（以下称甲方）：
法定代表人：＿＿＿＿＿＿
用人单位（以下称乙方）：
法定代表人：＿＿＿＿＿＿

根据《中华人民共和国社会保险法》第六十三条规定，鉴于乙方暂时无力按时足额缴纳社会保险费，且已按甲方要求提供担保，双方就延期缴纳社会保险费达成如下协议：

一、甲方同意乙方自＿＿年＿＿月＿＿日至＿＿年＿＿月＿＿日，暂时延期缴纳社会保险费，共＿＿个月，延期缴纳社会保险费总金额＿＿＿＿元（大写）。

二、为确保延缴期满后足额补缴社会保险费，乙方以（□质押 □抵押）方式提供价值＿＿＿＿元（大写）的担保。

三、乙方应当于＿＿年＿＿月＿＿日前，足额补缴本协议第一条约定的社会保险费。

四、乙方按期足额补缴社会保险费后，甲方应积极配合乙方撤销担保。

五、乙方如未能按本协议第三条的约定足额补缴社会保险费，甲方可以参照协议期满时的市场价格，以抵押财产、质押财产折价或者以拍卖、变卖所得抵缴社会保险费。

六、乙方提供担保并与甲方签订延期缴费协议的，乙方职工在延期缴纳社会保险费期间按照规定享受社会保险待遇。

七、本协议一式两份，具同等法律效力，甲方、乙方各执一份。

甲方（公章）　　　　　　　　　　　　　　　　乙方（公章）
法定代表人（负责人）：　　　　　　　　　　　法定代表人（负责人）：
年　　月　　日　　　　　　　　　　　　　　　年　　月　　日

第六部分

帮扶工作

关于建立疾病应急救助制度的指导意见

（国办发〔2013〕15 号）

各省、自治区、直辖市人民政府，国务院各部委、各直属机构：

近年来，随着基本医保覆盖面的扩大和保障水平的提升，人民群众看病就医得到了基本保障，但仍有极少数需要急救的患者因身份不明、无能力支付医疗费用等原因，得不到及时有效的治疗，造成了不良后果。建立疾病应急救助制度，解决这部分患者的急救保障问题，是健全多层次医疗保障体系的重要内容，是解决人民群众实际困难的客观要求，是坚持以人为本、构建和谐社会的具体体现。根据《“十二五”期间深化医药卫生体制改革规划暨实施方案》，经国务院同意，现就建立疾病应急救助制度提出以下指导意见。

一、设立疾病应急救助基金

（一）分级设立疾病应急救助基金。设立疾病应急救助基金是建立疾病应急救助制度的重要内容和保障。各省（区、市）、市（地）政府组织设立本级疾病应急救助基金。省级基金主要承担募集资金、向市（地）级基金拨付应急救助资金的功能。市（地）级基金主要承担募集资金、向医疗机构支付疾病应急救治医疗费用的功能。直辖市可只设本级基金，由其承担募集资金、向医疗机构支付疾病应急救治医疗费用的功能。副省级市参照市（地）设立疾病应急救助基金。

（二）多渠道筹集资金。疾病应急救助基金通过财政投入和社会各界捐助等多渠道筹集。省（区、市）、市（地）政府要将疾病应急救助基金补助资金纳入财政预算安排，资金规模原则上参照当地人口规模、上一年度本行政区域内应急救治发生情况等因素确定。中央财政对财力困难地区给予补助，并纳入财政预算安排。鼓励社会各界向疾病应急救助基金捐赠资金。境内企业、个体工商户、自然人捐赠的资金按规定享受所得税优惠政策。

二、疾病应急救助的对象和范围

（一）救助对象。在中国境内发生急重危伤病、需要急救但身份不明确或无力支付相应费用的患者为救助对象。医疗机构对其紧急救治所发生的费用，可向疾病应急救助基金申请补助。

（二）救助基金支付范围。1. 无法查明身份患者所发生的急救费用。2. 身份明确但无力缴费的患者所拖欠的急救费用。先由责任人、工伤保险和基本医疗保险等各类保险、公共卫生经费，以及医疗救助基金、道路交通事故社会救助基金等渠道支付。无上述渠道或上述渠道费用支付有缺口，由疾病应急救助基金给予补助。疾病应急救助基金不得用于支付有负担能力但拒绝付费患者的急救医疗费用。

各地区应结合实际明确、细化疾病应急救助对象身份确认办法和疾病应急救助基金具体支付范围等。

三、疾病应急救助基金管理

（一）基金管理。疾病应急救助基金由当地卫生部门管理，具体由地方政府确定。基金管理遵循公开、透明、专业化、规范化的原则，管理办法由卫生部门商财政部门制定。

（二）基金监管。成立由当地政府卫生、财政部门组织，有关部门代表、人大代表、政协委员、医学专家、捐赠人、媒体人士等参加的基金监督委员会，负责审议疾病应急救助基金的管理制度及财务预决算等重大事项、监督基金运行等。基金独立核算，并进行外部审计。基金使用、救助的具体事例、费用以及审计报告等向社会公示，接受社会监督。

四、建立多方联动的工作机制

（一）部门职责。卫生部门牵头组织专家制定需紧急救治的急重危伤病的标准和急救规范；监督医疗机构及其工作人员无条件对救助对象进行急救，对拒绝、推诿或拖延救治的，要依法依规严肃处理；查处医疗机构及其工作人员虚报信息套取基金、过度医疗等违法行为。基本医保管理部门要保障参保患者按规定享受基本医疗保险待遇。民政部门要协助基金管理机构共同做好对患者有无负担能力的鉴别工作；进一步完善现行医疗救助制度，将救助关口前移，加强与医疗机构的衔接，主动按规定对符合条件的患者进行救助，做到应救尽救。公安机关要积极协助医疗机构和基金管理机构核查患者的身份。对未履行职责的，由本级政府和上级主管部门予以纠正。

（二）医疗机构职责。1. 各级各类医疗机构及其工作人员必须及时、有效地对急重危伤患者施救，不得以任何理由拒绝、推诿或拖延救治。2. 对救助对象急救后发生的欠费，应设法查明欠费患者身份；对已明确身份的患者，要尽责追讨欠费。3. 及时将收治的无负担能力患者情况及发生的费用向相关部门报告，并请相关部门协助追讨欠费。4. 公立医院要进一步完善内部控制机制，通过列支坏账准备等方式，核销救助对象发生的部分急救欠费。5. 鼓励非公立医院主动核销救助对象的救治费用。6. 对救助对象急救的后续治疗发生的救治费用，医疗机构应及时协助救助对象按程序向医疗救助机构等申请救助。

（三）基金管理机构职责。1. 负责社会资金募集、救助资金核查与拨付，以及其他基金管理日常工作等。2. 主动开展各类募捐活动，积极向社会募集资金。3. 充分利用筹集资金，定期足额向医疗机构支付疾病应急救治医疗费用，对经常承担急救工作的定点医疗机构，可采取先部分预拨后结算的办法减轻医疗机构的垫资负担。

（四）建立联动机制。各有关部门、机构要按照分工落实责任，加强协作，建立责任共担、多方联动的机制。卫生、财政等部门要加强沟通协调，共同做好有关重大政策研究制定及推动落实等工作。

五、做好组织实施工作

各地区、各有关部门要充分认识建立疾病应急救助制度的重要性，结合实际，研究制定具体办法。已经开展应急救助的地区，要进一步完善现行政策，做好疾病应急救助制度与基本医疗保险制度、大病保险制度和医疗救助制度的衔接。要把握好政府引导与发展社会医疗慈善、基金管理与利用第三方专业化服务的关系，不断提高服务水平。深化公立医院改革，保障基本医疗服务需求，进一步提升服务质量。要注意总结经验，及时研究解决发现的问题，逐步完善疾病应急救助制度。

国务院办公厅
2013 年 2 月 22 日

国务院办公厅转发教育部等部门关于实施教育扶贫工程意见的通知

（国办发〔2013〕86号）

各省、自治区、直辖市人民政府，国务院各部委、各直属机构：

教育部、发展改革委、财政部、扶贫办、人力资源社会保障部、公安部、农业部《关于实施教育扶贫工程的意见》已经国务院同意，现转发给你们，请认真贯彻执行。

国务院办公厅
2013年7月29日

关于实施教育扶贫工程的意见

（教育部　发展改革委　财政部　扶贫办
人力资源社会保障部　公安部　农业部）

为贯彻党的十八大精神，落实中央扶贫开发工作会议要求和《中国农村扶贫开发纲要（2011—2020年）》、《国家中长期教育改革和发展规划纲要（2010—2020年）》的战略部署，充分发挥教育在扶贫开发中的重要作用，培养经济社会发展需要的各级各类人才，促进集中连片特殊困难地区（以下简称片区）从根本上摆脱贫困，现就组织实施教育扶贫工程提出以下意见：

一、总体要求

（一）指导思想

以邓小平理论、“三个代表”重要思想、科学发展观为指导，落实国家扶贫攻坚总体部署，把教育扶贫作为扶贫攻坚的优先任务，以提高人民群众基本文化素质和劳动者技术技能为重点，推进教育强民、技能富民、就业安民，为全面建成小康社会奠定坚实基础。

（二）总体目标

按照党的十八大提出的基本公共服务均等化总体实现和进入人力资源强国行列的目标，加快教育发展和人力资源开发，到2020年使片区基本公共教育服务水平接近全国平均水平，教育对促进片区人民群众脱贫致富、扩大中等收入群体、促进区域经济社会发展和生态文明建设的作用得到充分发挥。

提高基础教育的普及程度和办学质量。到2015年，学前三年毛入园率达到55%以上，少数民族双语地区基本普及学前一至两年双语教育，义务教育巩固率达到90%以上，高中阶段毛入学率达到80%以上，视力、听力、智力三类残疾儿童义务教育入学率达到80%。到2020年，基本普及学前教育，义务教育水平进一步提高，基本普及视力、听力、智力三类残疾儿童义务教育，普及高中阶段教育，基础教育普及程度和办学质量有较大提升。

提高职业教育促进脱贫致富的能力。到2015年，初、高中毕业后新成长劳动力都能接受适应就业需求的职业教育和职业培训，力争使有培训需求的劳动者都能得到职业技能培训。到2020年，职业教育体系更加完善，教育培训就业衔接更加紧密，培养一大批新型农民和在二、三产业就业的技术技能人才。

提高高等教育服务区域经济社会发展能力。通过调整优化高等学校空间布局和学科专业结构，改革人才培养模式，促进高等教育与当地经济、社会、科技发展和城镇化建设深度融合，使高等教育能为当地传统产业改造升级、新兴产业培育发展和基本公共服务提供有效的人才支撑和智力支持。通过多种途径，增加片区群众接受高等教育的机会。

提高继续教育服务劳动者就业创业能力。通过教育培训与当地公共服务、特色优势产业有效对接，大力提高就业创业水平。完善毕业生和接受培训人员就业服务政策，通过带技能转移、带技能进城、带技能就业，使转移劳动力在城镇多渠道、多形式、稳定就业。

（三）基本原则

一是以省为主，加强统筹。按照“省负总责、县抓落实、扶持到校、资助到生”的教育扶贫工作要求，省级人民政府对本行政区域内教育扶贫工程负总责，把教育扶贫纳入经济社会发展战略和总体规划，统筹各方面资源，加大教育扶贫工程的实施力度。

二是以人为本，尊重群众。围绕“人人受教育，个个有技能，家家能致富”的要求，着力解决群众最关心最直接最现实的问题，让广大人民群众真正得到看得见的实惠。工程实施的重大政策和关键环节要充分尊重群众意愿，做好政策解释和引导工作，确保工程有序稳步推进。

三是改革创新，加快发展。针对制约贫困地区教育发展的瓶颈因素和关键领域，加大改革力度，着力破除制约发展的体制机制障碍，深化人才培养模式改革，调整培养结构，加快发展步伐。

四是因地制宜，分类指导。结合各个片区的实际情况，确定教育扶贫工程的重点任务和政策范围，做到“一区一策，一省一策”，不搞“一刀切”。根据各级各类教育的特点，实事求是确定规划目标，落实政策措施，科学组织实施。

五是规划引导，分步实施。加强与国家主体功能区规划、集中连片特困地区区域发展与扶贫攻坚规划相衔接，推动片区人口和劳动力通过教育向重点开发区和优化开发区转移。制定教育扶贫工程的实施方案和年度计划，明确重点，分步实施。

（四）实施范围

实施教育扶贫工程的范围为《中国农村扶贫开发纲要（2011—2020年）》所确定的连片特困扶贫攻坚地区，具体是：六盘山区、秦巴山区、武陵山区、乌蒙山区、滇桂黔石漠化区、滇西边境山区、大兴安岭南麓山区、燕山—太行山区、吕梁山区、大别山区、罗霄山区等区域的片区和已明确实施特殊政策的西藏、四省藏区、新疆南疆三地州。

二、主要任务

（一）全面加强基础教育

1. 切实巩固提高义务教育水平。进一步加大片区义务教育投入力度，推进义务教育阶段学校标准化建设。农村义务教育学校布局要保障学生就近上学的需要。改善保留的村小学及教学点，特别是改善边境一线学校及教学点基本办学条件。完善农村义务教育薄弱学校教学用房、学生宿舍等附属设施，加强图书、教学仪器设备、多媒体远程教学设备和体育卫生、艺术教育器材的配备。进一步强化中小学幼儿园安全管理。开齐开足中小学课程，全面实施素质教育。切实保障特殊困难地区学校正常运转。对片区不足100人的小规模学校（含教学点）按100人核定公用经费补助资金，特别是要加大地处高原或寒冷地区的小规模学校（含教学点）公用经费保障水平，确保学校正常运转。

2. 加快发展学前教育。根据片区自然环境、适龄人口分布等情况，做好当地学前教育规划。按照“政府主导、社会参与、公办民办并举”的原则，充分利用中小学布局调整的富余资源及其他资源发展学前教育。在乡镇和人口较集中的行政村建设普惠性幼儿园，在人口分散的边远地区设立支教点、配备专职巡回指导教师，形成县、乡、村学前教育网络。

3. 推动普通高中多样化发展。民族地区教育基础薄弱县普通高中建设项目和普通高中改造计划优先支持片区普通高中教育。改善普通高中的办学条件，加强图书馆（室）、实验室、体育场所建设和教学仪器设备配备。支持片区推进人才培养模式多样化，鼓励普通高中办出特色、促进学生全面有个性地发展。

4. 重视发展特殊教育。改善片区特殊教育学校和接受残疾学生融合教育的普通学校办学条件。建立普惠和特惠政策相结合的资助体系，保证每一个残疾儿童不因贫困而失学。

5. 保障移民搬迁学生就学。配合实施片区区域发展与扶贫攻坚规划提出的易地扶贫搬迁、生态移民搬迁、地质灾害搬迁等措施，优先在移民安置区建设好学校并保障正常运转。

6. 加强双语教育和民族团结教育。片区的少数民族双语地区要将双语教育摆在重要位置。大力推广国家通用语言文字，尊重和保障少数民族使用本民族语言文字接受教育的权利。加大对双语寄宿制学校、双语幼儿园的支持力度。各地要通过扩大特岗教师规模、加强民语教师培训和增加核定编制的办法加快补充双语教师。在各级各类学校深入开展形式多样的民族团结教育活动，将党和国家的民族理论和民族政策教育作为教师培养培训的重要内容。

7. 鼓励教师到片区从教。研究制定教师到片区农村边远学校工作的奖励措施。各地要研究完善符合片区村小学和教学点实际的职务（职称）评定标准，职称晋升、荣誉奖励和绩效工资分配向村小学和教学点专任教师倾斜；城镇中小学教师在评聘高级职务（职称）时，同等条件下有在片区农村学校任教经历的优先。设立专项资金，对在片区乡、村学校和教学点工作的教师给予生活补助。边远艰苦地区农村学校教师周转宿舍建设工程优先在片区实施。实施好边远贫困地区、边疆民族地区和革命老区人才支持计划教师专项计划，选派优秀教师到连片特困地区支教，推动地方开展城乡教师交流活动并形成制度。鼓励免费师范生到片区从教。幼儿园和中小学教师国家和省级培训计划、农村学校教育硕士师资培养计划进一步向片区倾斜。合理配备寄宿制学校生活管理人员。

（二）加快发展现代职业教育

1. 大力发展服务当地特色优势产业和基本公共服务的现代职业教育。在人口相对密集、当地产业发展具有一定潜力的地区，由省级人民政府统筹规划，结合城镇化规划，在产业集聚区、工业园区、经济开发区等区域办好一批中、高等职业学校。重点支持一批社会有需求、办学有质量、就业有保障的特色优势专业，更好满足片区产业发展对技术技能人才的需求。加大职业学校教师素质提高计划的倾斜支持力度。

2. 实施中等职业教育协作计划。支持东部和中西部城市职业院校扩大招收片区学生的规模，对口支持片区职业院校，培养片区经济社会发展急需人才。有计划地支持片区内限制开发和禁止开发区初中毕业生到省（区、市）内外经济较发达地区重点中等职业学校接受教育。加大对承担对口招生任务学校的支持。对西藏、新疆南疆三地州和青海藏区的对口招生任务，原则上由中央确定的对口支援省（市）承担，按程序纳入对口支援规划后组织实施。

3. 传承创新民族文化、民族技艺。结合片区民族地区的发展需要和文化遗产保护的要求，将民族文化、民族技艺传承创新纳入职业教育体系。重点支持一批体现片区民族文化特点、具有产业化前景的民间传统技艺专业。鼓励民间艺人、技艺大师、非物质文化遗产传承人参与职业教育办学。支持民族贸易企业、文化旅游企业参与校企合作。各级教育、文化、旅游、贸易等部门加大对民族文化、民族技艺职业教育的支持力度。

4. 广泛开展职业技能培训。各地人力资源社会保障、教育、扶贫、农业等部门要联合制定培训计划，安排有学习意愿的未升入普通高中和高等学校的毕业生、具备一定文化素质的社会青年进入职业院校、培训机构等学习。鼓励通过发放“教育券”、“培训券”等方式，让学习者自主选择培训项目和培训方式，提高培训效果。

（三）提高高等教育服务能力

1. 提高片区高等教育质量。根据当地工业化、信息化、城镇化、农业现代化总体布局，优化片区高等学校布局，加快调整学科专业结构。片区高等学校要明确服务当地经济社会发展的办学定位，重点发展支撑当地特色优势产业的学科、专业。中央相关高等教育项目和资金要对片区给予适当倾斜。将片区高等学校纳入东部高等学校对口支援西部高等学校计划，建立对口支援长效机制。

2. 加大高等学校招生倾斜力度。实施面向贫困地区定向招生专项计划，扩大片区学生接受优质高等教育的机会。高校招生计划和支援中西部地区招生协作计划向片区所在省（区、市）倾斜。普通高等学校举办的民族预科班、民族班向片区中的民族地区倾斜。

3. 开展高等学校定点扶贫工作。发挥高等学校在人才扶贫、科技扶贫、智力扶贫、信息扶贫等方面的积极作用。中央部（委）属高校主要参与国家扶贫开发工作重点县的定点扶贫工作，省属高校根据省级人民政府统一安排参加本省级行政区域内的定点扶贫工作。

（四）提高学生资助水平

1. 稳步推进农村义务教育学生营养改善计划。加强农村义务教育学生营养改善计划的组织管理，确保学生得到实惠。逐步完善青少年营养标准，建立学生营养监测网络，加强营养干预，提高学生的营养健康水平。加快片区农村义务教育学校伙房或食堂等生活配套设施的建设。

2. 健全家庭经济困难学生资助政策。完善农村义务教育家庭经济困难寄宿生生活费补助政策，加大对家庭经济困难幼儿、孤儿、残疾幼儿入园和普通高中家庭经济困难学生的资助力度。高等学校对来自片区农村家庭经济困难的学生优先予以资助，做到应助尽助，从制度上保障每一个学生不因家庭经济困难而失学。

3. 完善职业教育资助政策。实施好对片区中等职业学校符合条件的学生按国家规定实行免学费和给予国家助学金补助的政策。对有计划转移到省（区、市）外符合条件的中等职业学校学生，在按国家规定免学费和给予国家助学金的基础上，由生源地人民政府和接收地人民政府通过统筹教育、扶贫、农业和对口支援等资金落实住宿费、交通费等补助，中央财政对转移就学工作做得较好的接收地政府予以适当奖补。对未升学的农村初、高中毕业生免费提供农业技术技能培训。“农村劳动力转移培训计划”、“阳光工程”等各项资金，按国家规定优先对当地农民或已进城的农民工接受技术技能培训予以补贴。在国家奖助学金等资助政策上对高等职业院校涉农、艰苦、紧缺专业的农村家庭经济困难学生给予倾斜。

（五）提高教育信息化水平

1. 加快学校信息基础设施建设。加快片区学校信息基础设施建设，到2015年基本解决片区内义务教育学校和普通高中、职业院校的宽带接入问题。

2. 推广优质数字教育资源应用。通过卫星、电视、互联网等远程教育平台将优质教育资源输送到片区学校，实现优质资源共享。开放大学和高等学校继续教育机构要开发适合片区的教育资源。加强片区学校教育信息技术应用能力培训。优先为村小学和教学点配置数字化优质教育资源。

3. 推进教育管理信息化建设。“国家教育管理信息系统建设”相关项目优先在片区实施。开展片区教育行政干部信息化管理能力培训，提高学校信息化管理的标准化、规范化水平。加强学生学籍、资助等重要基础信息管理系统的应用。

三、保障措施

（一）经费保障

1. 加大教育扶贫工程资金保障力度。中央和省级人民政府加大对教育扶贫工程的投入，省级人民政府加强各项教育经费统筹，经费安排向扶贫开发任务较重的地区倾斜。加大中央一般性转移支付、教育专项转移支付等的增量资金向教育扶贫工程投入力度。

2. 加强教育扶贫工程资金的使用管理。完善管理办法，对重大事项实行公告公示制度，强化审计监督，坚决查处挪用、截留和贪污教育扶贫工程资金的行为。

（二）学生就业

1. 切实加强毕业生就业工作。加强对学生的社会实践教育和就业创业教育，注重对学生进行职业生涯规划和就业指导。对转移就学的毕业生在就学地就业的，就学地政府人力资源社会保障部门按规定免费为其提供公共就业服务，将其纳入有关社会保险制度，并在人事档案、职称评定、教育培训、人员流动等方面予以政策保障。公安部门依照规定为转移就学就业学生办理户口迁移手续。鼓励就学地企事业单位优先接受转移学生实习和就业，按照国家有关规定对接受转移学生就业较多的用人单位予以表彰。完善转移学生就业创业帮扶和劳务输出组织工作机制，探索统一派送、劳务派遣、劳务外包等输出安置新模式。

2. 引导和支持高校、中等职业学校毕业生到贫困地区就业创业。制定为贫困地区培养人才的激励政策。加大各类国家级基层就业项目对片区的倾斜力度，鼓励地方政府设立省级基层就业项目。教育部门会同有关部门按国家规定落实到片区就业创业的高校毕业生学费补偿和助学贷款代偿办法，鼓励优秀高校和中等职业学校毕业生到贫困地区工作服务。

（三）对口支援

1. 把人才培养作为对口支援的优先领域。承担对口支援西藏、新疆和青海藏区任务的省（市）、中央企业、高校和中等职业学校要把支持片区教育发展作为工作重点，按照结对关系和对口支援规划，加大教育帮扶力度。

2. 完善教育对口支援工作机制。将教育对口支援纳入到国家对口支援工作总体部署中统筹推进。国家和省级教育行政部门加强对教育对口支援的政策支持和业务指导，建立绩效评价机制。

（四）人才引进

组织大中城市和东部地区学校的专家学者、优秀教师、离退休专业技术人员和志愿者到片区学校服务。制定优惠政策，吸引东部地区人才到片区从教，特别是对片区高校引进人才要予以倾斜支持。

四、组织领导

（一）落实各级政府的责任

在国务院统一领导下，教育部、发展改革委、财政部、扶贫办、人力资源社会保障部、公安部、农业部等部门建立工作协调机制，研究解决教育扶贫工程实施过程中的重大问题，完善实施工程的配套措施和办法。鼓励和支持片区所属省级人民政府建立跨省级行政区域的组织协调机制。建立省、市、县级政府领导定点联系学校制度。

（二）动员社会力量支持

鼓励社会各界参与教育扶贫工程。支持中国扶贫基金会、中国教育发展基金会等公益组织积极参与教育扶贫工程。引导各类企业、社会团体、非政府组织和有关国际组织在片区开展捐资助学活动。大力支持民办教育发展。鼓励共青团、妇联、工会和各类社会团体有序组织志愿者到贫困地区扶贫支教、培训当地技术技能人才。鼓励高等学校加强扶贫理论和政策研究，为扶贫开发科学决策提供依据。把扶贫纳入基本国情教育范畴，加大教育扶贫宣传力度，营造全社会参与支持教育扶贫的氛围。

（三）加强考核评估

建立教育扶贫工程实施考核机制。省级政府要建立工作协调机制，统筹推进教育扶贫工程，对工程实施进展、质量和成效进行考核，作为对各级政府绩效考核和落实《中国农村扶贫开发纲要（2011—2020年）》、《国家中长期教育改革和发展规划纲要(2010—2020年)》、片区区域发展与扶贫攻坚规划的重点内容。对工程重点项目作为督查督办的重要事项，实行行政问责制。建立教育扶贫工作信息系统，跟踪监测教育扶贫工作。建立健全评估机制，开展第三方评估。

关于政府向社会力量购买服务的指导意见

（国办发〔2013〕96号）

各省、自治区、直辖市人民政府，国务院各部委、各直属机构：

党的十八大强调，要加强和创新社会管理，改进政府提供公共服务方式。新一届国务院对进一步转变政府职能、改善公共服务作出重大部署，明确要求在公共服务领域更多利用社会力量，加大政府购买服务力度。经国务院同意，现就政府向社会力量购买服务提出以下指导意见。

一、充分认识政府向社会力量购买服务的重要性

改革开放以来，我国公共服务体系和制度建设不断推进，公共服务提供主体和提供方式逐步多样化，初步形成了政府主导、社会参与、公办民办并举的公共服务供给模式。同时，与人民群众日益增长的公共服务需求相比，不少领域的公共服务存在质量效率不高、规模不足和发展不平衡等突出问题，迫切需要政府进一步强化公共服务职能，创新公共服务供给模式，有效动员社会力量，构建多层次、多方式的公共服务供给体系，提供更加方便、快捷、优质、高效的公共服务。政府向社会力量购买服务，就是通过发挥市场机制作用，把政府直接向社会公众提供的一部分公共服务事项，按照一定的方式和程序，交由具备条件的社会力量承担，并由政府根据服务数量和质量向其支付费用。近年来，一些地方立足实际，积极开展向社会力量购买服务的探索，取得了良好效果，在政策指导、经费保障、工作机制等方面积累了不少好的做法和经验。

实践证明，推行政府向社会力量购买服务是创新公共服务提供方式、加快服务业发展、引导有效需求的重要途径，对于深化社会领域改革，推动政府职能转变，整合利用社会资源，增强公众参与意识，激发经济社会活力，增加公共服务供给，提高公共服务水平和效率，都具有重要意义。地方各级人民政府要结合当地经济社会发展状况和人民群众的实际需求，因地制宜、积极稳妥地推进政府向社会力量购买服务工作，不断创新和完善公共服务供给模式，加快建设服务型政府。

二、正确把握政府向社会力量购买服务的总体方向

（一）指导思想

以邓小平理论、“三个代表”重要思想、科学发展观为指导，深入贯彻落实党的十八大精神，牢牢把握加快转变政府职能、推进政事分开和政社分开、在改善民生和创新管理中加强社会建设的要求，进一步放开公共服务市场准入，改革创新公共服务提供机制和方式，推动中国特色公共服务体系建设和发展，努力为广大人民群众提供优质高效的公共服务。

（二）基本原则

——积极稳妥，有序实施。立足社会主义初级阶段基本国情，从各地实际出发，准确把握社会公共服务需求，充分发挥政府主导作用，有序引导社会力量参与服务供给，形成改善公共服务的合力。

——科学安排，注重实效。坚持精打细算，明确权利义务，切实提高财政资金使用效率，把有限的资金用在刀刃上，用到人民群众最需要的地方，确保取得实实在在的成效。

——公开择优，以事定费。按照公开、公平、公正原则，坚持费随事转，通过竞争择优的方式选择承接政府购买服务的社会力量，确保具备条件的社会力量平等参与竞争。加强监督检查和科学评估，建立优胜劣汰的动态调整机制。

——改革创新，完善机制。坚持与事业单位改革相衔接，推进政事分开、政社分开，放开市场准入，释放改革红利，凡社会能办好的，尽可能交给社会力量承担，有效解决一些领域公共服务产品短缺、质量和效率不高等问题。及时总结改革实践经验，借鉴国外有益成果，积极推动政府向社会力量购买服务的健康发展，加快形成公共服务提供新机制。

（三）目标任务

“十二五”时期，政府向社会力量购买服务工作在各地逐步推开，统一有效的购买服务平台和机制初步形成，相关制度法规建设取得明显进展。到2020年，在全国基本建立比较完善的政府向社会力量购买服务制度，形成与经济社会发展相适应、高效合理的公共服务资源配置体系和供给体系，公共服务水平和质量显著提高。

三、规范有序开展政府向社会力量购买服务工作

（一）购买主体

政府向社会力量购买服务的主体是各级行政机关和参照公务员法管理、具有行政管理职能的事业单位。纳入行政编制管理且经费由财政负担的群团组织，也可根据实际需要，通过购买服务方式提供公共服务。

（二）承接主体

承接政府购买服务的主体包括依法在民政部门登记成立或经国务院批准免予登记的社会组织，以及依法在工商管理或行业主管部门登记成立的企业、机构等社会力量。承接政府购买服务的主体应具有独立承担民事责任的能力，具备提供服务所必需的设施、人员和专业技术的能力，具有健全的内部治理结构、财务会计和资产管理制度，具有良好的社会和商业信誉，具有依法缴纳税收和社会保险的良好记录，并符合登记管理部门依法认定的其他条件。承接主体的具体条件由购买主体会同财政部门根据购买服务项目的性质和质量要求确定。

（三）购买内容

政府向社会力量购买服务的内容为适合采取市场化方式提供、社会力量能够承担的公共服务，突出公共性和公益性。教育、就业、社保、医疗卫生、住房保障、文化体育及残疾人服务等基本公共服务领域，要逐步加大政府向社会力量购买服务的力度。非基本公共服务领域，要更多更好地发挥社会力量的作用，凡适合社会力量承担的，都可以通过委托、承包、采购等方式交给社会力量承担。对应当由政府直接提供、不适合社会力量承担的公共服务，以及不属于政府职责范围的服务项目，政府不得向社会力量购买。各地区、各有关部门要按照有利于转变政府职能，有利于降低服务成本，有利于提升服务质量水平和资金效益的原则，在充分听取社会各界意见基础上，研究制定政府向社会力量购买服务的指导性目录，明确政府购买的服务种类、性质和内容，并在总结试点经验基础上，及时进行动态调整。

（四）购买机制

各地要按照公开、公平、公正原则，建立健全政府向社会力量购买服务机制，及时、充分向社会公布购买的服务项目、内容以及对承接主体的要求和绩效评价标准等信息，建立健全项目申报、预算编报、组织采购、项目监管、绩效评价的规范化流程。购买工作应按照政府采购法的有关规定，采用公开招标、邀请招标、竞争性谈判、单一来源、询价等方式确定承接主体，严禁转包行为。购买主体要按照合同管理要求，与承接主体签订合同，明确所购买服务的范围、标的、数量、质量要求，以及服务期限、资金支付方式、权利义务和违约责任等，按照合同要求支付资金，并加强对服务提供全过程的跟踪监管和对服务成果的检查验收。承接主体要严格履行合同义务，按时完成服务项目任务，保证服务数量、质量和效果。

（五）资金管理

政府向社会力量购买服务所需资金在既有财政预算安排中统筹考虑。随着政府提供公共服务的发展所需增加的资金，应按照预算管理要求列入财政预算。要严格资金管理，确保公开、透明、规范、有效。

（六）绩效管理

加强政府向社会力量购买服务的绩效管理，严格绩效评价机制。建立健全由购买主体、服务对象及第三方组成的综合性评审机制，对购买服务项目数量、质量和资金使用绩效等进行考核评价。评价结果向社会公布，并作为以后年度编制政府向社会力量购买服务预算和选择政府购买服务承接主体的重要参考依据。

四、扎实推进政府向社会力量购买服务工作

（一）加强组织领导

推进政府向社会力量购买服务，事关人民群众切身利益，是保障和改善民生的一项重要工作。地方各级人民政府要把这项工作列入重要议事日程，加强统筹协调，立足当地实际认真制定并逐步完善政府向社会力量购买服务的政策措施和实施办法，并抄送上一级政府财政部门。财政部要会同有关部门加强对各地开展政府向社会力量购买服务工作的指导和监督，总结推广成功经验，积极推动相关制度法规建设。

（二）健全工作机制

政府向社会力量购买服务，要按照政府主导、部门负责、社会参与、共同监督的要求，确保工作规范有序开展。地方各级人民政府可根据本地区实际情况，建立“政府统一领导，财政部门牵头，民政、工商管理以及行业主管部门协同，职能部门履职，监督部门保障”的工作机制，拟定购买服务目录，确定购买服务计划，指导监督购买服务工作。相关职能部门要加强协调沟通，做到各负其责、齐抓共管。

（三）严格监督管理

各地区、各部门要严格遵守相关财政财务管理规定，确保政府向社会力量购买服务资金规范管理和使用，不得截留、挪用和滞留资金。购买主体应建立健全内部监督管理制度，按规定公开购买服务相关信息，自觉接受社会监督。承接主体应当健全财务报告制度，并由具有合法资质的注册会计师对财务报告进行审计。财政部门要加强对政府向社会力量购买服务实施工作的组织指导，严格资金监管，监察、审计等部门要加强监督，民政、工商管理以及行业主管部门要按照职能分工将承接政府购买服务行为纳入年检、评估、执法等监管体系。

（四）做好宣传引导

地方各级人民政府和国务院有关部门要广泛宣传政府向社会力量购买服务工作的目的、意义、目标任务和相关要求，做好政策解读，加强舆论引导，主动回应群众关切，充分调动社会参与的积极性。

国务院办公厅

2013 年 9 月 26 日

关于加强医疗救助与慈善事业衔接的指导意见

（民发〔2013〕132 号）

各省、自治区、直辖市民政厅（局），各计划单列市民政局，新疆生产建设兵团民政局：

为切实解决困难群众医疗难题，充分发挥医疗救助和慈善事业的综合效益，保障困难群众基本医疗权益，根据《中共中央国务院关于深化医药卫生体制改革的意见》（中发〔2009〕6 号）、《国务院关于印发“十二五”期间深化医药卫生体制改革规划暨实施方案的通知》（国发〔2012〕11 号）等相关文件要求，现就加强医疗救助与慈善事业衔接提出以下意见。

一、充分认识加强医疗救助与慈善事业衔接的重要意义

当前，随着我国医疗保障制度不断完善，多层次的医疗保障体系日益健全，人民群众看病就医有了基本保障。但由于基本医疗保障水平相对偏低，当困难群众罹患重特大疾病时，现有的保障水平仍难以从根本上解决其医疗难题，由此导致因病致贫、因病返贫以及无力看病、放弃治疗等民生问题非常突出。此类情况不仅受到党中央、国务院的高度重视，也是慈善力量广泛关注的重点。各类慈善力量通过动员社会资源，为困难群众提供形式多样的医疗援助，帮助其解决看病就医负担，成为多层次医疗保障体系的重要组成部分。加强医疗救助与慈善事业的有序衔接，形成协同合作、资源统筹、相互补充、各有侧重的机制，是促进医疗救助和慈善事业发展的重要方面，也是保障和改善基本民生的迫切需要。各地要充分认识加强医疗救助和慈善事业衔接的重要意义，坚持政府重点引导、社会广泛参与，从解决实际问题入手，探索加强体制机制建设，实现优势互补，促进社会公平正义。

二、积极探索建立医疗救助与慈善事业的衔接机制

（一）建立需求导向机制

各地要根据城镇居民基本医疗保险（新型农村合作医疗）、大病保险以及医疗救助和慈善事业的发展状况，认真研究设计慈善事业在医疗保障体系中的功能定位；要从困难群众医疗保障需求出发，探索建立医疗救助与慈善事业的衔接机制，使慈善资源作为医疗救助的重要补充，帮助困难群众解决个人自付医疗费用。各地要加强与慈善组织的沟通协调，以困难群众医疗保障需求为导向，引导他们在继续开展各项医疗救助的基础上，优先向医疗费用高、社会影响大、诊疗路径明确的重特大疾病领域拓展延伸，最大限度发挥综合救助的社会效益；要鼓励引导慈善组织开展补缺型和补充型医疗援助活动，一方面填补政府医疗救助政策的空白，另一方面弥补政府救助的不足，为困难群众提供更全面、更充分的医疗保障服务。

（二）建立信息共享机制

医疗救助对象需求信息和慈善资源供给信息的有效对接是医疗救助与慈善事业衔接的核心。各地民政部门要着力搜集、整理、分析医疗救助日常工作中产生的救助对象需求信息，并与相关部门和机构的医疗信息相整合，从而准确掌握困难群众的医疗需求以及看病就医后的保险补偿、医疗救助以及个人承担的医疗费用等情况；要在征得医疗救助对象同意的前提下，主动向慈善组织提供救助对象的慈善需求信息，帮助慈善组织减少查找环节，降低运行成本，提高工作效率；要规范完善转介流程，做到政府部门与慈善组织之间信息互通、资源共享，使医疗救助对象能够迅速获得慈善组织的补充援助，使慈善组织能够尽快找到援助对象。各地要进一步加强医疗救助信息化建设，充分利用现有社会救助信息系统和慈善信息平台，通过委托、合作等方式建立医疗救助慈善资源数据库，实现医疗救助与慈善资源信息共享，确保供需各方的对接及时到位、高效便捷。

（三）建立统筹协调机制

建立健全民政与相关政府部门、慈善组织、医疗机构等共同参与的协调机制，共同研究医疗救助和慈善事业衔接工作中存在的问题，统筹开展慈善援助活动。通过分类梳理慈善组织的业务范围、擅长领域以及救助对象的需求信息等情况，引导慈善组织有序开展援助活动。要根据慈善组织的项目设置、目标人群、救助意愿、援助能力等因素，统筹规划不同组织的援助区域、援助范围和援助病种，形成分类、有序、全面的慈善医疗援助新格局，最大程度地提升援助效益，避免慈善组织扎堆无序开展援助活动，造成资源使用不均衡。要注重发挥中国慈善联合会等联合性、枢纽型社会组织在培育慈善项目、协调慈善资源、引导慈善行为等方面的功能，最大限度提高医疗援助效率。

（四）建立激励扶持机制

各地要通过政府委托、协商、奖励、补贴等方式，引导慈善组织开展灵活多样的慈善医疗援助项目。要完善政府购买服务的政策措施，通过招、投标等方式选择优质慈善组织承担医疗援助服务项目。各地开展的支持社会组织参与社会服务项目，要重点支持医疗援助领域。有条件的地区，要争取政府出资设立专项医疗救助基金，同时接收社会捐赠资金，形成多元筹资机制。要定期评估慈善组织开展的医疗援助项目，推广宣传管理规范、服务优良、团队专业、绩效突出的慈善组织，充分发挥其示范、引领作用。对于工作中表现突出的单位和个人，要给予适当激励和表彰。对在医疗援助领域做出突出贡献的慈善组织，列为“中华慈善奖”评选表彰候选对象。

三、切实做好医疗救助与慈善事业衔接的基础保障工作

（一）加强组织领导

各地要把加强医疗救助与慈善事业衔接作为完善社会救助体系的重要工作来抓，健全机制，完善模式，提升综合救助能力。要加强与慈善组织在日常工作中的联系、沟通和协调，形成多元参与、相互协作、共同发展的工作格局。要科学制定慈善组织参与医疗援助的项目规划和实施方案；指导慈善组织规范参与相关医疗援助项目；落实促进慈善组织发展的政策措施，并加强其开展慈善援助活动的监督管理。

（二）强化经费保障

各级民政部门要积极争取政府加大经费投入，或专项安排彩票公益金，在建立专项基金、建设信息共享平台以及工作经费保障等方面给予必要的经费支持。鼓励公民、法人及其他组织为慈善组织提供捐赠、赞助等，支持其参与医疗援助活动。

（三）开展衔接试点

各地要根据自身实际，精心谋划、周密部署，在有一定工作基础的地方先行试点。可选择实力雄厚、社会公信力高的慈善组织，探索慈善资源援助重特大疾病贫困患者的路径、方法和程序，积累经验，逐步完善。有条件的地方，还可以针对困难群众的个性化服务需求，支持、引导慈善组织开展多样化的医疗援助服务项目，从多个方面为困难群众提供帮助。要以试点为抓手，健全完善衔接机制，逐步培育典型。要加强经验交流和分享，学习借鉴先进地区的成功经验，结合本地实际，不断推动医疗救助与慈善事业共同发展，提高综合救助服务水平。

（四）加大舆论宣传

各地要大力宣传中华民族乐善好施、扶危济困的传统美德，宣传诚信友爱、互帮互助的公益理念，形成社会各界广泛参与慈善医疗援助的良好氛围，引导社会各界关心关注、积极参与慈善医疗援助事业。

民　政　部

2013 年 8 月 12 日

关于建立健全社会救助监督检查长效机制的通知

（民发〔2013〕161 号）

各省、自治区、直辖市民政厅（局），各计划单列市民政局，新疆生产建设兵团民政局：

《国务院关于进一步加强和改进最低生活保障工作的意见》（国发〔2012〕45 号，以下简称《意见》）下发以来，各级民政部门认真贯彻落实《意见》精神，采取多种有效措施，加大工作推进和《意见》落实监督检查力度，取得了显著成效。为巩固前期督查工作成果，切实提高救助工作水平，有效防范和遏制社会救助工作中的各类违法违规行为，确保救助工作规范运行，现就建立健全社会救助监督检查长效机制通知如下：

一、充分认识建立社会救助监督检查长效机制的重要意义

社会救助是国家保障困难群体基本生活权益的一项基本制度，是托底性民生保障和民政工作的重要组成部分，是涉及面广、资金量大的重大民生项目，事关困难群众衣食冷暖，事关社会和谐稳定和公平正义，事关小康社会全面建成。近年来，在党中央、国务院的高度重视下，我国的社会救助事业取得了重大进展，在“保民生、维稳定、促公平”等方面发挥了重要作用。但是，一些地方仍然存在救助对象认定不够准确、审批流程不够规范、工作责任不够落实、监管机制不够健全、基层能力建设明显不足等问题，影响到社会救助制度的公平公正实施，群众对此反映强烈。当前，全党正在深入开展以“为民务实清廉”为主要内容的群众路线教育实践活动，回应社会关切，解决突出问题，需要找准症结、治根治本，需要从建立社会救助监督检查长效机制入手，进一步加大对城乡低保、农村五保、医疗救助、临时救助等各项社会救助制度实施的监管力度，有效规范从业人员职务行为，减少错保、漏保、骗保现象的发生，防止挤占、挪用和截留社会救助资金，及时发现、纠正、惩处“关系保”“人情保”，确保社会救助制度公平实施，确保困难群众基本生活。

二、进一步明确社会救助监督检查的主要内容

社会救助监督检查工作要以督促政策落实为目标，确保对象准确，促进资金安全，强化能力建设，实现廉洁高效。重点围绕以下方面内容展开：

（一）社会救助法律、法规、政策制度贯彻落实情况。包括地方是否及时出台国家法律法规和政策的配套文件；是否采取有效措施推动相关政策的贯彻落实；各项社会救助工作是否依法依规开展等。

（二）社会救助工作规范化运行情况。包括是否严格执行社会救助申请、审核、审批及公示、发放程序；是否建立并实施社会救助与物价上涨挂钩的联动机制和救助标

准调整机制；是否建立健全救助申请家庭经济状况核对机制；是否实行社会救助对象动态管理；是否建立社会救助经办人员和村（居）民委员会干部近亲属享受社会救助备案制度；是否推进社会救助信息化管理和救助资金社会化发放等。

（三）社会救助资金的筹集和管理使用情况。包括城乡低保、农村五保、医疗救助、临时救助等社会救助资金的专项管理、专款专用、安全运行情况；地方财政配套资金落实到位情况等。

（四）社会救助基层能力建设情况。包括社会救助基层工作机构建设和人员配备情况；基层工作经费落实以及省市财政对基层工作经费不足地区的补助情况；基层交通、通讯工具配备和信息平台建设情况；基层工作人员业务培训情况等。

（五）社会救助突发重大事件处置情况。包括地方社会救助工作专项整治情况；社会救助突发事件应对处置情况；社会救助重大案件交办查处情况；社会救助责任追究落实情况等。

（六）社会救助监督检查工作情况。包括地方按照有关法律法规政策要求，全面落实监管责任，建立健全社会救助监管体系；强化社会救助监督检查工作手段；完善社会救助监督检查工作相关机制；制定相关监督检查办法等情况。

（七）其他应纳入监督检查范围的事项。

三、不断丰富社会救助监督检查方式方法

社会救助监督检查工作要按照依法监督的要求，坚持客观公正、标本兼治、纠建并举。进一步强化内部监督，扩大外部监督，综合运用多种手段，确保监督检查工作取得实效。

（一）建立报告制度。对纳入监督检查的事项，实行定期逐级上报。省级民政部门每年初将上年度工作情况向民政部报告一次，并同时上报省级人民政府，重大事项和突发事件即时上报，并提出整改措施和相关工作建议；省级以下民政部门定期向上一级民政部门报告工作，并向同级人民政府报告。

（二）开展专项督查。围绕社会救助重大政策落实、重要工作部署推进、社会救助对象的准确认定以及救助资金的管理使用等重要内容，省级民政部门要组织开展专项检查，深入了解情况，研究发现问题，提出整改解决意见。民政部也将会同有关部门对各地工作情况进行专项督查。

（三）强化日常监管。建立日常监管长效机制，加强社会救助工作事前、事中监督，推进社会救助监督管理常态化。各地要通过优化社会救助工作流程，完善相关制度办法，进一步促进社会救助工作公开透明。经常开展自查自纠，及时发现和解决存在问题。

（四）进行情况通报。上级民政部门要通过编发简报或发文等方式向下级民政部门及时通报工作情况，指导工作开展。要及时总结宣传地方创新做法和先进经验，对工作推进不力、救助不及时或出现重大责任事故的地方进行通报批评。民政部定期通报全国社会救助工作情况，并根据需要适时报告国务院。

（五）拓宽监督渠道。建立健全社会救助投诉举报核查制度，要以省为单位设置社会救助举报投诉电话，畅通投诉举报渠道。全面落实社会救助信访工作专人负责、首

问负责制。对社会救助重大信访事项或社会影响恶劣的违规违纪事件，民政部或省级人民政府民政部门会同信访等相关部门直接督办。加强舆情监测预警，密切关注各类倾向性、苗头性、聚集性社会救助舆情信息，认真分析研判，及时应对处置。有条件的地方要探索建立有奖举报、义务监督员等制度，通过政府购买服务等方式，鼓励社会组织和公众积极参与监督，充分发挥社会监督的重要作用。

四、建立完善社会救助监督检查激励约束机制

（一）建立社会救助绩效考评制度。各地民政部门要积极争取将社会救助纳入地方政府绩效考核体系，研究制定社会救助绩效考评办法，科学设定绩效目标，量化评价指标体系，明确考评周期和考评方式，对社会救助制度的实施过程和执行效果进行综合测评，进一步促进社会救助工作规范化运行，提升制度整体效益。

（二）健全社会救助责任追究制。制定出台社会救助工作责任追究办法，明确责任追究范围、内容、方式等。加大责任追究力度，按照“谁主管、谁负责”原则，对因责任不落实、监管不到位发生重大问题、造成严重社会影响的单位和个人，要积极配合有关部门，按照有关规定给予相关责任人党纪、政纪处分，构成犯罪的要依法追究相关责任人刑事责任。

（三）完善社会救助激励机制。强化社会救助监督检查工作成果运用，将社会救助工作绩效考核和监督检查结果与分配社会救助补助资金、工作经费挂钩，采取“以奖代补”、“奖补结合”等办法，对工作绩效突出地区给予奖励。采取多种方式交流社会救助经验，鼓励先进，鞭策后进。

五、建立健全社会救助监督检查部门联动协作机制

各地民政部门要积极推动地方政府建立健全社会救助协调工作机制，将监督检查纳入重要工作内容，进一步明确部门职责任务，完善工作规则，加强协同配合，形成工作合力，共同落实社会救助监督检查责任。要定期组织召开协调机制会议，通报社会救助监督检查工作情况，研究解决社会救助监督检查重大问题。民政部门要充分发挥好牵头作用，积极会同监察、审计、财政等部门加强社会救助日常监管工作。对发现的社会救助违纪违法行为，民政部门要及时移交纪检、公安、司法等部门调查处理。

六、强化社会救助监督检查保障机制

（一）加强组织领导。建立社会救助监督检查长效机制，是民政部门履行社会救助职责、强化监管责任的有力手段，是从根本上、长远上防止和减少社会救助工作各类问题发生的有效举措，是推动社会救助制度公平公正实施的重要保证。各地民政部门要高度重视这项工作，将其列入重要工作日程，加强组织领导，切实抓出成效。

（二）强化社会救助监督检查能力建设。加强社会救助监督检查队伍建设，配齐配强工作力量，定期组织开展业务培训，提升队伍整体素质能力。强化监督检查工作手段，切实保证监督检查工作经费。完善社会救助监督检查工作制度。加大宣传，扩大影响，积极营造全社会重视、关心、支持并监督社会救助工作的良好氛围，努力提升社会救助监督检查工作的科学化、规范化水平。

（三）大力推进社会救助信息化建设。不断完善社会救助信息管理系统，加快建设低收入家庭认定信息平台，实现相关系统有效衔接、信息资源共享，构建社会救助综合监管信息平台，应用信息化和高科技手段，对社会救助工作实行动态实时监测，提高监督检查工作效率和工作水平。

各地要将建立健全社会救助监督检查长效机制，作为践行群众路线、转变工作作风的重要举措，抓紧抓实抓好。有关工作情况，请及时报部。

民　政　部

2013 年 10 月 12 日

社会救助暂行办法

（中华人民共和国国务院令第649号）

现公布《社会救助暂行办法》，自2014年5月1日起施行。

总理　李克强
2014年2月21日

社会救助暂行办法

第一章　总　则

第一条　为了加强社会救助，保障公民的基本生活，促进社会公平，维护社会和谐稳定，根据宪法，制定本办法。

第二条　社会救助制度坚持托底线、救急难、可持续，与其他社会保障制度相衔接，社会救助水平与经济社会发展水平相适应。

社会救助工作应当遵循公开、公平、公正、及时的原则。

第三条　国务院民政部门统筹全国社会救助体系建设。国务院民政、卫生计生、教育、住房城乡建设、人力资源社会保障等部门，按照各自职责负责相应的社会救助管理工作。

县级以上地方人民政府民政、卫生计生、教育、住房城乡建设、人力资源社会保障等部门，按照各自职责负责本行政区域内相应的社会救助管理工作。

前两款所列行政部门统称社会救助管理部门。

第四条　乡镇人民政府、街道办事处负责有关社会救助的申请受理、调查审核，具体工作由社会救助经办机构或者经办人员承担。

村民委员会、居民委员会协助做好有关社会救助工作。

第五条　县级以上人民政府应当将社会救助纳入国民经济和社会发展规划，建立健全政府领导、民政部门牵头、有关部门配合、社会力量参与的社会救助工作协调机制，完善社会救助资金、物资保障机制，将政府安排的社会救助资金和社会救助工作经费纳入财政预算。

社会救助资金实行专项管理，分账核算，专款专用，任何单位或者个人不得挤占挪用。社会救助资金的支付，按照财政国库管理的有关规定执行。

第六条　县级以上人民政府应当按照国家统一规划建立社会救助管理信息系统，实现社会救助信息互联互通、资源共享。

第七条　国家鼓励、支持社会力量参与社会救助。

第八条　对在社会救助工作中作出显著成绩的单位、个人，按照国家有关规定给予表彰、奖励。

第二章　最低生活保障

第九条　国家对共同生活的家庭成员人均收入低于当地最低生活保障标准，且符合当地最低生活保障家庭财产状况规定的家庭，给予最低生活保障。

第十条　最低生活保障标准，由省、自治区、直辖市或者设区的市级人民政府按照当地居民生活必需的费用确定、公布，并根据当地经济社会发展水平和物价变动情况适时调整。

最低生活保障家庭收入状况、财产状况的认定办法，由省、自治区、直辖市或者设区的市级人民政府按照国家有关规定制定。

第十一条　申请最低生活保障，按照下列程序办理：

（一）由共同生活的家庭成员向户籍所在地的乡镇人民政府、街道办事处提出书面申请；家庭成员申请有困难的，可以委托村民委员会、居民委员会代为提出申请。

（二）乡镇人民政府、街道办事处应当通过入户调查、邻里访问、信函索证、群众评议、信息核查等方式，对申请人的家庭收入状况、财产状况进行调查核实，提出初审意见，在申请人所在村、社区公示后报县级人民政府民政部门审批。

（三）县级人民政府民政部门经审查，对符合条件的申请予以批准，并在申请人所在村、社区公布；对不符合条件的申请不予批准，并书面向申请人说明理由。

第十二条　对批准获得最低生活保障的家庭，县级人民政府民政部门按照共同生活的家庭成员人均收入低于当地最低生活保障标准的差额，按月发给最低生活保障金。

对获得最低生活保障后生活仍有困难的老年人、未成年人、重度残疾人和重病患者，县级以上地方人民政府应当采取必要措施给予生活保障。

第十三条　最低生活保障家庭的人口状况、收入状况、财产状况发生变化的，应当及时告知乡镇人民政府、街道办事处。

县级人民政府民政部门以及乡镇人民政府、街道办事处应当对获得最低生活保障家庭的人口状况、收入状况、财产状况定期核查。

最低生活保障家庭的人口状况、收入状况、财产状况发生变化的，县级人民政府民政部门应当及时决定增发、减发或者停发最低生活保障金；决定停发最低生活保障金的，应当书面说明理由。

第三章　特困人员供养

第十四条　国家对无劳动能力、无生活来源且无法定赡养、抚养、扶养义务人，或者其法定赡养、抚养、扶养义务人无赡养、抚养、扶养能力的老年人、残疾人以及未满16周岁的未成年人，给予特困人员供养。

第十五条　特困人员供养的内容包括：

（一）提供基本生活条件；

（二）对生活不能自理的给予照料；

（三）提供疾病治疗；

（四）办理丧葬事宜。

特困人员供养标准，由省、自治区、直辖市或者设区的市级人民政府确定、公布。

特困人员供养应当与城乡居民基本养老保险、基本医疗保障、最低生活保障、孤儿基本生活保障等制度相衔接。

第十六条 申请特困人员供养，由本人向户籍所在地的乡镇人民政府、街道办事处提出书面申请；本人申请有困难的，可以委托村民委员会、居民委员会代为提出申请。

特困人员供养的审批程序适用本办法第十一条规定。

第十七条 乡镇人民政府、街道办事处应当及时了解掌握居民的生活情况，发现符合特困供养条件的人员，应当主动为其依法办理供养。

第十八条 特困供养人员不再符合供养条件的，村民委员会、居民委员会或者供养服务机构应当告知乡镇人民政府、街道办事处，由乡镇人民政府、街道办事处审核并报县级人民政府民政部门核准后，终止供养并予以公示。

第十九条 特困供养人员可以在当地的供养服务机构集中供养，也可以在家分散供养。特困供养人员可以自行选择供养形式。

第四章 受灾人员救助

第二十条 国家建立健全自然灾害救助制度，对基本生活受到自然灾害严重影响的人员，提供生活救助。

自然灾害救助实行属地管理，分级负责。

第二十一条 设区的市级以上人民政府和自然灾害多发、易发地区的县级人民政府应当根据自然灾害特点、居民人口数量和分布等情况，设立自然灾害救助物资储备库，保障自然灾害发生后救助物资的紧急供应。

第二十二条 自然灾害发生后，县级以上人民政府或者人民政府的自然灾害救助应急综合协调机构应当根据情况紧急疏散、转移、安置受灾人员，及时为受灾人员提供必要的食品、饮用水、衣被、取暖、临时住所、医疗防疫等应急救助。

第二十三条 灾情稳定后，受灾地区县级以上人民政府应当评估、核定并发布自然灾害损失情况。

第二十四条 受灾地区人民政府应当在确保安全的前提下，对住房损毁严重的受灾人员进行过渡性安置。

第二十五条 自然灾害危险消除后，受灾地区人民政府民政等部门应当及时核实本行政区域内居民住房恢复重建补助对象，并给予资金、物资等救助。

第二十六条 自然灾害发生后，受灾地区人民政府应当为因当年冬寒或者次年春荒遇到生活困难的受灾人员提供基本生活救助。

第五章 医疗救助

第二十七条 国家建立健全医疗救助制度，保障医疗救助对象获得基本医疗卫生服务。

第二十八条　下列人员可以申请相关医疗救助：

（一）最低生活保障家庭成员；

（二）特困供养人员；

（三）县级以上人民政府规定的其他特殊困难人员。

第二十九条　医疗救助采取下列方式：

（一）对救助对象参加城镇居民基本医疗保险或者新型农村合作医疗的个人缴费部分，给予补贴；

（二）对救助对象经基本医疗保险、大病保险和其他补充医疗保险支付后，个人及其家庭难以承担的符合规定的基本医疗自负费用，给予补助。

医疗救助标准，由县级以上人民政府按照经济社会发展水平和医疗救助资金情况确定、公布。

第三十条　申请医疗救助的，应当向乡镇人民政府、街道办事处提出，经审核、公示后，由县级人民政府民政部门审批。最低生活保障家庭成员和特困供养人员的医疗救助，由县级人民政府民政部门直接办理。

第三十一条　县级以上人民政府应当建立健全医疗救助与基本医疗保险、大病保险相衔接的医疗费用结算机制，为医疗救助对象提供便捷服务。

第三十二条　国家建立疾病应急救助制度，对需要急救但身份不明或者无力支付急救费用的急重危伤病患者给予救助。符合规定的急救费用由疾病应急救助基金支付。

疾病应急救助制度应当与其他医疗保障制度相衔接。

第六章　教育救助

第三十三条　国家对在义务教育阶段就学的最低生活保障家庭成员、特困供养人员，给予教育救助。

对在高中教育（含中等职业教育）、普通高等教育阶段就学的最低生活保障家庭成员、特困供养人员，以及不能入学接受义务教育的残疾儿童，根据实际情况给予适当教育救助。

第三十四条　教育救助根据不同教育阶段需求，采取减免相关费用、发放助学金、给予生活补助、安排勤工助学等方式实施，保障教育救助对象基本学习、生活需求。

第三十五条　教育救助标准，由省、自治区、直辖市人民政府根据经济社会发展水平和教育救助对象的基本学习、生活需求确定、公布。

第三十六条　申请教育救助，应当按照国家有关规定向就读学校提出，按规定程序审核、确认后，由学校按照国家有关规定实施。

第七章　住房救助

第三十七条　国家对符合规定标准的住房困难的最低生活保障家庭、分散供养的特困人员，给予住房救助。

第三十八条　住房救助通过配租公共租赁住房、发放住房租赁补贴、农村危房改造等方式实施。

第三十九条 住房困难标准和救助标准，由县级以上地方人民政府根据本行政区域经济社会发展水平、住房价格水平等因素确定、公布。

第四十条 城镇家庭申请住房救助的，应当经由乡镇人民政府、街道办事处或者直接向县级人民政府住房保障部门提出，经县级人民政府民政部门审核家庭收入、财产状况和县级人民政府住房保障部门审核家庭住房状况并公示后，对符合申请条件的申请人，由县级人民政府住房保障部门优先给予保障。

农村家庭申请住房救助的，按照县级以上人民政府有关规定执行。

第四十一条 各级人民政府按照国家规定通过财政投入、用地供应等措施为实施住房救助提供保障。

第八章 就业救助

第四十二条 国家对最低生活保障家庭中有劳动能力并处于失业状态的成员，通过贷款贴息、社会保险补贴、岗位补贴、培训补贴、费用减免、公益性岗位安置等办法，给予就业救助。

第四十三条 最低生活保障家庭有劳动能力的成员均处于失业状态的，县级以上地方人民政府应当采取有针对性的措施，确保该家庭至少有一人就业。

第四十四条 申请就业救助的，应当向住所地街道、社区公共就业服务机构提出，公共就业服务机构核实后予以登记，并免费提供就业岗位信息、职业介绍、职业指导等就业服务。

第四十五条 最低生活保障家庭中有劳动能力但未就业的成员，应当接受人力资源社会保障等有关部门介绍的工作；无正当理由，连续3次拒绝接受介绍的与其健康状况、劳动能力等相适应的工作的，县级人民政府民政部门应当决定减发或者停发其本人的最低生活保障金。

第四十六条 吸纳就业救助对象的用人单位，按照国家有关规定享受社会保险补贴、税收优惠、小额担保贷款等就业扶持政策。

第九章 临时救助

第四十七条 国家对因火灾、交通事故等意外事件，家庭成员突发重大疾病等原因，导致基本生活暂时出现严重困难的家庭，或者因生活必需支出突然增加超出家庭承受能力，导致基本生活暂时出现严重困难的最低生活保障家庭，以及遭遇其他特殊困难的家庭，给予临时救助。

第四十八条 申请临时救助的，应当向乡镇人民政府、街道办事处提出，经审核、公示后，由县级人民政府民政部门审批；救助金额较小的，县级人民政府民政部门可以委托乡镇人民政府、街道办事处审批。情况紧急的，可以按照规定简化审批手续。

第四十九条 临时救助的具体事项、标准，由县级以上地方人民政府确定、公布。

第五十条 国家对生活无着的流浪、乞讨人员提供临时食宿、急病救治、协助返回等救助。

第五十一条 公安机关和其他有关行政机关的工作人员在执行公务时发现流浪、乞讨人员的，应当告知其向救助管理机构求助。对其中的残疾人、未成年人、老年人和行动不便的其他人员，应当引导、护送到救助管理机构；对突发急病人员，应当立即通知急救机构进行救治。

第十章 社会力量参与

第五十二条 国家鼓励单位和个人等社会力量通过捐赠、设立帮扶项目、创办服务机构、提供志愿服务等方式，参与社会救助。

第五十三条 社会力量参与社会救助，按照国家有关规定享受财政补贴、税收优惠、费用减免等政策。

第五十四条 县级以上地方人民政府可以将社会救助中的具体服务事项通过委托、承包、采购等方式，向社会力量购买服务。

第五十五条 县级以上地方人民政府应当发挥社会工作服务机构和社会工作者作用，为社会救助对象提供社会融入、能力提升、心理疏导等专业服务。

第五十六条 社会救助管理部门及相关机构应当建立社会力量参与社会救助的机制和渠道，提供社会救助项目、需求信息，为社会力量参与社会救助创造条件、提供便利。

第十一章 监督管理

第五十七条 县级以上人民政府及其社会救助管理部门应当加强对社会救助工作的监督检查，完善相关监督管理制度。

第五十八条 申请或者已获得社会救助的家庭，应当按照规定如实申报家庭收入状况、财产状况。

县级以上人民政府民政部门根据申请或者已获得社会救助家庭的请求、委托，可以通过户籍管理、税务、社会保险、不动产登记、工商登记、住房公积金管理、车船管理等单位和银行、保险、证券等金融机构，代为查询、核对其家庭收入状况、财产状况；有关单位和金融机构应当予以配合。

县级以上人民政府民政部门应当建立申请和已获得社会救助家庭经济状况信息核对平台，为审核认定社会救助对象提供依据。

第五十九条 县级以上人民政府社会救助管理部门和乡镇人民政府、街道办事处在履行社会救助职责过程中，可以查阅、记录、复制与社会救助事项有关的资料，询问与社会救助事项有关的单位、个人，要求其对相关情况作出说明，提供相关证明材料。有关单位、个人应当如实提供。

第六十条 申请社会救助，应当按照本办法的规定提出；申请人难以确定社会救助管理部门的，可以先向社会救助经办机构或者县级人民政府民政部门求助。社会救助经办机构或者县级人民政府民政部门接到求助后，应当及时办理或者转交其他社会救助管理部门办理。

乡镇人民政府、街道办事处应当建立统一受理社会救助申请的窗口，及时受理、转办申请事项。

第六十一条 履行社会救助职责的工作人员对在社会救助工作中知悉的公民个人信息，除按照规定应当公示的信息外，应当予以保密。

第六十二条 县级以上人民政府及其社会救助管理部门应当通过报刊、广播、电视、互联网等媒体，宣传社会救助法律、法规和政策。

县级人民政府及其社会救助管理部门应当通过公共查阅室、资料索取点、信息公告栏等便于公众知晓的途径，及时公开社会救助资金、物资的管理和使用等情况，接受社会监督。

第六十三条 履行社会救助职责的工作人员行使职权，应当接受社会监督。

任何单位、个人有权对履行社会救助职责的工作人员在社会救助工作中的违法行为进行举报、投诉。受理举报、投诉的机关应当及时核实、处理。

第六十四条 县级以上人民政府财政部门、审计机关依法对社会救助资金、物资的筹集、分配、管理和使用实施监督。

第六十五条 申请或者已获得社会救助的家庭或者人员，对社会救助管理部门作出的具体行政行为不服的，可以依法申请行政复议或者提起行政诉讼。

第十二章 法律责任

第六十六条 违反本办法规定，有下列情形之一的，由上级行政机关或者监察机关责令改正；对直接负责的主管人员和其他直接责任人员依法给予处分：

（一）对符合申请条件的救助申请不予受理的；

（二）对符合救助条件的救助申请不予批准的；

（三）对不符合救助条件的救助申请予以批准的；

（四）泄露在工作中知悉的公民个人信息，造成后果的；

（五）丢失、篡改接受社会救助款物、服务记录等数据的；

（六）不按照规定发放社会救助资金、物资或者提供相关服务的；

（七）在履行社会救助职责过程中有其他滥用职权、玩忽职守、徇私舞弊行为的。

第六十七条 违反本办法规定，截留、挤占、挪用、私分社会救助资金、物资的，由有关部门责令追回；有违法所得的，没收违法所得；对直接负责的主管人员和其他直接责任人员依法给予处分。

第六十八条 采取虚报、隐瞒、伪造等手段，骗取社会救助资金、物资或者服务的，由有关部门决定停止社会救助，责令退回非法获取的救助资金、物资，可以处非法获取的救助款额或者物资价值1倍以上3倍以下的罚款；构成违反治安管理行为的，依法给予治安管理处罚。

第六十九条 违反本办法规定，构成犯罪的，依法追究刑事责任。

第十三章 附 则

第七十条 本办法自2014年5月1日起施行。

关于深化预算管理制度改革的决定

（国发〔2014〕45 号）

各省、自治区、直辖市人民政府，国务院各部委、各直属机构：

为贯彻落实党的十八大和十八届三中全会精神，按照新修订的预算法，改进预算管理，实施全面规范、公开透明的预算制度，现就深化预算管理制度改革作出如下决定。

一、充分认识深化预算管理制度改革的重要性和紧迫性

建立与实现现代化相适应的现代财政制度，对于优化资源配置、维护市场统一、促进社会公平、实现国家长治久安具有重要意义。改革开放以来，特别是 1995 年预算法及预算法实施条例施行以来，在党中央、国务院的正确领导下，我国财政制度改革取得显著成效，初步建立了与社会主义市场经济体制相适应的公共财政制度体系，作为公共财政制度基础的预算管理制度也不断完善，为促进经济社会持续健康发展发挥了重要作用。

当前，我国已进入全面建成小康社会的关键阶段。随着经济社会发展，现行预算管理制度也暴露出一些不符合公共财政制度和现代国家治理要求的问题，主要表现在：预算管理和控制方式不够科学，跨年度预算平衡机制尚未建立；预算体系不够完善，地方政府债务未纳入预算管理；预算约束力不够，财政收支结构有待优化；财政结转结余资金规模较大，预算资金使用绩效不高；预算透明度不够，财经纪律有待加强等，财政可持续发展面临严峻挑战。

党的十八届三中全会确立了全面深化改革的总目标，并对改进预算管理制度提出了明确要求，今年《政府工作报告》也作出了部署。贯彻落实党的十八届三中全会精神和国务院决策部署，深化预算管理制度改革，实施全面规范、公开透明的预算制度，是深化财税体制改革，建立现代公共财政制度的迫切需要；是完善社会主义市场经济体制，加快转变政府职能的必然要求；是推进国家治理体系现代化，实现国家长治久安的重要保障。

二、准确把握深化预算管理制度改革的总体方向

（一）指导思想

深化预算管理制度改革，要以邓小平理论、“三个代表”重要思想、科学发展观为指导，全面贯彻党的十八大和十八届三中全会精神，落实党中央、国务院决策部署，按照全面深化财税体制改革的总体要求，遵循社会主义市场经济原则，加快转变政府职能，完善管理制度，创新管理方式，提高管理绩效，用好增量资金，构建全面规范、公开透明的预算制度，进一步规范政府行为，防范财政风险，实现有效监督，提高资

金效益，逐步建立与实现现代化相适应的现代财政制度。

（二）基本原则

遵循现代国家治理理念。按照推进国家治理体系和治理能力现代化的要求，着力构建规范的现代预算制度，并与相关法律和制度的修订完善相衔接。健全财政法律制度体系，注重运用法律和制度规范预算管理，提高政府公共服务水平。

划清市场和政府的边界。凡属市场能发挥作用的，财税等优惠政策要逐步退出；凡属市场不能有效发挥作用的，政府包括公共财政等要主动补位。

着力推进预算公开透明。实施全面规范、公开透明的预算制度，将公开透明贯穿预算改革和管理全过程，充分发挥预算公开透明对政府部门的监督和约束作用，建设阳光政府、责任政府、服务政府。

坚持总体设计、协同推进。既要注重顶层设计，增强改革的系统性、整体性、协同性，又要考虑外部环境和制约因素，实现与行政管理体制改革的有序衔接，合理把握改革的力度和节奏，确保改革顺利实施。

三、全面推进深化预算管理制度改革的各项工作

（一）完善政府预算体系，积极推进预算公开

1. 完善政府预算体系。明确一般公共预算、政府性基金预算、国有资本经营预算、社会保险基金预算的收支范围，建立定位清晰、分工明确的政府预算体系，政府的收入和支出全部纳入预算管理。加大政府性基金预算、国有资本经营预算与一般公共预算的统筹力度，建立将政府性基金预算中应统筹使用的资金列入一般公共预算的机制，加大国有资本经营预算资金调入一般公共预算的力度。加强社会保险基金预算管理，做好基金结余的保值增值，在精算平衡的基础上实现社会保险基金预算的可持续运行。

2. 健全预算标准体系。进一步完善基本支出定额标准体系，加快推进项目支出定额标准体系建设，充分发挥支出标准在预算编制和管理中的基础支撑作用。严格机关运行经费管理，加快制定机关运行经费实物定额和服务标准。加强人员编制管理和资产管理，完善人员编制、资产管理与预算管理相结合的机制。进一步完善政府收支分类体系，按经济分类编制部门预决算和政府预决算。

3. 积极推进预决算公开。细化政府预决算公开内容，除涉密信息外，政府预决算支出全部细化公开到功能分类的项级科目，专项转移支付预决算按项目按地区公开。积极推进财政政策公开。扩大部门预决算公开范围，除涉密信息外，中央和地方所有使用财政资金的部门均应公开本部门预决算。细化部门预决算公开内容，逐步将部门预决算公开到基本支出和项目支出。按经济分类公开政府预决算和部门预决算。加大"三公"经费公开力度，细化公开内容，除涉密信息外，所有财政资金安排的"三公"经费都要公开。对预决算公开过程中社会关切的问题，要规范整改、完善制度。

（二）改进预算管理和控制，建立跨年度预算平衡机制

1. 实行中期财政规划管理。财政部门会同各部门研究编制三年滚动财政规划，对未来三年重大财政收支情况进行分析预测，对规划期内一些重大改革、重要政策和重大项目，研究政策目标、运行机制和评价办法。中期财政规划要与国民经济和社会发展规划纲要及国家宏观调控政策相衔接。强化三年滚动财政规划对年度预算的约束。

推进部门编制三年滚动规划，加强项目库管理，健全项目预算审核机制。提高财政预算的统筹能力，各部门规划中涉及财政政策和资金支持的，要与三年滚动财政规划相衔接。

2. 改进年度预算控制方式。一般公共预算审核的重点由平衡状态、赤字规模向支出预算和政策拓展。强化支出预算约束，各级政府向本级人大报告支出预算的同时，要重点报告支出政策内容。预算执行中如需增加或减少预算总支出，必须报经本级人大常委会审查批准。收入预算从约束性转向预期性，根据经济形势和政策调整等因素科学预测。中央一般公共预算因宏观调控政策需要可编列赤字，通过发行国债予以弥补。中央政府债务实行余额管理，中央国债余额限额根据累计赤字和应对当年短收需发行的债务等因素合理确定，报全国人大或其常委会审批。经国务院批准，地方一般公共预算为没有收益的公益性事业发展可编列赤字，通过举借一般债务予以弥补，地方政府一般债务规模纳入限额管理，由国务院确定并报全国人大或其常委会批准。加强政府性基金预算编制管理。政府性基金预算按照以收定支的原则，根据政府性基金项目的收入情况和实际支出需要编制；经国务院批准，地方政府性基金预算为有一定收益的公益性事业发展可举借专项债务，地方政府专项债务规模纳入限额管理，由国务院确定并报全国人大或其常委会批准。财政部在全国人大或其常委会批准的地方政府债务规模内，根据各地区债务风险、财力状况等因素测算分地区债务限额，并报国务院批准。各省、自治区、直辖市在分地区债务限额内举借债务，报省级人大或其常委会批准。国有资本经营预算按照收支平衡的原则编制，不列赤字。

3. 建立跨年度预算平衡机制。根据经济形势发展变化和财政政策逆周期调节的需要，建立跨年度预算平衡机制。中央一般公共预算执行中如出现超收，超收收入用于冲减赤字、补充预算稳定调节基金；如出现短收，通过调入预算稳定调节基金、削减支出或增列赤字并在经全国人大或其常委会批准的国债余额限额内发债平衡。地方一般公共预算执行中如出现超收，用于化解政府债务或补充预算稳定调节基金；如出现短收，通过调入预算稳定调节基金或其他预算资金、削减支出实现平衡。如采取上述措施后仍不能实现平衡，省级政府报本级人大或其常委会批准后增列赤字，并报财政部备案，在下一年度预算中予以弥补；市、县级政府通过申请上级政府临时救助实现平衡，并在下一年度预算中归还。政府性基金预算和国有资本经营预算如出现超收，结转下年安排；如出现短收，通过削减支出实现平衡。

（三）加强财政收入管理，清理规范税收优惠政策

1. 加强税收征管。各级税收征管部门要依照法律法规及时足额组织税收收入，并建立与相关经济指标变化情况相衔接的考核体系。切实加强税收征管，做到依法征收、应收尽收，不收过头税。严格减免税管理，不得违反法律法规的规定和超越权限多征、提前征收或者减征、免征、缓征应征税款。加强执法监督，强化税收入库管理。

2. 加强非税收入管理。各地区、各部门要依照法律法规切实加强非税收入管理。继续清理规范行政事业性收费和政府性基金，坚决取消不合法、不合理的收费基金项目。加快建立健全国有资源、国有资产有偿使用制度和收益共享机制。加强国有资本收益管理，完善国家以所有者身份参与国有企业利润分配制度，落实国有资本收益权。加强非税收入分类预算管理，完善非税收入征缴制度和监督体系，禁止通过违规调库、

乱收费、乱罚款等手段虚增财政收入。

3. 全面规范税收优惠政策。除专门的税收法律、法规和国务院规定外，各部门起草其他法律、法规、发展规划和区域政策都不得突破国家统一财税制度、规定税收优惠政策。未经国务院批准，各地区、各部门不能对企业规定财政优惠政策。各地区、各部门要对已经出台的税收优惠政策进行规范，违反法律法规和国务院规定的一律停止执行；没有法律法规障碍且具有推广价值的，尽快在全国范围内实施；有明确时限的到期停止执行，未明确时限的应设定优惠政策实施时限。建立税收优惠政策备案审查、定期评估和退出机制，加强考核问责，严惩各类违法违规行为。

（四）优化财政支出结构，加强结转结余资金管理

1. 优化财政支出结构。严格控制政府性楼堂馆所、财政供养人员以及“三公”经费等一般性支出。清理规范重点支出同财政收支增幅或生产总值挂钩事项，一般不采取挂钩方式。对重点支出根据推进改革的需要和确需保障的内容统筹安排，优先保障，不再采取先确定支出总额再安排具体项目的办法。结合税费制度改革，完善相关法律法规，逐步取消城市维护建设税、排污费、探矿权和采矿权价款、矿产资源补偿费等专款专用的规定，统筹安排这些领域的经费。统一预算分配，逐步将所有预算资金纳入财政部门统一分配。在此之前，负责资金分配的部门要按规定将资金具体安排情况及时报财政部门。

2. 优化转移支付结构。完善一般性转移支付增长机制，增加一般性转移支付规模和比例，逐步将一般性转移支付占比提高到60%以上；明显增加对革命老区、民族地区、边疆地区和贫困地区的转移支付；中央出台增支政策形成的地方财力缺口，原则上通过一般性转移支付调节。要大力清理、整合、规范专项转移支付，在合理界定中央与地方事权的基础上，严格控制引导类、救济类、应急类专项转移支付，属地方事务的划入一般性转移支付。对竞争性领域的专项转移支付逐一进行甄别排查，凡属“小、散、乱”以及效用不明显的要坚决取消，其余需要保留的也要予以压缩或实行零增长，并改进分配方式，减少行政性分配，引入市场化运作模式，逐步与金融资本相结合，引导带动社会资本增加投入。对目标接近、资金投入方向类同、资金管理方式相近的专项转移支付予以整合。规范专项转移支付项目设立，严格控制新增项目和资金规模，建立健全专项转移支付定期评估和退出机制。加快修订完善中央对地方转移支付管理办法，对转移支付项目的设立、资金分配、使用管理、绩效评价、信息公开等作出规定。研究建立财政转移支付同农业转移人口市民化挂钩机制。在明确中央和地方支出责任的基础上，认真清理现行配套政策，对属于中央承担支出责任的事项，一律不得要求地方安排配套资金；对属于中央和地方分担支出责任的事项，由中央和地方按各自应分担数额安排资金。各地区要对本级安排的专项资金进行清理、整合、规范，完善资金管理办法，提高资金使用效益。

3. 加强结转结余资金管理。建立结转结余资金定期清理机制，各级政府上一年预算的结转资金，应当在下一年用于结转项目的支出；连续两年未用完的结转资金，应当作为结余资金管理，其中一般公共预算的结余资金，应当补充预算稳定调节基金。各部门、各单位上一年预算的结转、结余资金按照财政部的规定办理。要加大结转资金统筹使用力度，对不需按原用途使用的资金，可按规定统筹用于经济社会发展亟需

资金支持的领域。建立预算编制与结转结余资金管理相结合的机制，细化预算编制，提高年初预算到位率。建立科学合理的预算执行进度考核机制，实施预算执行进度的通报制度和监督检查制度，有效控制新增结转结余资金。

4. 加强政府购买服务资金管理。政府购买服务所需资金列入财政预算，从部门预算经费或者经批准的专项资金等既有预算中统筹安排，支持各部门按有关规定开展政府购买服务工作，切实降低公共服务成本，提高公共服务质量。

（五）加强预算执行管理，提高财政支出绩效

1. 做好预算执行工作。硬化预算约束，年度预算执行中除救灾等应急支出通过动支预备费解决外，一般不出台增加当年支出的政策，一些必须出台的政策，通过以后年度预算安排资金。及时批复部门预算，严格按照预算、用款计划、项目进度、有关合同和规定程序及时办理资金支付，涉及政府采购的应严格执行政府采购有关规定。进一步提高提前下达转移支付预计数的比例，按因素法分配且金额相对固定的转移支付提前下达的比例要达到90%。加快转移支付预算正式下达进度，除据实结算等特殊项目外，中央对地方一般性转移支付在全国人大批准预算后30日内正式下达，专项转移支付在90日内正式下达。省级政府接到中央一般性转移支付或专项转移支付后，应在30日内正式下达到县级以上地方各级政府。规范预算变更，各部门、各单位的预算支出应当按照预算科目执行。不同预算科目、预算级次或者项目间的预算资金需要调剂使用的，按照财政部的规定办理。

2. 规范国库资金管理。规范国库资金管理，提高国库资金收支运行效率。全面清理整顿财政专户，各地一律不得新设专项支出财政专户，除财政部审核并报国务院批准予以保留的专户外，其余专户在2年内逐步取消。规范权责发生制核算，严格权责发生制核算范围，控制核算规模。地方各级财政除国库集中支付年终结余外，一律不得按权责发生制列支。按国务院规定实行权责发生制核算的特定事项，应当向本级人大常委会报告。全面清理已经发生的财政借垫款，应当由预算安排支出的按规定列支，符合制度规定的临时性借垫款及时收回，不符合制度规定的借垫款限期收回。加强财政对外借款管理，各级财政严禁违规对非预算单位及未纳入年度预算的项目借款和垫付财政资金。各级政府应当加强对本级国库的管理和监督，按照国务院的规定完善国库现金管理，合理调节国库资金余额。

3. 健全预算绩效管理机制。全面推进预算绩效管理工作，强化支出责任和效率意识，逐步将绩效管理范围覆盖各级预算单位和所有财政资金，将绩效评价重点由项目支出拓展到部门整体支出和政策、制度、管理等方面，加强绩效评价结果应用，将评价结果作为调整支出结构、完善财政政策和科学安排预算的重要依据。

4. 建立权责发生制的政府综合财务报告制度。研究制定政府综合财务报告制度改革方案、制度规范和操作指南，建立政府综合财务报告和政府会计标准体系，研究修订总预算会计制度。待条件成熟时，政府综合财务报告向本级人大或其常委会报告。研究将政府综合财务报告主要指标作为考核地方政府绩效的依据，逐步建立政府综合财务报告公开机制。

（六）规范地方政府债务管理，防范化解财政风险

1. 赋予地方政府依法适度举债权限，建立规范的地方政府举债融资机制。经国务

院批准，省、自治区、直辖市政府可以适度举借债务；市县级政府确需举借债务的由省、自治区、直辖市政府代为举借。政府债务只能通过政府及其部门举借，不得通过企事业单位等举借。地方政府举债采取政府债券方式。剥离融资平台公司政府融资职能。推广使用政府与社会资本合作模式，鼓励社会资本通过特许经营等方式参与城市基础设施等有一定收益的公益性事业投资和运营。

2. 对地方政府债务实行规模控制和分类管理。地方政府债务规模实行限额管理，地方政府举债不得突破批准的限额。地方政府债务分为一般债务、专项债务两类，分类纳入预算管理。一般债务通过发行一般债券融资，纳入一般公共预算管理。专项债务通过发行专项债券融资，纳入政府性基金预算管理。

3. 严格限定政府举债程序和资金用途。地方政府在国务院批准的分地区限额内举借债务，必须报本级人大或其常委会批准。地方政府举借债务要遵循市场化原则。建立地方政府信用评级制度，逐步完善地方政府债券市场。地方政府举借的债务，只能用于公益性资本支出和适度归还存量债务，不得用于经常性支出。

4. 建立债务风险预警及化解机制。财政部根据债务率、新增债务率、偿债率、逾期债务率等指标，评估各地区债务风险状况，对债务高风险地区进行风险预警。债务高风险地区要积极采取措施，逐步降低风险。对甄别后纳入预算管理的地方政府存量债务，各地区可申请发行地方政府债券置换，以降低利息负担，优化期限结构。要硬化预算约束，防范道德风险，地方政府对其举借的债务负有偿还责任，中央政府实行不救助原则。

5. 建立考核问责机制。把政府性债务作为一个硬指标纳入政绩考核。明确责任落实，省、自治区、直辖市政府要对本地区地方政府性债务负责任。地方各级政府要切实担负起加强地方政府性债务管理、防范化解财政金融风险的责任，政府主要负责人要作为第一责任人，认真抓好政策落实。

（七）规范理财行为，严肃财经纪律

1. 坚持依法理财，主动接受监督。各地区、各部门要严格遵守预算法、税收征收管理法、会计法、政府采购法等财税法律法规，依法行使行政决策权和财政管理权，自觉接受人大监督和社会各界的监督。建立和完善政府决算审计制度，进一步加强审计监督。推进预算公开，增强政府理财工作的透明度，减少政府自由裁量权，让财政资金在阳光下运行。

2. 健全制度体系，规范理财行为。要健全预算编制、收入征管、资金分配、国库管理、政府采购、财政监督、绩效评价、责任追究等方面的制度建设，扎紧制度的篱笆。要规范理财行为，严格按照规范的程序和要求编报预决算，按规定的用途拨付和使用财政资金，预决算编报都要做到程序合法、数据准确、情况真实、内容完整。

3. 严肃财经纪律，强化责任追究。财经纪律是财经工作中必须遵守的行为准则，也是预算管理制度改革取得成效的重要保障。地方各级政府要对本地区各部门、各单位财经纪律的执行情况进行全面检查，通过单位自查、财政部门和审计机关专项检查，及时发现存在的问题。强化责任追究，对检查中发现的虚报、冒领、截留、挪用、滞留财政资金以及违规出台税收优惠政策等涉及违规违纪的行为，要按照预算法等法律法规的规定严肃处理。

四、切实做好深化预算管理制度改革的实施保障工作

深化预算管理制度改革涉及制度创新和利益关系调整，任务艰巨，面临许多矛盾和困难。各地区、各部门要从大局出发，进一步提高认识，把思想和行动统一到党中央、国务院的决策部署上来。要以高度的责任感、使命感和改革创新精神，切实履行职责，加强协调配合，认真落实各项改革措施，合力推进预算管理制度改革。要坚持于法有据，积极推进相关法律法规的修改工作，确保在法治轨道上推进预算管理制度改革。本决定有关要求需要与法律规定相衔接的，按法律规定的程序做好衔接。要加强宣传引导，做好政策解读，为深化预算管理制度改革营造良好的社会环境。财政部要抓紧制定深化预算管理制度改革的具体办法，印发各地区、各部门执行。各地区要结合本地实际情况制定具体政策措施和工作方案，切实加强组织领导，确保改革顺利实施。

国　务　院

2014 年 9 月 26 日

关于全面建立临时救助制度的通知

（国发〔2014〕47号）

各省、自治区、直辖市人民政府，国务院各部委、各直属机构：

为贯彻落实党的十八大和十八届二中、三中全会精神，进一步发挥社会救助托底线、救急难作用，解决城乡困难群众突发性、紧迫性、临时性生活困难，根据《社会救助暂行办法》有关规定，国务院决定全面建立临时救助制度。现就有关问题通知如下：

一、充分认识全面建立临时救助制度的重要意义

党和政府高度重视社会救助工作。多年来，以最低生活保障、特困人员供养、受灾人员救助等基本生活救助和医疗、教育、住房、就业等专项救助制度为支撑的社会救助体系基本建立，绝大多数困难群众得到了及时、有效的救助。同时，社会救助体系仍存在“短板”，解决一些遭遇突发性、紧迫性、临时性生活困难的群众救助问题仍缺乏相应的制度安排，迫切需要全面建立临时救助制度，发挥救急难功能，使城乡困难群众基本生活都能得到有效保障，兜住底线。

建立临时救助制度是填补社会救助体系空白，提升社会救助综合效益，确保社会救助安全网网底不破的必然要求，对于全面深化改革、促进社会公平正义、全面建成小康社会具有重要意义。各地区、各部门要充分认识建立临时救助制度的重要性和紧迫性，增强使命感和责任感，将其作为加强和改善民生的一项重要任务，全面落实，扎实推进。

二、明确建立临时救助制度的目标任务和总体要求

临时救助制度要以解决城乡群众突发性、紧迫性、临时性基本生活困难问题为目标，通过完善政策措施，健全工作机制，强化责任落实，鼓励社会参与，增强救助时效，补“短板”、扫“盲区”，编实织密困难群众基本生活安全网，切实保障困难群众基本生活权益。

临时救助制度实行地方各级人民政府负责制。县级以上地方人民政府民政部门要统筹做好本行政区域内的临时救助工作，卫生计生、教育、住房城乡建设、人力资源社会保障、财政等部门要主动配合，密切协作。

国务院民政部门统筹全国临时救助制度建设。国务院民政、卫生计生、教育、住房城乡建设、人力资源社会保障、财政等部门，按照各自职责做好相关工作。

临时救助工作要坚持应救尽救，确保有困难的群众都能求助有门，并按规定得到及时救助；坚持适度救助，着眼于解决基本生活困难、摆脱临时困境，既要尽力而为，又要量力而行；坚持公开公正，做到政策公开、过程透明、结果公正；坚持制度衔接，

加强各项救助、保障制度的衔接配合，形成整体合力；坚持资源统筹，政府救助、社会帮扶、家庭自救有机结合。

三、临时救助制度的主要内容

临时救助是国家对遭遇突发事件、意外伤害、重大疾病或其他特殊原因导致基本生活陷入困境，其他社会救助制度暂时无法覆盖或救助之后基本生活暂时仍有严重困难的家庭或个人给予的应急性、过渡性的救助。

（一）对象范围

家庭对象。因火灾、交通事故等意外事件，家庭成员突发重大疾病等原因，导致基本生活暂时出现严重困难的家庭；因生活必需支出突然增加超出家庭承受能力，导致基本生活暂时出现严重困难的最低生活保障家庭；遭遇其他特殊困难的家庭。

个人对象。因遭遇火灾、交通事故、突发重大疾病或其他特殊困难，暂时无法得到家庭支持，导致基本生活陷入困境的个人。其中，符合生活无着的流浪、乞讨人员救助条件的，由县级人民政府按有关规定提供临时食宿、急病救治、协助返回等救助。

因自然灾害、事故灾难、公共卫生、社会安全等突发公共事件，需要开展紧急转移安置和基本生活救助，以及属于疾病应急救助范围的，按照有关规定执行。

县级以上地方人民政府应当根据当地实际，制定具体的临时救助对象认定办法，规定意外事件、突发重大疾病、生活必需支出突然增加以及其他特殊困难的类型和范围。

（二）申请受理

依申请受理。凡认为符合救助条件的城乡居民家庭或个人均可以向所在地乡镇人民政府（街道办事处）提出临时救助申请；受申请人委托，村（居）民委员会或其他单位、个人可以代为提出临时救助申请。对于具有本地户籍、持有当地居住证的，由当地乡镇人民政府（街道办事处）受理；对于上述情形以外的，当地乡镇人民政府（街道办事处）应当协助其向县级人民政府设立的救助管理机构（即救助管理站、未成年人救助保护中心等）申请救助；当地县级人民政府没有设立救助管理机构的，乡镇人民政府（街道办事处）应当协助其向县级人民政府民政部门申请救助。申请临时救助，应按规定提交相关证明材料，无正当理由，乡镇人民政府（街道办事处）不得拒绝受理；因情况紧急无法在申请时提供相关证明材料的，乡镇人民政府（街道办事处）可先行受理。

主动发现受理。乡镇人民政府（街道办事处）、村（居）民委员会要及时核实辖区居民遭遇突发事件、意外事故、罹患重病等特殊情况，帮助有困难的家庭或个人提出救助申请。公安、城管等部门在执法中发现身处困境的未成年人、精神病人等无民事行为能力人或限制民事行为能力人，以及失去主动求助能力的危重病人等，应主动采取必要措施，帮助其脱离困境。乡镇人民政府（街道办事处）或县级人民政府民政部门、救助管理机构在发现或接到有关部门、社会组织、公民个人报告救助线索后，应主动核查情况，对于其中符合临时救助条件的，应协助其申请救助并受理。

（三）审核审批

一般程序。乡镇人民政府（街道办事处）应当在村（居）民委员会协助下，对临时救助申请人的家庭经济状况、人口状况、遭遇困难类型等逐一调查，视情组织民主评议，提出审核意见，并在申请人所居住的村（居）民委员会张榜公示后，报县级人民政府民政部门审批。对申请临时救助的非本地户籍居民，户籍所在地县级人民政府民政部门应配合做好有关审核工作。县级人民政府民政部门根据乡镇人民政府（街道办事处）提交的审核意见作出审批决定。救助金额较小的，县级人民政府民政部门可以委托乡镇人民政府（街道办事处）审批，但应报县级人民政府民政部门备案。对符合条件的，应及时予以批准；不符合条件不予批准，并书面向申请人说明理由。申请人以同一事由重复申请临时救助，无正当理由的，不予救助。对于不持有当地居住证的非本地户籍人员，县级人民政府民政部门、救助管理机构可以按生活无着人员救助管理有关规定审核审批，提供救助。

紧急程序。对于情况紧急、需立即采取措施以防止造成无法挽回的损失或无法改变的严重后果的，乡镇人民政府（街道办事处）、县级人民政府民政部门应先行救助。紧急情况解除之后，应按规定补齐审核审批手续。

（四）救助方式

对符合条件的救助对象，可采取以下救助方式：

发放临时救助金。各地要全面推行临时救助金社会化发放，按照财政国库管理制度将临时救助金直接支付到救助对象个人账户，确保救助金足额、及时发放到位。必要时，可直接发放现金。

发放实物。根据临时救助标准和救助对象基本生活需要，可采取发放衣物、食品、饮用水，提供临时住所等方式予以救助。对于采取实物发放形式的，除紧急情况外，要严格按照政府采购制度的有关规定执行。

提供转介服务。对给予临时救助金、实物救助后，仍不能解决临时救助对象困难的，可分情况提供转介服务。对符合最低生活保障或医疗、教育、住房、就业等专项救助条件的，要协助其申请；对需要公益慈善组织、社会工作服务机构等通过慈善项目、发动社会募捐、提供专业服务、志愿服务等形式给予帮扶的，要及时转介。

（五）救助标准

临时救助标准要与当地经济社会发展水平相适应。县级以上地方人民政府要根据救助对象困难类型、困难程度，统筹考虑其他社会救助制度保障水平，合理确定临时救助标准，并适时调整。临时救助标准应向社会公布。省级人民政府要加强对本行政区域内临时救助标准制定的统筹，推动形成相对统一的区域临时救助标准。

四、建立健全临时救助工作机制

（一）建立“一门受理、协同办理”机制

各地要建立“一门受理、协同办理”机制，依托乡镇人民政府（街道办事处）政务大厅、办事大厅等，设立统一的社会救助申请受理窗口，方便群众求助。要根据部门职责建立受理、分办、转办、结果反馈流程，明确办理时限和要求，跟踪办理结果，将有关情况及时告知求助对象。要建立社会救助热线，畅通求助、报告渠道。

（二）加快建立社会救助信息共享机制

各级政府要建立社会救助管理部门之间的信息共享机制，充分利用已有资源，加快建设社会救助管理信息系统，实现民政与卫生计生、教育、住房城乡建设、人力资源社会保障等部门的信息共享。要依法完善跨部门、多层次、信息共享的救助申请家庭经济状况核对机制，提高审核甄别能力。要建立救助对象需求与公益慈善组织、社会工作服务机构的救助资源对接机制，实现政府救助与社会帮扶的有机结合，做到因情施救、各有侧重、相互补充。

（三）建立健全社会力量参与机制

要充分发挥群众团体、社会组织尤其是公益慈善组织、社会工作服务机构和企事业单位、志愿者队伍等社会力量资源丰富、方法灵活、形式多样的特点，通过委托、承包、采购等方式向社会力量购买服务，鼓励、支持其参与临时救助。要动员、引导具有影响力的公益慈善组织、大中型企业等设立专项公益基金，在民政部门的统筹协调下有序开展临时救助。

公益慈善组织、社会工作服务机构、企事业单位、志愿者队伍等社会力量可以利用自身优势，在对象发现、专业服务、发动社会募捐等方面发挥积极作用。社会力量参与社会救助的，按照国家有关规定享受财政补贴、税收优惠、费用减免等政策。

（四）不断完善临时救助资金筹集机制

地方各级人民政府要将临时救助资金列入财政预算；省级人民政府要优化财政支出结构，切实加大临时救助资金投入；城乡居民最低生活保障资金有结余的地方，可安排部分资金用于最低生活保障对象的临时救助支出。中央财政对地方实施临时救助制度给予适当补助，重点向救助任务重、财政困难、工作成效突出的地区倾斜。

五、强化临时救助制度实施的保障措施

（一）加强组织领导

地方各级人民政府要按照属地原则，将建立完善临时救助制度列入重要议事日程，抓紧完善配套政策措施，确保2014年底前全面实施临时救助制度。要进一步建立健全政府领导、民政部门牵头、有关部门配合、社会力量参与的社会救助工作协调机制，及时研究解决工作中遇到的问题。要将临时救助等社会救助工作列入地方领导班子和领导干部政绩考核评价指标体系，并合理确定权重；考核结果纳入政府领导班子和相关领导干部综合考核评价的重要内容，作为干部选拔任用、管理监督的重要依据。民政部门要切实履行主管部门职责，发挥好统筹协调作用；财政部门要加强资金保障，提高资金使用效益；其他有关部门要各司其职，积极配合，形成齐抓共管、整体推进的工作格局。

（二）加强能力建设

省级人民政府要切实加强临时救助能力建设，统筹考虑常住人口、最低生活保障对象和特困供养人员数量等因素，制定落实基层社会救助职责的具体办法和措施。地方各级人民政府要结合本地实际全面落实临时救助制度要求，科学整合县（市、区）、乡镇人民政府（街道办事处）管理机构及人力资源，充实加强基层临时救助工作力量，确保事有人管、责有人负。要积极研究制定政府购买服务的具体办法，充分利用市场机制，加强基层临时救助能力建设。要充分发挥社区居民委员会和村民委员会的作用，协助做好困难排查、信息报送、宣传引导、公示监督等工作。要加强人员培训，不断

提高临时救助管理服务水平。要加强经费保障，将临时救助所需工作经费纳入社会救助工作经费统筹考虑，列入地方各级财政预算。

（三）加强监督管理

县级以上地方人民政府要切实担负起临时救助政策制定、资金投入、工作保障和监督管理责任，乡镇人民政府（街道办事处）要切实履行临时救助受理、审核等职责，民政部门要会同卫生计生、教育、住房城乡建设、人力资源社会保障等部门，按照“一门受理、协同办理”的工作要求，明确各业务环节的经办主体责任，强化责任落实，确保困难群众求助有门、受助及时。民政、财政部门要会同有关部门将临时救助制度落实情况作为督查督办的重点内容，定期组织开展专项检查。财政、审计、监察部门要加强对临时救助资金管理使用情况的监督检查，防止挤占、挪用、套取等违纪违法现象发生。对于出具虚假证明材料骗取救助的单位和个人，要在社会信用体系中予以记录。临时救助实施情况要定期向社会公开，充分发挥社会监督作用，对于公众和媒体发现揭露的问题，应及时查处并公布处理结果。要完善临时救助责任追究制度，明确细化责任追究对象、方式和程序，加大行政问责力度，对因责任不落实、相互推诿、处置不及时等造成严重后果的单位和个人，要依纪依法追究责任。

（四）加强政策宣传

各地要组织好临时救助政策宣传，充分利用报刊、广播、电视等媒体和互联网，以及公共查阅室、资料索取点、信息宣传栏、宣传册、明白纸等群众喜闻乐见的途径和形式，不断加大政策宣传普及力度，使临时救助政策家喻户晓、人人皆知。要加强舆论引导，从政府作用、个人权利、家庭责任、社会参与等方面，多角度宣传临时救助的功能定位和制度特点，引导社会公众理解、支持临时救助工作，营造良好社会舆论氛围，弘扬中华民族团结友爱、互助共济的传统美德。

国家选择有特点、有代表性的区域进行“救急难”工作综合试点，在体制机制、服务方式、信息共享、财政税费等方面进行探索创新，先行先试，为不断完善临时救助制度，全面开展“救急难”工作提供经验。省级人民政府要根据本通知要求，结合实际，抓紧制定配套落实政策，国务院相关部门要根据本部门职责，抓紧制定具体政策措施。民政部、财政部要加强对本通知执行情况的监督检查，及时向国务院报告。国务院将适时组织专项督查。

国　务　院

2014 年 10 月 3 日

关于促进慈善事业健康发展的指导意见

（国发〔2014〕61 号）

各省、自治区、直辖市人民政府，国务院各部委、各直属机构：

改革开放以来，我国慈善事业蓬勃兴起，以慈善组织为代表的各类慈善力量迅速发展壮大，社会慈善意识明显增强，各类慈善活动积极踊跃，在灾害救助、贫困救济、医疗救助、教育救助、扶老助残和其他公益事业领域发挥了积极作用。但是，我国慈善事业依然存在政策法规体系不够健全、监督管理措施不够完善、慈善活动不够规范、社会氛围不够浓厚、与社会救助工作衔接不够紧密等问题，影响了慈善事业的健康发展。根据党的十八大、十八届三中、四中全会精神和国务院决策部署，为进一步加强和改进慈善工作，统筹慈善和社会救助两方面资源，更好地保障和改善困难群众民生，现提出以下意见。

一、总体要求

（一）指导思想。以邓小平理论、“三个代表”重要思想、科学发展观为指导，坚持政府推动、社会实施、公众参与、专业运作，鼓励支持与强化监管并重，推动慈善事业健康发展，努力形成与社会救助工作紧密衔接，在扶贫济困、改善民生、弘扬中华民族传统美德和社会主义核心价值观等方面充分发挥作用的慈善事业发展新格局。

（二）基本原则。

突出扶贫济困。鼓励、支持和引导慈善组织和其他社会力量从帮助困难群众解决最直接、最现实、最紧迫的问题入手，在扶贫济困、为困难群众救急解难等领域广泛开展慈善帮扶，与政府的社会救助形成合力，有效发挥重要补充作用。

坚持改革创新。在慈善事业体制机制、运行方式、慈善事业与社会救助对接等方面大胆探索，畅通社会各方面参与慈善和社会救助的渠道，大力优化慈善事业发展环境，使各类慈善资源、社会救助资源充分发挥作用。

确保公开透明。慈善组织以及其他社会力量开展慈善活动，要充分尊重捐赠人意愿，依据有关规定及时充分公开慈善资源的募集、管理和使用情况。慈善组织要切实履行信息公开责任，接受行政监督、社会监督和舆论监督。

强化规范管理。加快完善相关法规政策，规范和引导慈善事业健康发展。依法依规对自然人、法人和其他组织开展的慈善活动进行监管，及时查处和纠正违法违规活动，确保慈善事业在法制化轨道上运行。

（三）发展目标。到 2020 年，慈善监管体系健全有效，扶持政策基本完善，体制机制协调顺畅，慈善行为规范有序，慈善活动公开透明，社会捐赠积极踊跃，志愿服务广泛开展，全社会支持慈善、参与慈善的氛围更加浓厚，慈善事业对社会救助体系形成有力补充，成为全面建成小康社会的重要力量。

二、鼓励和支持以扶贫济困为重点开展慈善活动

扶贫济困是慈善事业的重要领域，在政府保障困难群众基本生活的同时，鼓励和支持社会力量以扶贫济困为重点开展慈善活动，有利于更好地满足困难群众多样化、多层次的需求，帮助他们摆脱困境、改善生活，形成慈善事业与社会救助的有效衔接和功能互补，共同编密织牢社会生活安全网。

（一）鼓励社会各界开展慈善活动。鼓励社会各界以各类社会救助对象为重点，广泛开展扶贫济困、赈灾救孤、扶老助残、助学助医等慈善活动。党政机关、事业单位要广泛动员干部职工积极参与各类慈善活动，发挥带头示范作用。工会、共青团、妇联等人民团体要充分发挥密切联系群众的优势，动员社会公众为慈善事业捐赠资金、物资和提供志愿服务等。各全国性社会团体在发挥自身优势、开展慈善活动时，要主动接受社会监督，在公开透明、规范管理、服务困难群众等方面作出表率。各类慈善组织要进一步面向困难群体开展符合其宗旨的慈善活动。倡导各类企业将慈善精神融入企业文化建设，把参与慈善作为履行社会责任的重要方面，通过捐赠、支持志愿服务、设立基金会等方式，开展形式多样的慈善活动，在更广泛的领域为社会作出贡献。鼓励有条件的宗教团体和宗教活动场所依法依规开展各类慈善活动。提倡在单位内部、城乡社区开展群众性互助互济活动。充分发挥家庭、个人、志愿者在慈善活动中的积极作用。

（二）鼓励开展形式多样的社会捐赠和志愿服务。鼓励和支持社会公众通过捐款捐物、慈善消费和慈善义演、义拍、义卖、义展、义诊、义赛等方式为困难群众奉献爱心。探索捐赠知识产权收益、技术、股权、有价证券等新型捐赠方式，鼓励设立慈善信托，抓紧制定政策措施，积极推进有条件的地方开展试点。动员社会公众积极参与志愿服务，构建形式多样、内容丰富、机制健全、覆盖城乡的志愿服务体系。倡导社会力量兴办公益性医疗、教育、养老、残障康复、文化体育等方面的机构和设施，为慈善事业提供更多的资金支持和服务载体。加快出台有效措施，引导社会公众积极捐赠家庭闲置物品。广泛设立社会捐助站点，创新发展慈善超市，发挥网络捐赠技术优势，方便群众就近就便开展捐赠。

（三）健全社会救助和慈善资源信息对接机制。要建立民政部门与其他社会救助管理部门之间的信息共享机制，同时建立和完善民政部门与慈善组织、社会服务机构之间的衔接机制，形成社会救助和慈善资源的信息有效对接。对于经过社会救助后仍需要帮扶的救助对象，民政部门要及时与慈善组织、社会服务机构协商，实现政府救助与社会帮扶有机结合，做到因情施救、各有侧重、互相补充。社会救助信息和慈善资源信息应同时向审计等政府有关部门开放。

（四）落实和完善减免税政策。落实企业和个人公益性捐赠所得税税前扣除政策，企业发生的公益性捐赠支出，在年度利润总额12%以内的部分，准予在计算应纳税所得额时扣除；个人公益性捐赠额未超过纳税义务人申报的应纳税所得额30%的部分，可以从其应纳税所得额中扣除。研究完善慈善组织企业所得税优惠政策，切实惠及符合条件的慈善组织。对境外向我国境内依法设立的慈善组织无偿捐赠的直接用于慈善事业的物资，在有关法律及政策规定的范围内享受进口税收优惠。有关部门要大力宣

传慈善捐赠减免税的资格和条件。

（五）加大社会支持力度。鼓励企事业单位为慈善活动提供场所和便利条件、按规定给予优惠。倡导金融机构根据慈善事业的特点和需求创新金融产品和服务方式，积极探索金融资本支持慈善事业发展的政策渠道。支持慈善组织为慈善对象购买保险产品，鼓励商业保险公司捐助慈善事业。完善公益广告等平台的管理办法，鼓励新闻媒体为慈善组织的信息公开提供帮助支持和费用优惠。

三、培育和规范各类慈善组织

慈善组织是现代慈善事业的重要主体，大力发展各类慈善组织，规范慈善组织行为、确保慈善活动公开透明，是促进慈善事业健康发展的有效保证。

（一）鼓励兴办慈善组织。优先发展具有扶贫济困功能的各类慈善组织。积极探索培育网络慈善等新的慈善形态，引导和规范其健康发展。稳妥推进慈善组织直接登记，逐步下放符合条件的慈善组织登记管理权限。地方政府和社会力量可通过实施公益创投等多种方式，为初创期慈善组织提供资金支持和能力建设服务。要加快出台有关措施，以扶贫济困类项目为重点，加大政府财政资金向社会组织购买服务力度。

（二）切实加强慈善组织自我管理。慈善组织要建立健全内部治理结构，完善决策、执行、监督制度和决策机构议事规则，加强内部控制和内部审计，确保人员、财产、慈善活动按照组织章程有序运作。基金会工作人员工资福利和行政办公支出等管理成本不得超过当年总支出的10%，其他慈善组织的管理成本可参照基金会执行。列入管理成本的支出类别按民政部规定执行。捐赠协议约定从捐赠财产中列支管理成本的，可按照约定执行。

（三）依法依规开展募捐活动。引导慈善组织重点围绕扶贫济困开展募捐活动。具有公募资格的慈善组织，面向社会开展的募捐活动应与其宗旨、业务范围相一致；新闻媒体、企事业单位等和不具有公募资格的慈善组织，以慈善名义开展募捐活动的，必须联合具有公募资格的组织进行；广播、电视、报刊及互联网信息服务提供者、电信运营商，应当对利用其平台发起募捐活动的慈善组织的合法性进行验证，包括查验登记证书、募捐主体资格证明材料。慈善组织要加强对募捐活动的管理，向捐赠者开具捐赠票据，开展项目所需成本要按规定列支并向捐赠人说明。任何组织和个人不得以慈善名义敛财。

（四）严格规范使用捐赠款物。慈善组织应将募得款物按照协议或承诺，及时用于相关慈善项目，除不可抗力或捐赠人同意外，不得以任何理由延误。未经捐赠人同意，不得擅自更改款物用途。倡导募用分离，制定有关激励扶持政策，支持在款物募集方面有优势的慈善组织将募得款物用于资助有服务专长的慈善组织运作项目。慈善组织要科学设计慈善项目，优化实施流程，努力降低运行成本，提高慈善资源使用效益。

（五）强化慈善组织信息公开责任。

公开内容。慈善组织应向社会公开组织章程、组织机构代码、登记证书号码、负责人信息、年度工作报告、经审计的财务会计报告和开展募捐、接受捐赠、捐赠款物使用、慈善项目实施、资产保值增值等情况以及依法应当公开的其他信息。信息公开应当真实、准确、完整、及时，不得有虚假记载、误导性陈述或者重大遗漏。对于涉及国家安全、个人隐私等依法不予公开的信息和捐赠人或受益人与慈善组织协议约定不得公开的信息，不得公开。慈善组织不予公开的信息，应当接受政府有关部门的监督检查。

公开时限。慈善组织应及时公开款物募集情况，募捐周期大于6个月的，应当每3个月向社会公开一次，募捐活动结束后3个月内应全面公开；应及时公开慈善项目运作、受赠款物的使用情况，项目运行周期大于6个月的，应当每3个月向社会公开一次，项目结束后3个月内应全面公开。

公开途径。慈善组织应通过自身官方网站或批准其登记的民政部门认可的信息网站进行信息发布；应向社会公开联系方式，及时回应捐赠人及利益相关方的询问。慈善组织应对其公开信息和答复信息的真实性负责。

四、加强对慈善组织和慈善活动的监督管理

（一）加强政府有关部门的监督管理。民政部门要严格执行慈善组织年检制度和评估制度。要围绕慈善组织募捐活动、财产管理和使用、信息公开等内容，建立健全并落实日常监督检查制度、重大慈善项目专项检查制度、慈善组织及其负责人信用记录制度，并依法对违法违规行为进行处罚。财政、税务部门要依法对慈善组织的财务会计、享受税收优惠和使用公益事业捐赠统一票据等情况进行监督管理。其他政府部门要在各自职责范围内对慈善组织和慈善活动进行监督管理。

（二）公开监督管理信息。民政部门要通过信息网站等途径向社会公开慈善事业发展和慈善组织、慈善活动相关信息，具体包括各类慈善组织名单及其设立、变更、评估、年检、注销、撤销登记信息和政府扶持鼓励政策措施、购买社会组织服务信息、受奖励及处罚信息、本行政区域慈善事业发展年度统计信息以及依法应当公开的其他信息。

（三）强化慈善行业自律。要推动建立慈善领域联合型、行业性组织，建立健全行业标准和行为准则，增强行业自我约束、自我管理、自我监督能力。鼓励第三方专业机构根据民政部门委托，按照民政部门制定的评估规程和评估指标，对慈善组织开展评估。相关政府部门要将评估结果作为政府购买服务、评选表彰的参考依据。

（四）加强社会监督。畅通社会公众对慈善活动中不良行为的投诉举报渠道，任何单位或个人发现任何组织或个人在慈善活动中有违法违规行为的，可以向该组织或个人所属的慈善领域联合型、行业性组织投诉，或向民政部门及其他政府部门举报。相关行业性组织要依据行业自律规则，在职责范围内及时协调处理投诉事宜。相关政府部门要在各自职责范围内及时调查核实，情况属实的要依法查处。切实保障捐赠人对捐赠财产使用情况的监督权利，捐赠人对慈善组织、其他受赠主体和受益人使用捐赠财产持有异议的，除向有关方面投诉举报外，还可以依法向人民法院提起诉讼。支持新闻媒体对慈善组织、慈善活动进行监督，对违法违规及不良现象和行为进行曝光，充分发挥舆论监督作用。

（五）建立健全责任追究制度。民政部门作为慈善事业主管部门，要会同有关部门建立健全责任追究制度。对慈善组织按照“谁登记、谁管理”的原则，由批准登记的民政部门会同有关部门对其违规开展募捐活动、违反约定使用捐赠款物、拒不履行信

息公开责任、资助或从事危害国家安全和公共利益活动等违法违规行为依法进行查处；对于慈善组织或其负责人的负面信用记录，要予以曝光。对其他社会组织和个人按照属地管辖的原则，由所在地的民政部门会同有关部门对其以慈善为名组织实施的违反法律法规、违背公序良俗的行为和无正当理由拒不兑现或不完全兑现捐赠承诺、以诽谤造谣等方式损害慈善组织及其从业人员声誉等其他违法违规行为依法及时查处。对政府有关部门及其工作人员滥用职权、徇私舞弊或者玩忽职守、敷衍塞责造成严重后果的，要依法追究责任。

五、加强对慈善工作的组织领导

（一）建立健全组织协调机制。各级政府要将发展慈善事业作为社会建设的重要内容，纳入国民经济和社会发展总体规划和相关专项规划，加强慈善与社会救助、社会福利、社会保险等社会保障制度的衔接。各有关部门要建立健全慈善工作组织协调机制，及时解决慈善事业发展中遇到的突出困难和问题。

（二）完善慈善表彰奖励制度。国家对为慈善事业发展作出突出贡献、社会影响较大的个人、法人或者组织予以表彰。民政部要根据慈善事业发展的实际情况，及时修订完善“中华慈善奖”评选表彰办法，组织实施好评选表彰工作，在全社会营造良好的慈善氛围。各省（区、市）人民政府可按国家有关规定建立慈善表彰奖励制度。要抓紧出台有关措施，完善公民志愿服务记录制度，按照国家有关规定建立完善志愿者嘉许和回馈制度，鼓励更多的人参加志愿服务活动。

（三）完善慈善人才培养政策。要加快培养慈善事业发展急需的理论研究、高级管理、项目实施、专业服务和宣传推广等人才。加强慈善从业人员劳动权益保护和职业教育培训，逐步建立健全以慈善从业人员职称评定、信用记录、社会保险等为主要内容的人力资源管理体系，合理确定慈善行业工作人员工资待遇水平。

（四）加大对慈善工作的宣传力度。要充分利用报刊、广播、电视等媒体和互联网，以群众喜闻乐见的方式，大力宣传各类慈行善举和正面典型，以及慈善事业在服务困难群众、促进社会文明进步等方面的积极贡献，引导社会公众关心慈善、支持慈善、参与慈善。要着力推动慈善文化进机关、进企业、进学校、进社区、进乡村，弘扬中华民族团结友爱、互助共济的传统美德，为慈善事业发展营造良好社会氛围。

各省（区、市）人民政府要根据本意见要求，结合实际，研究制定配套落实政策。国务院相关部门要根据本部门职责研究制定具体政策措施。民政部要会同有关部门加强对本意见执行情况的监督检查，及时向国务院报告。

国 务 院

2014 年 11 月 24 日

关于进一步动员社会各方面力量参与扶贫开发的意见

（国办发〔2014〕58号）

各省、自治区、直辖市人民政府，国务院各部委、各直属机构：

广泛动员全社会力量共同参与扶贫开发，是我国扶贫开发事业的成功经验，是中国特色扶贫开发道路的重要特征。改革开放以来，各级党政机关、军队和武警部队、国有企事业单位等率先开展定点扶贫，东部发达地区与西部贫困地区结对扶贫协作，对推动社会扶贫发挥了重要引领作用。民营企业、社会组织和个人通过多种方式积极参与扶贫开发，社会扶贫日益显示出巨大发展潜力。但还存在着组织动员不够、政策支持不足、体制机制不完善等问题。为打好新时期扶贫攻坚战，进一步动员社会各方面力量参与扶贫开发，全面推进社会扶贫体制机制创新，经国务院同意，现提出以下意见：

一、总体要求和基本原则

（一）总体要求。坚持以邓小平理论、“三个代表”重要思想、科学发展观为指导，深入贯彻党的十八大和十八届二中、三中、四中全会精神，全面落实党中央、国务院关于扶贫开发的决策部署，大力弘扬社会主义核心价值观，大兴友善互助、守望相助的社会风尚，创新完善人人皆愿为、人人皆可为、人人皆能为的社会扶贫参与机制，形成政府、市场、社会协同推进的大扶贫格局。

（二）基本原则。

——坚持政府引导。健全组织动员机制，搭建社会参与平台，完善政策支撑体系，营造良好社会氛围。

——坚持多元主体。充分发挥各类市场主体、社会组织和社会各界作用，多种形式推进，形成强大合力。

——坚持群众参与。充分尊重帮扶双方意愿，促进交流互动，激发贫困群众内生动力，充分调动社会各方面力量参与扶贫的积极性。

——坚持精准扶贫。推动社会扶贫资源动员规范化、配置精准化和使用专业化，真扶贫、扶真贫，切实惠及贫困群众。

二、培育多元社会扶贫主体

（三）大力倡导民营企业扶贫。鼓励民营企业积极承担社会责任，充分激发市场活力，发挥资金、技术、市场、管理等优势，通过资源开发、产业培育、市场开拓、村企共建等多种形式到贫困地区投资兴业、培训技能、吸纳就业、捐资助贫，参与扶贫开发，发挥辐射和带动作用。

（四）积极引导社会组织扶贫。支持社会团体、基金会、民办非企业单位等各类组织积极从事扶贫开发事业。地方各级政府和有关部门要对社会组织开展扶贫活动提供信息服务、业务指导，鼓励其参与社会扶贫资源动员、配置和使用等环节，建设充满活力的社会组织参与扶贫机制。加强国际减贫交流合作。

（五）广泛动员个人扶贫。积极倡导“我为人人、人人为我”的全民公益理念，开展丰富多样的体验走访等社会实践活动，畅通社会各阶层交流交融、互帮互助的渠道。引导广大社会成员和港澳同胞、台湾同胞、华侨及海外人士，通过爱心捐赠、志愿服务、结对帮扶等多种形式参与扶贫。

（六）深化定点扶贫工作。承担定点扶贫任务的单位要发挥各自优势，多渠道筹措帮扶资源，创新帮扶形式，帮助协调解决定点扶贫地区经济社会发展中的突出问题，做到帮扶重心下移，措施到位有效，直接帮扶到县到村。定期选派优秀中青年干部挂职扶贫、驻村帮扶。定点扶贫单位负责同志要高度重视本单位定点扶贫工作，深入开展调研，加强对定点扶贫工作的组织领导。

（七）强化东西部扶贫协作。协作双方要强化协调联系机制，继续坚持开展市县结对、部门对口帮扶。注重发挥市场机制作用，按照优势互补、互利共赢、长期合作、共同发展的原则，通过政府引导、企业协作、社会帮扶、人才交流、职业培训等多种形式深化全方位扶贫协作，推动产业转型升级，促进贫困地区加快发展，带动贫困群众脱贫致富。协作双方建立定期联系机制，加大协作支持力度。加强东西部地区党政干部、专业技术人才双向挂职交流，引导人才向西部艰苦边远地区流动。各省（区、市）要根据实际情况，在本地区组织开展区域性结对帮扶工作。

三、创新参与方式

（八）开展扶贫志愿行动。鼓励和支持青年学生、专业技术人才、退休人员和社会各界人士参与扶贫志愿者行动，建立扶贫志愿者组织，构建贫困地区扶贫志愿者服务网络。组织和支持各类志愿者参与扶贫调研、支教支医、文化下乡、科技推广等扶贫活动。

（九）打造扶贫公益品牌。继续发挥“光彩事业”、“希望工程”、“母亲水窖”、“幸福工程”、“母亲健康快车”、“贫困地区儿童营养改善”、“春蕾计划”、“集善工程”、“爱心包裹”、“扶贫志愿者行动计划”等扶贫公益品牌效应，积极引导社会各方面资源向贫困地区聚集，动员社会各方面力量参与“雨露计划”、扶贫小额信贷和易地扶贫搬迁等扶贫开发重点项目，不断打造针对贫困地区留守妇女、儿童、老人、残疾人等特殊群体的一对一结对、手拉手帮扶等扶贫公益新品牌。

（十）构建信息服务平台。以贫困村、贫困户建档立卡信息为基础，结合集中连片特殊困难地区区域发展与扶贫攻坚规划，按照科学扶贫、精准扶贫的要求，制定不同层次、不同类别的社会扶贫项目规划，为社会扶贫提供准确的需求信息，推进扶贫资源供给与扶贫需求的有效对接，进一步提高社会扶贫资源配置与使用效率。

（十一）推进政府购买服务。加快推进面向社会购买服务，支持参与社会扶贫的各类主体通过公开竞争的方式，积极参加政府面向社会购买服务工作，政府部门择优确定扶贫项目和具体实施机构。支持社会组织承担扶贫项目的实施。

四、完善保障措施

（十二）落实优惠政策。按照国家税收法律及有关规定，全面落实扶贫捐赠税前扣除、税收减免等扶贫公益事业税收优惠政策，以及各类市场主体到贫困地区投资兴业、带动就业增收的相关支持政策。降低扶贫社会组织注册门槛，简化登记程序，对符合条件的社会组织给予公益性捐赠税前扣除资格。对积极参与扶贫开发、带动贫困群众脱贫致富、符合信贷条件的各类企业给予信贷支持，并按有关规定给予财政贴息等政策扶持。鼓励有条件的企业自主设立扶贫公益基金。

（十三）建立激励体系。以国务院扶贫开发领导小组名义定期开展社会扶贫表彰，让积极参与社会扶贫的各类主体政治上有荣誉、事业上有发展、社会上受尊重。对贡献突出的企业、社会组织和各界人士，在尊重其意愿前提下可给予项目冠名等激励措施。

（十四）加强宣传工作。把扶贫纳入基本国情教育范畴，大力弘扬社会主义核心价值观，开展扶贫系列宣传活动。创新社会扶贫宣传形式，拓宽宣传渠道，加强舆论引导，统筹推进社会扶贫先进事迹宣传报道工作，宣传最美扶贫人物，推出扶贫公益广告，倡导社会扶贫参与理念，营造扶贫济困的浓厚社会氛围。

（十五）改进管理服务。地方各级政府和有关部门要适应社会扶贫体制机制改革创新需要，深入调查研究，强化服务意识，搭建社会参与平台，提高社会扶贫工作的管理服务能力。完善定点扶贫和东西部扶贫协作工作考核评估制度。加强对社会扶贫资源筹集、配置和使用的规范管理。建立科学、透明的社会扶贫监测评估机制，推动社会扶贫实施第三方监测评估。创新监测评估方法，公开评估结果，增强社会扶贫公信力和影响力。加强贫困地区基层组织建设，开发贫困地区人力资源，提高农村致富带头人和贫困群众的创业就业能力。充分尊重贫困群众的主体地位和首创精神，把贫困地区的内生动力和外部帮扶有机结合，不断提高贫困地区和贫困群众的自我发展能力。

（十六）加强组织动员。国务院各部门和有关单位要密切合作，加强协调动员，按照职能分工落实相关政策，推进各项工作。扶贫部门要加强社会扶贫工作的组织指导和协调服务。财政、税务、金融部门要落实财税和金融支持政策措施。人力资源社会保障部门要落实挂职扶贫干部、驻村帮扶干部和专业技术人员相关待遇。民政部门要将扶贫济困作为促进慈善事业发展的重点领域，支持社会组织加强自身能力建设，提高管理和服务水平。工会、共青团、妇联、残联、工商联要发挥各自优势积极参与扶贫工作。地方各级政府要完善工作体系，建立工作机制，落实工作责任。要汇全国之力、聚各方之财、集全民之智，加快推进扶贫开发进程。

国务院办公厅

2014年11月19日

关于印发《最低生活保障工作绩效评价办法》的通知

（民发〔2014〕21 号）

各省、自治区、直辖市民政厅（局）、财政厅（局），新疆生产建设兵团民政局、财务局：

为贯彻落实《国务院关于进一步加强和改进最低生活保障工作的意见》（国发〔2012〕45 号）相关要求，不断提高最低生活保障工作管理服务水平和资金使用效益，民政部、财政部联合制定了《最低生活保障工作绩效评价办法》，现予印发执行。

民　政　部
财　政　部
2014 年 1 月 29 日

最低生活保障工作绩效评价办法

第一条　为进一步加强最低生活保障（以下简称低保）工作，提高管理服务水平和资金使用效益，切实维护困难群众基本生活权益，根据《国务院关于进一步加强和改进最低生活保障工作的意见》（国发〔2012〕45 号）等有关规定，制定本办法。

第二条　本办法所称低保工作绩效评价，是指运用科学合理的评价方法、指标体系和评价标准，全面客观衡量各省（自治区、直辖市）年度低保工作的规范性、效率性和有效性。

第三条　民政部、财政部负责组织开展低保工作绩效评价。根据需要，可委托地方民政、财政部门和具备资质的事业单位、社会组织、中介机构等第三方组织具体实施。

第四条　低保工作绩效评价坚持城乡统筹、客观公正、科学合理、公开透明、激励鞭策的原则。

第五条　低保工作绩效评价指标体系由工作保障、工作管理和工作效果 3 个评价指标构成，每个评价指标分解为若干项评价内容，具体评价内容可视年度工作情况作适当调整。

第六条　低保工作绩效评价主要依据国家相关法律、法规和规章制度，省级人民政府相关政策文件，各地低保工作情况及相关统计数据。

第七条　低保工作绩效评价采用评分法，满分为 100 分。评价结果分为优秀、良好、合格、不合格四个等级。评价得分 90 分以上为优秀，80 分以上 90 分以下为良好，60 分以上 80 分以下为合格，60 分以下为不合格（“以上”包括本数，“以下”不包括本数）。

第八条 民政部、财政部根据全国低保工作进展情况，逐年确定公布当年低保工作绩效评价指标和评价标准。

第九条 低保工作绩效评价采取以下步骤：

（一）自我评价。各省（自治区、直辖市）人民政府民政、财政部门应根据本办法，对照年度绩效评价指标和评价标准，对本地区低保工作进行绩效自评，并将自评报告报民政部、财政部。

（二）实地核查。民政部、财政部组织力量对各省（自治区、直辖市）低保工作情况进行实地核查。

（三）综合评价。民政部、财政部根据各省（自治区、直辖市）自评情况、实地核查情况和相关数据，对各省（自治区、直辖市）低保工作绩效作出量化评价，划定绩效等级。

（四）通报。民政部、财政部将低保工作绩效评价结果通报各省（自治区、直辖市）人民政府民政部门和财政部门。对评价结果为优秀和良好的予以表扬，对评价结果为不合格的省（自治区、直辖市）有关部门负责人进行约谈。

第十条 各省（自治区、直辖市）低保工作绩效评价结果，作为督促指导地方改进低保工作、通过“以奖代补”分配中央财政城乡低保补助资金的重要依据。

第十一条 对在低保工作绩效评价中弄虚作假、瞒报谎报情况的，予以通报批评；情节严重的，绩效直接评价为不合格等级。

第十二条 各省（自治区、直辖市）人民政府民政部门、财政部门应根据本办法，结合当地实际，制定本行政区域低保工作绩效评价办法，并组织开展年度绩效评价。

第十三条 新疆生产建设兵团低保工作绩效评价适用本办法。

第十四条 本办法由民政部、财政部负责解释。

第十五条 本办法自发布之日起施行。

关于居民家庭经济状况核对信息系统建设的指导意见

（民发〔2014〕83号）

各省、自治区、直辖市民政厅（局），各计划单列市民政局，新疆生产建设兵团民政局：

为加快推动居民家庭经济状况核对信息系统（以下简称核对信息系统）建设，促进信息共享和业务协同，提高核对工作的效率和质量，全面提升社会救助管理和服务水平，现提出如下意见。

一、充分认识加快推动核对信息系统建设的重要意义

加快推动核对信息系统建设是适应我国经济社会快速发展，提升社会救助管理服务水平的重大举措。伴随我国城镇化步伐加快，就业渠道、收入来源不断拓宽，家庭财产构成日趋复杂，对准确认定社会救助对象提出了更高要求。建立跨部门、多层次的核对信息平台，横向与涉及个人经济状况信息的部门实现数据共享，纵向形成各级核对机构的业务联动，实现救助申请家庭经济状况信息核对的业务协同，已成为社会救助事业发展的必然要求。

《社会救助暂行办法》明确规定“县级以上人民政府民政部门应当建立申请和已获得社会救助家庭经济状况信息核对平台，为审核认定社会救助对象提供依据”。通过核对信息系统开展居民家庭经济状况信息核对，是全面建立居民家庭经济状况核对机制的重要内容，是落实《社会救助暂行办法》要求、提高对象认定准确性、促进公平公正的重要手段，是创新社会救助管理方式的重要举措。各地要把开展核对信息系统建设作为织密筑牢民生安全网的一项重要基础性工作来抓，增强责任感和使命感，认真履行职责，进一步加大工作力度，加快建设步伐。

二、总体要求

（一）指导思想

认真贯彻党的十八届三中全会精神，以邓小平理论、“三个代表”重要思想、科学发展观为指导，依据《社会救助暂行办法》（国务院令第649号）、《国务院关于进一步加强和改进最低生活保障工作的意见》（国发〔2012〕45号）、《“十二五”国家政务信息化工程建设规划》（发改高技〔2012〕1202号）和《民政信息化中长期规划纲要（2009—2020）》（民发〔2009〕121号），大力推进核对信息系统的研究开发和推广应用。立足于社会救助事业的实际，着眼于社会政策的需要，建设科学实用、安全高效并实现互联互通的核对信息系统，不断提高核对的质量和效率，更好地服务于社会救助等相关部门。

（二）基本原则

1. 统筹规划，整体推进。加强核对信息系统建设的顶层设计，制定合理的系统总体规划、网络结构、业务规程以及安全保密措施。要根据核对工作需要和社会政策发

展要求，不断完善应用系统功能和信息化基础设施。

2. 分级管理，分步建设。各地核对机构负责本级核对信息系统的总体设计、组织实施、运维管理和应用推广。要按照“数据向上集中，服务向下延伸”的思路，并根据本地实际确定建设模式，将应用服务延伸到县（区），有需要的可至乡镇（街道）。要充分考虑未来业务发展对信息系统的需求，分阶段完成建设任务。

3. 统一标准，信息共享。各地要按照民政部制定的《居民家庭经济状况核对标准》（以下简称《标准》，具体内容见附件）执行统一的业务标准、数据标准、管理标准、技术标准，保证各类数据的有效汇总和利用，确保信息系统之间的数据共享、业务协同和信息安全。建立与相关部门的数据交换和业务协同机制，推动核对信息系统与其他业务信息系统有效衔接。

4. 科学合理，经济实用。核对信息系统建设既要有整体性和前瞻性，又要注重实用性和可扩展性。加强信息安全体系建设和管理，确保信息系统安全稳定运行，保护个人隐私。要从节约成本、切合实际、有效服务出发，进行方案设计、产品选型和采购安装，避免因电子产品更新换代加快造成的投资浪费。

（三）建设目标

在2—3年内，基本建立起覆盖全国所有省份，充分利用相关部门信息资源，上下贯通协同的全国核对信息系统，实现对居民家庭经济状况信息核对以及对相关数据的动态监测和汇总分析，为社会救助以及相关社会政策提供科学决策咨询。

——到2014年底，民政部和试点省份实现联网，保障核对机构与相关部门的信息共享和业务协同，以及各级核对机构之间的数据交换和上下联动，实现核对请求处理和核对结果生成。

——到2015年底，基本形成完善的核对业务标准体系以及与核对业务相适应的信息安全保障体系。

——到2016年底，基本完成省级核对信息系统建设，初步建成全国数据中心，显著提升全国核对信息系统的支撑能力，为大数据的开发利用创造条件。

三、重点任务

（一）明确核对业务内容和流程

各地要根据本地实际，参照相关规定，与相关部门就核对数据内容、核对地区范围、计算公式、核对工作时限、核对报告内容和形式、争议情况处理等方面共同研究制定核对工作实施细则。在此基础上，依据实施细则规范和优化相应的业务流程，与业务合作部门共同建立分工合理、权责分明、安全稳妥的业务协同机制，与上下级民政部门研究制定配合密切、响应及时的业务联动机制，明确业务流程之间的衔接要求。

最低生活保障是社会救助体系的核心，各地要切实推进核对信息系统与最低生活保障信息系统的有效衔接，保证两项业务程序合规、流程顺畅。

（二）充分利用基础平台进行系统建设

为帮助地方更好地开发应用软件、减少不必要投入、规范系统建设和创建标准落实载体，民政部正研发能够普遍适用的核对信息系统基础平台。该平台是构建各地核对信息系统的模块化生成工具，能够实现核对项目管理、机构管理、材料审核、信息核对、核对报告生成等基本业务功能，内置符合《标准》的数据项，预设常用的“委托书”、“授权书”、“经济状况申报表”、“核对报告”等表单和模板，具备较为完备的信息安全保障机制，便于统一维护和同步升级。

各地可在基础平台之上进行本地核对信息系统建设，通过基础平台提供的模式选择、参数配置、指标扩充等功能，实现大部分通用业务需求，对于其他特殊需求，通过基础平台专用工具进行开发。目前已完成或正在进行系统建设的地方，要根据《标准》进行改造或调整，并在系统后续升级过程中，充分利用基础平台。无论是否采用基础平台开发系统，都要实现形成对外统一受理、内部分工协作、定向反馈结果的运行模式。

（三）构建统一的信息共享平台

信息共享平台能够实现数据共享和业务协同，是核对信息系统的重要组成部分。在服务内容方面，该平台能够实现各个节点的数据采集、汇总、整合、校核、查询、分发、交换等功能，满足信息查询、全文检索、比对分析、统计汇总等数据应用需求；在安全保障方面，各个节点均能提供访问控制、数据合法性检查、病毒查杀、加密传输、内容审计等信息安全保护机制；在运行管理方面，利用该平台可形成一个中心、多个节点的一对多集中管控模式，实现运行监控的统一管理。

各地要通过信息共享平台，充分利用民政部提供的数据资源，推动本地民政系统内部和与其他部门之间的信息共享和业务协同。各地要根据民政部的总体设计，部署数据交换节点，或逐步更新已有信息共享系统。在核对信息系统项目立项过程中，各地应全面细致地分析本地区部门之间以及上下级之间的信息共享需求，建立完善信息共享目录和动态更新机制。

（四）统筹开展数据中心建设

有条件的地方可根据本地实际，建立支撑系统运行和数据服务的地方核对信息系统数据中心（以下简称地方数据中心）。地方数据中心主要为本级核对信息系统运行提供支撑，并具备监测预警、统计决策等业务信息服务功能。各地在建设地方数据中心的过程中，一是要尽量使用国家电子政务外网和民政广域网，上述两网无法全覆盖的地方，在保证高效安全的前提下，可利用专线网络进行补充；二是要配备专用的网络设备、数据库服务器、应用服务器等必要设备；三是要安装经济适用的操作系统、数据库等基础软件。各地在充分论证的基础上，可采用物联网、云计算、大数据处理、移动互联网等新技术，进一步提高信息化资源的利用效率和管理水平。

（五）完善和落实标准规范

各地应严格按照《标准》开发核对信息系统和构建配套基础设施，在与相关部门进行数据交换和业务协同时，应遵循《标准》中有关数据接口的规定，各地方系统的专用信息应遵循《标准》中相关编码规则进行设定。各地可根据业务开展情况和系统建设需要，按照有关规定，在《标准》基础上进行扩展和细化形成本地标准。民政部低收入家庭认定指导中心（以下简称部指导中心）负责标准的宣传推广，监督指导各地落实《标准》。

（六）建立健全信息安全保障体系

一是严格按照国家关于涉密信息系统分级保护和非涉密信息系统信息安全等级保护的有关规定，将核对信息系统建设与安全保密措施有机结合，做到安全保密措施先行，防止居民个人隐私及其他重要业务数据被外泄、篡改和滥用；二是加强信息安全决策、管理、执行、监管等方面制度建设，规范细化各项工作，有效落实各项规章制度；三是完善信息安全保障技术条件，紧密围绕核对业务进行需求分析和方案设计，综合利用成熟、可控的信息安全技术与产品，采用身份认证、访问控制、数据加密、入侵防范、病毒查杀、安全审计等技术手段，确保核对信息系统安全运行以及重要数据安全存储和使用；四是认真做好信息系统日常管理工作，加强安全巡检，及时排除隐患，定期开展应急演练，增强应急处置能力；五是不断完善容灾备份机制，有条件的可采取异地容灾备份，进一步增强灾难恢复能力。

部指导中心将研究制定全国统一的身份认证、数据加密、文件防伪等信息安全保障措施，各地按照总体要求，结合实际，采购和部署相关设备，严格执行有关规定。

四、保障措施

（一）加强组织领导，健全管理体制

核对信息系统建设是一项投资较大、技术复杂的系统工程，涉及大量跨部门的协调工作。各地要充分认识这项工作的重要性和复杂性，切实加强领导和组织协调，明确各部门职责，理顺关系，建立综合协调机制。抓紧建立核对机构，强化核对机构系统建设和管理职能，加快推进核对信息系统建设。

（二）强化科学管理，保证建设成效

核对信息系统建设过程中，各地要选择资质齐备、技术和管理能力较强、建设经验丰富、用户评价较好的公司参与核对信息系统建设。要遵循信息化发展规律，采取科学、专业的信息化项目管理方法，积极采用服务外包、项目代建等专业化和市场化方式，加强工程监理和第三方测试，严格控制建设成本、质量和进度。每季度末，各地应在部指导中心的“全国居民家庭经济状况核对工作信息系统”中如实填写项目立项情况、承建单位信息、开发人员培训情况、工程实施进度、系统应用成效等与核对信息系统建设相关的内容。

（三）拓宽筹资渠道，保障资金投入

科学制定核对信息系统建设内容，准确评估新建、改造、系统对接和运维保障的费用。积极与发展改革、财政等相关部门协调沟通，争取建设资金，并将系统运行维护经费纳入年度预算，形成以财政投入为主的经费保障机制。同时努力拓宽资金来源，争取各方支持，充分利用各种政策允许使用的业务资金，推动核对信息系统建设。

（四）健全培训体系，加强队伍建设

各地要大力推行核对人员岗位培训制度，从师资队伍建设、课程设计、教材编印、检查监督、行业文化创建等方面扎实开展培训工作，提高辖区内工作人员的业务理论和系统操作水平，努力培养一批既熟悉核对业务又掌握信息技术的专业人才。为确保全国核对信息系统能够实现统一的标准规范和互联互通以及安全保障，民政部在指导和支持地方培训工作的同时，将开展核对标准、规划、核心平台应用等方面的业务培训。

附件：居民家庭经济状况核对标准（略）

民　政　部

2014 年 4 月 9 日

关于贯彻落实《社会救助暂行办法》的通知

（民发〔2014〕135号）

各省、自治区、直辖市民政厅（局）、教育厅（教委）、财政厅（局）、人力资源社会保障厅（局）、住房城乡建设厅（局）、卫生计生委（卫生厅局），新疆生产建设兵团民政局、教育局、财务局、人力资源社会保障局、建设局、卫生局：

《社会救助暂行办法》（以下简称《办法》）已于2014年2月21日以国务院649号令颁布，自5月1日起施行。为做好《办法》的贯彻落实工作，现就有关事项通知如下：

一、充分认识《办法》颁布实施的重大意义

社会救助是国家和社会对依靠自身能力难以维持基本生活的公民提供的物质帮助和服务，是保民生、托底线、救急难、促公平的基础性制度安排，关系到困难群众切身利益的维护和保障，关系到党和政府执政理念的实现和执政根基的稳固，关系到我国社会主义制度优越性的体现。《办法》的颁布施行，从法律上确立了社会救助的地位作用、基本原则、主体责任、制度安排、基本程序等，既为保障公民基本生活、维护公民基本生存权益提供了法制保障，也为政府各部门依法救助和社会力量有序参与社会救助提供了法规依据，明确了行为规范，是社会救助事业发展新的里程碑，标志着新形势下社会救助事业迈上了法制化、体系化、规范化统筹发展的新阶段。

各地各有关部门要结合贯彻落实党的十八大和十八届二中、三中全会精神，全面理解、准确把握《办法》的精神实质和主要内容，充分认识新形势下《办法》颁布实施的重大意义，切实增强贯彻落实的自觉性、积极性和主动性。要将贯彻落实《办法》作为当前保障困难群众基本生活、维护困难群众生存权益和人格尊严的重要举措抓紧抓好，努力让困难群众不为饥寒所迫、不为灾害所急、不为大病所困、不为住房所难、不为失业所忧，真正感受到党和政府的关怀和温暖。

二、依法完善落实各项配套政策措施

《办法》以社会救助体系为统领，对各项社会救助制度进行了全面系统规定，确立了以最低生活保障、特困人员供养、受灾人员救助以及医疗救助（含疾病应急救助）、教育救助、住房救助、就业救助和临时救助为主体，以社会力量参与为补充的社会救助制度体系框架。各地各有关部门要根据《办法》要求，结合实际，突出重点，抓紧完善相关配套政策，确保《办法》的有关规定落到实处。

（一）完善最低生活保障和特困人员供养制度。要研究制定最低生活保障家庭收入状况、财产状况的认定办法，健全最低生活保障对象认定标准体系。完善最低生活保障标准制定办法，健全社会救助和保障标准与物价上涨挂钩的联动机制，保障好困难群众基本生活。要制定健全完善特困人员供养制度的具体措施，城乡统筹实施；加强最低生活保障和特困人员供养工作管理，建立责任追究制度，畅通投诉举报渠道，适

时开展绩效评估，从制度机制上杜绝关系保、人情保和骗保等违规现象。

（二）完善受灾人员救助制度。要按照属地管理，分级负责的原则，完善自然灾害救助应急预案，做好上下级预案响应标准的衔接，强化预案的科学性和可操作性。编制实施自然灾害救助物资储备规划，明确物资储备布局和规模，建立适应本地救灾需要的物资储备机制。严格按照有关规定，及时准确统计报送自然灾害损失情况，建立健全灾情核查评估机制和统一发布机制。编制和落实各级自然灾害救助资金预算，研究制定出台灾害救助标准，切实有效做好灾害紧急救助、过渡性生活救助、冬春救助和倒损农房恢复重建等工作，保障受灾人员得到及时、公平、合理的救助。

（三）完善医疗救助制度。以最低生活保障对象、特困供养人员为重点，进一步健全完善医疗救助制度。逐步将低收入家庭重病患者及县级以上人民政府规定的其他特殊困难群众纳入救助范围，逐步提高救助水平，使之真正起到托底保障、救急解难的作用。建立健全疾病应急救助制度，落实《疾病应急救助基金管理暂行办法》，为急危重伤病需要急救但身份不明或无力支付相关费用的患者提供应急医疗救治。加快建立医疗救助与基本医疗保险、大病保险相衔接的医疗费用结算机制。加快疾病应急救助制度与其他医疗保障制度的衔接。

（四）完善教育救助制度。进一步健全从学前教育到研究生教育、覆盖各教育阶段的家庭经济困难学生资助政策体系，从制度上保证“不让一个学生因家庭经济困难而失学”。完善实施教育救助的具体措施和救助体系，优先将在各级各类学校就读的最低生活保障家庭成员、特困供养人员纳入现有的学生资助体系，并动态调整资助标准和覆盖范围，努力做到应助尽助。

（五）完善住房救助制度。要根据当地经济社会发展水平、房地产市场状况以及财力可能，制定并及时调整住房困难标准和救助标准，形成科学规范、可持续的住房救助长效机制。完善实施住房救助的具体措施，规范救助程序，确保符合条件的最低生活保障家庭、分散供养的特困人员全部纳入住房保障体系，优先安排解决。

（六）完善就业救助制度。要健全完善实施就业救助的具体政策措施，依托基层公共就业服务机构，摸清就业救助对象底数和就业需求，提供政策咨询、岗位信息、职业指导、职业介绍等精细化、个性化的就业服务，通过鼓励企业吸纳、鼓励自谋职业和自主创业、公益性岗位安置等途径，对就业救助对象实行优先扶持和重点帮助，确保最低生活保障家庭中有劳动能力的成员至少有一人实现就业。

（七）建立临时救助制度。要全面建立临时救助制度，突出其“救急难”的制度特点，对遭遇突发事件、意外伤害、重大疾病或其他特殊原因导致生活陷入困境，其他社会救助制度暂时无法覆盖或救助之后基本生活仍有严重困难的家庭及时给予救助。要根据当地实际，制定具体的临时救助对象认定办法，明确救助类型、范围和标准。要加强救助管理机构建设，及时救助生活无着的流浪、乞讨人员。加强临时救助与其他社会救助制度之间的衔接，形成制度合力，消除救助盲区。

（八）加强社会力量参与。各地要细化政策措施，研究制定向社会力量购买社会救助中的具体服务事项的办法。要全面了解、掌握本地区社会组织、企事业单位等设立慈善项目的情况，搭建政府部门救助资源、社会组织救助项目与困难群众救助需求对接的信息平台，充分发挥慈善救助方法灵活、形式多样、一案一策的特点，鼓励、引导、支持社会组织、企事业单位和爱心人士等针对急难个案开展慈善救助。要广泛动员社会力量参与社会救助，充分发挥社会组织、社会工作者和志愿者队伍等社会力量参与社会救助的专业优势和服务特长，针对不同救助对象开展生活帮扶、心理疏导、精神慰藉、资源链接、能力提升、社会融入等多样化、个性化服务。要加快推进政府购买服务，健全完善促进社会力量参与社会救助的各项财政支持政策，落实好财政补贴、税收优惠、费用减免等政策，引导有影响力的慈善组织和企业设立社会救助公益基金，多渠道、多形式参与社会救助。

三、建立健全社会救助工作机制

（一）建立健全社会救助工作协调机制。各地要进一步建立健全政府领导、民政部门牵头、有关部门配合、社会力量参与的社会救助工作协调机制，加强协调配合和制度衔接，不断提高社会救助的整体效益。民政部门要发挥好牵头协调的作用，教育、财政、人力资源社会保障、住房城乡建设、卫生计生等部门要积极配合、密切协作，共同促进政府各部门之间、政府与社会力量之间救助资源的统筹使用、信息共享，以及救助资源与救助需求之间的合理配置，切实落实好各项社会救助制度。

（二）加快建立社会救助申请家庭经济状况核对机制。各地民政部门要加强与相关部门的沟通协调，会同有关部门、机构研究制定社会救助申请家庭经济状况信息核对办法，加快建立跨部门、多层次、能共享的信息核对平台，不断提高最低生活保障对象、医疗救助对象、住房救助对象、教育救助对象等社会救助对象认定的准确性。2014 年底前全国 70% 的地区要建立社会救助家庭经济状况核对机制，“十二五”末实现全覆盖。

（三）建立健全“一门受理、协同办理”机制。各地社会救助管理部门要加强配合，密切协作，依托乡镇人民政府（街道办事处）政务大厅、办事大厅等，设立统一的社会救助申请受理窗口（疾病应急救助除外）。要根据部门职责，制定并不断优化受理、分办、转办、反馈等工作流程，明确办理时限和要求，跟踪办理结果，并将办理情况及时告知求助对象，真正做到让困难群众“求助有门”、受助及时。

（四）建立健全社会救助信息共享机制。各地社会救助管理部门要在积极推进信息化建设、提高社会救助管理服务水平的基础上，加快建立民政、教育、人力资源社会保障、住房城乡建设、卫生计生等部门救助信息共享机制。民政部门要及时为其他社会救助管理部门提供最低生活保障对象、特困供养人员及其他困难群众基本信息，为教育、住房、就业、疾病应急等救助工作的开展提供支持；教育、人力资源社会保障、住房城乡建设、卫生计生等部门要及时将教育救助对象、就业救助对象、住房救助对象和疾病应急救助对象获取相关救助的基本信息反馈民政部门，为民政部门对各项救助之后仍有困难的家庭给予临时救助提供依据。

（五）建立健全社会救助资金保障机制。各地要按照《办法》的相关规定，将社会救助资金纳入财政预算，建立与当地经济社会发展水平相适应的资金保障机制，进一步加大社会救助资金投入，确保最低生活保障、特困人员供养、受灾人员救助、医疗救助、教育救助、住房救助、就业救助、临时救助等各项社会救助制度有效落实。要严格资金管理，坚持专款专用，规范预算编制、预算下达、资金支付等环节，确保救助资金及时足额发放到困难群众手中。

（六）全面建立社会救助监督检查长效机制。各地各相关部门要依照《办法》的有关规定，加快研究制定本地区、本部门加强社会救助监督管理、责任追究、绩效评价的具体办法。加大社会救助信息披露力度，严格执行社会救助对象公示制度，在申请人居住的村民委员会或社区居民委员会，对社会救助家庭获得救助前进行审核公示和审批公示，获得救助后进行长期公示，广泛接受社会和群众监督。

四、加强贯彻落实《办法》的组织领导

（一）加强组织领导。各地要将贯彻实施《办法》列入重要议事日程，明确责任，精心组织，认真研究解决工作中存在的困难和问题；统筹安排，全面部署，切实把贯彻实施《办法》工作与贯彻落实党的十八届二中、三中全会精神，与党的群众路线教育实践活动紧密结合起来，抓出实效。要以贯彻落实《办法》为契机，将社会救助工作纳入国民经济和社会发展总体规划，纳入政府工作目标考核体系。

（二）强化能力建设。各地要加强社会救助经办机构建设，科学整合基层社会救助管理资源，确保事有人管、责有人负。加强经费保障，按照《办法》“将政府安排的社会救助工作经费纳入财政预算”的有关规定，落实好社会救助工作经费。积极探索创新社会救助经办服务方式，加大政府购买服务力度，通过设置公益岗位、聘用专业社工、吸纳志愿者、灵活用工等途径，充实基层工作力量，协助做好困难排查、信息报送、宣传引导、公示监督等工作。

（三）加强监督检查。各地要加强《办法》落实情况的督促检查和考核奖惩，定期、不定期开展督促检查，针对存在问题，提出整改措施，狠抓政策落实。对落实政策不力，在实施救助审核审批过程中滥用职权、徇私舞弊、失职渎职的责任人员，要依纪依法追究责任。民政部将会同有关部门加强《办法》贯彻落实情况监测和信息通报，及时了解掌握各地《办法》执行情况，按季度进行通报；并会同有关部门组成联合检查组，对各地贯彻落实情况适时进行专项督查。

（四）加强政策宣传。各地要结合实际，组织好《办法》的学习宣传工作，做到领导干部熟悉《办法》、工作人员精通《办法》、广大群众了解《办法》。要多渠道、多形式做好《办法》宣传工作，各级民政部门要结合社会救助宣传周等活动建立社会救助宣传长效机制；教育、人力资源社会保障、住房城乡建设、卫生计生等部门要在各自职责范围内做好相关救助政策的宣传工作。要加强与媒体的合作，充分发挥报刊、广播、电视以及互联网、微博等新媒体传播速度快、覆盖面广的优势，广泛、深入地宣传《办法》，确保困难群众知晓政策规定，营造全社会关心支持社会救助工作的良好氛围。

各地贯彻落实《办法》有关情况请及时上报。

民　政　部
教　育　部
财　政　部
人力资源社会保障部
住房城乡建设部
国家卫生计生委
2014年6月20日

关于印发《开展社会救助专项整治　提高为民服务水平活动方案》的通知

（民函〔2014〕161 号）

各省、自治区、直辖市民政厅（局），新疆生产建设兵团民政局：

《开展社会救助专项整治　提高为民服务水平活动方案》已经 2014 年 6 月 9 日部党组会议讨论通过。现印发你们，请遵照执行。

附件：1. “人情保”“错保”专项整治情况统计表（略）

2. “一门受理、协同办理”机制建设情况统计表（略）

民　政　部

2014 年 6 月 10 日

开展社会救助专项整治　提高为民服务水平活动方案

为深入贯彻落实《中共中央关于在全党深入开展党的群众路线教育实践活动的指导意见》（中发〔2013〕4 号）和中共中央办公厅《关于开展第二批党的群众路线教育实践活动的指导意见》（中办发〔2014〕4 号）精神，指导全国民政系统开展党的群众路线教育实践活动，巩固和深化前一阶段教育实践活动成果，推动第一批教育实践活动整改措施有效落实，进一步解决群众反映强烈的突出问题，提高为民服务能力和水平，根据“中央各部门各单位党的群众路线教育实践活动专项推进会议”统一部署，民政部决定从即日起至 2014 年 9 月 30 日开展“人情保”“错保”专项整治活动，加快推进社会救助“一门受理、协同办理”机制建设。具体安排如下：

一、工作目标

以回应群众关切、维护群众利益、改进工作作风、提升服务水平为出发点和落脚点，以为民务实清廉为主题，通过开展专项整治工作，推动最低生活保障等社会救助政策规范实施，推动基层社会救助服务水平全面提升，促进民政系统党员、干部思想认识明显提高，工作作风明显转变。

二、重点任务

（一）以解决群众反映强烈的“人情保”“错保”问题和推行“阳光低保”为重点，对最低生活保障对象开展全面排查，有效促进低保政策公平公正实施。

（二）以建立完善“一门受理、协同办理”机制为重点，创新社会救助工作方式，完善社会救助窗口服务功能，全面提升基层为民服务水平，真正做到让困难群众“求助有门、受助及时”，社会救助利民便民。

三、具体措施

（一）集中开展“人情保”、“错保”专项整治活动。

1. 全面复核低保对象。按照《国务院关于加强和改进最低生活保障工作的意见》（国发〔2012〕45号）和《社会救助暂行办法》要求，对本地区的困难群众和低保对象进行全面摸底调查和集中复核，切实做到“应保尽保、应退尽退”；对照《最低生活保障审核审批办法》（民发〔2012〕220号）的有关规定，认真检查在低保申请受理、审核审批、民主评议、公开公示及动态管理等关键环节的政策执行情况，坚决纠正违反国家有关规定的做法。

2. 严肃查处“人情保”。以促进建立低保经办人员和近亲属享受最低生活保障备案制度为基础，重点对本地区群众反映强烈的“人情保”“关系保”以及媒体曝光的案件进行集中查处；建立社会救助监督举报热线，畅通投诉举报渠道，对群众反映和媒体披露的问题，做到件件有核实，对发现的问题，做到发现一起，查处一起。凡媒体披露的重大违规违纪案件，民政部将直接督办并向社会公布调查处理结果。

3. 有效遏制“错保”。以建立社会救助申请家庭经济状况核对信息系统平台为核心，改进经济状况核查手段。在城市低保审核审批中，加强核对机制的运用，通过救助申请家庭经济状况信息核对，提高低保等社会救助对象认定手段；在农村低保审核审批中，进一步明晰家庭经济状况核查的内容和方法，坚决纠正和杜绝不经家庭经济状况调查纳入低保的做法，有效减少和遏制“错保”发生。鼓励各地改进完善低保对象认定办法，切实建立符合当地实情、群众满意认可的低保对象认定政策体系。

4. 加强政策宣传和信息披露。集中开展《社会救助暂行办法》宣传普及活动，采取群众喜闻乐见的途径和形式将政策送村入户，做到家喻户晓、人人皆知。加强社会救助管理信息系统建设，在县一级加强社会救助信息化管理，利用信息化手段提高社会救助对象管理服务水平，加强对象动态管理。严格执行社会救助对象公示制度，坚决杜绝选择性公示行为。审核审批过程中，要坚持在申请人所在村（社区）两榜公示，获得救助后要进行长期公示，广泛接受社会和群众监督。

（二）加快建立完善“一门受理、协同办理”机制。

1. 全面建立统一的“社会救助服务窗口”。依托乡镇（街道）政务大厅、办事大厅等，设立统一的救助申请受理窗口，在做好最低生活保障、特困人员供养、医疗救助、临时救助等申请受理的基础上，拓展窗口服务功能，对申请人难以确定社会救助管理部门的，敞开求助之门，积极帮助办理或者转介其他社会救助管理部门办理。进一步明确部门职责和分工，制定社会救助申请分办、转办流程，规范办理时限，加强结果跟踪，为解决困难群众“求助有门、受助及时”打造“绿色通道”。

2. 统一规范社会救助窗口服务标准。以方便服务群众为根本点，结合本地实际制订统一规范的窗口服务标准，在统一窗口标识基础上，进一步规范窗口服务内容、服务流程等，做到“一明显三上墙”，即窗口标识明显，救助政策上墙、工作职责上墙、监督投诉电话上墙。

3. 积极开展救助对象主动发现工作。统筹各类资源，拓展生活无着流浪乞讨救助管理机构在困难对象主动发现和快速响应等方面的服务功能和作用，充分发挥村（居）委会、驻村干部、社区网格员、社会工作者、志愿者等贴近群众、熟悉民情的特点，协助开展困难排查、信息报送、公示监督等工作，对陷入生活困境的困难群众做到早发现、早干预、早救助。通过“一门受理”和“主动发现”，力求救助无盲区；通过“协同办理”和“快速响应”，真正做到救群众之所急，解群众之所难。

4. 协同解决群众突出困难。依托已经建立的政府领导、民政牵头、部门配合、社会力量参与的社会救助工作协调机制，加强与有关部门的协调配合。在县一级，通过建立部门定期会商制度、召开联席会议或办公室会议，及时沟通交流工作情况，分析工作中存在的问题，针对基层和群众普遍反映的问题，以及群众反响强烈、社会影响较大的个案共同研究解决措施。

四、实施步骤

专项整治活动和建立完善机制分四个阶段进行：

第一阶段：部署启动阶段（2014 年 6 月 12 日至 6 月底）。

省级民政部门结合党的群众路线教育实践活动开展和《社会救助暂行办法》贯彻落实工作安排，针对本地区特点，围绕专项整治工作重点，研究制定具有针对性和可操作性的专项整治方案，部署有关工作。

第二阶段：全面排查阶段（2014 年 7 月上旬至 8 月中旬）。

一是组织开展自查。包括对各项社会救助制度相关配套政策的制定情况、救助程序的执行情况、社会救助经办机构设立和经办人员配备情况、乡镇（街道）社会救助服务窗口建设情况等开展自查，对存在的问题进行梳理、分析。二是开展低保重点核查。集中力量对已纳入低保范围的对象进行全面动态复核，对于收入来源不固定、成员有劳动能力和劳动条件或群众有异议的最低生活保障家庭，实施重点核查。有条件的地方，可以委托相关社会组织，充分利用社会力量参与低保重点核查工作。

第三阶段：检查督导阶段（2014 年 8 月下旬至 9 月上旬）。

省级民政部门在指导基层民政部门开展教育实践活动中，围绕专项整治工作和建立完善工作机制的重点任务，采取自查与实地检查、督查与社会评价相结合的方式，及时掌握地方民政部门工作动态，协助研究解决有关问题，对工作流于形式、走过场的，要责令整改并严肃处理；对于最低生活保障重大信访事项或社会影响恶劣的违规违纪事件，要派专人现场督办解决。为确保此项工作的进度和质量，民政部将适时派出督导组，对部分地区进行抽查，并加强对重点案件的督办。

第四阶段：总结整改阶段（2014 年 9 月上旬至 9 月底）。

各级民政部门结合群众路线教育实践活动总体安排，同步搞好专项整治暨完善机制工作总结，省级民政部门要帮助基层民政部门和单位分析解决存在的突出问题，提出进一步加强和改进工作的指导意见。民政部将结合部领导定点联系指导、业务司局分类指导等工作安排，针对各地在教育实践中反映出来的突出问题，深入查找原因，研究制定行得通、指导力强、能长期管用的制度规定，解决好“问题在基层、根子在上层”的问题。

五、工作要求

（一）统筹联动，形成合力。

开展“人情保”“错保”专项整治，建立完善“一门受理、协同办理”机制是确保民政系统教育实践活动取得实效的重要举措。民政部教育实践活动领导小组负责社会救助专项整治工作的整体部署和组织领导，部教育实践活动领导小组办公室、社会救助司具体负责各阶段的工作安排、检查和总结。各省级民政部门要高度重视，精心安排，周密部署，强化工作责任落实。特别要注重加强上下统筹联动，以上带下，以下促上，形成工作合力。

（二）重点突破，敢于碰硬。

要不折不扣地落实民政部教育实践活动领导小组确定的专项整治和完善机制工作任务，对于人民群众反映强烈的“人情保”“关系保”，要敢于啃硬骨头，不怕捅“马蜂窝”，强化正风肃纪，下决心整改本地区在社会救助领域长期存在的突出问题；要抓紧建立健全社会救助服务窗口，提升服务困难群众的功能和水平，保证困难群众话有地方说、事有地方办、困难有人帮。

（三）强化整改，力求实效。

对于专项整治和完善机制工作中发现的问题，要认真梳理，限期整改。对政策规定不切合实际的，要及时调整相关制度；对政策落实不到位的，要追究相关部门或责任人责任；对基层能力保障不足的，要积极争取党委政府和相关部门支持，力求得到较好解决，确保“阳光低保”全面推行，基层服务窗口普遍达标，整改成效让群众看得见、感受得到，大多数人满意。

（四）做好信息报送。

要建立专项整治和完善机制工作信息报送制度，各省级民政部门要及时收集汇总专项整治工作情况，做好上传下达和工作指导；定期向民政部及当地党委、政府报告和反映工作进展、经验做法、困难问题、意见建议，每月 15 日前报送前一阶段专项整治和完善机制工作进展情况和统计信息。民政部群众路线教育实践活动领导小组办公室将对各地工作开展情况及时进行通报，并定期向中央教育实践活动领导小组办公室报告。

关于政府购买服务有关预算管理问题的通知

（财预〔2014〕13 号）

党中央有关部门，国务院各部委、各直属机构，总后勤部，武警各部队，全国人大常委会办公厅，全国政协办公厅，高法院，高检院，有关人民团体，新疆生产建设兵团财务局，有关中央管理企业，各省、自治区、直辖市、计划单列市财政厅（局）：

为全面贯彻落实党的十八大和十八届二中、三中全会精神，加快政府职能转变，改进政府提供公共服务方式，优化资源配置，提高财政资金使用效益，根据《国务院办公厅关于政府向社会力量购买服务的指导意见》（国办发〔2013〕96 号）有关要求，现就推进政府购买服务有关预算管理工作通知如下：

一、妥善安排购买服务所需资金

政府购买服务所需资金列入财政预算，从部门预算经费或经批准的专项资金等既有预算中统筹安排。对预算已安排资金且明确通过购买方式提供的服务项目，按相关规定执行；对预算已安排资金但尚未明确通过购买方式提供的服务，可根据实际情况，调整通过政府购买服务的方式交由社会力量承办。既要禁止一些单位将本应由自身承担的职责，转嫁给社会力量承担，产生“养懒人”现象，也要避免将不属于政府职责范围的服务大包大揽，增加财政支出压力。

二、健全购买服务预算管理体系

要加强调查研究，总结试点经验，立足成本效益分析，加快建立购买服务支出标准体系，推进购买服务项目库建设，逐步在预算编报、资金安排、预算批复等方面建立规范流程，不断健全预算编制体系，提高购买服务预算编制的科学化、规范化。

三、强化购买服务预算执行监控

财政部门和预算单位要对购买服务提供进行全过程跟踪，对合同履行、绩效目标实施等，发现偏离目标要及时采取措施予以纠正，确保资金规范管理、安全使用和绩效目标如期实现。承接主体要认真履行合同规定，采取有效措施增强服务能力，提高服务水平，确保提供服务的数量、质量等达到预期目标。

四、推进购买服务预算信息公开

严格执行《中华人民共和国政府信息公开条例》有关规定，建立健全购买服务信息公开机制，拓宽公开渠道，搭建公开平台，及时将购买的服务项目、服务标准、服务要求、服务内容、预算安排、购买程序、绩效评价标准、绩效评价结果等购买服务预算信息向社会公开，提高预算透明度，回应社会关切，接受社会监督。

五、实施购买服务预算绩效评价

购买服务预算绩效评价是全过程预算绩效管理的有机组成部分。要按照建立全过程预算绩效管理机制的要求，强调结果导向，大力推进购买服务预算绩效评价工作，将预算绩效管理理念贯穿于购买服务预算管理全过程，强化部门支出责任，加强成本效益分析，控制降低公共成本，节约社会资源，加强绩效评价和结果应用。评价结果作为以后年度编制预算和选择承接主体的重要参考依据，不断提高对财政资金使用效益和公共服务的质量。

六、严格购买服务资金监督检查

使用购买服务预算资金要严格遵守相关财政财务管理规定，不得截留和挪用财政资金。要加强对政府购买服务预算资金使用的监督检查，适时开展抽查检查，确保预算资金的规范管理和合理使用。对发现的违法行为，依照《财政违法行为处罚处分条例》（国务院令第427号）等有关规定追究法律责任。

财　政　部

2014年1月24日

关于支持和规范社会组织承接政府购买服务的通知

（财综〔2014〕87 号）

各省、自治区、直辖市、计划单列市财政厅（局）、民政厅（局），新疆生产建设兵团财务局、民政局：

为全面贯彻落实党的十八届三中全会精神，加快转变政府职能，推广政府购买服务，激发社会组织活力，根据《中共中央关于全面深化改革若干重大问题的决定》、《国务院办公厅关于政府向社会力量购买服务的指导意见》（国办发〔2013〕96 号）有关要求，现就支持和规范社会组织承接政府购买服务有关工作通知如下：

一、充分认识社会组织在政府购买服务中的重要作用

党的十八届三中全会提出，适合由社会组织提供的公共服务和解决的事项，交由社会组织承担，对社会组织承接政府购买服务工作提出了新的更高要求。

改革开放以来，我国社会组织稳步发展，秉持非营利性、公益性和公共性原则，在教育科技、健康卫生、文化体育、社会福利、社会治理等公共服务领域发挥了重要作用，已成为社会治理和社会事业的重要主体。充分发挥社会组织在公共服务供给中的独特功能和积极作用，有利于加快转变政府职能，创新公共服务供给方式，提高公共服务供给水平和效率；有利于培育和引导社会组织，加快形成政社分开、权责明确、依法自治的现代社会组织体制；有利于推动整合利用社会资源，增强公众参与意识，激发社会发展活力。

随着政府购买服务工作的推进，社会组织承接政府公共服务能力不足的问题日益显现。突出表现为，社会组织在数量、规模等方面相对滞后，专业素质不够高，内部治理不健全，政社不分、管办一体、责任不清，独立运作能力较弱，社会公信力偏低，筹集和整合社会资源能力不强，这些问题成为影响社会组织承接政府购买服务工作的重要因素。各地要认真贯彻落实党的十八届三中全会精神，按照国办发〔2013〕96 号文件的要求，在推广政府购买服务改革中，将提升社会组织公共服务能力作为开展政府购买服务的基础性工作，支持和引导社会组织健康有序发展，充分发挥社会组织在承接政府购买服务中的主体作用。

二、加大对社会组织承接政府购买服务的支持力度

（一）加强社会组织培育发展。加快培育一批独立公正、行为规范、运作有序、公信力强、适应社会主义市场经济发展要求的社会组织。重点培育和优先发展行业协会商会类、科技类、公益慈善类、城乡社区服务类社会组织。统筹利用现有公共服务设施，以适当方式为社会组织开展服务创造必要条件，大力支持社会组织积极参与政府购买公共服务活动。各地要根据本地区经济社会发展情况和社会组织需要，为社会组

织充分发挥作用给予政策支持和引导，提升社会组织自主发展、自我管理、筹资和社会服务等能力。鼓励采取孵化培育、人员培训、项目指导、公益创投等多种途径和方式，提升社会组织承接政府购买服务的能力。

（二）按照突出公共性和公益性原则，逐步扩大承接政府购买服务的范围和规模。充分发挥社会组织在公共服务供给中的独特功能和作用，在购买民生保障、社会治理、行业管理等公共服务项目时，同等条件下优先向社会组织购买。在民生保障领域，重点购买社会事业、社会福利、社会救助等服务项目。在社会治理领域，重点购买社区服务、社会工作、法律援助、特殊群体服务、矛盾调解等服务项目。在行业管理领域，重点购买行业规范、行业评价、行业统计、行业标准、职业评价、等级评定等服务项目。公平对待社会组织承接政府购买服务，鼓励社会组织进入法律法规未禁入的公共服务行业和领域，形成公共服务供给的多元化发展格局，满足人民群众多样化需求。

（三）探索多种有效方式，加大社会组织承接政府购买服务支持力度。按照政府采购法和国办发〔2013〕96号文件规定，采用公开招标、邀请招标、竞争性谈判、单一来源采购等方式确定承接主体，有针对性地培育和发展一批社会组织，促进社会组织的发展。有条件的地方可推广利用财政资金支持社会组织参与服务示范项目，逐步加大政府向社会组织购买服务的力度，适合采取市场化方式提供、社会组织能够承担的公共服务，都可以由社会组织参与、承接，所需资金按照预算管理要求在财政预算安排中统筹考虑。引导、支持社会组织募集资金参与服务。贯彻落实国家对社会组织各项税收优惠政策，符合条件的社会组织按照有关税收法律法规规定，享受相关税收优惠。

三、进一步建立健全社会组织承接政府购买服务信用记录管理机制

（一）社会组织承接政府购买服务应当具备以下条件：具有独立承担民事责任的能力；具有开展工作所必需的条件，具有固定的办公场所，有必要的专职工作人员；具有健全的法人治理结构，完善的内部管理、信息公开和民主监督制度；有完善的财务核算和资产管理制度，有依法缴纳税收、社会保险费的良好记录；近三年内无重大违法记录；法律、行政法规规定的其他条件。

（二）社会组织在承接政府购买服务时，应当按要求提供登记证书、年检结论、年度报告、财务审计报告、依法缴纳税收和社会保险费，无重大违法记录的声明等相关证明材料，供购买主体审查。购买主体可根据购买内容的特点规定社会组织的特定条件，但不得对承接主体实行歧视性差别待遇。

（三）按照公开、公正、公平原则，推进社会组织登记管理和承接政府购买服务的信息公开和信息共享，加强政府向社会组织购买服务的绩效管理和绩效评价。建立健全由购买主体、服务对象及专业机构组成的综合性评价机制。各级财政部门要配合购买主体及相关机构加强政府购买服务活动的监管和绩效评价，在推广政府购买服务过程中，对守信社会组织予以支持和激励，对失信社会组织予以限制和禁止。各级民政部门要建立完善社会组织信用体系，协助核实社会组织的资质及相关条件，及时收录承接政府购买服务的社会组织绩效评价结果和对违法社会组织的处罚决定等内容，每年按时向社会公布社会组织名录和信用记录。有关部门要将社会组织承接政府购买服务情况纳入年检、评估和执法工作体系，加大对违法违规行为的执法监管力度。

四、切实做好社会组织承接政府购买服务的组织实施

各地要建立健全部门联动机制，统筹规划、协调指导政府向社会组织购买服务工作。及时披露、公开信息，鼓励社会监督，充分调动社会参与的积极性。要结合实际，制定支持和规范社会组织承接政府购买服务的具体政策，确保工作落到实处，取得成效。切实加强调查研究，认真总结好经验、好做法，及时发现并解决政府向社会组织购买服务工作中出现的问题。

执行中遇到的新情况和重大问题，以及有关意见和建议，请及时报送财政部、民政部。

财　政　部
民　政　部
2014 年 11 月 25 日

关于印发《政府购买服务管理办法（暂行）》的通知

（财综〔2014〕96号）

党中央有关部门，国务院各部委、各直属机构，全国人大常委会办公厅，全国政协办公厅，高法院，高检院，有关人民团体，各民主党派中央，全国工商联，各省、自治区、直辖市、计划单列市财政厅（局）、民政厅（局）、工商行政管理局，新疆生产建设兵团财务局、民政局、工商行政管理局：

根据党的十八届三中全会有关精神和《国务院办公厅关于政府向社会力量购买服务的指导意见》（国办发〔2013〕96号）部署，为加快推进政府购买服务改革，我们制定了《政府购买服务管理办法（暂行）》。现印发给你们，请认真贯彻执行。

附件：政府购买服务管理办法（暂行）

财　政　部
民　政　部
工商总局
2014年12月15日

附件

政府购买服务管理办法（暂行）

第一章　总　则

第一条　为了进一步转变政府职能，推广和规范政府购买服务，更好发挥市场在资源配置中的决定性作用，根据《中华人民共和国预算法》、《中华人民共和国政府采购法》、《中共中央关于全面深化改革若干重大问题的决定》、《国务院办公厅关于政府向社会力量购买服务的指导意见》（国办发〔2013〕96号）等有关要求和规定，制定本办法。

第二条　本办法所称政府购买服务，是指通过发挥市场机制作用，把政府直接提供的一部分公共服务事项以及政府履职所需服务事项，按照一定的方式和程序，交由具备条件的社会力量和事业单位承担，并由政府根据合同约定向其支付费用。

政府购买服务范围应当根据政府职能性质确定，并与经济社会发展水平相适应。属于事务性管理服务的，应当引入竞争机制，通过政府购买服务方式提供。

第三条　政府购买服务遵循以下基本原则：

（一）积极稳妥，有序实施。从实际出发，准确把握社会公共服务需求，充分发挥政府主导作用，探索多种有效方式，加大社会组织承接政府购买服务支持力度，增强社会组织平等参与承接政府购买公共服务的能力，有序引导社会力量参与服务供给，形成改善公共服务的合力。

（二）科学安排，注重实效。突出公共性和公益性，重点考虑、优先安排与改善民生密切相关、有利于转变政府职能的领域和项目，明确权利义务，切实提高财政资金使用效率。

（三）公开择优，以事定费。按照公开、公平、公正原则，坚持费随事转，通过公平竞争择优选择方式确定政府购买服务的承接主体，建立优胜劣汰的动态调整机制。

（四）改革创新，完善机制。坚持与事业单位改革、社会组织改革相衔接，推进政事分开、政社分开，放宽市场准入，凡是社会能办好的，都交给社会力量承担，不断完善体制机制。

第二章　购买主体和承接主体

第四条　政府购买服务的主体（以下简称购买主体）是各级行政机关和具有行政管理职能的事业单位。

第五条　党的机关、纳入行政编制管理且经费由财政负担的群团组织向社会提供的公共服务以及履职服务，可以根据实际需要，按照本办法规定实施购买服务。

第六条　承接政府购买服务的主体（以下简称承接主体），包括在登记管理部门登记或经国务院批准免予登记的社会组织、按事业单位分类改革应划入公益二类或转为企业的事业单位，依法在工商管理或行业主管部门登记成立的企业、机构等社会力量。

第七条　承接主体应当具备以下条件：

（一）依法设立，具有独立承担民事责任的能力；

（二）治理结构健全，内部管理和监督制度完善；

（三）具有独立、健全的财务管理、会计核算和资产管理制度；

（四）具备提供服务所必需的设施、人员和专业技术能力；

（五）具有依法缴纳税收和社会保障资金的良好记录；

（六）前三年内无重大违法记录，通过年检或按要求履行年度报告公示义务，信用状况良好，未被列入经营异常名录或者严重违法企业名单；

（七）符合国家有关政事分开、政社分开、政企分开的要求；

（八）法律、法规规定以及购买服务项目要求的其他条件。

第八条　承接主体的资质及具体条件，由购买主体根据第六条、第七条规定，结合购买服务内容具体需求确定。

第九条　政府购买服务应当与事业单位改革相结合，推动事业单位与主管部门理顺关系和去行政化，推进有条件的事业单位转为企业或社会组织。

事业单位承接政府购买服务的，应按照“费随事转”原则，相应调整财政预算保障方式，防止出现既通过财政拨款养人办事，同时又花钱购买服务的行为。

第十条　购买主体应当在公平竞争的原则下鼓励行业协会商会参与承接政府购买

服务，培育发展社会组织，提升社会组织承担公共服务能力，推动行业协会商会与行政机构脱钩。

第十一条 购买主体应当保障各类承接主体平等竞争，不得以不合理的条件对承接主体实行差别化歧视。

第三章 购买内容及指导目录

第十二条 政府购买服务的内容为适合采取市场化方式提供、社会力量能够承担的服务事项。政府新增或临时性、阶段性的服务事项，适合社会力量承担的，应当按照政府购买服务的方式进行。不属于政府职能范围，以及应当由政府直接提供、不适合社会力量承担的服务事项，不得向社会力量购买。

第十三条 各级财政部门负责制定本级政府购买服务指导性目录，确定政府购买服务的种类、性质和内容。

财政部门制定政府购买服务指导性目录，应当充分征求相关部门意见，并根据经济社会发展变化、政府职能转变及公众需求等情况及时进行动态调整。

第十四条 除法律法规另有规定外，下列服务应当纳入政府购买服务指导性目录：

（一）基本公共服务。公共教育、劳动就业、人才服务、社会保险、社会救助、养老服务、儿童福利服务、残疾人服务、优抚安置、医疗卫生、人口和计划生育、住房保障、公共文化、公共体育、公共安全、公共交通运输、三农服务、环境治理、城市维护等领域适宜由社会力量承担的服务事项。

（二）社会管理性服务。社区建设、社会组织建设与管理、社会工作服务、法律援助、扶贫济困、防灾救灾、人民调解、社区矫正、流动人口管理、安置帮教、志愿服务运营管理、公共公益宣传等领域适宜由社会力量承担的服务事项。

（三）行业管理与协调性服务。行业职业资格和水平测试管理、行业规范、行业投诉等领域适宜由社会力量承担的服务事项。

（四）技术性服务。科研和技术推广、行业规划、行业调查、行业统计分析、检验检疫检测、监测服务、会计审计服务等领域适宜由社会力量承担的服务事项。

（五）政府履职所需辅助性事项。法律服务、课题研究、政策（立法）调研草拟论证、战略和政策研究、综合性规划编制、标准评价指标制定、社会调查、会议经贸活动和展览服务、监督检查、评估、绩效评价、工程服务、项目评审、财务审计、咨询、技术业务培训、信息化建设与管理、后勤管理等领域中适宜由社会力量承担的服务事项。

（六）其他适宜由社会力量承担的服务事项。

第十五条 纳入指导性目录的服务事项，应当实施购买服务。

第四章 购买方式及程序

第十六条 购买主体应当根据购买内容的供求特点、市场发育程度等因素，按照方式灵活、程序简便、公开透明、竞争有序、结果评价的原则组织实施政府购买服务。

第十七条 购买主体应当按照政府采购法的有关规定，采用公开招标、邀请招标、

采购人或者采购代理机构不得通过对样品进行检测、对供应商进行考察等方式改变评审结果。

第四十五条　采购人或者采购代理机构应当按照政府采购合同规定的技术、服务、安全标准组织对供应商履约情况进行验收，并出具验收书。验收书应当包括每一项技术、服务、安全标准的履约情况。

政府向社会公众提供的公共服务项目，验收时应当邀请服务对象参与并出具意见，验收结果应当向社会公告。

第四十六条　政府采购法第四十二条规定的采购文件，可以用电子档案方式保存。

第五章　政府采购合同

第四十七条　国务院财政部门应当会同国务院有关部门制定政府采购合同标准文本。

第四十八条　采购文件要求中标或者成交供应商提交履约保证金的，供应商应当以支票、汇票、本票或者金融机构、担保机构出具的保函等非现金形式提交。履约保证金的数额不得超过政府采购合同金额的10%。

第四十九条　中标或者成交供应商拒绝与采购人签订合同的，采购人可以按照评审报告推荐的中标或者成交候选人名单排序，确定下一候选人为中标或者成交供应商，也可以重新开展政府采购活动。

第五十条　采购人应当自政府采购合同签订之日起2个工作日内，将政府采购合同在省级以上人民政府财政部门指定的媒体上公告，但政府采购合同中涉及国家秘密、商业秘密的内容除外。

第五十一条　采购人应当按照政府采购合同规定，及时向中标或者成交供应商支付采购资金。

政府采购项目资金支付程序，按照国家有关财政资金支付管理的规定执行。

第六章　质疑与投诉

第五十二条　采购人或者采购代理机构应当在3个工作日内对供应商依法提出的询问作出答复。

供应商提出的询问或者质疑超出采购人对采购代理机构委托授权范围的，采购代理机构应当告知供应商向采购人提出。

政府采购评审专家应当配合采购人或者采购代理机构答复供应商的询问和质疑。

第五十三条　政府采购法第五十二条规定的供应商应知其权益受到损害之日，是指：

（一）对可以质疑的采购文件提出质疑的，为收到采购文件之日或者采购文件公告期限届满之日；

（二）对采购过程提出质疑的，为各采购程序环节结束之日；

（三）对中标或者成交结果提出质疑的，为中标或者成交结果公告期限届满之日。

第五十四条 询问或者质疑事项可能影响中标、成交结果的，采购人应当暂停签订合同，已经签订合同的，应当中止履行合同。

第五十五条 供应商质疑、投诉应当有明确的请求和必要的证明材料。供应商投诉的事项不得超出已质疑事项的范围。

第五十六条 财政部门处理投诉事项采用书面审查的方式，必要时可以进行调查取证或者组织质证。

对财政部门依法进行的调查取证，投诉人和与投诉事项有关的当事人应当如实反映情况，并提供相关材料。

第五十七条 投诉人捏造事实、提供虚假材料或者以非法手段取得证明材料进行投诉的，财政部门应当予以驳回。

财政部门受理投诉后，投诉人书面申请撤回投诉的，财政部门应当终止投诉处理程序。

第五十八条 财政部门处理投诉事项，需要检验、检测、鉴定、专家评审以及需要投诉人补正材料的，所需时间不计算在投诉处理期限内。

财政部门对投诉事项作出的处理决定，应当在省级以上人民政府财政部门指定的媒体上公告。

第七章 监督检查

第五十九条 政府采购法第六十三条所称政府采购项目的采购标准，是指项目采购所依据的经费预算标准、资产配置标准和技术、服务标准等。

第六十条 除政府采购法第六十六条规定的考核事项外，财政部门对集中采购机构的考核事项还包括：

（一）政府采购政策的执行情况；

（二）采购文件编制水平；

（三）采购方式和采购程序的执行情况；

（四）询问、质疑答复情况；

（五）内部监督管理制度建设及执行情况；

（六）省级以上人民政府财政部门规定的其他事项。

财政部门应当制定考核计划，定期对集中采购机构进行考核，考核结果有重要情况的，应当向本级人民政府报告。

第六十一条 采购人发现采购代理机构有违法行为的，应当要求其改正。采购代理机构拒不改正的，采购人应当向本级人民政府财政部门报告，财政部门应当依法处理。

采购代理机构发现采购人的采购需求存在以不合理条件对供应商实行差别待遇、歧视待遇或者其他不符合法律、法规和政府采购政策规定内容，或者发现采购人有其他违法行为的，应当建议其改正。采购人拒不改正的，采购代理机构应当向采购人的本级人民政府财政部门报告，财政部门应当依法处理。

第六十二条 省级以上人民政府财政部门应当对政府采购评审专家库实行动态管

理，具体管理办法由国务院财政部门制定。

采购人或者采购代理机构应当对评审专家在政府采购活动中的职责履行情况予以记录，并及时向财政部门报告。

第六十三条　各级人民政府财政部门和其他有关部门应当加强对参加政府采购活动的供应商、采购代理机构、评审专家的监督管理，对其不良行为予以记录，并纳入统一的信用信息平台。

第六十四条　各级人民政府财政部门对政府采购活动进行监督检查，有权查阅、复制有关文件、资料，相关单位和人员应当予以配合。

第六十五条　审计机关、监察机关以及其他有关部门依法对政府采购活动实施监督，发现采购当事人有违法行为的，应当及时通报财政部门。

第八章　法律责任

第六十六条　政府采购法第七十一条规定的罚款，数额为10万元以下。

政府采购法第七十二条规定的罚款，数额为5万元以上25万元以下。

第六十七条　采购人有下列情形之一的，由财政部门责令限期改正，给予警告，对直接负责的主管人员和其他直接责任人员依法给予处分，并予以通报：

（一）未按照规定编制政府采购实施计划或者未按照规定将政府采购实施计划报本级人民政府财政部门备案；

（二）将应当进行公开招标的项目化整为零或者以其他任何方式规避公开招标；

（三）未按照规定在评标委员会、竞争性谈判小组或者询价小组推荐的中标或者成交候选人中确定中标或者成交供应商；

（四）未按照采购文件确定的事项签订政府采购合同；

（五）政府采购合同履行中追加与合同标的相同的货物、工程或者服务的采购金额超过原合同采购金额10%；

（六）擅自变更、中止或者终止政府采购合同；

（七）未按照规定公告政府采购合同；

（八）未按照规定时间将政府采购合同副本报本级人民政府财政部门和有关部门备案。

第六十八条　采购人、采购代理机构有下列情形之一的，依照政府采购法第七十一条、第七十八条的规定追究法律责任：

（一）未依照政府采购法和本条例规定的方式实施采购；

（二）未依法在指定的媒体上发布政府采购项目信息；

（三）未按照规定执行政府采购政策；

（四）违反本条例第十五条的规定导致无法组织对供应商履约情况进行验收或者国家财产遭受损失；

（五）未依法从政府采购评审专家库中抽取评审专家；

（六）非法干预采购评审活动；

（七）采用综合评分法时评审标准中的分值设置未与评审因素的量化指标相对应；

（八）对供应商的询问、质疑逾期未作处理；

（九）通过对样品进行检测、对供应商进行考察等方式改变评审结果；

（十）未按照规定组织对供应商履约情况进行验收。

第六十九条 集中采购机构有下列情形之一的，由财政部门责令限期改正，给予警告，有违法所得的，并处没收违法所得，对直接负责的主管人员和其他直接责任人员依法给予处分，并予以通报：

（一）内部监督管理制度不健全，对依法应当分设、分离的岗位、人员未分设、分离；

（二）将集中采购项目委托其他采购代理机构采购；

（三）从事营利活动。

第七十条 采购人员与供应商有利害关系而不依法回避的，由财政部门给予警告，并处2000元以上2万元以下的罚款。

第七十一条 有政府采购法第七十一条、第七十二条规定的违法行为之一，影响或者可能影响中标、成交结果的，依照下列规定处理：

（一）未确定中标或者成交供应商的，终止本次政府采购活动，重新开展政府采购活动。

（二）已确定中标或者成交供应商但尚未签订政府采购合同的，中标或者成交结果无效，从合格的中标或者成交候选人中另行确定中标或者成交供应商；没有合格的中标或者成交候选人的，重新开展政府采购活动。

（三）政府采购合同已签订但尚未履行的，撤销合同，从合格的中标或者成交候选人中另行确定中标或者成交供应商；没有合格的中标或者成交候选人的，重新开展政府采购活动。

（四）政府采购合同已经履行，给采购人、供应商造成损失的，由责任人承担赔偿责任。

政府采购当事人有其他违反政府采购法或者本条例规定的行为，经改正后仍然影响或者可能影响中标、成交结果或者依法被认定为中标、成交无效的，依照前款规定处理。

第七十二条 供应商有下列情形之一的，依照政府采购法第七十七条第一款的规定追究法律责任：

（一）向评标委员会、竞争性谈判小组或者询价小组成员行贿或者提供其他不正当利益；

（二）中标或者成交后无正当理由拒不与采购人签订政府采购合同；

（三）未按照采购文件确定的事项签订政府采购合同；

（四）将政府采购合同转包；

（五）提供假冒伪劣产品；

（六）擅自变更、中止或者终止政府采购合同。

供应商有前款第一项规定情形的，中标、成交无效。评审阶段资格发生变化，供应商未依照本条例第二十一条的规定通知采购人和采购代理机构的，处以采购金额5‰的罚款，列入不良行为记录名单，中标、成交无效。

第七十三条　供应商捏造事实、提供虚假材料或者以非法手段取得证明材料进行投诉的，由财政部门列入不良行为记录名单，禁止其1至3年内参加政府采购活动。

第七十四条　有下列情形之一的，属于恶意串通，对供应商依照政府采购法第七十七条第一款的规定追究法律责任，对采购人、采购代理机构及其工作人员依照政府采购法第七十二条的规定追究法律责任：

（一）供应商直接或者间接从采购人或者采购代理机构处获得其他供应商的相关情况并修改其投标文件或者响应文件；

（二）供应商按照采购人或者采购代理机构的授意撤换、修改投标文件或者响应文件；

（三）供应商之间协商报价、技术方案等投标文件或者响应文件的实质性内容；

（四）属于同一集团、协会、商会等组织成员的供应商按照该组织要求协同参加政府采购活动；

（五）供应商之间事先约定由某一特定供应商中标、成交；

（六）供应商之间商定部分供应商放弃参加政府采购活动或者放弃中标、成交；

（七）供应商与采购人或者采购代理机构之间、供应商相互之间，为谋求特定供应商中标、成交或者排斥其他供应商的其他串通行为。

第七十五条　政府采购评审专家未按照采购文件规定的评审程序、评审方法和评审标准进行独立评审或者泄露评审文件、评审情况的，由财政部门给予警告，并处2000元以上2万元以下的罚款；影响中标、成交结果的，处2万元以上5万元以下的罚款，禁止其参加政府采购评审活动。

政府采购评审专家与供应商存在利害关系未回避的，处2万元以上5万元以下的罚款，禁止其参加政府采购评审活动。

政府采购评审专家收受采购人、采购代理机构、供应商贿赂或者获取其他不正当利益，构成犯罪的，依法追究刑事责任；尚不构成犯罪的，处2万元以上5万元以下的罚款，禁止其参加政府采购评审活动。

政府采购评审专家有上述违法行为的，其评审意见无效，不得获取评审费；有违法所得的，没收违法所得；给他人造成损失的，依法承担民事责任。

第七十六条　政府采购当事人违反政府采购法和本条例规定，给他人造成损失的，依法承担民事责任。

第七十七条　财政部门在履行政府采购监督管理职责中违反政府采购法和本条例规定，滥用职权、玩忽职守、徇私舞弊的，对直接负责的主管人员和其他直接责任人员依法给予处分；直接负责的主管人员和其他直接责任人员构成犯罪的，依法追究刑事责任。

第九章　附　则

第七十八条　财政管理实行省直接管理的县级人民政府可以根据需要并报经省级人民政府批准，行使政府采购法和本条例规定的设区的市级人民政府批准变更采购方式的职权。

第七十九条　本条例自2015年3月1日起施行。

关于打赢脱贫攻坚战的决定

（中发〔2015〕34号）

确保到2020年农村贫困人口实现脱贫，是全面建成小康社会最艰巨的任务。现就打赢脱贫攻坚战作出如下决定。

一、增强打赢脱贫攻坚战的使命感紧迫感

消除贫困、改善民生、逐步实现共同富裕，是社会主义的本质要求，是我们党的重要使命。改革开放以来，我们实施大规模扶贫开发，使7亿农村贫困人口摆脱贫困，取得了举世瞩目的伟大成就，谱写了人类反贫困历史上的辉煌篇章。党的十八大以来，我们把扶贫开发工作纳入"四个全面"战略布局，作为实现第一个百年奋斗目标的重点工作，摆在更加突出的位置，大力实施精准扶贫，不断丰富和拓展中国特色扶贫开发道路，不断开创扶贫开发事业新局面。

我国扶贫开发已进入啃硬骨头、攻坚拔寨的冲刺期。中西部一些省（自治区、直辖市）贫困人口规模依然较大，剩下的贫困人口贫困程度较深，减贫成本更高，脱贫难度更大。实现到2020年让7000多万农村贫困人口摆脱贫困的既定目标，时间十分紧迫、任务相当繁重。必须在现有基础上不断创新扶贫开发思路和办法，坚决打赢这场攻坚战。

扶贫开发事关全面建成小康社会，事关人民福祉，事关巩固党的执政基础，事关国家长治久安，事关我国国际形象。打赢脱贫攻坚战，是促进全体人民共享改革发展成果、实现共同富裕的重大举措，是体现中国特色社会主义制度优越性的重要标志，也是经济发展新常态下扩大国内需求、促进经济增长的重要途径。各级党委和政府必须把扶贫开发工作作为重大政治任务来抓，切实增强责任感、使命感和紧迫感，切实解决好思想认识不到位、体制机制不健全、工作措施不落实等突出问题，不辱使命、勇于担当，只争朝夕、真抓实干，加快补齐全面建成小康社会中的这块突出短板，决不让一个地区、一个民族掉队，实现《中共中央关于制定国民经济和社会发展第十三个五年规划的建议》确定的脱贫攻坚目标。

二、打赢脱贫攻坚战的总体要求

（一）指导思想。全面贯彻落实党的十八大和十八届二中、三中、四中、五中全会精神，以邓小平理论、"三个代表"重要思想、科学发展观为指导，深入贯彻习近平总书记系列重要讲话精神，围绕"四个全面"战略布局，牢固树立并切实贯彻创新、协调、绿色、开放、共享的发展理念，充分发挥政治优势和制度优势，把精准扶贫、精准脱贫作为基本方略，坚持扶贫开发与经济社会发展相互促进，坚持精准帮扶与集中连片特殊困难地区开发紧密结合，坚持扶贫开发与生态保护并重，坚持扶贫开发与社

会保障有效衔接，咬定青山不放松，采取超常规举措，拿出过硬办法，举全党全社会之力，坚决打赢脱贫攻坚战。

（二）总体目标。到2020年，稳定实现农村贫困人口不愁吃、不愁穿，义务教育、基本医疗和住房安全有保障。实现贫困地区农民人均可支配收入增长幅度高于全国平均水平，基本公共服务主要领域指标接近全国平均水平。确保我国现行标准下农村贫困人口实现脱贫，贫困县全部摘帽，解决区域性整体贫困。

（三）基本原则。

——坚持党的领导，夯实组织基础。充分发挥各级党委总揽全局、协调各方的领导核心作用，严格执行脱贫攻坚一把手负责制，省市县乡村五级书记一起抓。切实加强贫困地区农村基层党组织建设，使其成为带领群众脱贫致富的坚强战斗堡垒。

——坚持政府主导，增强社会合力。强化政府责任，引领市场、社会协同发力，鼓励先富帮后富，构建专项扶贫、行业扶贫、社会扶贫互为补充的大扶贫格局。

——坚持精准扶贫，提高扶贫成效。扶贫开发贵在精准，重在精准，必须解决好扶持谁、谁来扶、怎么扶的问题，做到扶真贫、真扶贫、真脱贫，切实提高扶贫成果可持续性，让贫困人口有更多的获得感。

——坚持保护生态，实现绿色发展。牢固树立绿水青山就是金山银山的理念，把生态保护放在优先位置，扶贫开发不能以牺牲生态为代价，探索生态脱贫新路子，让贫困人口从生态建设与修复中得到更多实惠。

——坚持群众主体，激发内生动力。继续推进开发式扶贫，处理好国家、社会帮扶和自身努力的关系，发扬自力更生、艰苦奋斗、勤劳致富精神，充分调动贫困地区干部群众积极性和创造性，注重扶贫先扶智，增强贫困人口自我发展能力。

——坚持因地制宜，创新体制机制。突出问题导向，创新扶贫开发路径，由“大水漫灌”向“精准滴灌”转变；创新扶贫资源使用方式，由多头分散向统筹集中转变；创新扶贫开发模式，由偏重“输血”向注重“造血”转变；创新扶贫考评体系，由侧重考核地区生产总值向主要考核脱贫成效转变。

三、实施精准扶贫方略，加快贫困人口精准脱贫

（四）健全精准扶贫工作机制。抓好精准识别、建档立卡这个关键环节，为打赢脱贫攻坚战打好基础，为推进城乡发展一体化、逐步实现基本公共服务均等化创造条件。按照扶持对象精准、项目安排精准、资金使用精准、措施到户精准、因村派人精准、脱贫成效精准的要求，使建档立卡贫困人口中有5000万人左右通过产业扶持、转移就业、易地搬迁、教育支持、医疗救助等措施实现脱贫，其余完全或部分丧失劳动能力的贫困人口实行社保政策兜底脱贫。对建档立卡贫困村、贫困户和贫困人口定期进行全面核查，建立精准扶贫台账，实行有进有出的动态管理。根据致贫原因和脱贫需求，对贫困人口实行分类扶持。建立贫困户脱贫认定机制，对已经脱贫的农户，在一定时期内让其继续享受扶贫相关政策，避免出现边脱贫、边返贫现象，切实做到应进则进、应扶则扶。抓紧制定严格、规范、透明的国家扶贫开发工作重点县退出标准、程序、核查办法。重点县退出，由县提出申请，市（地）初审，省级审定，报国务院扶贫开发领导小组备案。重点县退出后，在攻坚期内国家原有扶贫政策保持不变，抓紧制定

攻坚期后国家帮扶政策。加强对扶贫工作绩效的社会监督，开展贫困地区群众扶贫满意度调查，建立对扶贫政策落实情况和扶贫成效的第三方评估机制。评价精准扶贫成效，既要看减贫数量，更要看脱贫质量，不提不切实际的指标，对弄虚作假搞“数字脱贫”的，要严肃追究责任。

（五）发展特色产业脱贫。制定贫困地区特色产业发展规划。出台专项政策，统筹使用涉农资金，重点支持贫困村、贫困户因地制宜发展种养业和传统手工业等。实施贫困村“一村一品”产业推进行动，扶持建设一批贫困人口参与度高的特色农业基地。加强贫困地区农民合作社和龙头企业培育，发挥其对贫困人口的组织和带动作用，强化其与贫困户的利益联结机制。支持贫困地区发展农产品加工业，加快一二三产业融合发展，让贫困户更多分享农业全产业链和价值链增值收益。加大对贫困地区农产品品牌推介营销支持力度。依托贫困地区特有的自然人文资源，深入实施乡村旅游扶贫工程。科学合理有序开发贫困地区水电、煤炭、油气等资源，调整完善资源开发收益分配政策。探索水电利益共享机制，将从发电中提取的资金优先用于水库移民和库区后续发展。引导中央企业、民营企业分别设立贫困地区产业投资基金，采取市场化运作方式，主要用于吸引企业到贫困地区从事资源开发、产业园区建设、新型城镇化发展等。

（六）引导劳务输出脱贫。加大劳务输出培训投入，统筹使用各类培训资源，以就业为导向，提高培训的针对性和有效性。加大职业技能提升计划和贫困户教育培训工程实施力度，引导企业扶贫与职业教育相结合，鼓励职业院校和技工学校招收贫困家庭子女，确保贫困家庭劳动力至少掌握一门致富技能，实现靠技能脱贫。进一步加大就业专项资金向贫困地区转移支付力度。支持贫困地区建设县乡基层劳动就业和社会保障服务平台，引导和支持用人企业在贫困地区建立劳务培训基地，开展好订单定向培训，建立和完善输出地与输入地劳务对接机制。鼓励地方对跨省务工的农村贫困人口给予交通补助。大力支持家政服务、物流配送、养老服务等产业发展，拓展贫困地区劳动力外出就业空间。加大对贫困地区农民工返乡创业政策扶持力度。对在城镇工作生活一年以上的农村贫困人口，输入地政府要承担相应的帮扶责任，并优先提供基本公共服务，促进有能力在城镇稳定就业和生活的农村贫困人口有序实现市民化。

（七）实施易地搬迁脱贫。对居住在生存条件恶劣、生态环境脆弱、自然灾害频发等地区的农村贫困人口，加快实施易地扶贫搬迁工程。坚持群众自愿、积极稳妥的原则，因地制宜选择搬迁安置方式，合理确定住房建设标准，完善搬迁后续扶持政策，确保搬迁对象有业可就、稳定脱贫，做到搬得出、稳得住、能致富。要紧密结合推进新型城镇化，编制实施易地扶贫搬迁规划，支持有条件的地方依托小城镇、工业园区安置搬迁群众，帮助其尽快实现转移就业，享有与当地群众同等的基本公共服务。加大中央预算内投资和地方各级政府投入力度，创新投融资机制，拓宽资金来源渠道，提高补助标准。积极整合交通建设、农田水利、土地整治、地质灾害防治、林业生态等支农资金和社会资金，支持安置区配套公共设施建设和迁出区生态修复。利用城乡建设用地增减挂钩政策支持易地扶贫搬迁。为符合条件的搬迁户提供建房、生产、创业贴息贷款支持。支持搬迁安置点发展物业经济，增加搬迁户财产性收入。探索利用农民进城落户后自愿有偿退出的农村空置房屋和土地安置易地搬迁农户。

（八）结合生态保护脱贫。国家实施的退耕还林还草、天然林保护、防护林建设、石漠化治理、防沙治沙、湿地保护与恢复、坡耕地综合整治、退牧还草、水生态治理等重大生态工程，在项目和资金安排上进一步向贫困地区倾斜，提高贫困人口参与度和受益水平。加大贫困地区生态保护修复力度，增加重点生态功能区转移支付。结合建立国家公园体制，创新生态资金使用方式，利用生态补偿和生态保护工程资金使当地有劳动能力的部分贫困人口转为护林员等生态保护人员。合理调整贫困地区基本农田保有指标，加大贫困地区新一轮退耕还林还草力度。开展贫困地区生态综合补偿试点，健全公益林补偿标准动态调整机制，完善草原生态保护补助奖励政策，推动地区间建立横向生态补偿制度。

（九）着力加强教育脱贫。加快实施教育扶贫工程，让贫困家庭子女都能接受公平有质量的教育，阻断贫困代际传递。国家教育经费向贫困地区、基础教育倾斜。健全学前教育资助制度，帮助农村贫困家庭幼儿接受学前教育。稳步推进贫困地区农村义务教育阶段学生营养改善计划。加大对乡村教师队伍建设的支持力度，特岗计划、国培计划向贫困地区基层倾斜，为贫困地区乡村学校定向培养留得下、稳得住的一专多能教师，制定符合基层实际的教师招聘引进办法，建立省级统筹乡村教师补充机制，推动城乡教师合理流动和对口支援。全面落实连片特困地区乡村教师生活补助政策，建立乡村教师荣誉制度。合理布局贫困地区农村中小学校，改善基本办学条件，加快标准化建设，加强寄宿制学校建设，提高义务教育巩固率。普及高中阶段教育，率先从建档立卡的家庭经济困难学生实施普通高中免除学杂费、中等职业教育免除学杂费，让未升入普通高中的初中毕业生都能接受中等职业教育。加强有专业特色并适应市场需求的中等职业学校建设，提高中等职业教育国家助学金资助标准。努力办好贫困地区特殊教育和远程教育。建立保障农村和贫困地区学生上重点高校的长效机制，加大对贫困家庭大学生的救助力度。对贫困家庭离校未就业的高校毕业生提供就业支持。实施教育扶贫结对帮扶行动计划。

（十）开展医疗保险和医疗救助脱贫。实施健康扶贫工程，保障贫困人口享有基本医疗卫生服务，努力防止因病致贫、因病返贫。对贫困人口参加新型农村合作医疗个人缴费部分由财政给予补贴。新型农村合作医疗和大病保险制度对贫困人口实行政策倾斜，门诊统筹率先覆盖所有贫困地区，降低贫困人口大病费用实际支出，对新型农村合作医疗和大病保险支付后自负费用仍有困难的，加大医疗救助、临时救助、慈善救助等帮扶力度，将贫困人口全部纳入重特大疾病救助范围，使贫困人口大病医治得到有效保障。加大农村贫困残疾人康复服务和医疗救助力度，扩大纳入基本医疗保险范围的残疾人医疗康复项目。建立贫困人口健康卡。对贫困人口大病实行分类救治和先诊疗后付费的结算机制。建立全国三级医院（含军队和武警部队医院）与连片特困地区县和国家扶贫开发工作重点县县级医院稳定持续的一对一帮扶关系。完成贫困地区县乡村三级医疗卫生服务网络标准化建设，积极促进远程医疗诊治和保健咨询服务向贫困地区延伸。为贫困地区县乡医疗卫生机构订单定向免费培养医学类本专科学生，支持贫困地区实施全科医生和专科医生特设岗位计划，制定符合基层实际的人才招聘引进办法。支持和引导符合条件的贫困地区乡村医生按规定参加城镇职工基本养老保险。采取针对性措施，加强贫困地区传染病、地方病、慢性病等防治工作。全面实施贫困地区儿童营养改善、新生儿疾病免费筛查、妇女“两癌”免费筛查、孕前优生健康免费检查等重大公共卫生项目。加强贫困地区计划生育服务管理工作。

（十一）实行农村最低生活保障制度兜底脱贫。完善农村最低生活保障制度，对无法依靠产业扶持和就业帮助脱贫的家庭实行政策性保障兜底。加大农村低保省级统筹力度，低保标准较低的地区要逐步达到国家扶贫标准。尽快制定农村最低生活保障制度与扶贫开发政策有效衔接的实施方案。进一步加强农村低保申请家庭经济状况核查工作，将所有符合条件的贫困家庭纳入低保范围，做到应保尽保。加大临时救助制度在贫困地区落实力度。提高农村特困人员供养水平，改善供养条件。抓紧建立农村低保和扶贫开发的数据互通、资源共享信息平台，实现动态监测管理、工作机制有效衔接。加快完善城乡居民基本养老保险制度，适时提高基础养老金标准，引导农村贫困人口积极参保续保，逐步提高保障水平。有条件、有需求地区可以实施“以粮济贫”。

（十二）探索资产收益扶贫。在不改变用途的情况下，财政专项扶贫资金和其他涉农资金投入设施农业、养殖、光伏、水电、乡村旅游等项目形成的资产，具备条件的可折股量化给贫困村和贫困户，尤其是丧失劳动能力的贫困户。资产可由村集体、合作社或其他经营主体统一经营。要强化监督管理，明确资产运营方对财政资金形成资产的保值增值责任，建立健全收益分配机制，确保资产收益及时回馈持股贫困户。支持农民合作社和其他经营主体通过土地托管、牲畜托养和吸收农民土地经营权入股等方式，带动贫困户增收。贫困地区水电、矿产等资源开发，赋予土地被占用的村集体股权，让贫困人口分享资源开发收益。

（十三）健全留守儿童、留守妇女、留守老人和残疾人关爱服务体系。对农村“三留守”人员和残疾人进行全面摸底排查，建立详实完备、动态更新的信息管理系统。加强儿童福利院、救助保护机构、特困人员供养机构、残疾人康复托养机构、社区儿童之家等服务设施和队伍建设，不断提高管理服务水平。建立家庭、学校、基层组织、政府和社会力量相衔接的留守儿童关爱服务网络。加强对未成年人的监护。健全孤儿、事实无人抚养儿童、低收入家庭重病重残等困境儿童的福利保障体系。健全发现报告、应急处置、帮扶干预机制，帮助特殊贫困家庭解决实际困难。加大贫困残疾人康复工程、特殊教育、技能培训、托养服务实施力度。针对残疾人的特殊困难，全面建立困难残疾人生活补贴和重度残疾人护理补贴制度。对低保家庭中的老年人、未成年人、重度残疾人等重点救助对象，提高救助水平，确保基本生活。引导和鼓励社会力量参与特殊群体关爱服务工作。

四、加强贫困地区基础设施建设，加快破除发展瓶颈制约

（十四）加快交通、水利、电力建设。推动国家铁路网、国家高速公路网连接贫困地区的重大交通项目建设，提高国道省道技术标准，构建贫困地区外通内联的交通运输通道。大幅度增加中央投资投入中西部地区和贫困地区的铁路、公路建设，继续实施车购税对农村公路建设的专项转移政策，提高贫困地区农村公路建设补助标准，加快完成具备条件的乡镇和建制村通硬化路的建设任务，加强农村公路安全防护和危桥改造，推动一定人口规模的自然村通公路。加强贫困地区重大水利工程、病险水库水闸除险加固、灌区续建配套与节水改造等水利项目建设。实施农村饮水安全巩固提升

工程，全面解决贫困人口饮水安全问题。小型农田水利、“五小水利”工程等建设向贫困村倾斜。对贫困地区农村公益性基础设施管理养护给予支持。加大对贫困地区抗旱水源建设、中小河流治理、水土流失综合治理力度。加强山洪和地质灾害防治体系建设。大力扶持贫困地区农村水电开发。加强贫困地区农村气象为农服务体系和灾害防御体系建设。加快推进贫困地区农网改造升级，全面提升农网供电能力和供电质量，制定贫困村通动力电规划，提升贫困地区电力普遍服务水平。增加贫困地区年度发电指标。提高贫困地区水电工程留存电量比例。加快推进光伏扶贫工程，支持光伏发电设施接入电网运行，发展光伏农业。

（十五）加大“互联网＋”扶贫力度。完善电信普遍服务补偿机制，加快推进宽带网络覆盖贫困村。实施电商扶贫工程。加快贫困地区物流配送体系建设，支持邮政、供销合作等系统在贫困乡村建立服务网点。支持电商企业拓展农村业务，加强贫困地区农产品网上销售平台建设。加强贫困地区农村电商人才培训。对贫困家庭开设网店给予网络资费补助、小额信贷等支持。开展互联网为农便民服务，提升贫困地区农村互联网金融服务水平，扩大信息进村入户覆盖面。

（十六）加快农村危房改造和人居环境整治。加快推进贫困地区农村危房改造，统筹开展农房抗震改造，把建档立卡贫困户放在优先位置，提高补助标准，探索采用贷款贴息、建设集体公租房等多种方式，切实保障贫困户基本住房安全。加大贫困村生活垃圾处理、污水治理、改厕和村庄绿化美化力度。加大贫困地区传统村落保护力度。继续推进贫困地区农村环境连片整治。加大贫困地区以工代赈投入力度，支持农村山水田林路建设和小流域综合治理。财政支持的微小型建设项目，涉及贫困村的，允许按照一事一议方式直接委托村级组织自建自管。以整村推进为平台，加快改善贫困村生产生活条件，扎实推进美丽宜居乡村建设。

（十七）重点支持革命老区、民族地区、边疆地区、连片特困地区脱贫攻坚。出台加大脱贫攻坚力度支持革命老区开发建设指导意见，加快实施重点贫困革命老区振兴发展规划，扩大革命老区财政转移支付规模。加快推进民族地区重大基础设施项目和民生工程建设，实施少数民族特困地区和特困群体综合扶贫工程，出台人口较少民族整体脱贫的特殊政策措施。改善边疆民族地区义务教育阶段基本办学条件，建立健全双语教学体系，加大教育对口支援力度，积极发展符合民族地区实际的职业教育，加强民族地区师资培训。加强少数民族特色村镇保护与发展。大力推进兴边富民行动，加大边境地区转移支付力度，完善边民补贴机制，充分考虑边境地区特殊需要，集中改善边民生产生活条件，扶持发展边境贸易和特色经济，使边民能够安心生产生活、安心守边固边。完善片区联系协调机制，加快实施集中连片特殊困难地区区域发展与脱贫攻坚规划。加大中央投入力度，采取特殊扶持政策，推进西藏、四省藏区和新疆南疆四地州脱贫攻坚。

五、强化政策保障，健全脱贫攻坚支撑体系

（十八）加大财政扶贫投入力度。发挥政府投入在扶贫开发中的主体和主导作用，积极开辟扶贫开发新的资金渠道，确保政府扶贫投入力度与脱贫攻坚任务相适应。中央财政继续加大对贫困地区的转移支付力度，中央财政专项扶贫资金规模实现较大幅

度增长，一般性转移支付资金、各类涉及民生的专项转移支付资金和中央预算内投资进一步向贫困地区和贫困人口倾斜。加大中央集中彩票公益金对扶贫的支持力度。农业综合开发、农村综合改革转移支付等涉农资金要明确一定比例用于贫困村。各部门安排的各项惠民政策、项目和工程，要最大限度地向贫困地区、贫困村、贫困人口倾斜。各省（自治区、直辖市）要根据本地脱贫攻坚需要，积极调整省级财政支出结构，切实加大扶贫资金投入。从2016年起通过扩大中央和地方财政支出规模，增加对贫困地区水电路气网等基础设施建设和提高基本公共服务水平的投入。建立健全脱贫攻坚多规划衔接、多部门协调长效机制，整合目标相近、方向类同的涉农资金。按照权责一致原则，支持连片特困地区县和国家扶贫开发工作重点县围绕本县突出问题，以扶贫规划为引领，以重点扶贫项目为平台，把专项扶贫资金、相关涉农资金和社会帮扶资金捆绑集中使用。严格落实国家在贫困地区安排的公益性建设项目取消县级和西部连片特困地区地市级配套资金的政策，并加大中央和省级财政投资补助比重。在扶贫开发中推广政府与社会资本合作、政府购买服务等模式。加强财政监督检查和审计、稽查等工作，建立扶贫资金违规使用责任追究制度。纪检监察机关对扶贫领域虚报冒领、截留私分、贪污挪用、挥霍浪费等违法违规问题，坚决从严惩处。推进扶贫开发领域反腐倡廉建设，集中整治和加强预防扶贫领域职务犯罪工作。贫困地区要建立扶贫公告公示制度，强化社会监督，保障资金在阳光下运行。

（十九）加大金融扶贫力度。鼓励和引导商业性、政策性、开发性、合作性等各类金融机构加大对扶贫开发的金融支持。运用多种货币政策工具，向金融机构提供长期、低成本的资金，用于支持扶贫开发。设立扶贫再贷款，实行比支农再贷款更优惠的利率，重点支持贫困地区发展特色产业和贫困人口就业创业。运用适当的政策安排，动用财政贴息资金及部分金融机构的富余资金，对接政策性、开发性金融机构的资金需求，拓宽扶贫资金来源渠道。由国家开发银行和中国农业发展银行发行政策性金融债，按照微利或保本的原则发放长期贷款，中央财政给予90%的贷款贴息，专项用于易地扶贫搬迁。国家开发银行、中国农业发展银行分别设立“扶贫金融事业部”，依法享受税收优惠。中国农业银行、邮政储蓄银行、农村信用社等金融机构要延伸服务网络，创新金融产品，增加贫困地区信贷投放。对有稳定还款来源的扶贫项目，允许采用过桥贷款方式，撬动信贷资金投入。按照省（自治区、直辖市）负总责的要求，建立和完善省级扶贫开发投融资主体。支持农村信用社、村镇银行等金融机构为贫困户提供免抵押、免担保扶贫小额信贷，由财政按基础利率贴息。加大创业担保贷款、助学贷款、妇女小额贷款、康复扶贫贷款实施力度。优先支持在贫困地区设立村镇银行、小额贷款公司等机构。支持贫困地区培育发展农民资金互助组织，开展农民合作社信用合作试点。支持贫困地区设立扶贫贷款风险补偿基金。支持贫困地区设立政府出资的融资担保机构，重点开展扶贫担保业务。积极发展扶贫小额贷款保证保险，对贫困户保证保险保费予以补助。扩大农业保险覆盖面，通过中央财政以奖代补等支持贫困地区特色农产品保险发展。加强贫困地区金融服务基础设施建设，优化金融生态环境。支持贫困地区开展特色农产品价格保险，有条件的地方可给予一定保费补贴。有效拓展贫困地区抵押物担保范围。

（二十）完善扶贫开发用地政策。支持贫困地区根据第二次全国土地调查及最新年度变更调查成果，调整完善土地利用总体规划。新增建设用地计划指标优先保障扶贫开发用地需要，专项安排国家扶贫开发工作重点县年度新增建设用地计划指标。中央和省级在安排土地整治工程和项目、分配下达高标准基本农田建设计划和补助资金时，要向贫困地区倾斜。在连片特困地区和国家扶贫开发工作重点县开展易地扶贫搬迁，允许将城乡建设用地增减挂钩指标在省域范围内使用。在有条件的贫困地区，优先安排国土资源管理制度改革试点，支持开展历史遗留工矿废弃地复垦利用、城镇低效用地再开发和低丘缓坡荒滩等未利用地开发利用试点。

（二十一）发挥科技、人才支撑作用。加大科技扶贫力度，解决贫困地区特色产业发展和生态建设中的关键技术问题。加大技术创新引导专项（基金）对科技扶贫的支持，加快先进适用技术成果在贫困地区的转化。深入推行科技特派员制度，支持科技特派员开展创业式扶贫服务。强化贫困地区基层农技推广体系建设，加强新型职业农民培训。加大政策激励力度，鼓励各类人才扎根贫困地区基层建功立业，对表现优秀的人员在职称评聘等方面给予倾斜。大力实施边远贫困地区、边疆民族地区和革命老区人才支持计划，贫困地区本土人才培养计划。积极推进贫困村创业致富带头人培训工程。

六、广泛动员全社会力量，合力推进脱贫攻坚

（二十二）健全东西部扶贫协作机制。加大东西部扶贫协作力度，建立精准对接机制，使帮扶资金主要用于贫困村、贫困户。东部地区要根据财力增长情况，逐步增加对口帮扶财政投入，并列入年度预算。强化以企业合作为载体的扶贫协作，鼓励东西部按照当地主体功能定位共建产业园区，推动东部人才、资金、技术向贫困地区流动。启动实施经济强县（市）与国家扶贫开发工作重点县“携手奔小康”行动，东部各省（直辖市）在努力做好本区域内扶贫开发工作的同时，更多发挥县（市）作用，与扶贫协作省份的国家扶贫开发工作重点县开展结对帮扶。建立东西部扶贫协作考核评价机制。

（二十三）健全定点扶贫机制。进一步加强和改进定点扶贫工作，建立考核评价机制，确保各单位落实扶贫责任。深入推进中央企业定点帮扶贫困革命老区县“百县万村”活动。完善定点扶贫牵头联系机制，各牵头部门要按照分工督促指导各单位做好定点扶贫工作。

（二十四）健全社会力量参与机制。鼓励支持民营企业、社会组织、个人参与扶贫开发，实现社会帮扶资源和精准扶贫有效对接。引导社会扶贫重心下移，自愿包村包户，做到贫困户都有党员干部或爱心人士结对帮扶。吸纳农村贫困人口就业的企业，按规定享受税收优惠、职业培训补贴等就业支持政策。落实企业和个人公益扶贫捐赠所得税税前扣除政策。充分发挥各民主党派、无党派人士在人才和智力扶贫上的优势和作用。工商联系统组织民营企业开展“万企帮万村”精准扶贫行动。通过政府购买服务等方式，鼓励各类社会组织开展到村到户精准扶贫。完善扶贫龙头企业认定制度，增强企业辐射带动贫困户增收的能力。鼓励有条件的企业设立扶贫公益基金和开展扶贫公益信托。发挥好“10·17”全国扶贫日社会动员作用。实施扶贫志愿者行动计划和社会工作专业人才服务贫困地区计划。着力打造扶贫公益品牌，全面及时公开扶贫捐赠信息，提高社会扶贫公信力和美誉度。构建社会扶贫信息服务网络，探索发展公益众筹扶贫。

七、大力营造良好氛围，为脱贫攻坚提供强大精神动力

（二十五）创新中国特色扶贫开发理论。深刻领会习近平总书记关于新时期扶贫开发的重要战略思想，系统总结我们党和政府领导亿万人民摆脱贫困的历史经验，提炼升华精准扶贫的实践成果，不断丰富完善中国特色扶贫开发理论，为脱贫攻坚注入强大思想动力。

（二十六）加强贫困地区乡风文明建设。培育和践行社会主义核心价值观，大力弘扬中华民族自强不息、扶贫济困传统美德，振奋贫困地区广大干部群众精神，坚定改变贫困落后面貌的信心和决心，凝聚全党全社会扶贫开发强大合力。倡导现代文明理念和生活方式，改变落后风俗习惯，善于发挥乡规民约在扶贫济困中的积极作用，激发贫困群众奋发脱贫的热情。推动文化投入向贫困地区倾斜，集中实施一批文化惠民扶贫项目，普遍建立村级文化中心。深化贫困地区文明村镇和文明家庭创建。推动贫困地区县级公共文化体育设施达到国家标准。支持贫困地区挖掘保护和开发利用红色、民族、民间文化资源。鼓励文化单位、文艺工作者和其他社会力量为贫困地区提供文化产品和服务。

（二十七）扎实做好脱贫攻坚宣传工作。坚持正确舆论导向，全面宣传我国扶贫事业取得的重大成就，准确解读党和政府扶贫开发的决策部署、政策举措，生动报道各地区各部门精准扶贫、精准脱贫丰富实践和先进典型。建立国家扶贫荣誉制度，表彰对扶贫开发作出杰出贡献的组织和个人。加强对外宣传，讲好减贫的中国故事，传播好减贫的中国声音，阐述好减贫的中国理念。

（二十八）加强国际减贫领域交流合作。通过对外援助、项目合作、技术扩散、智库交流等多种形式，加强与发展中国家和国际机构在减贫领域的交流合作。积极借鉴国际先进减贫理念与经验。履行减贫国际责任，积极落实联合国2030年可持续发展议程，对全球减贫事业作出更大贡献。

八、切实加强党的领导，为脱贫攻坚提供坚强政治保障

（二十九）强化脱贫攻坚领导责任制。实行中央统筹、省（自治区、直辖市）负总责、市（地）县抓落实的工作机制，坚持片区为重点、精准到村到户。党中央、国务院主要负责统筹制定扶贫开发大政方针，出台重大政策举措，规划重大工程项目。省（自治区、直辖市）党委和政府对扶贫开发工作负总责，抓好目标确定、项目下达、资金投放、组织动员、监督考核等工作。市（地）党委和政府要做好上下衔接、域内协调、督促检查工作，把精力集中在贫困县如期摘帽上。县级党委和政府承担主体责任，书记和县长是第一责任人，做好进度安排、项目落地、资金使用、人力调配、推进实施等工作。要层层签订脱贫攻坚责任书，扶贫开发任务重的省（自治区、直辖市）党政主要领导要向中央签署脱贫责任书，每年要向中央作扶贫脱贫进展情况的报告。省（自治区、直辖市）党委和政府要向市（地）、县（市）、乡镇提出要求，层层落实责任制。中央和国家机关各部门要按照部门职责落实扶贫开发责任，实现部门专项规

划与脱贫攻坚规划有效衔接，充分运用行业资源做好扶贫开发工作。军队和武警部队要发挥优势，积极参与地方扶贫开发。改进县级干部选拔任用机制，统筹省（自治区、直辖市）内优秀干部，选好配强扶贫任务重的县党政主要领导，把扶贫开发工作实绩作为选拔使用干部的重要依据。脱贫攻坚期内贫困县县级领导班子要保持稳定，对表现优秀、符合条件的可以就地提级。加大选派优秀年轻干部特别是后备干部到贫困地区工作的力度，有计划地安排省部级后备干部到贫困县挂职任职，各省（自治区、直辖市）党委和政府也要选派厅局级后备干部到贫困县挂职任职。各级领导干部要自觉践行党的群众路线，切实转变作风，把严的要求、实的作风贯穿于脱贫攻坚始终。

（三十）发挥基层党组织战斗堡垒作用。加强贫困乡镇领导班子建设，有针对性地选配政治素质高、工作能力强、熟悉“三农”工作的干部担任贫困乡镇党政主要领导。抓好以村党组织为领导核心的村级组织配套建设，集中整顿软弱涣散村党组织，提高贫困村党组织的创造力、凝聚力、战斗力，发挥好工会、共青团、妇联等群团组织的作用。选好配强村级领导班子，突出抓好村党组织带头人队伍建设，充分发挥党员先锋模范作用。完善村级组织运转经费保障机制，将村干部报酬、村办公经费和其他必要支出作为保障重点。注重选派思想好、作风正、能力强的优秀年轻干部到贫困地区驻村，选聘高校毕业生到贫困村工作。根据贫困村的实际需求，精准选配第一书记，精准选派驻村工作队，提高县以上机关派出干部比例。加大驻村干部考核力度，不稳定脱贫不撤队伍。对在基层一线干出成绩、群众欢迎的驻村干部，要重点培养使用。加快推进贫困村村务监督委员会建设，继续落实好“四议两公开”、村务联席会等制度，健全党组织领导的村民自治机制。在有实际需要的地区，探索在村民小组或自然村开展村民自治，通过议事协商，组织群众自觉广泛参与扶贫开发。

（三十一）严格扶贫考核督查问责。抓紧出台中央对省（自治区、直辖市）党委和政府扶贫开发工作成效考核办法。建立年度扶贫开发工作逐级督查制度，选择重点部门、重点地区进行联合督查，对落实不力的部门和地区，国务院扶贫开发领导小组要向党中央、国务院报告并提出责任追究建议，对未完成年度减贫任务的省份要对党政主要领导进行约谈。各省（自治区、直辖市）党委和政府要加快出台对贫困县扶贫绩效考核办法，大幅度提高减贫指标在贫困县经济社会发展实绩考核指标中的权重，建立扶贫工作责任清单。加快落实对限制开发区域和生态脆弱的贫困县取消地区生产总值考核的要求。落实贫困县约束机制，严禁铺张浪费，厉行勤俭节约，严格控制“三公”经费，坚决刹住穷县“富衙”、“戴帽”炫富之风，杜绝不切实际的形象工程。建立重大涉贫事件的处置、反馈机制，在处置典型事件中发现问题，不断提高扶贫工作水平。加强农村贫困统计监测体系建设，提高监测能力和数据质量，实现数据共享。

（三十二）加强扶贫开发队伍建设。稳定和强化各级扶贫开发领导小组和工作机构。扶贫开发任务重的省（自治区、直辖市）、市（地）、县（市）扶贫开发领导小组组长由党政主要负责同志担任，强化各级扶贫开发领导小组决策部署、统筹协调、督促落实、检查考核的职能。加强与精准扶贫工作要求相适应的扶贫开发队伍和机构建设，完善各级扶贫开发机构的设置和职能，充实配强各级扶贫开发工作力度。扶贫任务重的乡镇要有专门干部负责扶贫开发工作。加强贫困地区县级领导干部和扶贫干部思想作风建设，加大培训力度，全面提升扶贫干部队伍能力水平。

（三十三）推进扶贫开发法治建设。各级党委和政府要切实履行责任，善于运用法治思维和法治方式推进扶贫开发工作，在规划编制、项目安排、资金使用、监督管理等方面，提高规范化、制度化、法治化水平。强化贫困地区社会治安防控体系建设和基层执法队伍建设。健全贫困地区公共法律服务制度，切实保障贫困人口合法权益。完善扶贫开发法律法规，抓紧制定扶贫开发条例。

让我们更加紧密地团结在以习近平同志为总书记的党中央周围，凝心聚力，精准发力，苦干实干，坚决打赢脱贫攻坚战，为全面建成小康社会、实现中华民族伟大复兴的中国梦而努力奋斗。

中共中央
国　务　院
2015 年 11 月 29 日

关于加快推进残疾人小康进程的意见

（国发〔2015〕7号）

各省、自治区、直辖市人民政府，国务院各部委、各直属机构：

残疾人是一个特殊困难群体，需要格外关心、格外关注。长期以来，党和政府高度重视残疾人事业，大力推动残疾人事业与经济社会协调发展，残疾人收入水平较快增长，受教育程度稳步提高，康复服务不断拓展，权益得到有效维护，残疾人生存发展状况显著改善。但是，目前我国8500万残疾人中，还有1230万农村残疾人尚未脱贫，260万城镇残疾人生活十分困难，城乡残疾人家庭人均收入与社会平均水平差距还比较大。没有残疾人的小康，就不是真正意义上的全面小康。保障和改善残疾人民生，加快推进残疾人小康进程，是深入贯彻党的十八大和十八届二中、三中、四中全会精神，全面深化改革、全面推进依法治国的重要举措，是全面建成小康社会、实现共同富裕、促进社会公平正义的必然要求。为加快推进残疾人小康进程，现提出以下意见：

一、总体要求

（一）指导思想。以邓小平理论、“三个代表”重要思想、科学发展观为指导，健全残疾人权益保障制度，完善残疾人基本公共服务体系，使改革发展成果更多更公平惠及广大残疾人，促进残疾人收入水平大幅提高、生活质量明显改善、融合发展持续推进，让残疾人安居乐业、衣食无忧，生活得更加殷实、更加幸福、更有尊严。

（二）基本原则。坚持普惠与特惠相结合。既要通过普惠性制度安排给予残疾人公平待遇，保障他们基本的生存发展需求；又要通过特惠性制度安排给予残疾人特别扶助和优先保障，解决他们的特殊需求和特殊困难。

坚持兜底保障与就业增收相结合。既要突出政府责任，兜底保障残疾人基本民生，为残疾人发展创造基本条件；又要充分发挥社会力量和市场机制作用，为残疾人就业增收和融合发展创造更好环境。

坚持政府扶持、社会帮扶与残疾人自强自立相结合。既要加大政府扶持力度、鼓励社会帮扶，进一步解决好残疾人生产生活中存在的突出困难；又要促进残疾人增强自身发展能力，激励残疾人自强自立。

坚持统筹兼顾和分类指导相结合。既要着眼于加快推进残疾人小康进程，尽快缩小残疾人生活状况与社会平均水平的差距；又要充分考虑地区差异，使残疾人小康进程与当地全面小康进程相协调、相适应。

（三）主要目标。到2020年，残疾人权益保障制度基本健全、基本公共服务体系更加完善，残疾人事业与经济社会协调发展；残疾人社会保障和基本公共服务水平明显提高，帮助残疾人共享我国经济社会发展成果。

二、扎实做好残疾人基本民生保障

做好基本民生保障，是解决残疾人基本生活困难，加快残疾人小康进程的必要基础。要进一步完善社会保障制度体系，强化各项保障制度在对象范围、保障内容、待遇标准等方面的有效衔接，在切实保障残疾人基本生活的同时，解决好残疾人的特殊需求和特殊困难。

（一）加大残疾人社会救助力度。对符合城乡最低生活保障条件的残疾人家庭应保尽保，靠家庭供养的成年重度残疾人单独立户的，按规定纳入最低生活保障范围。对纳入特困人员供养范围的残疾人，逐步改善供养条件。对纳入城乡医疗救助范围的残疾人，逐步提高救助标准和封顶线。精神障碍患者通过基本医疗保险支付医疗费用后仍有困难，或者不能通过基本医疗保险支付医疗费用的，应当优先给予医疗救助。社会救助经办机构对于残疾人申请社会救助的，应当及时受理并提供相应便利条件。

（二）建立完善残疾人福利补贴制度。建立困难残疾人生活补贴制度和重度残疾人护理补贴制度。补贴标准要与当地经济社会发展实际和残疾人基本需求相适应，与最低生活保障等制度相衔接。落实低收入残疾人家庭生活用电、水、气、暖等费用优惠和补贴政策。

（三）帮助残疾人普遍参加基本养老保险和基本医疗保险。落实贫困和重度残疾人参加城乡居民基本养老保险、城镇居民医疗保险、新型农村合作医疗个人缴费资助政策，有条件的地方要扩大资助范围、提高资助标准，帮助城乡残疾人普遍按规定加入基本医疗保险和基本养老保险。逐步扩大基本医疗保险支付的医疗康复项目。完善重度残疾人医疗报销制度，做好重度残疾人就医费用结算服务。

（四）优先保障城乡残疾人基本住房。将城镇低收入住房困难残疾人家庭纳入城镇基本住房保障制度。为符合住房保障条件的城镇残疾人家庭优先提供公共租赁住房或发放住房租赁补贴。各地在实施农村危房改造时，同等条件下要优先安排经济困难的残疾人家庭。按照农村危房改造的政策要求，采取制定实施分类补助标准等措施，对无力自筹资金的残疾人家庭等给予倾斜照顾。到2020年完成农村贫困残疾人家庭存量危房改造任务。

三、千方百计促进残疾人及其家庭就业增收

促进城乡残疾人及其家庭就业增收，是提高残疾人生活水平，加快残疾人小康进程的关键举措。要加大帮扶力度，努力帮助每一位有劳动能力和就业意愿的城乡残疾人参加生产劳动，使他们通过劳动创造更加幸福美好的生活。

（一）依法推进按比例就业和稳定发展集中就业。各地要建立用人单位按比例安排残疾人就业公示制度。除创业3年内、在职职工总数不超过20人的小微企业外，对达不到比例要求的严格依法征缴残疾人就业保障金；对超比例安排残疾人就业的，按规定给予奖励。各级党政机关、事业单位、国有企业应当带头招录和安置残疾人就业。完善残疾人集中就业单位资格认定管理办法，搭建残疾人集中就业单位产品和服务展销平台，政府优先采购残疾人集中就业单位的产品和服务，培育扶持吸纳残疾人集中就业的文化创意产业基地。通过税收优惠、社会保险补贴、岗前培训补贴，鼓励用人单位吸纳更多残疾人就业。

（二）大力支持残疾人多种形式就业增收。建立残疾人创业孵化机制，残疾人创办的小微企业和社会组织优先享受国家扶持政策，对其优惠提供孵化服务。对符合条件的灵活就业

残疾人，按规定给予税费减免和社会保险补贴，有条件的地方可以帮助安排经营场所、提供启动资金支持。政府开发的公益性岗位优先安排符合就业困难人员条件的残疾人。对残疾人辅助性就业机构的设施设备、无障碍改造等给予扶持，吸纳更多精神、智力和重度肢体残疾人辅助性就业。探索残疾人驾驶符合国家标准的小型汽车在符合驾驶和运营安全要求的前提下，提供城乡社区与地铁站及公交站点间的短距离运输服务。

（三）加大农村残疾人扶贫开发力度。落实好《农村残疾人扶贫开发纲要（2011—2020 年）》。把农村贫困残疾人作为重点扶持对象纳入精准扶贫工作机制和贫困监测体系，将农村贫困残疾人生活水平提高和数量减少纳入贫困县考核指标。统筹培训资源，加强培训工作，帮助扶贫对象家庭掌握更多实用技术。加大对农村残疾人扶贫的支持力度，落实好扶贫贷款贴息政策，支持农村残疾人扶贫基地发展和扶贫对象家庭参与养殖、种植、设施农业等增收项目。组织农村贫困残疾人家庭参与合作经济组织和产业化经营，保障残疾人土地承包经营权和土地流转合法收益。

（四）切实加强残疾人就业服务和劳动保障监察。加强全国残疾人就业服务信息网络建设。各级残疾人就业服务机构和公共就业服务机构要免费向残疾人提供职业指导、职业介绍等就业服务，对符合就业困难人员条件的残疾人提供就业援助。残疾人就业保障金对残疾人自主参加的职业培训可以按规定予以补贴。加强劳动保障监察，严肃查处强迫残疾人劳动、不依法与残疾劳动者签订劳动合同、不缴纳社会保险费等违法行为，依法纠正用人单位招用人员时歧视残疾人行为，切实维护残疾人劳动保障权益。

四、着力提升残疾人基本公共服务水平

加强和改进对残疾人的基本公共服务，是改善残疾人生活质量，提高残疾人自我发展能力，加快残疾人小康进程的有力支撑。要进一步健全残疾人基本公共服务体系，强化服务能力，为残疾人融合发展创造更加便利的条件和更加友好的环境。

（一）强化残疾预防、康复等服务。制定实施国家残疾预防行动计划，强化国家基本公共卫生服务，有效控制因遗传、疾病、意外伤害、环境及其他因素导致的残疾发生和发展。逐步建立残疾报告制度，推动卫生计生部门与残联信息共享。建立残疾儿童康复救助制度，逐步实现 0—6 岁视力、听力、言语、智力、肢体残疾儿童和孤独症儿童免费得到手术、辅助器具配置和康复训练等服务。实施重点康复项目，为城乡贫困残疾人、重度残疾人提供基本康复服务，有条件的地方可以对基本型辅助器具配置给予补贴。建立医疗机构与残疾人专业康复机构双向转诊制度，实现分层级医疗、分阶段康复。依托专业康复机构指导社区和家庭为残疾人实施康复训练，将残疾人社区医疗康复纳入城乡基层医疗卫生机构考核内容。

（二）提高残疾人受教育水平。落实好《特殊教育提升计划（2014—2016 年）》及后续行动。特殊教育学校普遍开展学前教育，对残疾儿童接受普惠性学前教育给予资助。切实解决未入学适龄残疾儿童少年义务教育问题，提高残疾人教育普及水平，提升特殊教育教学质量。推行全纳教育，建立随班就读支持保障体系。各地要加大残疾学生就学支持力度，积极推进高中阶段残疾人免费教育；对符合学生资助政策的残疾学生和残疾人子女优先予以资助；建立完善残疾学生特殊学习用品、教育训练、交通费等补助政策。制定实施国家手语、盲文规范化行动计划，推广国家通用手语和通用

盲文，完善残疾考生考试辅助办法。加强特殊教育教师队伍建设，加大对特殊教育学校教师、承担残疾学生教学和管理工作的普通学校教师的培训力度。完善特殊教育教师收入分配激励机制。制定加快发展残疾人职业教育的政策措施，推动发展以职业教育为重点的残疾人高中阶段教育。

（三）强化残疾人服务设施建设。统筹规划城乡残疾人服务设施配套建设，实现合理布局。加强残疾人康复、托养等服务设施建设。推动各县（市、区）建成一批残疾人体育健身示范点，通过社会体育指导员普及一批适合残疾人的体育健身项目。公共文化体育设施和公园等公共场所对残疾人免费或优惠开放，鼓励公共图书馆设立盲人阅览室，配备盲文图书、有声读物和阅听设备。各地对残疾人搭乘公共交通工具，应当根据实际情况给予便利和优惠。

（四）全面推进城乡无障碍环境建设。各地要按照无障碍设施工程建设相关标准和规范要求，对新建、改建设施的规划、设计、施工、验收严格监管，加快推进政府机关、学校、社区、社会福利、公共交通等公共场所和设施的无障碍改造，逐步推进农村地区无障碍环境建设。有条件的地方要对贫困残疾人家庭无障碍改造给予补贴。完善信息无障碍标准体系，逐步推进政务信息以无障碍方式发布、影像制品加配字幕，鼓励食品药品添加无障碍识别标识。鼓励电视台开办手语栏目，主要新闻栏目加配手语解说和字幕。研究制定聋人、盲人特定信息消费支持政策。

五、充分发挥社会力量和市场机制作用

实现残疾人普遍小康，是全社会的共同责任。要在发挥政府主导作用的基础上，充分发挥社会支持作用和市场推动作用，调动更加广泛的社会资源发展残疾人事业，为加快推进残疾人小康进程注入持久动力。

（一）大力发展残疾人慈善事业。鼓励和支持社会公众、社会组织通过捐款捐物、扶贫开发、助学助医等方式，为残疾人奉献爱心，提供慈善帮扶。鼓励以服务残疾人为宗旨的各类公益慈善组织发展，采取公益创投等多种方式，在资金、场地、设备、管理、岗位购买、人员培训等方面给予扶持，引导和规范其健康发展。大力培育“集善工程”等残疾人慈善项目品牌。倡导社会力量兴办以残疾人为服务对象的公益性医疗、康复、特殊教育、托养照料、社会工作服务等机构和设施。

（二）广泛开展志愿助残服务。健全志愿助残工作机制，完善志愿者招募注册、服务对接、服务记录、组织管理、评价激励、权益维护等制度，鼓励更多的人参加志愿助残服务。广泛开展“志愿助残阳光行动”、“万村千乡市场工程助残扶贫”、“手拉手红领巾助残”等群众性助残活动。提倡在单位内部、城乡社区开展群众性助残活动，鼓励青少年参与助残公益劳动和志愿服务。

（三）加快发展残疾人服务产业。充分发挥市场机制作用，加快形成多元化的残疾人服务供给模式，更好地满足残疾人特殊性、多样化、多层次的需求。统筹规划残疾人服务业发展，大力发展残疾人服务中小企业，培育一批残疾人服务龙头企业，在用地、金融、价格等方面给予优惠，在人才、技术、管理等方面给予扶持，支持研发具有自主知识产权的技术和产品。以培育推广残疾人服务品牌和先进技术为重点，加大政府采购力度。完善残疾人服务相关职业设置、专业技术人员和技能人员职业能力水

平评价办法，加快培养残疾人服务专业人才。鼓励商业保险公司开发适合残疾人的康复、托养、护理等保险产品。扶持盲人读物、残疾人题材图书和音像制品出版。扶持发展特殊艺术，培育残疾人文化艺术品牌。制定残疾人服务行业管理制度，发挥残疾人服务行业组织自律监督作用，营造公平、有序的市场环境。

（四）加大政府购买服务力度。以残疾人康复、托养、护理等服务为重点，逐步建立完善政府购买服务指导性目录，加大政府购买服务力度，强化事前、事中和事后监管，实现政府购买服务对扩大残疾人服务供给的放大效应。

六、加强对推进残疾人小康进程的组织领导

（一）健全组织领导机制。地方各级政府要将加快推进残疾人小康进程纳入重要议事日程，列为政府目标管理和绩效考核内容，主要领导负总责，分管领导具体负责。各级政府残疾人工作委员会要进一步完善工作机制，切实发挥统筹协调和督促落实职能，及时解决突出困难和问题；各成员单位要各司其职、密切配合，形成合力；各级残联要进一步履行好“代表、服务、管理”职能，全心全意为残疾人服务，为实现残疾人小康铺路搭桥。

（二）完善工作保障机制。各级财政要按照支出责任合理安排所需经费，大力推进残疾人小康进程。各地要充分发挥公益慈善组织等社会力量作用，形成多渠道、全方位投入格局。有关政策、资金、项目要重点向中西部地区、农村和基层倾斜。各地要将基层残疾人服务网络纳入以社区为基础的城乡基层社会管理和公共服务平台建设，改善服务条件，增强服务能力。要建立健全残疾人统计调查制度，完善残疾人人口综合信息。推进残疾人证智能化工作。要高度重视残疾人工作者队伍建设，进一步加强教育培训，强化职业素质，增强服务意识，更好地服务残疾人。

（三）强化残疾人权益保障机制。加快推进与残疾人权益保障、残疾人发展紧密相关的残疾人教育、残疾人康复等立法工作，制定完善配套政策和标准体系。完善残疾人权益保障机制，加强残疾人法律救助、法律服务和法律援助；建设全国统一的维权热线、残联系统网上信访工作平台；切实落实主体责任，维护残疾人合法利益诉求。广泛开展普法宣传教育，形成保障残疾人合法权益的良好社会氛围。

（四）做好宣传动员工作。充分利用报刊、广播、电视等媒体和互联网，以群众喜闻乐见的方式，大力弘扬人道主义思想和残疾人“平等、参与、共享”的现代文明理念，在全社会营造理解、尊重、关心、帮助残疾人的良好氛围。鼓励广大残疾人自尊、自信、自强、自立，不断增强自我发展能力，积极参与和融入社会，与全国人民一道共创共享小康社会。

各有关部门要根据本意见要求，按照职责和重点任务分工抓紧制定相关配套政策措施。省级人民政府要结合实际制定具体实施方案。国务院残疾人工作委员会要开展残疾人小康进程监测，督促检查本意见落实情况，重大情况及时向国务院报告。国务院将适时组织专项督查。

国　务　院

2015 年 1 月 20 日

关于全面建立困难残疾人生活补贴和重度残疾人护理补贴制度的意见

（国发〔2015〕52号）

各省、自治区、直辖市人民政府，国务院各部委、各直属机构：

残疾人是需要格外关心、格外关注的特殊困难群体。党和政府高度重视残疾人福利保障工作。为解决残疾人特殊生活困难和长期照护困难，国务院决定全面建立困难残疾人生活补贴和重度残疾人护理补贴（以下统称残疾人两项补贴）制度。这是保障残疾人生存发展权益的重要举措，对全面建成小康社会具有重要意义。为此，现提出以下意见：

一、总体要求

（一）指导思想。深入贯彻党的十八大和十八届二中、三中、四中全会精神，按照党中央、国务院决策部署，以协调推进“四个全面”战略布局为统领，以加快推进残疾人小康进程为目标，以残疾人需求为导向，加强顶层制度设计，制定残疾人专项福利政策，逐步完善残疾人社会保障体系。

（二）基本原则。

坚持需求导向，待遇适度。从残疾人最直接最现实最迫切的需求入手，着力解决残疾人因残疾产生的额外生活支出和长期照护支出困难。立足经济社会发展状况，科学合理确定保障标准，逐步提高保障水平。

坚持制度衔接，全面覆盖。注重与社会救助、社会保险、公益慈善有效衔接，努力形成残疾人社会保障合力。做到应补尽补，确保残疾人两项补贴制度覆盖所有符合条件的残疾人。

坚持公开公正，规范有序。建立和完善标准统一、便民利民的申请、审核、补贴发放机制，做到阳光透明、客观公正。加强政策评估和绩效考核，不断提高制度运行效率。

坚持资源统筹，责任共担。积极发挥家庭、社会、政府作用，形成家庭善尽义务、社会积极扶助、政府兜底保障的责任共担格局。

二、主要内容

（一）补贴对象。困难残疾人生活补贴主要补助残疾人因残疾产生的额外生活支出，对象为低保家庭中的残疾人，有条件的地方可逐步扩大到低收入残疾人及其他困难残疾人。低收入残疾人及其他困难残疾人的认定标准由县级以上地方人民政府参照相关规定、结合实际情况制定。重度残疾人护理补贴主要补助残疾人因残疾产生的额外长期照护支出，对象为残疾等级被评定为一级、二级且需要长期照护的重度残疾人，有条件的地方可扩大到非重度智力、精神残疾人或其他残疾人，逐步推动形成面向所有需要长期照护残疾人的护理补贴制度。长期照护是指因残疾产生的特殊护理消费品和照护服务支出持续6个月以上时间。

（二）补贴标准。残疾人两项补贴标准由省级人民政府根据经济社会发展水平和残疾人生活保障需求、长期照护需求统筹确定，并适时调整。有条件的地方可以按照残疾人的不同困难程度制定分档补贴标准，提高制度精准性，加大补贴力度。

（三）补贴形式。残疾人两项补贴采取现金形式按月发放。有条件的地方可根据实际情况详细划分补贴类别和标准，采取凭据报销或政府购买服务形式发放重度残疾人护理补贴。

（四）政策衔接。符合条件的残疾人，可同时申领困难残疾人生活补贴和重度残疾人护理补贴。既符合残疾人两项补贴条件，又符合老年、因公致残、离休等福利性生活补贴（津贴）、护理补贴（津贴）条件的残疾人，可择高申领其中一类生活补贴（津贴）、护理补贴（津贴）。享受孤儿基本生活保障政策的残疾儿童不享受困难残疾人生活补贴，可享受重度残疾人护理补贴。残疾人两项补贴不计入城乡最低生活保障家庭的收入。领取工伤保险生活护理费、纳入特困人员供养保障的残疾人不享受残疾人两项补贴。

三、申领程序和管理办法

（一）自愿申请。残疾人两项补贴由残疾人向户籍所在地街道办事处或乡镇政府受理窗口提交书面申请。残疾人的法定监护人，法定赡养、抚养、扶养义务人，所在村民（居民）委员会或其他委托人可以代为办理申请事宜。申请残疾人两项补贴应持有第二代中华人民共和国残疾人证，并提交相关证明材料。

（二）逐级审核。街道办事处或乡镇政府依托社会救助、社会服务“一门受理、协同办理”机制，受理残疾人两项补贴申请并进行初审。初审合格材料报送县级残联进行相关审核。审核合格材料转送县级人民政府民政部门审定，残疾人家庭经济状况依托居民家庭经济状况核对机制审核。审定合格材料由县级人民政府民政部门会同县级残联报同级财政部门申请拨付资金。

（三）补贴发放。补贴资格审定合格的残疾人自递交申请当月计发补贴。残疾人两项补贴采取社会化形式发放，通过金融机构转账存入残疾人账户。特殊情况下需要直接发放现金的，要制定专门的监管办法，防止和杜绝冒领、重复领取、克扣现象。

（四）定期复核。采取残疾人主动申报和发放部门定期抽查相结合的方式，建立残疾人两项补贴定期复核制度，实行残疾人两项补贴应补尽补、应退则退的动态管理。定期复核内容包括申请人资格条件是否发生变化、补贴是否及时足额发放到位等。

四、保障措施

（一）加强组织领导。各地区、各部门要充分认识全面建立残疾人两项补贴制度的重要性，将其作为保障和改善民生的重要任务，完善政府领导、民政牵头、残联配合、部门协作、社会参与的工作机制。民政部门要履行主管部门职责，做好补贴资格审定、补贴发放、监督管理等工作，推进残疾人两项补贴制度与相关社会福利、社会救助、社会保险制度有机衔接。财政部门要加强资金保障，及时足额安排补贴资金及工作经费，确保残疾人两项补贴制度顺利实施。中央财政通过增加一般性转移支付予以支持。残联组织要发挥“代表、服务、管理”职能作用，及时掌握残疾人需求，严格残疾人证发放管理，做好残疾人两项补贴相关审核工作。

（二）加强制度落实。地方已经实施的残疾人两项补贴制度补贴对象范围小于本意见要求的，要严格按本意见执行，有条件的地方可适当扩大补贴范围。要通过政府购买服务、引导市场服务、鼓励慈善志愿服务等方式，健全补贴与服务相结合的残疾人社会福利体系，促进残疾人服务业发展。

（三）加强监督管理。地方各级人民政府要将残疾人两项补贴工作纳入年度考核内容，重点督查落实情况。残疾人两项补贴资金发放使用情况要定期向社会公示，接受社会监督，财政、审计、监察部门要加强监督检查，防止出现挤占、挪用、套取等违法违规现象。民政部门要会同残联组织定期开展残疾人两项补贴工作绩效评估，及时处理残疾人及其他群众的投诉建议，不断完善相关政策措施，切实维护残疾人合法权益。要统筹建立统一的残疾人两项补贴工作网络信息平台，加强对基本信息的实时监测、比对、归纳分析和动态管理，不断提高工作效率。

（四）加强政策宣传。各地要及时组织学习培训，全面掌握残疾人两项补贴制度精神和内容，正确组织实施残疾人两项补贴工作。要充分利用多种媒介宣传残疾人两项补贴制度，营造良好舆论氛围，引导全社会更加关心、关爱残疾人。要充分考虑残疾人获取信息的特殊要求和实际困难，采用灵活多样形式进行宣传解读，确保残疾人及其家属知晓残疾人两项补贴制度内容，了解基本申领程序和要求。要及时做好残疾人两项补贴政策解释工作，协助残疾人便捷办理相关手续。

残疾人两项补贴制度自 2016 年 1 月 1 日起全面实施。各地要结合实际制定贯彻实施办法，推进落实相关工作。民政部、财政部、中国残联要根据职责，抓紧制定具体政策措施。国务院将适时组织专项督查。

国　务　院
2015 年 9 月 22 日

国务院办公厅转发民政部等部门关于进一步完善医疗救助制度全面开展重特大疾病医疗救助工作意见的通知

（国办发〔2015〕30号）

各省、自治区、直辖市人民政府，国务院各部委、各直属机构：

民政部、财政部、人力资源社会保障部、卫生计生委、保监会《关于进一步完善医疗救助制度全面开展重特大疾病医疗救助工作的意见》已经国务院同意，现转发给你们，请认真贯彻执行。

国务院办公厅

2015年4月21日

关于进一步完善医疗救助制度全面开展重特大疾病医疗救助工作的意见

（民政部 财政部 人力资源社会保障部 卫生计生委 保监会）

为全面落实《社会救助暂行办法》有关规定，编密织牢保障基本民生安全网，根据国务院决策部署和有关工作安排，现就进一步完善医疗救助制度、全面开展重特大疾病医疗救助工作提出以下意见：

一、总体要求

（一）指导思想。深入贯彻党的十八大和十八届二中、三中、四中全会精神，以健全社会救助体系、保障困难群众基本医疗权益为目标，进一步健全工作机制，完善政策措施，强化规范管理，加强统筹衔接，不断提高医疗救助管理服务水平，最大限度减轻困难群众医疗支出负担。

（二）基本原则。托住底线。按照救助对象医疗费用、家庭困难程度和负担能力等因素，科学合理制定救助方案，确保其获得必需的基本医疗卫生服务；救助水平与经济社会发展水平相适应。

统筹衔接。推进医疗救助制度城乡统筹发展，加强与基本医疗保险、城乡居民大病保险、疾病应急救助及各类补充医疗保险、商业保险等制度的有效衔接，形成制度合力。加强与慈善事业有序衔接，实现政府救助与社会力量参与的高效联动和良性互动。

公开公正。公开救助政策、工作程序、救助对象以及实施情况，主动接受群众和社会监督，确保过程公开透明、结果公平公正。

高效便捷。优化救助流程，简化结算程序，加快信息化建设，增强救助时效，发挥救急难功能，使困难群众及时得到有效救助。

（三）目标任务。城市医疗救助制度和农村医疗救助制度于2015年底前合并实施，全面开展重特大疾病医疗救助工作，进一步细化实化政策措施，实现医疗救助制度科学规范、运行有效，与相关社会救助、医疗保障政策相配套，保障城乡居民基本医疗权益。

二、完善医疗救助制度

（一）整合城乡医疗救助制度。各地要在2015年底前，将城市医疗救助制度和农村医疗救助制度整合为城乡医疗救助制度。要按照《城乡医疗救助基金管理办法》（财社〔2013〕217号）的要求，合并原来在社会保障基金财政专户中分设的"城市医疗救助基金专账"和"农村医疗救助基金专账"，在政策目标、资金筹集、对象范围、救助标准、救助程序等方面加快推进城乡统筹，确保城乡困难群众获取医疗救助的权利公平、机会公平、规则公平、待遇公平。

（二）合理界定医疗救助对象。最低生活保障家庭成员和特困供养人员是医疗救助的重点救助对象。要逐步将低收入家庭的老年人、未成年人、重度残疾人和重病患者等困难群众（以下统称低收入救助对象），以及县级以上人民政府规定的其他特殊困难人员纳入救助范围。适当拓展重特大疾病医疗救助对象范围，积极探索对发生高额医疗费用、超过家庭承受能力、基本生活出现严重困难家庭中的重病患者（以下称因病致贫家庭重病患者）实施救助。在各类医疗救助对象中，要重点加大对重病、重残儿童的救助力度。

（三）资助参保参合。对重点救助对象参加城镇居民基本医疗保险或新型农村合作医疗的个人缴费部分进行补贴，特困供养人员给予全额资助，最低生活保障家庭成员给予定额资助，保障其获得基本医疗保险服务。具体资助办法由县级以上地方人民政府根据本地经济社会发展水平和医疗救助资金筹集情况等因素研究制定。

（四）规范门诊救助。门诊救助的重点是因患慢性病需要长期服药或者患重特大疾病需要长期门诊治疗，导致自负费用较高的医疗救助对象。卫生计生部门已经明确诊疗路径、能够通过门诊治疗的病种，可采取单病种付费等方式开展门诊救助。门诊救助的最高救助限额由县级以上地方人民政府根据当地救助对象需求和医疗救助资金筹集等情况研究确定。

（五）完善住院救助。重点救助对象在定点医疗机构发生的政策范围内住院费用中，对经基本医疗保险、城乡居民大病保险及各类补充医疗保险、商业保险报销后的个人负担费用，在年度救助限额内按不低于70%的比例给予救助。住院救助的年度最高救助限额由县级以上地方人民政府根据当地救助对象需求和医疗救助资金筹集等情况确定。定点医疗机构应当减免救助对象住院押金，及时给予救治；医疗救助经办机构要及时确认救助对象，并可向定点医疗机构提供一定额度的预付资金，方便救助对象看病就医。

三、全面开展重特大疾病医疗救助

（一）科学制定实施方案。各地要在评估、总结试点经验基础上，进一步完善实施方案，扩大政策覆盖地区，全面开展重特大疾病医疗救助工作。对重点救助对象和低收入救助对象经基本医疗保险、城乡居民大病保险及各类补充医疗保险、商业保险等报销后个人负担的合规医疗费用，直接予以救助；因病致贫家庭重病患者等其他救助对象负担的合规医疗费用，先由其个人支付，对超过家庭负担能力的部分予以救助。合规医疗费用主要参照当地基本医疗保险的有关规定确定，已经开展城乡居民大病保险的地区，也可以参照城乡居民大病保险的有关规定确定。

（二）合理确定救助标准。综合考虑患病家庭负担能力、个人自负费用、当地筹资情况等因素，分类分段设置重特大疾病医疗救助比例和最高救助限额。原则上重点救助对象的救助比例高于低收入救助对象，低收入救助对象高于其他救助对象；同一类救助对象，个人自负费用数额越大，救助比例越高。对重点救助对象应当全面取消救助门槛；对因病致贫家庭重病患者可设置起付线，对起付线以上的自负费用给予救助。

（三）明确就医用药范围。重特大疾病医疗救助的用药范围、诊疗项目等，原则上参照基本医疗保险和城乡居民大病保险的相关规定执行。对确需到上级医疗机构或跨县域异地医院就诊的医疗救助对象，应按规定履行转诊或备案手续。对已明确临床诊疗路径的重特大疾病病种，可采取按病种付费等方式给予救助。

（四）加强与相关医疗保障制度的衔接。民政、财政、人力资源社会保障、卫生计生、保险监管等部门要加强协作配合，共同做好重特大疾病医疗救助与基本医疗保险、城乡居民大病保险、疾病应急救助、商业保险的有效衔接，确保城乡居民大病保险覆盖所有贫困重特大疾病患者，帮助所有符合条件的困难群众获得保险补偿和医疗救助。加强重特大疾病医疗救助与疾病应急救助制度的高效联动，将救助关口前移，主动对符合条件的疾病应急救助对象进行救助。民政部门要会同有关部门以及城乡居民大病保险承办服务机构，进一步完善信息共享和业务协作机制，共同做好重特大疾病医疗救助相关基础工作。

四、健全工作机制

（一）健全筹资机制。各地要根据救助对象数量、患病率、救助标准、医药费用增长情况，以及基本医疗保险、城乡居民大病保险、商业保险报销水平等，科学测算医疗救助资金需求，加大财政投入，鼓励和引导社会捐赠，健全多渠道筹资机制。县级财政要根据测算的资金需求和上级财政补助资金情况，合理安排本级财政医疗救助资金，并纳入年度预算。省级和地市级财政应加大对本行政区域内经济困难地区的资金补助力度。中央财政在分配医疗救助补助资金时，将进一步加大对地方各级财政筹资情况的考核力度。各地应根据年度筹资情况及时调整救助方案，提高资金使用效益。

（二）健全“一站式”即时结算机制。做到医疗救助与基本医疗保险、城乡居民大病保险、疾病应急救助、商业保险等信息管理平台互联互享、公开透明，实现“一站式”信息交换和即时结算，救助对象所发生的医疗费用可先由定点医疗机构垫付医疗救助基金支付的部分，救助对象只支付自负部分。结合医保异地就医工作的推进，积极探索重特大疾病医疗救助异地就医管理机制。

（三）健全救助服务监管机制。要在基本医疗保险定点医疗机构范围内，按照公开平等、竞争择优的原则确定医疗救助定点医疗机构。民政部门要与医疗救助定点医疗机构签订委托合作协议，明确服务内容、服务质量、费用结算以及双方的责任义务，制定服务规范，并会同财政、人力资源社会保障、卫生计生等部门及商业保险机构做好对医疗服务行为质量的监督管理，防控不合理医疗行为和费用。对不按规定用药、诊疗以及提供医疗服务所发生的费用，医疗救助基金不予结算。对违反合作协议，不按规定提供医疗救助服务，造成医疗救助资金流失或浪费的，要终止定点合作协议，取消医疗救助定点医疗机构资格，并依法追究责任。

（四）健全社会力量参与的衔接机制。各地要加强医疗救助与社会力量参与的衔接机制建设，落实国家有关财税优惠、费用减免等政策规定，支持、引导社会力量通过捐赠资金、物资积极参与医疗救助特别是重特大疾病医疗救助，形成对政府救助的有效补充。要搭建信息共享平台，及时提供救助需求信息，为社会力量参与医疗救助创造条件、提供便利，形成工作合力。要从困难群众医疗保障需求出发，帮助他们寻求慈善帮扶。要注重发挥社会力量的专业优势，提供医疗费用补助、心理疏导、亲情陪护等形式多样的慈善医疗服务，帮助困难群众减轻医疗经济负担、缓解身心压力。

五、加强组织领导

完善医疗救助制度、全面开展重特大疾病医疗救助工作，缓解因病陷入困境群众的“不能承受之重”，是政府的重要职责。县级以上地方各级人民政府要加强组织领导，细化政策措施，明确进度安排，落实管理责任，加大资金投入，强化督促检查，务求取得实效。要切实加强基层经办机构和能力建设，做到事有人管、责有人负，不断提高工作水平。

各级民政部门要主动加强与财政、人力资源社会保障、卫生计生、保险监管等部门的协调配合，做好医疗救助方案设计、政策调整等工作，更好地发挥医疗救助救急难作用。对于医疗救助政策难以解决的个案问题，要充分利用当地社会救助协调工作机制，专题研究解决措施，避免冲击社会道德和心理底线的事件发生。

国务院办公厅转发财政部发展改革委人民银行关于在公共服务领域推广政府和社会资本合作模式指导意见的通知

（国办发〔2015〕42号）

各省、自治区、直辖市人民政府，国务院各部委、各直属机构：

财政部、发展改革委、人民银行《关于在公共服务领域推广政府和社会资本合作模式的指导意见》已经国务院同意，现转发给你们，请认真贯彻执行。

在公共服务领域推广政府和社会资本合作模式，是转变政府职能、激发市场活力、打造经济新增长点的重要改革举措。围绕增加公共产品和公共服务供给，在能源、交通运输、水利、环境保护、农业、林业、科技、保障性安居工程、医疗、卫生、养老、教育、文化等公共服务领域，广泛采用政府和社会资本合作模式，对统筹做好稳增长、促改革、调结构、惠民生、防风险工作具有战略意义。

各地区、各部门要按照简政放权、放管结合、优化服务的要求，简化行政审批程序，推进立法工作，进一步完善制度，规范流程，加强监管，多措并举，在财税、价格、土地、金融等方面加大支持力度，保证社会资本和公众共同受益，通过资本市场和开发性、政策性金融等多元融资渠道，吸引社会资本参与公共产品和公共服务项目的投资、运营管理，提高公共产品和公共服务供给能力与效率。

各地区、各部门要高度重视，精心组织实施，加强协调配合，形成工作合力，切实履行职责，共同抓好落实。

国务院办公厅

2015年5月19日

关于在公共服务领域推广政府和社会资本合作模式的指导意见

（财政部　发展改革委　人民银行）

为打造大众创业、万众创新和增加公共产品、公共服务“双引擎”，让广大人民群众享受到优质高效的公共服务，在改善民生中培育经济增长新动力，现就改革创新公共服务供给机制，大力推广政府和社会资本合作（Public-Private Partnership，PPP）模式，提出以下意见：

一、充分认识推广政府和社会资本合作模式的重大意义

政府和社会资本合作模式是公共服务供给机制的重大创新，即政府采取竞争性方

式择优选择具有投资、运营管理能力的社会资本，双方按照平等协商原则订立合同，明确责权利关系，由社会资本提供公共服务，政府依据公共服务绩效评价结果向社会资本支付相应对价，保证社会资本获得合理收益。政府和社会资本合作模式有利于充分发挥市场机制作用，提升公共服务的供给质量和效率，实现公共利益最大化。

（一）有利于加快转变政府职能，实现政企分开、政事分开。作为社会资本的境内外企业、社会组织和中介机构承担公共服务涉及的设计、建设、投资、融资、运营和维护等责任，政府作为监督者和合作者，减少对微观事务的直接参与，加强发展战略制定、社会管理、市场监管、绩效考核等职责，有助于解决政府职能错位、越位和缺位的问题，深化投融资体制改革，推进国家治理体系和治理能力现代化。

（二）有利于打破行业准入限制，激发经济活力和创造力。政府和社会资本合作模式可以有效打破社会资本进入公共服务领域的各种不合理限制，鼓励国有控股企业、民营企业、混合所有制企业等各类型企业积极参与提供公共服务，给予中小企业更多参与机会，大幅拓展社会资本特别是民营资本的发展空间，激发市场主体活力和发展潜力，有利于盘活社会存量资本，形成多元化、可持续的公共服务资金投入渠道，打造新的经济增长点，增强经济增长动力。

（三）有利于完善财政投入和管理方式，提高财政资金使用效益。在政府和社会资本合作模式下，政府以运营补贴等作为社会资本提供公共服务的对价，以绩效评价结果作为对价支付依据，并纳入预算管理、财政中期规划和政府财务报告，能够在当代人和后代人之间公平地分担公共资金投入，符合代际公平原则，有效弥补当期财政投入不足，有利于减轻当期财政支出压力，平滑年度间财政支出波动，防范和化解政府性债务风险。

二、总体要求

（四）指导思想。贯彻落实党的十八大和十八届二中、三中、四中全会精神，按照党中央、国务院决策部署，借鉴国际成熟经验，立足国内实际情况，改革创新公共服务供给机制和投入方式，发挥市场在资源配置中的决定性作用，更好发挥政府作用，引导和鼓励社会资本积极参与公共服务供给，为广大人民群众提供优质高效的公共服务。

（五）基本原则。

依法合规。将政府和社会资本合作纳入法制化轨道，建立健全制度体系，保护参与各方的合法权益，明确全生命周期管理要求，确保项目规范实施。

重诺履约。政府和社会资本法律地位平等、权利义务对等，必须树立契约理念，坚持平等协商、互利互惠、诚实守信、严格履约。

公开透明。实行阳光化运作，依法充分披露政府和社会资本合作项目重要信息，保障公众知情权，对参与各方形成有效监督和约束。

公众受益。加强政府监管，将政府的政策目标、社会目标和社会资本的运营效率、技术进步有机结合，促进社会资本竞争和创新，确保公共利益最大化。

积极稳妥。鼓励地方各级人民政府和行业主管部门因地制宜，探索符合当地实际和行业特点的做法，总结提炼经验，形成适合我国国情的发展模式。坚持必要、合理、可持续的财政投入原则，有序推进项目实施，控制项目的政府支付责任，防止政府支付责任过重加剧财政收支矛盾，带来支出压力。

（六）发展目标。立足于加强和改善公共服务，形成有效促进政府和社会资本合作模式规范健康发展的制度体系，培育统一规范、公开透明、竞争有序、监管有力的政府和社会资本合作市场。着力化解地方政府性债务风险，积极引进社会资本参与地方融资平台公司存量项目改造，争取通过政府和社会资本合作模式减少地方政府性债务。在新建公共服务项目中，逐步增加使用政府和社会资本合作模式的比例。

三、构建保障政府和社会资本合作模式持续健康发展的制度体系

（七）明确项目实施的管理框架。建立健全制度规范体系，实施全生命周期管理，保证项目实施质量。进一步完善操作指南，规范项目识别、准备、采购、执行、移交各环节操作流程，明确操作要求，指导社会资本参与实施。制定合同指南，推动共性问题处理方式标准化。制定分行业、分领域的标准化合同文本，提高合同编制效率和谈判效率。按照预算法、合同法、政府采购法及其实施条例、《国务院办公厅关于政府向社会力量购买服务的指导意见》（国办发〔2013〕96 号）等要求，建立完善管理细则，规范选择合作伙伴的程序和方法，维护国家利益、社会公共利益和社会资本的合法权益。

（八）健全财政管理制度。开展财政承受能力论证，统筹评估和控制项目的财政支出责任，促进中长期财政可持续发展。建立完善公共服务成本财政管理和会计制度，创新资源组合开发模式，针对政府付费、使用者付费、可行性缺口补助等不同支付机制，将项目涉及的运营补贴、经营收费权和其他支付对价等，按照国家统一的会计制度进行核算，纳入年度预算、中期财政规划，在政府财务报告中进行反映和管理，并向本级人大或其常委会报告。存量公共服务项目转型为政府和社会资本合作项目过程中，应依法进行资产评估，合理确定价值，防止公共资产流失和贱卖。项目实施过程中政府依法获得的国有资本收益、约定的超额收益分成等公共收入应上缴国库。

（九）建立多层次监督管理体系。行业主管部门根据经济社会发展规划及专项规划发起政府和社会资本合作项目，社会资本也可根据当地经济社会发展需求建议发起。行业主管部门应制定不同领域的行业技术标准、公共产品或服务技术规范，加强对公共服务质量和价格的监管。建立政府、公众共同参与的综合性评价体系，建立事前设定绩效目标、事中进行绩效跟踪、事后进行绩效评价的全生命周期绩效管理机制，将政府付费、使用者付费与绩效评价挂钩，并将绩效评价结果作为调价的重要依据，确保实现公共利益最大化。依法充分披露项目实施相关信息，切实保障公众知情权，接受社会监督。

（十）完善公共服务价格调整机制。积极推进公共服务领域价格改革，按照补偿成本、合理收益、节约资源、优质优价、公平负担的原则，加快理顺公共服务价格。依据项目运行情况和绩效评价结果，健全公共服务价格调整机制，完善政府价格决策听证制度，广泛听取社会资本、公众和有关部门意见，确保定价调价的科学性。及时披露项目运行过程中的成本变化、公共服务质量等信息，提高定价调价的透明度。

（十一）完善法律法规体系。推进相关立法，填补政府和社会资本合作领域立法空白，着力解决政府和社会资本合作项目运作与现行法律之间的衔接协调问题，明确政府出资的法律依据和出资性质，规范政府和社会资本的责权利关系，明确政府相关部门的监督管理责任，为政府和社会资本合作模式健康发展提供良好的法律环境和稳定的政策预期。鼓励有条件的地方立足当地实际，依据立法法相关规定，出台地方性法规或规章，进一步有针对性地规范政府和社会资本合作模式的运用。

四、规范推进政府和社会资本合作项目实施

（十二）广泛采用政府和社会资本合作模式提供公共服务。在能源、交通运输、水利、环境保护、农业、林业、科技、保障性安居工程、医疗、卫生、养老、教育、文化等公共服务领域，鼓励采用政府和社会资本合作模式，吸引社会资本参与。其中，在能源、交通运输、水利、环境保护、市政工程等特定领域需要实施特许经营的，按《基础设施和公用事业特许经营管理办法》执行。

（十三）化解地方政府性债务风险。积极运用转让—运营—移交（TOT）、改建—运营—移交（ROT）等方式，将融资平台公司存量公共服务项目转型为政府和社会资本合作项目，引入社会资本参与改造和运营，在征得债权人同意的前提下，将政府性债务转换为非政府性债务，减轻地方政府的债务压力，腾出资金用于重点民生项目建设。大力推动融资平台公司与政府脱钩，进行市场化改制，健全完善公司治理结构，对已经建立现代企业制度、实现市场化运营的，在其承担的地方政府债务已纳入政府财政预算、得到妥善处置并明确公告今后不再承担地方政府举债融资职能的前提下，可作为社会资本参与当地政府和社会资本合作项目，通过与政府签订合同方式，明确责权利关系。严禁融资平台公司通过保底承诺等方式参与政府和社会资本合作项目，进行变相融资。

（十四）提高新建项目决策的科学性。地方政府根据当地经济社会发展需要，结合财政收支平衡状况，统筹论证新建项目的经济效益和社会效益，并进行财政承受能力论证，保证决策质量。根据项目实施周期、收费定价机制、投资收益水平、风险分配基本框架和所需要的政府投入等因素，合理选择建设—运营—移交（BOT）、建设—拥有—运营（BOO）等运作方式。

（十五）择优选择项目合作伙伴。对使用财政性资金作为社会资本提供公共服务对价的项目，地方政府应当根据预算法、合同法、政府采购法及其实施条例等法律法规规定，选择项目合作伙伴。依托政府采购信息平台，及时、充分向社会公布项目采购信息。综合评估项目合作伙伴的专业资质、技术能力、管理经验、财务实力和信用状况等因素，依法择优选择诚实守信的合作伙伴。加强项目政府采购环节的监督管理，保证采购过程公平、公正、公开。

（十六）合理确定合作双方的权利与义务。树立平等协商的理念，按照权责对等原则合理分配项目风险，按照激励相容原则科学设计合同条款，明确项目的产出说明和绩效要求、收益回报机制、退出安排、应急和临时接管预案等关键环节，实现责权利对等。引入价格和补贴动态调整机制，充分考虑社会资本获得合理收益。如单方面构成违约的，违约方应当给予对方相应赔偿。建立投资、补贴与价格的协同机制，为社会资本获得合理回报创造条件。

（十七）增强责任意识和履约能力。社会资本要将自身经济利益诉求与政府政策目标、社会目标相结合，不断加强管理和创新，提升运营效率，在实现经济价值的同时，履行好企业社会责任，严格按照约定保质保量提供服务，维护公众利益；要积极进行业务转型和升级，从工程承包商、建设施工方向运营商转变，实现跨不同领域、多元化发展；要不断提升运营实力和管理经验，增强提供公共服务的能力。咨询、法律、会计等中介机构要提供质优价廉的服务，促进项目增效升级。

（十八）保障公共服务持续有效。按照合同约定，对项目建设情况和公共服务质量进行验收，逾期未完成或不符合标准的，社会资本要限期完工或整改，并采取补救措施或赔偿损失。健全合同争议解决机制，依法积极协调解决争议。确需变更合同内容、延长合同期限以及变更社会资本方的，由政府和社会资本方协商解决，但应当保持公共服务的持续性和稳定性。项目资产移交时，要对移交资产进行性能测试、资产评估和登记入账，并按照国家统一的会计制度进行核算，在政府财务报告中进行反映和管理。

五、政策保障

（十九）简化项目审核流程。进一步减少审批环节，建立项目实施方案联评联审机制，提高审查工作效率。项目合同签署后，可并行办理必要的审批手续，有关部门要简化办理手续，优化办理程序，主动加强服务，对实施方案中已经明确的内容不再作实质性审查。

（二十）多种方式保障项目用地。实行多样化土地供应，保障项目建设用地。对符合划拨用地目录的项目，可按划拨方式供地，划拨土地不得改变土地用途。建成的项目经依法批准可以抵押，土地使用权性质不变，待合同经营期满后，连同公共设施一并移交政府；实现抵押权后改变项目性质应该以有偿方式取得土地使用权的，应依法办理土地有偿使用手续。不符合划拨用地目录的项目，以租赁方式取得土地使用权的，租金收入参照土地出让收入纳入政府性基金预算管理。以作价出资或者入股方式取得土地使用权的，应当以市、县人民政府作为出资人，制定作价出资或者入股方案，经市、县人民政府批准后实施。

（二十一）完善财税支持政策。积极探索财政资金撬动社会资金和金融资本参与政府和社会资本合作项目的有效方式。中央财政出资引导设立中国政府和社会资本合作融资支持基金，作为社会资本方参与项目，提高项目融资的可获得性。探索通过以奖代补等措施，引导和鼓励地方融资平台存量项目转型为政府和社会资本合作项目。落实和完善国家支持公共服务事业的税收优惠政策，公共服务项目采取政府和社会资本合作模式的，可按规定享受相关税收优惠政策。鼓励地方政府在承担有限损失的前提下，与具有投资管理经验的金融机构共同发起设立基金，并通过引入结构化设计，吸引更多社会资本参与。

（二十二）做好金融服务。金融机构应创新符合政府和社会资本合作模式特点的金融服务，优化信贷评审方式，积极为政府和社会资本合作项目提供融资支持。鼓励开发性金融机构发挥中长期贷款优势，参与改造政府和社会资本合作项目，引导商业性金融机构拓宽项目融资渠道。鼓励符合条件的项目运营主体在资本市场通过发行公司债券、企业债券、中期票据、定向票据等市场化方式进行融资。鼓励项目公司发行项目收益债券、项目收益票据、资产支持票据等。鼓励社保资金和保险资金按照市场化原则，创新运用债权投资计划、股权投资计划、项目资产支持计划等多种方式参与项目。对符合条件的“走出去”项目，鼓励政策性金融机构给予中长期信贷支持。依托各类产权、股权交易市场，为社会资本提供多元化、规范化、市场化的退出渠道。金融监管部门应加强监督管理，引导金融机构正确识别、计量和控制风险，按照风险可控、商业可持续原则支持政府和社会资本合作项目融资。

六、组织实施

（二十三）加强组织领导。国务院各有关部门要按照职能分工，负责相关领域具体工作，加强对地方推广政府和社会资本合作模式的指导和监督。财政部要会同有关部门，加强政策沟通协调和信息交流，完善体制机制。教育、科技、民政、人力资源社会保障、国土资源、环境保护、住房城乡建设、交通运输、水利、农业、商务、文化、卫生计生等行业主管部门，要结合本行业特点，积极运用政府和社会资本合作模式提供公共服务，探索完善相关监管制度体系。地方各级人民政府要结合已有规划和各地实际，出台具体政策措施并抓好落实；可根据本地区实际情况，建立工作协调机制，推动政府和社会资本合作项目落地实施。

（二十四）加强人才培养。大力培养专业人才，加快形成政府部门、高校、企业、专业咨询机构联合培养人才的机制。鼓励各类市场主体加大人才培训力度，开展业务人员培训，建设一支高素质的专业人才队伍。鼓励有条件的地方政府统筹内部机构改革需要，进一步整合专门力量，承担政府和社会资本合作模式推广职责，提高专业水平和能力。

（二十五）搭建信息平台。地方各级人民政府要切实履行规划指导、识别评估、咨询服务、宣传培训、绩效评价、信息统计、专家库和项目库建设等职责，建立统一信息发布平台，及时向社会公开项目实施情况等相关信息，确保项目实施公开透明、有序推进。

在公共服务领域推广政府和社会资本合作模式，事关人民群众切身利益，是保障和改善民生的一项重要工作。各地区、各部门要充分认识推广政府和社会资本合作模式的重要意义，把思想和行动统一到党中央、国务院的决策部署上来，精心组织实施，加强协调配合，形成工作合力，切实履行职责，共同抓好落实。财政部要强化统筹协调，会同有关部门对本意见落实情况进行督促检查和跟踪分析，重大事项及时向国务院报告。

关于全面实施城乡居民大病保险的意见

（国办发〔2015〕57 号）

各省、自治区、直辖市人民政府，国务院各部委、各直属机构：

城乡居民大病保险（以下简称大病保险）是基本医疗保障制度的拓展和延伸，是对大病患者发生的高额医疗费用给予进一步保障的一项新的制度性安排。大病保险试点以来，推动了医保、医疗、医药联动改革，促进了政府主导与发挥市场机制作用相结合，提高了基本医疗保障管理水平和运行效率，有力缓解了因病致贫、因病返贫问题。为加快推进大病保险制度建设，筑牢全民基本医疗保障网底，让更多的人民群众受益，经国务院同意，现提出以下意见。

一、基本原则和目标

（一）基本原则。

1. 坚持以人为本、保障大病。建立完善大病保险制度，不断提高大病保障水平和服务可及性，着力维护人民群众健康权益，切实避免人民群众因病致贫、因病返贫。

2. 坚持统筹协调、政策联动。加强基本医保、大病保险、医疗救助、疾病应急救助、商业健康保险和慈善救助等制度的衔接，发挥协同互补作用，输出充沛的保障动能，形成保障合力。

3. 坚持政府主导、专业承办。强化政府在制定政策、组织协调、监督管理等方面职责的同时，采取商业保险机构承办大病保险的方式，发挥市场机制作用和商业保险机构专业优势，提高大病保险运行效率、服务水平和质量。

4. 坚持稳步推进、持续实施。大病保险保障水平要与经济社会发展、医疗消费水平和社会负担能力等相适应。强化社会互助共济，形成政府、个人和保险机构共同分担大病风险的机制。坚持因地制宜、规范运作，实现大病保险稳健运行和可持续发展。

（二）主要目标。2015 年底前，大病保险覆盖所有城镇居民基本医疗保险、新型农村合作医疗（以下统称城乡居民基本医保）参保人群，大病患者看病就医负担有效减轻。到 2017 年，建立起比较完善的大病保险制度，与医疗救助等制度紧密衔接，共同发挥托底保障功能，有效防止发生家庭灾难性医疗支出，城乡居民医疗保障的公平性得到显著提升。

二、完善大病保险筹资机制

（一）科学测算筹资标准。各地结合当地经济社会发展水平、患大病发生的高额医疗费用情况、基本医保筹资能力和支付水平，以及大病保险保障水平等因素，科学细致做好资金测算，合理确定大病保险的筹资标准。

（二）稳定资金来源。从城乡居民基本医保基金中划出一定比例或额度作为大病保险资金。城乡居民基本医保基金有结余的地区，利用结余筹集大病保险资金；结余不足或没有结余的地区，在年度筹集的基金中予以安排。完善城乡居民基本医保的多渠道筹资机制，保证制度的可持续发展。

（三）提高统筹层次。大病保险原则上实行市（地）级统筹，鼓励省级统筹或全省（区、市）统一政策、统一组织实施，提高抗风险能力。

三、提高大病保险保障水平

（一）全面覆盖城乡居民。大病保险的保障对象为城乡居民基本医保参保人，保障范围与城乡居民基本医保相衔接。参保人患大病发生高额医疗费用，由大病保险对经城乡居民基本医保按规定支付后个人负担的合规医疗费用给予保障。

高额医疗费用，可以个人年度累计负担的合规医疗费用超过当地统计部门公布的上一年度城镇居民、农村居民年人均可支配收入作为主要测算依据。根据城乡居民收入变化情况，建立动态调整机制，研究细化大病的科学界定标准，具体由地方政府根据实际情况确定。合规医疗费用的具体范围由各省（区、市）和新疆生产建设兵团结合实际分别确定。

（二）逐步提高支付比例。2015 年大病保险支付比例应达到 50% 以上，随着大病保险筹资能力、管理水平不断提高，进一步提高支付比例，更有效地减轻个人医疗费用负担。按照医疗费用高低分段制定大病保险支付比例，医疗费用越高支付比例越高。鼓励地方探索向困难群体适当倾斜的具体办法，努力提高大病保险制度托底保障的精准性。

四、加强医疗保障各项制度的衔接

强化基本医保、大病保险、医疗救助、疾病应急救助、商业健康保险及慈善救助等制度间的互补联动，明确分工，细化措施，在政策制定、待遇支付、管理服务等方面做好衔接，努力实现大病患者应保尽保。鼓励有条件的地方探索建立覆盖职工、城镇居民和农村居民的有机衔接、政策统一的大病保险制度。推动实现新型农村合作医疗重大疾病保障向大病保险平稳过渡。

建立大病信息通报制度，支持商业健康保险信息系统与基本医保、医疗机构信息系统进行必要的信息共享。大病保险承办机构要及时掌握大病患者医疗费用和基本医保支付情况，加强与城乡居民基本医保经办服务的衔接，提供“一站式”即时结算服务，确保群众方便、及时享受大病保险待遇。对经大病保险支付后自付费用仍有困难的患者，民政等部门要及时落实相关救助政策。

五、规范大病保险承办服务

（一）支持商业保险机构承办大病保险。地方政府人力资源社会保障、卫生计生、财政、保险监管部门共同制定大病保险的筹资、支付范围、最低支付比例以及就医、结算管理等基本政策，并通过适当方式征求意见。原则上通过政府招标选定商业保险机构承办大病保险业务，在正常招投标不能确定承办机构的情况下，由地方政府明确承办机构的产生办法。对商业保险机构承办大病保险的保费收入，按现行规定免征营业税，免征保险业务监管费；2015 年至 2018 年，试行免征保险保障金。

（二）规范大病保险招标投标与合同管理。坚持公开、公平、公正和诚实信用的原则，建立健全招投标机制，规范招投标程序。招标主要包括具体支付比例、盈亏率、配备的承办和管理力量等内容。符合保险监管部门基本准入条件的商业保险机构自愿参加投标。招标人应当与中标的商业保险机构签署保险合同，明确双方责任、权利和义务，合同期限原则上不低于 3 年。因违反合同约定，或发生其他严重损害参保人权益的情况，可按照约定提前终止或解除合同，并依法追究责任。各地要不断完善合同内容，探索制定全省（区、市）统一的合同范本。

（三）建立大病保险收支结余和政策性亏损的动态调整机制。遵循收支平衡、保本微利的原则，合理控制商业保险机构盈利率。商业保险机构因承办大病保险出现超过合同约定的结余，需向城乡居民基本医保基金返还资金；因城乡居民基本医保政策调整等政策性原因给商业保险机构带来亏损时，由城乡居民基本医保基金和商业保险机构分摊，具体分摊比例应在保险合同中载明。

（四）不断提升大病保险管理服务的能力和水平。规范资金管理，商业保险机构承办大病保险获得的保费实行单独核算，确保资金安全和偿付能力。商业保险机构要建立专业队伍，加强专业能力建设，提高管理服务效率，优化服务流程，为参保人提供更加高效便捷的服务。发挥商业保险机构全国网络优势，简化报销手续，推动异地医保即时结算。鼓励商业保险机构在承办好大病保险业务的基础上，提供多样化的健康保险产品。

六、严格监督管理

（一）加强大病保险运行的监管。相关部门要各负其责，协同配合，强化服务意识，切实保障参保人权益。人力资源社会保障、卫生计生等部门要建立以保障水平和参保人满意度为核心的考核评价指标体系，加强监督检查和考核评估，督促商业保险机构按合同要求提高服务质量和水平。保险监管部门要加强商业保险机构从业资格审查以及偿付能力、服务质量和市场行为监管，依法查处违法违规行为。财政部门要会同相关部门落实利用城乡居民基本医保基金向商业保险机构购买大病保险的财务列支和会计核算办法，强化基金管理。审计部门要按规定进行严格审计。政府相关部门和商业保险机构要切实加强参保人员个人信息安全保障，防止信息外泄和滥用。

（二）规范医疗服务行为。卫生计生部门要加强对医疗机构、医疗服务行为和质量的监管。商业保险机构要与人力资源社会保障、卫生计生部门密切配合，协同推进按病种付费等支付方式改革。抓紧制定相关临床路径，强化诊疗规范，规范医疗行为，控制医疗费用。

（三）主动接受社会监督。商业保险机构要将签订合同情况以及筹资标准、待遇水平、支付流程、结算效率和大病保险年度收支等情况向社会公开。城乡居民基本医保经办机构承办大病保险的，在基金管理、经办服务、信息披露、社会监督等方面执行城乡居民基本医保现行规定。

七、强化组织实施

各省（区、市）人民政府和新疆生产建设兵团、各市（地）人民政府要将全面实施大病保险工作列入重要议事日程，进一步健全政府领导、部门协调、社会参与的工作机制，抓紧制定实施方案，细化工作任务和责任部门，明确时间节点和工作要求，确保2015年底前全面推开。

人力资源社会保障、卫生计生部门要加强对各地实施大病保险的指导，密切跟踪工作进展，及时研究解决新情况新问题，总结推广经验做法，不断完善大病保险制度。加强宣传解读，使群众广泛了解大病保险政策、科学理性对待疾病，增强全社会的保险责任意识，为大病保险实施营造良好社会氛围。

国务院办公厅

2015年7月28日

关于进一步加强农村最低生活保障申请家庭经济状况核查工作的意见

（民发〔2015〕55号）

各省、自治区、直辖市民政厅（局）、统计局，新疆生产建设兵团民政局、统计局，国家统计局各调查总队：

为深入贯彻落实《社会救助暂行办法》和《国务院关于进一步加强和改进最低生活保障工作的意见》（国发〔2012〕45号），编密织牢社会救助安全网，保障好困难群众基本生活，现就进一步加强农村最低生活保障（以下简称农村低保）申请家庭经济状况核查工作，提出如下意见：

一、重要意义

科学核查农村低保申请家庭经济状况，是准确认定低保对象、合理确定救助金额、及时发放救助资金的前提，是贯彻落实《社会救助暂行办法》的内在要求，对于加强农村低保规范管理、确保农村低保制度持续稳定健康发展具有重要意义。近年来，各地在科学核查农村低保申请家庭经济状况方面，探索创新了一些方法，取得了一定成绩。但从总体上看，这项工作还存在着很多薄弱环节，不少地方政策措施不健全、核查内容不具体、核查方法不科学、操作流程不规范、监督管理不到位，进而导致骗保、错保、关系保、人情保等违规现象没有得到根本遏制。各地要高度重视农村低保申请家庭经济状况核查工作，将其作为当前落实《社会救助暂行办法》、强化农村低保规范管理的重要举措，立足农村和本地实际，不断完善经济状况核查内容，细化核查程序，创新核查方法，加强核查能力，切实形成科学核查农村低保申请家庭经济状况的工作局面，为农村低保规范管理奠定坚实基础。

二、总体要求

（一）目标任务

适应户籍制度改革和新农村建设需要，健全农村低保申请家庭经济状况核查指标体系，完善核查认定方法，规范认定程序，做到核查办法科学、对象认定准确、管理运行高效，逐步变分档救助为补差救助，确保农村低保制度健康可持续运行。

（二）基本原则

坚持因地制宜。立足农村经济社会和基层社会救助经办力量、保障条件实际，科学确定不同类型地区的核查内容、方法和程序，充分发挥地方的自主性和创造性，防止生搬硬套和一刀切。

坚持量化测算。根据农村困难家庭实际，灵活运用各地建立的居民家庭经济状况核对机制和核对平台，重点做好家庭经营净收入和工资性收入的核查，量化测算核查结果，用数据来体现家庭经济状况差异，做到简便可行、易于操作。

坚持政府主导。充分发挥乡镇人民政府（街道办事处）的主体责任，不断健全基层救助经办机构。建立民政部门牵头、相关部门配合的工作机制，协同做好农村低保申请家庭经济状况核查工作。积极探索社会参与机制，通过政府购买服务等方式引进社会工作服务机构等第三方组织，鼓励、引导社会力量参与核查工作，提高社会参与度和公信力。

坚持依法行政。依据国家有关法律法规开展农村低保申请家庭经济状况核查工作，做到有法可依、有章可循，切实维护困难群众合法权益。

三、核查范围和内容

持有当地常住户口的居民，凡共同生活的家庭成员人均收入低于当地低保标准，且家庭财产状况符合规定条件的，可以按程序提出低保申请。共同生活的家庭成员、家庭收入和家庭财产是认定低保对象、确定救助金额的基本依据。各地在开展农村低保申请家庭经济状况核查时，要将这三个方面的信息作为重点核查内容。

（一）共同生活的家庭成员

主要包括户主、配偶、父母、未成年子女、已成年但不能独立生活的子女（含在校接受本科及其以下学历教育的成年子女）以及其他具有法定赡养、扶养、抚养义务关系并长期共同居住的人员。监狱服刑人员、连续3年以上（含3年）脱离家庭独立生活的宗教教职人员不计入共同生活的家庭成员。其他不计入共同生活家庭成员的人员，由省级人民政府民政部门根据有关原则确定。

（二）家庭收入

主要包括共同生活的家庭成员在规定期限内获得的全部现金及实物收入，即扣除家庭经营费用、生产性固定资产折旧、个人所得税和社会保障支出后，家庭现金收入和实物收入之和。家庭收入主要包括工资性收入、经营净收入、财产净收入、转移净收入四个方面。

工资性收入指就业人员通过各种途径得到的全部劳动报酬和各种福利，包括受雇于单位或个人、从事各种自由职业、兼职和零星劳动得到的全部劳动报酬和福利。同时扣除个人所得税和社会保障支出。家庭经营净收入指从事生产经营活动所获得的净收入，是全部经营收入中扣除经营费用、生产性固定资产折旧和生产税之后得到的净收入。财产净收入指家庭成员所拥有的金融资产、住房等非金融资产和自然资源交由其他机构、单位或个人使用而获得的回报并扣除相关费用之后得到的净收入。转移净收入指国家、单位、社会团体对居民的各种经常性转移支付和居民之间的经常性转移净收入。

农村低保申请人家庭按国家规定所获得的优待抚恤金、计划生育奖励与扶助金以及教育、见义勇为等方面的奖励性补助，不计入家庭收入。“十二五”期间新型农村社会养老保险中央基础养老金暂不计入家庭收入。其他不计入家庭收入的项目，由设区的市级以上地方人民政府确定。

（三）家庭财产

主要包括家庭成员拥有的全部动产和不动产，即房屋、现金、银行存款、有价证券、机动车辆（不含残疾人功能性补偿代步机动车辆）、船舶、大型农机具等 。

四、核算方法

（一）家庭收入

工资性收入。核算方法可以参照劳动合同或通过调查就业和劳动报酬、各种福利收入，以及社会保险、个人所得税的缴纳情况进行认定。外出务工人员不能提供以上证明的，可采取以下方式计算：（1）以务工地区最低工资标准计算；（2）以本地区农村劳动力人均收入计算；（3）以务工地区相同行业平均收入计算。

家庭经营净收入。种植业收入以本地区同等作物的市场价格与实际产量核算；不能确定实际产量的，以当地去年同等作物平均产量核算。养殖业、捕捞业等收入以本地区同等养殖（捕捞）品种市场价格与实际出栏数核算；不能确定实际出栏数的，以当地同行业去年平均产量核算。其他家庭经营性收入，能够出示有效经营性收入证明的，按证明的收入计算；无收入证明，但有合同规定或固定价格的，按合同规定或固定价格计算。其他情形按当地评估标准和计算方法计算。

财产净收入。财产租赁、转租等收入，参照双方签订的相关合法有效合同、协议认定；个人不能提供相关合同、协议的，参照当地同类资产的实际价格计算。储蓄存款利息、有价证券红利、投资股息红利等可以按照金融机构出具的证明计算，集体财产收入分红按集体出具的分配记录计算。

转移净收入。有实际发生数额凭证的，以凭证数额计算；有协议、裁决或判决法律文书的，按照法律文书所规定的数额计算。赡（抚、扶）养费无法确定具体数额的，按照设区的市级以上人民政府确定的核算办法进行核算。

（二）家庭财产

现金、银行存款按照申请人及其家庭成员账户金额认定；股票类金融资产按照股票市值和资金账户余额或净值认定。住房按照产权证、使用证等的登记人认定；机动车辆、船舶和大型农机具（收割机、拖拉机、机动脱粒机等）等按照登记人认定；其他非生活必需的高值物品等财产，按现值认定。

各地可按照上述方法及原则，进一步细化规定，明确相关事项的具体核算办法。

五、核查主体和方式

（一）核查主体

乡镇人民政府（街道办事处）是农村低保申请家庭经济状况核查的责任主体，应当指导申请家庭真实、完整地填写家庭成员、家庭收入和家庭财产申报表，履行个人申报程序，并在村（居）民委员会协助下入户实地调查，详细核查收入、财产等事项。县级人民政府民政部门应当全面审查乡镇人民政府（街道办事处）上报的调查材料和审核意见，并通过居民家庭经济状况核对平台进行收入、财产核对。各地要认真总结推广通过政府购买服务等方式委托社会工作服务机构等独立第三方组织开展农村低保申请家庭经济状况核查的经验做法，不断提高经济状况核查工作的透明度和社会参与度。

（二）核查方式

在申请人书面声明其家庭收入、财产情况和家庭实际生活状况后，乡镇人民政府

（街道办事处）的社会救助经办机构应当根据农村低保申请家庭经济状况核查内容、项目及其特点，综合考虑适用范围、人员力量、成本效率等因素，采取信息核对、实证调查、评估测算等方式开展核查。

1. 信息核对。经农村低保申请人及其家庭成员授权，乡镇人民政府（街道办事处）通过县级以上人民政府民政部门与公安、人力资源社会保障、国土资源、住房城乡建设、农业、金融、保险、工商、税务、住房公积金等部门和机构，对农村低保申请家庭的户籍、机动车、就业、保险、住房、农机、农业补贴、存款、证券、纳税、公积金等方面信息和个体工商户信息进行核对，并根据信息核对情况，对申请人家庭经济状况声明的真实性和完整性提出意见。

2. 实证调查。通过入户调查、邻里走访、信函索证、群众评议等方式对农村低保申请人声明的家庭经济状况进行调查，侧重查看实物或凭证，做到有据可查、有凭为证，全面了解农村低保申请家庭的收入、财产和实际生活情况，以及其申报材料的真实性和完整性。相关佐证材料应当全部存档。

3. 评估测算。对申请人家庭收入、财产中无实际发生凭证、难以确定实际数额的，可以依据当地确定的行业参照标准等，结合实证调查所得信息，按照当地规定的核查办法进行评估测算。各地要积极探索实施典型案例评估的做法，为相似家庭的贫困状况评估提供参照。

六、保障措施

（一）明确职责任务

农村低保申请家庭经济状况核查工作政策性强，工作量大，群众关注度高。省级人民政府民政部门要加强与统计调查等部门的协作，立足农村和本地实际，抓住难点和重点问题，尽快研究制定核查办法和评估标准。有条件的地方，政策标准可相对统一；不具备条件的地方，可根据不同类型地区，提出差异化意见。统计调查部门要根据农村低保申请家庭经济状况核查工作的要求，协助民政部门编制核查所需指标，配合完成居民家庭收入和支出情况核查的前期准备工作。2015 年底前，各地应当制定进一步加强农村低保申请家庭经济状况核查工作的具体政策措施。地方各级人民政府民政部门要发挥好统筹牵头作用，进一步加强组织领导，通过编印统一的调查表单和操作手册、实施绩效考核等方式，不断规范基层社会救助经办人员的核查行为。

（二）加强基层基础

乡镇人民政府（街道办事处）要对农村低保申请家庭进行100%入户调查核实，逐项填写调查项目，做到不漏填、不虚报、不瞒报，经办人员要对核查结果进行签字确认。采取多种措施，努力打通服务群众的“最后一公里”。引导支持社会力量参与核查工作，发挥其专业特长，确保核查工作独立、客观、公正开展。

（三）强化监督管理

各级民政、统计调查部门要加强监督管理，健全监督检查长效机制，加大对政策落实的监管力度。要强化违法违纪责任追究和处罚力度，会同有关部门建立失信信息披露和诚信登记制度，对于骗取农村低保的行为要及时予以披露、惩戒，对因管理不力产生问题、造成恶劣后果，或有滥用职权、玩忽职守、徇私舞弊行为的，要依法依规追责。

（四）开展广泛宣传

各地要结合《社会救助暂行办法》贯彻实施，广泛宣传农村低保申请家庭经济状况核查的相关规定，使群众清楚自己依法享受社会救助的权利，以及诚信申报家庭经济状况、授权核对相关信息的义务。要把低保申请家庭经济状况核查结果和救助金额等情况作为社区公示的重要内容，在村（居）委会长期公示，便于群众监督。

民　政　部
国家统计局
2015 年 3 月 10 日

关于在全国开展“救急难”综合试点工作的通知

（民发〔2015〕57号）

各省、自治区、直辖市民政厅（局）、财政厅（局），新疆生产建设兵团民政局、财务局：

为贯彻落实《社会救助暂行办法》和《国务院关于全面建立临时救助制度的通知》（国发〔2014〕47号）精神，有效保障困难群众基本生存权益，最大限度防止冲击社会道德和心理底线事件的发生，充分发挥社会救助在构筑基本民生安全网、维护社会和谐稳定与公平正义、促进全面深化改革的重要作用，按照国务院要求，民政部、财政部决定在全国开展“救急难”综合试点工作。现就有关事项通知如下：

一、充分认识开展“救急难”综合试点工作重要意义

当前，我国正处在全面建成小康社会和全面深化改革的关键时期，落实好各项社会救助制度、编密织牢基本民生安全网的任务日益紧迫和艰巨。开展“救急难”工作，让突遇不测者得周急之助、因病因灾者去生存之虞、创新创业者无后顾之忧，有效化解人民群众的生存危机，防止冲击社会道德和心理底线事件发生，不仅是社会救助制度的内在要求，也是全面深化改革的迫切需要，更是“以民为本”执政理念的具体体现。各地要充分认识开展“救急难”综合试点工作的重大意义，将试点工作纳入重要议事日程，建立试点工作领导机制和协调机制，在“救急难”体制机制、服务方式、信息共享、财政税费等方面探索创新，先行先试，为全面开展“救急难”工作提供经验、奠定基础。

二、认真落实“救急难”综合试点工作主要任务

（一）完善制度体系。各地要按照国务院要求，进一步明确临时救助在“救急难”工作中的功能和作用，不断完善临时救助政策措施。在对象范围上，将所有遭遇突发性、紧迫性、临时性基本生活困难的居民家庭和个人纳入临时救助范围，并细化“急难”事项的具体情形；在标准设定上，立足“托底线”和与经济社会发展水平相适应，既要量力而行，又要尽力而为；在救助程序上，既要规范操作，又要做到方便快捷、及时救助。加快推进重特大疾病医疗救助，在评估、总结试点经验基础上，进一步完善救助方案，有序扩大试点范围，加大资金投入，科学确定救助标准。重特大疾病医疗救助要覆盖所有贫困居民以及因病致贫家庭中的重病患者；在定点医疗机构及用药目录、诊疗项目等方面，原则上与城乡居民大病保险保持一致；简化结算程序，推进“一站式”即时结算服务；加强与基本医疗保障、大病保险等相关制度的有效衔接，充分发挥制度合力。

（二）健全工作机制。各地要在做好日常救助工作的同时，积极建立急难对象主动发现机制。依托城乡社区党组织、群众性自治组织等，落实好驻村（社区）干部、村（社区）级社会救助员、社区网格员等的主体责任，并充分发挥专业社会工作者、慈善机构工作者和志愿者作用，及时了解、掌握辖区居民遭遇突发事件、意外事故、罹患重病等特殊情况，建立“救急难”信息档案，帮助有困难的群众提出救助申请并协助办理，做到早发现、早救助、早干预。建立“救急难”快速响应机制。县级民政部门要开通“12349”社会救助热线，畅通困难群众申请救助和报告急难情况渠道。着力建立健全“一门受理、协同办理”处置机制，依托乡镇（街道）政务大厅、办事大厅等，设立统一受理救助申请的窗口，使困难群众“求助有门”。建立急难求助“首问负责制”和“转介”工作制度，明确部门职责及分办、转办流程和办理时限，建立化解急难问题的“绿色通道”。建立最低生活保障、特困人员供养、受灾人员救助、医疗救助、教育救助、住房救助、就业救助、临时救助等救助信息共享机制，加强部门协作，有效防止“重复救助”和“遗漏救助”。

（三）加强慈善衔接。认真贯彻落实《国务院关于促进慈善事业健康发展的指导意见》（国发〔2014〕61 号），加强政府救助与慈善救助的有效衔接。鼓励社会各界广泛开展以“救急难”为主题的慈善活动，通过开展形式多样的社会捐赠和志愿服务，为“救急难”工作提供更多的资金支持和服务载体。建立社会救助与慈善资源信息对接机制，着力搭建政府部门救助资源、慈善组织和社会服务机构救助项目，以及公民个人救助意愿与急难对象救助需求对接的信息共享机制，加强政府救助与社会帮扶的有机结合，在确保政府救助公平、公正实施的同时，充分发挥慈善救助方法灵活、形式多样、一案一策的特点，做到各有侧重，相互补充，形成“救急难”合力。动员、引导本地具有影响力的慈善组织、驻地大中型企业等设立“救急难”公益基金，在民政部门的统筹协调下有序参与“救急难”工作。

（四）创新服务方式。充分发挥社会工作服务机构和社会工作者在“救急难”方面的优势，积极将专业社会工作引入社会救助服务。更加准确判定急难对象的救助需求，进一步完善救助服务承接方式，在给予急难家庭必要物质帮助、保障其基本生活的同时，由社会工作者针对不同的急难家庭开展心理疏导、精神抚慰、能力提升、社会融入等个性化帮扶服务，增强急难家庭战胜困难、摆脱困境的勇气和信心。积极探索政府购买服务开展“救急难”工作的方法，明确政府购买服务的承接主体、购买内容和具体程序，支持、引导社会组织特别是慈善组织和社工机构积极参与“救急难”工作。

（五）提升救助效益。充分发挥各项社会救助制度功能作用，加强社会救助制度之间、社会救助与其他社会保障制度之间、社会救助与慈善事业之间的有效衔接，丰富完善现金救助、实物救助、转介服务相结合，物质帮扶与精神抚慰、心理疏导相补充的救助方式，形成制度合力，提升救助效益。加强救助资源的统筹使用，在发挥好救助管理站点、未成年人保护中心等救助保护机构职责作用的基础上，充分利用救助保护机构在急难对象发现、快速响应、临时安置、对象接送、转介服务等方面的优势，提升服务功能，拓展服务对象范围，为开展“救急难”工作提供支撑平台。有条件的地方要按照《国务院关于深化预算管理制度改革的决定》（国发〔2014〕45 号）精神，整合、规范有关社会救助资金，加大结转结余资金的统筹使用力度，强化“救急难”工作资金保障。

三、做好全国“救急难”综合试点单位推荐报送工作

各地要认真总结前期“救急难”试点工作开展情况，对本省（区、市）的试点单位逐一进行评估，在此基础上，推荐全国“救急难”综合试点单位。试点地区原则上以县（区、市）为单位，并根据以下四方面情况确定：

（一）党政主要领导高度重视。当地党委、政府高度重视包括“救急难”在内的社会救助工作，政府领导担任社会救助工作领导小组组长、联席会议召集人或“救急难”综合试点工作领导小组组长。

（二）社会救助工作基础良好。现有各项社会救助制度得到有效落实，群众满意度高。工作机制健全，特别是社会救助部门协调机制作用发挥良好。社会救助资金保障到位。基层有健全的社会救助服务网络，在乡镇（街道）普遍建立了统一受理社会救助申请的窗口。社会救助管理服务信息化水平较高。本地慈善组织发展良好。

（三）社会力量参与社会救助氛围浓厚。当地大中型企业、慈善组织、社工机构等积极参与社会救助，并在社会产生一定影响，形成了与政府救助相互衔接、相互补充的良好工作氛围。

（四）前期“救急难”试点工作取得明显进展。制定了本地区“救急难”试点工作方案；建立了试点工作领导协调机制；在探索创新“救急难”工作机制方面取得初步成效。

四、相关工作要求

（一）制定实施方案。各省（区、市）民政、财政部门要按照本通知要求，研究确定本省（区、市）“救急难”综合试点单位推荐名单，指导推荐单位制定“救急难”综合试点实施方案。民政部、财政部将根据各地推荐情况，确定全国“救急难”综合试点单位。综合试点单位推荐名单及推荐单位“救急难”综合试点实施方案请于2015年3月31日前报送民政部、财政部。

（二）抓好评估督查。各省（区、市）民政、财政部门要加强对综合试点工作的评估督查，建立试点工作评价机制，定期组织评估、督查，及时总结经验，积极协调相关部门帮助解决存在的问题，完善投诉举报查处制度，加强社会监督，确保试点工作取得实效。民政部、财政部将适时组织开展“救急难”综合试点评估，总结推广好的经验、做法，制定完善相关政策措施，推动“救急难”工作全面开展。

（三）做好信息报送。各省（区、市）民政、财政部门要及时总结上报综合试点工作情况，加强工作指导。通过各种信息报送形式，定期向民政部、财政部及当地党委、政府、相关部门报告、反映“救急难”综合试点进展情况、经验做法、工作成效、困难问题和意见建议，及时报送群众关心的热点、难点问题，特别是带有苗头性、倾向性的问题，为消除问题隐患、解决群众“急难”问题奠定基础。民政部、财政部将对各地综合试点开展情况及时进行通报，并定期向国务院专报。

（四）加强舆论引导。充分利用广播、电视、报刊、互联网等媒体，做好社会救助

政策宣传，加强舆论引导，从政府作用、个人权利、家庭责任、社会参与等方面，多角度宣传开展“救急难”工作的作用意义、工作现状与预期目标，引导群众理性看待“救急难”工作，积极参与“救急难”活动。大力宣传“救急难”工作在保障困难群众基本生活、化解社会矛盾、维护和谐稳定等方面的显著成效，注重对“救急难”典型案例和先进事迹的宣传，弘扬中华民族团结友爱、互助共济的传统美德，营造良好的社会舆论氛围。

民　政　部
财　政　部
2015 年 3 月 12 日

关于银行业金融机构协助开展社会救助家庭存款等金融资产信息查询工作的通知

（民发〔2015〕61号）

各省、自治区、直辖市民政厅（局），各计划单列市民政局，新疆生产建设兵团民政局，各银监局，各政策性银行、国有商业银行、股份制商业银行、邮储银行、各省级农村信用联社：

为贯彻落实《社会救助暂行办法》（国务院令第649号）和《国务院关于进一步加强和改进最低生活保障工作的意见》（国发〔2012〕45号），加快建立跨部门、多层次、信息共享的社会救助申请家庭经济状况核对机制，不断推进社会救助对象认定工作的科学性，根据《国务院办公厅关于印发贯彻实施〈社会救助暂行办法〉重点任务分工方案的通知》（国办函〔2014〕44号）要求，现就银行业金融机构协助民政部门开展申请和已获得社会救助家庭（以下简称社会救助家庭）存款等金融资产信息查询工作有关事项通知如下：

一、目标任务

准确认定社会救助对象是确保社会救助制度公平公正实施的前提，事关困难群众基本生活权益的保障，对维护社会和谐稳定、促进社会公平正义具有重要意义。通过户籍管理、税务、社会保险、不动产登记、工商登记、住房公积金管理、车船管理等单位和银行、保险、证券等金融机构，对社会救助家庭声明的户籍、人口及其经济状况信息进行全面、客观核对，是准确认定社会救助对象的重要基础，也是社会救助审核审批的重要环节。银行业金融机构掌握的存款等金融资产信息是客观判断居民家庭收入、财产状况的重要依据，是居民家庭经济状况核对工作的主要内容。各地要抓紧建立部门协作、信息共享的金融资产信息查询机制，加快完善居民家庭经济状况核对办法，确保社会救助制度公平公正实施，进一步提升政府公信力，促进社会公平正义，不断提升社会救助管理服务水平。

二、基本原则

（一）坚持及时高效

各银行业金融机构要根据民政部门查询需要，及时反馈社会救助家庭所有成员的存款等金融资产信息，确保在居民家庭经济状况核对中，使用的数据准确、完整、有效。

（二）坚持授权查询

民政部门在查询社会救助家庭存款等金融资产信息时，须经社会救助家庭所有成员的授权。经授权后，民政部门方可向银行业金融机构提出查询需求。银行业金融机构根据民政部门查询需求对相关信息进行查询、比对。

（三）坚持安全保密

开展存款等金融资产信息查询应坚持专人查询、手续完备、程序严密，严格按照信息保密有关规定安全实施。要建立信息查询工作责任制，落实信息安全管理责任，民政部门要指定专人负责信息查询工作，做到谁查询、谁负责，切实保护公民个人信息。

（四）坚持重点抽查与不定期复核相结合

对群众举报或在家庭经济状况审核中发现有关线索、需要进一步核实相关信息的社会救助申请家庭，要重点查询其存款等金融资产信息；对已获得社会救助的家庭，要按照动态管理的要求，不定期对其存款等金融资产信息进行查询。

三、查询内容和方式

（一）查询内容

根据社会救助对象认定工作需要，民政部门查询社会救助家庭金融资产信息，应向银行业金融机构提供社会救助家庭所有成员的姓名、证件类型、证件号码、申请原因、查询内容、查询时点等数据项。

银行业金融机构经查询比对后，向民政部门反馈的数据项包括：与申请人姓名、证件类型、证件号码对应的账户类型、账号、开户银行名称、余额，以及截止时点拥有有效的理财产品名称、理财账号、截止时点理财产品份额/价值等。

（二）查询方式

1. 介质交换方式。民政部门采用介质方式以电子表格形式将需要查询的信息数据送交银行业金融机构，银行业金融机构查询后按约定方式及时反馈民政部门。

2. 网络化交换方式。具备条件的地方应充分利用信息化基础设施，在做好安全防范措施的基础上，利用专用通道，通过前置服务器和银行业金融机构交换信息。双方根据信息交换量确定网络类型、带宽及所需的服务器配置。

四、保障措施

（一）加强组织领导

各地民政部门、银监局及银行业金融机构要充分认识社会救助家庭存款等金融资产信息查询工作的重要意义，在当地党委、政府的领导下，将加快建立存款等金融资产信息查询机制纳入本部门信息化建设的总体规划。要充分发挥“政府领导、民政部门牵头、有关部门配合、社会力量参与”的社会救助工作协调机制作用，统筹规划和组织实施信息查询工作，及时梳理和解决工作中出现的新情况、新问题，确保信息查询工作取得实效。

（二）落实工作责任

各地民政部门、银监局要按照国务院有关要求，明确工作责任，抓好任务落实。民政部门要结合当地工作实际，主动会同银监局及银行业金融机构研究制定存款等金融资产信息查询的具体办法，规范信息查询程序、时限和结果使用；银行业金融机构要根据信息查询的需要，及时向民政部门反馈社会救助家庭所有成员个人名下存款等金融资产方面的信息，确保提供数据的真实性、时效性和完整性。

（三）规范查询程序

县级民政部门认定社会救助对象需通过银行业金融机构查询社会救助家庭存款等金融资产信息的，须经社会救助家庭所有成员授权并在授权书上签字确认，无法签字确认的，应以其他合法方式确认授权。授权书应规范、统一、合法。县级民政部门可委托依法成立的居民家庭经济状况核对机构开展相关查询工作，指定专人负责查询事项。在向银行业金融机构提出存款等金融资产信息查询需求时，应按照查询工作程序，履行相关手续。对于民政部门符合要求、手续完备的查询事项，银行业金融机构不得拒绝、推诿。

（四）强化责任追究

各地民政部门、银监局要加强对存款等金融资产信息查询工作的监督指导，定期对信息查询和使用情况进行检查监督。要建立健全内部工作制度，指定专人负责，建立工作责任追究制度。对拒绝或无故拖延，不能及时提供相关信息的银行业金融机构，由有关地方银监局视情予以严肃处理；对违规使用和泄露共享信息的民政部门工作人员，应视情节轻重给予批评教育或行政处分，涉嫌犯罪的，依法追究其法律责任。

民　政　部

中国银行业监督管理委员会

2015年3月24日

关于加快推广应用全国最低生活保障信息系统的通知

（民函〔2015〕83号）

各省、自治区、直辖市民政厅（局），新疆生产建设兵团民政局：

全国最低生活保障信息系统一期工程（以下简称“低保一期系统”）自投入运行以来，各地扎实推进系统应用，有效提高了社会救助工作效率和规范管理水平。但系统推广应用工作进展不平衡，一些地方仍存在重视程度不够高、职责分工不够明确、推动措施不够得力等问题。为深入贯彻落实《社会救助暂行办法》和《国务院关于进一步加强和改进最低生活保障工作的意见》（国发〔2012〕45号），进一步提升社会救助信息化管理水平，现就加快“低保一期系统”推广应用通知如下：

一、充分认识推广应用工作的重要意义

当前信息化快速发展，信息技术的应用为经济社会发展带来深刻变革，社会救助事业转型升级也必然要依托信息化技术。“低保一期系统”是发展改革委批准实施的国家电子政务重点工程项目，民政部对此高度重视，成立部级低保项目建设领导小组，专门研究部署，多次检查督促，大力推进信息系统建设。目前，“低保一期系统”各项建设任务基本完成，已于2014年9月验收，正式投入使用。该系统是实现社会救助规范管理、提升服务水平的基础，在转变低保业务管理方式、规范操作、强化监管等方面发挥着重要作用，是创新社会救助管理与服务方式的重要工具与途径。各级民政部门要主动适应信息化发展的时代要求，充分认识推广应用“低保一期系统”的重大意义，将其作为提升社会救助工作科学化水平的一项重要任务，夯实基础，谋划长远，切实做好推广应用相关工作。

二、具体任务

“低保一期系统”推广应用要以实现全国社会救助业务数据集中存储、动态管理及时更新、统计分析准确便捷为目标，通过加大督查指导力度、改善软硬件环境、加强人员培训等措施，切实加快工作步伐，全面提高社会救助管理信息化水平。

（一）全面应用业务系统

2015年底前，全面应用“低保一期系统”中的“城市低保”“农村低保”业务系统，实现城乡低保业务网上办理审核审批和发放等操作。正在部署应用的地区，可先使用临时开放的历史数据采集功能录入当期城乡低保业务数据，并校验核准，7月1日起关闭历史数据采集功能，所有业务通过“低保一期系统”办理。完成部署城乡低保业务应用的地区要逐步将系统应用扩展至农村五保、医疗救助等其他社会救助业务系统。

（二）及时上传或交换数据

各地要在2015年6月底前汇总上传或交换本地区上月城乡低保数据。使用自建系

统的地区上传到省前置机数据库服务器（数据库方式）或上传到民政部 ftp 服务器（文件方式）。2015 年 7 月以后，各地要逐步实现按月更新，每月 10 日前完成上月的数据汇总上传或交换，确保数据及时、准确，与民政统计台账数据同步一致。使用“低保一期系统”的地区通过“信息交换——统计台账导出”功能直接向统计台账导出。使用自建系统的地区要采取适当方式导入统计台账，做好对接。从 2016 年起，“低保一期系统”中的城乡低保相关数据将作为测算、分配社会救助中央补助资金的基础数据。

（三）全力做好运行维护和系统完善

使用“低保一期系统”的地区应按照《全国最低生活保障信息系统省级基础设施配置参考方案》（见附件）要求，对本地数据库服务器、应用服务器、网络带宽等软硬件进行升级优化。同时，尽快确定低保系统运行所需的数据库、应用中间件、操作系统、Web 服务器等基础软件的运行维护单位，结合本地实际情况制定基础软件的运行维护方案，对各类基础软件的维护工作做出明确的要求和安排，保障“低保一期系统”正常运行。各地在应用过程中，可以结合社会救助业务发展，从项目设置、系统功能和操作使用等方面提出修改意见建议，及时反馈至民政部社会救助司，以便后续升级完善，进一步提升系统功能。

三、工作要求

（一）加强组织领导

“低保一期系统”完成验收后，民政部专门成立了“低保信息系统一期应用推广工作协调办公室”，负责推广应用工作。协调办公室由社会救助司牵头，部信息中心配合做好运行维护工作，部低收入家庭认定指导中心受社会救助司委托做好推广应用相关事务性工作。各地要参照部内分工，明确主管领导，建立推广应用工作协调机制，落实相关处室工作责任，加强协调配合，形成合力，共同推进“低保一期系统”应用推广工作。

（二）强化考评考核

“低保一期系统”推广应用情况已列入部 2015 年民政重点工作综合评估项目和 2015 年最低生活保障绩效评价项目，并作为社会救助一票否决指标列入年终考评。“低保一期系统”推广应用的考评考核将根据各地系统部署应用情况、数据更新周期、数据质量等因素进行综合评分。各地要将“低保一期系统”推广应用工作列入年度工作任务，制定推广方案，并列支必要的工作经费，用于软硬件设施配置采购、信息系统和网络安全运行维护等工作支出，确保到 2015 年底切实见到成效。

（三）抓好人员培训

民政部将适时组织开展“低保一期系统”应用人员工作培训。各省（自治区、直辖市）要及时组织开展辖区内应用人员培训，重点培养地市和区县级操作使用骨干和技术骨干，积极发挥骨干力量作用。各地要建立激励机制，对在推广应用工作中表现突出的工作人员予以奖励。

（四）加强技术指导

各省（自治区、直辖市）要建立本地推广应用工作 QQ 群，加强交流、指导，及时解决使用过程中的问题。鼓励各地互相帮助、互相学习。省级无法解决的问题，可通过“全国低保信息系统 QQ 群”（群号：365591385）及时联系太极计算机股份有限公司“低保一期系统”项目负责人或工程师，部社会救助司、信息中心、低收入家庭认定指导中心将同步跟踪进展。

从 2015 年 6 月起，民政部将对各地推广应用工作情况进行统计排序，定期予以通报。

附件：全国最低生活保障信息系统省级基础设施配置参考方案

民　政　部
2015 年 3 月 9 日

附件

全国最低生活保障信息系统省级基础设施配置参考方案

本方案按照社会救助对象人数在达到 300 万、500 万、700 万时，分别提供了三种建议配置。各地应结合实际，按就高不就低的原则选择相应配置。

一、救助对象达到 300 万时的参考配置

设备类型	核心技术指标	数量	备注
数据库服务器（PC 服务器）	CPU 主频：> =2.0GHz CPU 数量：> =8 颗 CPU 核心：> =10 核 内存：> =128GB 硬盘：> =500GB SAS 1.5krpm	2	或同等计算能力的小型机。
低保系统服务器	CPU 主频：> =2.0GHz CPU 数量：> =4 颗 CPU 核心：> =8 核 内存：> =64GB 硬盘：> =500GB SAS 1.5krpm	4	2 台用于低保业务系统，2 台用于数据交换、统计等服务。
应用中间件	符合 Java EE 规范的应用服务器，具备集群功能	2	应用集群
磁盘阵列	双控制器 > =2 系统缓存 > =64GB 支持存储协议：FC、NFS	1	建议配置为 5T，配置为 RAID 1+0。
低保系统网络带宽	50M 以上		
低保系统终端带宽	4M 以上		

二、救助对象达到500万时的参考配置

设备类型	核心技术指标	数量	备注
数据库服务器（PC服务器）	CPU主频：>=2.0GHz CPU数量：>=8颗 CPU核心：>=10核 内存：>=128GB 硬盘：>=500GB SAS 1.5krpm	3	或同等计算能力的小型机。
低保系统服务器	CPU主频：>=2.0GHz CPU数量：>=4颗 CPU核心：>=8核 内存：>=64GB 硬盘：>=500GB SAS 1.5krpm	5	3台用于低保业务系统，2台用于数据交换、统计等服务。
应用中间件	符合Java EE规范的应用服务器，具备集群功能	3	应用集群
磁盘阵列	双控制器>=2 系统缓存>=96GB 支持存储协议：FC、NFS	1	建议配置为20T，配置为RAID 1+0。
低保系统网络带宽	75M以上		
低保系统终端带宽	4M以上		

三、救助对象达到700万时的参考配置

设备类型	核心技术指标	数量	备注
数据库服务器（PC服务器）	CPU主频：>=2.0GHz CPU数量：>=8颗 CPU核心：>=10核 内存：>=128GB 硬盘：>=500GB SAS 1.5krpm	4	或同等计算能力的小型机。
低保系统服务器	CPU主频：>=2.0GHz CPU数量：>=4颗 CPU核心：>=8核 内存：>=64GB 硬盘：>=500GB SAS 1.5krpm	6	4台用于低保业务系统，2台用于数据交换、统计等服务。

续表

设备类型	核心技术指标	数量	备注
应用中间件	符合 Java EE 规范的应用服务器， 具备集群功能	4	应用集群
磁盘阵列	双控制器 > =2 系统缓存 > =128GB 支持存储协议：FC、NFS	1	建议配置为 30T，配置为 RAID 1 +0。
低保系统网络带宽	100M 以上		
低保系统终端带宽	4M 以上		

关于指导村（居）民委员会协助做好社会救助工作的意见

（民发〔2015〕104号）

各省、自治区、直辖市民政厅（局），各计划单列市民政局，新疆生产建设兵团民政局：

为进一步健全完善社会救助经办服务体系，充分发挥城乡基层群众性自治组织在社会救助工作中的重要作用，根据《社会救助暂行办法》、《国务院关于进一步加强和改进最低生活保障工作的意见》（国发〔2012〕45号）要求，现就指导村（居）民委员会协助做好社会救助工作提出如下意见：

一、充分认识村（居）民委员会协助做好社会救助工作的重要性

村（居）民委员会是居民自我管理、自我教育、自我服务的基层群众性自治组织，是党和政府联系广大人民群众的桥梁和纽带，在服务居民群众、深化基层治理、密切党群干群关系、维护社会稳定等方面发挥着不可替代的重要作用。社会救助事关困难群众衣食冷暖和基本生活保障，是党和政府维护困难群众生存权益、促进社会稳定和公平正义的托底性、基础性制度安排。困难群众居住在社区、生活在社区、服务依托社区，与村（居）民委员会的联系最为紧密，村（居）民委员会最了解困难群众的生活状况和救助需求。健全完善社会救助经办服务体系，落实好各项社会救助政策，不断提升基层社会救助服务水平，真正为困难群众排忧解难，离不开村（居）民委员会的参与、协助和配合。

二、进一步明确村（居）民委员会协助做好社会救助工作的主要内容

依据《中华人民共和国村民委员会组织法》、《中华人民共和国城市居民委员会组织法》的有关规定，村（居）民委员会应当协助基层政府或其派出机关开展与居民利益有关的公共事务、社区服务等工作。社会救助与社区居民利益息息相关，是社区公共服务不可或缺的重要方面。各地民政部门要厘清责任、突出重点，进一步明确村（居）民委员会协助做好社会救助工作的主要内容。

（一）协助做好救助对象发现报告工作

各地民政部门要指导、督促村（居）民委员会将发现排查困难群众列为日常重点工作，安排社区工作者、专业社会工作者、志愿者等经常性走访居民家庭，了解、收集困难群众的现状信息，掌握、核实辖区内居民生活困难及遭遇突发事件、意外事故、罹患重病等急难情况，并及时告知乡镇人民政府（街道办事处）。指导、督促村（居）民委员会在日常工作中，将辖区内的留守儿童、独居老人、残疾人、重病患者等易陷入生活困境的人群作为重点，开展经常性走访、问候；关注居住在本辖区的外来人员，帮助有困难的家庭和个人提出救助申请。指导有条件的村（居）民委员会在社区公共

服务场所开设救助咨询服务窗口，开通救助服务热线，方便困难群众求助。

（二）协助做好社会救助申请审核审批工作

一是协助提出救助申请。指导、督促村（居）民委员会接受申请最低生活保障、特困人员供养、医疗救助、教育救助、住房救助、临时救助等社会救助有困难的家庭或个人的委托，代其向乡镇人民政府（街道办事处）或相关救助机构提交书面申请及材料。指导、督促村（居）民委员会将申请人所有申请材料全部上交，不得自行作出不予受理或不符合救助条件的决定。要指导、督促村（居）民委员会成员及其他社区工作者主动申报备案其近亲属申请救助的情况。

二是协助开展调查审核。指导、督促村（居）民委员会协助乡镇人民政府（街道办事处），组织驻村（社区）干部、社区救助专干、专业社会工作者等工作人员，通过入户调查、邻里访问等形式，对社会救助申请人声明的家庭经济状况、人口状况、遭遇困难类型等逐一调查核实，并由调查人员和申请人签字确认。调查审核的责任主体是乡镇人民政府（街道办事处），村（居）民委员会不能自行作出调查审核结论。

三是协助组织群众评议。指导、督促村（居）民委员会在入户调查结束后，协助乡镇人民政府（街道办事处）组织村（居）民代表或者群众评议小组对救助申请人声明的家庭收入、财产状况以及入户调查结果的客观性、真实性和完整性进行评议。

四是协助进行抽查复核。县级民政部门要在村（居）民委员会的参与下开展抽查复核工作，全面、准确地听取村（居）民委员会关于入户调查、邻里访问、群众评议以及村（居）民委员会成员等社区工作人员近亲属申请救助备案等情况介绍。有条件的地方，县级民政部门可邀请乡镇人民政府（街道办事处）、村（居）民委员会参与审批。

五是协助公示审核审批结果。乡镇人民政府（街道办事处）根据家庭经济状况调查审核、群众评议等情况对救助申请提出审核意见后，要在村（居）民委员会协助下在村（居）务公开栏公示审核结果。县级民政部门作出救助批准决定后，要在村（居）民委员会协助下在村（居）务公开栏公示拟救助的申请人姓名、家庭成员、救助金额等信息。两次公示的责任主体分别是乡镇人民政府（街道办事处）和县级民政部门，村（居）民委员会不能自行公示相关信息。要指导村（居）民委员会及时维护公示栏，确保相关公示信息完整、可视。

（三）协助做好社会救助动态管理工作

各地民政部门要指导、督促村（居）民委员会配合乡镇人民政府（街道办事处）以及县级社会救助管理部门，按照有关规定分类、定期核查辖区内已获得救助对象的家庭人口状况、经济状况等变化情况；要督促辖区内已获得救助对象在家庭人口、经济状况等发生变化时，主动报告乡镇人民政府（街道办事处）。对于村（居）民委员会在日常工作中发现救助对象家庭情况发生变化的，要督促其及时报告。

（四）协助做好社会力量参与社会救助有关工作

各地民政部门要指导村（居）民委员会充分发挥自身独特优势，以社区为平台，结合城乡社区建设，积极促进驻社区单位、社区社会组织、业主委员会、社区志愿者等主体参与社会救助，鼓励、引导社区居民开展社会救助志愿服务和互助服务。要为社会工作服务机构和专业社会工作者进入社区创造条件，支持他们针对救助对象的不同需求，开展心理疏导、精神抚慰、能力提升、社会融入等专业服务。要大力发展社区慈善，规范社区募捐，探索设立社区爱心救助基金，鼓励、支持社会组织、企事业单位和爱心人士等针对困境家庭和救助对象开展慈善救助。要创新发展社区慈善超市，依托居委会建立社会捐助站点，引导居民积极捐赠家庭闲置物品，培育发展社区社会救助社会组织。要加强社区救助资源的信息共享，实现困难群众的救助需求信息、政府相关部门的救助资源、社会组织的救助项目、社会各界的爱心捐赠和志愿服务的有效对接。

（五）协助做好社会救助政策宣传工作

各地民政部门要指导村（居）民委员会利用城乡社区公共服务信息平台、公示栏、信息宣传栏、宣传册、现场解答等群众喜闻乐见的途径和形式，不断加大社会救助政策宣传普及力度，使社会救助政策法规深入人心、家喻户晓。要重点向居民群众宣传最低生活保障、特困人员供养、医疗救助、教育救助、住房救助、就业救助和临时救助等政策的资格条件和申请审批程序，不断提高社会救助政策的透明度和知晓度。要在城乡社区大力弘扬中华民族团结友爱、互助共济的传统美德，引导社会公众理解、支持社会救助工作，营造良好社会舆论氛围。

三、切实加强对村（居）民委员会协助做好社会救助工作的领导和指导

（一）加强组织领导

各级民政部门要努力争取党委、政府的重视和支持，把村（居）民委员会协助做好社会救助工作纳入基层社会治理的重要内容，及时解决工作中存在的问题。要把村（居）民委员会协助做好社会救助工作列为提升基层社会救助经办服务能力的重要举措，抓紧协调研究具体办法和支持措施，切实发挥好村（居）民委员会的功能作用。

（二）加强能力建设

各级民政部门要指导村（居）民委员会根据辖区幅度、人口规模等因素，安排必要的人员协助做好社会救助工作。切实加强经费保障，将村（居）民委员会协助做好社会救助工作所需经费纳入社会救助工作经费统筹考虑，并按照“费随事转”原则，适当给予经费补助。要加强社会救助管理信息系统与社区综合信息管理服务平台的对接，实现社会救助对象数据和社区居民数据统一采集、多方共享。各级民政部门要有针对性地加强培训工作，确保村（居）民委员会相关工作人员熟悉、掌握社会救助政策与社会工作专业理念、方法和技巧。

（三）加强工作指导

各级民政部门要切实加强村（居）民委员会协助做好社会救助工作的指导，对于一些带有规律性、方向性的经验做法，要及时完善、总结并推广。要抓紧研究政府购买社会救助服务的机制、路径和办法，不断创新村（居）民委员会协助做好社会救助工作的模式、方法。探索将社会组织引入社会救助，逐步拓展社会救助服务内涵，积极指导村（居）民委员会以社区为平台，统筹整合政府救助、慈善救助和社会服务等资源，实施形式多样的救助服务，最大程度满足困难群众的救助需求。要加强对村（居）民委员会协助开展社会救助工作的监督检查，对徇私舞弊、虚构瞒报、优亲厚友、敷衍塞责造成严重后果的，要依法依规追究责任。

民 政 部

2015 年 6 月 1 日

关于完善国家助学贷款政策的若干意见

（教财〔2015〕7 号）

各省、自治区、直辖市教育厅（教委）、财政厅（局），计划单列市教育局、财政局，新疆生产建设兵团教育局、财务局，中国人民银行上海总部，各分行、营业管理部，各省会（首府）城市中心支行，各副省级城市中心支行，银监局，有关部门（单位）教育司（局），中央部门所属各高等学校，各银行业金融机构：

目前，我国普通高等学校家庭经济困难学生资助政策体系已基本建立。作为高校学生资助体系的重要组成部分，国家助学贷款经过多年探索和完善，逐步形成了符合中国国情和高校特点的发展模式，取得了显著成效，对确保高校家庭经济困难学生顺利完成学业发挥了重要作用。为进一步提升国家助学贷款政策实施效果，经国务院同意，现就完善国家助学贷款政策提出如下意见：

一、完善贷款政策，切实减轻借款学生经济负担

（一）学生在读期间利息全部由财政补贴。国家助学贷款利率执行中国人民银行同期公布的同档次基准利率，不上浮。借款学生在读期间的贷款利息由财政全额补贴。借款学生毕业后，在还款期内继续攻读学位的，可申请继续贴息，应及时向经办机构（组织办理校园地国家助学贷款的高校或组织办理生源地信用助学贷款的县级教育部门，以下简称经办机构）提供书面证明，经办机构审核后，报经办银行确认，继续攻读学位期间发生的贷款利息，由原贴息财政部门继续全额贴息。借款学生在校期间因患病等原因休学的，应向经办机构提供书面证明，由经办机构向经办银行提出申请，休学期间的贷款利息由财政全额贴息。

（二）贷款最长期限从 14 年延长至 20 年。原校园地国家助学贷款期限为学制加 6 年、最长不超过 10 年，生源地信用助学贷款期限为学制加 10 年、最长不超过 14 年，现统一调整为学制加 13 年、最长不超过 20 年。借款学生毕业或终止学业时，应与经办银行和经办机构确认还款计划，还款期限按双方签署的合同执行。

（三）还本宽限期从 2 年延长至 3 年整。借款学生毕业当年不再继续攻读学位的，与经办机构和经办银行确认还款计划时，可选择使用还本宽限期。还本宽限期内借款学生只需偿还利息，无需偿还贷款本金。还本宽限期由原来的 2 年延长至 3 年整。还本宽限期从还款计划确认开始，计算至借款学生毕业后第 36 个月底。在还款期内继续攻读学位的借款学生再读学位毕业后，仍可享受 36 个月的还本宽限期。

（四）建立国家助学贷款还款救助机制。各省级学生资助管理部门、各高校要合理利用国家助学贷款风险补偿金结余奖励资金、社会捐资助学资金或学生奖助基金，建立国家助学贷款还款救助机制，用于救助特别困难的毕业借款学生。对于因病丧失劳动能力、家庭遭遇重大自然灾害、家庭成员患有重大疾病以及经济收入特别低的毕业

借款学生，如确实无法按期偿还贷款，可向经办机构提出救助申请并提供相关书面证明，经办机构核实后，可启动救助机制为其代偿应还本息。

（五）简化学生贷款手续。各经办机构和经办银行要简化贷款手续，不得要求学生提供与贷款申请无关的材料。学生开具家庭经济困难学生认定证明时，严禁收取任何费用。各经办机构和经办银行应改进服务，简化流程，借款学生继续攻读学位的，只需完成申请继续贴息的相关手续，可不再签署贷款展期协议。借款学生根据贷款合同提前还款的，经办银行按贷款实际期限计算利息，不得加收任何费用。

二、健全运行机制，促进国家助学贷款持续健康发展

（一）及时足额安排贴息及风险补偿金。各级财政部门和高校要在年度预算中足额安排应承担的国家助学贷款贴息和风险补偿金。省级财政部门负责统筹归集全省各级财政和地方高校应承担的贴息和风险补偿金，确保资金按时足额到位。

（二）完善国家助学贷款考核制度。各级金融监管部门对国家助学贷款业务监管时，综合考虑风险补偿金的缓释作用，对符合相关政策要求的风险补偿金覆盖部分适用零风险权重，未覆盖部分采用75%的风险权重。各金融机构在对国家助学贷款业务进行内部监管时，应在满足监管要求的同时，充分考虑国家助学贷款业务和风险特征，准确计量资本和拨备要求。各经办银行对国家助学贷款业务要单立台账、单设科目、单独统计和考核。

（三）积极开展诚信教育活动和征信宣传。各高校应加强学生信用意识和诚信观念教育。各级教育行政部门应加强学校诚信教育工作的定期考核和业务指导。各经办银行应按照《征信业管理条例》，严格履行信息采集和上报责任。经办银行经借款学生书面授权使用借款学生的个人征信信息，无需再次告知借款学生；对没有按合同约定归还贷款的学生，经办银行应依法向个人征信系统报送借款学生的不良信息。

三、加强组织领导，不断提升国家助学贷款管理水平

（一）进一步落实学费和贷款代偿政策。根据《财政部　教育部关于印发〈高等学校毕业生学费和国家助学贷款代偿暂行办法〉的通知》（财教〔2009〕15号）规定，尚未出台政策的省份应尽快出台学费和助学贷款代偿办法，鼓励地方高校毕业生到本行政区域艰苦边远地区基层单位就业。地方高校毕业生代偿资金原则上由省级财政承担，中央财政根据西部各省份财力状况、学费和国家助学贷款代偿规模以及高校家庭经济困难学生资助政策落实情况等因素，对西部省份予以奖补。

（二）加强经办机构和人员队伍建设。各县级政府要尽快成立专门的县级学生资助管理中心并确保正常运转，加强人员队伍建设并保障工资福利、职称评聘等方面待遇。地方各级教育行政部门要推动经办机构之间的联动机制，建立资助中心、高校和金融机构之间的合作平台，实现信息共享，促进协同配合，切实加强贷款管理工作。

（三）加大国家资助政策宣传力度。地方各级教育行政部门应在《普通高等学校招生专业目录》中全面、完整介绍高校学生资助政策，方便学生知晓国家资助政策，合理选择学校和专业。普通高中要大力开展高校资助政策宣传工作，介绍国家助学贷款、奖助学金等资助政策，免除家庭经济困难学生的后顾之忧。在发挥传统媒体作用的同时，充分运用网络时代新媒体传播渠道，创新宣传方式，增强宣传效果。对于艰苦边远山区和农村家庭经济困难学生集中的区域，有关地区教育行政部门应组织专门人员，深入基层和农村经济困难家庭宣讲资助政策。

四、其他事项

（一）本意见自发布之日起实施。各省、自治区、直辖市人民政府可结合本地实际情况，制订具体实施细则。

（二）本意见所指的借款学生是指全日制普通高等学校中家庭经济困难且已获得国家助学贷款资助的本专科学生（含高职学生）、研究生、第二学士学位学生。

（三）此前下发的国家助学贷款的有关政策和规定继续执行。凡与本意见不一致的，以本意见为准。

教　育　部
财　政　部
中国人民银行
银　监　会
2015年7月13日

关于印发《中央财政专项帮扶资金使用管理办法》的通知

（总中发〔2015〕20 号）

各省、自治区、直辖市总工会：

为进一步规范中央财政专项帮扶资金的分配、使用和管理，现将《中央财政专项帮扶资金使用管理办法》印发给你们，请遵照执行。

中华全国总工会
2015 年 5 月 8 日

中央财政专项帮扶资金使用管理办法

第一条 为加强中央财政专项帮扶资金（以下简称帮扶资金）管理，提高资金使用效能，确保资金规范安全运行，依据《财政部关于印发〈困难职工帮扶中心专项资金管理办法〉的通知》（财建〔2006〕468 号）制定本办法。

第二条 本办法所称中央财政专项帮扶资金，是指中央财政拨付的，用于支持各级工会困难职工帮扶中心开展困难职工（含困难农民工，下同）帮扶救助活动的专项资金。

第三条 帮扶资金发放和使用，应当坚持“依档帮扶”，“先建档、后帮扶、实名制”的原则。各地工会应根据全国总工会制定的困难职工档案管理办法，准确核查困难职工家庭状况，建立困难职工档案并动态管理。

第四条 帮扶资金使用对象是已纳入工会档案的困难职工家庭，主要包括：

（一）家庭人均收入低于当地最低生活保障线，经政府救助后仍生活困难的职工家庭。

（二）家庭人均收入虽略高于当地最低生活保障线，但由于患病、子女上学、残疾、单亲及其他特殊原因造成生活困难的职工家庭。

（三）因职工本人或家庭成员遭遇突发事件、意外伤害、重大疾病或其他特殊原因导致生活困难的职工家庭。

困难农民工应符合（一）至（三）款所规定条件且加入工会组织。

第五条 帮扶资金适用于生活救助、医疗救助、子女助学、法律援助、职业培训、职业介绍等帮扶项目。

（一）用于生活救助的资金，每户每年不得超过当地低保标准年度总和。

（二）用于医疗救助的资金，不得超过医疗费用个人自付部分。

（三）用于助学救助的资金，每生每年不得超过十个月基本生活费用总和。

（四）用于职业培训、职业介绍的资金，执行当地政府人力资源和社会保障部门制定的同类工种标准。

（五）用于法律援助的资金，执行当地政府司法行政部门制定的法律援助补贴标准。

帮扶资金不得用于下列支出：支付帮扶中心工作人员工资或办公经费；发放各种奖金、津贴和福利补助；购买车辆、手机等交通工具及通讯设备；帮扶中心基本建设投资；其他与困难职工群体帮扶无关的支出。

第六条　帮扶资金的分配由各省、自治区、直辖市总工会参照地市级工会上一年度资金使用情况，依据各地经济社会发展总体状况、最低生活保障标准和建档困难职工户数、自然灾害发生情况以及绩效评价结果等因素制定，并经领导班子集体审议后报全国总工会。

第七条　帮扶资金的预算、决算按照全国总工会预算管理办法要求执行，纳入县以上工会预算、决算统一管理。帮扶资金根据预算于本年度使用完毕，不得结转下年度。

第八条　帮扶资金使用应采取非现金支付形式，用于困难职工生活救助、医疗救助、子女助学的，应当通过银行卡（存折）发放，帮扶中心应及时将帮扶项目、金额、次数和具体时间通知困难职工家庭，并将银行对账单存档备查。用于其他帮扶项目的，采取银行转账方式结算，属于政府采购范围的，执行政府采购有关规定。

帮扶资金使用情况应当在30个工作日内录入全国工会帮扶工作管理系统。

第九条　帮扶资金实行独立核算、专账管理、专款专用。核算单位应当按照工会会计制度要求设置会计科目，建立总账、明细账和其他辅助台账。

第十条　各级工会应加强帮扶资金管理监督。

（一）保障部门负责制定困难职工建档和帮扶标准，对帮扶资金的管理和使用进行指导督查，编制资金分配和使用方案。帮扶中心负责建立和管理困难职工档案，开展具体帮扶活动。

（二）财务部门负责帮扶资金的接收、拨付等财务管理，规范会计核算，加强财务指导和检查。

（三）经审部门负责帮扶资金管理使用的审计监督。

第十一条　帮扶资金专款专用，任何单位和个人不得截留、挤占、挪用。对违反规定弄虚作假、骗取资金、挤占挪用的，上级工会应根据情况减拨或停拨资金、追回违规所得资金。

第十二条　各省、自治区、直辖市总工会根据本办法的规定，结合本地实际，制定具体实施细则，报全国总工会备案。各省、自治区、直辖市总工会筹集的配套资金参照本办法执行，其中地方财政专项帮扶资金根据当地财政批复执行。

第十三条　本办法自下发之日起执行，《中华全国总工会关于困难职工帮扶中心专项资金使用管理办法（暂行）》（总工发〔2009〕36号）同时废止。

第十四条　本办法由全国总工会负责解释。

第七部分

农民工工作

关于加快发展现代农业进一步增强农村发展活力的若干意见

（中发〔2013〕1号）

全面贯彻落实党的十八大精神，坚定不移沿着中国特色社会主义道路前进，为全面建成小康社会而奋斗，必须固本强基，始终把解决好农业农村农民问题作为全党工作重中之重，把城乡发展一体化作为解决“三农”问题的根本途径；必须统筹协调，促进工业化、信息化、城镇化、农业现代化同步发展，着力强化现代农业基础支撑，深入推进社会主义新农村建设。

党的十六大以来，我们深入贯彻落实科学发展观，全面推进“三农”实践创新、理论创新、制度创新，全面确立重中之重、统筹城乡、“四化同步”等战略思想，全面制定一系列多予少取放活和工业反哺农业、城市支持农村的重大政策，全面构建农业生产经营、农业支持保护、农村社会保障、城乡协调发展的制度框架，农业生产得到很大发展、农村面貌得到很大改善、农民群众得到很大实惠，农业农村发展实现了历史性跨越，迎来了又一个黄金期，初步探索出一条中国特色农业现代化道路。粮食产量实现“九连增”，农业综合生产能力迈上新台阶。农民增收实现“九连快”，农村贫困人口生存和温饱问题基本解决。农村民生加速改善，办了许多深得民心的大事好事。农村综合改革和集体林权制度改革取得重大进展，城乡分割的体制障碍加快破除。农村党群干群关系明显改善，农村社会保持和谐稳定。农业农村形势好，为我国综合国力在国际风云变幻中大幅提升，为现代化建设在重重风险挑战中昂首迈进，为党和国家事业在各种困难考验中兴旺发达，注入了强劲动力，增添了应对底气，赢得了战略主动。实践证明，中央推动农村改革发展的大政方针完全正确，出台的强农惠农富农政策卓有成效。

伴随工业化、城镇化深入推进，我国农业农村发展正在进入新的阶段，呈现出农业综合生产成本上升、农产品供求结构性矛盾突出、农村社会结构加速转型、城乡发展加快融合的态势。人多地少水缺的矛盾加剧，农产品需求总量刚性增长、消费结构快速升级，农业对外依存度明显提高，保障国家粮食安全和重要农产品有效供给任务艰巨；农村劳动力大量流动，农户兼业化、村庄空心化、人口老龄化趋势明显，农民利益诉求多元，加强和创新农村社会管理势在必行；国民经济与农村发展的关联度显著增强，农业资源要素流失加快，建立城乡要素平等交换机制的要求更为迫切，缩小城乡区域发展差距和居民收入分配差距任重道远。我们必须顺应阶段变化，遵循发展规律，增强忧患意识，举全党全国之力持之以恒强化农业、惠及农村、富裕农民。

2013年农业农村工作的总体要求是：全面贯彻党的十八大精神，以邓小平理论、“三个代表”重要思想、科学发展观为指导，落实“四化同步”的战略部署，按照保供增收惠民生、改革创新添活力的工作目标，加大农村改革力度、政策扶持力度、科技驱动力度，围绕现代农业建设，充分发挥农村基本经营制度的优越性，着力构建集约化、专业化、组织化、社会化相结合的新型农业经营体系，进一步解放和发展农村社会生产力，巩固和发展农业农村大好形势。

一、建立重要农产品供给保障机制，努力夯实现代农业物质基础

确保国家粮食安全，保障重要农产品有效供给，始终是发展现代农业的首要任务。必须毫不放松粮食生产，加快构建现代农业产业体系，着力强化农业物质技术支撑。

1. 稳定发展农业生产。粮食生产要坚持稳定面积、优化结构、主攻单产的总要求，确保丰产丰收。继续开展粮食稳定增产行动，着力加强800个产粮大县基础设施建设，推进东北四省区节水增粮行动、粮食丰产科技工程。支持优势产区棉花、油料、糖料生产基地建设。扩大粮棉油糖高产创建规模，在重点产区实行整建制推进，集成推广区域性、标准化高产高效模式。深入实施测土配方施肥，加强重大病虫害监测预警与联防联控能力建设。加大新一轮“菜篮子”工程实施力度，扩大园艺作物标准园和畜禽水产品标准化养殖示范场创建规模。以奖代补支持现代农业示范区建设试点。推进种养业良种工程，加快农作物制种基地和新品种引进示范场建设。加强渔船升级改造、渔政执法船艇建造和避风港建设，支持发展远洋渔业。

2. 强化农业物质技术装备。落实和完善最严格的耕地保护制度，加大力度推进高标准农田建设。加快大中型灌区配套改造、灌排泵站更新改造、中小河流治理，扩大小型农田水利重点县覆盖范围，大力发展高效节水灌溉，加大雨水集蓄利用、堰塘整治等工程建设力度，提高防汛抗旱减灾能力。加大财政对小型水库建设和除险加固支持力度。及时足额计提并管好用好从土地出让收益中提取的农田水利建设资金。加快落实农业灌排工程运行管理费用由财政适当补助的政策。加强农业科技创新能力条件建设和知识产权保护，继续实施种业发展等重点科技专项，加快粮棉油糖等农机装备、高效安全肥料农药兽药研发。推进国家农业科技园区和高新技术产业示范区建设。

3. 提高农产品流通效率。统筹规划农产品市场流通网络布局，重点支持重要农产品集散地、优势农产品产地市场建设，加强农产品期货市场建设，适时增加新的农产品期货品种，培育具有国内外影响力的农产品价格形成和交易中心。加快推进以城市标准化菜市场、生鲜超市、城乡集贸市场为主体的农产品零售市场建设。加强粮油仓储物流设施建设，发展农产品冷冻贮藏、分级包装、电子结算。健全覆盖农产品收集、加工、运输、销售各环节的冷链物流体系。大力培育现代流通方式和新型流通业态，发展农产品网上交易、连锁分销和农民网店。继续实施“北粮南运”、“南菜北运”、“西果东送”、万村千乡市场工程、新农村现代流通网络工程，启动农产品现代流通综合示范区创建。支持供销合作社、大型商贸集团、邮政系统开展农产品流通。深入实施商标富农工程，强化农产品地理标志和商标保护。

4. 完善农产品市场调控。充分发挥价格对农业生产和农民增收的激励作用，按照生产成本加合理利润的原则，继续提高小麦、稻谷最低收购价，适时启动玉米、大豆、油菜籽、棉花、食糖等农产品临时收储。优化粮食等大宗农产品储备品种结构和区域布局，完善粮棉油糖进口转储制度。健全重要农产品市场监测预警机制，认真执行生猪市场价格调控预案，改善鲜活农产品调控办法。完善农产品进出口税收调控政策，加强进口关税配额管理，健全大宗品种进口报告制度，强化敏感品种进口监测。推动进口来源多元化，规范进出口秩序，打击走私行为。加强和完善农产品信息统计发布制度，建立市场调控效果评估制度。扩大农资产品储备品种。

5. 提升食品安全水平。改革和健全食品安全监管体制，加强综合协调联动，落实从田头到餐桌的全程监管责任，加快形成符合国情、科学完善的食品安全体系。健全农产品质量安全和食品安全追溯体系。强化农业生产过程环境监测，严格农业投入品生产经营使用管理，积极开展农业面源污染和畜禽养殖污染防治。支持农产品批发市场食品安全检测室（站）建设，补助检验检测费用。健全基层食品安全工作体系，加大监管机构建设投入，全面提升监管能力和水平。

二、健全农业支持保护制度，不断加大强农惠农富农政策力度

适应农业进入高投入、高成本、高风险发展时期的客观要求，必须更加自觉、更加坚定地加强对农业的支持保护。要在稳定完善强化行之有效政策基础上，着力构建“三农”投入稳定增长长效机制，确保总量持续增加、比例稳步提高。

1. 加大农业补贴力度。按照增加总量、优化存量、用好增量、加强监管的要求，不断强化农业补贴政策，完善主产区利益补偿、耕地保护补偿、生态补偿办法，加快让农业获得合理利润、让主产区财力逐步达到全国或全省平均水平。继续增加农业补贴资金规模，新增补贴向主产区和优势产区集中，向专业大户、家庭农场、农民合作社等新型生产经营主体倾斜。落实好对种粮农民直接补贴、良种补贴政策，扩大农机具购置补贴规模，推进农机以旧换新试点。完善农资综合补贴动态调整机制，逐步扩大种粮大户补贴试点范围。继续实施农业防灾减灾稳产增产关键技术补助和土壤有机质提升补助，支持开展农作物病虫害专业化统防统治，启动低毒低残留农药和高效缓释肥料使用补助试点。完善畜牧业生产扶持政策，支持发展肉牛肉羊，落实远洋渔业补贴及税收减免政策。增加产粮（油）大县奖励资金，实施生猪调出大县奖励政策，研究制定粮食作物制种大县奖励政策。增加农业综合开发财政资金投入。现代农业生产发展资金重点支持粮食及地方优势特色产业加快发展。

2. 改善农村金融服务。加强国家对农村金融改革发展的扶持和引导，切实加大商业性金融支农力度，充分发挥政策性金融和合作性金融作用，确保持续加大涉农信贷投放。创新金融产品和服务，优先满足农户信贷需求，加大新型生产经营主体信贷支持力度。加强财税杠杆与金融政策的有效配合，落实县域金融机构涉农贷款增量奖励、农村金融机构定向费用补贴、农户贷款税收优惠、小额担保贷款贴息等政策。稳定县（市）农村信用社法人地位，继续深化农村信用社改革。探索农业银行服务“三农”新模式，强化农业发展银行政策性职能定位，鼓励国家开发银行推动现代农业和新农村建设。支持社会资本参与设立新型农村金融机构。改善农村支付服务条件，畅通支付结算渠道。加强涉农信贷与保险协作配合，创新符合农村特点的抵（质）押担保方式和融资工具，建立多层次、多形式的农业信用担保体系。扩大林权抵押贷款规模，完善林业贷款贴息政策。健全政策性农业保险制度，完善农业保险保费补贴政策，加大对中西部地区、生产大县农业保险保费补贴力度，适当提高部分险种的保费补贴比例。开展农作物制种、渔业、农机、农房保险和重点国有林区森林保险保费补贴试点。

推进建立财政支持的农业保险大灾风险分散机制。支持符合条件的农业产业化龙头企业和各类农业相关企业通过多层次资本市场筹集发展资金。

3. 鼓励社会资本投向新农村建设。各行各业制定发展规划、安排项目、增加投资要主动向农村倾斜。引导国有企业参与和支持农业农村发展。鼓励企业和社会组织采取投资筹资、捐款捐助、人才和技术支持等方式在农村兴办医疗卫生、教育培训、社会福利、社会服务、文化旅游体育等各类事业，按规定享受税收优惠、管护费用补助等政策。落实公益性捐赠农村公益事业项目支出所得税前扣除政策。鼓励企业以多种投资方式建设农村生产生活基础设施。

三、创新农业生产经营体制，稳步提高农民组织化程度

农业生产经营组织创新是推进现代农业建设的核心和基础。要尊重和保障农户生产经营的主体地位，培育和壮大新型农业生产经营组织，充分激发农村生产要素潜能。

1. 稳定农村土地承包关系。抓紧研究现有土地承包关系保持稳定并长久不变的具体实现形式，完善相关法律制度。坚持依法自愿有偿原则，引导农村土地承包经营权有序流转，鼓励和支持承包土地向专业大户、家庭农场、农民合作社流转，发展多种形式的适度规模经营。结合农田基本建设，鼓励农民采取互利互换方式，解决承包地块细碎化问题。土地流转不得搞强迫命令，确保不损害农民权益、不改变土地用途、不破坏农业综合生产能力。探索建立严格的工商企业租赁农户承包耕地（林地、草原）准入和监管制度。规范土地流转程序，逐步健全县乡村三级服务网络，强化信息沟通、政策咨询、合同签订、价格评估等流转服务。加强农村土地承包经营纠纷调解仲裁体系建设。深化国有农垦管理体制改革，扩大国有农场办社会职能改革试点。稳步推进农村综合改革示范试点。

2. 努力提高农户集约经营水平。按照规模化、专业化、标准化发展要求，引导农户采用先进适用技术和现代生产要素，加快转变农业生产经营方式。创造良好的政策和法律环境，采取奖励补助等多种办法，扶持联户经营、专业大户、家庭农场。大力培育新型农民和农村实用人才，着力加强农业职业教育和职业培训。充分利用各类培训资源，加大专业大户、家庭农场经营者培训力度，提高他们的生产技能和经营管理水平。制定专门计划，对符合条件的中高等学校毕业生、退役军人、返乡农民工务农创业给予补助和贷款支持。

3. 大力支持发展多种形式的新型农民合作组织。农民合作社是带动农户进入市场的基本主体，是发展农村集体经济的新型实体，是创新农村社会管理的有效载体。按照积极发展、逐步规范、强化扶持、提升素质的要求，加大力度、加快步伐发展农民合作社，切实提高引领带动能力和市场竞争能力。鼓励农民兴办专业合作和股份合作等多元化、多类型合作社。实行部门联合评定示范社机制，分级建立示范社名录，把示范社作为政策扶持重点。安排部分财政投资项目直接投向符合条件的合作社，引导国家补助项目形成的资产移交合作社管护，指导合作社建立健全项目资产管护机制。增加农民合作社发展资金，支持合作社改善生产经营条件、增强发展能力。逐步扩大农村土地整理、农业综合开发、农田水利建设、农技推广等涉农项目由合作社承担的规模。对示范社建设鲜活农产品仓储物流设施、兴办农产品加工业给予补助。在信用评定基础上对示范社开展联合授信，有条件的地方予以贷款贴息，规范合作社开展信

用合作。完善合作社税收优惠政策，把合作社纳入国民经济统计并作为单独纳税主体列入税务登记，做好合作社发票领用等工作。创新适合合作社生产经营特点的保险产品和服务。建立合作社带头人人才库和培训基地，广泛开展合作社带头人、经营管理人员和辅导员培训，引导高校毕业生到合作社工作。落实设施农用地政策，合作社生产设施用地和附属设施用地按农用地管理。引导农民合作社以产品和产业为纽带开展合作与联合，积极探索合作社联社登记管理办法。抓紧研究修订农民专业合作社法。

4. 培育壮大龙头企业。支持龙头企业通过兼并、重组、收购、控股等方式组建大型企业集团。创建农业产业化示范基地，促进龙头企业集群发展。推动龙头企业与农户建立紧密型利益联结机制，采取保底收购、股份分红、利润返还等方式，让农户更多分享加工销售收益。鼓励和引导城市工商资本到农村发展适合企业化经营的种养业。增加扶持农业产业化资金，支持龙头企业建设原料基地、节能减排、培育品牌。逐步扩大农产品加工增值税进项税额核定扣除试点行业范围。适当扩大农产品产地初加工补助项目试点范围。

四、构建农业社会化服务新机制，大力培育发展多元服务主体

建设中国特色现代农业，必须建立完善的农业社会化服务体系。要坚持主体多元化、服务专业化、运行市场化的方向，充分发挥公共服务机构作用，加快构建公益性服务与经营性服务相结合、专项服务与综合服务相协调的新型农业社会化服务体系。

1. 强化农业公益性服务体系。不断提升乡镇或区域性农业技术推广、动植物疫病防控、农产品质量监管等公共服务机构的服务能力。继续实施基层农技推广体系改革与建设项目，建立补助经费与服务绩效挂钩的激励机制。继续实施农业技术推广机构条件建设项目，不断改善推广条件。支持高等学校、职业院校、科研院所通过建设新农村发展研究院、农业综合服务示范基地等方式，面向农村开展农业技术推广。加强乡镇或小流域水利、基层林业公共服务机构和抗旱服务组织、防汛机动抢险队伍建设。充分发挥供销合作社在农业社会化服务中的重要作用。加快推进农村气象信息服务和人工影响天气工作体系与能力建设，提高农业气象服务和农村气象灾害防御水平。

2. 培育农业经营性服务组织。支持农民合作社、专业服务公司、专业技术协会、农民用水合作组织、农民经纪人、涉农企业等为农业生产经营提供低成本、便利化、全方位的服务，发挥经营性服务组织的生力军作用。采取政府订购、定向委托、奖励补助、招投标等方式，引导经营性服务组织参与公益性服务，大力开展病虫害统防统治、动物疫病防控、农田灌排、地膜覆盖和回收等生产性服务。推进科技特派员农村科技创业行动。培育会计审计、资产评估、政策法律咨询等涉农中介服务组织。对符合条件的农业经营性服务业务免征营业税。

3. 创新服务方式和手段。鼓励搭建区域性农业社会化服务综合平台。发展专家大院、院县共建、农村科技服务超市、庄稼医院、专业服务公司加合作社加农户、涉农企业加专家加农户等服务模式，积极推行技物结合、技术承包、全程托管服务，促进农业先进适用技术到田到户。开展农业社会化服务示范县创建。整合资源建设乡村综合服务社和服务中心。加快用信息化手段推进现代农业建设，启动金农工程二期，推动国家农村信息化试点省建设。发展农业信息服务，重点开发信息采集、精准作业、农村远程数字化和可视化、气象预测预报、灾害预警等技术。

五、改革农村集体产权制度，有效保障农民财产权利

建立归属清晰、权能完整、流转顺畅、保护严格的农村集体产权制度，是激发农业农村发展活力的内在要求。必须健全农村集体经济组织资金资产资源管理制度，依法保障农民的土地承包经营权、宅基地使用权、集体收益分配权。

1. 全面开展农村土地确权登记颁证工作。健全农村土地承包经营权登记制度，强化对农村耕地、林地等各类土地承包经营权的物权保护。用5年时间基本完成农村土地承包经营权确权登记颁证工作，妥善解决农户承包地块面积不准、四至不清等问题。加快包括农村宅基地在内的农村集体土地所有权和建设用地使用权地籍调查，尽快完成确权登记颁证工作。农村土地确权登记颁证工作经费纳入地方财政预算，中央财政予以补助。各级党委和政府要高度重视，有关部门要密切配合，确保按时完成农村土地确权登记颁证工作。深化集体林权制度改革，提高林权证发证率和到户率。推进国有林场改革试点，探索国有林区改革。加快推进牧区草原承包工作，启动牧区草原承包经营权确权登记颁证试点。

2. 加快推进征地制度改革。依法征收农民集体所有土地，要提高农民在土地增值收益中的分配比例，确保被征地农民生活水平有提高、长远生计有保障。加快修订土地管理法，尽快出台农民集体所有土地征收补偿条例。完善征地补偿办法，合理确定补偿标准，严格征地程序，约束征地行为，补偿资金不落实的不得批准和实施征地。改革和完善农村宅基地制度，加强管理，依法保障农户宅基地使用权。依法推进农村土地综合整治，严格规范城乡建设用地增减挂钩试点和集体经营性建设用地流转。农村集体非经营性建设用地不得进入市场。

3. 加强农村集体“三资”管理。因地制宜探索集体经济多种有效实现形式，不断壮大集体经济实力。以清产核资、资产量化、股权管理为主要内容，加快推进农村集体“三资”管理的制度化、规范化、信息化。健全农村集体财务预决算、收入管理、开支审批、资产台账和资源登记等制度，严格农村集体资产承包、租赁、处置和资源开发利用的民主程序，支持建设农村集体“三资”信息化监管平台。鼓励具备条件的地方推进农村集体产权股份合作制改革。探索集体经济组织成员资格界定的具体办法。

六、改进农村公共服务机制，积极推进城乡公共资源均衡配置

按照提高水平、完善机制、逐步并轨的要求，大力推动社会事业发展和基础设施建设向农村倾斜，努力缩小城乡差距，加快实现城乡基本公共服务均等化。

1. 加强农村基础设施建设。加大公共财政对农村基础设施建设的覆盖力度，逐步建立投入保障和运行管护机制。“十二五”期间基本解决农村饮水安全问题。农村电网升级改造要注重改善农村居民用电和农业生产经营供电设施，中央投资继续支持农村水电供电区电网改造和农村水电增效扩容改造。推进西部地区、连片特困地区乡镇、建制村通沥青（水泥）路建设和东中部地区县乡公路改造、连通工程建设，加大农村公路桥梁、安保工程建设和渡口改造力度，继续推进农村乡镇客运站网建设。加快宽带网络等农村信息基础设施建设。促进农村沼气可持续发展，优化项目结构，创新管理方式，鼓励新技术研发应用。加大力度推进农村危房改造和国有林区（场）棚户区、

国有垦区危房改造，加快实施游牧民定居工程和以船为家渔民上岸安居工程。健全村级公益事业一事一议财政奖补机制，积极推进公益性乡村债务清理化解试点。科学规划村庄建设，严格规划管理，合理控制建设强度，注重方便农民生产生活，保持乡村功能和特色。制定专门规划，启动专项工程，加大力度保护有历史文化价值和民族、地域元素的传统村落和民居。农村居民点迁建和村庄撤并，必须尊重农民意愿，经村民会议同意。不提倡、不鼓励在城镇规划区外拆并村庄、建设大规模的农民集中居住区，不得强制农民搬迁和上楼居住。加强山洪、地质灾害防治，加大避灾移民搬迁投入。

2. 大力发展农村社会事业。完善农村中小学校舍建设改造长效机制。办好村小学和教学点，改善办学条件，配强师资力量，方便农村学生就近上学。设立专项资金，对在连片特困地区乡、村学校和教学点工作的教师给予生活补助。深入实施农村重点文化惠民工程，建立农村文化投入保障机制。健全农村三级医疗卫生服务网络，加强乡村医生队伍建设。继续提高新型农村合作医疗政府补助标准，积极推进异地结算。健全新型农村社会养老保险政策体系，建立科学合理的保障水平调整机制，研究探索与其他养老保险制度衔接整合的政策措施。加强农村最低生活保障的规范管理，有条件的地方研究制定城乡最低生活保障相对统一的标准。完善农村优抚制度，加快农村社会养老服务体系建设。加大扶贫开发投入，全面实施连片特困地区区域发展与扶贫攻坚规划。搞好农村人口和计划生育工作。

3. 有序推进农业转移人口市民化。把推进人口城镇化特别是农民工在城镇落户作为城镇化的重要任务。加快改革户籍制度，落实放宽中小城市和小城镇落户条件的政策。加强农民工职业培训、社会保障、权益保护，推动农民工平等享有劳动报酬、子女教育、公共卫生、计划生育、住房租购、文化服务等基本权益，努力实现城镇基本公共服务常住人口全覆盖。各级党委、政府和社会各界要高度重视农村留守儿童、留守妇女、留守老人问题，加强生产扶持、社会救助、人文关怀，切实保障他们的基本权益和人身安全。

4. 推进农村生态文明建设。加强农村生态建设、环境保护和综合整治，努力建设美丽乡村。加大三北防护林、天然林保护等重大生态修复工程实施力度，推进荒漠化、石漠化、水土流失综合治理。巩固退耕还林成果，统筹安排新的退耕还林任务。探索开展沙化土地封禁保护区建设试点工作。加强国家木材战略储备基地和林区基础设施建设，提高中央财政国家级公益林补偿标准，增加湿地保护投入，完善林木良种、造林、森林抚育等林业补贴政策，积极发展林下经济。继续实施草原生态保护补助奖励政策。加强农作物秸秆综合利用。搞好农村垃圾、污水处理和土壤环境治理，实施乡村清洁工程，加快农村河道、水环境综合整治。发展乡村旅游和休闲农业。创建生态文明示范县和示范村镇。开展宜居村镇建设综合技术集成示范。

七、完善乡村治理机制，切实加强以党组织为核心的农村基层组织建设

顺应农村经济社会结构、城乡利益格局、农民思想观念的深刻变化，加强农村基层党建工作，不断推进农村基层民主政治建设，提高农村社会管理科学化水平，建立健全符合国情、规范有序、充满活力的乡村治理机制。

1. 强化农村基层党组织建设。切实发挥基层党组织战斗堡垒作用，夯实党在农村的执政基础。扩大农村党组织和党的工作覆盖面，加强基层党组织带头人队伍建设。

强化村干部“一定三有”政策，健全村级组织运转和基本公共服务经费保障机制，提升推动农村发展、服务农民群众能力。加强农民合作社党建工作，完善组织设置，理顺隶属关系，探索功能定位。加强农村党风廉政建设，强化农村基层干部教育、管理和监督，开展集中查办和预防涉农惠农领域贪污贿赂等职务犯罪专项工作，坚决查处发生在农民身边的腐败问题。

2. 加强农村基层民主管理。进一步健全村党组织领导的充满活力的村民自治机制，继续推广“四议两公开”等工作法。充分发挥村务监督委员会作用，逐步建立责权明晰、衔接配套、运转有效的村级民主监督机制。不断完善村务公开民主管理，以县（市、区）为单位统一公开目录和时间，丰富公开内容，规范公开程序，实现村务公开由事后公开向事前、事中延伸。深入推进乡镇政务公开，推行乡镇财政预算、公共资源配置、重大建设项目、社会公益事业等领域的信息公开。有序发展民事调解、文化娱乐、红白喜事理事会等社区性社会组织，发挥农民自我管理、自我服务、自我教育、自我监督的作用。

3. 维护农民群众合法权益。坚持党和政府主导，依法维护、统筹兼顾广大农民群众多种利益，畅通和规范诉求表达、利益协调、权益保障渠道，加强农村信访工作，引导群众依法理性维护自身权益。通过人民调解、行政调解、司法调解等有效途径，妥善处理农村各种矛盾纠纷。依法保障外出村民在本村、外来人口在居住村的民主权利和物质利益。推进和谐矿区建设。建立减轻农民负担长效机制。巩固乡镇机构改革成果，加强社会管理和公共服务职能，推动乡镇干部直接联系服务群众。

4. 保障农村社会公共安全。加强农村抗灾救灾、警务消防、疫病防控等设施建设，严格执行农村学校、医院等公共设施建筑质量标准，增强农村突发公共事件和自然灾害的应对处置能力。深化农村平安建设，完善立体化社会治安防控体系，落实在农村警务室连续工作一定年限人员的有关激励政策。加强农村交通安全管理，创建平安畅通县市。依法打击乡村黑恶势力、黄赌毒和各种刑事犯罪。切实加强农村精神文明建设，深入开展群众性精神文明创建活动，全面提高农民思想道德素质和科学文化素质。加强农村法制宣传教育，落实党的民族和宗教政策，树立健康文明、遵纪守法的社会新风尚。

各级党委和政府要切实加强和改善对“三农”工作的领导，确保劲头不松懈、力度不减弱、力量有加强。各级党政领导干部要把熟悉党的“三农”政策和国情农情作为必修课，把善于做好新时期“三农”工作当作基本功，切实转变工作作风，深入基层调查研究，不断提高“三农”工作水平。要坚持从实际出发，因地制宜、分类指导各地推动“三农”工作。各地区各部门要明确职责分工，加强监督检查，实施绩效评价，开展强农惠农富农政策执行情况“回头看”，确保不折不扣落到实处。尊重农民首创精神，鼓励各地积极探索、勇于改革、大胆创新，做好农村改革试验区工作，及时总结推广各地成功经验。

加快发展现代农业，进一步增强农村发展活力，意义重大、任务繁重。让我们紧密团结在以习近平同志为总书记的党中央周围，奋力拼搏，锐意进取，求真务实，再创农村改革发展新的辉煌！

中共中央
国　务　院
2012 年 12 月 31 日

关于成立国务院农民工工作领导小组的通知

（国办发〔2013〕60号）

各省、自治区、直辖市人民政府，国务院各部委、各直属机构：

为进一步加强对农民工工作的组织领导，国务院决定成立国务院农民工工作领导小组，作为国务院议事协调机构，国务院农民工工作联席会议同时撤销。现将有关事项通知如下：

一、主要职责

组织拟订和审议农民工工作的重大方针、政策、措施，组织推动农民工工作，督促检查各地区、各部门相关政策落实情况和任务完成情况，统筹协调解决政策落实中的重点难点问题。

二、组成人员

组　长：马　凯　国务院副总理
副组长：尹蔚民　人力资源社会保障部部长
　　　　肖亚庆　国务院副秘书长
　　　　黄守宏　国研室副主任
成　员：杜　鹰　发展改革委副主任
　　　　鲁　昕　教育部副部长
　　　　张来武　科技部副部长
　　　　黄　明　公安部副部长
　　　　窦玉沛　民政部副部长
　　　　赵大程　司法部副部长
　　　　王保安　财政部副部长
　　　　杨志明　人力资源社会保障部副部长
　　　　邱小平　人力资源社会保障部副部长
　　　　胡存智　国土资源部副部长
　　　　郭允冲　住房城乡建设部副部长
　　　　冯正霖　交通运输部副部长
　　　　陈晓华　农业部副部长
　　　　俞建华　商务部国际贸易谈判副代表
　　　　杨志今　文化部副部长
　　　　王培安　卫生计生委副主任
　　　　刘士余　人民银行副行长

徐福顺　国资委副主任
解学智　税务总局副局长
孙鸿志　工商总局副局长
孙华山　安全监管总局副局长
张为民　统计局副局长
胡可明　法制办党组成员
王国良　扶贫办副主任
孙志军　中央宣传部副部长
唐仁健　中央农办副主任
奚晓明　高法院副院长
段敦厚　全国总工会副主席
贺军科　共青团中央书记处书记
崔　郁　全国妇联书记处书记

三、工作机构

国务院农民工工作领导小组办公室设在人力资源社会保障部，承担领导小组日常工作，杨志明同志兼任办公室主任。

领导小组成员调整由各成员单位向领导小组办公室提出，报领导小组组长批准。

国务院办公厅
2013 年 6 月 14 日

关于全面深化农村改革加快推进农业现代化的若干意见

（中发〔2014〕1 号）

2013 年，农业农村发展持续向好、稳中有进，粮食生产再创历史新高，城乡居民收入差距继续缩小，农村改革向纵深推进，农村民生有新的改善，农村社会保持和谐稳定。

我国经济社会发展正处在转型期，农村改革发展面临的环境更加复杂、困难挑战增多。工业化信息化城镇化快速发展对同步推进农业现代化的要求更为紧迫，保障粮食等重要农产品供给与资源环境承载能力的矛盾日益尖锐，经济社会结构深刻变化对创新农村社会管理提出了亟待破解的课题。必须全面贯彻落实党的十八大和十八届三中全会精神，进一步解放思想，稳中求进，改革创新，坚决破除体制机制弊端，坚持农业基础地位不动摇，加快推进农业现代化。

全面深化农村改革，要坚持社会主义市场经济改革方向，处理好政府和市场的关系，激发农村经济社会活力；要鼓励探索创新，在明确底线的前提下，支持地方先行先试，尊重农民群众实践创造；要因地制宜、循序渐进，不搞“一刀切”、不追求一步到位，允许采取差异性、过渡性的制度和政策安排；要城乡统筹联动，赋予农民更多财产权利，推进城乡要素平等交换和公共资源均衡配置，让农民平等参与现代化进程、共同分享现代化成果。

推进中国特色农业现代化，要始终把改革作为根本动力，立足国情农情，顺应时代要求，坚持家庭经营为基础与多种经营形式共同发展，传统精耕细作与现代物质技术装备相辅相成，实现高产高效与资源生态永续利用协调兼顾，加强政府支持保护与发挥市场配置资源决定性作用功能互补。要以解决好地怎么种为导向加快构建新型农业经营体系，以解决好地少水缺的资源环境约束为导向深入推进农业发展方式转变，以满足吃得好吃得安全为导向大力发展优质安全农产品，努力走出一条生产技术先进、经营规模适度、市场竞争力强、生态环境可持续的中国特色新型农业现代化道路。

2014 年及今后一个时期，农业农村工作要以邓小平理论、“三个代表”重要思想、科学发展观为指导，按照稳定政策、改革创新、持续发展的总要求，力争在体制机制创新上取得新突破，在现代农业发展上取得新成就，在社会主义新农村建设上取得新进展，为保持经济社会持续健康发展提供有力支撑。

一、完善国家粮食安全保障体系

1. 抓紧构建新形势下的国家粮食安全战略。把饭碗牢牢端在自己手上，是治国理政必须长期坚持的基本方针。综合考虑国内资源环境条件、粮食供求格局和国际贸易环境变化，实施以我为主、立足国内、确保产能、适度进口、科技支撑的国家粮食安全战略。任何时候都不能放松国内粮食生产，严守耕地保护红线，划定永久基本农田，不断提升农业综合生产能力，确保谷物基本自给、口粮绝对安全。更加积极地利用国际农产品市场和农业资源，有效调剂和补充国内粮食供给。在重视粮食数量的同时，更加注重品质和质量安全；在保障当期供给的同时，更加注重农业可持续发展。加大力度落实“米袋子”省长负责制，进一步明确中央和地方的粮食安全责任与分工，主销区也要确立粮食面积底线、保证一定的口粮自给率。增强全社会节粮意识，在生产流通消费全程推广节粮减损设施和技术。

2. 完善粮食等重要农产品价格形成机制。继续坚持市场定价原则，探索推进农产品价格形成机制与政府补贴脱钩的改革，逐步建立农产品目标价格制度，在市场价格过高时补贴低收入消费者，在市场价格低于目标价格时按差价补贴生产者，切实保证农民收益。2014 年，启动东北和内蒙古大豆、新疆棉花目标价格补贴试点，探索粮食、生猪等农产品目标价格保险试点，开展粮食生产规模经营主体营销贷款试点。继续执行稻谷、小麦最低收购价政策和玉米、油菜籽、食糖临时收储政策。

3. 健全农产品市场调控制度。综合运用储备吞吐、进出口调节等手段，合理确定不同农产品价格波动调控区间，保障重要农产品市场基本稳定。科学确定重要农产品储备功能和规模，强化地方尤其是主销区的储备责任，优化区域布局和品种结构。完善中央储备粮管理体制，鼓励符合条件的多元市场主体参与大宗农产品政策性收储。健全“菜篮子”市长负责制考核激励机制，完善生猪市场价格调控体系，抓好牛羊肉生产供应。进一步开展国家对农业大县的直接统计调查。编制发布权威性的农产品价格指数。

4. 合理利用国际农产品市场。抓紧制定重要农产品国际贸易战略，加强进口农产品规划指导，优化进口来源地布局，建立稳定可靠的贸易关系。有关部门要密切配合，加强进出境动植物检验检疫，打击农产品进出口走私行为，保障进口农产品质量安全和国内产业安全。加快实施农业走出去战略，培育具有国际竞争力的粮棉油等大型企业。支持到境外特别是与周边国家开展互利共赢的农业生产和进出口合作。鼓励金融机构积极创新为农产品国际贸易和农业走出去服务的金融品种和方式。探索建立农产品国际贸易基金和海外农业发展基金。

5. 强化农产品质量和食品安全监管。建立最严格的覆盖全过程的食品安全监管制度，完善法律法规和标准体系，落实地方政府属地管理和生产经营主体责任。支持标准化生产、重点产品风险监测预警、食品追溯体系建设，加大批发市场质量安全检验检测费用补助力度。加快推进县乡食品、农产品质量安全检测体系和监管能力建设。严格农业投入品管理，大力开展园艺作物标准园、畜禽规模化养殖、水产健康养殖等创建活动。完善农产品质量和食品安全工作考核评价制度，开展示范市、县创建试点。

二、强化农业支持保护制度

6. 健全“三农”投入稳定增长机制。完善财政支农政策，增加“三农”支出。公共财政要坚持把“三农”作为支出重点，中央基建投资继续向“三农”倾斜，优先保证“三农”投入稳定增长。拓宽“三农”投入资金渠道，充分发挥财政资金引导作用，通过贴息、奖励、风险补偿、税费减免等措施，带动金融和社会资金更多投入农业农村。

7. 完善农业补贴政策。按照稳定存量、增加总量、完善方法、逐步调整的要求，积极开展改进农业补贴办法的试点试验。继续实行种粮农民直接补贴、良种补贴、农资综合补贴等政策，新增补贴向粮食等重要农产品、新型农业经营主体、主产区倾斜。在有条件的地方开展按实际粮食播种面积或产量对生产者补贴试点，提高补贴精准性、指向性。加大农机购置补贴力度，完善补贴办法，继续推进农机报废更新补贴试点。强化农业防灾减灾稳产增产关键技术补助。继续实施畜牧良种补贴政策。

8. 加快建立利益补偿机制。加大对粮食主产区的财政转移支付力度，增加对商品粮生产大省和粮油猪生产大县的奖励补助，鼓励主销区通过多种方式到主产区投资建设粮食生产基地，更多地承担国家粮食储备任务，完善粮食主产区利益补偿机制。支持粮食主产区发展粮食加工业。降低或取消产粮大县直接用于粮食生产等建设项目资金配套。完善森林、草原、湿地、水土保持等生态补偿制度，继续执行公益林补偿、草原生态保护补助奖励政策，建立江河源头区、重要水源地、重要水生态修复治理区和蓄滞洪区生态补偿机制。支持地方开展耕地保护补偿。

9. 整合和统筹使用涉农资金。稳步推进从财政预算编制环节清理和归并整合涉农资金。支持黑龙江省进行涉农资金整合试点，在认真总结经验基础上，推动符合条件的地方开展涉农资金整合试验。改革项目审批制度，创造条件逐步下放中央和省级涉农资金项目审批权限。改革项目管理办法，加快项目实施和预算执行，切实提高监管水平。加强专项扶贫资金监管，强化省、市两级政府对资金和项目的监督责任，县级政府切实管好用好扶贫资金。盘活农业结余资金和超规定期限的结转资金，由同级预算统筹限时用于农田水利等建设。

10. 完善农田水利建设管护机制。深化水利工程管理体制改革，加快落实灌排工程运行维护经费财政补助政策。开展农田水利设施产权制度改革和创新运行管护机制试点，落实小型水利工程管护主体、责任和经费。通过以奖代补、先建后补等方式，探索农田水利基本建设新机制。深入推进农业水价综合改革。加大各级政府水利建设投入，落实和完善土地出让收益计提农田水利资金政策，提高水资源费征收标准、加大征收力度。完善大中型水利工程建设征地补偿政策。谋划建设一批关系国计民生的重大水利工程，加强水源工程建设和雨洪水资源化利用，启动实施全国抗旱规划，提高农业抗御水旱灾害能力。实施全国高标准农田建设总体规划，加大投入力度，规范建设标准，探索监管维护机制。

11. 推进农业科技创新。深化农业科技体制改革，对具备条件的项目，实施法人责任制和专员制，推行农业领域国家科技报告制度。明晰和保护财政资助科研成果产权，创新成果转化机制，发展农业科技成果托管中心和交易市场。采取多种方式，引导和支持科研机构与企业联合研发。加大农业科技创新平台基地建设和技术集成推广力度，推动发展国家农业科技园区协同创新战略联盟，支持现代农业产业技术体系建设。加强以分子育种为重点的基础研究和生物技术开发，建设以农业物联网和精准装备为重点的农业全程信息化和机械化技术体系，推进以设施农业和农产品精深加工为重点的新兴产业技术研发，组织重大农业科技攻关。继续开展高产创建，加大农业先进适用技术推广应用和农民技术培训力度。发挥现代农业示范区的引领作用。加强农用航空建设。将农业作为财政科技投入优先领域，引导金融信贷、风险投资等进入农业科技创新领域。推行科技特派员制度，发挥高校在农业科研和农技推广中的作用。

12. 加快发展现代种业和农业机械化。建立以企业为主体的育种创新体系，推进种业人才、资源、技术向企业流动，做大做强育繁推一体化种子企业，培育推广一批高产、优质、抗逆、适应机械化生产的突破性新品种。推行种子企业委托经营制度，强化种子全程可追溯管理。加快推进大田作物生产全程机械化，主攻机插秧、机采棉、甘蔗机收等薄弱环节，实现作物品种、栽培技术和机械装备的集成配套。积极发展农机作业、维修、租赁等社会化服务，支持发展农机合作社等服务组织。

13. 加强农产品市场体系建设。着力加强促进农产品公平交易和提高流通效率的制度建设，加快制定全国农产品市场发展规划，落实部门协调机制，加强以大型农产品批发市场为骨干、覆盖全国的市场流通网络建设，开展公益性农产品批发市场建设试点。健全大宗农产品期货交易品种体系。加快发展主产区大宗农产品现代化仓储物流设施，完善鲜活农产品冷链物流体系。支持产地小型农产品收集市场、集配中心建设。完善农村物流服务体系，推进农产品现代流通综合示范区创建，加快邮政系统服务“三农”综合平台建设。实施粮食收储、供应安全保障工程。启动农村流通设施和农产品批发市场信息化提升工程，加强农产品电子商务平台建设。加快清除农产品市场壁垒。

三、建立农业可持续发展长效机制

14. 促进生态友好型农业发展。落实最严格的耕地保护制度、节约集约用地制度、水资源管理制度、环境保护制度，强化监督考核和激励约束。分区域规模化推进高效节水灌溉行动。大力推进机械化深松整地和秸秆还田等综合利用，加快实施土壤有机质提升补贴项目，支持开展病虫害绿色防控和病死畜禽无害化处理。加大农业面源污染防治力度，支持高效肥和低残留农药使用、规模养殖场畜禽粪便资源化利用、新型农业经营主体使用有机肥、推广高标准农膜和残膜回收等试点。

15. 开展农业资源休养生息试点。抓紧编制农业环境突出问题治理总体规划和农业可持续发展规划。启动重金属污染耕地修复试点。从 2014 年开始，继续在陡坡耕地、严重沙化耕地、重要水源地实施退耕还林还草。开展华北地下水超采漏斗区综合治理、湿地生态效益补偿和退耕还湿试点。通过财政奖补、结构调整等综合措施，保证修复区农民总体收入水平不降低。

16. 加大生态保护建设力度。抓紧划定生态保护红线。继续实施天然林保护、京津风沙源治理二期等林业重大工程。在东北、内蒙古重点国有林区，进行停止天然林商业性采伐试点。推进林区森林防火设施建设和矿区植被恢复。完善林木良种、造林、森林抚育等林业补贴政策。加强沙化土地封禁保护。加大天然草原退牧还草工程实施力度，启动南方草地开发利用和草原自然保护区建设工程。支持饲草料基地的品种改良、水利建设、鼠虫害和毒草防治。加大海洋生态保护力度，加强海岛基础设施建设。严格控制渔业捕捞强度，继续实施增殖放流和水产养殖生态环境修复补助政策。实施江河湖泊综合整治、水土保持重点建设工程，开展生态清洁小流域建设。

四、深化农村土地制度改革

17. 完善农村土地承包政策。稳定农村土地承包关系并保持长久不变，在坚持和完善最严格的耕地保护制度前提下，赋予农民对承包地占有、使用、收益、流转及承包经营权抵押、担保权能。在落实农村土地集体所有权的基础上，稳定农户承包权、放活土地经营权，允许承包土地的经营权向金融机构抵押融资。有关部门要抓紧研究提出规范的实施办法，建立配套的抵押资产处置机制，推动修订相关法律法规。切实加强组织领导，抓紧抓实农村土地承包经营权确权登记颁证工作，充分依靠农民群众自主协商解决工作中遇到的矛盾和问题，可以确权确地，也可以确权确股不确地，确权登记颁证工作经费纳入地方财政预算，中央财政给予补助。稳定和完善草原承包经营制度，2015 年基本完成草原确权承包和基本草原划定工作。切实维护妇女的土地承包权益。加强农村经营管理体系建设。深化农村综合改革，完善集体林权制度改革，健全国有林区经营管理体制，继续推进国有农场办社会职能改革。

18. 引导和规范农村集体经营性建设用地入市。在符合规划和用途管制的前提下，允许农村集体经营性建设用地出让、租赁、入股，实行与国有土地同等入市、同权同价，加快建立农村集体经营性建设用地产权流转和增值收益分配制度。有关部门要尽快提出具体指导意见，并推动修订相关法律法规。各地要按照中央统一部署，规范有序推进这项工作。

19. 完善农村宅基地管理制度。改革农村宅基地制度，完善农村宅基地分配政策，在保障农户宅基地用益物权前提下，选择若干试点，慎重稳妥推进农民住房财产权抵押、担保、转让。有关部门要抓紧提出具体试点方案，各地不得自行其是、抢跑越线。完善城乡建设用地增减挂钩试点工作，切实保证耕地数量不减少、质量有提高。加快包括农村宅基地在内的农村地籍调查和农村集体建设用地使用权确权登记颁证工作。

20. 加快推进征地制度改革。缩小征地范围，规范征地程序，完善对被征地农民合理、规范、多元保障机制。抓紧修订有关法律法规，保障农民公平分享土地增值收益，改变对被征地农民的补偿办法，除补偿农民被征收的集体土地外，还必须对农民的住房、社保、就业培训给予合理保障。因地制宜采取留地安置、补偿等多种方式，确保被征地农民长期受益。提高森林植被恢复费征收标准。健全征地争议调处裁决机制，保障被征地农民的知情权、参与权、申诉权、监督权。

五、构建新型农业经营体系

21. 发展多种形式规模经营。鼓励有条件的农户流转承包土地的经营权，加快健全土地经营权流转市场，完善县乡村三级服务和管理网络。探索建立工商企业流转农业用地风险保障金制度，严禁农用地非农化。有条件的地方，可对流转土地给予奖补。土地流转和适度规模经营要尊重农民意愿，不能强制推动。

22. 扶持发展新型农业经营主体。鼓励发展专业合作、股份合作等多种形式的农民合作社，引导规范运行，着力加强能力建设。允许财政项目资金直接投向符合条件的合作社，允许财政补助形成的资产转交合作社持有和管护，有关部门要建立规范透明的管理制度。推进财政支持农民合作社创新试点，引导发展农民专业合作社联合社。

按照自愿原则开展家庭农场登记。鼓励发展混合所有制农业产业化龙头企业，推动集群发展，密切与农户、农民合作社的利益联结关系。在国家年度建设用地指标中单列一定比例专门用于新型农业经营主体建设配套辅助设施。鼓励地方政府和民间出资设立融资性担保公司，为新型农业经营主体提供贷款担保服务。加大对新型职业农民和新型农业经营主体领办人的教育培训力度。落实和完善相关税收优惠政策，支持农民合作社发展农产品加工流通。

23. 健全农业社会化服务体系。稳定农业公共服务机构，健全经费保障、绩效考核激励机制。采取财政扶持、税费优惠、信贷支持等措施，大力发展主体多元、形式多样、竞争充分的社会化服务，推行合作式、订单式、托管式等服务模式，扩大农业生产全程社会化服务试点范围。通过政府购买服务等方式，支持具有资质的经营性服务组织从事农业公益性服务。扶持发展农民用水合作组织、防汛抗旱专业队、专业技术协会、农民经纪人队伍。完善农村基层气象防灾减灾组织体系，开展面向新型农业经营主体的直通式气象服务。

24. 加快供销合作社改革发展。发挥供销合作社扎根农村、联系农民、点多面广的优势，积极稳妥开展供销合作社综合改革试点。按照改造自我、服务农民的要求，创新组织体系和服务机制，努力把供销合作社打造成为农民生产生活服务的生力军和综合平台。支持供销合作社加强新农村现代流通网络和农产品批发市场建设。

六、加快农村金融制度创新

25. 强化金融机构服务“三农”职责。稳定大中型商业银行的县域网点，扩展乡镇服务网络，根据自身业务结构和特点，建立适应“三农”需要的专门机构和独立运营机制。强化商业金融对“三农”和县域小微企业的服务能力，扩大县域分支机构业务授权，不断提高存贷比和涉农贷款比例，将涉农信贷投放情况纳入信贷政策导向效果评估和综合考评体系。稳步扩大农业银行三农金融事业部改革试点。鼓励邮政储蓄银行拓展农村金融业务。支持农业发展银行开展农业开发和农村基础设施建设中长期贷款业务，建立差别监管体制。增强农村信用社支农服务功能，保持县域法人地位长期稳定。积极发展村镇银行，逐步实现县市全覆盖，符合条件的适当调整主发起行与其他股东的持股比例。支持由社会资本发起设立服务“三农”的县域中小型银行和金融租赁公司。对小额贷款公司，要拓宽融资渠道，完善管理政策，加快接入征信系统，发挥支农支小作用。支持符合条件的农业企业在主板、创业板发行上市，督促上市农业企业改善治理结构，引导暂不具备上市条件的高成长性、创新型农业企业到全国中小企股份转让系统进行股权公开挂牌与转让，推动证券期货经营机构开发适合“三农”的个性化产品。

26. 发展新型农村合作金融组织。在管理民主、运行规范、带动力强的农民合作社和供销合作社基础上，培育发展农村合作金融，不断丰富农村地区金融机构类型。坚持社员制、封闭性原则，在不对外吸储放贷、不支付固定回报的前提下，推动社区性农村资金互助组织发展。完善地方农村金融管理体制，明确地方政府对新型农村合作金融监管职责，鼓励地方建立风险补偿基金，有效防范金融风险。适时制定农村合作金融发展管理办法。

27. 加大农业保险支持力度。提高中央、省级财政对主要粮食作物保险的保费补贴比例，逐步减少或取消产粮大县县级保费补贴，不断提高稻谷、小麦、玉米三大粮食品种保险的覆盖面和风险保障水平。鼓励保险机构开展特色优势农产品保险，有条件的地方提供保费补贴，中央财政通过以奖代补等方式予以支持。扩大畜产品及森林保险范围和覆盖区域。鼓励开展多种形式的互助合作保险。规范农业保险大灾风险准备金管理，加快建立财政支持的农业保险大灾风险分散机制。探索开办涉农金融领域的贷款保证保险和信用保险等业务。

七、健全城乡发展一体化体制机制

28. 开展村庄人居环境整治。加快编制村庄规划，推行以奖促治政策，以治理垃圾、污水为重点，改善村庄人居环境。实施村内道路硬化工程，加强村内道路、供排水等公用设施的运行管护，有条件的地方建立住户付费、村集体补贴、财政补助相结合的管护经费保障制度。制定传统村落保护发展规划，抓紧把有历史文化等价值的传统村落和民居列入保护名录，切实加大投入和保护力度。提高农村饮水安全工程建设标准，加强水源地水质监测与保护，有条件的地方推进城镇供水管网向农村延伸。以西部和集中连片特困地区为重点加快农村公路建设，加强农村公路养护和安全管理，推进城乡道路客运一体化。因地制宜发展户用沼气和规模化沼气。在地震高风险区实施农村民居地震安全工程。加快农村互联网基础设施建设，推进信息进村入户。

29. 推进城乡基本公共服务均等化。加快改善农村义务教育薄弱学校基本办学条件，适当提高农村义务教育生均公用经费标准。大力支持发展农村学前教育。落实中等职业教育国家助学政策，紧密结合市场需求，加强农村职业教育和技能培训。支持和规范农村民办教育。提高重点高校招收农村学生比例。有效整合各类农村文化惠民项目和资源，推动县乡公共文化体育设施和服务标准化建设。深化农村基层医疗卫生机构综合改革，实施中西部全科医生特岗计划。继续提高新型农村合作医疗的筹资标准和保障水平，完善重大疾病保险和救助制度，推动基本医疗保险制度城乡统筹。稳定农村计划生育网络和队伍，开展城乡计生卫生公共服务均等化试点。整合城乡居民基本养老保险制度，逐步建立基础养老金标准正常调整机制，加快构建农村社会养老服务体系。加强农村最低生活保障的规范管理。开展农村公共服务标准化试点工作。着力创新扶贫开发工作机制，改进对国家扶贫开发工作重点县的考核办法，提高扶贫精准度，抓紧落实扶贫开发重点工作。

30. 加快推动农业转移人口市民化。积极推进户籍制度改革，建立城乡统一的户口登记制度，促进有能力在城镇合法稳定就业和生活的常住人口有序实现市民化。全面实行流动人口居住证制度，逐步推进居住证持有人享有与居住地居民相同的基本公共服务，保障农民工同工同酬。鼓励各地从实际出发制定相关政策，解决好辖区内农业转移人口在本地城镇的落户问题。

八、改善乡村治理机制

31. 加强农村基层党的建设。深入开展党的群众路线教育实践活动，推动农村基层服务型党组织建设。进一步加强农民合作社、专业技术协会等的党建工作，创新和完善组织设置，理顺隶属关系。加强农村基层党组织带头人队伍和党员队伍建设，提升村干部“一定三有”保障水平。总结宣传农村基层干部先进典型，树立正确舆论导向。加强城乡基层党建资源整合，建立稳定的村级组织运转经费保障制度。加强农村党风廉政建设，强化农村基层干部教育管理和监督，改进农村基层干部作风，坚决查处和纠正涉农领域侵害群众利益的腐败问题和加重农民负担行为。

32. 健全基层民主制度。强化党组织的领导核心作用，巩固和加强党在农村的执政基础，完善和创新村民自治机制，充分发挥其他社会组织的积极功能。深化乡镇行政体制改革，完善乡镇政府功能。深入推进村务公开、政务公开和党务公开，实现村民自治制度化和规范化。探索不同情况下村民自治的有效实现形式，农村社区建设试点单位和集体土地所有权在村民小组的地方，可开展以社区、村民小组为基本单元的村民自治试点。

33. 创新基层管理服务。按照方便农民群众生产生活、提高公共资源配置效率的原则，健全农村基层管理服务体系。推动农村集体产权股份合作制改革，保障农民集体经济组织成员权利，赋予农民对落实到户的集体资产股份占有、收益、有偿退出及抵押、担保、继承权，建立农村产权流转交易市场，加强农村集体资金、资产、资源管理，提高集体经济组织资产运营管理水平，发展壮大农村集体经济。扩大小城镇对农村基本公共服务供给的有效覆盖，统筹推进农村基层公共服务资源有效整合和设施共建共享，有条件的地方稳步推进农村社区化管理服务。总结推广“枫桥经验”，创新群众工作机制。深入推进农村精神文明建设，倡导移风易俗，培养良好道德风尚，提高农民综合素质。加强对农村留守儿童、留守妇女、留守老年人的关爱和服务。发展农村残疾人事业。健全农村治安防控体系，充分发挥司法调解、人民调解的作用，维护农村社会和谐安定。

各级党委和政府要切实加强对“三农”工作的领导，把握好农村改革的方向和节奏，谋划好农业农村发展的思路和方法，落实好党在农村的各项方针和政策。各级党政干部要真正了解农民群众的诉求和期盼，真心实意解决农民群众生产生活中的实际问题。进一步加强党委农村工作综合部门建设，强化统筹协调、决策服务等职能。加强对农村改革试验区工作的指导，加大改革放权和政策支持力度，充实试验内容，完善工作机制，及时总结推广成功经验。

让我们紧密团结在以习近平同志为总书记的党中央周围，积极进取，锐意创新，力求农村改革发展取得新突破新进展。

中共中央
国 务 院
2014 年 1 月 2 日

关于进一步做好为农民工服务工作的意见

（国发〔2014〕40 号）

各省、自治区、直辖市人民政府，国务院各部委、各直属机构：

农民工已成为我国产业工人的主体，是推动国家现代化建设的重要力量，为经济社会发展作出了巨大贡献。党中央、国务院高度重视农民工工作，《国务院关于解决农民工问题的若干意见》（国发〔2006〕5 号）印发以来，出台了一系列政策措施，推动农民工转移就业规模持续扩大，职业技能不断提高，工资收入大幅增加，参加社会保险人数较快增长，劳动保障权益维护明显加强，享受基本公共服务范围逐步扩大，关心关爱农民工的社会氛围正在形成。但目前农民工就业稳定性不强，劳动保障权益受侵害的现象还时有发生，享受基本公共服务的范围仍然较小，大量长期在城镇就业的农民工还未落户。为深入贯彻落实党的十八大、十八届三中全会、中央城镇化工作会议精神和国务院的决策部署，进一步做好新形势下为农民工服务工作，切实解决农民工面临的突出问题，有序推进农民工市民化，现提出如下意见：

一、进一步做好为农民工服务工作的总体要求

（一）指导思想。以邓小平理论、“三个代表”重要思想、科学发展观为指导，全面贯彻落实党的十八大、十八届三中全会、中央城镇化工作会议精神和国务院的决策部署，按照工业化、信息化、新型城镇化、农业现代化同步发展的要求，积极探索中国特色农业劳动力转移道路，着力稳定和扩大农民工就业创业，着力维护农民工的劳动保障权益，着力推动农民工逐步实现平等享受城镇基本公共服务和在城镇落户，着力促进农民工社会融合，有序推进、逐步实现有条件有意愿的农民工市民化。

（二）基本原则。

——坚持以人为本、公平对待。推进以人为核心的城镇化，公平保障农民工作为用人单位职工、作为城镇常住人口的权益，帮助农民工解决最关心最直接最现实的利益问题，实现改革发展成果共享。

——坚持统筹兼顾、优化布局。按照区域发展总体战略和国家新型城镇化规划，逐步完善生产力布局和城镇化布局，引导农民工在东中西不同区域、大中小不同城市和小城镇以及城乡之间合理分布。

——坚持城乡一体、改革创新。适应推动城乡发展一体化的需要，着力改革城乡二元体制机制，逐步建立完善有利于农民工市民化的基本公共服务、户籍、住房、土地管理、成本分担等制度。

——坚持分类推进、逐步实施。按照自愿、分类、有序的要求，因地制宜、存量优先，尽力而为、量力而行，重点促进长期在城镇居住、有相对稳定工作的农民工有序融入城镇，循序渐进地推进农民工市民化。

（三）总体目标。到2020年，转移农业劳动力总量继续增加，每年开展农民工职业技能培训2000万人次，农民工综合素质显著提高、劳动条件明显改善、工资基本无拖欠并稳定增长、参加社会保险全覆盖，引导约1亿人在中西部地区就近城镇化，努力实现1亿左右农业转移人口和其他常住人口在城镇落户，未落户的也能享受城镇基本公共服务，农民工群体逐步融入城镇，为实现农民工市民化目标打下坚实基础。

二、着力稳定和扩大农民工就业创业

（四）实施农民工职业技能提升计划。加大农民工职业培训工作力度，对农村转移就业劳动者开展就业技能培训，对农村未升学初高中毕业生开展劳动预备制培训，对在岗农民工开展岗位技能提升培训，对具备中级以上职业技能的农民工开展高技能人才培训，将农民工纳入终身职业培训体系。加强农民工职业培训工作的统筹管理，制定农民工培训综合计划，相关部门按分工组织实施。加大培训资金投入，合理确定培训补贴标准，落实职业技能鉴定补贴政策。改进培训补贴方式，重点开展订单式培训、定向培训、企业定岗培训，面向市场确定培训职业（工种），形成培训机构平等竞争、农民工自主参加培训、政府购买服务的机制。鼓励企业组织农民工进行培训，符合相关规定的，对企业给予培训补贴。鼓励大中型企业联合技工院校、职业院校，建设一批农民工实训基地。将国家通用语言纳入对少数民族农民工培训的内容。[人力资源社会保障部、国务院农民工工作领导小组办公室（以下简称农民工办）会同发展改革委、教育部、科技部、财政部、住房城乡建设部、农业部、安全监管总局、统计局、扶贫办、全国总工会、共青团中央、全国妇联负责]

（五）加快发展农村新成长劳动力职业教育。努力实现未升入普通高中、普通高等院校的农村应届初高中毕业生都能接受职业教育。全面落实中等职业教育农村学生免学费政策和家庭经济困难学生资助政策。鼓励各地根据需要改扩建符合标准的主要面向农村招生的职业院校、技工院校，支持没有职业院校或技工院校的边远地区各市（地、州、盟）因地制宜建立主要面向农村招生的职业院校或技工院校。加强职业教育教师队伍建设，创新办学模式，提高教育质量。积极推进学历证书、职业资格证书双证书制度。（教育部、人力资源社会保障部会同发展改革委、财政部、扶贫办负责）

（六）完善和落实促进农民工就业创业的政策。引导农民工有序外出就业、鼓励农民工就地就近转移就业、扶持农民工返乡创业。进一步清理针对农民工就业的户籍限制等歧视性规定，保障城乡劳动者平等就业权利。实现就业信息全国联网，为农民工提供免费的就业信息服务。完善城乡均等的公共就业服务体系，有针对性地为农民工提供政策咨询、职业指导、职业介绍等公共就业服务。加强农民工输出输入地劳务对接，输出地可在本地农民工相对集中的输入地设立服务工作站点，输入地应给予支持。组织开展农民工就业服务“春风行动”，加强农村劳动力转移就业工作示范县建设。大力发展服务业特别是家庭服务业和中小微企业，开发适合农民工的就业岗位，建设减免收费的农贸市场和餐饮摊位，满足市民生活需求和促进农民工就业。积极支持农产品产地初加工、休闲农业发展，引导有市场、有效益的劳动密集型产业优先向中西部转移，吸纳从东部返乡和就近转移的农民工就业。将农民工纳入创业政策扶持范围，运用财政支持、创业投资引导和创业培训、政策性金融服务、小额担保贷款和贴息、生产经营场地和创业孵化基地等扶持政策，促进农民工创业。做好老少边穷地区、牧区、库区、渔区农牧渔民转移就业工作和农民工境外就业服务工作。（人力资源社会保障部会同发展改革委、教育部、民政部、财政部、住房城乡建设部、农业部、商务部、人民银行、税务总局、工商总局、扶贫办、全国总工会、共青团中央、全国妇联负责）

三、着力维护农民工的劳动保障权益

（七）规范使用农民工的劳动用工管理。指导和督促用人单位与农民工依法普遍签订并履行劳动合同，在务工流动性大、季节性强、时间短的农民工中推广简易劳动合同示范文本。对小微企业经营者开展劳动合同法培训。依法规范劳务派遣用工行为，清理建设领域违法发包分包行为。完善适应家政服务特点的劳动用工政策和劳动标准。整合劳动用工备案及就业失业登记、社会保险登记，实现对企业使用农民工的动态管理服务。（人力资源社会保障部会同住房城乡建设部、工商总局、全国总工会负责）

（八）保障农民工工资报酬权益。在建设领域和其他容易发生欠薪的行业推行工资保证金制度，在有条件的市县探索建立健全欠薪应急周转金制度，完善并落实工程总承包企业对所承包工程的农民工工资支付全面负责制度、劳动保障监察执法与刑事司法联动治理恶意欠薪制度、解决欠薪问题地方政府负总责制度，推广实名制工资支付银行卡。落实农民工与城镇职工同工同酬原则。在经济发展基础上合理调整最低工资标准，推动农民工参与工资集体协商，促进农民工工资水平合理增长。（人力资源社会保障部会同公安部、住房城乡建设部、人民银行、高法院、全国总工会负责）

（九）扩大农民工参加城镇社会保险覆盖面。依法将与用人单位建立稳定劳动关系的农民工纳入城镇职工基本养老保险和基本医疗保险，研究完善灵活就业农民工参加基本养老保险政策，灵活就业农民工可以参加当地城镇居民基本医疗保险。完善社会保险关系转移接续政策。努力实现用人单位的农民工全部参加工伤保险，着力解决未参保用人单位的农民工工伤保险待遇保障问题。推动农民工与城镇职工平等参加失业保险、生育保险并平等享受待遇。对劳务派遣单位或用工单位侵害被派遣农民工社会保险权益的，依法追究连带责任。实施“全民参保登记计划”，推进农民工等群体依法全面持续参加社会保险。整合各项社会保险经办管理资源，优化经办业务流程，增强对农民工的社会保险服务能力。（人力资源社会保障部会同发展改革委、财政部、卫生计生委、工商总局、法制办、全国总工会负责）

（十）加强农民工安全生产和职业健康保护。强化高危行业和中小企业一线操作农民工安全生产和职业健康教育培训，将安全生产和职业健康相关知识纳入职业技能教育培训内容。严格执行特殊工种持证上岗制度、安全生产培训与企业安全生产许可证审核相结合制度。督促企业对接触职业病危害的农民工开展职业健康检查、建立监护档案。建立重点职业病监测哨点，完善职业病诊断、鉴定、治疗的法规、标准和机构。重点整治矿山、工程建设等领域农民工工伤多发问题。实施农民工职业病防治和帮扶行动，深入开展粉尘与高毒物品危害治理，保障符合条件的无法追溯用人单位及用人单位无法承担相应责任的农民工职业病患者享受相应的生活和医疗待遇。（安全监管总局、卫生计生委分别会同发展改革委、教育部、公安部、民政部、财政部、人力资源社会保障部、住房城乡建设部、交通运输部、国资委、法制办、全国总工会负责）

（十一）畅通农民工维权渠道。全面推进劳动保障监察网格化、网络化管理，加强用人单位用工守法诚信管理，完善劳动保障违法行为排查预警、快速处置机制，健全举报投诉制度，依法查处用人单位侵害农民工权益的违法行为。按照“鼓励和解、强化调解、依法仲裁、衔接诉讼”的要求，及时公正处理涉及农民工的劳动争议。畅通农民工劳动争议仲裁“绿色通道”，简化受理立案程序，提高仲裁效率。建立健全涉及农民工的集体劳动争议调处机制。大力加强劳动保障监察机构、劳动人事争议仲裁院和基层劳动争议调解组织建设，完善服务设施，增强维护农民工权益的能力。（人力资源社会保障部会同发展改革委、公安部、司法部、国资委、高法院、全国总工会负责）

（十二）加强对农民工的法律援助和法律服务工作。健全基层法律援助和法律服务工作网络，加大法律援助工作力度，使符合条件的农民工及时便捷地获得法律援助。简化法律援助申请受理审查程序，完善异地协作机制，方便农民工异地申请获得法律援助。畅通法律服务热线，加大普法力度，不断提高农民工及用人单位的法治意识和法律素质，引导农民工合法理性维权。（司法部会同财政部、高法院、全国总工会负责）

四、着力推动农民工逐步实现平等享受城镇基本公共服务和在城镇落户

（十三）逐步推动农民工平等享受城镇基本公共服务。深化基本公共服务供给制度改革，积极推进城镇基本公共服务由主要对本地户籍人口提供向对常住人口提供转变，努力实现城镇基本公共服务覆盖在城镇常住的农民工及其随迁家属，使其逐步平等享受市民权利。各地区、各有关部门要逐步按照常住人口配置基本公共服务资源，明确农民工及其随迁家属可以享受的基本公共服务项目，并不断提高综合承载能力、扩大项目范围。农民工及其随迁家属在输入地城镇未落户的，依法申领居住证，持居住证享受规定的基本公共服务。在农民工输入相对集中的城市，主要依托社区综合服务设施、劳动就业社会保障服务平台等现有资源，建立农民工综合服务平台，整合各部门公共服务资源，为农民工提供便捷、高效、优质的“一站式”综合服务。（农民工办会同发展改革委、教育部、公安部、民政部、财政部、人力资源社会保障部、住房城乡建设部、文化部、卫生计生委、法制办负责）

（十四）保障农民工随迁子女平等接受教育的权利。输入地政府要将符合规定条件的农民工随迁子女教育纳入教育发展规划，合理规划学校布局，科学核定公办学校教师编制，加大公办学校教育经费投入，保障农民工随迁子女平等接受义务教育权利。公办义务教育学校要普遍对农民工随迁子女开放，与城镇户籍学生混合编班，统一管理。积极创造条件着力满足农民工随迁子女接受普惠性学前教育的需求。对在公益性民办学校、普惠性民办幼儿园接受义务教育、学前教育的，采取政府购买服务等方式落实支持经费，指导和帮助学校、幼儿园提高教育质量。各地要进一步完善和落实好符合条件的农民工随迁子女接受义务教育后在输入地参加中考、高考的政策。开展关爱流动儿童活动。（教育部会同发展改革委、公安部、财政部、人力资源社会保障部、住房城乡建设部、共青团中央、全国妇联负责）

（十五）加强农民工医疗卫生和计划生育服务工作。继续实施国家免疫规划，保障农民工适龄随迁子女平等享受预防接种服务。加强农民工聚居地的疾病监测、疫情处

置和突发公共卫生事件应对，强化农民工健康教育、妇幼健康和精神卫生工作。加强农民工艾滋病、结核病、血吸虫病等重大疾病防治工作，落实“四免一关怀”等相关政策。完善社区卫生计生服务网络，将农民工纳入服务范围。鼓励有条件的地方将符合条件的农民工及其随迁家属纳入当地医疗救助范围。巩固完善流动人口计划生育服务管理全国“一盘棋”工作机制，加强考核评估，落实输入地和输出地责任。开展流动人口卫生计生动态监测和“关怀关爱”活动。（卫生计生委会同发展改革委、民政部、财政部负责）

（十六）逐步改善农民工居住条件。统筹规划城镇常住人口规模和建设用地面积，将解决农民工住房问题纳入住房发展规划。支持增加中小户型普通商品住房供给，规范房屋租赁市场，积极支持符合条件的农民工购买或租赁商品住房，并按规定享受购房契税和印花税等优惠政策。完善住房保障制度，将符合条件的农民工纳入住房保障实施范围。加强城中村、棚户区环境整治和综合管理服务，使居住其中的农民工住宿条件得到改善。农民工集中的开发区、产业园区可以按照集约用地的原则，集中建设宿舍型或单元型小户型公共租赁住房，面向用人单位或农民工出租。允许农民工数量较多的企业在符合规划和规定标准的用地规模范围内，利用企业办公及生活服务设施用地建设农民工集体宿舍，督促和指导建设施工企业改善农民工住宿条件。逐步将在城镇稳定就业的农民工纳入住房公积金制度实施范围。（住房城乡建设部会同发展改革委、财政部、国土资源部、税务总局负责）

（十七）有序推进农民工在城镇落户。进一步推进户籍制度改革，实施差别化落户政策，促进有条件有意愿、在城镇有稳定就业和住所（含租赁）的农民工及其随迁家属在城镇有序落户并依法平等享受城镇公共服务。各类城镇要根据国家户籍制度改革的部署，统筹考虑本地区综合承载能力和发展潜力，以就业年限、居住年限、城镇社会保险参保年限等为基准条件，制定具体落户标准，向社会公布。（公安部、发展改革委、人力资源社会保障部会同教育部、民政部、财政部、国土资源部、住房城乡建设部、农业部、卫生计生委、统计局、法制办、中央农办负责）

（十八）保障农民工土地承包经营权、宅基地使用权和集体经济收益分配权。做好农村土地承包经营权和宅基地使用权确权登记颁证工作，切实保护农民工土地权益。建立健全土地承包经营权流转市场，加强流转管理和服务。完善土地承包经营纠纷的调解仲裁体系和调处机制。深化农村集体产权制度改革，探索农村集体经济多种有效实现形式，保障农民工的集体经济组织成员权利。完善相关法律和政策，妥善处理好农民工及其随迁家属进城落户后的土地承包经营权、宅基地使用权、集体经济收益分配权问题。现阶段，不得以退出土地承包经营权、宅基地使用权、集体经济收益分配权作为农民进城落户的条件。（农业部、国土资源部分别会同法制办、中央农办、高法院负责）

五、着力促进农民工社会融合

（十九）保障农民工依法享有民主政治权利。重视从农民工中发展党员，加强农民工中的党组织建设，健全城乡一体、输入地党组织为主、输出地党组织配合的农民工党员教育管理服务工作制度。积极推荐优秀农民工作为各级党代会、人大、政协的代表、委员，在评选劳动模范、先进工作者和报考公务员等方面与城镇职工同等对待。创造新办法、开辟新渠道，支持农民工在职工代表大会和社区居民委员会、村民委员会等组织中依法行使民主选举、民主决策、民主管理、民主监督的权利。（农民工办会同民政部、人力资源社会保障部、国资委、全国总工会负责）

（二十）丰富农民工精神文化生活。把农民工纳入城市公共文化服务体系，继续推动图书馆、文化馆、博物馆等公共文化服务设施向农民工同等免费开放。推进“两看一上”（看报纸、看电视、有条件的能上网）活动，引导农民工积极参与全民阅读活动。在农民工集中居住地规划建设简易实用的文化体育设施。利用社区文化活动室、公园、城市广场等场地，经常性地开展群众文体活动，促进农民工与市民之间交往、交流。举办示范性农民工文化活动。鼓励企业开展面向农民工的公益性文化活动，鼓励文化单位、文艺工作者和其他社会力量为农民工提供免费或优惠的文化产品和服务。（文化部、农民工办会同发展改革委、民政部、财政部、中央宣传部、全国总工会、共青团中央、全国妇联负责）

（二十一）加强对农民工的人文关怀。关心农民工工作、生活和思想状况，加强思想政治工作和科普宣传教育，引导农民工树立社会主义核心价值观。开展“人文关怀进企业、进一线”活动。通过依托各类学校开设农民工夜校等方式，开展新市民培训，培养诚实劳动、爱岗敬业的作风和文明、健康的生活方式。对有需要的农民工开展心理疏导。努力推进农民工本人融入企业、子女融入学校、家庭融入社区、群体融入城镇。（农民工办会同教育部、卫生计生委、全国总工会、共青团中央、全国妇联负责）

（二十二）建立健全农村留守儿童、留守妇女和留守老人关爱服务体系。实施“共享蓝天”关爱农村留守儿童行动，完善工作机制、整合资源、增加投入，依托中小学、村民委员会普遍建立关爱服务阵地，做到有场所、有图书、有文体器材、有志愿者服务。继续实施学前教育行动计划，加快发展农村学前教育，着力解决留守儿童入园需求。全面改善贫困地区薄弱学校基本办学条件，加快农村寄宿制学校建设，优先满足留守儿童寄宿需求，落实农村义务教育阶段家庭经济困难寄宿生生活补助政策。实施农村义务教育学生营养改善计划，开展心理关怀等活动，促进学校、家庭、社区有效衔接。加强农村“妇女之家”建设，培育和扶持妇女互助合作组织，帮助留守妇女解决生产、生活困难。全面实施城乡居民基本养老保险制度，建立健全农村老年社会福利和社会救助制度，发展适合农村特点的养老服务体系，努力保障留守老人生活。加强社会治安管理，保障留守儿童、留守妇女和留守老人的安全，发挥农村社区综合服务设施关爱留守人员功能。（民政部、全国妇联会同发展改革委、教育部、公安部、财政部、人力资源社会保障部、共青团中央负责）

六、进一步加强对农民工工作的领导

（二十三）完善农民工工作协调机制。各级人民政府要把农民工工作列入经济社会发展总体规划和政府目标考核内容，建立健全考核评估机制，落实相关责任。国务院已成立农民工工作领导小组，办公室设在人力资源社会保障部。县级以上地方人民政府也要成立农民工工作领导小组，加强统筹协调和工作指导。（农民工办会同国务院农民工工作领导小组各成员单位负责）

（二十四）加大农民工公共服务等经费投入。深化公共财政制度改革，建立政府、企业、个人共同参与的农民工市民化成本分担机制和财政转移支付同农民工市民化挂钩机制。中央和地方财政部门要按照推进基本公共服务均等化的要求，统筹考虑农民工培训就业、社会保障、公共卫生、随迁子女教育、住房保障、公共文化等基本公共服务的资金需求，加大投入力度，为农民工平等享受基本公共服务提供经费保障。各级财政部门要将农民工工作经费纳入公共财政预算支出范围。（财政部、农民工办会同发展改革委、教育部、民政部、人力资源社会保障部、住房城乡建设部、文化部、卫生计生委负责）

（二十五）创新和加强工青妇组织对农民工的服务。积极创新工会组织形式和农民工入会方式，将农民工组织到工会中来。以输入地团组织为主、输出地团组织配合，逐步建立农民工团员服务和管理工作制度，积极从新生代农民工中发展团员。各级工会、共青团、妇联组织要切实履行维护农民工权益的职责，通过开展志愿者活动等方式关心关爱农民工及其子女，努力为农民工提供服务。（全国总工会、共青团中央、全国妇联分别负责）

（二十六）发挥社会组织服务农民工的积极作用。按照培育发展和管理监督并重的原则，对为农民工服务的社会组织正确引导、给予支持，充分发挥他们为农民工提供服务、反映诉求、协同社会管理、促进社会融合的积极作用。改进对服务农民工的社会组织的管理，完善扶持政策，通过开展业务培训、组织经验交流、政府购买服务等方式，引导和支持其依法开展服务活动。（民政部会同发展改革委、教育部、公安部、司法部、财政部、人力资源社会保障部、文化部、卫生计生委、工商总局、全国总工会负责）

（二十七）夯实做好农民工工作的基础性工作。加大投入，建立输入地与输出地相结合、综合统计与部门统计相结合、标准统一、信息共享的农民工统计调查监测体系，做好农民工市民化进程动态监测工作。深入开展农民工工作的理论和政策研究，为党和政府相关决策提供依据。（统计局、农民工办会同国务院农民工工作领导小组其他成员单位负责）

（二十八）进一步营造关心关爱农民工的社会氛围。坚持正确导向，组织引导新闻媒体运用多种方式，加强政策阐释解读，积极宣传农民工工作的好经验、好做法和农民工中的先进典型，对相关热点问题开展及时有效的舆论引导。对优秀农民工和农民工工作先进集体及个人按规定进行表彰奖励，努力使尊重农民工、公平对待农民工、让农民工共享经济社会发展成果成为全社会的自觉行动。（中央宣传部、农民工办会同国务院农民工工作领导小组其他成员单位负责）

各地区、各有关部门要按照本意见要求，结合实际抓紧制定和完善配套政策措施，积极研究解决工作中遇到的新问题。国务院农民工工作领导小组每年要针对重点工作和突出问题进行督察，及时向国务院报告农民工工作情况。

国 务 院

2014年9月12日

关于金融服务“三农”发展的若干意见

（国办发〔2014〕17号）

各省、自治区、直辖市人民政府，国务院各部委、各直属机构：

农村金融是我国金融体系的重要组成部分，是支持服务“三农”发展的重要力量。近年来，我国农村金融取得长足发展，初步形成了多层次、较完善的农村金融体系，服务覆盖面不断扩大，服务水平不断提高。但总体上看，农村金融仍是整个金融体系中最为薄弱的环节。为贯彻落实党的十八大、十八届三中全会精神和国务院的决策部署，积极顺应农业适度规模经营、城乡一体化发展等新情况新趋势新要求，进一步提升农村金融服务的能力和水平，实现农村金融与“三农”的共赢发展，经国务院同意，现提出以下意见。

一、深化农村金融体制机制改革

（一）分类推进金融机构改革。在稳定县域法人地位、维护体系完整、坚持服务“三农”的前提下，进一步深化农村信用社改革，积极稳妥组建农村商业银行，培育合格的市场主体，更好地发挥支农主力军作用。完善农村信用社管理体制，省联社要加快淡出行政管理，强化服务功能，优化协调指导，整合放大服务“三农”的能力。研究制定农业发展银行改革实施总体方案，强化政策性职能定位，明确政策性业务的范围和监管标准，补充资本金，建立健全治理结构，加大对农业开发和农村基础设施建设的中长期信贷支持。鼓励大中型银行根据农村市场需求变化，优化发展战略，加强对“三农”发展的金融支持。深化农业银行“三农金融事业部”改革试点，探索商业金融服务“三农”的可持续模式。鼓励邮政储蓄银行拓展农村金融业务，逐步扩大涉农业务范围。稳步培育发展村镇银行，提高民营资本持股比例，开展面向“三农”的差异化、特色化服务。各涉农金融机构要进一步下沉服务重心，切实做到不脱农、多惠农。（银监会、人民银行、发展改革委、财政部、农业部等按职责分工分别负责）

（二）丰富农村金融服务主体。鼓励建立农业产业投资基金、农业私募股权投资基金和农业科技创业投资基金。支持组建主要服务“三农”的金融租赁公司。鼓励组建政府出资为主、重点开展涉农担保业务的县域融资性担保机构或担保基金，支持其他融资性担保机构为农业生产经营主体提供融资担保服务。规范发展小额贷款公司，建立正向激励机制，拓宽融资渠道，加快接入征信系统，完善管理政策。（财政部、发展改革委、银监会、人民银行、证监会、农业部等按职责分工分别负责）

（三）规范发展农村合作金融。坚持社员制、封闭性、民主管理原则，在不对外吸储放贷、不支付固定回报的前提下，发展农村合作金融。支持农民合作社开展信用合作，积极稳妥组织试点，抓紧制定相关管理办法。在符合条件的农民合作社和供销合作社基础上培育发展农村合作金融组织。有条件的地方，可探索建立合作性的村级融

资担保基金。(银监会、人民银行、财政部、农业部、供销合作总社等按职责分工分别负责)

二、大力发展农村普惠金融

(四)优化县域金融机构网点布局。稳定大中型商业银行县域网点，增强网点服务功能。按照强化支农、总量控制原则，对农业发展银行分支机构布局进行调整，重点向中西部及经济落后地区倾斜。加快在农业大县、小微企业集中地区设立村镇银行，支持其在乡镇布设网点。(银监会、人民银行、财政部等按职责分工分别负责)

(五)推动农村基础金融服务全覆盖。在完善财政补贴政策、合理补偿成本风险的基础上，继续推动偏远乡镇基础金融服务全覆盖工作。在具备条件的行政村，开展金融服务“村村通”工程，采取定时定点服务、自助服务终端，以及深化助农取款、汇款、转账服务和手机支付等多种形式，提供简易便民金融服务。(银监会、人民银行、财政部等按职责分工分别负责)

(六)加大金融扶贫力度。进一步发挥政策性金融、商业性金融和合作性金融的互补优势，切实改进对农民工、农村妇女、少数民族等弱势群体的金融服务。完善扶贫贴息贷款政策，引导金融机构全面做好支持农村贫困地区扶贫攻坚的金融服务工作。(人民银行、财政部、银监会等按职责分工分别负责)

三、引导加大涉农资金投放

(七)拓展资金来源。优化支农再贷款投放机制，向农村商业银行、农村合作银行、村镇银行发放支小再贷款，主要用于支持“三农”和农村地区小微企业发展。支持银行业金融机构发行专项用于“三农”的金融债。开展涉农资产证券化试点。对符合“三农”金融服务要求的县域农村商业银行和农村合作银行，适当降低存款准备金率。(人民银行、银监会、证监会等按职责分工分别负责)

(八)强化政策引导。切实落实县域银行业法人机构一定比例存款投放当地的政策。探索建立商业银行新设县域分支机构信贷投放承诺制度。支持符合监管要求的县域银行业金融机构扩大信贷投放，持续提高存贷比。(人民银行、银监会、财政部等按职责分工分别负责)

(九)完善信贷机制。在强化涉农业务全面风险管理的基础上，鼓励商业银行单列涉农信贷计划，下放贷款审批权限，优化绩效考核机制，推行尽职免责制度，调动“三农”信贷投放的内在积极性。(银监会、人民银行等按职责分工分别负责)

四、创新农村金融产品和服务方式

(十)创新农村金融产品。推行“一次核定、随用随贷、余额控制、周转使用、动态调整”的农户信贷模式，合理确定贷款额度、放款进度和回收期限。加快在农村地区推广应用微贷技术。推广产业链金融模式。大力发展农村电话银行、网上银行业务。创新和推广专营机构、信贷工厂等服务模式。鼓励开展农业机械等方面的金融租赁业务。(银监会、人民银行、农业部、工业和信息化部、发展改革委等按职责分工分别负责)

（十一）创新农村抵（质）押担保方式。制定农村土地承包经营权抵押贷款试点管理办法，在经批准的地区开展试点。慎重稳妥地开展农民住房财产权抵押试点。健全完善林权抵押登记系统，扩大林权抵押贷款规模。推广以农业机械设备、运输工具、水域滩涂养殖权、承包土地收益权等为标的的新型抵押担保方式。加强涉农信贷与涉农保险合作，将涉农保险投保情况作为授信要素，探索拓宽涉农保险保单质押范围。（人民银行、银监会、保监会、国土资源部、农业部、林业局等按职责分工分别负责）

（十二）改进服务方式。进一步简化金融服务手续，推行通俗易懂的合同文本，优化审批流程，规范服务收费，严禁在提供金融服务时附加不合理条件和额外费用，切实维护农民利益。（银监会、证监会、保监会、发展改革委、人民银行等按职责分工分别负责）

五、加大对重点领域的金融支持

（十三）支持农业经营方式创新。在部分地区开展金融支持农业规模化生产和集约化经营试点。积极推动金融产品、利率、期限、额度、流程、风险控制等方面创新，进一步满足家庭农场、专业大户、农民合作社和农业产业化龙头企业等新型农业经营主体的金融需求。继续加大对农民扩大再生产、消费升级和自主创业的金融支持力度。（银监会、人民银行、农业部、证监会、保监会、发展改革委等按职责分工分别负责）

（十四）支持提升农业综合生产能力。加大对耕地整理、农田水利、粮棉油糖高产创建、畜禽水产品标准化养殖、种养业良种生产等经营项目的信贷支持力度。重点支持农业科技进步、现代种业、农机装备制造、设施农业、农产品精深加工等现代农业项目和高科技农业项目。（银监会、人民银行、发展改革委、农业部等按职责分工分别负责）

（十五）支持农业社会化服务产业发展。支持农产品产地批发市场、零售市场、仓储物流设施、连锁零售等服务设施建设。（银监会、人民银行、发展改革委、财政部、农业部、商务部、供销合作总社等按职责分工分别负责）

（十六）支持农业发展方式转变。大力发展绿色金融，促进节水农业、循环农业和生态友好型农业发展。（人民银行、银监会、农业部、林业局、发展改革委等按职责分工分别负责）

（十七）探索支持新型城镇化发展的有效方式。创新适应新型城镇化发展的金融服务机制，重点发挥政策性金融作用，稳步拓宽城镇建设融资渠道，着力做好农业转移人口的综合性金融服务。（人民银行、发展改革委、财政部、银监会等按职责分工分别负责）

六、拓展农业保险的广度和深度

（十八）扩大农业保险覆盖面。重点发展关系国计民生和国家粮食安全的农作物保险、主要畜产品保险、重要"菜篮子"品种保险和森林保险。推广农房、农机具、设施农业、渔业、制种保险等业务。（保监会、财政部、农业部、林业局等按职责分工分别负责）

（十九）创新农业保险产品。稳步开展主要粮食作物、生猪和蔬菜价格保险试点，鼓励各地区因地制宜开展特色优势农产品保险试点。创新研发天气指数、农村小额信贷保证保险等新型险种。（保监会、财政部、农业部、林业局、银监会、发展改革委等按职责分工分别负责）

（二十）完善保费补贴政策。提高中央、省级财政对主要粮食作物保险的保费补贴比例，逐步减少或取消产粮大县的县级保费补贴。（财政部、保监会、农业部等按职责分工分别负责）

（二十一）加快建立财政支持的农业保险大灾风险分散机制，增强对重大自然灾害风险的抵御能力。（财政部、保监会、农业部等按职责分工分别负责）

（二十二）加强农业保险基层服务体系建设，不断提高农业保险服务水平。（保监会、财政部、农业部、林业局等按职责分工分别负责）

七、稳步培育发展农村资本市场

（二十三）大力发展农村直接融资。支持符合条件的涉农企业在多层次资本市场上进行融资，鼓励发行企业债、公司债和中小企业私募债。逐步扩大涉农企业发行中小企业集合票据、短期融资券等非金融企业债务融资工具的规模。支持符合条件的农村金融机构发行优先股和二级资本工具。（证监会、人民银行、发展改革委、银监会等按职责分工分别负责）

（二十四）发挥农产品期货市场的价格发现和风险规避功能。积极推动农产品期货新品种开发，拓展农产品期货业务。完善商品期货交易机制，加强信息服务，推动农民合作社等农村经济组织参与期货交易，鼓励农产品生产经营企业进入期货市场开展套期保值业务。（证监会负责）

（二十五）谨慎稳妥地发展农村地区证券期货服务。根据农村地区特点，有针对性地提升证券期货机构的专业能力，探索建立农村地区证券期货服务模式，支持农户、农业企业和农村经济组织进行风险管理，加强对投资者的风险意识教育和风险管理培训，切实保护投资者合法权益。（证监会负责）

八、完善农村金融基础设施

（二十六）推进农村信用体系建设。继续组织开展信用户、信用村、信用乡（镇）创建活动，加强征信宣传教育，坚决打击骗贷、骗保和恶意逃债行为。（人民银行、银监会、保监会、公安部、发展改革委等按职责分工分别负责）

（二十七）发展农村交易市场和中介组织。在严格遵守《国务院关于清理整顿各类交易场所切实防范金融风险的决定》（国发〔2011〕38号）的前提下，探索推进农村产权交易市场建设，积极培育土地评估、资产评估等中介组织，建设具有国内外影响力的农产品交易中心。（证监会、发展改革委、国土资源部、农业部、财政部等按职责分工分别负责）

（二十八）改善农村支付服务环境。推广非现金支付工具和支付清算系统，稳步推广农村移动便捷支付，不断提高农村地区支付服务水平。（人民银行、工业和信息化部、银监会等按职责分工分别负责）

（二十九）保护农村金融消费者权益。畅通农村金融消费者诉求渠道，妥善处理金融消费纠纷。继续开展送金融知识下乡、入社区、进校园活动，提高金融知识普及教育的有效性和针对性，增强广大农民风险识别、自我保护的意识和能力。（银监会、证监会、保监会、人民银行、公安部等按职责分工分别负责）

九、加大对“三农”金融服务的政策支持

（三十）健全政策扶持体系。完善政策协调机制，加快建立导向明确、激励有效、约束严格、协调配套的长期化、制度化农村金融政策扶持体系，为金融机构开展“三农”业务提供稳定的政策预期。（财政部、人民银行、银监会、税务总局、证监会、保监会等按职责分工分别负责）

（三十一）加大政策支持力度。按照“政府引导、市场运作”原则，综合运用奖励、补贴、税收优惠等政策工具，重点支持金融机构开展农户小额贷款、新型农业经营主体贷款、农业种植业养殖业贷款、大宗农产品保险，以及银行卡助农取款、汇款、转账等支农惠农政策性支付业务。按照“鼓励增量，兼顾存量”原则，完善涉农贷款财政奖励制度。优化农村金融税收政策，完善农户小额贷款税收优惠政策。落实对新型农村金融机构和基础金融服务薄弱地区的银行业金融机构（网点）的定向费用补贴政策。完善农村信贷损失补偿机制，探索建立地方财政出资的涉农信贷风险补偿基金。对涉农贷款占比高的县域银行业法人机构实行弹性存贷比，优先支持开展“三农”金融产品创新。（财政部、人民银行、税务总局、银监会、保监会等按职责分工分别负责）

（三十二）完善涉农贷款统计制度。全面、及时、准确反映农林牧渔业贷款、农户贷款、农村小微企业贷款以及农民合作社贷款情况，依据涉农贷款统计的多维口径制定金融政策和差别化监管措施，提高政策支持的针对性和有效性。（人民银行、银监会等按职责分工分别负责）

（三十三）开展政策效果评估，不断完善相关政策措施，更好地引导带动金融机构支持“三农”发展。（财政部、人民银行、银监会、农业部、税务总局、证监会、保监会等按职责分工分别负责）

（三十四）防范金融风险。金融管理部门要按照职责分工，加强金融监管，着力做好风险识别、监测、评估、预警和控制工作，进一步发挥金融监管协调部际联席会议制度的作用，不断健全新形势下的风险处置机制，切实维护金融稳定。各金融机构要进一步健全制度，完善风险管理。地方人民政府要按照监管规则和要求，切实担负起对小额贷款公司、担保公司、典当行、农村资金互助合作组织的监管责任，层层落实突发金融风险事件处置的组织职责，制定完善风险应对预案，守住底线。（银监会、证监会、保监会、人民银行等按职责分工分别负责）

（三十五）加强督促检查。各地区、各有关部门和各金融机构要按照国务院统一部署，增强做好“三农”金融服务工作的责任感和使命感，各司其职，协调配合，扎实推动各项工作。地方各级人民政府要结合本地区实际，抓紧研究制定扶持政策，加大对农村金融改革发展的政策支持力度。各省、自治区、直辖市人民政府要按年度对本地区金融支持“三农”发展工作进行全面总结，提出政策意见和建议，于次年1月底前报国务院。各有关部门要按照职责分工精心组织，切实抓好贯彻落实工作，银监会要牵头做好督促检查和各地区工作情况的汇总工作，确保各项政策措施落实到位。

国务院办公厅
2014年4月20日

关于印发《农民工职业技能提升计划——“春潮行动”实施方案》的通知

（人社部发〔2014〕26号）

为贯彻落实中央经济工作会议和中央城镇化工作会议精神，进一步提高农村转移就业劳动者就业创业能力，根据《国家新型城镇化规划（2013—2020年）》和《国务院关于加强职业培训促进就业的意见》（国发〔2010〕36号），按照国务院要求，今年开始在全国开展农民工职业技能提升计划——“春潮行动”。现将《农民工职业技能提升计划——“春潮行动”实施方案》印发给你们，请结合本地实际，落实目标任务，抓好组织实施，做好相关工作。

人力资源社会保障部
2014年3月31日

农民工职业技能提升计划——“春潮行动”实施方案

为贯彻落实中央经济工作会议和中央城镇化工作会议精神，进一步提高农村转移就业劳动者就业创业能力，加快推动农业转移人口市民化，根据《国家新型城镇化规划（2013—2020年）》和《国务院关于加强职业培训促进就业的意见》（国发〔2010〕36号），特制定农民工职业技能提升计划——“春潮行动”实施方案。

一、指导思想

贯彻落实党的十八大和十八届三中全会精神，适应新型工业化、信息化、城镇化的发展方向，坚持服务就业和经济社会发展，大力开展面向农村转移就业劳动者的职业技能培训，以农村新成长劳动力为重点，以提升劳动者职业素质和就业创业能力为目标，充分发挥政府、行业企业、社会团体、院校和职业培训机构等各方面作用，加快构建劳动者终身职业培训体系，促进农村转移就业劳动者实现就业和稳定就业，为推进国家新型城镇化作出贡献。

二、基本原则

（一）统筹规划，分工负责。开展“春潮行动”是当前及今后一个时期人力资源社会保障工作的重点任务。各地人力资源社会保障部门要科学统筹，制定工作规划，全面部署安排。要加强与相关部门协调配合，建立任务明确、分工负责、政策共享、运转协调的工作机制。

（二）突出重点，分类实施。“春潮行动”实施的重点是农村新成长劳动力。要根据不同类型农村转移就业劳动者的需求，分类组织实施各具特色的职业培训，大力开展就业技能培训、岗位技能提升培训、高技能人才培训和创业培训。

（三）市场引导，政府支持。发挥市场在农村转移就业劳动者培训中的导向作用，适应企业岗位要求和劳动者就业需求，探索培训新模式和新方法，增强培训的针对性和有效性，提升培训后的就业率。发挥政府支持作用，加大政策支持力度，完善公共就业和人才服务。

（四）广泛动员，形成合力。综合运用各类激励政策和措施，充分调动社会各方面的积极性，整合职业培训资源，引导行业企业、社会团体、院校和各类职业培训机构广泛开展农村转移就业劳动者培训。

三、目标任务

适应农村转移就业劳动者实现就业和稳定就业的需要，通过开展培训将农村转移就业劳动者培养成为符合经济社会发展需求的高素质技能劳动者。到2020年，力争使新进入人力资源市场的农村转移就业劳动者都有机会接受一次相应的就业技能培训；力争使企业技能岗位的农村转移就业劳动者得到一次岗位技能提升培训或高技能人才培训；力争使具备一定创业条件或已创业的农村转移就业劳动者有机会接受创业培训。

——就业技能培训。每年面向农村新成长劳动力和拟转移就业劳动者开展政府补贴培训700万人次，培训合格率达到90%以上，就业率达到80%以上。

——岗位技能提升培训。每年面向在岗农民工开展政府补贴培训300万人次，培训合格率达到90%以上。

——创业培训。每年面向有创业意愿的农村转移就业劳动者开展创业培训100万人次，培训合格率达到80%以上，创业成功率达到50%以上。

四、主要内容

（一）就业技能培训。对农村新成长劳动力和拟转移到非农产业务工经商的农村劳动者开展专项技能或初级技能培训。依托技工院校、职业院校、企业培训机构、就业训练中心、民办职业培训机构等教育培训机构，采取政府购买服务培训方式，坚持以就业为导向，强化实际操作技能训练和职业素质培养，使他们达到上岗要求或掌握初级以上职业技能，着力提高培训后的就业率。对少数民族农村转移就业劳动者，可根据其需要在开展职业技能培训的同时，开展国家通用语言培训。对符合条件的，按规定给予职业培训补贴和职业技能鉴定补贴。

劳动预备制培训。对农村未继续升学并准备进入非农产业就业或进城务工的应届初高中毕业生、农业户籍退役士兵开展储备性专业技能培训。依托技工院校，采取政府购买服务培训方式，对其开展1—2个学期的储备性专业技能培训，基本消除农村新成长劳动力无技能从业现象。对符合条件的，按规定给予职业培训补贴、职业技能鉴定补贴和生活费补贴。

（二）岗位技能提升培训。对与企业签订6个月以上期限劳动合同的在岗农民工开展提高技能水平的培训。由企业依托所属培训机构或政府认定的培训机构，根据行业特点和岗位技能需求，结合技术进步和产业升级对职工技能水平的要求，对新录用农村转移就业劳动者开展岗前培训或学徒培训，对已在岗农民工开展岗位技能提升培训。培训经费由企业职工教育经费列支。对符合条件的，按规定给予企业一定比例的职业培训补贴和职业技能鉴定补贴。

高技能人才培训。对具备中级以上职业技能等级的在岗农民工开展高技能人才培训。人力资源社会保障部门根据区域经济社会发展需求和产业发展要求制定高技能人才培养规划，鼓励符合条件的企业在岗农民工参加高技能人才培训，提升其技能水平和职业技能等级。培训经费由企业职工教育经费列支。对符合条件的，按规定给予技师培训补贴。

（三）创业培训。对有创业意愿并具备一定创业条件的农村转移就业劳动者开展提高其创业能力的创业培训。依托创业培训机构，结合当地产业发展和创业项目，根据培训对象特点和需求组织开展创业培训，重点开展创业意识教育、创业项目指导和企业经营管理培训，提高培训对象的创业能力。对符合条件的，按规定给予创业培训补贴。

五、保障措施

（一）加强组织领导。各地要贯彻国务院要求，建立在政府统一领导下，人力资源社会保障部门统筹协调，相关部门各司其职、密切配合，工会、共青团、妇联等人民团体广泛参与的工作机制，共同推动“春潮行动”的实施。各级人力资源社会保障部门要加大工作力度，履行牵头部门职责，确保“春潮行动”的顺利实施。

（二）加大政策落实力度。各地人力资源社会保障部门要按照《国务院关于加强职业培训促进就业的意见》（国发〔2010〕36号）、《国务院办公厅关于进一步做好农民工培训工作的指导意见》（国办发〔2010〕11号）和《财政部人力资源社会保障部关于进一步加强就业专项资金管理有关问题的通知》（财社〔2011〕64号）要求，严格执行职业培训补贴和职业技能鉴定补贴政策，落实补贴资金；加大政府用于职业培训的各项资金的整合力度，具备条件的地区，统一纳入就业专项资金，提高资金使用效益；加大投入，调整就业专项资金支出结构，逐步提高职业培训支出比重；指导企业按照有关法律法规足额提取职工教育经费，增加企业在岗农民工培训经费投入。

（三）加强培训监管和评估考核。各地人力资源社会保障部门要严格按照程序和标准，将优质培训资源公开遴选确定为定点培训机构，承担政府补贴培训任务。执行开班申请、过程检查、结业审核制度，加强培训过程管理。对培训结果如实记录汇总，开展绩效评估，以确保培训质量和效果。建立和完善农村转移就业劳动者培训实名制信息管理系统，对培训过程进行实时监测。会同财政等相关部门开展考核检查，加强资金监管工作，确保项目任务按时完成。

（四）加强就业服务和权益保障。加强公共就业和人才服务体系建设，为农村转移就业劳动者提供职业培训政策信息咨询、职业指导和职业介绍等服务，促进其实现就业和稳定就业。加强对农村转移就业劳动者的创业指导和创业服务，强化创业培训与小额担保贷款、税费减免等扶持政策及创业咨询、创业孵化等服务手段的衔接，提升其创业成功率。指导和督促用人单位与农民工依法签订并履行劳动合同，保障农民工劳动报酬权益，扩大农民工参加社会保险覆盖面，加强农民工职业健康保护，畅通农民工维权通道，加强对农民工的法律援助和法律服务。

（五）加强基础能力建设。结合区域经济发展，围绕农村转移就业劳动者集中的产业行业，选择现有技工院校、职业院校、企业培训机构、就业训练中心、民办职业培训机构等教育培训机构，择优确定承担政府补贴性职业培训任务的定点培训机构。依托定点培训机构建设农村转移就业劳动者职业技能实训基地和创业培训基地。

（六）加强舆论宣传。要创新宣传方式，充分运用各类新闻媒体，采取群众喜闻乐见的形式，通过集中宣传与日常宣传相结合的方式，深入开展宣传活动，扩大“春潮行动”知名度和影响力。要强化典型示范，突出导向作用，大力宣传各地农村转移就业劳动者培训工作的经验做法，大力宣传农村转移劳动者技能就业、技能成才的先进典型，进一步营造全社会关心尊重技能人才、重视支持职业培训工作的良好社会氛围。

关于加快转变农业发展方式的意见

（国办发〔2015〕59 号）

各省、自治区、直辖市人民政府，国务院各部委、各直属机构：

近年来，我国粮食生产“十一连增”，农民收入持续较快增长，农业农村经济发展取得巨大成绩，为经济社会持续健康发展提供了有力支撑。当前，我国经济发展进入新常态，农业发展面临农产品价格“天花板”封顶、生产成本“地板”抬升、资源环境“硬约束”加剧等新挑战，迫切需要加快转变农业发展方式。经国务院同意，现提出以下意见。

一、总体要求

（一）指导思想。全面贯彻落实党的十八大和十八届二中、三中、四中全会精神，按照党中央、国务院决策部署，把转变农业发展方式作为当前和今后一个时期加快推进农业现代化的根本途径，以发展多种形式农业适度规模经营为核心，以构建现代农业经营体系、生产体系和产业体系为重点，着力转变农业经营方式、生产方式、资源利用方式和管理方式，推动农业发展由数量增长为主转到数量质量效益并重上来，由主要依靠物质要素投入转到依靠科技创新和提高劳动者素质上来，由依赖资源消耗的粗放经营转到可持续发展上来，走产出高效、产品安全、资源节约、环境友好的现代农业发展道路。

（二）基本原则。

坚持把增强粮食生产能力作为首要前提。坚守耕地红线，做到面积不减少、质量不下降、用途不改变，稳定提升粮食产能，确保饭碗任何时候都牢牢端在自己手中，夯实转变农业发展方式的基础。

坚持把提高质量效益作为主攻方向。以市场需求为导向，适应居民消费结构变化，调整优化农业结构，向规模经营要效率、向一二三产业融合要效益、向品牌经营要利润，全面推进节本降耗、提质增效。

坚持把促进可持续发展作为重要内容。以资源环境承载能力为依据，优化农业生产力布局，加强农业环境突出问题治理，促进资源永续利用。

坚持把推进改革创新作为根本动力。打破传统农业发展路径依赖，全面深化农村改革，加快农业科技创新和制度创新，完善粮食等重要农产品价格形成机制，激活各类农业生产要素。

坚持把尊重农民主体地位作为基本遵循。尊重农民意愿，维护农民权益，在充分发挥市场机制作用的基础上，更好发挥政府作用，保护和调动农民积极性。

（三）主要目标。

到 2020 年，转变农业发展方式取得积极进展。多种形式的农业适度规模经营加快发展，农业综合生产能力稳步提升，产业结构逐步优化，农业资源利用和生态环境保护水平不断提高，物质技术装备条件显著改善，农民收入持续增加，为全面建成小康社会提供重要支撑。

到2030年，转变农业发展方式取得显著成效。产品优质安全，农业资源利用高效，产地生态环境良好，产业发展有机融合，农业质量和效益明显提升，竞争力显著增强。

二、增强粮食生产能力，提高粮食安全保障水平

（四）加快建设高标准农田。以高标准农田建设为平台，整合新增建设用地土地有偿使用费、农业综合开发资金、现代农业生产发展资金、农田水利设施建设补助资金、测土配方施肥资金、大型灌区续建配套与节水改造投资、新增千亿斤粮食生产能力规划投资等，统筹使用资金，集中力量开展土地平整、农田水利、土壤改良、机耕道路、配套电网林网等建设，统一上图入库，到2020年建成8亿亩高标准农田。有计划分片推进中低产田改造，改善农业生产条件，增强抵御自然灾害能力。探索建立有效机制，鼓励金融机构支持高标准农田建设和中低产田改造，引导各类新型农业经营主体积极参与。按照"谁受益、谁管护"的原则，明确责任主体，建立奖惩机制，落实管护措施。

（五）切实加强耕地保护。落实最严格耕地保护制度，加快划定永久基本农田，确保基本农田落地到户、上图入库、信息共享。完善耕地质量保护法律制度，研究制定耕地质量等级国家标准。完善耕地保护补偿机制。充分发挥国家土地督察作用，坚持数量与质量并重，加强土地督察队伍建设，落实监督责任，重点加强东北等区域耕地质量保护。实施耕地质量保护与提升行动，分区域开展退化耕地综合治理、污染耕地阻控修复、土壤肥力保护提升、耕地质量监测等建设，开展东北黑土地保护利用试点，逐步扩大重金属污染耕地治理与种植结构调整试点，全面推进建设占用耕地耕作层土壤剥离再利用。

（六）积极推进粮食生产基地建设。结合永久基本农田划定，探索建立粮食生产功能区，优先在东北、黄淮海和长江中下游等水稻、小麦主产区，建成一批优质高效的粮食生产基地，将口粮生产能力落实到田块地头。加大财政均衡性转移支付力度，涉农项目资金要向粮食主产区倾斜。大力开展粮食高产创建活动，推广绿色增产模式，提高单产水平。引导企业积极参与粮食生产基地建设，发展产前、产中、产后等环节的生产和流通服务。加强粮食烘干、仓储设施建设。

三、创新农业经营方式，延伸农业产业链

（七）培育壮大新型农业经营主体。逐步扩大新型农业经营主体承担农业综合开发、中央基建投资等涉农项目规模。支持农民合作社建设农产品加工仓储冷链物流设施，允许财政补助形成的资产转交农民合作社持有和管护。鼓励引导粮食等大宗农产品收储加工企业为新型农业经营主体提供订单收购、代烘代储等服务。落实好新型农业经营主体生产用地政策。研究改革农业补贴制度，使补贴资金向种粮农民以及家庭农场等新型农业经营主体倾斜。支持粮食生产规模经营主体开展营销贷款试点。创新金融服务，把新型农业经营主体纳入银行业金融机构客户信用评定范围，对信用等级较高的在同等条件下实行贷款优先等激励措施，对符合条件的进行综合授信；探索开展农村承包土地经营权抵押贷款、大型农机具融资租赁试点，积极推动厂房、渔船抵押和生产订单、农业保单质押等业务，拓宽抵质押物范围；支持新型农业经营主体利用期货、期权等衍生工具进行风险管理；在全国范围内引导建立健全由财政支持的农业信贷担保体系，为粮食生产规模经营主体贷款提供信用担保和风险补偿；鼓励商业保险机构开发适应新型农业经营主体需求的多档次、高保障保险产品，探索开展产值保险、目标价格保险等试点。

（八）推进多种形式的农业适度规模经营。稳步开展农村土地承包经营权确权登记颁证工作。各地要采取财政奖补等措施，扶持多种形式的农业适度规模经营发展，引导农户依法采取转包、出租、互换、转让、入股等方式流转承包地。有条件的地方在坚持农地农用和坚决防止"非农化"的前提下，可以根据农民意愿统一连片整理耕地，尽量减少田埂，扩大耕地面积，提高机械化作业水平。采取财政扶持、信贷支持等措施，加快培育农业经营性服务组织，开展政府购买农业公益性服务试点，积极推广合作式、托管式、订单式等服务形式。支持供销合作社开展农业社会化服务，加快形成综合性、规模化、可持续的为农服务体系。总结推广多种形式农业适度规模经营的典型案例，充分发挥其示范带动作用。在坚持农村土地集体所有和充分尊重农民意愿的基础上，在农村改革试验区稳妥开展农户承包地有偿退出试点，引导有稳定非农就业收入、长期在城镇居住生活的农户自愿退出土地承包经营权。

（九）大力开展农业产业化经营。把发展多种形式农业适度规模经营与延伸农业产业链有机结合起来，立足资源优势，鼓励农民通过合作与联合的方式发展规模种养业、农产品加工业和农村服务业，开展农民以土地经营权入股农民合作社、农业产业化龙头企业试点，让农民分享产业链增值收益。充实和完善龙头企业联农带农的财政激励机制，鼓励龙头企业为农户提供技术培训、贷款担保、农业保险资助等服务，大力发展一村一品、村企互动的产销对接模式；创建农业产业化示范基地，推进原料生产、加工物流、市场营销等一二三产业融合发展，促进产业链增值收益更多留在产地、留给农民。支持农业产业化示范基地开展技术研发、质量检测、物流信息等公共服务平台建设。从国家技改资金项目中划定一定比例支持龙头企业转型升级。

（十）加快发展农产品加工业。扩大农产品初加工补助资金规模、实施区域和品种范围。深入实施主食加工提升行动，推动马铃薯等主食产品开发。支持精深加工装备改造升级，建设一批农产品加工技术集成基地，提升农产品精深加工水平。支持粮油加工企业节粮技术改造，开展副产品综合利用试点。加大标准化生猪屠宰体系建设力度，支持屠宰加工企业一体化经营。

（十一）创新农业营销服务。加强全国性和区域性农产品产地市场建设，加大农产品促销扶持力度，提升农户营销能力。培育新型流通业态，大力发展农业电子商务，制定实施农业电子商务应用技术培训计划，引导各类农业经营主体与电商企业对接，促进物流配送、冷链设施设备等发展。加快发展供销合作社电子商务。积极推广农产品拍卖交易方式。

（十二）积极开发农业多种功能。加强规划引导，研究制定促进休闲农业与乡村旅游发展的用地、财政、金融等扶持政策，加大配套公共设施建设支持力度，加强从业人员培训，强化体验活动创意、农事景观设计、乡土文化开发，提升服务能力。保持传统乡村风貌，传承农耕文化，加强重要农业文化遗产发掘和保护，扶持建设一批具有历史、地域、民族特点的特色景观旅游村镇。提升休闲农业与乡村旅游示范创建水平，加大美丽乡村推介力度。

四、深入推进农业结构调整，促进种养业协调发展

（十三）大力推广轮作和间作套作。支持因地制宜开展生态型复合种植，科学合理利用耕地资源，促进种地养地结合。重点在东北地区推广玉米/大豆（花生）轮作，在黄淮海地区推广玉米/花生（大豆）间作套作，在长江中下游地区推广双季稻—绿肥或水稻—油菜种植，在西南地区推广玉米/大豆间作套作，在西北地区推广玉米/马铃薯（大豆）轮作。

（十四）鼓励发展种养结合循环农业。面向市场需求，加快建设现代饲草料产业体系，开展优质饲草料种植推广补贴试点，引导发展青贮玉米、苜蓿等优质饲草料，提高种植比较效益。加大对粮食作物改种饲草料作物的扶持力度，支持在干旱地区、高寒高纬度玉米种植区域和华北地下水超采漏斗区、南方石漠化地区率先开展试点。统筹考虑种养规模和环境消纳能力，积极开展种养结合循环农业试点示范。发展现代渔业，开展稻田综合种养技术示范，推广稻渔共生、鱼菜共生等综合种养技术新模式。

（十五）积极发展草食畜牧业。针对居民膳食结构和营养需求变化，促进安全、绿色畜产品生产。分区域开展现代草食畜牧业发展试点试验，在种养结构调整、适度规模经营培育、金融信贷支持、草原承包经营制度完善等方面开展先行探索。大力推进草食家畜标准化规模养殖，突出抓好疫病防控，加快推广先进适用技术模式，重点支持生态循环畜牧业发展，引导形成牧区繁育、农区育肥的新型产业结构。实施牛羊养殖大县财政奖励补助政策。

五、提高资源利用效率，打好农业面源污染治理攻坚战

（十六）大力发展节水农业。落实最严格水资源管理制度，逐步建立农业灌溉用水量控制和定额管理制度。进一步完善农田灌排设施，加快大中型灌区续建配套与节水改造、大中型灌排泵站更新改造，推进新建灌区和小型农田水利工程建设，扩大农田有效灌溉面积。大力发展节水灌溉，全面实施区域规模化高效节水灌溉行动。分区开展节水农业示范，改善田间节水设施设备，积极推广抗旱节水品种和喷灌滴灌、水肥一体化、深耕深松、循环水养殖等技术。积极推进农业水价综合改革，合理调整农业水价，建立精准补贴机制。开展渔业资源环境调查，加大增殖放流力度，加强海洋牧场建设。统筹推进流域水生态保护与治理，加大对农业面源污染综合治理的支持力度，开展太湖、洱海、巢湖、洞庭湖和三峡库区等湖库农业面源污染综合防治示范。

（十七）实施化肥和农药零增长行动。坚持化肥减量提效、农药减量控害，建立健全激励机制，力争到2020年，化肥、农药使用量实现零增长，利用率提高到40%以上。深入实施测土配方施肥，扩大配方肥使用范围，鼓励农业社会化服务组织向农民提供配方施肥服务，支持新型农业经营主体使用配方肥。探索实施有机肥和化肥合理

配比计划，鼓励农民增施有机肥，支持发展高效缓（控）释肥等新型肥料，提高有机肥施用比例和肥料利用效率。加强对农药使用的管理，强化源头治理，规范农民使用农药的行为。全面推行高毒农药定点经营，建立高毒农药可追溯体系。开展低毒低残留农药使用试点，加大高效大中型药械补贴力度，推行精准施药和科学用药。鼓励农业社会化服务组织对农民使用农药提供指导和服务。

（十八）推进农业废弃物资源化利用。落实畜禽规模养殖环境影响评价制度。启动实施农业废弃物资源化利用示范工程。推广畜禽规模化养殖、沼气生产、农家肥积造一体化发展模式，支持规模化养殖场（区）开展畜禽粪污综合利用，配套建设畜禽粪污治理设施；推进农村沼气工程转型升级，开展规模化生物天然气生产试点；引导和鼓励农民利用畜禽粪便积造农家肥。支持秸秆收集机械还田、青黄贮饲料化、微生物腐化和固化炭化等新技术示范，加快秸秆收储运体系建设。扩大旱作农业技术应用，支持使用加厚或可降解农膜；开展区域性残膜回收与综合利用，扶持建设一批废旧农膜回收加工网点，鼓励企业回收废旧农膜。加快可降解农膜研发和应用。加快建成农药包装废弃物收集处理系统。

六、强化农业科技创新，提升科技装备水平和劳动者素质

（十九）加强农业科技自主创新。按照深化科技体制改革的总体要求，深入推进农业科技管理体制改革，提高创新效率。推进农业科技协同创新联盟建设。加快农业科技创新能力条件建设，按程序启动农业领域重点科研项目，加强农业科技国际交流与合作，着力突破农业资源高效利用、生态环境修复等共性关键技术。探索完善科研成果权益分配激励机制。建设农业科技服务云平台，提升农技推广服务效能。深入推进科技特派员农村科技创业行动，加快科技进村入户，让农民掌握更多的农业科技知识。

（二十）深化种业体制改革。在总结完善种业科研成果权益分配改革试点工作的基础上，逐步扩大试点范围；完善成果完成人分享制度，健全种业科技资源、人才向企业流动机制，做大做强育繁推一体化种子企业。国家财政科研经费加大用于基础性公益性研究的投入，逐步减少用于农业科研院所和高等院校开展商业化育种的投入。实施现代种业提升工程，加强国家种质资源体系、植物新品种测试体系和品种区域试验体系建设，加大种质资源保护力度，完善植物品种数据库。实施粮食作物制种大县财政奖励补助政策，积极推进海南、甘肃、四川三大国家级育种制种基地建设，规划建设一批区域级育种制种基地。

（二十一）推进农业生产机械化。适当扩大农机深松整地作业补助试点，大力推广保护性耕作技术，开展粮棉油糖生产全程机械化示范，构建主要农作物全程机械化生产技术体系。完善适合我国国情的农业机械化技术与装备研发支持政策，主攻薄弱环节机械化，推进农机农艺融合，促进工程、生物、信息、环境等技术集成应用。探索完善农机报废更新补贴实施办法。

（二十二）加快发展农业信息化。开展“互联网+”现代农业行动。鼓励互联网企业建立农业服务平台，加强产销衔接。推广成熟可复制的农业物联网应用模式，发展精准化生产方式。大力实施农业物联网区域试验工程，加快推进设施园艺、畜禽水产养殖、质量安全追溯等领域物联网示范应用。加强粮食储运监管领域物联网建设。

支持研发推广一批实用信息技术和产品，提高农业智能化和精准化水平。强化农业综合信息服务能力，提升农业生产要素、资源环境、供给需求、成本收益等监测预警水平，推进农业大数据应用，完善农业信息发布制度。大力实施信息进村入户工程，研究制定农业信息化扶持政策。加快国家农村信息化示范省建设。

（二十三）大力培育新型职业农民。加快建立教育培训、规范管理和政策扶持“三位一体”的新型职业农民培育体系。建立公益性农民培养培训制度，深入实施新型职业农民培育工程，推进农民继续教育工程。加强农民教育培训体系条件能力建设，深化产教融合、校企合作和集团化办学，促进学历、技能和创业培养相互衔接。鼓励进城农民工和职业院校毕业生等人员返乡创业，实施现代青年农场主计划和农村实用人才培养计划。

七、提升农产品质量安全水平，确保“舌尖上的安全”

（二十四）全面推行农业标准化生产。加强农业标准化工作，健全推广和服务体系。加快制修订农兽药残留标准，制定推广一批简明易懂的生产技术操作规程，继续推进农业标准化示范区、园艺作物标准园、畜禽标准化示范场和水产健康养殖示范场建设，扶持新型农业经营主体率先开展标准化生产，实现生产设施、过程和产品标准化。积极推行减量化生产和清洁生产技术，规范生产行为，控制农兽药残留，净化产地环境。

（二十五）推进农业品牌化建设。加强政策引导，营造公平有序的市场竞争环境，开展农业品牌塑造培育、推介营销和社会宣传，着力打造一批有影响力、有文化内涵的农业品牌，提升增值空间。鼓励企业在国际市场注册商标，加大商标海外保护和品牌培育力度。发挥有关行业协会作用，加强行业自律，规范企业行为。

（二十六）提高农产品质量安全监管能力。开展农产品质量安全县创建活动，探索建立有效的监管机制和模式。依法加强对农业投入品的监管，打击各类非法添加行为。开展农产品质量安全追溯试点，优先将新型农业经营主体纳入试点范围，探索建立产地质量证明和质量安全追溯制度，推进产地准出和市场准入。构建农产品质量安全监管追溯信息体系，促进各类追溯平台互联互通和监管信息共享。加强农产品产地环境监测和农业面源污染监测，强化产地安全管理。支持病死畜禽无害化处理设施建设，加快建立运行长效机制。加强农业执法监管能力建设，改善农业综合执法条件，稳定增加经费支持。

八、加强农业国际合作，统筹国际国内两个市场两种资源

（二十七）推进国际产能合作。拓展与“一带一路”沿线国家和重点区域的农业合作，带动农业装备、生产资料等优势产能对外合作。健全农业对外合作部际联席会议制度。在充分利用现有政策渠道的同时，研究农业对外合作支持政策，加快培育具有国际竞争力的农业企业集团。积极引导外商投资现代农业。

（二十八）加强农产品贸易调控。积极支持优势农产品出口。健全农产品进口调控机制，完善重要农产品国营贸易和关税配额管理，把握好进口规模、节奏，合理有效利用国际市场。加快构建全球重要农产品监测、预警和分析体系，建设基础数据平台，

建立中长期预测模型和分级预警与响应机制。

九、强化组织领导

（二十九）落实地方责任。各省（区、市）人民政府要提高对转变农业发展方式重要性、复杂性和长期性的认识，增强紧迫感和自觉性，加强组织领导和统筹协调，落实工作责任，健全工作机制，切实把各项任务措施落到实处；要按照本意见要求，结合当地实际，制定具体实施方案。

（三十）加强部门协作。农业部要强化对转变农业发展方式工作的组织指导，密切跟踪工作进展，及时总结和推广经验。发展改革委、财政部要强化对重大政策、重大工程和重大项目的扶持。人民银行、银监会、证监会、保监会要积极落实金融支持政策。教育部、科技部、工业和信息化部、国土资源部、环境保护部、水利部、商务部、质检总局等部门要按照职责分工，抓紧出台相关配套政策。

国务院办公厅
2015 年 7 月 30 日

关于进一步促进旅游投资和消费的若干意见

（国办发〔2015〕62号）

各省、自治区、直辖市人民政府，国务院各部委、各直属机构：

旅游业是我国经济社会发展的综合性产业，是国民经济和现代服务业的重要组成部分。通过改革创新促进旅游投资和消费，对于推动现代服务业发展，增加就业和居民收入，提升人民生活品质，具有重要意义。为进一步促进旅游投资和消费，经国务院同意，现提出以下意见：

一、实施旅游基础设施提升计划，改善旅游消费环境

（一）着力改善旅游消费软环境。建立健全旅游产品和服务质量标准，规范旅游经营服务行为，提升宾馆饭店、景点景区、旅行社等管理服务水平。大力整治旅游市场秩序，严厉打击虚假广告、价格欺诈、欺客宰客、超低价格恶性竞争、非法“一日游”等旅游市场顽疾，进一步落实游客不文明行为记录制度。健全旅游投诉处理和服务质量监督机制，完善旅游市场主体退出机制。深化景区门票价格改革，调整完善价格机制，规范价格行为。大力弘扬文明旅游风尚，积极开展旅游志愿者公益服务，提升游客文明旅游素质。

（二）完善城市旅游咨询中心和集散中心。各地要根据实际需要，在3A级以上景区、重点乡村旅游区以及机场、车站、码头等建设旅游咨询中心。鼓励依托城市综合客运枢纽和道路客运站点建设布局合理、功能完善的游客集散中心。2020年前，实现重点旅游景区、旅游城市、旅游线路旅游咨询服务全覆盖。

（三）加强连通景区道路和停车场建设。加大投入，加快推进城市及国道、省道至A级景区连接道路建设。加强城市与景区之间交通设施建设和运输组织，加快实现从机场、车站、码头到主要景区公路交通无缝对接。加大景区和乡村旅游点停车位建设力度。

（四）加强中西部地区旅游支线机场建设。围绕国家重点旅游线路和集中连片特困地区，支持有条件的地方按实际需求新建或改扩建一批支线机场，增加至主要客源城市航线。充分发挥市场力量，鼓励企业发展低成本航空和国内旅游包机业务。

（五）大力推进旅游厕所建设。鼓励以商建厕、以商养厕、以商管厕，用三年时间全国新建、改建5.7万座旅游厕所，完善上下水设施，实行粪便无害化处理。到2017年实现全国旅游景区、旅游交通沿线、旅游集散地的旅游厕所全部达到数量充足、干净无味、实用免费、管理有效的要求。

二、实施旅游投资促进计划，新辟旅游消费市场

（六）加快自驾车房车营地建设。制定全国自驾车房车营地建设规划和自驾车房车营地建设标准，明确营地住宿登记、安全救援等政策，支持少数民族地区和丝绸之路沿线、长江经济带等重点旅游地区建设自驾车房车营地。到2020年，鼓励引导社会资本建设自驾车房车营地1000个左右。

（七）推进邮轮旅游产业发展。支持建立国内大型邮轮研发、设计、建造和自主配套体系，鼓励有条件的国内造船企业研发制造大中型邮轮。按照《全国沿海邮轮港口布局规划方案》，进一步优化邮轮港口布局，形成由邮轮母港、始发港、访问港组成的布局合理的邮轮港口体系，有序推进邮轮码头建设。支持符合条件的企业按程序设立保税仓库。到2020年，全国建成10个邮轮始发港。

（八）培育发展游艇旅游大众消费市场。制定游艇旅游发展指导意见，有规划地逐步开放岸线和水域。推动游艇码头泊位等基础设施建设，清理简化游艇审批手续，降低准入门槛和游艇登记、航行旅游、停泊、维护的总体成本，吸引社会资本进入；鼓励发展适合大众消费水平的中小型游艇；鼓励拥有海域、水域资源的地区根据实际情况制定游艇码头建设规划。到2017年，全国建成一批游艇码头和游艇泊位，初步形成互联互通的游艇休闲旅游线路网络，培育形成游艇大众消费市场。

（九）大力发展特色旅游城镇。推动新型城镇化建设与现代旅游产业发展有机结合，到2020年建设一批集观光、休闲、度假、养生、购物等功能于一体的全国特色旅游城镇和特色景观旅游名镇。

（十）大力开发休闲度假旅游产品。鼓励社会资本大力开发温泉、滑雪、滨海、海岛、山地、养生等休闲度假旅游产品。重点依托现有旅游设施和旅游资源，建设一批高水平旅游度假产品和满足多层次多样化休闲度假需求的国民度假地。加快推动环城市休闲度假带建设，鼓励城市发展休闲街区、城市绿道、骑行公园、慢行系统，拓展城市休闲空间。支持重点景区和旅游城市积极发展旅游演艺节目，促进主题公园规范发展。依托铁路网，开发建设铁路沿线旅游产品。

（十一）大力发展旅游装备制造业。把旅游装备纳入相关行业发展规划，制定完善安全性技术标准体系。鼓励发展邮轮游艇、大型游船、旅游房车、旅游小飞机、景区索道、大型游乐设施等旅游装备制造业。大力培育具有自主品牌的休闲、登山、滑雪、潜水、露营、探险等各类户外用品。支持国内有条件的企业兼并收购国外先进旅游装备制造企业或开展合资合作。鼓励企业开展旅游装备自主创新研发，按规定享受国家鼓励科技创新政策。

（十二）积极发展“互联网+旅游”。积极推动在线旅游平台企业发展壮大，整合上下游及平行企业的资源、要素和技术，形成旅游业新生态圈，推动“互联网+旅游”跨产业融合。支持有条件的旅游企业进行互联网金融探索，打造在线旅游企业第三方支付平台，拓宽移动支付在旅游业的普及应用，推动境外消费退税便捷化。加强与互联网公司、金融企业合作，发行实名制国民旅游卡，落实法定优惠政策，实行特惠商户折扣。放宽在线度假租赁、旅游网络购物、在线旅游租车平台等新业态的准入许可和经营许可制度。到2020年，全国4A级以上景区和智慧乡村旅游试点单位实现免费Wi-Fi（无线局域网）、智能导游、电子讲解、在线预订、信息推送等功能全覆盖，在全国打造1万家智慧景区和智慧旅游乡村。

三、实施旅游消费促进计划，培育新的消费热点

（十三）丰富提升特色旅游商品。扎实推进旅游商品的大众创业、万众创新，鼓励市场主体开发富有特色的旅游纪念品，丰富旅游商品类型，增强对游客的吸引力。培育一批旅游商品研发、生产、销售龙头企业，加大对老字号商品、民族旅游商品的宣传推广力度。加快实施中国旅游商品品牌提升工程，推出中国特色旅游商品系列。鼓励优质特色旅游商品进驻主要口岸、机场、码头等旅游购物区和城市大型商场超市，支持在线旅游商品销售。适度增设口岸进境免税店。

（十四）积极发展老年旅游。加快制定实施全国老年旅游发展纲要，规范老年旅游服务，鼓励开发多层次、多样化老年旅游产品。各地要加大对乡村养老旅游项目的支持，大力推动乡村养老旅游发展，鼓励民间资本依法使用农民集体所有的土地举办非营利性乡村养老机构。做好基本医疗保险异地就医医疗费用结算工作。鼓励进一步开发完善适合老年旅游需求的商业保险产品。

（十五）支持研学旅行发展。把研学旅行纳入学生综合素质教育范畴。支持建设一批研学旅行基地，鼓励各地依托自然和文化遗产资源、红色旅游景点景区、大型公共设施、知名院校、科研机构、工矿企业、大型农场开展研学旅行活动。建立健全研学旅行安全保障机制。旅行社和研学旅行场所应在内容设计、导游配备、安全设施与防护等方面结合青少年学生特点，寓教于游。加强国际研学旅行交流，规范和引导中小学生赴境外开展研学旅行活动。

（十六）积极发展中医药健康旅游。推出一批以中医药文化传播为主题，集中医药康复理疗、养生保健、文化体验于一体的中医药健康旅游示范产品。在有条件的地方建设中医药健康旅游产业示范园区，推动中医药产业与旅游市场深度结合，在业态创新、机制改革、集群发展方面先行先试。规范中医药健康旅游市场，加强行业标准制定和质量监督管理。扩大中医药健康旅游海外宣传，推动中医药健康旅游国际交流合作，使传统中医药文化通过旅游走向世界。

四、实施乡村旅游提升计划，开拓旅游消费空间

（十七）坚持乡村旅游个性化、特色化发展方向。立足当地资源特色和生态环境优势，突出乡村生活生产生态特点，深入挖掘乡村文化内涵，开发建设形式多样、特色鲜明、个性突出的乡村旅游产品，举办具有地方特色的节庆活动。注重保护民族村落、古村古镇，建设一批具有历史、地域、民族特点的特色景观旅游村镇，让游客看得见山水、记得住乡愁、留得住乡情。

（十八）完善休闲农业和乡村旅游配套设施。重点加强休闲农业和乡村旅游特色村的道路、电力、饮水、厕所、停车场、垃圾污水处理设施、信息网络等基础设施和公共服务设施建设，加强相关旅游休闲配套设施建设。到2020年，全国建成6000个以上乡村旅游模范村，形成10万个以上休闲农业和乡村旅游特色村、300万家农家乐，乡村旅游年接待游客超过20亿人次，受益农民5000万人。

（十九）开展百万乡村旅游创客行动。通过加强政策引导和专业培训，三年内引导和支持百万名返乡农民工、大学毕业生、专业技术人员等通过开展乡村旅游实现自主

创业。鼓励文化界、艺术界、科技界专业人员发挥专业优势和行业影响力，在有条件的乡村进行创作创业。到2017年，全国建设一批乡村旅游创客示范基地，形成一批高水准文化艺术旅游创业就业乡村。

（二十）大力推进乡村旅游扶贫。加大对乡村旅游扶贫重点村的规划指导、专业培训、宣传推广力度，组织开展乡村旅游规划扶贫公益活动，对建档立卡贫困村实施整村扶持，2015年抓好560个建档立卡贫困村乡村旅游扶贫试点工作。到2020年，全国每年通过乡村旅游带动200万农村贫困人口脱贫致富；扶持6000个旅游扶贫重点村开展乡村旅游，实现每个重点村乡村旅游年经营收入达到100万元。

五、优化休假安排，激发旅游消费需求

（二十一）落实职工带薪休假制度。各级人民政府要把落实职工带薪休假制度纳入议事日程，制定带薪休假制度实施细则或实施计划，并抓好落实。

（二十二）鼓励错峰休假。在稳定全国统一的既有节假日前提下，各单位和企业可根据自身实际情况，将带薪休假与本地传统节日、地方特色活动相结合，安排错峰休假。

（二十三）鼓励弹性作息。有条件的地方和单位可根据实际情况，依法优化调整夏季作息安排，为职工周五下午与周末结合外出休闲度假创造有利条件。

六、加大改革创新力度，促进旅游投资消费持续增长

（二十四）加大政府支持力度。符合条件的地区要加快实施境外旅客购物离境退税政策。设立中国旅游产业促进基金，鼓励有条件的地方政府设立旅游产业促进基金。支持企业通过政府和社会资本合作（PPP）模式投资、建设、运营旅游项目。各级人民政府要加大对国家重点旅游景区、“一带一路”及长江经济带等重点旅游线路、集中连片特困地区生态旅游开发和乡村旅游扶贫村等旅游基础设施和公共服务设施的支持力度。让多彩的旅游丰富群众生活，助力经济发展。

（二十五）落实差别化旅游业用地用海用岛政策。对投资大、发展前景好的旅游重点项目，要优先安排、优先落实土地和围填海计划指标。新增建设用地指标优先安排给中西部地区，支持中西部地区利用荒山、荒坡、荒滩、垃圾场、废弃矿山、石漠化土地开发旅游项目。对近海旅游娱乐、浴场等亲水空间开发予以优先保障。

（二十六）拓展旅游企业融资渠道。支持符合条件的旅游企业上市，鼓励金融机构按照风险可控、商业可持续原则加大对旅游企业的信贷支持。积极发展旅游投资项目资产证券化产品，推进旅游项目产权与经营权交易平台建设。积极引导预期收益好、品牌认可度高的旅游企业探索通过相关收费权、经营权抵（质）押等方式融资筹资。鼓励旅游装备出口，加大对大型旅游装备出口的信贷支持。

国务院办公厅

2015年8月4日

关于推进基层综合性文化服务中心建设的指导意见

（国办发〔2015〕74号）

各省、自治区、直辖市人民政府，国务院各部委、各直属机构：

为贯彻落实《中共中央办公厅 国务院办公厅关于加快构建现代公共文化服务体系的意见》精神，推进基层公共文化资源有效整合和统筹利用，提升基层公共文化设施建设、管理和服务水平，经国务院同意，现就推进基层综合性文化服务中心建设提出如下意见。

一、推进基层综合性文化服务中心建设的重要性和紧迫性

基层是公共文化服务的重点和薄弱环节。近年来，我国公共文化服务体系建设加快推进，公共文化设施网络建设成效明显，基层公共文化设施条件得到较大改善。但随着我国新型工业化、信息化、城镇化和农业现代化进程加快，城市流动人口大幅增加，基层群众的精神文化需求呈现出多层次、多元化特点，现有的基层文化设施和服务已难以满足广大人民群众的实际需要。一是基层特别是农村公共文化设施总量不足、布局不合理。尤其在西部地区和老少边穷地区，基层文化设施不足的问题突出。二是面向基层的优秀公共文化产品供给不足，特别是内容健康向上、形式丰富多彩、群众喜闻乐见的文化产品种类和数量少，服务质量参差不齐。三是由于缺少统筹协调和统一规划，公共文化资源难以有效整合，条块分割、重复建设、多头管理等问题普遍存在，基层公共文化设施功能不健全、管理不规范、服务效能低等问题仍较突出，总量不足与资源浪费问题并存，难以发挥出整体效益。

党的十八届三中全会明确提出“建设综合性文化服务中心”的改革任务。推进基层综合性文化服务中心建设，有利于完善基层公共文化设施网络，补齐短板，打通公共文化服务的“最后一公里”；有利于增加基层公共文化产品和服务供给，丰富群众精神文化生活，充分发挥文化凝聚人心、增进认同、化解矛盾、促进和谐的积极作用；有利于统筹利用资源，促进共建共享，提升基层公共文化服务效能。要从战略和全局的高度，充分认识加强基层综合性文化服务中心建设的重要性和紧迫性，增强责任感和使命感，为巩固基层文化阵地、全面建成小康社会奠定坚实基础。

二、指导思想、基本原则和工作目标

（一）指导思想。全面贯彻党的十八大和十八届二中、三中、四中全会精神，按照党中央、国务院决策部署，以保障群众基本文化权益为根本，以强化资源整合、创新管理机制、提升服务效能为重点，因地制宜推进基层综合性文化服务中心建设，把服务群众同教育引导群众结合起来，把满足需求同提高素养结合起来，促进基本公共文化服务标准化均等化，使基层公共文化服务得到全面加强和提升，为实现“两个一百

年”奋斗目标和中华民族伟大复兴中国梦提供精神动力和文化条件。

（二）基本原则。

坚持导向，服务大局。发挥基层综合性文化服务中心在宣传党的理论和路线方针政策、培育社会主义核心价值观、弘扬中华优秀传统文化等方面的重要作用，推动人们形成向上向善的精神追求和健康文明的生活方式，用先进文化占领基层文化阵地。

以人为本，对接需求。把保障人民群众基本文化权益作为工作的出发点和落脚点，把群众满意度作为检验工作的首要标准，建立健全群众需求反馈机制，促进供需有效对接，真正把综合性文化服务中心建成服务基层、惠及百姓的民心工程。

统筹规划，共建共享。以中西部地区和老少边穷地区为重点，从城乡基层实际出发，发挥基层政府的主导作用，加强规划指导，科学合理布局，整合各级各类面向基层的公共文化资源和服务，促进优化配置、高效利用，形成合力。

因地制宜，分类指导。综合考虑不同地区的经济发展水平、人口变化、文化特点和自然条件等因素，坚持试点先行，及时总结不同地区建设经验，发挥典型示范作用，推动各地形成既有共性又有特色的建设发展模式。

改革创新，提升效能。围绕建设、管理、使用等关键环节，改革管理体制和运行机制，创新基层公共文化服务的内容和形式，鼓励社会参与和群众自我服务，提高综合服务效益。

（三）工作目标。到2020年，全国范围的乡镇（街道）和村（社区）普遍建成集宣传文化、党员教育、科学普及、普法教育、体育健身等功能于一体，资源充足、设备齐全、服务规范、保障有力、群众满意度较高的基层综合性公共文化设施和场所，形成一套符合实际、运行良好的管理体制和运行机制，建立一支扎根基层、专兼职结合、综合素质高的基层文化队伍，使基层综合性文化服务中心成为我国文化建设的重要阵地和提供公共服务的综合平台，成为党和政府联系群众的桥梁和纽带，成为基层党组织凝聚、服务群众的重要载体。

三、加强基层综合性文化服务中心建设

（四）科学规划，合理布局。在全面掌握基层公共文化设施存量和使用状况的基础上，衔接国家和地方经济社会发展总体规划、土地利用总体规划、城乡规划以及其他相关专项规划，根据城乡人口发展和分布，按照均衡配置、规模适当、经济适用、节能环保等要求，合理规划布局公共文化设施。

（五）加强基层综合性文化设施建设。落实《国家基本公共文化服务指导标准（2015—2020年）》，进一步完善基层综合性文化设施建设标准，加大建设力度。基层综合性文化服务中心主要采取盘活存量、调整置换、集中利用等方式进行建设，不搞大拆大建，凡现有设施能够满足基本公共文化需求的，一律不再进行改扩建和新建。乡镇（街道）综合性文化设施重在完善和补缺，对个别尚未建成的进行集中建设。村（社区）综合性文化服务中心主要依托村（社区）党组织活动场所、城乡社区综合服务设施、文化活动室、闲置中小学校、新建住宅小区公共服务配套设施以及其他城乡综合公共服务设施，在明确产权归属、保证服务接续的基础上进行集合建设，并配备相应器材设备。

（六）加强文体广场建设。与乡镇（街道）和村（社区）综合性文化设施相配套，按

照人口规模和服务半径，建设选址适中、与地域条件相协调的文体广场，偏远山区不具备建设条件的，可酌情安排。文体广场要建设阅报栏、电子阅报屏和公益广告牌，并加强日常维护，及时更新内容。配备体育健身设施和灯光音响设备等，有条件的可搭建戏台舞台。

四、明确功能定位

（七）向城乡群众提供基本公共文化服务。着眼于保障群众的基本文化权益，按照《国家基本公共文化服务指导标准（2015—2020年）》和各地实施标准，由县级人民政府结合自身财力和群众文化需求，制定本地基层综合性文化服务中心基本服务项目目录（以下简称服务目录），重点围绕文艺演出、读书看报、广播电视、电影放映、文体活动、展览展示、教育培训等方面，设置具体服务项目，明确服务种类、数量、规模和质量要求，实现“软件”与“硬件”相适应、服务与设施相配套，为城乡居民提供大致均等的基本公共文化服务。

（八）整合各级各类面向基层的公共文化资源。发挥基层综合性文化服务中心的终端平台优势，整合分布在不同部门、分散孤立、用途单一的基层公共文化资源，实现人、财、物统筹使用。以基层综合性文化服务中心为依托，推动文化信息资源共建共享，提供数字图书馆、数字文化馆和数字博物馆等公共数字文化服务；推进广播电视户户通，提供应急广播、广播电视器材设备维修、农村数字电影放映等服务；推进县域内公共图书资源共建共享和一体化服务，加强村（社区）及薄弱区域的公共图书借阅服务，整合农家书屋资源，设立公共图书馆服务体系基层服务点，纳入基层综合性文化服务中心管理和使用；建设基层体育健身工程，组织群众开展体育健身活动等。同时，加强文化体育设施的综合管理和利用，提高使用效益。

（九）开展基层党员教育工作。结合推进基层组织建设，把基层综合性文化服务中心作为加强思想政治工作、开展党员教育的重要阵地，发挥党员干部现代远程教育网络以及文化信息资源共享工程基层服务点、社区公共服务综合信息平台等基层信息平台的作用，广泛开展政策宣讲、理论研讨、学习交流等党员教育活动。

（十）配合做好其他公共服务。按照功能综合设置的要求，积极开展农民科学素质行动、社区居民科学素质行动、法治宣传教育和群众性法治文化活动，提高基层群众的科学素养和法律意识。要结合当地党委和政府赋予的职责任务，与居民自治、村民自治等基层社会治理体系相结合，根据实际条件，开展就业社保、养老助残、妇儿关爱、人口管理等其他公共服务和社会管理工作，推广一站式、窗口式、网络式综合服务，简化办事流程，集中为群众提供便捷高效的服务。

五、丰富服务内容和方式

（十一）广泛开展宣传教育活动。围绕新时期党和国家的重大改革措施及惠民政策，采取政策解读、专题报告、百姓论坛等多种方式，开展基层宣传教育，使群众更好地理解、支持党委和政府工作；开展社会主义核心价值观学习教育和中国梦主题教育实践，推进文明村镇、文明社区创建和乡贤文化建设，利用宣传栏、展示墙、文化课堂、道德讲堂以及网络平台等方式开展宣传，举办道德模范展览展示、巡讲巡演活动，通过以身边人讲身边事、身边事教身边人的方式，培养群众健康的生活方式和高尚的道德情操，引领社会文明风尚；弘扬中华优秀传统文化，利用当地特色历史文化资源，加强非物质文化遗产传承保护和民间文化艺术之乡创建，开展非物质文化遗产展示、民族歌舞、传统体育比赛等民族民俗活动，打造基层特色文化品牌；积极开展艺术普及、全民阅读、法治文化教育、科学普及、防灾减灾知识技能和就业技能培训等，传播科学文化知识，提高群众综合素质。

（十二）组织引导群众文体活动。支持群众自办文化，依托基层综合性文化服务中心，兴办读书社、书画社、乡村文艺俱乐部，组建演出团体、民间文艺社团、健身团队以及个体放映队等。结合中华传统节日、重要节假日和重大节庆活动等，通过组织开展读书征文、文艺演出、经典诵读、书画摄影比赛、体育健身竞赛等文体活动，吸引更多群众参与。加强对广场舞等群众文体活动的引导，推进广场文化健康、规范、有序发展。工会、共青团、妇联等群团组织保持和增强群众性，以基层综合性文化服务中心为载体开展职工文化交流、青少年课外实践和妇女文艺健身培训等丰富多彩的文体活动，引导所联系群众继承和弘扬中华优秀传统文化，自觉培育和践行社会主义核心价值观。

（十三）创新服务方式和手段。畅通群众文化需求反馈渠道，根据服务目录科学设置"菜单"，采取"订单"服务方式，实现供需有效对接。实行错时开放，提高利用效率。为老年人、未成年人、残疾人、农民工和农村留守妇女儿童等群体提供有针对性的文化服务，推出一批特色服务项目。广泛开展流动文化服务，把基层综合性文化服务中心建成流动服务点，积极开展文化进社区、进农村和区域文化互动交流等活动。充分发挥互联网等现代信息技术优势，利用公共数字文化项目和资源，为基层群众提供数字阅读、文化娱乐、公共信息和技能培训等服务。推广文化体育志愿服务，吸纳更多有奉献精神和文体技能的普通群众成为志愿者，在城乡社区就近就便开展志愿服务活动。探索国家和省级文化体育等相关机构与基层综合性文化服务中心的对口帮扶机制，推动国家及省级骨干文艺团体与基层综合性文化服务中心"结对子"。

六、创新基层公共文化运行管理机制

（十四）强化政府的主导作用。县（市、区）人民政府在推进基层综合性文化服务中心建设中承担主体责任，要实事求是确定存量改造和增量建设任务，把各级各类面向基层的公共文化资源纳入到支持基层综合性文化服务中心建设发展上来；宣传文化部门要发挥牵头作用，加强协调指导，及时研究解决建设中存在的问题；各相关部门要立足职责、分工合作；公共文化体育机构要加强业务指导，共同推动工作落实。

（十五）建立健全管理制度。加强对乡镇（街道）综合文化站的管理，制定乡镇（街道）综合文化站服务规范。建立村（社区）综合性文化服务中心由市、县统筹规划，乡镇（街道）组织推进，村（社区）自我管理的工作机制。结合基本公共文化服务标准化建设，重点围绕基层综合性文化服务中心的功能定位、运行方式、服务规范、人员管理、经费投入、绩效考核、奖惩措施等重点环节，建立健全标准体系和内部管理制度，形成长效机制，实现设施良性运转、长期使用和可持续发展。严格安全管理制度，制定突发事件应急预案，及时消除各类安全隐患。

（十六）鼓励群众参与建设管理。在村（社区）党组织的领导下，发挥村委会和社区居委会的群众自治组织作用，引导城乡居民积极参与村（社区）综合性文化服务中心的建设使用，加强群众自主管理和自我服务。健全民意表达机制，依托社区居民代表会议、村民代表会议和村民小组会议等，开展形式多样的民主协商，对基层综合性文化服务中心建设发展的重要事项，充分听取群众意见建议，保证过程公开透明，接受群众监督。

（十七）探索社会化建设管理模式。加大政府向社会力量购买公共文化服务力度，拓宽社会供给渠道，丰富基层公共文化服务内容。鼓励支持企业、社会组织和其他社会力量，通过直接投资、赞助活动、捐助设备、资助项目、提供产品和服务，以及采取公益创投、公益众筹等方式，参与基层综合性文化服务中心建设管理。率先在城市探索开展社会化运营试点，通过委托或招投标等方式吸引有实力的社会组织和企业参与基层文化设施的运营。

七、加强组织实施

（十八）制定实施方案。各省（区、市）政府要把加强基层综合性文化服务中心建设发展作为构建现代公共文化服务体系的重要内容，对接相关规划，结合本地实际，尽快制定实施方案，明确总体思路、具体举措和时间安排。市、县两级政府要结合农村社区建设、扶贫开发、美丽乡村建设等工作，抓紧制定落实方案。

（十九）坚持试点先行。要稳步推进，先期确定一批基础条件较好的地方和部分中西部贫困地区进行试点，并逐步在全国范围推广实施。支持试点地区因地制宜探索符合本地实际、具有推广价值的基层综合性文化服务中心建设发展模式，创新服务内容和提供方式，拓宽优秀公共文化产品和服务供给渠道。

（二十）加大资金保障。地方各级政府要根据实际需要和相关标准，将基层综合性文化服务中心建设所需资金纳入财政预算。中央和省级财政统筹安排一般公共预算和政府性基金预算，通过转移支付对革命老区、民族地区、边疆地区、贫困地区基层综合性文化服务中心设备购置和提供基本公共文化服务所需资金予以补助，同时对绩效评价结果优良的地区予以奖励。发挥政府投入的带动作用，落实对社会力量参与公共文化服务的各项优惠政策，鼓励和引导社会资金支持基层综合性文化服务中心建设。

（二十一）加强队伍建设。乡镇（街道）综合文化站按照中央有关规定配备工作人员，村（社区）综合性文化服务中心由“两委”确定1名兼职工作人员，同时通过县、乡两级统筹和购买服务等方式解决人员不足问题。推广部分地方基层文化体育设施设立文化管理员、社会体育指导员等经验。鼓励“三支一扶”大学毕业生、大学生村官、志愿者等专兼职从事基层综合性文化服务中心管理服务工作。加强业务培训，乡镇（街道）和村（社区）文化专兼职人员每年参加集中培训时间不少于5天。

（二十二）开展督促检查。把基层综合性文化服务中心建设纳入政府公共文化服务考核指标。由各级文化行政部门会同有关部门建立动态监测和绩效评价机制，对基层综合性文化服务中心建设使用情况进行督促检查，及时协调解决工作中的各种问题。同时，引入第三方开展公众满意度测评。对基层综合性文化服务中心建设、管理和使用中群众满意度较差的地方要进行通报批评，对好的做法和经验及时总结、推广。

国务院办公厅

2015年10月2日

关于促进农村电子商务加快发展的指导意见

（国办发〔2015〕78号）

各省、自治区、直辖市人民政府，国务院各部委、各直属机构：

农村电子商务是转变农业发展方式的重要手段，是精准扶贫的重要载体。通过大众创业、万众创新，发挥市场机制作用，加快农村电子商务发展，把实体店与电商有机结合，使实体经济与互联网产生叠加效应，有利于促消费、扩内需，推动农业升级、农村发展、农民增收。经国务院批准，现就促进农村电子商务加快发展提出以下意见：

一、指导思想

全面贯彻党的十八大和十八届三中、四中、五中全会精神，落实国务院决策部署，按照全面建成小康社会目标和新型工业化、信息化、城镇化、农业现代化同步发展的要求，深化农村流通体制改革，创新农村商业模式，培育和壮大农村电子商务市场主体，加强基础设施建设，完善政策环境，加快发展线上线下融合、覆盖全程、综合配套、安全高效、便捷实惠的现代农村商品流通和服务网络。

二、发展目标

到2020年，初步建成统一开放、竞争有序、诚信守法、安全可靠、绿色环保的农村电子商务市场体系，农村电子商务与农村一二三产业深度融合，在推动农民创业就业、开拓农村消费市场、带动农村扶贫开发等方面取得明显成效。

三、重点任务

（一）积极培育农村电子商务市场主体。充分发挥现有市场资源和第三方平台作用，培育多元化农村电子商务市场主体，鼓励电商、物流、商贸、金融、供销、邮政、快递等各类社会资源加强合作，构建农村购物网络平台，实现优势资源的对接与整合，参与农村电子商务发展。

（二）扩大电子商务在农业农村的应用。在农业生产、加工、流通等环节，加强互联网技术应用和推广。拓宽农产品、民俗产品、乡村旅游等市场，在促进工业品、农业生产资料下乡的同时，为农产品进城拓展更大空间。加强运用电子商务大数据引导农业生产，促进农业发展方式转变。

（三）改善农村电子商务发展环境。硬环境方面，加强农村流通基础设施建设，提高农村宽带普及率，加强农村公路建设，提高农村物流配送能力；软环境方面，加强政策扶持，加强人才培养，营造良好市场环境。

四、政策措施

（一）加强政策扶持。深入开展电子商务进农村综合示范，优先在革命老区和贫困地区实施，有关财政支持资金不得用于网络交易平台的建设。制订出台农村电子商务服务规范和工作指引，指导地方开展工作。加快推进信息进村入户工作。加快推进适应电子商务的农产品分等分级、包装运输标准制定和应用。把电子商务纳入扶贫开发工作体系，以建档立卡贫困村为工作重点，提升贫困户运用电子商务创业增收的能力，鼓励引导电商企业开辟革命老区和贫困地区特色农产品网上销售平台，与合作社、种养大户等建立直采直供关系，增加就业和增收渠道。

（二）鼓励和支持开拓创新。鼓励地方、企业等因地制宜，积极探索农村电子商务新模式。开展农村电子商务创新创业大赛，调动返乡高校毕业生、返乡青年和农民工、大学生村官、农村青年、巾帼致富带头人、退伍军人等参与农村电子商务的积极性。开展农村电子商务强县创建活动，发挥其带动和引领作用。鼓励供销合作社创建农产品电子商务交易平台。引导各类媒体加大农村电子商务宣传力度，发掘典型案例，推广成功经验。

（三）大力培养农村电商人才。实施农村电子商务百万英才计划，对农民、合作社和政府人员等进行技能培训，增强农民使用智能手机的能力，积极利用移动互联网拓宽电子商务渠道，提升为农民提供信息服务的能力。有条件的地区可以建立专业的电子商务人才培训基地和师资队伍，努力培养一批既懂理论又懂业务、会经营网店、能带头致富的复合型人才。引导具有实践经验的电子商务从业者从城镇返乡创业，鼓励电子商务职业经理人到农村发展。

（四）加快完善农村物流体系。加强交通运输、商贸流通、农业、供销、邮政等部门和单位及电商、快递企业对相关农村物流服务网络和设施的共享衔接，加快完善县乡村农村物流体系，鼓励多站合一、服务同网。鼓励传统农村商贸企业建设乡镇商贸中心和配送中心，发挥好邮政普遍服务的优势，发展第三方配送和共同配送，重点支持老少边穷地区物流设施建设，提高流通效率。加强农产品产地集配和冷链等设施建设。

（五）加强农村基础设施建设。完善电信普遍服务补偿机制，加快农村信息基础设施建设和宽带普及。促进宽带网络提速降费，结合农村电子商务发展，持续提高农村宽带普及率。以建制村通硬化路为重点加快农村公路建设，推进城乡客运一体化，推动有条件的地区实施农村客运线路公交化改造。

（六）加大金融支持力度。鼓励村级电子商务服务点、助农取款服务点相互依托建设，实现优势互补、资源整合，提高利用效率。支持银行业金融机构和支付机构研发适合农村特点的网上支付、手机支付、供应链贷款等金融产品，加强风险控制，保障客户信息和资金安全。加大对电子商务创业农民尤其是青年农民的授信和贷款支持。简化农村网商小额短期贷款手续。符合条件的农村网商，可按规定享受创业担保贷款及贴息政策。

（七）营造规范有序的市场环境。加强网络市场监管，强化安全和质量要求，打击制售假冒伪劣商品、虚假宣传、不正当竞争和侵犯知识产权等违法行为，维护消费者合法权益，促进守法诚信经营。督促第三方平台加强内部管理，规范主体准入，遏制“刷信用”等欺诈行为。维护公平竞争的市场秩序，推进农村电子商务诚信建设。

五、组织实施

各地区、各部门要进一步提高认识，加强组织领导和统筹协调，落实工作责任，完善工作机制，切实抓好各项政策措施的落实。

地方各级人民政府特别是县级人民政府要结合本地实际，因地制宜制订实施方案，出台具体措施；充分发挥农村基层组织的带头作用，整合农村各类资源，积极推动农村电子商务发展。同时，加强规划引导，防止盲目发展和低水平竞争。

各部门要明确分工，密切协作，形成合力。商务部要会同有关部门加强统筹协调、跟踪督查，及时总结和推广经验，确保各项任务措施落实到位。

国务院办公厅

2015 年 10 月 31 日

关于推进农村一二三产业融合发展的指导意见

（国办发〔2015〕93号）

各省、自治区、直辖市人民政府，国务院各部委、各直属机构：

推进农村一二三产业（以下简称农村产业）融合发展，是拓宽农民增收渠道、构建现代农业产业体系的重要举措，是加快转变农业发展方式、探索中国特色农业现代化道路的必然要求。经国务院同意，现提出如下意见：

一、总体要求

（一）指导思想。全面贯彻落实党的十八大和十八届二中、三中、四中、五中全会精神，按照党中央、国务院决策部署，坚持“四个全面”战略布局，牢固树立创新、协调、绿色、开放、共享的发展理念，主动适应经济发展新常态，用工业理念发展农业，以市场需求为导向，以完善利益联结机制为核心，以制度、技术和商业模式创新为动力，以新型城镇化为依托，推进农业供给侧结构性改革，着力构建农业与二三产业交叉融合的现代产业体系，形成城乡一体化的农村发展新格局，促进农业增效、农民增收和农村繁荣，为国民经济持续健康发展和全面建成小康社会提供重要支撑。

（二）基本原则。坚持和完善农村基本经营制度，严守耕地保护红线，提高农业综合生产能力，确保国家粮食安全。坚持因地制宜，分类指导，探索不同地区、不同产业融合模式。坚持尊重农民意愿，强化利益联结，保障农民获得合理的产业链增值收益。坚持市场导向，充分发挥市场配置资源的决定性作用，更好发挥政府作用，营造良好市场环境，加快培育市场主体。坚持改革创新，打破要素瓶颈制约和体制机制障碍，激发融合发展活力。坚持农业现代化与新型城镇化相衔接，与新农村建设协调推进，引导农村产业集聚发展。

（三）主要目标。到2020年，农村产业融合发展总体水平明显提升，产业链条完整、功能多样、业态丰富、利益联结紧密、产城融合更加协调的新格局基本形成，农业竞争力明显提高，农民收入持续增加，农村活力显著增强。

二、发展多类型农村产业融合方式

（四）着力推进新型城镇化。将农村产业融合发展与新型城镇化建设有机结合，引导农村二三产业向县城、重点乡镇及产业园区等集中。加强规划引导和市场开发，培育农产品加工、商贸物流等专业特色小城镇。强化产业支撑，实施差别化落户政策，努力实现城镇基本公共服务常住人口全覆盖，稳定吸纳农业转移人口。（发展改革委、农业部、商务部等负责）

（五）加快农业结构调整。以农牧结合、农林结合、循环发展为导向，调整优化农业种植养殖结构，加快发展绿色农业。建设现代饲草料产业体系，推广优质饲草料种植，促进粮食、经济作物、饲草料三元种植结构协调发展。大力发展种养结合循环农业，合理布局规模化养殖场。加强海洋牧场建设。积极发展林下经济，推进农林复合经营。推广适合精深加工、休闲采摘的作物新品种。加强农业标准体系建设，严格生产全过程管理。（农业部、林业局、科技部等负责）

（六）延伸农业产业链。发展农业生产性服务业，鼓励开展代耕代种代收、大田托管、统防统治、烘干储藏等市场化和专业化服务。完善农产品产地初加工补助政策，扩大实施区域和品种范围，初加工用电享受农用电政策。加强政策引导，支持农产品深加工发展，促进其向优势产区和关键物流节点集中，加快消化粮棉油库存。支持农村特色加工业发展。加快农产品冷链物流体系建设，支持优势产区产地批发市场建设，推进市场流通体系与储运加工布局有机衔接。在各省（区、市）年度建设用地指标中单列一定比例，专门用于新型农业经营主体进行农产品加工、仓储物流、产地批发市场等辅助设施建设。健全农产品产地营销体系，推广农超、农企等形式的产销对接，鼓励在城市社区设立鲜活农产品直销网点。（农业部、发展改革委、财政部、工业和信息化部、国土资源部、商务部、供销合作总社等负责）

（七）拓展农业多种功能。加强统筹规划，推进农业与旅游、教育、文化、健康养老等产业深度融合。积极发展多种形式的农家乐，提升管理水平和服务质量。建设一批具有历史、地域、民族特点的特色旅游村镇和乡村旅游示范村，有序发展新型乡村旅游休闲产品。鼓励有条件的地区发展智慧乡村游，提高在线营销能力。加强农村传统文化保护，合理开发农业文化遗产，大力推进农耕文化教育进校园，统筹利用现有资源建设农业教育和社会实践基地，引导公众特别是中小学生参与农业科普和农事体验。（农业部、旅游局、发展改革委、财政部、教育部、文化部、民政部、林业局等负责）

（八）大力发展农业新型业态。实施“互联网＋现代农业”行动，推进现代信息技术应用于农业生产、经营、管理和服务，鼓励对大田种植、畜禽养殖、渔业生产等进行物联网改造。采用大数据、云计算等技术，改进监测统计、分析预警、信息发布等手段，健全农业信息监测预警体系。大力发展农产品电子商务，完善配送及综合服务网络。推动科技、人文等元素融入农业，发展农田艺术景观、阳台农艺等创意农业。鼓励在大城市郊区发展工厂化、立体化等高科技农业，提高本地鲜活农产品供应保障能力。鼓励发展农业生产租赁业务，积极探索农产品个性化定制服务、会展农业、农业众筹等新型业态。（农业部、发展改革委、科技部、工业和信息化部、财政部、商务部、林业局等负责）

（九）引导产业集聚发展。加强农村产业融合发展与城乡规划、土地利用总体规划有效衔接，完善县域产业空间布局和功能定位。通过农村闲置宅基地整理、土地整治等新增的耕地和建设用地，优先用于农村产业融合发展。创建农业产业化示范基地和现代农业示范区，完善配套服务体系，形成农产品集散中心、物流配送中心和展销中心。扶持发展一乡（县）一业、一村一品，加快培育乡村手工艺品和农村土特产品品牌，推进农产品品牌建设。依托国家农业科技园区、农业科研院校和“星创天地”，培育农业科技创新应用企业集群。（发展改革委、农业部、国土资源部、科技部、工业和信息化部、教育部、财政部、商务部、工商总局等负责）

三、培育多元化农村产业融合主体

（十）强化农民合作社和家庭农场基础作用。鼓励农民合作社发展农产品加工、销售，拓展合作领域和服务内容。鼓励家庭农场开展农产品直销。引导大中专毕业生、新型职业农民、务工经商返乡人员领办农民合作社、兴办家庭农场、开展乡村旅游等经营活动。支持符合条件的农民合作社、家庭农场优先承担政府涉农项目，落实财政项目资金直接投向农民合作社、形成资产转交合作社成员持有和管护政策。开展农民合作社创新试点，引导发展农民合作社联合社。引导土地流向农民合作社和家庭农场。（农业部牵头负责）

（十一）支持龙头企业发挥引领示范作用。培育壮大农业产业化龙头企业和林业重点龙头企业，引导其重点发展农产品加工流通、电子商务和农业社会化服务，并通过直接投资、参股经营、签订长期合同等方式，建设标准化和规模化的原料生产基地，带动农户和农民合作社发展适度规模经营。龙头企业要优化要素资源配置，加强产业链建设和供应链管理，提高产品附加值。鼓励龙头企业建设现代物流体系，健全农产品营销网络。充分发挥农垦企业资金、技术、品牌和管理优势，培育具有国际竞争力的大型现代农业企业集团，推进垦地合作共建，示范带动农村产业融合发展。（农业部、林业局牵头负责）

（十二）发挥供销合作社综合服务优势。推动供销合作社与新型农业经营主体有效对接，培育大型农产品加工、流通企业。健全供销合作社经营网络，支持流通方式和业态创新，搭建全国性和区域性电子商务平台。拓展供销合作社经营领域，由主要从事流通服务向全程农业社会化服务延伸、向全方位城乡社区服务拓展，在农资供应、农产品流通、农村服务等重点领域和环节为农民提供便利实惠、安全优质的服务。（供销合作总社牵头负责）

（十三）积极发展行业协会和产业联盟。充分发挥行业协会自律、教育培训和品牌营销作用，开展标准制订、商业模式推介等工作。在质量检测、信用评估等领域，将适合行业协会承担的职能移交行业协会。鼓励龙头企业、农民合作社、涉农院校和科研院所成立产业联盟，支持联盟成员通过共同研发、科技成果产业化、融资拆借、共有品牌、统一营销等方式，实现信息互通、优势互补。（农业部牵头负责）

（十四）鼓励社会资本投入。优化农村市场环境，鼓励各类社会资本投向农业农村，发展适合企业化经营的现代种养业，利用农村“四荒”（荒山、荒沟、荒丘、荒滩）资源发展多种经营，开展农业环境治理、农田水利建设和生态修复。国家相关扶持政策对各类社会资本投资项目同等对待。对社会资本投资建设连片面积达到一定规模的高标准农田、生态公益林等，允许在符合土地管理法律法规和土地利用总体规划、依法办理建设用地审批手续、坚持节约集约用地的前提下，利用一定比例的土地开展观光和休闲度假旅游、加工流通等经营活动。能够商业化运营的农村服务业，要向社会资本全面开放。积极引导外商投资农村产业融合发展。（发展改革委、财政部、国土资源部、水利部、农业部、商务部、林业局、旅游局等负责）

四、建立多形式利益联结机制

（十五）创新发展订单农业。引导龙头企业在平等互利基础上，与农户、家庭农场、农民合作社签订农产品购销合同，合理确定收购价格，形成稳定购销关系。支持龙头企业为农户、家庭农场、农民合作社提供贷款担保，资助订单农户参加农业保险。鼓励农产品产销合作，建立技术开发、生产标准和质量追溯体系，设立共同营销基金，打造联合品牌，实现利益共享。（农业部、发展改革委、商务部、工商总局、银监会、保监会等负责）

（十六）鼓励发展股份合作。加快推进农村集体产权制度改革，将土地承包经营权确权登记颁证到户、集体经营性资产折股量化到户。地方人民政府可探索制订发布本行政区域内农用地基准地价，为农户土地入股或流转提供参考依据。以土地、林地为基础的各种形式合作，凡是享受财政投入或政策支持的承包经营者均应成为股东方，并采取“保底收益+按股分红”等形式，让农户分享加工、销售环节收益。探索形成以农户承包土地经营权入股的股份合作社、股份合作制企业利润分配机制，切实保障土地经营权入股部分的收益。（农业部、发展改革委、财政部、国土资源部、林业局等负责）

（十七）强化工商企业社会责任。鼓励从事农村产业融合发展的工商企业优先聘用流转出土地的农民，为其提供技能培训、就业岗位和社会保障。引导工商企业发挥自身优势，辐射带动农户扩大生产经营规模、提高管理水平。完善龙头企业认定监测制度，实行动态管理，逐步建立社会责任报告制度。强化龙头企业联农带农激励机制，国家相关扶持政策与利益联结机制相挂钩。（农业部、发展改革委、财政部等负责）

（十八）健全风险防范机制。稳定土地流转关系，推广实物计租货币结算、租金动态调整等计价方式。规范工商资本租赁农地行为，建立农户承包土地经营权流转分级备案制度。引导各地建立土地流转、订单农业等风险保障金制度，并探索与农业保险、担保相结合，提高风险防范能力。增强新型农业经营主体契约意识，鼓励制定适合农村特点的信用评级方法体系。制定和推行涉农合同示范文本，依法打击涉农合同欺诈违法行为。加强土地流转、订单等合同履约监督，建立健全纠纷调解仲裁体系，保护双方合法权益。（农业部、发展改革委、财政部、人民银行、工商总局等负责）

五、完善多渠道农村产业融合服务

（十九）搭建公共服务平台。以县（市、区）为基础，搭建农村综合性信息化服务平台，提供电子商务、乡村旅游、农业物联网、价格信息、公共营销等服务。优化农村创业孵化平台，建立在线技术支持体系，提供设计、创意、技术、市场、融资等定制化解决方案及其他创业服务。建设农村产权流转交易市场，引导其健康发展。采取政府购买、资助、奖励等形式，引导科研机构、行业协会、龙头企业等提供公共服务。（农业部、发展改革委、科技部、工业和信息化部、商务部等负责）

（二十）创新农村金融服务。发展农村普惠金融，优化县域金融机构网点布局，推动农村基础金融服务全覆盖。综合运用奖励、补助、税收优惠等政策，鼓励金融机构与新型农业经营主体建立紧密合作关系，推广产业链金融模式，加大对农村产业融合发展的信贷支持。推进粮食生产规模经营主体营销贷款试点，稳妥有序开展农村承包土地的经营权、农民住房财产权抵押贷款试点。坚持社员制、封闭性、民主管理原则，发展新型农村合作金融，稳妥开展农民合作社内部资金互助试点。鼓励发展政府支持的“三农”融资担保和再担保机构，为农业经营主体提供担保服务。鼓励开展支持农村产业融合发展的融资租赁业务。积极推动涉农企业对接多层次资本市场，支持符合条件的涉农企业通过发行债券、资产证券化等方式融资。加强涉农信贷与保险合作，拓宽农业保险保单质押范围。（人民银行、财政部、银监会、证监会、保监会、农业部、发展改革委、税务总局等负责）

（二十一）强化人才和科技支撑。加快发展农村教育特别是职业教育，加大农村实用人才和新型职业农民培育力度。加大政策扶持力度，引导各类科技人员、大中专毕业生等到农村创业，实施鼓励农民工等人员返乡创业三年行动计划和现代青年农场主计划，开展百万乡村旅游创客行动。鼓励科研人员到农村合作社、农业企业任职兼职，完善知识产权入股、参与分红等激励机制。支持农业企业、科研机构等开展产业融合发展的科技创新，积极开发农产品加工贮藏、分级包装等新技术。（教育部、科技部、农业部、人力资源社会保障部、发展改革委、旅游局等负责）

（二十二）改善农业农村基础设施条件。统筹实施全国高标准农田建设总体规划，继续加强农村土地整治和农田水利基础设施建设，改造提升中低产田。加快完善农村水、电、路、通信等基础设施。加强农村环境整治和生态保护，建设持续健康和环境友好的新农村。统筹规划建设农村物流设施，逐步健全以县、乡、村三级物流节点为支撑的农村物流网络体系。完善休闲农业和乡村旅游道路、供电、供水、停车场、观景台、游客接待中心等配套设施。（发展改革委、财政部、国土资源部、水利部、交通运输部、工业和信息化部、农业部、商务部、旅游局、能源局等负责）

（二十三）支持贫困地区农村产业融合发展。支持贫困地区立足当地资源优势，发展特色种养业、农产品加工业和乡村旅游、电子商务等农村服务业，实施符合当地条件、适应市场需求的农村产业融合项目，推进精准扶贫、精准脱贫，相关扶持资金向贫困地区倾斜。鼓励经济发达地区与贫困地区开展农村产业融合发展合作，支持企事业单位、社会组织和个人投资贫困地区农村产业融合项目。（发展改革委、扶贫办、农业部、商务部、旅游局等负责）

六、健全农村产业融合推进机制

（二十四）加大财税支持力度。支持地方扩大农产品加工企业进项税额核定扣除试点行业范围，完善农产品初加工所得税优惠目录。落实小微企业税收扶持政策，积极支持“互联网＋现代农业”等新型业态和商业模式发展。统筹安排财政涉农资金，加大对农村产业融合投入，中央财政在现有资金渠道内安排一部分资金支持农村产业融合发展试点，中央预算内投资、农业综合开发资金等向农村产业融合发展项目倾斜。创新政府涉农资金使用和管理方式，研究通过政府和社会资本合作、设立基金、贷款贴息等方式，带动社会资本投向农村产业融合领域。（财政部、发展改革委、税务总局等负责）

（二十五）开展试点示范。围绕产业融合模式、主体培育、政策创新和投融资机制，开展农村产业融合发展试点示范，积极探索和总结成功的做法，形成可复制、可推广的经验，促进农村产业融合加快发展。（发展改革委、财政部、农业部、工业和信息化部、商务部、旅游局等负责）

（二十六）落实地方责任。地方各级人民政府要切实加强组织领导，把推进农村产业融合发展摆上重要议事日程，纳入经济社会发展总体规划和年度计划；要创新和完善乡村治理机制，加强分类指导，因地制宜探索融合发展模式。县级人民政府要强化主体责任，制定具体实施方案，引导资金、技术、人才等要素向农村产业融合集聚。（地方人民政府负责）

（二十七）强化部门协作。各有关部门要根据本意见精神，抓紧制定和完善相关规划、政策措施，密切协作配合，确保各项任务落实到位。发展改革委要会同有关部门对本意见落实情况进行跟踪分析和评估，每年将工作进展情况报告国务院。（发展改革委牵头负责）

国务院办公厅

2015 年 12 月 30 日

关于支持农民工等人员返乡创业的意见

（国办发〔2015〕47号）

各省、自治区、直辖市人民政府，国务院各部委、各直属机构：

支持农民工、大学生和退役士兵等人员返乡创业，通过大众创业、万众创新使广袤乡镇百业兴旺，可以促就业、增收入，打开新型工业化和农业现代化、城镇化和新农村建设协同发展新局面。根据《中共中央国务院关于加大改革创新力度加快农业现代化建设的若干意见》和《国务院关于进一步做好新形势下就业创业工作的意见》（国发〔2015〕23号）要求，为进一步做好农民工等人员返乡创业工作，经国务院同意，现提出如下意见：

一、总体要求

（一）指导思想。全面贯彻落实党的十八大和十八届二中、三中、四中全会精神，按照党中央、国务院决策部署，加强统筹谋划，健全体制机制，整合创业资源，完善扶持政策，优化创业环境，以人力资本、社会资本的提升、扩散、共享为纽带，加快建立多层次多样化的返乡创业格局，全面激发农民工等人员返乡创业热情，创造更多就地就近就业机会，加快输出地新型工业化、城镇化进程，全面汇入大众创业、万众创新热潮，加快培育经济社会发展新动力，催生民生改善、经济结构调整和社会和谐稳定新动能。

（二）基本原则。

——坚持普惠性与扶持性政策相结合。既要保证返乡创业人员平等享受普惠性政策，又要根据其抗风险能力弱等特点，落实完善差别化的扶持性政策，努力促进他们成功创业。

——坚持盘活存量与创造增量并举。要用好用活已有园区、项目、资金等存量资源全面支持返乡创业，同时积极探索公共创业服务新方法、新路径，开发增量资源，加大对返乡创业的支持力度。

——坚持政府引导与市场主导协同。要加强政府引导，按照绿色、集约、实用的原则，创造良好的创业环境，更要充分发挥市场的决定性作用，支持返乡创业企业与龙头企业、市场中介服务机构等共同打造充满活力的创业生态系统。

——坚持输入地与输出地发展联动。要推进创新创业资源跨地区整合，促进输入地与输出地在政策、服务、市场等方面的联动对接，扩大返乡创业市场空间，延长返乡创业产业链条。

二、主要任务

（三）促进产业转移带动返乡创业。鼓励输入地在产业升级过程中对口帮扶输出地建设承接产业园区，引导劳动密集型产业转移，大力发展相关配套产业，带动农民工等人员返乡创业。鼓励已经成功创业的农民工等人员，顺应产业转移的趋势和潮流，充分挖掘和利用输出地资源和要素方面的比较优势，把适合的产业转移到家乡再创业、再发展。

（四）推动输出地产业升级带动返乡创业。鼓励积累了一定资金、技术和管理经验的农民工等人员，学习借鉴发达地区的产业组织形式、经营管理方式，顺应输出地消费结构、产业结构升级的市场需求，抓住机遇创业兴业，把小门面、小作坊升级为特色店、连锁店、品牌店。

（五）鼓励输出地资源嫁接输入地市场带动返乡创业。鼓励农民工等人员发挥既熟悉输入地市场又熟悉输出地资源的优势，借力"互联网+"信息技术发展现代商业，通过对少数民族传统手工艺品、绿色农产品等输出地特色产品的挖掘、升级、品牌化，实现输出地产品与输入地市场的嫁接。

（六）引导一二三产业融合发展带动返乡创业。统筹发展县域经济，引导返乡农民工等人员融入区域专业市场、示范带和块状经济，打造具有区域特色的优势产业集群。鼓励创业基础好、创业能力强的返乡人员，充分开发乡村、乡土、乡韵潜在价值，发展休闲农业、林下经济和乡村旅游，促进农村一二三产业融合发展，拓展创业空间。以少数民族特色村镇为平台和载体，大力发展民族风情旅游业，带动民族地区创业。

（七）支持新型农业经营主体发展带动返乡创业。鼓励返乡人员共创农民合作社、家庭农场、农业产业化龙头企业、林场等新型农业经营主体，围绕规模种养、农产品加工、农村服务业以及农技推广、林下经济、贸易营销、农资配送、信息咨询等合作建立营销渠道，合作打造特色品牌，合作分散市场风险。

三、健全基础设施和创业服务体系

（八）加强基层服务平台和互联网创业线上线下基础设施建设。切实加大人力财力投入，进一步推进县乡基层就业和社会保障服务平台、中小企业公共服务平台、农村基层综合公共服务平台、农村社区公共服务综合信息平台的建设，使其成为加强和优化农村基层公共服务的重要基础设施。支持电信企业加大互联网和移动互联网建设投入，改善县乡互联网服务，加快提速降费，建设高速畅通、覆盖城乡、质优价廉、服务便捷的宽带网络基础设施和服务体系。继续深化和扩大电子商务进农村综合示范县工作，推动信息入户，引导和鼓励电子商务交易平台渠道下沉，带动返乡人员依托其平台和经营网络创业。加大交通物流等基础设施投入，支持乡镇政府、农村集体经济组织与社会资本合作共建智能电商物流仓储基地，健全县、乡、村三级农村物流基础设施网络，鼓励物流企业完善物流下乡体系，提升冷链物流配送能力，畅通农产品进城与工业品下乡的双向流通渠道。

（九）依托存量资源整合发展农民工返乡创业园。各地要在调查分析农民工等人员返乡创业总体状况和基本需求基础上，结合推进新型工业化、信息化、城镇化、农业现代化和绿色化同步发展的实际需要，对农民工返乡创业园布局作出安排。依托现有各类合规开发园区、农业产业园，盘活闲置厂房等存量资源，支持和引导地方整合发展一批重点面向初创期"种子培育"的返乡创业孵化基地、引导早中期创业企业集群发展的返乡创业园区，聚集创业要素，降低创业成本。挖掘现有物业设施利用潜力，整合利用零散空地等存量资源，并注意与城乡基础设施建设、发展电子商务和完善物流基础设施等统筹结合。属于非农业态的农民工返乡创业园，应按照城乡规划要求，结合老城或镇村改造、农村集体经营性建设用地或农村宅基地盘整进行开发建设。属于农林牧渔业态的农民工返乡创业园，在不改变农地、集体林地、草场、水面权属和用途前提下，允许建设方通过与权属方签订合约的方式整合资源开发建设。

（十）强化返乡农民工等人员创业培训工作。紧密结合返乡农民工等人员创业特点、需求和地域经济特色，编制实施专项培训计划，整合现有培训资源，开发有针对性的培训项目，加强创业师资队伍建设，采取培训机构面授、远程网络互动等方式有效开展创业培训，扩大培训覆盖范围，提高培训的可获得性，并按规定给予创业培训补贴。建立健全创业辅导制度，加强创业导师队伍建设，从有经验和行业资源的成功企业家、职业经理人、电商辅导员、天使投资人、返乡创业带头人当中选拔一批创业导师，为返乡创业农民工等人员提供创业辅导。支持返乡创业培训实习基地建设，动员知名乡镇企业、农产品加工企业、休闲农业企业和专业市场等为返乡创业人员提供创业见习、实习和实训服务，加强输出地与东部地区对口协作，组织返乡创业农民工等人员定期到东部企业实习，为其学习和增强管理经验提供支持。发挥好驻贫困村“第一书记”和驻村工作队作用，帮助开展返乡农民工教育培训，做好贫困乡村创业致富带头人培训。

（十一）完善农民工等人员返乡创业公共服务。各地应本着“政府提供平台、平台集聚资源、资源服务创业”的思路，依托基层公共平台集聚政府公共资源和社会其他各方资源，组织开展专项活动，为农民工等人员返乡创业提供服务。统筹考虑社保、住房、教育、医疗等公共服务制度改革，及时将返乡创业农民工等人员纳入公共服务范围。依托基层就业和社会保障服务平台，做好返乡人员创业服务、社保关系转移接续等工作，确保其各项社保关系顺畅转移接入。及时将电子商务等新兴业态创业人员纳入社保覆盖范围。探索完善返乡创业人员社会兜底保障机制，降低创业风险。深化农村社区建设试点，提升农村社区支持返乡创业和吸纳就业的能力，逐步建立城乡社区农民工服务衔接机制。

（十二）改善返乡创业市场中介服务。运用政府向社会力量购买服务的机制，调动教育培训机构、创业服务企业、电子商务平台、行业协会、群团组织等社会各方参与积极性，帮助返乡创业农民工等人员解决企业开办、经营、发展过程中遇到的能力不足、经验不足、资源不足等难题。培育和壮大专业化市场中介服务机构，提供市场分析、管理辅导等深度服务，帮助返乡创业人员改善管理、开拓市场。鼓励大型市场中介服务机构跨区域拓展，推动输出地形成专业化、社会化、网络化的市场中介服务体系。

（十三）引导返乡创业与万众创新对接。引导和支持龙头企业建立市场化的创新创业促进机制，加速资金、技术和服务扩散，带动和支持返乡创业人员依托其相关产业链创业发展。鼓励大型科研院所建立开放式创新创业服务平台，吸引返乡创业农民工等各类创业者围绕其创新成果创业，加速科技成果资本化、产业化步伐。鼓励社会资本特别是龙头企业加大投入，结合其自身发展壮大需要，建设发展市场化、专业化的众创空间，促进创新创意与企业发展、市场需求和社会资本有效对接。鼓励发达地区众创空间加速向输出地扩展、复制，不断输出新的创业理念，集聚创业活力，帮助返乡农民工等人员解决创业难题。推行科技特派员制度，建设一批“星创天地”，为农民工等人员返乡创业提供科技服务，实现返乡创业与万众创新有序对接、联动发展。

四、政策措施

（十四）降低返乡创业门槛。深化商事制度改革，落实注册资本登记制度改革，优化返乡创业登记方式，简化创业住所（经营场所）登记手续，推动“一址多照”、集群注册等住所登记制度改革。放宽经营范围，鼓励返乡农民工等人员投资农村基础设施和在农村兴办各类事业。对政府主导、财政支持的农村公益性工程和项目，可采取购买服务、政府与社会资本合作等方式，引导农民工等人员创设的企业和社会组织参与建设、管护和运营。对能够商业化运营的农村服务业，向社会资本全面开放。制定鼓励社会资本参与农村建设目录，探索建立乡镇政府职能转移目录，鼓励返乡创业人员参与建设或承担公共服务项目，支持返乡人员创设的企业参加政府采购。将农民工等人员返乡创业纳入社会信用体系，建立健全返乡创业市场交易规则和服务监管机制，促进公共管理水平提升和交易成本下降。取消和下放涉及返乡创业的行政许可审批事项，全面清理并切实取消非行政许可审批事项，减少返乡创业投资项目前置审批。

（十五）落实定向减税和普遍性降费政策。农民工等人员返乡创业，符合政策规定条件的，可适用财政部、国家税务总局《关于小型微利企业所得税优惠政策的通知》（财税〔2015〕34 号）、《关于进一步支持小微企业增值税和营业税政策的通知》（财税〔2014〕71 号）、《关于对小微企业免征有关政府性基金的通知》（财税〔2014〕122 号）和《人力资源社会保障部财政部关于调整失业保险费率有关问题的通知》（人社部发〔2015〕24 号）的政策规定，享受减征企业所得税、免征增值税、营业税、教育费附加、地方教育附加、水利建设基金、文化事业建设费、残疾人就业保障金等税费减免和降低失业保险费率政策。各级财政、税务、人力资源社会保障部门要密切配合，严格按照上述政策规定和《国务院关于税收等优惠政策相关事项的通知》（国发〔2015〕25 号）要求，切实抓好工作落实，确保优惠政策落地并落实到位。

（十六）加大财政支持力度。充分发挥财政资金的杠杆引导作用，加大对返乡创业的财政支持力度。对返乡农民工等人员创办的新型农业经营主体，符合农业补贴政策支持条件的，可按规定同等享受相应的政策支持。对农民工等人员返乡创办的企业，招用就业困难人员、毕业年度高校毕业生的，按规定给予社会保险补贴。对符合就业困难人员条件，从事灵活就业的，给予一定的社会保险补贴。对具备各项支农惠农资金、小微企业发展资金等其他扶持政策规定条件的，要及时纳入扶持范围，便捷申请程序，简化审批流程，建立健全政策受益人信息联网查验机制。经工商登记注册的网络商户从业人员，同等享受各项就业创业扶持政策；未经工商登记注册的网络商户从业人员，可认定为灵活就业人员，同等享受灵活就业人员扶持政策。

（十七）强化返乡创业金融服务。加强政府引导，运用创业投资类基金，吸引社会资本加大对农民工等人员返乡创业初创期、早中期的支持力度。在返乡创业较为集中、产业特色突出的地区，探索发行专项中小微企业集合债券、公司债券，开展股权众筹融资试点，扩大直接融资规模。进一步提高返乡创业的金融可获得性，加快发展村镇银行、农村信用社等中小金融机构和小额贷款公司等机构，完善返乡创业信用评价机制，扩大抵押物范围，鼓励银行业金融机构开发符合农民工等人员返乡创业需求特点的金融产品和金融服务，加大对返乡创业的信贷支持和服务力度。大力发展农村普惠金融，引导加大涉农资金投放，运用金融服务“三农”发展的相关政策措施，支持农民工等人员返乡创业。落实创业担保贷款政策，优化贷款审批流程，对符合条件的返乡创业人员，可按规定给予创业担保贷款，财政部门按规定安排贷款贴息所需资金。

（十八）完善返乡创业园支持政策。农民工返乡创业园的建设资金由建设方自筹；以土地租赁方式进行农民工返乡创业园建设的，形成的固定资产归建设方所有；物业经营收益按相关各方合约分配。对整合发展农民工返乡创业园，地方政府可在不增加财政预算支出总规模、不改变专项资金用途前提下，合理调整支出结构，安排相应的财政引导资金，以投资补助、贷款贴息等恰当方式给予政策支持。鼓励银行业金融机构在有效防范风险的基础上，积极创新金融产品和服务方式，加大对农民工返乡创业园区基础设施建设和产业集群发展等方面的金融支持。有关方面可安排相应项目给予对口支持，帮助返乡创业园完善水、电、交通、物流、通信、宽带网络等基础设施。适当放宽返乡创业园用电用水用地标准，吸引更多返乡人员入园创业。

五、组织实施

（十九）加强组织协调。各地区、各部门要高度重视农民工等人员返乡创业工作，健全工作机制，明确任务分工，细化配套措施，跟踪工作进展，及时总结推广经验，研究解决工作中出现的问题。支持农民工等人员返乡创业，关键在地方。各地特别是中西部地区，要结合产业转移和推进新型城镇化的实际需要，制定更加优惠的政策措施，加大对农民工等人员返乡创业的支持力度。有关部门要密切配合，抓好《鼓励农民工等人员返乡创业三年行动计划纲要（2015—2017年）》（见附件）的落实，明确时间进度，制定实施细则，确保工作实效。

（二十）强化示范带动。结合国家新型城镇化综合试点城市和中小城市综合改革试点城市组织开展试点工作，探索优化鼓励创业创新的体制机制环境，打造良好创业生态系统。打造一批民族传统产业创业示范基地、一批县级互联网创业示范基地，发挥示范带动作用。

（二十一）抓好宣传引导。坚持正确导向，以返乡创业人员喜闻乐见的形式加强宣传解读，充分利用微信等移动互联社交平台搭建返乡创业交流平台，使之发挥凝聚返乡创业人员和交流创业信息、分享创业经验、展示创业项目、传播创业商机的作用。大力宣传优秀返乡创业典型事迹，充分调动社会各方面支持、促进农民工等人员返乡创业的积极性、主动性，大力营造创业、兴业、乐业的良好环境。

附件：鼓励农民工等人员返乡创业三年行动计划纲要（2015—2017年）

国务院办公厅

2015年6月17日

附件

鼓励农民工等人员返乡创业三年行动计划纲要

（2015—2017 年）

序号	行动计划名称	工作任务	实现路径	责任单位
1	提升基层创业服务能力行动计划	加强基层就业和社会保障服务设施建设，提升专业化创业服务能力	加快建设县、乡基层就业和社会保障服务设施，2017 年基本实现主要输出地县级服务设施全覆盖。鼓励地方政府依托基层就业和社会保障服务平台，整合各职能部门涉及返乡创业的服务职能，建立融资、融智、融商一体化创业服务中心。	发展改革委、人力资源社会保障部会同有关部门
2	整合发展农民工返乡创业园行动计划	依托存量资源整合发展一批农民工返乡创业园	以输出地市、县为主，依托现有开发区和农业产业园等各类园区、闲置土地、厂房、校舍、批发市场、楼宇、商业街和科研培训设施，整合发展一批农民工返乡创业园。	发展改革委、人力资源社会保障部、住房城乡建设部、国土资源部、农业部、人民银行
3	开发农业农村资源支持返乡创业行动计划	培育一批新型农业经营主体，开发特色产业，保护与发展少数民族传统手工艺，促进创业	将返乡创业与发展县域经济结合起来，培育新型农业经营主体，充分开发一批农林产品加工、休闲农业、乡村旅游、农村服务业等产业项目，促进农村一二三产业融合；面向少数民族农牧民群众开展少数民族传统工艺品保护与发展培训。	农业部、林业局、国家民委、发展改革委、民政部、扶贫办
4	完善基础设施支持返乡创业行动计划	改善信息、交通、物流等基础设施条件	加大对农村地区的信息、交通、物流等基础设施的投入，提升网速、降低网费；支持地方政府依据规划，与社会资本共建物流仓储基地，不断提升冷链物流等基础配送能力；鼓励物流企业完善物流下乡体系。	发展改革委、工业和信息化部、交通运输部、财政部、国土资源部、住房城乡建设部
5	电子商务进农村综合示范行动计划	培育一批电子商务进农村综合示范县	全国创建 200 个电子商务进农村综合示范县，支持建立完善的县、乡、村三级物流配送体系；建设改造县域电子商务公共服务中心和村级电子商务服务站点；支持农林产品品牌培育和质量保障体系建设，以及农林产品标准化、分级包装、初加工配送等设施建设。	商务部、交通运输部、农业部、财政部、林业局

续表

序号	行动计划名称	工作任务	实现路径	责任单位
6	创业培训专项行动计划	推进优质创业培训资源下县乡	编制实施专项培训计划，开发有针对性的培训项目，加强创业培训师资队伍建设，采取培训机构面授、远程网络互动等方式，对有培训需求的返乡创业人员开展创业培训，并按规定给予培训补贴；充分发挥群团组织的组织发动作用，支持其利用各自资源对农村妇女、青年开展创业培训。	人力资源社会保障部、农业部会同有关部门及共青团中央、全国妇联等群团组织
7	返乡创业与万众创新有序对接行动计划	引导和推动建设一批市场化、专业化的众创空间	推行科技特派员制度，组织实施一批“星创天地”，为返乡创业人员提供科技服务。充分利用国家自主创新示范区、国家高新区、科技企业孵化器、大学科技园和高校、科研院所的有利条件，发挥行业领军企业、创业投资机构、社会组织等作用，构建一批众创空间。鼓励发达地区众创空间加速向输出地扩展，帮助返乡人员解决创业难题。	科技部、教育部

关于结合新型城镇化开展支持农民工等人员返乡创业试点工作的通知

（发改就业〔2015〕2811 号）

各省、自治区、直辖市发展改革委、工业和信息化主管部门、财政厅（局）、人力资源社会保障厅（局）、国土资源主管部门、住房城乡建设厅（委）、交通运输厅（委）、农业（农牧、农村经济）厅（委、局）、商务主管部门，中国人民银行上海总部、各分行、营业管理部、省会（首府）城市中心支行：

按照《国家新型城镇化规划（2014—2020 年）》、《国务院关于进一步做好新形势下就业创业工作的意见》（国发〔2015〕23 号）和《国务院办公厅关于支持农民工等人员返乡创业的意见》（国办发〔2015〕47 号）要求，国家发展改革委等十部门将结合新型城镇化开展支持农民工等人员返乡创业试点工作。现就有关事项通知如下：

一、重要意义

结合新型城镇化开展支持农民工等人员返乡创业试点工作，是深入贯彻落实国家新型城镇化规划和国办发〔2015〕47 号文的重要抓手，是探索完善返乡创业体制机制的重要方式，是激发输出地经济发展内生动力、推进新型城镇化建设、推动区域均衡发展的重要途径，是促进大众创业、万众创新的重要实践，对于推动国家新型城镇化建设、支持返乡创业具有十分重要而积极的意义。

二、总体要求

结合新型城镇化开展支持农民工等人员返乡创业试点工作，要按照“四个全面”战略布局，全面贯彻落实党的十八大和十八届三中、四中、五中全会精神，按照打造良好创业生态系统的要求，破解影响返乡创业的政策壁垒，优化鼓励返乡创业的体制机制环境，加速经济资本、人力资本、社会资本的提升、扩散、共享，建立多层次多样化的返乡创业就业格局，全面提升劳务输出地返乡创业参与率、成功率，探索可复制、可推广的实践经验。

（一）营造环境，激发活力。坚持市场化导向，重点通过健全机制，调动市场主体支持、参与、推动返乡创业的积极性、主动性，进一步激发创业热情，为农民工等人员返乡创业提供广阔空间。

（二）优化布局，集群创业。因地制宜，深度开发特色优势资源，顺应产业转移趋势和潮流，借力互联网 + 等现代商业手段，加快培育具有区域特色的优势返乡创业产业集群，引导返乡人员围绕龙头产业、龙头企业集群创业。要合理布局，整合资源，统筹区域内返乡创业园区建设和产业布局，走差异化创业之路，避免遍地开花。

（三）统筹城乡，融合发展。鼓励开发乡村、乡土、乡韵潜在价值，鼓励返乡人员共创农民合作社、家庭农场、林场等新型农业经营主体，发展设施农业、规模种养业、农产品加工流通业、休闲农业、林下经济和乡村旅游，促进农村地区一二三产业融合发展，为农民工等人员返乡创业提供更多机会和选择，促进城乡统筹发展。

（四）绿色集约，有序推进。要坚持绿色、集约、实用的原则，按照绿色发展、循环发展、低碳发展的要求，把生态文明理念与支持返乡创业结合起来，避免盲目借返乡创业发展落后产业，承接落后产能。

（五）以人为本，保障有力。要统筹考虑社保、住房、教育、医疗等公共服务制度改革，及时将返乡创业就业人员纳入公共服务体系。加强基层就业和社会保障服务设施建设，提高服务能力。

三、主要任务

试点坚持问题导向，围绕农民工等人员返乡创业面临的场地短缺、基础设施不完善、公共服务不配套以及融资难融资贵、证照办理环节多等突出问题，按照聚焦重点、滚动实施的原则，重点做好以下工作：

（一）加强园区资源整合。依托现有各类开发区及闲置厂房等存量资源，通过PPP等多种方式，整合发展返乡创业园区，聚集生产要素，完善配套设施，降低创业成本。落实完善鼓励创业的用地支持、税费、租金减免和资金补贴等扶持政策，适当放宽用电用水标准，吸引更多农民工等人员入园创业、集群创业。鼓励符合条件的地方，发行中小企业集合债券、公司债券，依托股权众筹投资试点，扩大直接融资渠道。创新贷款担保方式，加大返乡创业金融支持力度。

（二）加强服务平台建设。试点地区在整合资源、统筹规划的基础上，继续加大投入，不断改善县、乡、村基础设施条件。加快交通基础设施建设，基本实现县城通二级以上公路，提高中小城市、小城镇通行能力。加快实施宽带乡村工程，开展电子商务进农村综合示范，整合利用已有资源，搭建便捷高效的电子商务交易平台，改善基层互联网创业基础条件。依托物流业转型升级、农产品冷链物流等项目，加快改善物流服务能力。创新支持方式，吸引社会资本加大投入，建设智能电商物流仓储设施，打通“工业品下乡、农产品进城”到千家万户的“最后一百米”。

（三）加强服务能力建设。鼓励试点地区依托基层就业和社会保障服务设施、政务服务大厅等拓展、整合创业政策咨询、创业孵化、创业培训等服务功能，全面提高返乡创业就业服务能力。引导有条件的地区，依托基层就业和社会保障服务场所，整合证照办理等相关公共服务资源，加快建立融资、融智、融商一体化创业服务中心，为外出务工人员返乡创业提供“一站式”、“一条龙”专业化服务。鼓励社会资本、龙头企业加大投入，围绕产业聚集发展链条，建设返乡创业服务孵化设施。

试点采取三年滚动的实施方式，每年选择一批县级地区开展试点。国家将根据试点申报情况，在整合资源、盘活存量的基础上，予以政策支持、项目支持和渠道支持。

一是强化政策支持。对于符合条件的试点地区，加快商事登记制度改革，落实定向减税和普遍性降费政策，创新新型农业经营主体财政支持方式，加大支持力度。鼓励地方在统筹规划、整合资源的基础上，优化、提高政策支持效果。

二是加强项目引导。对于基础设施薄弱、公共服务能力不足的试点地区，依托基层就业和社会保障服务设施项目、物流转型升级项目、宽带乡村工程等予以支持引导。试点地区按照盘活存量、补足短板的原则，做好项目规划和衔接，统筹申请专项建设债等项目支持。

三是组织渠道对接。开发符合外出务工人员返乡创业就业需要的培训课程，依托基层就业和社会保障服务平台，通过远程视频，实施“公益创业培训课程免费下县乡”活动。组织召开返乡创业圆桌座谈会，集中梳理各地促进返乡创业的好做法、好经验，研究分析存在的突出问题，打通政策设计到实际执行的渠道。

四、组织实施

（一）试点示范的选择范围。按照因地制宜、先行先试的原则，以新型城镇化建设任务较重，农民工、大学生、退役士兵等外出务工人员较多的输出地为主，选择一些县级城市结合新型城镇化开展支持农民工等人员返乡创业试点，着力培育和发展一批基础设施和公共服务明显改善、创业环境持续优化、返乡创业就业特色鲜明的城市，为进一步推进新型城镇化建设、支持返乡创业探索路径、积累经验。

（二）试点示范的申报要求。申报试点示范的地区应具备以下条件：一是试点地区高度重视，主要领导亲自负责组织实施，具有深化改革、探索创新的积极性和主动性。二是具有一定的工作基础，近年来已经按照新型城镇化建设的要求，出台了支持返乡创业的鼓励政策。优先考虑国家新型城镇化综合试点城市和中小城市综合改革试点城市。三是具有一定的代表性和典型意义，具备进行普及推广的示范价值。四是具有明确的试点方向和工作重点，能够突出本地区鼓励返乡创业的区域特色，具有较强的针对性，有明确的侧重点。试点地区要按季度定期向国家发展改革委报送就业创业进展信息。

请各省、自治区、直辖市发展改革委会同有关部门研究推荐2—3个符合条件的县级地区申报第一批试点，并于2015年12月25日前将申报材料（纸质版一式二十份并附电子版光盘）报送国家发展改革委。国家发展改革委将会同有关部门组织审定试点示范名单。

国家发展改革委
工业和信息化部
财　政　部
人力资源社会保障部
国土资源部
住房城乡建设部
交通运输部
农　业　部
商　务　部
人民银行
2015年11月30日

关于加强农民创新创业服务工作促进农民就业增收的意见

（农办加〔2015〕9号）

各省、自治区、直辖市及计划单列市、新疆生产建设兵团农产品加工业、休闲农业、乡镇企业管理部门：

为深入贯彻《国务院办公厅关于发展众创空间推进大众创新创业的指导意见》精神，进一步营造良好的农民创新创业环境，激发农民创新活力和创业潜力，促进农民就业增收，现就加强农民创新创业服务工作提出如下意见。

一、深刻认识农民创新创业服务工作的重要意义

农民是新常态、新阶段背景下推动“大众创业、万众创新”中人数最多、潜力最大、需求最旺的重要群体。改革开放以来，我国农民创新创业蓬勃兴旺，不断为发展现代农业、壮大二三产业、建设新农村和推进城乡一体化作出贡献，涌现出一大批卓有建树的企业家和懂经营、善管理、素质高、沉得下、留得住的农民创新创业骨干队伍。与此同时，各地主管部门认真履责、主动作为，推动农民创新创业服务工作广泛开展。但就整体而言，农民创新创业服务能力尚待提高，服务体系尚不健全，制约了农民创新创业开展。

各地实践表明，加强农民创新创业服务工作，有利于以创新引领创业、以创业带动就业，吸引各种资源要素和人气向农村聚集，培植农产品加工业、休闲农业和农村二三产业新增长点；有利于构建现代农业产业体系、生产体系和经营体系，推动农村一二三产业融合发展，促进农民就业增收；有利于筑牢新农村和小城镇产业支撑，促进城乡发展一体化，推动稳增长、调结构、促改革、惠民生。因此，必须把加强农民创新创业服务工作作为主管部门的重要职责，进一步增强责任感使命感，下大力气、形成合力、抓紧抓好。

二、正确把握农民创新创业服务工作的总体要求

加强农民创新创业服务工作，要认真贯彻落实党中央、国务院关于促进农民创新创业的一系列方针政策，坚持政府推动、政策扶持、农民主体、社会支持相结合，在农村和城乡一体化区域范围内，利用平台建设、政策扶持、创业辅导、公共服务、宣传推介等主要手段，以农村能人、返乡农民工、退役军人和大学生村官创办农产品加工业、休闲农业、民俗民族工艺产业和农村服务业为重点，以营造良好农民创新创业生态环境为目标，以激发农民创新创业活力为主线，探索走出示范先行、积累经验、辐射带动、整体推进的新路子，建立完善农民创新创业服务体系，孵化培育一大批农

村小型微型企业，促进农民创新创业群体高度活跃，推动农民创新创业文化氛围更加浓厚。

要坚持市场导向，尊重农民的主体地位，鼓励社会资本支持农民创业。坚持政策扶持，降低创新创业门槛，着力培育创新人才和创业带头人。坚持因地制宜，发挥“三农”资源特色优势，不断拓宽创新创业领域。坚持就地就近，将农民创业与新农村建设、小城镇产业支撑、现代农业发展和区域经济特色结合起来，优化资源配置。坚持典型带动，激励成功与宽容失败相结合，形成点创新、线延伸、面推广的格局。坚持改革创新，推动“产学研推用”协同创新，提供农民创新创业体制和机制保障。坚持绿色低碳，鼓励发展资源节约、环境友好型产业和产品，助力生态文明建设和绿色化发展。坚持艰苦创业，大力倡导弘扬乡镇企业想尽千方百计、说尽千言万语、受尽千辛万苦、走尽千山万水的“四千精神”，培育企业家精神，提高创新创业效率。

三、认真推动落实促进农民创新创业的扶持政策

对农民引进新业态、新技术、新产品、新模式进行创新和农民利用自身积累、发现机会、整合资源、适应市场需求创办的小型微型企业，要为其积极争取平等待遇，享受现有扶持创新创业、小型微型企业、“三农”金融支持和强农惠农富农的一系列政策措施，正在实施的农产品初加工设施补助政策、关键技术推广、休闲农业示范创建等要向农民创新创业倾斜。整合统计直报点和农民创业联系点，建立一批“农民创新创业环境和成本监测点”，发布“农民创新创业环境和成本监测分析报告”。对于那些促进农民创新创业政策环境好、服务优、意识强、氛围浓、农民创新创业活跃指数高、效果显著的县建成农民创新创业示范县。通过经验总结、模式研究、案例分析等手段，树立一批可借鉴、可复制、可推广的典型，引领更多的地方政府为农民创新创业创设政策、降低门槛、改善环境、提供服务。

四、努力搭建农民创新创业示范基地

支持和鼓励各类企业和社会机构利用现有乡镇工业园区、闲置土地、厂房、校舍和批发市场、楼宇、商业街、科研培训设施，为农民创新创业提供孵化服务，按照标准建成设施完善、功能齐全、服务周到的农民众创空间和农民创新创业示范基地。鼓励知名乡镇企业、小康村、农产品加工企业、休闲农业企业等为农民创新创业提供实习、实训和见习服务，按照标准建成农民创新创业见习基地。

五、进一步强化农民创新创业培训辅导

联合大专院校探索实行“理论学习＋实践教学”的分段培养模式，争取为农民创新创业制定专门培养计划。依托现有乡镇企业、农产品加工业和休闲农业培训机构，开展农民创新创业指导师、农民创新创业辅导员培训，建设一支专家导师（须为大专院校、科研院所专家）、企业家导师（须为企业生产经营管理人员）为主体的农民创新创业指导人员队伍。广泛组织农民创新创业、技术能手、职业技能培训，不断提升创新创业农民的综合素质、创业能力和技能水平，鼓励农民发展新业态、新技术、新产品，创新商业模式，大力发展“互联网＋”和电子商务，引导各类农民创新创业主体

与电商企业对接，培育农民电商带头人，对于那些创业成功、示范带动作用明显的农民创新创业者，按照标准将其培育成农民创新创业之星。

六、积极提供农民创新创业各类专业服务

依托现有的乡镇企业（中小企业）服务中心、创业服务中心等服务机构，通过政府购买服务、项目招投标等方式健全服务功能，整合社会资源，为农民创新创业提供包括政务、事务等专业和综合类的服务。要充分发挥大专院校、科研院所、行业协会和社会中介组织的作用，开展研发设计、检验检测、技术咨询、市场拓展等行业综合服务以及信息、资金、法律、知识产权、财务、咨询、技术转移等专业化服务。要加强法律援助，协助农民创新创业中遇到的解纷。同时充分发挥重点乡镇企业、农产品加工龙头企业、休闲农业示范企业、小康村、大型农贸市场和乡镇工业园区的作用，组织创新创业农民与其对接，形成企业带动、名村带动、市场带动和园区带动农民创新创业的格局，真正做到“扶上马，送一程”。

七、不断探索农民创新创业融资模式

探索由各级农产品加工业、休闲农业、乡镇企业协会和中介组织牵头，吸引相关的投资机构、金融机构、企业和其他社会资金建立农民创新创业发展基金。培育一批天使投资人，引入风险投资机制，发挥多层次资本市场作用，为创新创业农民提供投融资、担保、质押等多种方式的综合金融服务。加强与金融机构的合作，为农民创新创业提供低息、贴息贷款以及方便、高效的金融服务，不断降低农民创新创业的融资成本。

八、切实提高加强农民创新创业服务工作的指导水平

各地要高度重视推进农民创新创业服务工作，加强对农民创新创业服务工作的组织领导。农业部农村社会事业发展中心（农业部乡镇企业发展中心）要制定具体实施方案加以推进；各级农产品加工业、休闲农业、乡镇企业主管部门要分别制定工作方案加以实施，要加强与相关部门的工作协调，研究加强农民创新创业服务工作的政策措施。同时，充分发挥中国乡镇企业协会等社团组织的作用，帮助解决农民创新创业中的问题和困难，组织宣传推广农民创新创业的奋斗历程和成功经验，推介一批示范典型，不断激发农民的创新创业潜力，让农村大众创业、万众创新蔚然成风。

农业部办公厅

2015 年 3 月 30 日